Song Z. J.
T'ai-chi ch'üan
**Die Grundlagen**

宋志堅先生著

# 易釋太極拳義

張定成敬署



*Die Bedeutung des T'ai-chi ch'üan, definiert nach dem I Ging*

退盦題

# 易簡太極拳

*Yijian t'ai-chi ch'üan*

Song Z. J.

# T'ai-chi ch'üan

## Die Grundlagen

Geschichte und Traditionen
Philosophie des I Ging
Physiologische Wirkungen

Aus dem Chinesischen übersetzt und
herausgegeben von Hermann G. Bohn

Mit 48 Abbildungen

Piper
München Zürich

ISBN 3-492-03409-8

Gesetzt aus der Bembo-Antiqua
Umschlaggestaltung: Federico Luci
Gesamtherstellung: Clausen & Bosse, Leck
Printed in Germany

# INHALT

## E: Anhang

# *Vorwort zur deutschen Ausgabe*

Zur gleichen Zeit, da eine vereinfachte und gekürzte Ausgabe meiner ›Studie des Yijian-T'ai-chi ch'üan‹, Band II: Formenlehre, in den USA publiziert wird, hat mein deutscher Schüler Bo Yiming (Hermann G. Bohn) seine deutsche Fassung des ersten Bandes: Grundlagen, aus dem chinesischen Original fertiggestellt. Dank seiner sinologischen Ausbildung konnte er erstmals direkt aus dem Chinesischen übersetzen und sowohl moderne als auch klassische Quellen in seine außerordentlich gründliche Arbeit einbeziehen. Dabei auftauchende Probleme wurden in fast täglichen Gesprächen zwischen uns sorgfältig geklärt. Ich freue mich sehr, daß diese neue, grundlegende Arbeit bald den deutschen Lesern zugänglich sein wird. Bo Yiming ist einer meiner erfolgreichsten ausländischen Schüler. Mit der Veröffentlichung dieses Grundlagenbandes trägt er viel zum Verständnis des T'ai-chi ch'üan und seiner Theorie bei.

Der Stil des T'ai-chi ch'üan unserer Schule ist den Bedürfnissen der modernen Gesellschaft angepaßt und wurde aus dem traditionellen Faustkampf mit 81 Figuren der Yang-Familie (auch 104 Figuren-Form genannt) entwickelt. Die Langform wurde durch Weglassen von Wiederholungen auf eine Sequenz von 64 Figuren reduziert, die in 365 Einzelbewegungen aufgegliedert sind. Jede Figur steht in Beziehung zur Hexagramm-Lehre des I Ging und erklärt auf dieser Grundlage die Methoden des Faustkampfes. Der Leser wird die Beziehung zwischen T'ai-chi ch'üan und I Ging schnell verstehen, weshalb ich diese Form des T'ai-chi ch'üan ›Yijian‹ (schnell erlernbar und vereinfacht) genannt habe. Beide Zeichen stehen ursprünglich für einen besonderen Begriff aus dem I Ging. ›Yi‹ bedeutet natürlichen Wandel, symbolisiert Aktivität, steht für Leere (Ungewichtung), für Härte, Gesundheit bis ans Lebensende, Ehrlichkeit und Offenheit und ist die Grundlage zur ›Nährung der 10000 Lebewesen‹. ›Jian‹ bedeutet Geduld ohne Ärger, symbolisiert Bewegt-Werden, Gewichtung und Weichheit, steht für das Akzeptieren neuer Gegebenheiten, für Sich-Anpassen-ohne-Widerstand und bildet ein leitendes Prinzip der 10000 Lebewesen. Die ›Yijian‹-Form beinhaltet die Bedeutung und den Weg des Chouyi (I Ging). Konfuzius sagt: »Härte und Weichheit bedingen sich gegenseitig, die acht Trigramme lösen einander ab, und der Wechsel findet zwischen ihnen statt.« Dieser Stil vereint diese Bedeutungen und wird deshalb so genannt.

T'ai-chi ch'üan kommt aus der klassischen Tradition und Kultur Chinas und wird als Kampfkunst bezeichnet. Es ist eine besondere Kampfkunst, die mit weichen Methoden den Gegner zu überwinden versucht; sie arbeitet mit Entspanntheit, übt die Nachgiebigkeit und ist eine natürliche Bewegung, die den Körper kräftigt und heilt. Die Übenden können unabhängig von Geschlecht, Konstitution oder Alter diese Kunst der Selbstverteidigung und Bewahrung ihrer Gesundheit praktizieren. Obwohl es in den Wettkämpfen Sieg und Niederlage gibt, kommt es zu keinen Verletzungen; sie dienen der weiteren Übung des Körpers und Ausbildung des Charakters. Die Kampfkunst T'ai-chi ch'üan verlangt weder Ausrüstung noch große Flächen zum Üben. Ihr Ursprung liegt im Prinzip des I Ging: das Gesetz des Wechselspiels zwischen den Yin- und Yang-Kräften. Mit Weichheit wird Härte überwunden, mit Leere weicht man der Gewichtung aus, durch Ruhe kontrolliert man Bewegung. Laozi's Theorie »durch die Qi-Bewegung die Weichheit erreichen« drückt den Lernprozeß beim Ch'üan aus. Im Sich-selbst-Aufgeben, Einem-anderen-Nachfolgen erreicht man eine geistige Einstellung, wie sie mit den Worten »die Menschen wissen nicht um mich, ich aber weiß um die Menschen« beschrieben wird.

Die Ch'üan-Methode zur Selbstverteidigung folgt dem Satz »mit vier Liang 1000 Jin überwinden« und vermeidet rohe Kraft und Härte im Kampf. Handelt man nach diesen Gesetzen, kann der Übende durch Weichheit seine Jahre verlängern und das Auftreten der ›100 Krankheiten‹ verhindern.

Die von meinen Lehrern weitergegebene traditionelle 81- bzw. 104-Figuren-Form des Yang-Stils war eine zu lange Soloübung. Sie sollte den Schüler nötigen, mehr als eine halbe Stunde täglich zum Üben aufzubringen. Die gesellschaftlichen Verhältnisse sind aber in der modernen Zeit schnellebiger und vielfältiger geworden; das Leben des Einzelnen wurde angespannter, so daß das Üben der alten Form mit seinen häufigen Wiederholungen nicht mehr angemessen erscheint. Deshalb entwickelten sich viele vereinfachte Formen des Faustkampfes. Leider wurden dabei oft traditionelle Gesetzmäßigkeiten des T'ai-chi ch'üan mißachtet, insbesondere was die geistige Einstellung und besonderen Charakteristika des Faustkampfes betrifft. Meine Vereinfachung der alten Form beschränkt sich auf die Reduzierung unnötiger Wiederholungen, wobei ich allerdings sorgfältig auf die Bewahrung der tradierten Anwendungen und Funktionen des T'ai-chi ch'üan geachtet habe.

In mehreren Bänden habe ich beschrieben, wie und was ich in den letzten 50 Jahren unterrichtet habe. Die jetzt veröffentlichte englische Version beinhaltet nur die Soloform und ihre Übung. Die hier vorliegende deutsche Fassung hingegen basiert auf dem chinesischen Original. Im Grundlagenband finden sich daher neben einer Einleitung zur historischen Tradierung auch Beiträge zu den mechanischen und physiologischen Aspekten des T'ai-chi ch'üan. Außerdem wird in diesem Band vertieft auf theoretische Grundlagen aus der I Ging-Lehre eingegangen. Bo Yiming verwendete für diese Bereiche auch Erklärungen und Informationen aus seiner persönlichen Unterweisung an meiner Schule. Viele Anmerkungen und Ergänzungen seiner Arbeit stellen also eine Überarbeitung meines Originals dar und fördern speziell für den westlichen Leser das Verständnis. Was die Übung und Anwendung in der Selbstverteidigung angeht, die ›Pushing Hands‹, den Gebrauch von Waffen, die Qigong-Übungen und Heilmethoden, sei hier auf die geplanten Veröffentlichungen verwiesen, die dem soeben in chinesischer Sprache erschienenen Band 2 folgen werden. Sie sind das Ergebnis und die Erfahrung meines 60jährigen Studiums des T'ai-chi ch'üan, das auf den Lehren und Unterweisungen meiner beiden verehrten Meister Wu Yuting und Zheng Manqing beruht, die beide schon lange diese Welt verlassen haben.

Song Zhijian
Direktor des Chinesischen T'ai-chi-Institutes
Taiwan, Taipei, Sommer 1989

# *Vorbemerkung des Übersetzers*

Nach intensiver Auseinandersetzung mit dem chinesischen Original liegt nun endlich diese Übersetzung vor, in die auch viele Erfahrungen und Unterweisungen aus meiner vierjährigen Ausbildung am chinesischen T'ai-chi-Institut in Taipei einflossen.

Die hier vorgestellte Schule des T'ai-chi ch'üan beruft sich auf die traditionelle Yang-Linie, obwohl Meister Song in frühen Jahren auch den Wu-Stil und andere Kampfkünste praktizierte. Erst seit ihm Meister Zheng Manqing die ›wahren Geheimnisse der weichen Faustkampfkunst‹ vermittelt hat, begreift sich Meister Song als Vertreter der Yang-Familie. Das in Taipei gepflegte und weiterentwickelte T'ai-chi ch'üan unterscheidet sich in vielen Punkten von dem, was im Westen als psychotherapeutische Methode bekannt wurde. Da den Chinesen bisher noch der Umgang mit individuellen seelischen Problemen oder Bedürfnissen nach westlichem Muster fremd ist, verwundert es nicht, daß in Taiwan das T'ai-chi ch'üan vorwiegend unter den Aspekten Körpergesundung und Kampfkunst betrieben wird. Nur sehr wenige Anhänger verfolgen den von der Laienpraxis wegführenden esoterischen Weg, der in chinesischen Augen tiefgreifende persönliche Konsequenzen erfordert.

Nach meiner persönlichen Erfahrung führt die vorliegende Auslegung des T'ai-chi ch'üan in der Praxis zur intensiven Wahrnehmung der eigenen Person in räumlicher und zeitlicher Bewegung, in weiteren Phasen zur Wahrnehmung eines Partners oder gar Gegners und zum jeweils höheren Niveau der Faustkampfkunst. Voraussetzung dafür ist ein bestimmtes Maß an Eigendisziplin. Die hier dargelegte Lehre ist eindeutig konzipiert und historisch fundiert. Dennoch werden viele Punkte des geistigen Zusammenhangs durch bloßes intellektuelles Verstehen-Wollen unklar bleiben, ebenso wie eine einseitige praktische Beschäftigung mit der Faustkampfkunst kein tiefgreifendes Verständnis ermöglichen kann. Das Zusammenspiel von Theorie und ihrer geistigen Bewältigung (Form) und das durch Praxis erworbene intuitive Körperverständnis (Funktion) allein garantieren das umfassende Verständnis der Lehre. Theoretisches und praktisches Studium sollten sich also möglichst ergänzen, und da die theoretischen Aspekte des T'ai-chi ch'üan sowohl im Osten als auch im Westen relativ unbekannt bzw. unterschätzt sind, beginnt dieser erste Band von Meister Song mit den Grundlagen, die für alle Stile und Schulen des T'ai-chi ch'üan gelten, weil sie sich alle auf einen gemeinsamen Ursprung berufen.

An dieser Stelle sei vor allem Meister Song Zhijian gedankt, der meine vielen Verständnisfragen sowohl mit praktischer Unterweisung als auch mit theoretischem Unterricht in zahllosen Stunden klärte. Weiterhin gilt meiner Frau Wu Mei-Er besonderer Dank, ohne deren Hilfe sich meine Arbeit an der Übersetzung noch weit länger hingezogen hätte und die auch die Schriftzeicheneintragungen im Glossar vorgenommen hat. Dank gilt außerdem Herrn Dr. med. Josef Niederauer für die Durchsicht des physiologischen Teils und den Herren Wolfgang Gartmann und Peter Weismann, die mit bewunderswerter Geduld das Manuskript in eine verständliche Form brachten. Und auch an alle Mitschüler des chinesischen T'ai-chi-Institutes sei hier erinnert, die mir nur allzu oft Gelegenheit zum Praktizieren boten und mich in meiner theoretischen Arbeit immer wieder ermutigten. Für alle beim Übersetzen geschehenen Fehler trage allein ich die Verantwortung. Konstruktive Kritik werde ich daher gerne zur Kenntnis nehmen.

Hermann G. Bohn

Abensberg, Frühjahr 1991

## *Editorische Notiz*

In beiden Bänden wurde überwiegend die moderne Pinyin-Umschrift verwendet. Ausnahmen dazu sind die zentralen Begriffe ›T'ai-chi ch'üan‹ und ›T'ai-chi‹ (Pinyin: Taiji quan, Taiji), die aufgrund ihrer Bekanntheit in der Wade-Umschrift im deutschsprachigen Raum, aber auch aufgrund der darin deutlicher werdenden Aussprache beibehalten wurden. Andere Termini, wie I Ging (Pinyin: Yijing, Wade: I-ching) und einige wenige Eigennamen wie Peking (Pinyin: Beijing, Wade: Pei-ching) wurden ebenfalls in ihren in Deutschland üblichen Schreibweisen beibehalten. Hier sei auch darauf verwiesen, daß die chinesischen Personennamen fast immer mit einem einsilbigen Familiennamen (z. B. Song) beginnen, denen ein meist zweisilbiger Vorname nachgestellt wird (z. B. Zhijian).

**Die Überlieferung des T'ai-chi ch'üan, unter besonderer Berücksichtigung des Yang-Stils**

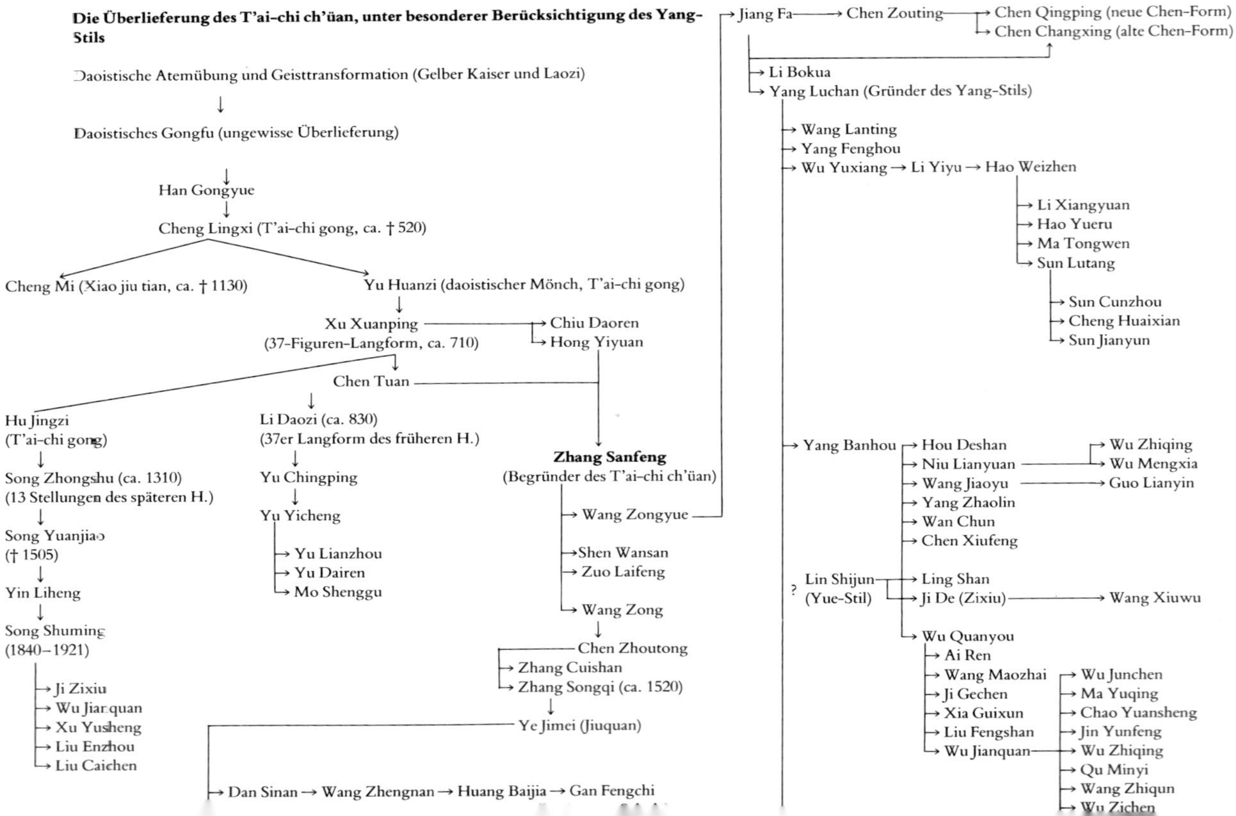

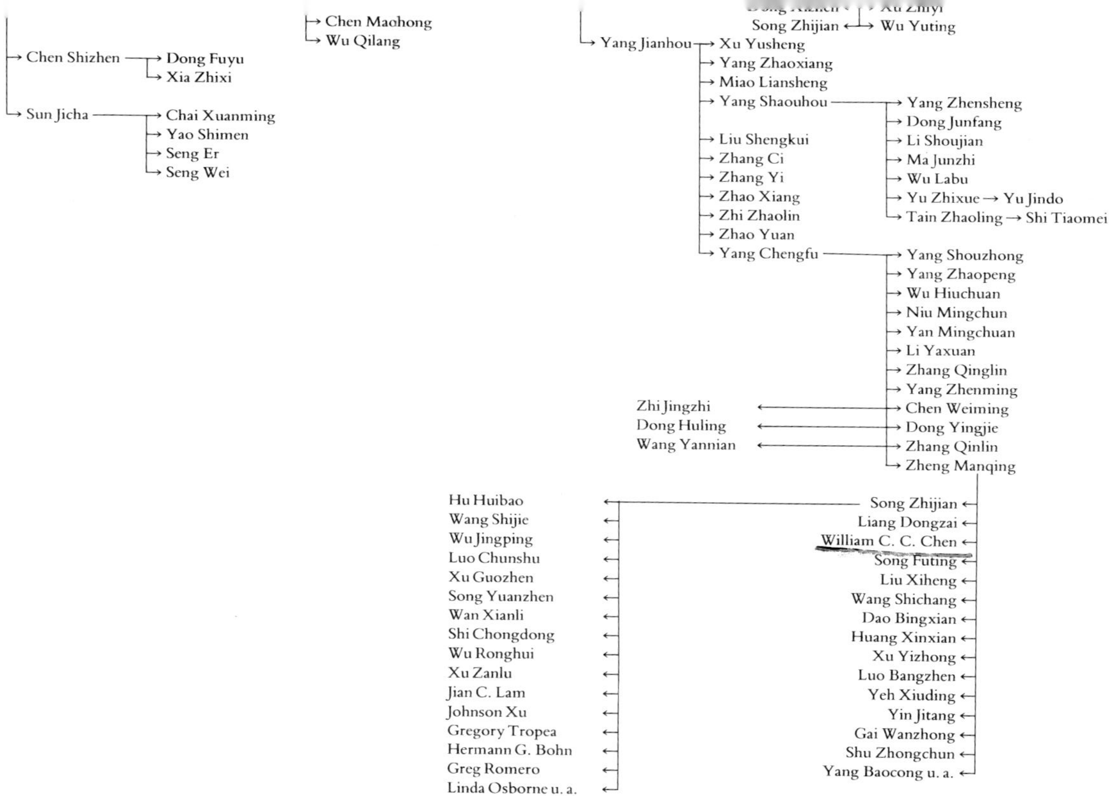
Chen Maohong
Wu Qilang
Chen Shizhen
Dong Fuyu
Xia Zhixi
Sun Jicha
Chai Xuanming
Yao Shimen
Seng Er
Seng Wei
Song Zhijian
Wu Yuting
Yang Jianhou
Xu Yusheng
Yang Zhaoxiang
Miao Liansheng
Yang Shaouhou
Yang Zhensheng
Dong Junfang
Li Shoujian
Ma Junzhi
Wu Labu
Yu Zhixue → Yu Jindo
Tain Zhaoling → Shi Tiaomei
Liu Shengkui
Zhang Ci
Zhang Yi
Zhao Xiang
Zhi Zhaolin
Zhao Yuan
Yang Chengfu
Yang Shouzhong
Yang Zhaopeng
Wu Hiuchuan
Niu Mingchun
Yan Mingchuan
Li Yaxuan
Zhang Qinglin
Yang Zhenming
Chen Weiming
Dong Yingjie
Zhang Qinlin
Zheng Manqing
Zhi Jingzhi
Dong Huling
Wang Yannian
Song Zhijian
Liang Dongzai
William C. C. Chen
Song Futing
Liu Xiheng
Wang Shichang
Dao Bingxian
Huang Xinxian
Xu Yizhong
Luo Bangzhen
Yeh Xiuding
Yin Jitang
Gai Wanzhong
Shu Zhongchun
Yang Baocong u. a.
Hu Huibao
Wang Shijie
Wu Jingping
Luo Chunshu
Xu Guozhen
Song Yuanzhen
Wan Xianli
Shi Chongdong
Wu Ronghui
Xu Zanlu
Jian C. Lam
Johnson Xu
Gregory Tropea
Hermann G. Bohn
Greg Romero
Linda Osborne u. a.

# A: Einführung

Bei näherer Beschäftigung mit dem T'ai-chi-Faustkampf (T'ai-chi ch'üan), einer der Kampfkünste (Wushu) des traditionellen China, stößt man schon bald auf ein Problem, das dem Sinologen auch aus anderen Forschungsbereichen bekannt ist: Da diese Kunst in ihrer Entstehungsphase sehr volkstümlich war, fehlen oft Belege und Quellen im wissenschaftlichen Sinn. Vielmehr trifft man auf Mythen, Anekdoten und Erzählungen, die zumeist erst im 19. oder 20. Jahrhundert aufgezeichnet wurden, aber noch heute in vielen T'ai-chi-Schulen Südostasiens und in den chinesischen Gemeinden in Übersee überliefert werden. Da nun ein Studium der spärlichen offiziellen Aufzeichnungen und Gelehrtenschriften keine endgültige Beurteilung dieses kulturellen Phänomens zuläßt, bleibt dem Interessierten nur die Möglichkeit, in den oralen Überlieferungen der unteren Volksschichten einen Zugang zu den möglichen oder wahrscheinlichen Traditionen zu suchen. Das reichhaltige chinesische Schrifttum bietet uns zwar viele Informationen über das Leben der Herrscher wie deren direkte Gegner (Aufständische, ›Barbaren‹), gibt aber nur wenig Aufschluß über das Alltagsleben des Volkes.

Heute sind es nicht mehr mehr nur die unteren Volksschichten, die diese Tradition pflegen. Zunehmend mehr Intellektuelle greifen das Thema auf, sind aber oft versucht, überlieferte Systeme mit westlichen Konzeptionen und Theorien zu verknüpfen. In der Volksrepublik China läßt sich in den letzten 15 Jahren eine derartige Tendenz erkennen, wenn z. B. Ärzte, die in westlicher Medizin ausgebildet wurden, die populär gewordenen daoistischen Übungsmethoden des Qigong unbedingt mit der Terminologie und den Funktionen der modernen westlichen Physiologie zu verbinden suchen, um sie so für das westliche Denken verständlicher zu machen. Oft werden dabei – bewußt oder unbewußt, häufig in bester Absicht – die westlichen mit den alten chinesischen Ansätzen vermengt, was manchmal mehr verwirrt als klärt. Auch westlichen Sinologen fällt es oft schwer, etwa bei der Betrachtung der traditionellen chinesischen Medizin, eigene Interpretationen zurückzustellen. Diese Problematik muß auch in den hier übersetzten Texten des taiwanesischen Meisters Song mitbedacht werden. Es erscheint an einigen Stellen fraglich, ob seine Vorstellungen von den körperinneren Wirkweisen des T'ai-chi-Faustkampfes chinesischer oder westlicher Physiologie entstammen oder ob jene schon erwähnte Vermischung stattgefunden hat.

Von einer Begriffserklärung des ›T'ai-chi ch'üan‹ soll hier abgesehen werden, da dies an anderer Stelle schon unternommen wurde[1] und zudem im Abschnitt D auf die zugrundeliegenden philosophischen Konzepte eingegangen wird. Vielmehr soll eine charakterisierende Darstellung in das Wesen des T'ai-chi-Faustkampfes einführen und aufzeigen, wie diese Kampfkunst heute von ihren wichtigsten Vertretern gesehen und vermittelt wird und wie die oft als phänomenal beschriebene Kraftentwicklung im T'ai-chi ch'üan auch mit mechanischen Prinzipien erklärt werden kann.

Bei dem auf festen Regeln beruhenden T'ai-chi ch'üan spielen körperliche und geistige Entspanntheit und Weichheit eine sehr wichtige Rolle. Unabhängig von Alter, körperlicher Konstitution oder Geschlecht kann man nach diesen alten Methoden üben und damit sowohl für seine körperliche Gesundheit sorgen als auch ein effektives System der Selbstverteidigung erlernen. Die Bewegungsabläufe werden hauptsächlich von der Willenskraft gesteuert, um mit der ›Wurzelkraft‹ der Füße über die Hüften eine gleichzeitige Aktion von Rumpf und Armen zu bewirken. Dies ist die Umsetzung des Prinzips, daß man »mit dem Willen das Qi bewegen, mit dem Qi den Körper bewegen«[2] kann. Zusätzlich erfolgt eine Anpassung der Bewegungen an die Brust- und Bauchatmung, so daß die inneren Organe massiert sowie Qi und Blut in Bewegung gebracht werden. Diese Methoden des T'ai-chi ch'üan beruhen auf der Theorie des I Ging, in der zum ersten Mal der Begriff des T'ai-chi auftaucht.[3] Eine weitere Besonderheit des T'ai-chi ch'üan wird in dem Satz »benutze die Vorstellungskraft, nicht rohe Kraft«[4] deutlich; es trainiert also den Geist mehr, als es den Körper stählt, und führt so zu geistiger Entspannung und

Ausgeglichenheit. Um dahin zu gelangen, müssen diese Übungen ständig wiederholt werden. Erst wenn man völlig mit ihnen vertraut ist, können körperliche Beweglichkeit wie auch geistige Flexibilität gleichzeitig erreicht werden. Erst dann kommt es zu einem selbsttätigen, hilfreichen Wechselspiel zwischen Weichheit und Härte, und langsam entdeckt man die Eigenart und Richtung der ›Jin-Kraft‹. Diese Erkenntnisse werden in Partnerübungen (Tuishou, Sanshou) für die Selbstverteidigung so weit verfeinert, bis man in der Lage ist, einen Angriff durch äußere ›Rohkraft‹ mit Hilfe von Entspanntheit, Sensibilität und Weichheit zu überwinden. Im T'ai-chi ch'üan soll also keinerlei Rohkraft verwendet werden, vielmehr wird versucht, die gegen den eigenen Körper gerichteten Kräfte zu neutralisieren und ins Leere laufen zu lassen. (Anmerkung des Übersetzers)

## 1 Charakteristika und Methodik des T'ai-chi ch'üan

Ein wesentliches Kennzeichen des T'ai-chi ch'üan ist, daß sowohl der gesamte Körper gekräftigt als auch das Qi gemehrt werden soll. Statt die Muskulatur einzelner Körperbereiche zu kräftigen, wird vielmehr eine gleichmäßige Ausbildung der gesamten Körpermuskulatur angestrebt. Eine Entspannung der Glieder und des Rumpfes hat für viele Erkrankungen eine heilende Wirkung.

Die grazil wirkenden Bewegungsabläufe des Ch'üan können unabhängig von Ort, Zeit oder Anzahl der Teilnehmer geübt werden. Die Techniken dieses Faustkampfes betonen nicht den Angriff, sondern legen in erster Linie Wert auf die Verteidigung. Man lernt, sich seiner Aktionen voll bewußt zu werden, und die dem T'ai-chi ch'üan immanente daoistische Philosophie leitet dazu an, unnötige Konfrontationen zu vermeiden. Die verschiedenen Stile des T'ai-chi ch'üan haben einen gemeinsamen Ausgangspunkt, so daß die folgenden Methoden für alle Stile gültig sind. Doch schon im ›Kommentar zum T'ai-chi ch'üan‹ ist der Hinweis zu finden: »Dieser Zweig (der Kampfkunst) kennt viele Nebenpforten (Lehren). Obwohl die Stellungen Unterschiede aufweisen, gehen sie nicht über die Schwäche (oder Stärke) der Konstitution hinaus. Das Langsame gibt dem Schnellen nach, Kraft besiegt Kraftlosigkeit; ist die Hand langsam, so gibt sie der schnellen nach.

Dies alles sind angeborene Fähigkeiten, unabhängig von der persönlichen Lernfähigkeit und dem dadurch erworbenen Vermögen.«[5] Die Methoden oder auch Wesenszüge des T'ai-chi ch'üan wurden traditionell nur mündlich innerhalb der Familie bzw. Schule vermittelt. Zwischen 1917 und 1925 übte Chen Weiming in Guangping bei Yang Chengfu das Yang-Stil-T'ai-chi ch'üan, wurde vom Meister in diesen Stil eingewiesen und hat die wichtigsten Punkte erstmals aufgezeichnet.[6] Heute finden sich diese zehn Regeln des Yang-Stils in den meisten T'ai-chi ch'üan-Büchern. Ich habe sie noch um einige Anmerkungen erweitert.

### *1.1 Unterscheidung von Leere und Gewichtung*

Schon im ›Klassiker des T'ai-chi ch'üan‹ ist zu lesen: »Leere und Gewichtung sollen klar unterschieden werden. Jeder Bereich weist in sich wieder Bereiche von Leere und Gewichtung auf.«[7] So wird das Schwerkraftzentrum des gesamten Körpers immer nur von einem Bein getragen, das fest mit dem Fuß am Boden ›klebt‹ und somit verwurzelt ist. Natürlich findet in den einzelnen Figuren einer Sequenz laufend ein Wechsel dieser Gewichtung statt. Das jeweils belastete Bein bleibt unbewegt und entspricht mit seiner Gewichtung der Passivität, Yin. Das unbelastete Bein sollte nur sein Eigengewicht und nicht das Gewicht des Körpers tragen und symbolisiert durch seine grundsätzliche Beweglichkeit die Aktivität, Yang. Während der Verlagerung des Schwerkraftzentrums von einem Bein auf das andere durchläuft dieser Prozeß alle Variationen zwischen 100% und 0% Gewichtung. Beide Beine länger gleichzeitig zu belasten, wird als Doppelgewichtung bezeichnet und ist ein gravierender Verstoß gegen die Übungsprinzipien.

### *1.2 Ruhe und Bewegung in den Handtechniken*

Im T'ai-chi ch'üan gibt es keine eigenständige Bewegung der oberen Gliedmaßen. Die Arme folgen immer den entsprechenden Aktionen von Hüften und Beinen. Der Wechsel zwischen Ruhe und Bewegtheit soll eine Lockerung der Schulter-, Ellbogen- und Handgelenke bewirken. Im ›Kommentar zum T'ai-chi ch'üan‹ heißt es: »Der Ursprung von Bewegung und Ruhe ist die Mutter von Yin und Yang. In der Bewegung werden sie unterschieden, in der Ruhe vereinen sie sich... Yin verläßt nicht Yang, und Yang verläßt nicht Yin, beide ergänzen sich gegenseitig. Dieser Lehrsatz ist notwendig für ein Verständnis der Jin-Kraft.«[8] Dieses Phänomen gibt es allerdings nur in der Solo-Übung, denn sobald die Hände in der Partnerübung ein Gegenüber berühren, kommt es zur Trennung in Leere und Gewichtung: Aktivität wird zur Gewichtung, Passivität wird zur Leere. Hier liegt also eine Diagonalkorrespondenz vor, wodurch die Jin-Kraft des oberen Bereiches mit der des entsprechenden unteren Bereiches verschmolzen werden kann, und zwar über das Zentrum des Körpers, das Dantian. Wenn z. B. der linke Arm und das rechte Bein gewichtet sind, so bleiben der rechte Arm und das linke Bein ungewichtet. Doppelgewichtung oder doppelte Leere in den Armen führen zu einer ungünstigen Position. Der ›Kommentar‹ führt dazu an: »Ist man doppelgewichtet, so stagniert man. Oft sieht man (Leute) für viele Jahre hart üben, die nicht zu neutralisieren vermögen und so selbst kontrolliert werden. Dies beruht auf einem Nichterkennen von Doppelgewichtung.«[8]

### 1.3 *Entspanntheit in den Beingelenken*

Die Knie- und Sprunggelenke sind für alle Bewegungen der Beine wichtige Drehpunkte. Daher sollte man möglichst oft diese Gelenke entspannen und sie lockern. Da im T'ai-chi ch'üan das Schwerkraftzentrum des gesamten Körpers jeweils von einem Bein getragen wird, muß dieses im Knie gebeugt werden, während das bewegliche Bein leicht und locker ohne Kraftaufwand auf dem Boden ruht, relativ unbelastet bleibt. Die Kniehöhlung soll also entspannt bleiben, was daran zu erkennen ist, daß in richtiger Position die Kniescheibe leicht beweglich bleibt. Ob nun das vordere Bein belastet ist und damit Passivität und Yin symbolisiert, oder ob das hintere Bein das Schwerkraftzentrum trägt, immer soll der Fuß des ungewichteten Beines sowohl mit der Ferse als auch mit den Zehen ganz am Boden aufliegen. Die ›Mentalen Erklärungen zum Ausführen der 13 Stellungen‹ sprechen von »einem Streben nach Geradheit in der Beugung«[9], d. h. man streckt das ungewichtete Bein nicht mit Kraft und beugt es auch nicht zu sehr. Die Lockerheit in den Sprunggelenken sorgt dafür, daß die Fußflächen als Wurzeln vollständig Kontakt zum Boden bewahren.

### *1.4 ›Gesetztes Handgelenk‹ und Unterarmdrehung*

Die Handtechniken des T'ai-chi ch'üan erfordern ein tiefes, inneres Entspannen der Handgelenke, wobei Unterarmknochen und Handwurzelknochen annähernd eine Gerade bilden. In allen Figuren der Soloform wird diese Haltung der Arm-Hand-Konstellation beibehalten, mit Ausnahme der beiden Figuren ›Beginn des T'ai-chi‹ und ›einarmige Peitsche‹, in denen die sogenannte ›Hakenhand‹ gefordert wird, und anderen Figuren, in denen die Faust zum Einsatz kommt. Durch die oben beschriebene Streckung soll eine freie Blut- und Qi-Zirkulation in den Handflächen und Fingern unterstützt werden. Dabei zeigen sich keine angespannten Sehnen an Unterarmen und Händen, zwischen den Fingern besteht jeweils ein gleichmäßiger Abstand, und durch ihre leichte Streckung sucht man auch hier die Geradheit in der Beugung. Optimal ist die Haltung, wenn sie möglichst natürlich ist, wobei aber keineswegs ein völliges Erschlaffen gemeint ist; das wird im Ch'üan als ›gesetztes Handgelenk‹ bezeichnet. Auf dessen Wichtigkeit bezieht sich der Satz im ›Klassiker‹: »Die Gestalt (vorteilhafte Ausführung) zeigt sich in den Fingern.«[10] Eine weitere Besonderheit betrifft die Drehung der Handflächen. Diese sowie die Handgelenke und Unterarme werden immer als Einheit gedreht. Ist das Handgelenk nicht gerade ausgerichtet, so bleibt eine Drehung des Unterarms verkrampft und bringt keinen Vorteil.

### *1.5 Senken der Schultern und Ellbogen*

Entspannte Schultern und der Schwerkraft entsprechend abgesenkte Ellbogen zeigen, daß die Gelenke der Arme korrekt gelokkert sind. Im Anfangsstadium der Übung erfolgt dieses Absenken meist willentlich und zeigt wenig Natürlichkeit. Daran erkennt man, daß der Zustand von bloßer Vorstellungskraft ohne Kraftanwendung noch nicht erreicht ist. Die Wechsel in den Handtechniken des T'ai-chi ch'üan erfolgen durch eben diese Vorstellungskraft und keinesfalls durch rohe Muskelkraft. Deshalb heißt es im ›Klassiker des T'ai-chi ch'üan‹: »Dies alles ist Vorstellungskraft und liegt nicht im Äußeren.«[10] Ohne Muskelkraft können Schultern und Ellbogen auch bei erhobenen Händen durch von Vorstellungskraft bewirkte Entspannung natürlich abgesenkt werden.

### 1.6 *Leicht eingewölbte Brust und Vertikalstellung des Beckenbereichs*

Die Ch'üan-Übung verlangt eine leichte Wölbung von Brust und Bauchbereich, so daß das Qi gut in das ›Zinnoberfeld‹ (Dantian, Schwerkraftzentrum unter und innerhalb des Nabels) abgesenkt werden kann. Dies wird dadurch unterstützt, daß der Rücken aufgerichtet wird. Dazu heißt es in den ›Mentalen Erklärungen der 13 Stellungen‹: »Ist der Bauchbereich entspannt, dann sammelt sich das Qi in den Knochen ... Bei einem abwechselnden Anspannen und Entspannen soll das Qi am Rücken haften.«[11] Ein übertriebenes Einziehen der Brust aber führt zu einer Rückenkrümmung und Anspannung der entsprechenden Muskulatur, was zu vermeiden ist. Beim Aufrichten des Rückens werden die Lendenwirbel senkrecht gestellt; dabei muß auf eine lockere Gesäßmuskulatur geachtet werden. So kann sich das Qi sammeln, und der Geist kann sich konzentrieren. Im ›Lied von der Form und Funktion der 13 Stellungen‹ heißt es: »Steht das Steißbein aufrecht, so dringt der Geist bis zum Scheitelpunkt durch. Der gesamte Körper ist beweglich, und der Kopf schwebt, wie an einem Faden aufgehängt.«[12]

### 1.7 *›Leerer Nacken‹ und Jin-Kraft bis zum Scheitelpunkt*

Unter einem leeren Nacken wird hier der gesamte Halsbereich verstanden, der soweit wie möglich entspannt sein sollte. Dabei bedient man sich der ursprünglichen Elastizitätskraft der Halsmuskulatur, um eine Neigung des Kopfes nach vorne, hinten oder zur Seite zu verhindern. Das gilt für alle Figuren des T'ai-chi ch'üan. Ein natürlich gehaltener Kopf erweckt den Eindruck, als würde er mit seinem Scheitelpunkt an einem Faden hängen. Er soll also weder hochgezogen noch hinuntergedrückt wirken. In der richtigen Haltung wird die Wirbelsäule gestreckt, was zu einer besseren Balance und damit auch zu einem freien Fluß von Blut und Lymphflüssigkeit sowie von Nervensignalen im Nakkenbereich führt. Damit kann die Reaktionsfähigkeit der Nervenzentren verbessert und die geforderte Flexibilität erreicht werden.

### 1.8 *Nach innen gerichteter Blick*

Wenn der Kopf diese ausbalancierte Haltung einnimmt, werden die Augen automatisch in die Horizontale blicken. Sie sollen dabei einen möglichst weiten Blickwinkel haben und keinesfalls auf einen Punkt fixiert sein, sondern frei umherschweifen. Wie in vielen Meditationstechniken wird auch im T'ai-chi ch'üan durch entspannte Augenlider und verkleinerte Pupillen versucht, die Sehfähigkeit zu erhalten, um den Geist nicht nach außen fließen zu lassen. Er soll »sich im Inneren sammeln« [13] und sich nicht durch eine Fixierung der Außenwelt zerstreuen, da das einen Verlust an Reaktionsvermögen bedeuten würde. Nur über einen gesammelten Geist im Inneren kann die tatsächliche Wirkkraft der Körper- und Handtechniken des T'ai-chi ch'üan erreicht werden, auch wenn dieser Zustand nur schwer mit Worten zu beschreiben ist.

### 1.9 *In das Dantian abgesenktes Qi*

Dieser Technik zur Konzentration des Geistes und zur Ansammlung des Qi wird im T'ai-chi ch'üan besondere Bedeutung beigemessen. Durch die Vorstellungskraft wird Atemluft nach unten geleitet, bis sich der Magenbereich entspannt und die inneren Organe etwas abgesenkt werden. Dadurch erscheint der Mittelbereich des Unterleibs leicht gewölbt. Physiologisch geschieht dieser Vorgang durch das Absenken des Zwerchfells, dem Magen und Darm nachfolgen. In der Kampfkunst des T'ai-chi ch'üan spricht man davon, daß »das Qi Bewegung stimulieren soll«. [13] Diese Forderung ist nicht leicht zu verwirklichen, aber körperlich deutlich wahrnehmbar. In der Soloform wird diese Besonderheit vom Anfang bis zum Ende beibehalten, denn eine Stimulierung der Bewegung durch das Qi ist von größter Wichtigkeit. Nach hinreichender Übung wird das ›wahre Qi‹ (Zhen qi) [14] aus dem Dantian fließen und den gesamten Körper durchdringen, so daß die Bewegung in der Soloform ein Andauern erhält, das dem Bild von treibenden Wolken oder fließendem Wasser gleicht.

### 1.10 *Bogen- und kreisförmige Bewegungen*

Alle Bewegungen des T'ai-chi ch'üan folgen bogen- oder kreisförmigen Linien bzw. Kreissegmenten. Im ›Kommentar zum T'ai-chi ch'üan‹ lesen wir dazu: »(Der Körper) steht aufrecht wie Ping- und Chun-Instrumente und ist beweglich wie ein Rad.« [15]

Die ›Mentalen Erklärungen‹ ergänzen: »Vorstellungskraft und Qi müssen Beweglichkeit erreichen, dann gibt es den Vorteil von runder Aktivität. Das ist es, was der Wechsel zwischen Leere und Gewichtung genannt wird.«[16] Die Körperbereiche sollen folglich beweglich werden wie Räder, denn erst dann können die Arme den Rumpfbewegungen nachfolgen. So entsteht über die Kreisförmigkeit Flexibilität in den Handtechniken und ein Gelingen ohne Begrenzung. Die eingeweihten Faustkämpfer vergleichen die Bewegung von Händen und Rumpf mit einem Meteor und seinem Schweif.

### *1.11 Verbundenheit in den Aktionen*

Nach dem Erlernen der Figuren der gesamten Soloform beginnt man die Bewegungen der einzelnen Figuren miteinander zu verbinden. Aber ohne das vorherige Studium jeder Einzelbewegung kann der vielbeschriebene, jedoch selten verwirklichte Fluß der Bewegung nicht entwickelt werden. Dazu wird im ›Klassiker‹ erklärt: »Es darf kein fehlerhafter Punkt auftreten, kein hervorstehendes Moment entstehen und kein Augenblick einer Unterbrechung auftauchen ... Man bewegt sich wie ein langer Fluß und das große Meer, die ohne Unterbrechung verbunden sind.«[17] Beim Verbinden der einzelnen Teilbewegungen sind die Prinzipien der Leichtigkeit, Langsamkeit, Gleichmäßigkeit und aufrechten Haltung zu beachten. Ohne Leichtigkeit gibt es keinen kreisförmigen Zusammenhang, ohne Langsamkeit keine runden Körperdrehungen und keine Entspanntheit, ohne Gleichmäßigkeit keine zusammenhängenden Bewegungen und ohne aufrechte Haltung keine fließenden Figuren. Oben und Unten sollen einander nachfolgen, Innen und Außen einander ergänzen, so bleibt die Verbundenheit ohne Unterbrechung erhalten.

### *1.12 T'ai-chi ch'üan als Ganzkörperübung*

Die Bewegungen aller T'ai-chi ch'üan-Figuren beziehen den gesamten Körper, die inneren wie die äußeren Bereiche, die Organe und die Muskulatur in die Übung mit ein. Die dargestellten Prinzipien verlangen ein Anpassen der Extremitäten an den Rumpf mit seinem Bewegungszentrum zwischen den Hüften, in der Taille. Alle Bereiche des Körpers sind gleichzeitig an einer Bewegung beteiligt. Der ›Klassiker‹ bemerkt dazu: »Sobald man sich bewegt, braucht der Körper Leichtigkeit und Flexibilität; alle Bereiche sind miteinander verbunden. Gibt es ein Oben, so gibt es auch ein Unten. Gibt es ein Vorne, so gibt es auch ein Hinten. Gibt es ein Links, so gibt es auch ein Rechts.«[17] Auch die ›Mentalen Erklärungen‹ erinnern an dieses Charakteristikum: »Denke immer daran: Sobald man sich bewegt, gibt es nichts, das sich nicht bewegt; sobald man ruht, gibt es nichts, das nicht ruht.«[18] Das ist eine Umschreibung des zehnten Punktes von Chen Weiming, in dem er ein Streben nach Ruhe in der Bewegung fordert.

»Beugen und Strecken entsprechen Schließen und Öffnen.«[19] Dieser Satz aus dem ›Lied von der Form und Funktion‹ steht in enger Beziehung zur These von Ruhe und Bewegung. Sobald man sich beugt, schließt und sammelt sich der Körper; dehnt und streckt man sich, so öffnet er sich. Je vertrauter man mit den Bewegungen wird, desto entscheidender ist, daß sich die Atmung auf natürliche Weise anpaßt. »Öffnet sich die Gestalt, so sammelt sich der Atem (Qi). Sammelt sich die Gestalt, so fließt der Atem (Qi) aus.«[20] Die durch Atmung ausgelöste Zirkulation des Qi und das Öffnen und Schließen des Körpers wirken auf diese Weise wechselseitig zusammen. Bedrängt die körperliche Aktivität die Qi-Bewegung, kommt es nicht zu Kreisförmigkeit und Gleichmäßigkeit. Beeinflußt die Atmung ihrerseits die Körperbewegungen, werden Blut und Qi in ihrer Zirkulation gehindert, und Flexibilität und Flinkheit gehen verloren. Innen und Außen müssen also einander ergänzen und dürfen sich nicht gegenseitig beeinträchtigen.

## 2 Auswirkungen der T'ai-chi-Faustkampfübung

T'ai-chi ch'üan kann – wie schon erwähnt – von Personen unterschiedlichen Geschlechts und Alters und unter den verschiedensten Intentionen betrieben werden. Der häufigste Grund, T'ai-chi ch'üan zu erlernen, scheint heute im Streben nach körperlicher und geistiger Gesundheit zu liegen. Im Laufe des Trainings kommt dann oft als zusätzlicher Ansporn die Wiederentdeckung verlorengegangener, ursprünglicher Körperfähigkeiten hinzu. Und schließlich kann die in den Partnerübungen gewonnene Körperbeherrschung auch in Situationen einer notwendigen Selbstverteidigung von Nutzen sein. Von einigen klassischen Vertretern wird T'ai-chi ch'üan als Grundlage zur Kultivierung der eigenen Persönlichkeit betrachtet, wenn der Übende im Sinne der konfuzianischen Lehre des Da xue an sich arbeitet: »Nach der Untersuchung der Dinge wurde das Wissen (der Alten) vollständig. Nach Vervollständigung des Wissens wurden ihre Gedanken ernsthaft. Nach der Ernsthaftigkeit ihrer Gedanken wurden ihre Herzen ausgerichtet. Nach der Ausrichtung ihrer Herzen wurde ihre Persönlichkeit kultiviert. Nach der Kultivierung ihrer Persönlichkeit wurden ihre Familien ordentlich geführt. Nach der guten Führung ihrer Familien wurden ihre Staaten gut regiert. Nach der guten Führung ihrer Staaten wurde das gesamte Reich befriedet.«[21] Obwohl die Kunst des T'ai-chi ch'üan heute sowohl im Osten wie im Westen weit verbreitet ist, bleibt es angesichts der Kommerzialisierung und Vermarktung im Westen doch fraglich, ob die Grundlagen dieser Lehre und Persönlichkeitsschulung bekannt sind bzw. verstanden werden.

### *2.1 Bewahrung der körperlichen Gesundheit*

Die Evolution der menschlichen Spezies zeigt eine Entwicklung von rein körperlichen Tätigkeiten hin zu geistigen Leistungen. So hat sich der Mensch nicht nur physiologisch, sondern auch geistig an Umstände, Umgebung und Organisation des modernen Lebens angepaßt. Diese Veränderungen und Entwicklungen können dazu führen, daß die Organe, die den körperlichen Fähigkeiten dienen, zu wenig beansprucht werden und sich zurückentwickeln. Der nahezu weltweite Trend, menschliche Arbeit durch Maschinen zu ersetzen, führt zu mehr Freizeit für den Menschen und damit auch zu einer geringeren körperlichen Belastung. Andererseits werden die geistigen Fähigkeiten häufig übermäßig beansprucht. Ein körperlich unterforderter Mensch verliert jedoch leicht einen Teil seiner ursprünglichen Abwehrkraft gegenüber Krankheiten. Veränderte Umweltbedingungen setzen den Körper ebenfalls höheren Belastungen aus. Zur Erhaltung der Umwelt bleibt sicherlich viel zu tun, aber auch der Mensch selbst kann auf die Bewahrung seiner ursprünglichen Körperfähigkeiten achten. Regelmäßige T'ai-chi ch'üan-Übungen können einen Ausgleich für die ungesunden Lebenssituationen in Großstädten schaffen. Die geistigen Aspekte der Übungen tragen darüberhinaus zur mentalen Gesundheit bei, da der Übende eine größere Bewußtheit erlangt, was sich wiederum in seinem Alltag positiv auswirkt. Die Faustkampf-Übungen verbessern die Zirkulation des Blutes und der Lymphflüssigkeit, so daß die Nährstoffabsorbtion und die Verdauung unterstützt bzw. beschleunigt und der Stoffwechsel gefördert werden. Die Gleichmäßigkeit der Bewegungen wiederum läßt die Muskulatur des gesamten Körpers sich ausgewogen entwickeln und steigert dessen Anpassungsfähigkeit merklich.

### *2.2 Verbesserung der körpereigenen Fähigkeiten*

Auch wer körperlich gesund ist, kann vom T'ai-chi ch'üan profitieren. Regelmäßiges Training verbessert nahezu alle körperlichen Aktivitäten, man vermag ausdauernder zu arbeiten, kann Hitze und Kälte besser ertragen, wird widerstandsfähiger gegen Krankheiten, und selbst auf den Gefühlssinn und die Urteilskraft sind positive Auswirkungen deutlich spürbar. Menschen, die lange Jahre und regelmäßig T'ai-chi ch'üan-Übungen ausgeführt haben, besitzen ein größeres Lungenvolumen, sind konditionell ausdauernder und verfügen über größere Kraft in Beinen, Knien und Füßen sowie über eine gut trainierte Herzmuskulatur. Neben der geringeren Krankheitsanfälligkeit ist auch ihr Selbstheilungsvermögen höher. Durch zu geringe körperliche Betätigung wird die Zirkulation von Blut- und Lymphflüssigkeit im Unterleibsbereich behindert, und in der Folge treten oft Krankheiten der Atemwege, des Magen-Darmtrakts und Kreislaufprobleme auf. Diese und ähnliche Zivilisationskrankheiten wie streßbedingte Herzerkrankungen, Sklerosen, Arthritis, Nierenprobleme, Nervenschwäche und Psychosen können durch die Faustkampfübungen positiv beeinflußt werden. Im Gegensatz zu vielen anderen Sportarten ermöglichen die T'ai-chi ch'üan-Übungen in einer subtilen Weise, gleichzeitig Herz und Körper zu entspannen und die Körperkraft zu stärken.

### *2.3 Kultivierung des Geistes*

Die geistige Einstellung bildet im menschlichen Leben die Grundlage von Güte, aber auch der Bosheit. In den modernen Industriegesellschaften wird häufig recht einseitig ausschließlich wissenschaftliches Denken gefördert und gefordert. Charakterformung gilt als Privatangelegenheit und nicht als eine öffentlich zu unterstützende und zu lehrende Haltung. Das kann bei vielen Menschen zu Zögern und Zaudern in vielen Situationen führen, den Kennzeichen eines zerstreuten und abwesenden Geistes. Da unser Geist heute so vielen Reizen ausgesetzt ist, wirkt er bei vielen Menschen konfus und richtungslos. Die vorhandene Intelligenz wird oft nicht erschlossen und genutzt. Die Kunst des T'ai-chi ch'üan versucht diesem Phänomen mit ihren tradierten Lehrsätzen entgegenzuwirken. ›Sich selbst vergessen und auf andere eingehen‹, ›sich geistig öffnen wie ein weites Tal‹, ›die Persönlichkeit moralisch aufrichten und gerecht sein‹ und ›das Qi ins Dantian absenken‹ sind Angebote zu einer geistigen Haltung, die eine Sammlung des Geistes bewirken und dessen Zerstreuung verhindern soll. Das Ziel ist eine tiefe Konzentration nach innen, ohne Abhängigkeit von der Außenwelt, eine Harmonie in den äußeren Bewegungen, eine Geistbefriedung im Inneren. Eine derartige Entspannung von Körper und Geist wird in den ›Mentalen Erklärungen‹ mit den Worten »innen den Geist festigen, äußerlich Ruhe zeigen«[22] ausgedrückt. Durch beharrliche Übungen werden die körperlichen Voraussetzungen einer geistigen Haltung geschaffen, die sich das Streben nach Vervollkommnung zur Gewohnheit macht. In diesem Reifungsprozeß verfeinern sich die Charakteranlagen und führen zu größerer Weisheit.

### *2.4 Verlängerte Lebenserwartung*

Das T'ai-chi ch'üan folgt methodisch dem Yin und dem Yang und wurzelt tief in der Theorie des I Ging. Es setzt nach Meinung vieler taiwanesischer Kampfkunstschulen die medizinischen Traditionen um den Gelben Kaiser (Huangdi) und die meditativen Aspekte der Lehre des Laozi fort. Durch Nährung des Qi und Beleben des Blutflusses, durch Entspannung und Anpassung, durch Mehrung in den fünf inneren Speichern und Stärkung der fünf äußeren Paläste[23] sollen der Charakter kultiviert, Krankheiten ferngehalten und das Leben verlängert werden. Deshalb schreibt der Verfasser der Anmerkung zum ›Klassiker des T'ai-chi ch'üan‹: »Ich wünsche, daß die Helden im Reich ihr Leben verlängern und nicht nur das eine Ende (der Kunst, nämlich) die Ausübung der (Kampf-)Technik betreiben.«[24] In der Übung des T'ai-chi ch'üan geht es also nicht nur um die Haltung von Rumpf und Gliedern in der Bewegung, sondern auch vor allem darum, das Qi zu mehren und den Geist zu kultivieren. In den ›Mentalen Erklärungen‹ wird daher verlangt: »Zuerst im Herzen, dann am Körper.«[25] Auch im ›Lied der Form und Funktion‹ wird dies angedeutet: »Vorstellungskraft und Qi sind die Herrscher, Knochen und Fleisch folgen als Minister.«[26] Negativen Strömungen wie Sorgen und Bedrückungen begegnet das T'ai-chi ch'üan mit eben dieser Geistkonzentration und Qi-Sammlung, so daß man selbst unter Bedrängnis ruhig bleibt, keine Verwirrung aufkommen läßt und großmütig handeln kann. Schon die ›Abhandlung über das naturgemäße und wahrhaftige (Dasein) im hohen Altertum‹[27] im ›Klassiker des Inneren‹ vom Gelben Kaiser sagt dazu: »Ist man mit dem leeren Nichts zufrieden, so folgt das wahre Qi nach. Die Verfassung wird im Inneren bewahrt, und wie könnten Krankheiten aufkommen?« Bereits vorher heißt es im gleichen Text: »(Die Alten) wußten um den Weg, um die Gesetzmäßigkeit von Yin und Yang, um die Harmonisierung und Nährung der Essenzen und des Qi. Ihr Essen und Trinken kannte die richtigen Grenzen, und ihr Lebensrhythmus war regelmäßig; sie arbeiteten ohne Unterlaß an sich. So erhielten sie Körper und Geist und erreichten ein himmlisches Alter.«[27] Die höchsten Prinzipien des T'ai-chi ch'üan sind ausgedrückt im Begriff des ›mit dem Nichts zufrieden sein‹, im ›Bewahren des wahren Qi und des Geistes‹, in den Forderungen ›ohne Unterlaß an sich arbeiten‹ und ›Körper und Geist vereinen‹. So kann man die Speicher auffüllen und die Paläste stärken und sein Leben verlängern.

### 2.5 *Vermeidung von Unglück*

Im T'ai-chi ch'üan sind die fünf Schrittmethoden von grundlegender Bedeutung. Sie korrespondieren mit der Theorie der fünf Wandlungsphasen (Wu xing) wie folgt: Vordringen (Jin) – Wasser, Winter, Norden; Zurückschreiten (Tui) – Feuer, Sommer, Süden; Nach-rechts-Blicken (You pan) – Holz, Frühling, Osten; Nach-links-Blicken (Zuo gu) – Metall, Herbst, Westen; Sich-im-Zentrum-Stabilisieren (Zhong ding) – Erde, Zentrum.[28] Häufiges Training in der sogenannten Bufa macht Schritt und Tritt sehr exakt und verleiht dem Schwerkraftzentrum des Körpers Stabilität. Auch im Alter sollte man bei allen Bewegungen zuerst immer den Fuß fest auf den Boden aufsetzen, ehe das Körpergewicht darauf verlagert wird. Damit bleibt das Schwerkraftzentrum im Gleichgewicht, und der Gang wird gewandter. Bei Dunkelheit helfen die so gewonnenen Fähigkeiten, Stolpern und Stürzen zu vermeiden. Auch das Üben der Ch'üan-Figuren hilft in alltäglichen Situationen, da man ungewohnt deutlich die eigene Bewegungsgeschwindigkeit wie die der anderen Personen wahrnimmt. Durch diese sogenannten antrainierten Reflexe kann man in gefährlichen Situationen locker und spontan reagieren und manchen Unfall vermeiden. Kommt es aber dennoch zu Verletzungen, sind diese für eingeweihte Anhänger der Kunst nicht so schwerwiegend. Durch das jahrelange Training weisen sie einen stabileren Knochenbau auf, der auf reiche Gallert- und Kalziumeinlagerungen zurückzuführen ist. Dieses Phänomen ist leider kaum überprüfbar, aber es scheint sich hier um die Wiedergewinnung verlorengegangener ursprünglicher Schutzmechanismen zu handeln. Durch T'ai-chi ch'üan werden vermutlich verlernte körpereigene Fähigkeiten wieder entdeckt. Die vielen subjektiven Bestätigungen dieses Phänomens ersetzen jedoch nicht die dazu noch notwendigen empirischen Untersuchungen.

### *2.6 Neutralisierung gegnerischer Angriffe*

Da die Lehre ein Kultivieren der Persönlichkeit in den Vordergrund stellt, werden die Könner (Gaoshou) ihre Verteidigungstechnik nur in wirklichen Notfällen einsetzen. Gewöhnlich geschieht das Üben der Figuren sehr langsam. Auch in einer gefährlichen Situation kann man sich später als der Gegner bewegen und dennoch bei völliger Entspanntheit früher das Ziel, dessen Körper, erreichen. Im ›Lied vom Händeschieben‹ (›Pushing Hands', Tui shou) heißt es: »Bewegt sich der Gegner nicht, so bewege ich mich nicht; bewegt sich der Gegner auch nur etwas, so bewege ich mich früher (eigentlich später, erreiche aber durch völlige Entspanntheit das Ziel früher).«[29] Beim Berühren durch eine andere Person ist man leicht wie eine Feder, aber das Ausstoßen der Jin-Kraft erfolgt mit der Geschwindigkeit eines Pfeiles. Aktives Angreifen ist in dieser Faustkampfkunst grundsätzlich verpönt; es geht einzig und allein darum, dem Angriff eines Gegners nicht zu unterliegen. Deshalb heißt es im ›Lied vom Händeschieben‹ weiter: »Den Gegner anziehen, bis er erschöpft ist, und dann wegstoßen.«[29] Im ›Kommentar‹ findet sich eine weitere wichtige Aussage zur Selbstverteidigung, wenn davon gesprochen wird, daß man mit wenig Kraft eine wesentlich stärkere Kraft neutralisieren kann, wenn man über entsprechende Sensibilität und Technik verfügt. Hier verweisen die T'ai-chi-Meister auf Parallelen zur Kriegskunst des Sunzi. Beide Lehren beruhen auf der daoistischen Philosophie und wurzeln in der Theorie des I Ging. Taktik und Strategie haben ein gemeinsames Ziel[30], wenn versucht wird, in einer eigentlich unterlegenen Situation durch besonderes Gespür und Raffinesse diesen Nachteil auszugleichen und doch noch den Sieg zu erringen.

# Bilder bekannter Altmeister

*T'ai-chi ch'üan-Begründer*
*Zhang Sanfeng*

*Altmeister Yang Jianhou*

*Altmeister Yang Chengfu*

*Altmeister Wu Jianquan*

*Meister Wu Yuting*

*Meister Zheng Manqing*

*Meister Song Zhijian*

## 3 Ursprung des T'ai-chi-Faustkampfes

Die Herkunft des T'ai-chi ch'üan ist kaum noch ganz zurückzuverfolgen oder zu klären. Bevor es als Ch'üan, Faustkampf, bezeichnet wurde, waren schon ähnliche Kampfformen unter anderen Bezeichnungen bekannt. Es gab ›T'ai-chi gong‹, eine Form des ›Xiao jiu tian‹, die Formen der 13 Stellungen und der 37 Figuren. Auch diese Kampfformen werden zur Tradition des T'ai-chi ch'üan gezählt. Geht man vom Namen T'ai-chi aus, kann man vermuten, daß diese Künste von Daoisten begründet worden sind. So folgen denn auch die Figuren und Bewegungen dem Prinzip des I Ging, dem Buch der Wandlungen. Das Chouyi[31] sagt: »Ein Yin und ein Yang werden als Weg bezeichnet. Das, was es verbindet, ist das Gute. Das, was es vollendet, ist die Natur.«[32] Weiter heißt es: »Im I Ging gibt es vier (Dinge), die den Weg der Weisen (charakterisieren). Für die Rede ehrt man seine Erklärung; für die Bewegung schätzt man seinen Wandel; für die Beherrschung der Gerätschaften respektiert man seine Erscheinung, für die Wahrsagung achtet man seine Vorhersagen«[33] Die Daoisten betonen die Ruhe, und ihr Ziel ist die Verbesserung und Kultivierung der eigenen Persönlichkeit. T'ai-chi ch'üan nun verbindet Bewegung und Ruhe, um in der Ruhe die eigene Persönlichkeit zu nähren und in der Bewegung die Ruhe bestmöglich zu entwickeln. Wandel in der Ch'üan-Theorie gründet auf dem Wechselspiel von Schließen und Öffnen, Härte und Weichheit, wie es im ›Großen Appendix‹ zum I Ging steht: »Ein Schließen und ein Öffnen machen den Wandel aus.«[34] Die Übung folgt also der Aussage »Härte und Weichheit bewegen sich gegenseitig und bringen den Wandel hervor«.[35] Die daoistische Philosophie des Laozi formulierte es so: »Das Weichste auf der Welt durchdringt das Härteste der Welt. Das Formlose durchdringt das Harte (Formhafte). Dadurch weiß ich um den Vorteil des Nicht-Handelns.«[36] Weiter heißt es: »Durch Bewegung des Qi erreicht man Weichheit und kann wie ein Säugling atmen.«[37] »Das weiche Schwache besiegt das harte Starke.«[38] Hier werden die Hauptaspekte von Ruhe und Bewegung in den T'ai-chi ch'üan-Übungen deutlich. Dazu kommen die daoistischen Praktiken im Zusammenhang mit dem ›inneren Elixier‹ (Neidan). Einerseits wird also das Qi gesammelt und der Geist konzentriert, andererseits werden Sehnen und Knochen trainiert, um das vom

Himmel gegebene Leben zu erhalten und zu verlängern. Schon Konfuzius schrieb in seinem Kommentar zum ersten Hexagramm: »Der Weg des Himmels ist der Wandel, so daß alles seine wahre Natur nach himmlischem (Willen erreicht).«[39] So weisen die beiden wichtigsten chinesischen Philosophen in ihren Weisheitsbüchern deutlich auf die besondere Methodik des T'ai-chi ch'üan hin.

Da in früheren Zeiten exakte Aufzeichnungen unter den Faustkampfvertretern nicht üblich waren, stammen die ersten belegbaren Quellen zum T'ai-chi ch'üan aus einer Biographie des Faustkampfmeisters Zhang Songqi, der in der Ming-Dynastie, Regierungsdevise Chenghua, 1482 geboren wurde.[40]

Eifersüchteleien und Rivalitäten unter den Schulen bewirkten, daß immer wieder verschiedene Versionen der Überlieferung entstanden und noch immer im Umlauf sind.[41] Hier soll nun auf die Tradierung eingegangen werden, die heute in Taiwan im ›Komitee zur Förderung und Verbreitung des T'ai-chi ch'üan‹ gepflegt wird, das seinerseits in der ›Gesellschaft der martialischen Künste der Republik China‹ organisiert ist.[42]

(Im chinesischen Original folgt nun eine tabellarische Auflistung von Meistern, ihrer Wirkungsorte und Schüler. Der Übersetzer fertigte auf Wunsch Meister Song's statt dessen eine graphische Übersicht als Überlieferungsschema an, in dem die meisten erwähnten Namen, Orte und Daten nachlesbar sind. Im folgenden werden hier nur die von Meister Song gesammelten Anekdoten und Schriften zu den bekannteren und wichtigen Vertretern der Kampfkunst wiedergegeben. Anmerkung des Übersetzers)

### *3.1 Altmeister Cheng Lingxi*[43]

Der frühe T'ai-chi ch'üan-Meister Cheng Lingxi mit dem Ehrennamen Yuandi lebte während der Herrschaft des Liang-Kaisers Wu (502–549). Er war kräftig und mutig, wurde aber von vielen als merkwürdig bezeichnet, weil er die Gemeinschaft mit anderen mied. Nach etwa zehn Übungsjahren im T'ai-chi gong unter Meister Han Gongyue waren seine Bewegungen leicht und flink, und er vermochte bis zu 80 km am Tag zu marschieren. Er vervollkommnete seine Fähigkeiten immer mehr, bis ihn auch ein Kampf mit mehreren Gegnern gleichzeitig nicht außer Atem bringen konnte. Zur Zeit der Houjing-Unruhen[44] trainierte er Schüler aus seiner Umgebung und befriedete dieses Gebiet. Sein Ruhm wuchs, und so berief man ihn als Beschützer nach Xizhou in die Provinz Anhui. Im Jahr 554, dem letzten unter Kaiser Yuan, in der Zeit der Regierungsdevise Chengsheng, wurde er Friedensrichter von Xiuning.

Cheng Lingxi werden folgende Schriften zugeschrieben: ›Lied von der Rückkehr der vier Naturen zum Ursprung‹, ›Fünf Aufzeichnungen zum Gebrauch des Gongfu‹, ›Methoden der Betrachtung des Klassikers und ihr Verständnis‹.[45] Sie alle enthalten wichtige Punkte zum Üben des T'ai-chi gong; im letztgenannten Werk schrieb er: »T'ai-chi gong kann man ohne Studium des I Ging nicht verwirklichen; dies versteht man irgendwann in seinem Innersten. Das Können liegt im Körper und überschreitet dann die offenkundigen Erscheinungen, bis es die Ringförmigkeit erreicht. Viele Leute verstehen dies nicht; ich aber weiß von dessen Wunder.«[45] Über viele Generationen hinweg erreichte seine Methode der Kampfkunst schließlich den bekannten Gelehrten Cheng Mi der Hanlin-Akademie im Zeitraum Zhaoxing (1131–1163) der Song-Dynastie. Es bleibt anzumerken, daß diese Faustkampfform bereits mehrere Figuren mit den gleichen Bezeichnungen wie in der heutigen »Langform der 13 Stellungen« beinhaltete.

### *3.2 Anekdoten zu Xu Xuanping*[46]

Der Einsiedler Xu lebte während der Tang-Dynastie in dem Dorf Xu im Kreis Xizhou, Provinz Anhui. Die Quellen schildern ihn als von Geburt an kräftig und begabt, dabei aber bescheiden. Aufgrund seiner Größe und seiner Körperkraft verdiente er sich in jungen Jahren seinen Lebensunterhalt mit Holzholen aus den unzugänglichen Bergen. Sein einfaches Leben ließ ihm genügend Zeit, die daoistischen Schriften und das I Ging zu studieren. Nach tagelanger körperlicher Arbeit betrank er sich gern und sang seine Lieder so laut, daß sie noch in den Nachbarhäusern zu hören waren. Vom Erlös seiner Arbeit gab er auch Bedürftigen ab. Um 710, unter der Regierungsdevise Jingyun, wurde er von Yu Huanzi, einem daoistischen Priester, in Meditation und T'ai-chi gong eingeführt. Daraufhin zog er sich in die Yang-Berge von Xinancheng zurück, lebte vegetarisch und tauchte nur gelegentlich ebenso schnell in Dörfern auf, wie er wieder verschwand. Als ›Heiliger in der Einöde‹ trug er einen langen Bart, wirres Haar und ging barfuß. Innerlich nährte er ›die verborgene Mutter aller Dinge‹ (das Elixier der Unsterblichkeit), nach außen übte er die Kampfkunst. Nie sprach er über sein Können und weihte nur sehr wenige ein. Und doch wurde seine Kunst über Song Yuanjiao bis zu Song Shuming in das heutige Taiwan überliefert. Diese Form diente auch Zhang Sanfeng als Ausgangspunkt, und so verwundert es nicht, daß beide Formen einander sehr ähnlich sind. Nach Yue Xiuting hinterließ er folgende Schriften: ›Das Lied der acht Zeichen‹, die ›Abhandlung vom Können des Herzens‹, die ›Abhandlung vom großen Nutzen des gesamten Körpers‹, die ›Abhandlung der 16 Schlüsselpunkte‹ und das ›Lied vom Gebrauch des Gongfu‹.[47] Von ihm heißt es, daß er in der Faustkampftechnik höchstes Niveau erreichte. Monatelang meditierte er in einsamen Bergtälern, und wenn er von dort zu Ansiedlungen kam, sang er: »Holz tragen, es verkaufen, Wein trinken und abends zurückkehren, überall sein Zuhause haben, sich in Wolken kleiden, in die grünen Berge ziehen.«[48] Einige deuteten diese Sprüche als verwirklichtes Dao und versuchten ihn in seiner Hütte zu besuchen und zu befragen, doch niemand fand seine Bleibe. An Tempelwänden auf ihren Wegen lasen sie jedoch: »Seit 30 Jahren lebe ich im Verborgenen, baute meine Hütte auf den Gipfeln des Südbergs; die ruhige Nacht spielt mit dem hellen Mond, am Morgen trinke ich frischen Quell; der Holzfäller singt in seiner Höhle, die Vögel im Tal spielen vor der Felswand. Ich bin glücklich und vergesse das Alter, vergeße die Jahreszahl.«[48] Diese Zeilen kamen im Jahr 742 dem Dichter Li Bo zu Ohren, als er zum Tai-Berg im Osten reiste, den Huai-Fluß überquerte und nach Suzhou und Hangzhou kam. Seufzend soll er gesagt haben: »Dies sind die vollkommenen Sätze eines Weisen.«[48] Dann erkundigte er sich nach dem Aufenthaltsort des Verfassers, überquerte Gewässer und Berge und suchte Xu in den Bergen von Xizhou. Auf halbem Weg traf er einen Holzfäller, den er befragte. Dieser antwortete: »Dort, wo ein Bambusstrauch vor der Tür steht, ist das Zuhause des Weisen Xu.«[48] Als der Dichter das Haus erreichte, aber niemanden antraf, wurde ihm klar, daß jener Holzfäller kein anderer als Xu selbst gewesen war. So hinterließ er unterhalb der Hütte an einem Brückchen folgendes Gedicht für den Einsiedler: »In meinem Obdach hörte ich Eure Poesie; so kam ich, um einen Weisen zu sehen, aber rauchige Gipfel verschleiern die hohen Spuren, Wolken und Wald schirmen den Himmel zu sehr ab. Ich sah seine Bleibe, aber sie war verlassen. Zögernd nehme ich den Wanderstock und denke, Ihr seid wie ein weit entflogener Kranich, der erst nach 10000 Jahren zurückkehrt.«[48] Bei seiner Rückkehr sah Xu das Gedicht und soll gemurmelt haben: »Die Lotosblätter eines Teiches gereichen mir zum Kleiden, die Kräuter eines Mou nähren mich mehr als hinreichend; und trotzdem wollten mich Suchende sehen, ich muß also umziehen und noch abgelegener wohnen.«[48] Nachdem er seine Hütte verbrannt hatte, verschwand er in den Bergen, ohne eine Spur zu hinterlassen.

### *3.3 Anekdoten zu Li Daozi*

Am Ende der Tang-Dynastie lebte während der Zeit der Regierungsdevise Taihe (827–836) Li Daozi nördlich des Yangzi-Flusses im Kreis Huaining. Sein Geburtsname ist in Vergessenheit geraten. Schon als Kind studierte er auf dem Jiuhua-Berg den Daoismus, und da er bald als Okkultist bekannt war, nannten ihn die Leute Daozi, später Meister Li. Am Qian-Berg in Anhui, wo er als Einsiedler lebte und sich hauptsächlich von Weizen und ungekochter Kleie ernährte, errichtete er einen daoistischen Tempel. Die Landbevölkerung verspottete ihn als ›Kleie-Li‹, was ihn jedoch nicht störte. Wenn er im Wudang-Gebirge wanderte, verweilte er oft im Nanyan-Palast. Im Faustkampf verstand er hervorragend die Prinzipien Ruhe und Bewegung miteinander zu verbinden. Es gelang ihm, aus der Abwehrhaltung (Pengshi) seiner Gegner soviel Kraft zu ziehen, daß er zehn Fuß hoch springen konnte. Er sprach sehr wenig mit anderen, und wenn er sprach, sagte er meist nur: ›Oh großes Universum‹. Seine ›Langform des früheren Himmels‹ wurde bis in die Song-Zeit weitergegeben, in der seine Nachfolger Yu Qinghui und Yu Yicheng ihre Schüler anhielten, den Altmeister Li am Qian-Berg zu verehren, der anscheinend unsterblich war. Eines Tages verschwand er jedoch, ohne Spuren zu hinterlassen. 400 Jahre später wurde der Yu-Stil durch Yu Lianzhou, Yu Daiyen und Mo Shenggu wieder bekannt. Zur gleichen Zeit waren Xu Xuanping's Nachfolger Song Yuanjiao, Hu Jingzi's Erbe Yin Liheng und Zhang Sanfeng's Meisterschüler Zhang Songqi und Zhang Cuishan ihrer Kampfkünste wegen berühmt. Diese sieben Meister haben aufgrund der gemeinsamen Theorie sehr ähnliche Kampfstile entwickelt, gemeinsam nach Verbesserungen gesucht und oft miteinander trainiert. Nach den in der Song-Familie aufbewahrten Aufzeichnungen von Song Yuanjiao sind diese sieben Meister einmal nach Huguang in die Wudang-Berge gereist. Dort begegnete ihnen ein heruntergekommener Daoist, bei dessen Anblick Yu Lianzhou plötzlich ausrief: »(Ich bin) ein Anhänger in der vierten Generation.«[49] Qinghui und Yicheng fragten ihn verwundert, was das bedeute, und Lianzhou sagte: »Dieser ist kein anderer als mein berühmter Altmeister (Li Daozi).« Er kniete nieder und stammelte: »Mein hervorragender Lehrer von Anfang an.« Der alte Daoist antwortete: »In den Sommern und Wintern der letzten Jahrhunderte habe ich den Mund nicht mehr geöffnet. Daß du heute auf mich triffst, ist ›das große Universum‹. Da du auf meinen Berg kommst, will ich dir etwas Gongfu beibringen.« Yu Lianzhou verbeugte sich noch einmal und erhielt eine Unterweisung, die seine Kampfkunst erheblich verbesserte. Als die sieben in den folgenden Jahren wieder dorthin zogen, war der alte Daoist nicht mehr anzutreffen. Doch sie alle hatten die eine Strophe des ›Geheimliedes zum Verständnis des Gongfu‹ tief durchdrungen: »Kein Ton, keine Form; der ganze Körper leicht und transparent; auf Dinge natürlich reagieren; ein Tonstein hängt am Westberg; der Tiger faucht und der Affe kreischt; der Fluß ist klar, das Wasser ruhig; der Strom fließt weit, erreicht das Meer; totale Natur vollbringt das Schicksal.«[50]

### 3.4 *Anekdotenhafte Biographie des Faustkampfgründers Zhang Sanfeng*

Um diese sagenumwobene Gestalt ranken sich schon seit mehreren Jahrhunderten viele mythologische Erzählungen, und noch heute ist sie Ausgangspunkt zahlreicher Spekulationen. Ein wissenschaftlicher Klärungsversuch von Anna Seidel endete 1970 mit den Worten: »Ich habe keine Fragen über die historische Existenz und die Denkweise von Zhang Sanfeng beantwortet, aber immerhin haben wir etwas erfahren, was aus seinem Leben in späteren Zeiten gemacht wurde.«[51] (Anmerkung d. Übersetzers) Obwohl seine Biographie in den Ming-Annalen Zhang Sanfeng nicht mit dem T'ai-chi ch'üan in Verbindung bringt[52], wird er von den heutigen T'ai-chi ch'üan-Anhängern als ihr Gründer angesehen, und viele T'ai-chi-Vereinigungen begehen in jedem Jahr Ende Mai seinen angeblichen Geburtstag.[53]

Nach dem Vergleich und der Beurteilung verschiedener Quellen soll Zhang Sanfeng anfangs in Jiangxi am Drachen-Tiger-Berg gelebt haben. Sein Ehrenname lautete Junbao, und er selbst bezeichnete sich als Abkömmling des daoistischen Oberhaupts. Schon sein Großvater Yuxian war in einer okkulten Wissenschaft, der Astrologie, bewandert und sagte bereits in der südlichen Song-Zeit voraus, daß sich eine neue Herrschaft im Norden des Reiches etablieren würde.[54] Deshalb zog er mit seiner Familie nach Liaoyang in Yizhou. Seinen einzigen Sohn Juren, auch Chang oder Shenan genannt, unterrichtete er selbst, damit dieser an den Auswahlprüfungen der Nordherrscher in der Zeit zwischen 1228 und 1234 (südliche Song-Regierungsdevise Zhaoding) teilnehmen konnte. Obwohl der Sohn die Prüfungen in Beiyu mit gutem Erfolg bestand, interessierte er sich nicht für eine Karriere am Kaiserhof; er war eher genügsam und verschwand eines Tages in den Wäldern. Im ersten Sommermonat des zweiten Jahres unter dem Yuan-Kaiser Ding Zong, im siebten Jahr der Regierungsdevise Chunyu des Süd-Song-Kaisers Li Zong, träumte Juren's Frau Lin von einem vom Himmel herabfliegenden Kranich, und am siebten Tag des vierten Monats nach dem Mondkalender wurde Sanfeng 1247 geboren.[55]

Zhang war das fünfte Kind der Familie. Von ihm wird berichtet, er habe die Figur einer Schildkröte, die Knochen eines Vogels, große Ohren und runde Augen gehabt. Mit fünf Jahren litt er an einer Augenerkrankung, die lange nicht geheilt werden konnte, so daß er zu erblinden drohte. Zufällig kam zu dieser Zeit der Vorsteher des Biluo gong (daoistischer Tempel), Zhang Yunan, in das Dorf, ein Mann von großem Wissen und eine beeindruckende Persönlichkeit. Er selbst nannte sich ›Mensch vom Baiyun-Berg‹, und als er den Knaben Zhang zu Gesicht bekam, rief er erstaunt aus: »Dieser Sohn trägt den Hauch eines Unsterblichen und hat die Knochen eines Daoisten; er ist keineswegs ein normaler Mensch. Aber seine Augen leiden sehr; deshalb sollte er um Aufnahme in mein Kloster bitten und seinen materiellen Wünschen entsagen. Dann können seine Augen geheilt werden.«[56] Der Vater erlaubte es ihm, und so folgte der Junge Zhang Yunan und wurde sein Schüler. Nach einem halben Jahr der Ruhe und inneren Nährung waren beide Augen geheilt. Jetzt studierte er die daoistischen Schriften und die klassischen Werke des Konfuzianismus. Zhang entdeckte bald seine Begabung, denn was er einmal gelesen hatte, das vergaß er nicht mehr, und so konnte er auch schwierigste Bedeutungen verstehen. Schnell vergingen sieben Jahre, und weil sich seine Mutter nach ihm sehnte und auch Zhang Yunan das Kloster verlassen wollte, verabschiedete er sich von seinem Lehrer und kehrte zu seiner Familie zurück. Auch dort konzentrierte er sich ganz auf das Studium der gelehrten Schriften. 1263, im ersten Jahr der mongolischen Regierungsdevise Zhongchong des Kaisers Shi Zu, im letzten Jahr des Süd-Song-Kaisers Li Zong, wurde er mit 16 Jahren bei einer Talentsuche entdeckt. Nach weiteren zwei Studienjahren galt er schon als ein Kenner der Literatur. Sein Name wurde bekannt und der Obrigkeit kundgetan, die ihn in den Staatsdienst übernehmen wollte. Das entsprach aber nicht seinem Wunsch; deshalb verbarg er sich, um die Position nicht annehmen zu müssen.

Im Herbst des ersten Jahres unter der Regierungsdevise Zhiyuan (1264) kam Zhang nach Peking (Yanjing), als der Mongolenherrscher Kubilai gewaltsam die neue Dynastie begründete und die Anstellung aller bekannten Talente proklamierte. Zhang zögerte, denn er wollte sich weiter umsehen und noch mehr lernen. Er machte Bekanntschaft mit dem städtischen Minister Lian Xixian, der sich sehr über seine Fähigkeiten wunderte. Schließlich vervollständigte Zhang Sanfeng sein Wissen in Zhongshan, Kreis Bolingling, heute Provinz Hebei, Kreis Li, und wurde Beamter. In seiner Freizeit reiste er manchmal zum Gehong-Berg, dem heutigen Berg Yu im Kreis Lantian in der Provinz Shanxi, wo der berühmte Daoist Gehong, auch Zhichuan oder Bao Puzi[57] genannt, während der Jin-Dynastie in der Einsamkeit seinen Studien nachging. Für Zhang stellte sich sein Beamtendasein immer mehr in Frage. Wie ein tropfender Trog (früher als Uhr verwendet) immer leerer wird, so entfernte er sich mehr und mehr von den gewöhnlichen Vorstellungen der Menschen, bis er sich schließlich immer drängender fragte: »Warum kann ich nicht so sein wie Zhichuan?«[58] Als seine Eltern im Jahr darauf starben, beendete er seine Beamtentätigkeit und kehrte wegen der Trauerfeierlichkeiten nach Liaoyang zurück. In jenen Tagen soll er sehr niedergeschlagen gewesen sein. In den hohen Bergen suchte Zhang dann nach einem ruhigen Platz, baute sich eine Bleibe und wollte dort für Jahre studieren und meditieren. Eines Tages tauchte ein Daoist names Chiu auf und klopfte an seine Tür. Die ganze Nacht hindurch bis in den Morgen unterhielten sie sich über den Daoismus. Dieses Gespräch brachte Zhang auf etliche unerwartete und ganz neue Gedanken. Als der Daoist am nächsten Morgen gegangen war, verließ auch Sanfeng sein Zuhause, das er mitsamt seinem Feld seiner Verwandtschaft vermachte, und begab sich auf Reisen. Noch einmal gedachte er seiner Eltern und pflegte deren Grab, bevor er mit zwei Dienern aufbrach und ziellos umherreiste. Im Norden kam er bis Yanzhao, im Osten bis Zhilu, im Süden bis Hanwei, und er besuchte berühmte Berge und alte Plätze, bis er einen Großteil der damaligen Welt gesehen hatte. Dabei spürte er einen Hauch der Ewigkeit, nahm alles in Ruhe in sich auf, verweilte und reiste dann wieder, und obwohl er inzwischen 30 Jahre alt war, hatte er das Besondere noch nicht gefunden.

Spätere Reisen führten ihn nach Chinlung; er atmete die Luft der fünf Berge[59], spürte die Besonderheit des Taibai-Berges auf sich wirken, ging nach Baoxie (ein Bergtal ganz im Süden von Shanxi) und wanderte am Chencang vorbei. Schließlich sah er die Berge und Flüsse von Baoji, die ihm so unergründlich klar und ruhig vorkamen, daß er dort blieb. In dieser Gegend gab es drei Gipfel, steil und schön, bewaldet und unendlich ruhig. Davon hat er wohl seinen Namen abgeleitet: ›der, der bei den drei Gipfeln lebt‹. Inzwischen war er 60 Jahre alt geworden.

Als er später noch einmal die Hauptstadt Peking besuchte, beschrieben ihn die, die ihn sahen, so: »Seine Gestalt war sieben Fuß hoch, er hatte einen Rücken gerade wie ein Kranich und Hüften stark wie ein Bär. Sein Gesicht war braun und straff. Über seinen klaren Augen wölbten sich buschige Brauen, Haare und Bart waren lang wie eine Lanze. Sommer und Winter trug er nur eine Mönchsjacke aus Bambus.«[60] Obwohl er so viel essen konnte, daß die Leute staunten, konnte er auch für lange Zeit fasten. In den Händen trug er meist einen Federwedel, marschierte am Tag mehr als 60 km und war so witzig und gewandt in der Unterhaltung wie kein anderer. In der Diskussion über Bücher und Schriften kannte er auch am Ende eines Tages keine Müdigkeit. Im Jahr

1314, unter dem Yuan-Kaiser Ren Zong, während der Regierungsdevise Yanyu, ging er im Alter von 67 Jahren ganz in den Süden, wo er auf den ›wahren Menschen‹ Huolung traf, der ihm das große Dao offenbarte. Daraufhin wurde er Xuansu oder Xuanhua genannt, manchmal hieß man ihn auch Xuanxuan Zi oder Gunyang. Obwohl er vier Jahre dort verbrachte, gelang ihm der endgültige Durchbruch nicht. Sein Meister erklärte ihm, daß zur Verwirklichung des Dao zwei Voraussetzungen notwendig seien, nämlich einen kompetenten Lehrer zu finden und einen abgeschiedenen Ort ohne Sorgen um den Unterhalt. Da Zhang aber ein ganzes Leben lang immer auf Reisen gewesen war oder studiert, dabei recht großzügig gelebt und nie gespart hatte, fehlten ihm die finanziellen Voraussetzungen, und er weinte bitterlich darüber. Huolung wunderte sich über dieses Verhalten und weihte ihn schließlich in die Herstellung des ›Goldenen Elixiers‹ (innere Übung) ein. Dann befahl er Sanfeng, die Berge zu verlassen und fleißig zu üben. Anschließend verbrachte Zhang einige Jahre mit Guang Tungchen, ehe er im Frühling 1327 nach Süden zog und den Wudang-Berg erreichte. Bei dessen Anblick sagte er: »Dieser Berg wird nach langer Zeit bestens gedeihen.«[60] Dort lebte er im Verborgenen, meditierte und bildete seinen Geist neun Jahre lang, bis zur Vervollkommnung seines Dao. Danach zog er wieder mehr als ein Jahrzehnt in der Gegend von Henan und Sichuan umher, immer verborgen von Wolken und Regengüssen, bis er 95 Jahre alt war.

Noch einmal besuchte er die Gräber seiner Familie in Liaoyang, aber in die Hauptstadt kehrte er nicht mehr zurück, denn alle gleichaltrigen Bekannten waren längst verstorben. Nachdem er zum West-Berg zurückgekommen war, traf er erneut den ›Dao-Menschen‹ Chiu, und wieder diskutierten sie lange über die Schriften ihrer Philosophie. Danach ging Zhang wieder nach Chinshu und von Jingchu weiter nach Wuyue. Er wohnte auf dem ›Goldhügel‹ und traf auf Shen Wansan, den er in die Lehre des daoistischen Elixiers einweihte. Im Jahr 1358 führte ihn der Weg wieder ins Chin-Gebirge, wo er im Tempel Baoji jintai guan lebte. Am 20. des neunten Monats des gleichen Jahres hatte Sanfeng eine besondere Erleuchtung, und sein Yang-Geist trat hervor. Sein Schüler Yang Guishan nahm an, Zhang sei verstorben; so kaufte er einen Sarg und bettete seinen Lehrer hinein. Als er den

Sarg ins Grab hinablassen wollte, hörte er Sanfeng, der ihm zurief: »Mein Schüler ist ein vortrefflicher Mensch, man kann ihn gar nicht hoch genug einschätzen.«[60] So bewirkte Zhang, daß Guishan sich für die Kunst interessierte, den Tod zu vermeiden und das Leben zu verlängern.

Zu dieser Zeit und an jenem Ort soll Zhang die weiche Form des T'ai-chi ch'üan entwickelt haben.[61] Eines Tages, nachdem er im ›Elixierzimmer‹ meditiert hatte und die Schriften studieren wollte, hörte er vor seinem Fenster einen aufgeregt kreischenden Vogel. Durch einen Spalt im Fenster sah er auf einem Zypressenbaum einen Falken und am Boden eine sich windende, nach oben blickende Schlange. Plötzlich stürzte der Falke den Baum hinunter und griff flügelschlagend das Reptil an. Aber die Schlange wich den Angriffen mit kreisförmigen Bewegungen des Kopfes immer wieder überraschend aus. Die Attacke des Falken ging ins Leere, und er zog sich wieder auf seinen Ast zurück. Nach einer Weile griff der Raubvogel erneut an, aber wieder wich die Schlange listig aus, bis sich der erfolglose Vogel erschöpft zurückzog. So erkannte Zhang die Wirksamkeit eines kreisenden Ausweichens. Plötzlich verstand er das umfassende Prinzip von sich gegenseitig bedingender Härte und Weichheit, den Wechsel zwischen Yin und Yang. Aus dem Erkennen der Wirksamkeit des Wechsels von Ruhe und Bewegung entstand die Selbstverteidigungskunst des Weisen. Mit dem Kreis als Ausgangspunkt entwickelte er auf der Grundlage der Theorie des I Ging aus dem alten T'ai-chi gong die Kunst des T'ai-chi ch'üan.[62] Zhang führte auch erstmals die heutige Bezeichnung dafür ein. Zuerst lehrte er seine Kunst einen alten Daoisten aus dem Tempel, der in weniger als 100 Tagen große Erfolge bei der Stärkung und Gesundung seines Körpers erzielte. Dann kam die Kunst zum Wudang-Berg, wo Ausgewählte und ins Dao Eingeweihte aus den Tempeln in die neuen Techniken eingeführt wurden. Diese Kenntnisse vermittelte der jeweilige Tempelvorsteher von Generation zu Generation weiter. Es wurde immer darauf geachtet, daß keine Unwürdigen mit üblen Absichten unterwiesen wurden, um jeden Mißbrauch der Kunst zu verhindern.

Um 1362, unter der Regierungsdevise Zhizheng des Kaisers Shun, sah Zhang das Ende dieser Dynastie voraus wie auch das Entstehen der neuen Ming-Dynastie. Er errichtete auf dem

Taihe-Berg in Shu einen Tempel mit dem Namen Yuxu gong. Oft rastete der uralte Meister zwischen den fünf Wurzeln eines alten Baumes vor dem Tempel. Dann kamen Raubtiere und auch Kleingetier und scharten sich um ihn, ohne sich zu bekämpfen, was unter den Mitmönchen große Verwunderung hervorrief. Auch in dieser Zeit forschte Sanfeng weiter nach dem Dao, konzentrierte sich auf die Tugenden, vereinte Herz und Geist, verschmolz mit dem Dao zur Einheit und erkannte die Dinge. Wenn er aber seine Getreuen verließ, spielte er einen Irren und gab sich schlampig, so daß Fremde ihn für einen verkommenen Daoisten hielten.

Im Jahr 1384, während der Ming-Devise Hongwu, fand der Mythologie zufolge eine Begegnung zwischen Zhang, der damals schon 139 Jahre alt war, und den erwähnten sieben Meistern statt, als diese den Wudang besuchten. Im selben Jahr wollten ihn Gesandte des Begründers der Ming-Dynastie mit Geschenken zu einer Audienz beim Kaiser einladen, um ihn als Gründer des T'ai-chi ch'üan zu ehren, aber Zhang kam nicht und nahm auch ein ihm angebotenes Amt nicht an.[63] Eine weitere Aufforderung durch seinen ehemaligen Schüler Shen Wansan blieb ebenfalls unbeantwortet, und auch 1397 entzog sich Sanfeng der Ming-Regierung, indem er sich von der Welt noch weiter entfernte und nach Yunnan ging. Als er sieben Jahre später aus Pingyue zurückkam, besuchte ihn Wan Puzi, und die beiden verstanden sich ausgezeichnet. Etwa um 1410, während der Devise Yongle, berichtete sein jüngerer Mitschüler Hu Guangchin am Hof über Sanfeng: »Der Meister hat die Methodik des Dao tief durchdrungen, sein inneres Gongfu und seine Kampftechniken sind absolut ausgereift.«[64] Daraufhin reiste die hohe Autorität Hu Rong mit dem Diener Shi Xiangxi mit kaiserlichem Schreiben und duftenden Geschenken zum berühmten Berg Wudang, aber Sanfeng war unauffindbar. 1411 führte Sun Biyun eine große Anzahl von Arbeitern dorthin, um einen Tempel zu Ehren Zhang's zu errichten. Ein in der kaiserlichen Druckerei in Auftrag gegebenes Manuskript mit Lobeshymnen für Sanfeng ist nicht erhalten geblieben.

Einmal noch tauchte der Heilige auf, und zwar 1459, während der Devise Tianshun, als er nach erneuter Bestätigung des inneren Elixiers und des daoistischen Weges den Kaiser Ying Zong besuchte. Die Minister, die die Art seiner Erscheinung bewunderten, sagten: »Ein gerader Bart, lange Haare auf dem Rücken, das Gesicht straff, mit großem Bauch aufrecht stehend und ein Ideal verkörpernd.«[64] Der Kaiser belohnte ihn und verlieh ihm den Titel ›wahrer Mensch‹. Danach verschwand Zhang Sanfeng, ohne die geringste Spur zu hinterlassen.

Noch heute gibt es im Pekinger Tempel Baiyun guan, in den Baoji-Bergen in Shanxi und am Wudang im Kreis Jun Standbilder des Faustkampfheiligen und andere Reliquien, die der Allgemeinheit zugänglich sind. Die immer noch populären Legenden um seine Person erstrecken sich über einen Zeitraum von fast 200 Jahren. Das läßt vermuten, daß aus vielen Einzelerzählungen über mehrere Personen ein Heiliger konstruiert wurde, der dem Patriarchen der buddhistischen Kampfkünste Bodhidharma gegenübergestellt werden konnte.[65] Eine solche Vorgehensweise ist im traditionellen China nicht ungewöhnlich, und eine Beurteilung solcher ›gemachten‹ Helden und Heiligen bleibt deshalb immer etwas spekulativ.

### *3.5 Biographische Skizze zu Zhang Songqi*

Die Biographie dieses berühmten Faustkampfmeisters findet sich in den Annalen von Ningpo fu.[66] Danach stammte Zhang Songqi aus Yin in Zhejiang und wurde 1482 unter Kaiser Xian Zong, während der Regierungsdevise Chenghua, geboren. Als 13. Schüler seines Meisters brachte er es in den Kampfmethoden von Zhang Sanfeng zu höchster Vollendung. So soll er allein mehr als 100 Verbrecher zur Strecke gebracht haben. In der Zeit Jiajing (1522–1567) war er schon der beste von vier bekannten Meistern der Kampfkunst. Er war ein aufrechter Mensch und wie ein gütiger Konfuzianer zu allen Leuten sehr zuvorkommend. Allein aufgrund seines gesunden und robusten Äußeren baten ihn die Leute um Unterweisung, denn gesehen hatten die wenigsten seine Kampfkunst. Auch als die damals berühmten Shaolin-Mönche auf dem Weg zur Niederschlagung von Unruhen in seinem Dorf haltmachten, versteckte er sich, um Vergleichskämpfen zu entgehen, mußte sich dann aber doch im ersten Stock einer Weinschenke stellen. Vor dem Kampf bat er sie noch, daß sie sich nicht über die Folgen beklagen sollten. Songqi steckte die Hände in die Ärmel und setzte sich, und als ein Mönch ihn mit einem Beinstoß angriff, drehte er nur seinen Körper zur Seite und stieß den Angreifer mit dem Oberarm fort, so daß der Mönch durch die Wucht seines eigenen Angriffs aus dem ersten Stock stürzte. Daraufhin ließen die Mönche von ihm ab, aber eine Gruppe anderer junger Kämpfer stellte ihn innerhalb der Stadtmauern erneut. Sie umzingelten ihn und sagten: »Heute gibt es kein Vor oder Zurück mehr, und wir freuen uns, dich einmal prüfen zu können.« Wieder versuchte sich Zhang herauszuwinden: »Ich bin ein 70-jähriger Greis und zu nichts zu gebrauchen; ich kann die edlen Herausforderer höchstens zum Lachen bringen.«[66] Diese aber hoben schwere Steine auf, die sie nach ihm warfen. Den meisten wich er aus, einige aber spaltete er mit seinen besonderen Fähigkeiten in der Mitte. Obwohl er nur wenig gelehrt hatte, wurde seine Kunst über Ye Jinchuan (auch Ye Jimei genannt) an Dan Sinan und schließlich an Wang Zhengnan weitergegeben, der zum Begründer der südlichen Wudang-Schule wurde.

In dieser Zeit und unter diesen Meistern scheint sich eine zusätzliche Verteidigungstechnik für den äußersten Notfall entwikkelt zu haben, nämlich der Angriff auf Akupunkturpunkte.[67] Das Dian xue umfaßt einige Techniken, deren Geheimnis in der Schrift ›Geheimlehre der fünf Zeichen‹[68] angedeutet ist. Im Chinesischen wird die Bedeutung der fünf Zeichen ›Ernsthaftigkeit, Tiefgründigkeit, Jin-Verständnis, Fleiß und Empfindsamkeit‹[69] oft verglichen mit den fünf Tugenden der ›Strategen‹: ›Menschlichkeit, Vertrauen, Weisheit, Mut und Ernsthaftigkeit‹. Seit dem Auftauchen der Feuerwaffen in China waren diese Fähigkeiten weniger wichtig geworden und blieben auch immer nur auf die engsten Schüler beschränkt. Heute scheint das Wissen um diese Praktiken noch geheimer gehalten zu werden, und es gibt wohl nur noch wenige Eingeweihte.

### 3.6 *Biographische Skizze und Grabinschrift des Wang Zhengnan*[70]

Der Shaolin-Tempel ist durch die mutige Kampfkunst seiner Mönche in der ganzen Welt bekannt; in ihren Techniken wird vor allem der Angriff betont. Hat man es hinreichend trainiert, so wird man auch erfolgreich sein. Was nun die innere Schule angeht, so wird hier mit Ruhe die Bewegung kontrolliert. Man reagiert auf einen Feind, indem man mit Händen und Armen Kontakt zu ihm herstellt, ihn möglichst schnell aus der Balance und zu Fall bringt. Daher heißt das Shaolin-Boxen auch ›harte Schule‹.

Was andererseits mit Zhang Sanfeng, dem Daoisten des Wudang-Berges aus der Song-Dynastie, begonnen hat[71], wird als die Kampfmethode der ›weichen Schule‹ bezeichnet. Es wurde oft berichtet, daß einzelne Kämpfer dieser Schule in ihrem Leben mehr als 100 Kriminelle zur Strecke gebracht haben. Die Kunst von Zhang Sanfeng erreichte nach 100 Jahren Shanxi, wo Wang Zong durch sie berühmt wurde.[72] Er unterrichtete Chen Zhoutung, und dieser lehrte einige Leute aus der Umgebung von Wenzhou. Während der Zeit der Regierungsdevise Jiajing war Zhang Songqi der bekannteste Kämpfer, bis Wang Zhengnan höchste Könnerschaft erreichte[73]. Wang Zhengnan war der Nachfolger von Dan Sinan, der als Soldat mit inneren Angelegenheiten des Staates beschäftigt war und erst im Alter zu seiner Familie zurückkehrte. Dort unterrichtete er auch in den Kampfkünsten, deren tiefe Geheimnisse er kannte und die er hervorragend beherrschte. Aber er versperrte immer die Tür, wenn er diese geheimen Techniken übte, so daß seine Schüler sie nie zu Gesicht bekamen. Nur Zhengnan beobachtete einmal durch einen Spalt in der Decke von oben seinen Meister und sah dessen Umrisse. Als sich zeigte, daß der Sohn von Sinan so respektlos war, daß sein schwerkranker Vater sich Sorgen machen mußte, wer für seine Bestattung aufkommen würde, bot Zhengnan ein ansehnliches Vermögen in Form eines silbernen Trinkgeschirrs an. Sinan spürte die Rechtschaffenheit seines Schülers und begann ihn ernsthaft zu unterweisen, obwohl er das nicht vorgehabt hatte. Zhengnan war ein ehrsamer Schüler, der die Geheimnisse nicht preisgab, nachdem er sie erfahren hatte. Nur in wirklichen Notsituationen wandte er diese Techniken an. Als er eines Nachts ausgehen wollte, um etwas zu ermitteln, wurde er von den Nachtwachen ertappt und zum Hallenposten zurückgebracht. Mehrere Leute, die dort zechten, sollten ihn nun bewachen. Wang nahm eine Porzellanscherbe, zerschnitt seine Geldschnur und warf die Münzen unter die Wachen, die sofort gierig danach griffen. In dem Durcheinander gelang es ihm zu fliehen, doch mehrere Wachen verfolgten ihn. Die ihm nahe kamen, stürzten und konnten sich kaum mehr erheben. Am Ende seines Lebens ging er noch einmal allein auf Reisen und traf auf einige Soldaten, die ihn zwangen, schwer für sie zu tragen. Wang bat sie, ihn in Ruhe zu lassen, aber sie hörten nicht auf ihn. Als sie eine Brücke erreichten, warf er seine Last ab, und die Söldner wollten ihn mit Waffengewalt weiter zwingen. Zhengnan benutzte seine Handtechniken, und einige seiner Peiniger fielen mitsamt ihren Säbeln von der Brücke; den restlichen nahm er die Waffen ab und warf sie in einen Brunnen. Die Soldaten zogen zwar mit der Brunnenschnur ihre Säbel wieder hoch, doch Wang war schon weit enteilt. Seine Angriffe zielten stets auf die Akupunkturpunkte: Punkte, die den Tod, Ohnmacht oder Verstummen bewirken. Dabei hielt er sich an die Eingravierungen auf den Bronzefiguren (Statuen mit eingravierten Leitbahnen und Punkten). Einmal verhöhnten ihn Wegelagerer, und als er sie deswegen angriff, konnten sie mehrere Tage nicht mehr urinieren. Schließlich kamen sie zu ihm und entschuldigten sich, worauf er ihr Leiden wieder behob. Ein Kuhjunge hatte heimlich seine Methode kopiert und damit einen Freund angegriffen, der scheinbar sofort tot war. Als Wang ihn sah, sagte er nur: ›Es war ein Angriff auf den Ohnmachtspunkt. Es wird nicht mehr lange dauern, bis der Junge wieder erwacht.‹ Und so war es auch.

Zhengnan, mit Ehrennamen auch Laixian genannt, war sehr ritterlich. Es heißt, er habe Leute gerächt, die ungerecht behandelt worden waren. Als einmal ein alter Bekannter zu ihm kam und ihn mit Geld zum Mord an seinen Bruder bewegen wollte, antwortete Wang nur: ›Du scheinst mich für eine Bestie zu halten.‹

Seine Vorfahren waren aus Fenghua nach Yin gekommen; sein Großvater hieß Zongzhou, sein Vater Zaiyuan, und seine Mutter war eine geborene Chen. Sie wohnten eine Generation lang an einer Wagenbrücke im Osten der Stadt. Als Zhengnan geboren wurde, zogen sie nach Tungyao um. In seinen Jugendjahren arbeitete er für einen Hafenbeamten[74] namens Lu Ruoteng, der ihn nach erfolgreich ausgetragenen Kämpfen entlohnte. Sieben Menschen tötete er für seinen umherziehenden Herrn und erhielt dafür ein Amt als Gruppenführer mit Korporalschaft[75] in Linshan. Qian Zhong stellte ihn dem Gong Jian vor, für den er als Soldat kämpfen sollte. Doch der Kampf ging verloren, und als sein neuer Herr mit den Gegnern gemeinsame Sache machte, sandte er einen Geheimbrief. Sein Herr erlitt erneut eine Niederlage und konnte seine Feinde nicht überwinden. Zhengnan gab seinen Posten auf und kehrte nach Hause zurück. Diejenigen, die ihn wegen seines Könnens verehrten, glaubten ihn wieder leicht zu einer Amtstätigkeit bewegen zu können, zumal er arm war. Die Beamten waren sehr höflich zu ihm, aber Zhengnan war geistesabwesend und kümmerte sich nicht um sie. Er bestellte das Feld, als ob er nicht wüßte, daß es viele Reiche gab, in deren Dienst er leicht ein Auskommen hätte erhalten können. Eines Tages traf er einen alten Bekannten, der mit Beamten zusammenwohnte. Diese luden einen Meister aus Songjiang ein, um sich seine Kampfkünste zeigen und erläutern zu lassen. Als jener Wang's lumpige Kleidung sah, ignorierte er ihn völlig. Überheblich saß er da und hantierte mit einer Bogensehne. Als aber jemand erwähnte, daß Zhengnan vortrefflich die Kampftechniken beherrsche, schaute ihn der Meister schräg an und sagte: »Du willst wirklich so etwas können?« Zhengnan widersprach nicht, und der Meister krempelte die Ärmel auf, zog verächtlich die Augenbrauen hoch und sagte herausfordernd: »Kann ich mich ein wenig mit dir messen?« Wieder schien Wang nicht zu reagieren, und der Meister glaubte, das geschehe aus Furcht vor ihm, und griff nun ernsthaft an. Wang mußte reagieren. Der fremde Meister fiel zu Boden, und als er um ein weiteres Kräftemessen bat, fiel er erneut hin und blutete am Hinterkopf. Daraufhin verehrte er Wang und schenkte ihm zwei Seidenkleider. Zhengnan hatte nie Bücher studiert, doch wenn er mit Gelehrten diskutierte, argumentierte er so geschickt, daß man nicht glauben mochte, einem ungebildeten Menschen gegenüberzustehen.

Am Tiantong-Berg traf er auf den Mönch Shan Yan, der mit seinen Handtechniken vier bis fünf Leute in Schach halten konnte. Doch als er Wang angriff, fand er sich bald mit schmerzenden Gliedern am Boden wieder. Zhengnan bemerkte dazu: »Heutzutage glauben die Leute, die innere Schule habe nichts, worauf sie stolz sein könnte, und sie vermengen dann die inneren Techniken mit den äußeren, so daß ihre Kampfkraft wirklich geschwächt wird.«

Als Zhengnan über den Tod seines Sohnes weinte, kam sein Freund Gao Zhen viermal, um ihn zu trösten, und bat mich (Huang Zongxi), dies alles aufzuzeichnen. Wang Zhengnan wurde unter dem Ming-Kaiser Shen Zong im 45. Jahr der Regierungsdevise Wanli (1617) geboren, am fünften Tag des dritten Monats. Er starb während der Qing-Dynastie, im achten Jahr der Devise Kangxi (1669), am neunten Tag des zweiten Monats im Alter von

53 Jahren. Seine Frau, die er jung geheiratet hatte, war eine geborene Sun. Sein Erstgeborener Mengde starb ebenso wie dessen jüngerer Bruder Zide schon im Kindesalter, und sie wurden im gleichen Jahr in Tongyao begraben. Die Inschrift ihres Grabes lautet: ›Obwohl ich großes Können habe, zeigte ich es nicht, habe es niemals verkauft; so bleibt die Kunst zu bedauern, weil es keine Nachfolger gibt. Wenn die Gewässer seicht werden, und die Berge alt sind, so fürchte ich, dann bleibt mein Grab ungepflegt. Sieht man diese Inschrift, so hoffe ich, dies wird bezeugt.‹

### *3.7 Anekdoten zum Stilbegründer Yang Luchan*

Der Altmeister und Stilbegründer Yang Luchan war in der Mitte der Qing-Zeit sein Leben lang als Lehrer tätig und hat den Faustkampf entscheidend wiederbelebt. Auch heute noch wird er von den modernen Vertretern der Kunst hoch gelobt. »(Er war) wie die beste Jade aus Lantian, Berge und Flüsse verschmolzen in seinem Genie; ein besonderer Ort gebar einen Helden, bekannt bis nach Peking. Die weiche Form des T'ai-chi ch'üan hat er der Welt hinterlassen. Er durchdrang die Mysterien, und seine Tätigkeit war eine Gunst für die Nachwelt. Das Qi festigen, den Geist entspannen, den Körper verteidigen und das Leben bewahren, dies sind Schätze Chinas. Diesem Weg folgte (er) und verwirklichte das Können, er durchdrang die Menschenwelt mit seinem Wohlwollen und errichtete die Tugend für immer.«[76] »Die hohen Berge betrachten und innehalten, hohe Tugend ausführen und in Ruhe verweilen.«[77]

Altmeister Yang führte eigentlich den Namen Fukui, doch nannte man ihn meist Lushan oder Luchan. Er stammte aus Zhili in der Präfektur Guangping, Kreis Yongnian. Geboren wurde er während der Qing-Regierungsdevise Jiaching (1799), am zehnten Tag des elften Monats. Seine Vorfahren waren ursprünglich eine wohlhabende Bauernfamilie, die aber schon vor seiner Geburt verarmt war. In seinen Jugendjahren gab es niemanden, der ihn gut hätte erziehen können, und erst als er nach Henan, Kreis Huaiqing, kam, um bei einer Familie Wu zu dienen, wurde er vom Hausvorstand in Literatur und Rechnen unterrichtet. Schon damals zeigte sich seine Intelligenz, was ihm die Würdigung des Apothekers Wu einbrachte. Da das Zentrum des Shaolin-Boxens, Dengfeng am Shaoshi-Berg, nur 70 Meilen entfernt lag und im

Volk die Kampfkünste sehr populär waren, begann auch Yang langsam diese Künste zu bewundern. In der Gegend gab es einen Kampflehrer, der die Söhne der Reichen aus der Umgebung unterrichtete. Doch da Yang der niedrigsten Klasse der Arbeiter angehörte, konnte er nicht an den Übungen teilnehmen. Das bestärkte seinen Wunsch aber nur noch mehr: »Ich habe den Willen, diese Künste zu lernen, und ich werde aufsteigen.«[78] Zu dieser Zeit war in einem Dorf in der Nähe, im Kreis Wen, der Chen-Clan schon berühmt für seine T'ai-chi ch'üan-Künste. Besonders Chen Changxing war für seine gediegenen und gründlichen Kenntnisse bekannt, allerdings gab er das geheime Wissen nicht an Außenstehende weiter. Im Chen-Clan gab es eine einflußreiche Familie, die eine Drogerie namens Taihe tang in Huaiqing hatte. Eines Tages befahl der Inhaber, zwei neue Diener zu suchen; unter seinen Beschäftigten war Li Bokua, der Yang's Ambitionen kannte. Yang gab mit einer Ausrede seine alte Stellung auf, und durch die Empfehlung von Li wurde er angestellt. Überraschend stellte der Hausvorstand Chen Changxing als Hauslehrer in den Kampfkünsten an. Yang wurde beauftragt, diesem Lehrer zu dienen, wodurch sich seine große Hoffnung erfüllte. Er war besonders höflich zum Meister der Kampfkünste und beobachtete die Söhne der Chen immer beim Üben der Faustkampfmethoden. Oft suchte er dann einen ruhigen Platz auf, um heimlich zu üben, was er beobachtet hatte. Die Chen-Familie achtete nicht darauf, und es vergingen mehrere Jahre, in denen er die Soloform einübte, bis sie ihm leicht und vertraut war. Da er sie nie angewandt gesehen hatte, bezweifelte er ihre Wirksamkeit, sein Geist aber ließ von der Kampfkunst nicht mehr ab. Eines Nachts erwachte Yang aus einem Traum, als er plötzlich aus einem benachbarten Gebäude unerklärliche Geräusche hörte. Neugierig kletterte er über den Zaun, um nachzusehen. Er erkannte, daß die Stimmen aus einem großen Bau kamen, ging um den Eingang herum bis zu einem Spalt in der Mauer und sah, wie der alte Gongfu-Meister seinen Schülern gerade das Geheimnis des Holzspaltens mit bloßen Händen beibrachte. So etwas hatte er in all den Jahren nicht gesehen und war begeistert. Seit dieser Nacht kehrte er nach Mitternacht oft an den Spalt zurück, um heimlich zuzuschauen, zu üben und zu lernen. Nach einem halben Jahr hatte er sich schon ein beachtliches Können erworben. Obwohl

Yang wacher und intelligenter war als die meisten der Chen-Schüler, hatte der alte Chen noch immer nichts bemerkt. Eines Tages ging Yang mit allen Schülern in die Berge, um Kräuter zu sammeln. Als sie auf eine sehr einladende Talwiese kamen, nutzten die Schüler die Gelegenheit, die Ch'üan-Techniken auszuprobieren. Sie übten die Handtechniken, aber keiner von ihnen beherrschte sie so, wie der Lehrer sie gezeigt hatte. Yang stand beiseite, bis er nicht länger an sich halten konnte und laut auflachte. Alle empfanden dies als Schmähung durch einen Dienstboten; sie beschimpften ihn und griffen ihn schließlich sogar an. Yang streckte den Arm aus, um sich zu verteidigen, und zwei Schüler fielen zu Boden. Alle waren sehr erstaunt und berichteten den Vorfall dem Meister, der daraufhin einen Kampf zwischen Luchan und seinen Schülern befahl. Yang, der sich nicht länger verstellen konnte, setzte sich gegen seine Gegner durch. Auf die Frage, wo er das gelernt habe, mußte er die Wahrheit sagen. Meister Chen schwieg lange, bis er schließlich zu Yang sagte: »Du hast ein aufrechtes Herz; dein Verhalten ist lobenswert. Solche Fähigkeiten findet man nur schwerlich. Ich akzeptiere deine Einstellung.«[78] In den folgenden zwei Jahren der Anleitung lernte er alles, von den einfachen Handtechniken bis zu den Methoden des Schwert-, Säbel-, Speer- und Stockkampfes. Als Yang nach Hause zurückkehren wollte, und ihm sein Herr dafür 50 Tael Silber schenkte, sagte Meister Chen: »Du kannst mit deinem Können viel zu deinem Lebensunterhalt beitragen.«[79]

Yang kehrte nach Yongnian zurück, baute eine Übungshalle und lehrte die Jugendlichen aus der Umgebung die Faustkampfkunst. Er versammelte eine große Schar von Schülern und Anhängern um sich, die an dieser weichen und nachgiebigen Kampfform schätzten, daß damit harte Kraft überwunden werden konnte. Deshalb sprach man vom Faustkampf des ›Ausweichens‹. In der Nachbarschaft waren Wu Yuxiang und sein Bruder, beide Angehörige des Landadels von Yongnian, überzeugte Anhänger der Kampfkünste. Als sie von der ungewöhnlichen Methode Yang's hörten, reisten sie zu ihm und baten Luchan, sich mit ihrem Hauslehrer zu messen. Als dieser unterlag, trennten sich die Wu-Brüder von ihm und stellten einen neuen Lehrer namens Wang ein. Wieder baten sie um einen Vergleich, den Yang erneut gewann. Yuxiang und sein Bruder machten ihn daraufhin zu ihrem Hauslehrer. Die ganze Sippe lernte nun bei dem neuen Lehrer, und nach zwei Jahren hatte Yuxiang große Fortschritte gemacht. Doch er zweifelte an seinen Fähigkeiten und glaubte, daß es noch weitere Kenntnisse gäbe und er nicht in die ursprüngliche Tradition des Chen-Clans eingeweiht worden sei. Als er bald darauf geschäftlich nach Huaiqing reiste, machte er einen Umweg über das Chen-Dorf, um Changxing selbst um Unterweisung zu bitten. Auf dem Weg dorthin hörte er in Zhaobaozhen, daß die Kunst des Chen Qingping der des Changxing keinesfalls unterlegen sei, und so lernte er über einen Monat von diesem die neue Form der Chen-Familie. Danach trennte er sich von Meister Yang, hat aber später große Teile der Yang-Form übernommen und eine Wu-Schule des T'ai-chi ch'üan entwickelt.

Yang hatte im Chen-Dorf schon früh die Geheimnisse des T'ai-chi ch'üan kennengelernt, wie sie von Jiang Fa überliefert worden waren. Erst später erfuhr er, daß die Ursprünge dieses Faustkampfes im Daoismus liegen, und Zhang Sanfeng den Stil verbessert und neu konzipiert hatte. Er glaubte nun, daß es noch umfassendere Theorien geben müsse, die er nicht kannte. So begab er sich auf Pilgerfahrt, zunächst nach Norden, wo er in Zhili, im Pekinger Umkreis, dann im Süden, in Yuxiang am Wudang-Berg, Nachforschungen anstellte und geheime Schriften und Überlieferungen anderer großer Kämpfer in Erfahrung brachte.[80] Neben den Erkenntnissen der Weisen, wie sie im ›Klassiker‹ und ›Kommentar‹ niedergelegt sind, erlernte er die acht alles überwindenden Handtechniken des T'ai-chi ch'üan[81] und übte zusätzlich die Geheimnisse des ›großen Ziehens‹ (Da lu). Weil Yang Luchan auch das Neigong (innere Arbeit) des Daoismus übte, erreichte seine Kampfkunst von da an allerhöchstes Niveau. Alle Figuren seiner Form waren nun stark verbessert durch ihre Verbindung von Stärke, Weichheit, Nachgiebigkeit und Härte. Er nannte seinen Stil, der der ›Langform der 37 Figuren‹ ähnelte, ›Langform der 13 Stellungen‹. Jede Figur stimmte völlig mit den Prinzipien aus dem ›Klassiker‹ und ›Kommentar‹ überein. Als er wieder nach Hause zurückgekehrt war, trainierte er noch intensiver und unterrichtete, ohne zu ermüden. Mit ihm begann erstmals die öffentliche Weitergabe der Kampfkunst, was für die Entwicklung und Verbreitung des T'ai-chi ch'üan in China von großer Bedeutung war.

Altmeister Yang soll immer recht höflich gewesen sein und alle Leute gleich zuvorkommend behandelt haben. Obwohl er das T'ai-chi ch'üan so erfolgreich beherrschte, hat er mit seinem Können andere nie absichtlich in Verlegenheit gebracht oder gedemütigt. Da kaum ein Herausforderer gegen ihn bestehen konnte, war sein Name schon bald in der Präfektur und im gesamten Kreis berühmt. Wu Yuxiang's älterer Bruder war in dieser Präfektur der bekannteste Gelehrte. Er wollte sich in der Hauptstadt beliebt machen und empfahl daher Yang einem Herrn Wang, der eine hochgestellte Persönlichkeit in Peking war. Yang aber folgte Wang's Aufforderung nicht gleich, denn er befürchtete, in der Hauptstadt, wo er auf viele Berühmtheiten treffen würde, nur Schande auf sich zu laden. Erst als man ihn drängte, reiste er nach Peking. Dort angekommen verhielt sich Luchan noch zurückhaltender und weigerte sich, sein Können zu demonstrieren. Der alte Wang verachtete ihn dafür, und nach einem Jahr befahl er Yang, sich mit einem berühmten Meister zu messen. Sobald der andere ihn nur berührte, fiel er auch schon zu Boden, und alle weiteren Versuche endeten ebenso. Wang begann Yang daraufhin zu respektieren und lobte ihn sogar. Nach einer Beratung unter den bekannteren Meistern Pekings forderten diese Yang heraus, doch keiner konnte ihn bezwingen. So wurde Yang immer bekannter, und der hochgestellte Wang und mehrere andere Adelige lernten von ihm. Bald wurde er zum Hauptlehrer der Kampfkünste bestellt, und in seiner Übungshalle trafen sich Vertreter aller Stile und verglichen ihr Können miteinander. Er hatte jetzt zahlreiche Freunde. Dennoch sah man Yang nach einiger Zeit wieder sein Bündel schnüren und auf Wanderschaft gehen, da er in der demütigen Haltung eines Schülers weitere Schulen kennenlernen wollte. Er reiste nach Huabei und in andere abgelegene Gebiete. Wo immer er von einem Meister hörte, besuchte er ihn und bat um Unterweisung. Oft kam es zu Vergleichen: verlor er, dann wurde er Schüler des Siegers; gewann er, was meistens der Fall war, dann schloß er mit dem Besiegten Freundschaft. Auf diese Weise wurde seine attackierende Hand sehr sanft, und niemals verletzte er jemanden ernsthaft. Trotz seiner Erfolge blieb er bescheiden und offen und diskutierte mit seinen Gegnern gern die Faustkampftheorien. Yang blieb viele Jahre auf Reisen, und verbesserte sein Können immer mehr. Nirgends machte er sich Feinde. Die Leute nannten ihn den ›feindlosen Yang‹. Das hat viel zur Verbreitung und der bis heute andauernden Popularität des T'ai-chi ch'üan beigetragen.

Nach Yang's Tod zeichneten sich seine beiden Söhne[82] durch großes Können aus. Als auch Yang Banhou (er war schnell zum Hauptlehrer der ›besonderen Palastgarde‹ geworden)[83] gestorben war, brachte es Yang Qianhou, obwohl er keinen richtigen Lehrer hatte, durch enormen Fleiß zu höchstem Können. Er forderte von sich und seinen Schülern, die Soloform zehntausendmal zu üben, so daß 30 Durchgänge pro Tag in seiner Schule keine Seltenheit waren. Er selbst war bis ins hohe Alter in hervorragender körperlicher Verfassung und starb am Mittherbstfest des Jahres 1873 mit mehr als 73 Jahren.

### *3.8 Erzählungen um Song Shuming*

Dieser Meister des T'ai-chi ch'üan, 1840 geboren und bis ins 20. Jahrhundert aktiv, verbrachte seine letzten Jahre als Einsiedler, obwohl – oder besser gesagt weil – er als Beamter in der alten Hauptstadt Peking für die vergangene Qing-Dynastie gearbeitet hatte. Zu Beginn der Republik hielt er sich strikt zurück und nahm keinerlei Kontakte mehr zu den Gelehrten jener Tage auf. Er lebte trotz der gesellschaftlich veränderten Situation getreu seinen Prinzipien und blieb ein optimistischer Mensch von edler Gesinnung, der die Theorie des I Ging und die Faustkampfkunst der inneren Schule tief durchdrungen hatte. Seine Familientradition reicht zurück bis in die Ming-Zeit. Der Weise Song, wie er auch genannt wurde, war ein Nachkomme in der 17. Generation von Song Yuanjiao, dessen Form man mit ›Langform der 37 Figuren‹ oder abgekürzt ›drei Generationen sieben‹ bezeichnete. Diese Form war mit der Tradition des Zhang Sanfeng, der ›langen Form der 13 Stellungen‹, nahezu identisch. Die Song-Lehrer legten beim Unterrichten aber großen Wert auf das Üben der einzelnen Figuren, während die Sequenz im Yang-Stil in einem ›Atemzug‹ ausgeführt wurde. Auch das ›Pushing Hands‹ war mit den 13 Stellungen des Yang-Stils identisch. Diese Familienschule der Song überlieferte von Generation zu Generation, trotz nur weniger Schüler, über mehrere Jahrhunderte hin die tradierten Quellen. Aus diesem Clan sind handschriftliche Aufzeichnungen bekannt, die den Titel ›innerfamiliäre Tradierung des Song-Clans im T'ai-chi gong, Untersuchung zum Ursprung und verschiedene Schulen‹ tragen. Darin stellt Song Yuanjiao Ursprung und Arten alter T'ai-chi-Formen dar und berichtet ausführlich über viele Unterschulen, Lehrer und Schüler. Angeblich soll er darin auch Zhang Sanfeng als Begründer des T'ai-chi ch'üan der 13 Stellungen nennen, aber auch andere wichtige Vertreter der Faustkampfschulen bis ca. 1915 werden von Nachfolgern, die die Schriften weiter komplettierten, hier angeführt.

Bekannt wurde Song Shuming als T'ai-chi-Meister, nachdem Xu Yusheng in der Xixie-Straße in Peking eine ›Gesellschaft zur Erforschung der Körperertüchtigung‹ gegründet hatte. Der Schwerpunkt dieser Vereinigung lag auf der Praxis des T'ai-chi ch'üan, und bald erforderten die vielen Schüler eine entsprechende Anzahl von Lehrern. Unterrichtet haben dort unter anderen Jide, Wu Jianquan, Liu Enshou, Liu Caichen und Jiang Lianchen. Sie alle hatten von Song gehört und haben sich mit ihm im ›Pushing Hands‹ gemessen. Niemand konnte der bestimmenden und doch lockeren Hand von Song Shuming widerstehen, und deshalb beschlossen sie, nochmals Schüler zu werden. Nur Jide, der bereits 70 Jahre alt war, wollte auf weiteres Lernen verzichten, weil der Meister eine zusätzliche Bedingung gestellt hatte. Der Weise Song hatte nämlich von ihnen gefordert: »Die Geheimnisse meiner Faustkampfkunst müssen geheim bleiben und dürfen nicht bedenkenlos weitergegeben werden.« Jide antwortete darauf: »Die aufgenommenen Schüler werden die Techniken lernen und sie später auch weitergeben. Wenn man sie aber geheimhalten soll, dann verzichte ich auf ein Wissen um sie.«[84] Die anderen respektierten Shuming's Forderung, weil sie von den überlegenen Techniken des Song-Stils überzeugt worden waren.

Da der Meister lange Jahre als Sekretär von Yuan Xiangcheng tätig gewesen war, verstand er sich auf das Schreiben und verfaßte einige Schriften über ›Neigong‹ und daoistische Theorie. Die bis zu ihm fortgeführten Aufzeichnungen seines Urahnen sind angeblich in Baoding, seinem Sterbeort, verloren gegangen, aber ich kann bezeugen, daß es sie zumindest um 1925 noch gab, denn bei meinem ersten Lehrer, Wu Yuting, konnte ich diese Aufzeichnungen einsehen und mir einige Notizen machen. Für die heutigen eingeweihten Faustkämpfer bleibt zu hoffen, daß diese wertvollen Schriften wieder auftauchen, obwohl die Einstellung des alten Song Shuming zur Veröffentlichung so war, daß die Möglichkeit einer Vernichtung nicht ausgeschlossen werden kann.

## 4 Klassische Schriften des T'ai-chi-Faustkampfes

Die aus alten Zeiten überlieferten Traditionen des T'ai-chi ch'üan wurden im Laufe seiner Entwicklung nur teilweise verändert oder verbessert. Sie bilden einen Standard für die klassische Abfolge der Figuren und Einzelbewegungen. Die Lehren der früheren Meister sind die Grundlagen des T'ai-chi ch'üan, weil sie ihre Wurzeln im ›Klassiker‹ und ›Kommentar‹ zum T'ai-chi ch'üan haben, die ihrerseits auf der Theorie des I Ging beruhen. In beiden Schriften wurden die Erfahrungen und das Wissen der frühen Meister so verdichtet, daß sie noch heute gültig die Methoden und Zielsetzungen des T'ai-chi ch'üan beinhalten. Eine Vernachlässigung oder Mißachtung der darin beschriebenen Prinzipien wäre der Verlust der eigenen Quellen, oder wie ein chinesisches Sprichwort es ausdrückt: »Ein Blinder, der auf einem blinden Pferd reitet, findet sich nachts in einem tiefen Teich wieder.«[85]

Die ursprünglich als ›Kommentar‹ bezeichnete Schrift wurde dem Begründer des T'ai-chi ch'üan, Zhang Sanfeng, zugeschrieben. Der später angeblich von Wang Zongyue verfaßte Kommentar wurde entsprechend lange Zeit ›Klassiker‹ genannt. Erst 1967 stellte die chinesische ›Gesellschaft zur Erforschung der T'ai-chi ch'üan-Lehre‹ die Bezeichnungen richtig, d. h. die frühere Schrift von Zhang wurde zum ›Klassiker‹ und die nachfolgende von Wang wurde zum ›Kommentar‹ erklärt. In der chinesischen Wissenschaft wurden traditionell grundlegende Werke, die Logik und Prinzipien zu einem Thema festlegten und nicht abänderbar waren, zum Klassiker. Arbeiten, die diese Grundsätze erläuterten und kommentierten, waren folglich Kommentare. Deshalb gelten z. B. das aus Indien geholte ›Dacang jing‹ (buddhistische Schrift, die von dem Tang-Mönch Xuan Cang übersetzt wurde), das angeblich von Laozi stammende ›Daode jing‹ oder auch die christliche Bibel als ›Klassiker‹, während nachfolgende Schriften zu diesen Werken als ›Kommentar‹ bezeichnet werden. Schon im

Han-zeitlichen Shuowen jiezi (einem Lexikon von Xu Shen) wurde definiert: »Alle Aussagen, die der Theorie (eines Klassikers) zustimmen oder ihr widersprechen, werden als ›Kommentar‹ bezeichnet.«[86]

Außer den beiden Werken gibt es von den Altmeistern noch die ›Mentalen Erklärungen zum Ausführen der 13 Stellungen‹, das ›Geheimlied von der Form und Funktion der 13 Stellungen‹ und das ›Geheimlied des Händeschiebens‹. Zusätzlich sind eine ganze Reihe kürzerer Schriften oder Lehrsätze bekannt, die ihrem Inhalt nach sehr vielfältig sind. Manchmal widersprechen sie den frühen klassischen Werken oder sind für weit Fortgeschrittene gedacht; sie werden deshalb hier nicht aufgeführt.[87]

Die im folgenden übersetzten Abhandlungen erscheinen anfangs in ihrem Inhalt sehr komprimiert und tief in ihrer Bedeutung, oft aber auch von genialer Einfachheit. Jedes Schriftzeichen im chinesischen Original ist ein Wegweiser in der Kampfkunst. Zu ihrem vollständigen Begreifen ist die persönliche Praxis notwendig, die durch individuelle Erfahrungen eine unterschiedliche Deutung ermöglicht. Eine Interpretation der Übersetzungen scheint daher vorerst nicht ratsam und soll den Übenden vorbehalten bleiben. Die Problematik von Interpretation und Verständnis bleibt auch für den Eingeweihten bestehen. Deutungen sollen nicht den eigenen Vermutungen oder Einbildungen entspringen, sondern tatsächlichem Üben und Können. Aus diesen Gründen werden die Übersetzungen als Vorschlag verstanden, im Sinne einer kurzen Zusammenfassung der entsprechenden Schrift.

### *4.1 Der Klassiker des T'ai-chi ch'üan*[88] *(Zhang Sanfeng zugesprochen)*

»Sobald man (einen Körperteil) anhebt und bewegt, soll der gesamte Körper leicht und flexibel sein. Alle (Bewegungen) verlangen Verbundenheit und Aneinanderreihung. Das Qi soll stimulieren, der Geist soll im Inneren gesammelt werden. Es soll keine (einseitig) abgesenkten Stellen, keine vortretenden oder eingedrückten Bereiche und keine Unterbrechung (in der Bewegung) geben. Deren Wurzeln liegen in den Füßen, und (sie) entsteht in den Beinen. Die Führung liegt in den Hüften, die Form (der Bewegung) zeigt sich in den Armen und Fingern. (Also von) den Füßen über die Beine zu den Hüften, (die Bewegung) soll immer in einem Atemzug (mit verbundenem Qi) vollendet werden. (Bewegt man sich so) nach vorn und hinten, dann erreicht man (günstige) Situationen und (vorteilhafte) Positionen. Gibt es Bereiche (Phasen) ohne Vorteile, dann ist der Körper aufgelöst und in Unordnung. Der Fehler ist in den Hüften und Beinen zu suchen. Oben und unten, vorn und hinten, links und rechts, alle (Positionen) verhalten sich so. Alle (korrekten Bewegungen) kommen aus der Vorstellungskraft und liegen nicht im Äußeren. Gibt es ein Oben, dann (auch) ein Unten; gibt es ein Vorn, dann (auch) ein Hinten; gibt es ein Links, dann (auch) ein Rechts. Wenn die Vorstellungskraft nach oben will, dann führt man sie (zuerst) nach unten; wie man ein Objekt, das angehoben werden (soll, zuerst) verstärkt nach unten drückt, wodurch dessen Wurzeln gebrochen werden. Dann (kann) man es schnell hochstoßen, und (es sollte) kein Zaudern (geben). Leere und Gewichtung sollten klar unterschieden werden. Ein Bereich ist in sich wieder unterteilt in Bereiche von Leere und Gewichtung. Jeder Bereich ist daher (in) Leere und Gewichtung (aufzuteilen). Der gesamte Körper, Glied für Glied, ist verbunden und zusammenhängend; man sollte auch für den kleinsten (Zeit)raum keine Unterbrechung (zeigen).

T'ai-chi ch'üan wird auch als ›lange Kampfform der 13 Stellungen‹ bezeichnet. Was die lange Form betrifft, so ist sie wie ein langer Fluß und wie ein großes Meer, immer fließend, ohne zu enden. Was die 13 Stellungen betrifft, so (korrespondieren sie mit) den acht Trigrammen und den fünf Wandlungsphasen: Abwehren (Peng), Zurückgleiten (Lu), Stoßen (An), Nach-unten-Ziehen (Cai), schnell Reagieren (Lie), mit der Schulter Stoßen (Kao) und mit dem Ellbogen Stoßen (Zhou) entsprechen den acht Trigrammen. Vordringen (Jin), Zurückschreiten (Tui), Nach-links-Sehen (Zuo gu), Nach-rechts-Blicken (You pen) und zentralisiert Stehen (Zhong ding) (stehen für) die fünf Wandlungsphasen. Abwehren, Zurückgleiten, mit dem Ellbogen Stoßen und Stoßen korrespondieren mit Qian, Kun, Li und Kan, den vier Hauptrichtungen. Nach-unten-Ziehen, schnell Reagieren (Schlagen), Pressen und mit der Schulter Stoßen (vertreten) Gen, Dui, Zhen und Xun, (sind) die vier ergänzenden Positionen.[89] Vor, zurück, links, rechts und zentral (folgen ) Wasser, Feuer, Metall, Holz und Erde. Zusammen bilden sie die 13 Stellungen.«

Danach folgt eine Anmerkung unbekannter Herkunft: »Dies

ist die hinterlassene Lehre des Meisters Zhang Sanfeng vom Wudang-Berg; er wünscht, daß die Eingeweihten (des Faustkampfes) nicht dabei (stehenbleiben), die Kampftechniken nur (in der Auseinandersetzung) anzuwenden.«

Im ersten Teil des ›Klassikers‹ wird die Wichtigkeit von Flexibilität und Leichtigkeit, Verbundenheit und Aneinanderfügung in den Ch'üan-Figuren betont. Es sind drei Hauptpunkte zu erkennen: 1. Das die Bewegungen ausführende Qi muß ganz gesammelt sein und ohne Mangel. Die Hüften sind das Zentrum aller Bewegung; der gesamte Körper, oben und unten, bewegt sich als Einheit. 2. Das Ausstoßen der Jin-Kraft verlangt Entspanntheit im Halsbereich, wechselweise Leichtigkeit, Flexibilität und Verbundenheit von Körper, Beinen und Armen. 3. In der Soloform muß eindeutig zwischen Leere und Gewichtung unterschieden werden. Jeder Körperbereich muß der Bewegung angepaßt sein, und keinen Augenblick lang darf die Verbundenheit unterbrochen sein.

Im zweiten Teil sind die Erklärung des Begriffs T'ai-chi ch'üan sowie dessen Prinzipien die Hauptpunkte. Die Bedeutung der langen Kampfform wird erläutert mit dem Beispiel der Länge und Weite von Flüssen und Meeren, die den Figuren des Faustkampfes in der Form des Wandels immanent sind und der deshalb »am Weg von Himmel und Erde mitwirken«[90] kann, denn der »Gang der Welt ist ewig und endet nicht«.[91] Im T'ai-chi ch'üan wird diese Bedeutung mit dem Zeichen ›ewig, andauernd‹ ausgedrückt. Die Figuren sind wie ununterbrochen fließendes Wasser, das sich leicht und gleichmäßig bewegt. Langsamkeit und aufrechte Haltung werden im T'ai-chi ch'üan mit ›Verbundenheit‹ symbolisiert. Laozi sagte dazu: »Fortlaufend, fortlaufend scheint es zu verbleiben; man benutzt es ohne Anstrengung.«[92] Dies ist der Ursprung des ›Fließens in den Figuren‹.

### *4.2 Der Kommentar zum T'ai-chi ch'üan[93] (Wang Zongyue zugeschrieben)*

»Was das T'ai-chi betrifft, (so ist zuerst) das Wuji, dann entsteht (das T'ai-chi). (Es) hat den Zustand von Bewegung oder Ruhe und ist die Mutter von Yin und Yang. Bewegen sie sich, dann trennen (sie sich); sind sie in Ruhe, dann (sind sie) vereint. (Es soll) kein Zuviel oder Zuwenig (geben). Folgt (man dem) Gebeugten, (so erreicht man) die Streckung. Ist der Gegner hart, bin ich weich; dies heißt Ausweichen. Ich folge, und der Gegner (kommt in) eine ungünstige (Position); dies heißt Sich-Anheften. Auf schnelle Bewegung (folgt) schnelle Reaktion, auf langsame Bewegung reagiert man mit langsamen Folgen. Obwohl die Änderungen unzählige Punkte (erreichen), bleibt das Prinzip (doch immer) verbunden (dasselbe). Ist (der Übende mit dem System) vertraut, dann versteht er allmählich die Jin-Kraft (Dong jin). Versteht man diese Kraft, so folgt ein tiefes Verständnis (Jieji shenming, alles erkennender Zustand). Ohne solche fortwährende Anstrengung kann man diese Tatsachen nicht aufspalten und (ganz) verbunden verstehen. Ein leerer (entspannter) Nacken und die Jin-Kraft (bis zum) Kopf (steigend), das Qi in das Dantian absenkend, (das Gewicht) nicht einseitig oder schief; (das Zentrum) nicht verborgen und nicht erkennbar. (Entsteht) Druck links, so leert man links; (entsteht) Druck rechts, so vertieft man sich rechts. Lehnt (ein Gegner) sich nach vorn, so sinkt man noch tiefer. Dringt er vor, dann (macht man sich) länger; zieht er sich zurück, dann folgt man sehr eng. Keine Feder sollte hinzugefügt werden, kein Insekt landen können, (ohne den Körper in Bewegung zu versetzen). Die (Person) gegenüber weiß nichts von meiner (Absicht), ich allein durchschaue die Person. (Erreicht) ein Held dies alles, so hat er keine Feinde (zu fürchten); ist alles (wie beschrieben), dann ist man perfekt. Diese Kunst kennt viele Nebenlehren. Obwohl die Figuren (dieser falschen Lehren) Unterschiede aufweisen, gehen (diese) nicht (über folgendes) hinaus: das Starke überwindet das Schwache; das Langsame gibt dem Schnellen nach; Gewalt schlägt Gewaltlosigkeit; ein langsamer Arm unterliegt einem schnellen Arm. Dies alles sind angeborene Fähigkeiten, haben mit Erlerntem nichts zu tun und sind trügerisch. Der Satz ›mit vier Liang (1 Liang = ca. 30 g) 1000 Jin (1 Jin = ca. 600 g) bewegen‹ macht deutlich, daß nicht Kraft siegt. Sieht (man, wie) ein Alter mehrere Starke (Junge) überwindet, (so fragt man sich), wie dies Schnelligkeit allein (bewirken) kann. Aufrecht (soll man sein) wie Ping und Chun (Wiegeinstrumente), beweglich wie ein Rad. (Ist das Gewicht auf einem Bein) einseitig abgesenkt, dann folgt man nach; ist man doppelgewichtet, dann ist man gehindert. Oft sieht man (Leute, die) viele Jahre ernsthaft üben, (aber sich) nicht ausweichend bewegen können. (Sie) werden von anderen kontrolliert, (da sie) den Fehler der Doppelgewichtung nicht bemerken. Will man diesen Fehler vermeiden, so braucht man das Wissen von Anhaften, Ausweichen, Yin und Yang. Anhaften ist Ausweichen, Ausweichen ist auch Anhaften. Yin verläßt Yang nicht, Yang verläßt Yin nicht. Ergänzen sich Yin und Yang, so (führt) diese Methode zum Verständnis der Jin-Kraft. Nach dem Verstehen dieser Kraft (erreicht) man durch weiteres Üben das Wesentliche, erkennt ruhig die (Methoden) zum Tasten nach Gefühl (Chuai mo) und erreicht allmählich (den Zustand, wo man tun) kann, was man möchte. Von Anfang an vernachlässigt man sich selbst und folgt dem Gegenüber. Viele vernachlässigen fälschlicherweise das Nahe und streben nach dem Fernen. Dies wird der ›Unterschied einer Haaresbreite‹ genannt, (führt aber) 1000 Meilen in die Irre. Die Lernenden müssen dies sorgfältig unterscheiden.«

Der ›Kommentar‹ zum T'ai-chi ch'üan beschreibt den Prozeß des Fortschreitens in den Fähigkeiten. Vier Bereiche sind erkennbar: 1. Bewegung und Ruhe sind das Yin und Yang des T'ai-chi. Sie folgen einander und bringen den Wandel mit sich. 2. Die Methoden zum Kontrollieren des Schwerkraftzentrums und zum Trainieren der Jin-Kraftwahrnehmung reichen bis zu den Erscheinungen eines sich verlagernden Schwerkraftzentrums durch Bewegung und bis zur Wahrnehmung der dadurch entstehenden Jin-Kraft. 3. Die Anwendung roher Kraft unterscheidet die Nebenlehren vom eigentlichen Faustkampfkönnen. Die Schüler sollen diesen Unterschied klar erkennen. 4. Durch das Vermeiden von Doppelgewichtung kann man das Verständnis für die Jin-Kraft verwirklichen und so in die kaum darstellbaren fünf Methoden zum Tasten nach Gefühl vordringen.

### *4.3 Die Mentalen Erklärungen zum Ausführen der 13 Stellungen*[94]

»Mit dem Verstand das Qi bewegen; (dieses) muß abgesenkt werden, dann kann (es) in die Knochen eindringen und (dort) gesammelt werden. Mit dem Qi den Körper bewegen; (es) muß frei zirkulieren, dann kann (es) dem Verstand ungehindert folgen. (Wenn) die allgemeine Verfassung angehoben werden kann, (dann) gibt es kein Sorgen um Langsamkeit und Schwere. Dies wird ›der höchste Punkt des Kopfes (scheint von oben) herabzuhängen‹ genannt. Die Vorstellungskraft und das Qi müssen (sich) abwechseln, (einander ergänzen) und Flexibilität erreichen, dann entsteht der Vorteil von runder Beweglichkeit. Dies heißt der Wechsel von Leere und Gewichtung. (Beim) Ausstoßen der Jin-Kraft muß man abgesenkt, völlig entspannt und in eine Richtung orientiert sein. Der aufrechte Körper muß ausgerichtet, zentriert, ruhig und entspannt sein; (er muß) die acht Seiten absichern. Das Qi soll (ununterbrochen) wie durch neunfach gewundene Perlen bewegt werden, ohne Aufenthalt und ohne Behinderung, dann wird es alle Körperbereiche (durchdringen). Die Jin-Kraft wird bewegt (bearbeitet) wie hundertfach geschmiedeter Stahl, (so wird sie) stabil und bricht nicht. Der Körper (soll sein) wie ein Raubvogel, der einen Hasen ergreift, die geistige (Haltung) wie die einer Katze, die eine Maus erlegt. Man ist ruhig wie die Berge und bewegt sich wie Flüsse und Ströme. Die Jin-Kraft wird wie (in) einem gespannten Bogen gespeichert und ausgestoßen, wie ein Pfeil, der abgeschossen wird. Im Gebeugten sucht man das Gerade, (Jin) wird (zuerst) gespeichert und dann losgelassen. Die Kraft entsteht aus dem Rückgrat, (und die) Schritt(technik) folgt den Wechseln im Körper. (Kraft)aufnehmen ist auch (Kraft) ausstoßen. (Die Jin-Kraft ist manchmal) unterbrochen, aber (man kann die Verbindung) wieder herstellen. Nachfolgen und Zurückkommen verlangen die Faltung (Zhedie) (von Faust, Ellbogen und Schulter), Vordringen und Zurückziehen verlangen die Drehung (des Körpers) und die Wechsel (in den Fußstellungen). (Durch) äußerste Weichheit (erreicht man) extreme Härte. Kann man (richtig) atmen, dann kann man flexibel und beweglich sein. Das Qi wird fortlaufend ohne Schaden gemehrt. Jin-Kraft speichert man in der Beugung, (so daß sie) reichlich angesammelt wird. Der Verstand ist der Kommandant (befiehlt), das Qi bildet die Flagge (leitet an), und die Hüften sind das Banner (führen aus). Zuerst strebt man nach Öffnung und Ausdehnung, dann nach Sammlung. So kann man Vollkommenheit erreichen. Zuerst im Verstand, dann im Körper (sich konzentrieren). Ist der Unterleib entspannt, dann sammelt sich das Qi in den Knochen. Der Geist (soll) entspannt, der Körper ruhig sein. (Dies) präge man sich im Verstand ein. Man erinnere sich (genau), sobald man sich bewegt, bewegt sich nichts nicht (es bewegt sich immer der ganze Körper). Sobald man verharrt, gibt es nichts Nichtruhendes (es ruht der ganze Körper). In allen Bewegungen, vorwärts und rückwärts, haftet das Qi am Rücken und sammelt sich in der Wirbelsäule. Im Inneren festigt man die Verfassung, im Äußeren zeigt man sich friedlich. Man soll schreiten, wie eine Katze sich bewegt. Die Jin-Kraft bewegt man, wie ein Seidenfaden (vom Kokon) abgewickelt wird. Die Vorstellungskraft der ganzen Person richtet sich auf die Verfassung, nicht auf das Qi. Ist sie dort, (so wird dieses) Qi blockiert. Wer das Qi hat, (bei dem) gibt es keine Verspanntheit. Wer kein Qi hat, (der) ist völlig hart. Das Qi ist wie ein Rad, die Hüften wie die Radachse.«

Die Hauptpunkte dieser Darstellung betreffen die Bewegung des Qi, den Gebrauch der Jin-Kraft und das Sammeln des Geistes und sind in fünf Abschnitte gegliedert: 1. Das Absenken des Qi und das Bewegen des Körpers muß natürlich geschehen. Man ermutigt den Geist und strebt nach einem harmonischen Wechsel von Leere und Gewichtung. 2. Das Ausstoßen der Kraft verlangt einen aufrechten, entspannten und abgesenkten Körper. Verstand und Geist sind die Führer; das Speichern des Qi gleicht dem Schmieden von Stahl, das Ausstoßen von Jin dem Loslassen eines Pfeiles von der Bogensehne. 3. Die Wege der Jin-Kraft werden in den Körper-, Arm- und Beintechniken aufgezeigt, und es wird erklärt, daß sie bei der Faltung von gesammelter Art ist. Die Vorstellungskraft leitet das Qi. Kommt dieses in den Körperbereichen an, so folgt der gesamte Körper nach. 4. Der Faustkampf ist eine Übung des gesamten Körpers. Das Qi wird gesammelt, der Geist entspannt. Der Wechsel in den Schrittarten erfolgt leicht und schnell. 5. Die Bewegungen verlangen Leichtigkeit und Flexibilität, der Geist wird nach innen konzentriert. Dies alles verhindert ein Verfeuern und Vergeuden des Qi.

### *4.4 Das Geheimlied von der Form und Funktion der 13 Stellungen*[95]

»Die grundlegenden 13 Stellungen (sollten) nicht (zu) leicht genommen (werden). Die bestimmende Vorstellungskraft hat (ihre) Quelle im Kopf und fließt zu den Hüften. Der Wechsel von Leere und Gewichtung bedarf der Beachtung im Verstand. Das Qi erreicht den gesamten Körper ohne jede Hinderung. In der Ruhe hängt die Bewegung, in der Bewegung (entsteht) die Ruhe. Wenn man einen Gegner (trifft), zeigt man (durch) Wandel die überlegenen (Techniken). Jede Stellung (verdient) die Aufmerksamkeit des Verstandes und die Untersuchung (durch) die Vorstellungskraft; so erreicht man das Gongfu, ohne Kraft zu vergeuden. Merke, der Bereich der Hüften bedarf (immer) der Aufmerksamkeit des Verstandes. Der innere Unterleib (soll) ganz entspannt sein, (dann) bewegt sich das Qi. Ist das Ende der Wirbelsäule ausbalanciert (in der Mitte und aufrecht, dann) erreicht der Geist die Kopfspitze, der ganze Körper wird leicht, und (dies ist) von Vorteil. Der Kopf (scheint) am Scheitelpunkt (wie an der Decke) aufgehängt. (Man soll) sorgfältig den Verstand gebrauchen, (dann) werden Beugen und Strecken, Öffnen und Schließen der Natürlichkeit folgen. Ist (man von einem Meister) aufgenommen, (so) verlangt das Aufzeigen des Weges (Wachsen in den Kampfkünsten) mündliche Unterweisung, (bis) die Fähigkeiten ohne Unterbrechung (Rast) und (mit) Methode sich selbst kultivieren. Wenn man von Form und Funktion spricht, was (legt) die Regel (fest)? Vorstellungskraft und Qi sind die Herrscher, (während) Knochen und Fleisch (Muskeln und Sehnen) als Minister zu verstehen sind. (Man) untersuche sorgfältig, (ob) die Vorstellungskraft (überall) eingesetzt wird. (Nur dann) wird das Leben verlängert, die Jahre (werden) gemehrt, man altert nicht und (bleibt) jung.« »Das Lied (umfaßt) 140 Zeichen: jedes ist (in sich) wahr, (beinhaltet) alle Bedeutungen, ohne (etwas) zu verlieren. Wenn man nicht forscht und strebt, dann vergeudet man die Anstrengungen, (und es) gibt ein Aufseufzen.«

Das Wichtigste in dieser Schrift sind die drei Anweisungen zum Absenken des Qi ins Dantian und der Kontrolle über den Hüftbereich durch den Verstand: 1. Die Hüften sind der Schlüssel zu aktiver Bewegung. Das Qi erreicht den gesamten Körper. Die Kontrolle des Gegners und die eigene Anpassung an ihn entstehen jeweils durch das ›Bewegt-Werden‹. 2. Man studiere den Sinn und die Anwendung jeder Stellung, dann kann man seine Bewegungen in natürlicher Weise ändern. Ist der Unterleib entspannt, dann sinkt das Qi. Ist die untere Wirbelsäule aufrecht ausbalanciert, dann sammelt sich der Geist. Der Körper muß beweglich, der Kopf aufrecht sein. 3. Die Kampfkunst verlangt die mündliche Unterweisung und Leitung durch einen Lehrer.

## 4.5 *Das Geheimlied vom Händeschieben*[96]

»Abwehren, Stoßen, Zurückgleiten und Pressen verlangen Sorgfalt. Oben und Unten folgen einander, (so daß) der Gegner nur schwerlich eindringen (kann). Ich lasse ihn mit großer Kraft angreifen, folge und bewege mich (so, daß ich) ›mit vier Liang 1000 Jin bewegen‹ (kann). Man verleite den Gegner (dazu,) vorzudringen, sich im Leeren zu erschöpfen, verbinde sich (mit ihm) und stoße (ihn) weg. (Und zwar verwende man die Techniken) des Kontaktsuchens (Tian), Kontaktvertiefens (Nian), des passiven und aktiven Folgens (Lian, Sui), und man biete weder Widerstand, noch verliere man den Kontakt (Budiu ting).«[97] »Wenn sich der Gegner nicht bewegt, bewegt man sich selbst (auch) nicht. Falls das Gegenüber (sich nur) leicht bewegt, bewegt man sich schneller. (Es scheint,) als ob man ganz entspannt sei, ist es (aber) nicht; als ob man ganz geöffnet sei, ist es (aber) nicht. Auch wenn die Jin-Kraft zeitweise unterbrochen ist, ist die Vorstellungskraft verbunden.«

Die Zeichen dieser Lehrsätze sind einfach und klar, doch ihre tiefere Bedeutung ist schwierig zu vermitteln und nur über intuitives Verstehen zu erfassen. Wer ihre Bedeutung körperlich umsetzen lernt, wird das höchste Niveau erreichen.

Dem ›Geheimlied vom Händeschieben‹ ist noch eine These von Meister Zheng Manqing angefügt: »Hat der Akupunkturpunkt Yongquan (auf der Fußsohle) keine Wurzel, so hat die Taille keine Kontrolle. Man lernt dann eifrig bis ans Lebensende, ohne diesen Mangel auszugleichen. Erkennt man aber die gegenseitige Verbundenheit von Form und Funktion, so ist es überwältigend, (wenn) das Qi bis zu den Händen bewegt werden kann. Die Handtechniken, die Schrittarten, die 13 Stellungen: (man) weicht nicht (willentlich) aus, sondern natürlich; geht man nach hinten, so geht man natürlich.[98] Möchte man vordringen, verlagere (man sein Gewicht) zuerst nach hinten. Der Körper verhält sich wie treibende Wolken, der Gebrauch der Hände ruht (sie werden vom Rumpf mitbewegt). Der gesamte Körper ist eine Hand, die Hand allein ist keine Hand. (Das Bewußtsein) soll bewachen, schützen, was zu bewahren ist.«[99]

# 5 Weitere Anmerkungen zum T'ai-chi ch'üan

## *5.1 Entwicklung der verschiedenen Stile*

In den meisten Wissensgebieten des traditionellen China gab es kaum exakte, allgemeingültige Prinzipien, so daß es in vielen Bereichen zu unterschiedlichen Schulen und Zweigen kam. Die Unterschiede in den Faustkampfschulen, ihren Sequenzen, Figurenbezeichnungen und -abfolgen sind sehr zahlreich, was auch durch die lange Überlieferungsdauer bedingt sein mag. Dabei entstanden Vermischungen von Originalen, Fusionen von Alt und Neu und auch echte Verbesserungen, die aber nicht einfach zu unterscheiden und zu beurteilen sind. Als Prüfstein für die Authentizität der einzelnen Stile werden oft die Prinzipien der klassischen Schriften angeführt. Die Bewegungen der verschiedenen Soloformen sollten deshalb nicht über das darin abgesteckte Feld der Theorie hinausgehen. Schon bei den Figurenbezeichnungen spielen traditionelle Beweggründe eine große Rolle, weshalb man althergebrachte Namen nicht einfach verwerfen sollte, ohne ihre Hintergründe erfaßt zu haben.

Wie schon aus den einzelnen Erzählungen um die Großmeister (Abschnitt 3) ersichtlich ist, kann die Entwicklung dieser Faustkampftradition in ihren Anfängen in vier Strömungen eingeteilt werden. Da ist zum ersten die Kunst des T'ai-chi gong, dann die Linie der Langformen mit 13 Stellungen, gefolgt von den Schulen der alten und neuen Chen-Formen und der Abspaltung der Yang-Familie und sich daraus entwickelnder weiterer Stile.

Nach den von mir persönlich eingesehenen Handschriften des Song Yuanjiao entstand aus dem T'ai-chi gong mit 14 Stellungen des Cheng Lingxi allmählich ein T'ai-chi gong mit 37 Figuren, vertreten von Xu Xuanping. Auch die Xiao jiu tian-Form des Cheng Mi und das 37 Figuren-T'ai-chi gong nach dem ›früheren Himmel‹ von Li Daozi gehörten dieser Strömung an, ebenso wie das T'ai-chi gong des Hu Jingzi. Anhand aufgezeichneter Figurennamen und entsprechender Abfolgen läßt sich eine Zusammengehörigkeit dieser Stile vermuten, auch wenn sich die praktischen Ausführungen womöglich recht stark unterschieden haben könnten.

Eine neue Entwicklung entstand durch die besonderen Verbesserungen des T'ai-chi ch'üan-Begründers Zhang Sanfeng. Er untermauerte seine 37 Figuren mit den Theorien des I Ging, der acht Trigramme und der fünf Wandlungsphasen. Diese Prinzipien und dadurch beeinflußte Bezeichnungen finden sich sowohl im T'ai-chi ch'üan des frühen Yang Luchan als auch in der Form mit 13 Stellungen des ›Schwertweisen‹ Zuo Laifeng in der Qing-Zeit und in den 37 Figuren des Song Shuming der frühen Republik.[100]

Die Traditionen des Chen-Clans wurden ursprünglich von einer Langform des Faustkampfes mit 187 Figuren durch Chen Couting[101] begründet, wozu eine weitere Sequenz mit 30 Figuren, das ›wie schwere Steine hämmern‹ (Pao chui), gehört. Erst nachdem Jiang Fa im Chen-Dorf unterrichtet hatte, entwickelten sich auch dort die 13 Stellungen, doch diese erstreckten sich auf ganze fünf Formen: Set 1 mit 58 Figuren, Set 2 mit 27, Set 3 mit 31, Set 4 oder die ›rote Form‹ (Hong ch'üan) mit 31 und Set 5 mit nochmals 30 Figuren. Hier scheinen doch mehrere Traditionen des Kämpfens verschmolzen worden zu sein, auch wenn heute nur noch die beiden ersten Sets unterrichtet werden. Das ›hämmernde Faustschlagen‹ und eine weitere Form, beide als ›erste und zweite Straße‹ (Lu) bezeichnet, sind sehr schnell, kompakt und eher hart als weich. Frühe hervorragende Vertreter des Chen-Clans waren die drei Brüder Chen Bingwang, Pingren und Bingji. Chen Changxing war als Sohn des ersten noch erfolgreicher und hatte an Chen Gengyun, aber auch an Yang Luchan tradiert. Den Chen-Stil führten Chen Yannian, Chen Yanxi, dessen Sohn Chen Kefa bis in die Zeit der Republik weiter, in der Fu Sheng, so lautete der Ehrenname des Kefa, 1928 öffentlich in Peking unterrichtete und viele Schüler hatte. Doch ein Neffe des Chen Bingren, nämlich Chen Youben, hatte springende und schwer auszuführende Bewegungen weggelassen und eine neue Chen-Form zusammengestellt, die er schließlich seinem Verwandten Chen Qingping hinterließ, der sie nochmals verkürzte und komprimierte. Heute ist diese neue Chen-Form auch als Zhaobaozhen-Form bekannt, doch auch sie beruht auf den Bewegungsprinzipien der alten Chen-Tradition, wie sie von Chen Xin (auch Chen Pinsan genannt) vertreten wurde.[102] Die 64 Figuren der Chen-Sequenz werden heute in 13 Abschnitte eingeteilt. Früher war diese Form noch etwas kürzer, aber etwaige Rivalitäten mit anderen Schulen veranlaßten die Chen-Vertreter, aus den 59 schließlich 64 Figuren zu machen. Zusätzlich sind Soloformen von Chen Kefa mit 83 und von Wang Helin mit 70 Figuren bekannt.

Die Vertreter des Yang-T'ai-chi ch'üan aus Hebei sind in ganz China am bekanntesten, ihre Stilart deshalb auch am verbreitesten. Die von Yang Chengfu gelehrten 81 Figuren stammten noch aus den letzten Lebensjahren des Altmeisters Yang Luchan. Ihre Bedeutung basiert auf der komplizierten Sterndeutung des Luoshu, den ›neun korrespondierenden Farben‹ bzw. Richtungen (Zibai jiu gong) und den neun Sternen (Jiu xing, großer Wagen mit zwei angehängten Sternen am Schweif), weswegen diese Form auch in neun Abschnitte unterteilt ist. Jeder darin ausgenutzte Schwerpunkt entspricht dem Wandel zwischen gerader und ungerader Zirkulation.[103] Alle Figuren verlassen den Aufbau der 37 grundlegenden Figuren von Zhang Sanfeng nicht, und obwohl sich auch im Yang-Clan verschiedene Sequenzen entwickelten, stimmen die meisten mit der 81er Form der Yang-Väter überein. Das bedeutet nun aber nicht, daß es keine Neuerungen geben sollte. Wie alles Wissen paßt sich auch das T'ai-chi ch'üan der Zeit an und orientiert sich an Strömungen und Trends, doch sollte eine Fortentwicklung nicht Rückschritt bedeuten und nicht auf anmaßenden Anwandlungen Unqualifizierter beruhen. Ohne Erforschung und Ausschöpfung der theoretischen Grundlagen und der traditionellen Prinzipien in der Praxis läßt sich eine Verbesserung nicht bewerkstelligen. Sie erfordert deshalb zuerst eine gediegene Grundausbildung, die heute nur noch von wenigen Übenden durchlaufen wird. Die letzte Generation von Meisterschülern, die solch harte Übungsjahre auf sich genommen hat, war noch in unserem Jahrhundert aktiv. Viele dieser späten Meister haben die beiden Wu-Stile weiterentwickelt, die Yang-Sequenzen leicht verändert oder ganz umgebaut. Dazu gehören die bekannteren Vertreter Dong Yingjie, Chen Weiming, Chen Yanlin, Wu Tunan, Wu Yuting, Ma Yueliang, Hao Weizhen, Sun Lutang und Zheng Manqing, die alle ihre eigenen Schulen gründeten und Stile formten. Aber auch weniger bekannte Vertreter haben ihre eigenen Formen entwickelt und tun es noch heute.

Es bleibt kritisch anzumerken, daß die entstandenen Rivalitäten unter Schulen und Stilen selten zu einer nötigen Zusammenarbeit und Weiterentwicklung gedient haben. Vielmehr haben sich Intrigen und Clan-Befehdungen durchgesetzt und bis heute erhalten. Da man sich allgemein eines gemeinsamen Ursprungs am Wudang-Berg rühmt, erscheinen die doch so chinesischen Streitigkeiten manchmal nur schwer verständlich, und es fragt sich, ob nicht auf der Grundlage der traditionellen Regeln und ohne Parteienbildung ein Schlechter oder Besser vermieden werden kann und damit eine gemeinsame Fortentwicklung möglich ist. Beispiele dafür waren und sind meine fruchtbare Zusammenarbeit mit Meister Liang Dongzai oder auch das Entstehen von T'ai-chi-Zentren wie in New Jersey, USA, und an vielen anderen Orten, die für alle Stile und Formen zugänglich sind.

### *5.2 Persönliche Einstellung des Übenden*

Die alte Kultur der chinesischen Kampfkünste trägt zwei Schätze in sich, zum einen die Ausbildung der ›Kämpfertugend‹ (Wude) und zum anderen das Wissen zum Behandeln und Heilen von Verletzungen. Kein Könner wird sich leichtfertig mit anderen Personen messen. Nur in Notwehr verteidigt er sich und verletzt einen Gegner. Danach wird er ihm helfen. Fortgeschrittene im T'ai-chi ch'üan sammeln ihren Geist und ihre Fähigkeiten im Inneren und zeigen sie nicht offen. Laozi sagte: »Ein guter Geschäftsmann häuft enormen Gewinn an und tut so, als ob es nichts wäre. Ein Edler weckt die Tugend und tut so, als ob er dümmlich wäre.«[104] Dies ist ein Motto und eine Ermahnung für die Anhänger des T'ai-chi ch'üan seit Generationen. Da heute die Ausbildung in vielen modernen Kampfkunst-Schulen nicht mehr sehr sorgfältig ist, verliert das Können zunehmend an Niveau und Wahrhaftigkeit.

Ursprünglich sollten mit dem Faustkampf die Tugenden geübt werden, und zwar sowohl im Inneren als auch im Äußeren. Mit wachsendem Können sollte auch die Toleranzfähigkeit gesteigert werden. Die Voraussetzungen dafür wurden durch die innere Nährung der Persönlichkeitsnatur und durch äußeres Körpertraining geschaffen. Die Schulung und Verfeinerung des Charakters war also so selbstverständlich, wie es in der grundlegenden T'ai-chi-Theorie des I Ging ausgedrückt ist: »So errichteten (sie in sich) den Weg des Himmels durch Yin und Yang, den Weg der Erde durch Weichheit und Härte, den Weg des Menschen durch Menschlichkeit und Gerechtigkeit.«[105] Dieses ursprüngliche Ziel des T'ai-chi ch'üan findet sich auch in Zhou Dunyi's Lehrsatz wieder: »Sich bewegen und aufrecht sein ist der Weg, ihn zu benutzen und zu harmonisieren nennt man die Tugend.«[106] Durch Absenken des Qi kann sich der Geist sammeln, durch Nähren der eigenen Natur erreicht man Ruhe, und in der Einheit findet der Mensch in allen Angelegenheiten und Dingen die rechte Angemessenheit. »Durch Bewegen des Qi Weichheit zu erreichen«[107] heißt innerlich wie äußerlich die Anpassungsfähigkeit zu fördern und so das Ertragen und Aushalten zu lernen. Dieses Anpassen wird im I Ging und auch im Faustkampf auf zukünftige Ereignisse ausgedehnt: »Die Bewußtheit des Vergangenen ist ein natürlicher, nachfolgender (Prozeß), das Erkennen des Kommenden ist Antizipieren.«[108] Im T'ai-chi ch'üan sind das Akzeptieren von Widrigkeiten, das Zurückstellen der eigenen Person und das Nachfolgen Grundsätze, die den Übenden auch in der Gesellschaft und in für ihn unangenehmen Situationen gütig reagieren lassen. Man wird in der körperlichen Auseinandersetzung leicht und entspannt, was auch die Emotionen mit einschließt; die Reaktionen werden flexibel und schnell, und das taktische Reaktionspotential erhöht sich; man wird verläßlich und verliert Angst. Wegen dieser Veränderungen beim Übenden wurden die Kampfkünste von altersher hochgeschätzt. Sich im T'ai-chi ch'üan üben bedeutet also für den einzelnen einen Weg zur Kultivierung der eigenen Persönlichkeit, während T'ai-chi ch'üan im allgemeinen als ein Beitrag zur Volksgesundheit verstanden werden kann.

Um die hochgesteckten Ziele zu verwirklichen, bedarf es Ausdauer und Entschlossenheit im Training über lange Jahre. Wille und Interesse des Schülers sind Voraussetzung, denn erst nach einer längeren Übungsphase verhelfen erste Erfolge zur Eigenmotivation. Da aber das Leben heute allgemein schnellebiger und hektischer geworden ist, fehlt es den Schülern an solchen Voraussetzungen. Aus diesem Grund, so sagen die heutigen Meister, ist der Nachwuchs nicht so erfolgreich. Diese Problematik muß überlegt werden und kann bedeuten, daß die Meister der Kunst Methodik und Ziele der Übungen neu definieren müssen.

### *5.3 Lehre, Lehrer und Lehrmethodik*

Die Lehre des T'ai-chi ch'üan wird oft in zwei Bereiche eingeteilt. Der eine Bereich beschäftigt sich mit der Bewegungsarbeit (Donggong), die Sehnen, Muskeln und Knochen ›stählt‹ (Duan), der andere mit der Ruhearbeit (Jinggong), die das Qi und das Blut im Inneren ›schmiedet‹ (Lian). Vor allem in der Bewegungsarbeit ist die Vermittlung des Wissens durch einen kompetenten Lehrer notwendig, um überhaupt einen Einstieg in die Lehre zu finden. Ohne einen Lehrer scheint ein Erreichen der möglichen Ergebnisse der Übung unmöglich. Dabei ist die Lehrmethodik von großer Bedeutung. Sie sollte auf jeden Fall in der Theorie der Lehre wurzeln und mit dem traditionellen Weg übereinstimmen.

Der Lehrer des T'ai-chi ch'üan sollte unbedingt die Fähigkeit mitbringen, auf der einen Seite zu lehren und gleichzeitig auf der anderen Seite selbst weiter zu lernen. Die pädagogische Tätigkeit verlangt eine aufrechte Einstellung, der die materielle Entlohnung untergeordnet sein muß. Die Kommerzialisierung des T'ai-chi ch'üan im Westen ist vielen traditionellen Vertretern ein Dorn im Auge, weil die über das Geld bedingten Verpflichtungen zwischen Schüler und Lehrer häufig und oft ungewollt zu einer Qualitätsminderung der Lehre und Praxis führen. Neben einem aufrechten Charakter benötigt der Unterweisende natürlich das Wissen um die Theorie, das Können in der Praxis und die Begabung, gleichzeitig zu lehren und zu lernen. Ein Könner im T'ai-chi ch'üan ist also nicht unbedingt ein guter Lehrer, aber ein guter Lehrer muß ein Könner sein.

Der Inhalt jeder Figur soll genau gezeigt werden, und dabei muß darauf geachtet werden, daß der Schüler mit der Unterweisung Schritt hält und die Prinzipien und Bedeutungen der Bewegungen versteht, wobei auch das individuelle Verstehen des Schülers eine Rolle spielt, wie auch die Anpassung des Unterrichtstempos an die körperliche Konstitution, an das Alter und an das Aufnahmevermögen des Schülers. Ein zusätzliches Allgemeinwissen um die physiologischen Grundlagen der Körperertüchtigung bringt viele Vorteile, da sich damit ein Zuviel oder Zuwenig vermeiden läßt.

Die abnehmende Zahl der Erfolgsschüler an den modernen Kampfkunst-Schulen zeigt, daß die traditionelle Meister-Schüler-Beziehung nicht mehr adäquat ist. Wäre die Übung allgemein zugänglicher, so brächte dies sicher den Vorteil einer Vereinheitlichung, ohne den Faustkampf zur bloßen Körperertüchtigung zu degradieren, wie es in der Volksrepublik China oft den Anschein hat. Mit einer Vereinheitlichung könnten weiterhin die verschiedensten Ansprüche erfüllt werden. Auf jeden Fall ist in der Lehrmethodik eine Verbesserung notwendig, denn der Meister ist heute nicht mehr der Mittelpunkt aller Lehrpraxis. In alten Zeiten wurde meist nur imitiert und nachgeahmt, so daß viele nie den Sinn des Gelernten verstanden. Die Meister hielten sich an den Satz aus den ›Gesprächen des Konfuzius‹ (Lunyu): »Das Volk kann dem nachfolgen, sollte es aber nicht verstehen.«[109] Ein so unmündig gehaltener, blinder Schüler wird viel Zeit und Kraft für relativ wenig und ungesicherten Erfolg aufwenden. Schon der Schüler des Konfuzius, Yan Yuan, berichtete: »Der Meister führt durch kunstvolle Methoden die Menschen. Er ließ mich das Schrifttum studieren, festigte mich in den Riten, doch sollte ich dies darlegen, ich könnte es nicht.«[110] Zwar werden mit diesem Satz meist die überragenden Lehrmethoden des Meister Kong belegt, doch zeigt er auch, daß sie seine Schüler nicht befähigten, Gelerntes weiterzugeben.

Wenn hier entsprechend angesetzt wird, hat heute eine Entwicklung standardisierter Lehrmaterialien und -pläne durchaus Chancen. Kennt und akzeptiert der Schüler sie, bevor ihm einzelne Erklärungen zu Bewegungen, zur Methodik und zur Praxis gegeben werden, kann jeder Anweisung eine Übung des Schülers folgen, die zeitlich angemessen zum Standard findet. Das Beispiel eines vorbildlichen Lehrers wird das Vertrauen des Schülers zusätzlich stärken und ihn weiter motivieren. Ein bekanntes chinesisches Sprichwort sagt dazu: »Der durch Worte Unterwiesene argumentiert, der durch Beispiel Unterrichtete folgt nach.«[111] Und auch im Lunyu findet sich ähnliches: »Ist das eigene Beispiel korrekt, so funktioniert das Unterrichten ohne Befehl; ist es nicht hinreichend, so wird trotz Anordnung keiner nachfolgen.«[112]

### 5.4 *Fortschreiten im Lernen*

Der Unterricht im T'ai-chi ch'üan sollte mit einer einfachen Erklärung der Ch'üan-Theorie, seiner Charakteristika, Wirkungen und seiner Überlieferung beginnen, so daß der Schüler zuerst einen Gesamteindruck bekommt. Anfangs sollten die zehn Dehnübungen des ›Shujin‹ und die fünf Stellungen der ›Grundfibel‹ (Jimeng)[113] vorgestellt werden, bevor sich die Schrittechniken (Bufa) und einführende Qigong-Übungen (in Bd. II, Formenlehre, dargestellt) anschließen. Ist der Schüler mit den Schrittarten vertraut und sind seine Beine ausreichend gestärkt, werden auch die Gelenke flexibler und beginnen sich zu entspannen, so daß die Figuren der Soloform erlernt werden können.

Da nun jede Bewegung des T'ai-chi ch'üan ihre besondere Wirkung und Bedeutung hat, verlangt die Übung sorgfältiges Erklären und Besprechen. Jede Bewegung muß vorgeführt werden, bis der Schüler sie verstanden hat. Gefordert sind Genauigkeit und tiefes Einprägen seitens des Schülers. Dazu dient in der darauffolgenden Übungsperiode das selbständige Üben, das durch ständige Korrektur verbessert wird. Aufnahmefähigkeit und körperliches Vermögen sind individuell sehr unterschiedlich; deshalb müssen die Anweisungen den individuellen Gegebenheiten entsprechen. Das erste Ziel ist die Wiedergewinnung latenter, aber verlorengegangener Bewegungsfähigkeit. Dabei darf das Lerntempo den Übenden jedoch nicht überfordern. Weniger begabte Teilnehmer oder solche, die Übungsstunden ausfallen lassen mußten, verdienen besondere Zuwendung und Nachhilfe, denn das Niveau in einer Gruppe sollte nicht zu unterschiedlich sein, da sich das störend auf die Gruppenstruktur auswirken kann. Ist der Unterricht in der Soloform bis zum fünften Abschnitt fortgeschritten, kann gelegentlich das ›Pushing Hands‹ mit einarmigem Abwehren in fester Schrittstellung (Dingbu danpeng) geübt werden. In der Form werden Körpertechniken und Beinstabilität weiter trainiert, und mit einem Partner wird deren Anwendung vorbereitet. Form und Funktion sollten sich ergänzen, bis die vier Grundtechniken Abwehren, Zurückgleiten, Pressen und Stoßen dem Lernenden vertraut, die fünf Methoden des Tastens nach Gefühl bis zu einem gewissen Grad bekannt sind und die Jin-Kraft deutlich wahrgenommen wird.

Die Lehre führt dann weiter zu den vier Techniken des ›großen Ziehens‹ (Da lu): Nach-unten-Ziehen, schnelle Reaktion, Ellbogen- und Schulterstoß. Auch die Waffenformen mit Schwert, Säbel und Stock können jetzt begonnen werden und die Wirkungen der Soloübung verstärken. Hat die Kampfkunst dieses Niveau erreicht, steht noch der große Bereich der traditionellen Behandlungsmethoden in den Kampfkünsten offen, die auf der traditionellen chinesischen Medizin basieren. Außerdem wird in einigen Schulen noch ein Set von Partnerfiguren gelehrt, das manchmal als San shou (freie Handtechniken) bezeichnet wird. Dazu bedarf es aber zweier über lange Zeit gemeinsam übender

Partner, so daß die beiden jeweils festgelegten Rollen des Angreifers und Verteidigers einstudiert werden können. Dabei kommen die Figuren der Soloform unmittelbar zur Anwendung, was eine realistische Vorbereitung für die Selbstverteidigung und die Übung des absolut freien San shou (Freikampf ohne festgelegte Bewegungsabläufe) bedeutet. Aber auch ohne San shou wird das Beherrschen der acht Handtechniken und der fünf Methoden des Tastens nach Gefühl allen Bedürfnissen in einer Selbstverteidigungssituation gerecht. Zu den drei Waffenformen gibt es jeweils noch ein Set von Partnerübungen[114], die zwar sehr schön sind und viel Spaß bereiten, aber auch das tägliche Trainingspensum stark erhöhen, das ohnehin schon etwa drei bis vier Stunden beansprucht.

Trotz all dieser kämpferischen Übungsbereiche des T'ai-chi ch'üan bleiben die Ausbildung der körperlichen Konstitution und die Stärkung der Willens- und Qi-Kraft die Hauptaspekte. Schon Altmeister Yang Luchan hatte dem ›Klassiker‹ folgenden Satz angefügt: »Ich lernte diese Kunst und unterrichte sie, nicht um jemanden zu verletzen, sondern um mich zu verteidigen, nicht um anzugreifen, sondern um das Volk zu stärken und das Land zu schützen.«[115] Hier spiegelt sich ein wichtiger und bereits mehrfach erwähnter Aspekt der chinesischen Erziehung wider: Eine harte Ausbildung und entsprechendes Training sollen nicht dem Individuum allein helfen, sondern es dazu befähigen, standfest zu sein und widrige Umstände in allen Lebensbereichen besser ertragen zu können, um damit einen Beitrag zum Wohlergehen der Gesellschaft, zumindest der Großfamilie oder des Clans, zu leisten.

### 5.5 *Beharrlichkeit und Richtlinien in der Übung*

Die Widerstandsfähigkeit von älteren Personen und Menschen mit chronischen Krankheiten oder eben erst überwundenen körperlichen Problemen ist relativ gering. Für diese Übenden wird ein Arzt die nötigen Beschränkungen abstecken. Grundsätzlich eignen sich für die T'ai-chi ch'üan-Übung die frühen Morgenstunden und die Zeit vor dem Schlafen am besten, da dann die größten Wirkungen erreicht werden. Der Übungsort sollte über genügend zirkulierende Frischluft verfügen. Je nach Jahreszeit wird unterschiedlich viel geübt, d. h. im Winter wird traditionell etwas intensiver trainiert. Wenn der Körper erhitzt ist oder es auch nur zu leichten Schweißausbrüchen gekommen ist, sollte eine plötzliche Abkühlung durch kaltes Wasser, Wind oder Feuchtigkeit unbedingt vermieden werden. Blut- und Qi-Zirkulation sollen sich vielmehr durch entspanntes Umhergehen beruhigen. Während der Übung soll sich der Übende geistig darauf konzentrieren, und sein Blick soll horizontal gerichtet sein, ohne daß er auf etwas fixiert ist. Den Bewegungen der Arme und Beine darf nach dem Überwinden der Anfangsphase nicht mehr alle Aufmerksamkeit gewidmet sein. Der Geist soll vielmehr alle Bereiche, im Inneren wie im Äußeren, durchdringen. Anfangs stehen zwar die Bewegungen im Mittelpunkt, doch wenn man mit ihnen vertraut ist, müssen sie von allein, flexibel und natürlich ›passieren‹. (Weitere Regeln beim Üben werden unter Abschnitt B 9 aufgeführt.)

Im Verlauf des Übungsprozesses müssen die grundlegenden Prinzipien der Lehre langsam verstanden, nachvollzogen und verinnerlicht werden. Die angestrebten Ergebnisse der Übung realisieren sich erst im Laufe der Zeit, die immer ein wesentlicher Faktor bleibt. Auch im Westen fordern Physiologen wenigstens eine Körperübung von täglich zehn Minuten, um das Bewegungsbedürfnis des menschlichen Körpers zu befriedigen. Für dieses ›Fitneßtraining‹ gibt es viele Bewegungsprogramme, die aber zumeist nicht so vielfältig diesen Bereich abdecken wie das T'ai-chi ch'üan. Im Daoismus gibt es einen Lehrsatz zum Bewahren des Dantian: »Im Gehen, Stehen, Sitzen und Liegen dieses nicht verlassen!«[116] Es umschreibt die Basis aller Ausdauer und Beharrlichkeit und paßt auch als Devise für die Übung des T'ai-chi ch'üan. So findet man von der anfänglichen Konzentration bei den Schrittechniken auf die Fußsohlen durch Ausdauer zur Stärkung der Beinmuskulatur, und ohne daß es ursprünglich beabsichtigt war, stabilisiert sich das Schwerkraftzentrum, und die Allgemeinverfassung verbessert sich. Viele der modernen Zivilisationsbeschwerden und -krankheiten können auf zu lang andauernde geistige und körperliche Anspannung bzw. Verspannung zurückgeführt werden. Im Alltag Ruhe und Entspanntheit bei Geist und Körper zu bewahren, erscheint heute äußerst wichtig, denn das moderne Leben ist ›stressiger‹, als uns das recht sein kann. Durch häufiges Entspannen der gesamten Körpermuskulatur, z. B. auch des Gesichtes, zirkulieren Qi und Blut frei, lebenswichtige Hormone bleiben erhalten und stehen zur Verfügung. Voraussetzung der körperlichen Entspannung ist ein ausgeglichener Geist, wodurch das Qi ins Dantian sinkt, und die Vorstellungskraft bei der Atmung liegt. Im Bewußtsein passiert ›scheinbar etwas und scheinbar nichts‹. Letztlich fühlt sich der Körper angenehm und leicht. Der Prozeß des Entspannens verläuft im T'ai-chi ch'üan von den Armen über die Schultern zur Brust, dann zu den Hüften und zum Becken und schließlich weiter über die Beine zu den Knien und Sprunggelenken. Immer sollte ein aufrechter Rücken beibehalten werden, so daß die Rücken- und Bauchmuskulatur leicht entspannen kann. In Zeiten körperlichen Unwohlseins oder auf Reisen, wenn man am Üben gehindert ist, kann man mit seiner Vorstellungskraft die Übungen mental betreiben, was zu ganz erstaunlichen Fortschritten führen kann.

Da das Bewegungssytem des T'ai-chi ch'üan sehr vielfältig und kompliziert ist, versteht der Anfänger nicht gleich alles; ihm fehlen noch der Überblick und die Kontrolle. Deshalb sollte man nicht zu begierig nach schneller Unterweisung sein, denn man täuscht sich nur allzu leicht über die eigenen Fähigkeiten und die tatsächliche Ausführung der Übungen. Nur der erfahrene Lehrer kann das angemessene Fortschreiten abwägen. Das im Westen so populäre ›Fließen‹ kann nach Ansicht der chinesischen Meister nur nach hartem Einsatz erreicht werden. Ohnehin bestehen zu diesem Schlagwort – kulturell bedingt – verschiedene Auffassungen. Über Beharrlichkeit und mit dem Grundsatz ›nicht zuviel auf einmal‹ werden sich diesbezügliche Erfahrungen von selbst einstellen.

Die Lehre läßt sich in der Theorie und Praxis am besten in einer kleinen Gruppe erlernen. Gegenseitiges Kontrollieren und die Diskussion von Unklarheiten fördern die persönliche Auseinandersetzung mit den Problemen sehr. Im ›Pushing Hands‹ z. B. wird eine Einstellung des sanften Wetteiferns Fortschritte garantieren. Übt man ganz allein, führt diese Bewegungsform sicherlich nicht zur Entwicklung aller Möglichkeiten, und die Wahrnehmung der großen Unterschiede zwischen Schüler und Meister ist nicht unbedingt eine zusätzliche Motivation.

# B: Physiologische Wirkungsprinzipien des T'ai-chi ch'üan

Die folgenden Abschnitte zu den gesundheitlichen Aspekten des T'ai-chi ch'üan beruhen auf meiner jahrzehntelangen T'ai-chi ch'üan-Erfahrung und meiner Kenntnis der chinesischen Akupunktur und Moxibustion. Als ein im westlichen System ausgebildeter Veterinärmediziner ist es mir ein besonderes Anliegen, dem Leser, der keinen Einblick in das System der traditionellen chinesischen Medizin oder in das der westlichen Anatomie hat, ein Verständnis dieser physiologischen Wirkungsprinzipien zu vermitteln. Dabei wird es zwangsläufig zu einer Vermischung verschiedener Konzeptionen und Denkweisen kommen. Deutlich wird dies bei den nachfolgenden Texten immer dann, wenn die typisch chinesische ganzheitliche Betrachtungsweise verschiedene Körpersysteme, wie etwa Kreislauf, Atmung, Hormonhaushalt u. a., miteinander in Beziehung setzt. In der westlichen Physiologie sind derartige Ansätze nicht so gebräuchlich. Das im Westen oft sehr irrational und meist psychotherapeutisch begriffene T'ai-chi ch'üan wie auch die kommerzorientierten Anbieter von T'ai-chi ch'üan-Kursen im Westen könnten durch diese Anstöße zu neuen Erkenntnissen kommen. Meine eingehende Kenntnis der amerikanischen, australischen und auch europäischen T'ai-chi ch'üan-Szene bestärkt mich, den westlichen Interessenten zu einer körperorientierten Betrachtung der Kunst zurückzuführen, die ihr Wesen ausmacht.

Alle durch das T'ai-chi ch'üan bewirkten Steigerungen der körperlichen Leistungsfähigkeit lassen sich hauptsächlich auf die Ausbildung technischer bzw. mechanischer Fähigkeiten zurückführen. Sie gehen zunächst nicht über die normalen physiologischen Funktionen des Körpers hinaus und umfassen nur die Entwicklung oder Wiedererlangung verlorengegangener, aber latent vorhandener Fähigkeiten. Um das zu erreichen, bedarf es einer angemessenen Methode der Körperarbeit. Ohne methodisches Vorgehen kann das Ziel einer T'ai-chi ch'üan-Übung nicht erreicht werden. Übertreibt man das Maß der Übung, führt das zu einer Schädigung der Organe und anderer Körperbereiche. Bei einem zu langsamen Übungstempo entwickeln sich die latenten Fähigkeiten nicht. Wenn alle Übungen in angemessener Weise auf der Grundlage der Anpassung an die Natur des menschlichen Körpers erfolgen, wird man »mit halbem Aufwand ein doppeltes Ergebnis erzielen«. [1]

Das Erlernen des T'ai-chi ch'üan beginnt also mit der korrekten Übungsmethode. Ich berufe mich dabei auf die Grundlagen der chinesischen und der westlichen Physiologie sowie die Erkenntnisse der modernen Sportphysiologen, die ich den traditionellen Bewegungsformen und Eigenschaften des T'ai-chi ch'üan gegenüberstelle. Zusätzlich beziehe ich mich auf meine eigenen körperlichen Fähigkeiten und meine mehr als 50-jährige Lehrerfahrung. Die von mir eingeführten und gut zu verwendenden Kategorien zur Erklärung und Vermittlung der Ch'üan-Bewegungen stimmen oft exakt mit den wissenschaftlichen Grundlagen überein.

## 1 Für die Übung wichtige Bereiche des menschlichen Körpers

Zur Beschreibung der Ch'üan-Bewegungen wie zu ihrem Verständnis ist ein grundlegendes anatomisches Wissen erforderlich. Besonders wichtig ist die Terminologie des Leitbahnensystems und der Akupunkturpunkte aus der chinesischen Medizin, weil sie in enger Beziehung zum T'ai-chi ch'üan stehen. Deshalb werden hier die wichtigsten Termini vorgestellt.

### *1.1 ›Äußere‹ Bereiche des Körpers*

Bereiche der Arme: Wie üblich spricht man auch im T'ai-chi ch'üan von Ober- und Unterarm. Wichtig sind die Gelenke der Schultern, der Ellbogen und der Hände. An der Außenseite des Ellbogens setzt eine senkrechte Linie zum Boden an, die ›Ellbogensenkrechte‹. Das Innere des Ellbogens wird Ellenbeuge genannt. Das Handgelenk besteht aus acht Knochen; von besonderer Bedeutung ist dabei der ›Handgelenkrücken‹. Bei den Händen gibt es neben dem Handrücken noch die Handinnenfläche, das ›Handzentrum‹. Auch der Begriff Handkante ist gebräuchlich. Außerdem unterscheidet man einen ›inneren und äußeren Daumenballen‹. Letzterer ist auch als ›angehobene Wurzel‹ bekannt. Den Bereich zwischen Daumen und Zeigefinger nennt man ›Tigermaul‹, der bei geschlossener Faust zum ›Faustauge‹ wird. Der Hohlraum in der Faust heißt ›Faustzentrum‹. Schließlich gibt es noch eine Verbindungslinie quer durch die vier Fingerknöchel, die ›Linie der Fingerknöchel‹.

Bereiche der Beine: Auch die unteren Extremitäten werden in Unter- und Oberschenkel unterschieden. Die Fußinnenfläche heißt Sohle oder ›Fußbrett‹. Wichtige Gelenke sind die der Hüften, der Knie und der Verbindung zwischen Bein und Fuß, die Sprunggelenke, die aus jeweils sieben kleinen Knochen bestehen. Am Knie sind die Kniescheibe und die Kniebeuge zu erwähnen. Der Unterschenkel wird in Schienbein und Wade unterteilt; am Ende der Wade finden sich die drei Knochen der ›Enkelgelenke‹. Darunter befindet sich die Ferse. Die Fußwölbung wird mit ›Fußzentrum‹ umschrieben. Dann spielen noch einige wichtige Verbindungslinien vom Fußzentrum zum kleinen Zeh als ›äußere Seite der Fußfläche‹ eine Rolle; weiter zwischen den Zehenknochen und dem Zentrum die ›Zehensohlenlinie‹ und schließlich die ›Fußmittellinie‹, die zwischen zweitem und drittem Zeh bis zur Ferse verläuft. Der äußere Rand des Fußes wird ›äußerer Rand‹ genannt.

Bereich des Rumpfes: Zwischen ›linker und rechter Brust‹ findet sich der Brustkasten. In der Mitte liegt etwas tiefer die ›Brusteinwölbung‹. Am Rücken, entlang der Wirbelsäule, verläuft die ›Rückenrinne‹. Wichtig sind außerdem die Lendenwirbel, die als ›Niederrücken‹ bezeichnet werden, die Hüften (mit Taillen) unter den Rückenrippen und darunter die Hüftgelenke. Der Bereich zwischen diesen beiden ist der ›Hosenboden‹. Von der Kopfspitze bis zum ›Niederrücken‹ verläuft vertikal die ›Mittellinie der Körperbereiche‹, auch ›Körperachse‹ genannt.

Erklärungen zu den Fußstellungen des T'ai-chi ch'üan: Beide Füße stehen gerade ausgerichtet, parallel zueinander und eben aufgesetzt. Sie sind eine Schulterbreite (ohne die beiden Schultergelenke gerechnet) auseinander und stehen fest. Die zwei durch die Füße verlaufenden, nach hinten und vorn ins Unendliche zu verlängernden Mittellinien heißen ›schulterbreite Linien‹. Der

Mittelpunkt zwischen diesen Parallelen wird ›Mittelpunkt im Fußabstand‹ genannt. Der Stand mit dem Körpergewicht auf einem Bein, also auf einer der schulterbreiten Linien, ist im T'ai-chi ch'üan auch als ›gerades Auftreten‹ bekannt. Bildet die Linie durch einen Fuß mit der schulterbreiten Linie einen Winkel von 30° bis 60°, so spricht man vom ›schrägen Auftreten‹. Umfaßt der Winkel volle 90°, so heißt dies ›queres Auftreten‹. Das flache Aufsetzen der Sohle wird vom Anheben der Zehen, dem ›Fußende auf dem Boden‹, deutlich unterschieden. Übersteigt das Anheben der Zehen mehr als 45°, so verwendet man die Bezeichnung ›Ferse auf dem Boden‹. Hebt man die Ferse an, so heißt dies ›Zehen auf dem Boden‹. Die Linie durch das Knie des vorne belasteten Beines im Bogenschritt vertikal zum Boden bzw. zum Zehenansatz nennt man ›Kniesenkrechte‹.

### *1.2 ›Innere‹ Bereiche des Körpers*

Diese Körperbereiche stehen unmittelbar in Verbindung mit aktiver Bewegung und lassen sich wie folgt einteilen:

Physiologische Bedingungen zur Bewegung innerer Bereiche: Das Knochengerüst, das Haut und Gewebe des menschlichen Körpers stützt und ihm seine charakteristische Gestalt gibt, besteht aus 216 unbeweglichen Knochen (›harte Knochen‹)[2], sechs Gehörknöchelchen, 85 Knorpeln, 32 Zähnen, zehn ›Weichknochen‹ des Rachen-Mund-Raums, neun Weichknochen des Nasenbereichs und zwei Weichknochen in den Ohren. Die Form des Kopfes wird von ›Knochenplatten‹ bestimmt. Die Teile, die Glieder und Rumpf bilden, heißen ›zusammengesetzte Knochen‹. Das Rückgrat dient als Stütze des Rumpfes. Eine gedachte Mittellinie durch seine Beugung nennt man ›Mittelachse‹. Zusätzlich gibt es 640 willentlich bewegbare Muskeln, die mit Bändern und Sehnen das Knochengerüst stützen, Kontraktion und Entspannung bewirken und die Bewegung des menschlichen Körpers erst ermöglichen. Jedes Muskelbündel ist von zahlreichen Blutgefäßen und Nerven durchzogen, die zum einen Nährstoffe transportieren, zum anderen die Erregung und Kontraktion des Muskels bewirken. Bei gesunden Menschen macht das Knochengerüst weniger als 14% des Körpergewichts aus, die Muskulatur und das Gewebe machen nicht mehr als 40%, bei Frauen meist noch etwas weniger aus. Durch ein regelmäßiges Üben kann dieser Anteil bis auf 50 % des Körpergewichts gesteigert werden. Unzählige haarfeine Muskelfasern bilden ein Muskelbündel, und viele solcher Bündel einen Muskelstrang. Motorische Nerven zweigen sich so weit auf, bis an jede Muskelfaser wenigstens eine Nervenfaser herantritt und über die sogenannte motorische Endplatte die Kontraktion der Muskelfaser bewirkt. Jeder Stimulus bewirkt eine einmalige Kontraktion; möglich sind bis zu 75 Kontraktionen pro Sekunde. Je höher die Zahl der Kontraktionen, umso höher wird die Kontraktionskraft. Die von den Muskeln zur Kontraktion benötigte Energie kommt aus dem Blut, das in der Lunge mit Sauerstoff und im Darmbereich mit Nährstoffen angereichert wird. Das Blut, das den gesamten Körper mit Nährstoffen versorgt, macht etwa den dreizehnten Teil des gesamten Körpergewichts aus. Reste des Stoffwechsels werden mit Hilfe des Blutes über Niere und Lunge ausgeschieden. Das Herz pumpt mit jedem Schlag Blut durch den Körper und ermöglicht so den Blutkreislauf. Ein solcher Umlauf dauert normalerweise etwa eine Minute, doch bei anstrengender Betätigung können in einer Minute bis zu neun Umläufe erreicht werden. Unter normalen Umständen pumpt das Herz täglich etwa 10 Tonnen durch den Körper. Zum Regulieren und Ausbalancieren der Nährstoffe für die Körperbewegung, die Körpertemperatur, den Stoffwechsel und die anderen Lebensfunktionen werden über Nerven und Blut zusätzlich Hormone verschiedener Drüsen verbreitet.

Aufbau und Form der Gelenke: Die Gelenke verbinden jeweils zwei Abschnitte der ›zusammengesetzten Knochen‹. Die dem Herzen näherliegende Spitze nennt man ›Gelenkkopf‹, das abgewandte Ende heißt ›Gelenkhöhlung‹. An der Oberfläche von Kopf und Höhlung gibt es je eine Schicht von ›Weichknochen‹ (Gelenkknorpel), die sie umgeben und abschließen. Dazwischen findet sich in einigen Gelenken, z. B. Knie, noch ein länglicher ›Weichknochen‹ (Meniskus), der die direkte Reibung von Kopf und Höhlung vermindert. Das Gelenk ist außen von einer elastischen Gelenkkapsel umgeben, in deren Inneren sich die ›Gelenkinnenhaut‹ und die Gelenkschmiere befinden. Außerhalb der Kapsel festigen viele Bänder und Sehnen die Position und den Aufbau des Gelenks.

Dehnung und Entwicklung der Sehnen, Bänder und Muskeln: Dehnen bedeutet hier Langstrecken, und Entwicklung steht für

Verbreiterung. Beides steht in enger Verbindung mit Fortschritten in den Bewegungsfunktionen. Als Sehnen bezeichnet man die zwei Anfänge der willentlich bewegbaren Muskeln, weiße, feine, lange Bänder, die stark dehnbar und fest mit ›Sehnenköpfen‹ am Knochen angewachsen sind. Werden die Sehnen nicht oft gestreckt und gedehnt, so verlieren sie ihre Flexibilität und bilden sich zurück, so daß die Bewegungsfunktion der Muskeln reduziert wird. Zu diesen Funktionen gehören Beugen, Strecken, Drehen, bei Ringmuskulatur Verengen, Komprimieren, Stemmen und andere Tätigkeiten. Wichtig ist, daß sie umso beweglicher sind, je mehr man sie dehnt und streckt. Zu wenig bewegte Muskeln verlieren an Elastizität und Flexibilität. Die Bänder sind eine Art besonders elastischer und flexibler Bindegewebsmembranen, die am äußeren Rand der Gelenke zu finden sind. Sie verhindern das Auskugeln oder Überdrehen der Gelenke. Auch hier gilt: Je intensiver die Dehnung und Entwicklung der Bänder betrieben wird, umso größer sind die Möglichkeiten der Gelenkbewegung. Muskeln, Bänder und Sehnen reagieren auf unsteten Gebrauch durch Vergrößerung ihrer äußeren Form, in Folge von Fetteinlagerungen. Werden die die Muskeln unterstützenden Fette aber ausgenutzt und verbraucht, so entwickeln sich Blutgefäße und Nervenbahnen, die Flexibilität und Sensibilität des Muskels wird verbessert.

*1.3 Leitbahnen und Akupunkturpunkte des Körpers*

Die traditionelle chinesische Medizin geht davon aus, daß die Vitalität und Lebenskraft (Qi) des menschlichen Körpers in Bahnen durch den Körper zirkuliert. So steht schon in des Gelben Kaisers ›Klassiker des Inneren‹, zweiter Teil: »Die zwölf Hauptleitbahnen sind es, worauf alles menschliche Leben beruht.«[3] Dies ist mit dem westlichen System der Anatomie nicht zu belegen, aber mit den durch Akupunktur bewirkten Empfindungen und Reaktionen kann man dieses Charakteristikum der traditionellen chinesischen Medizin wahrnehmen.[4] Jeder Akupunkturpunkt auf der Körperoberfläche korrespondiert mit Qi oder Blut eines Körperorgans. Die zwölf Hauptleitbahnen bilden wahrnehmende, sensible und reagierende, bewirkende Wege des Qi, die 15 Netzleitbahnen sind wahrnehmende und reagierende Wege des Blutes. Deshalb gilt: Kommt es im Inneren zu einer Veränderung der

Qualität (Wahrnehmung), folgt im Äußeren eine Änderung (Reaktion); gibt es im Äußeren etwas Spürbares, so muß im Inneren etwas darauf reagieren. So verhalten sich das Äußere und Innere, die Haupt- und Netzleitbahnen. Herrscht oben Mangel, so gibt es unten Fülle; nimmt das Unten wahr, so reagiert das Oben. Auf diese Weise entstehen Yin und Yang von Blut und Qi. Alle Sammelpunkte von Qi und Blut werden Akupunkturpunkte genannt.

Die Hauptleitbahnen und die auf ihnen liegenden Punkte folgen den kreisförmig verlaufenden Zeiten von Himmel und Erde. In ihnen gibt es Zeiten von Schwäche und Stärke. Schwäche steht für Langsamkeit und Leere, für Ruhe und Nicht-Stimulanz. Stärke steht für Bewegung und Fülle und hängt eng mit der Blut- und Qi-Zirkulation zusammen. Alle Punkte auf den Leitbahnen, die vom Qi nicht erreicht werden oder blockiert sind, können eine Gefährdung und Schädigung der Gesundheit bewirken. Wie der Punkt auf der sich drehenden Erde, der die Strahlen der Sonne empfängt, verhält sich der das Qi anziehende Punkt und entspricht der Stärke (Fülle); die blockierten oder ausgelassenen Bereiche entsprechen der Schwäche (Mangel). Das Qi und das Blut der Haupt- und Netzleitbahnen bilden in den jeweils zwölf Stunden von Tag und Nacht einen fließenden Kreislauf. Die Kampfkünste in China und auch in Japan greifen diese Aspekte auf und können, angepaßt an die entsprechende Zeit, auf diese Gesetzmäßigkeiten im Menschen einwirken oder sie kontrollieren. So gibt es das Gongfu des ›Einschränkens‹ (Jie), des ›Anfassens‹ (Na), des ›Erhaschens‹ (Zhua) und des ›Verschließens‹ (Bi). Werden die Netzleitbahnen ›eingeschränkt‹, so stoppt der Blutkreislauf, was über einen bestimmten Zeitraum hinaus zum Tode führt. Werden Hauptleitbahnen ›angefaßt‹, so stockt das Qi und zirkuliert nicht hinreichend, was zur Stumpfsinnigkeit führt. Werden die Sehnen ›erhascht‹, so verliert der Körper die Führung, und der Wille wird gänzlich aufgelöst. Werden Akupunkturpunkte ›verschlossen‹, so fällt man in eine traumähnliche Ohnmacht, bei der Bewußtsein und Gefühle verschwinden. Noch stärker ist die Wirkung, wenn diese Punkte attackiert werden: Knochen geraten in anormale Positionen, Sehnen werden verletzt, und man kann innerhalb kurzer Zeit sterben. Werden diese kämpferischen Anwendungen aber rechtzeitig abgebrochen, fühlt man sich wie aus einem Traum erwachend. Ein Angriff auf die Haupt- und Netzleitbahnen in den

Kampfkünsten ist gefährlich; diese Techniken werden nur an wenige Eingeweihte weitergegeben und haben in der heutigen Zeit sehr an Bedeutung verloren.

Der menschliche Körper hat nun rechts und links je zwölf Hauptleitbahnen (paarmäßig) mit 308 Akupunkturpunkten. Fügt man die 52 Punkte der Renmai- und Dumai-Leitbahnen hinzu, so kommt man auf 360 Punkte. Im Gongfu werden davon 108 Hauptpunkte berücksichtigt. Bei Attacken auf 72 Punkte kann es zu Verletzungen oder bleibender Schädigung kommen, während Attacken auf die übrigen 36 Punkte unmittelbar das Leben bedrohen.

Die zwölf Hauptleitbahnen sind:

1. Hand Groß-yin Lungen-Leitbahn (LB) mit 11 Punkten, Erdzweig Yin
2. Hand Strahlend-yang Dickdarm-LB mit 20 Punkten, Erdzweig Mao
3. Fuß Strahlend-yang Magen-LB mit 45 Punkten, Erdzweig Chen
4. Fuß Groß-yin Milz-LB mit 21 Punkten, Erdzweig Si
5. Hand Klein-yin Herz-LB mit 9 Punkten, Erdzweig Wu
6. Hand Groß-yang Dünndarm-LB mit 19 Punkten, Erdzweig Wei
7. Fuß Groß-yang Blasen-LB mit 67 Punkten, Erdzweig Shen
8. Fuß Klein-yin Nieren-LB mit 27 Punkten, Erdzweig You
9. Hand Mangel-yin Herzhülle-LB mit 9 Punkten, Erdzweig Xu
10. Hand Klein-yang Dreifacher Brenner-LB mit 23 Punkten, Erdz. Hai
11. Fuß Klein-yang Gallen-LB mit 44 Punkten, Erdzweig Zi
12. Fuß Mangel-yin Leber-LB mit 14 Punkten, Erdzweig Chou[5]

(Die Erdzweige geben jeweils die Zeit der zugeordneten Doppelstunde an, siehe dazu Anmerkung 5.)

Zusätzlich gibt es auf dem Dumai-Kanal 28 Punkte und 24 Punkte auf dem Renmai-Kanal, zusammen also 360 Punkte.[6] Gemäß dem ersten Teil des ›Klassikers des Inneren‹ vom Gelben Kaiser läßt sich nach dort aufgezeichneten Kreisläufen folgende Ordnung finden: Nr. 1, 5 und 9 sind die drei Hand-Yin-LB; sie beginnen in den ›Speicherorganen‹ (Cang) und laufen in die Arme. Nr. 2, 6 und 10 sind die drei Hand-Yang-LB; sie laufen von den Armen zum Kopf. Nr. 3, 7 und 11 sind die drei Fuß-Yang-LB; sie führen vom Kopf in die Beine. Nr. 4, 8 und 12 sind die drei Fuß-Yin-LB; sie führen von den Beinen in den Bauchbereich.[7] Das Qi, das in den zwölf Stunden von Tag und Nacht in verschiedenen Leitbahnen und über verschiedene Akupunkturpunkte den gesamten Körper links und rechts dreimal durchläuft, bildet einen Kreislauf.

Außerdem gibt es noch die acht ›unpaarmäßigen‹ Leitbahnen:

| | |
|---|---|
| 1. Dumai (›Planungskanal‹) | mit 28 Punkten |
| 2. Renmai (›Regierungskanal‹) | mit 24 Punkten |
| 3. Chongmai (›Vitalkanal‹) | mit 13 Punkten |
| 4. Daimai (›Gürtelkanal‹) | mit 4 Punkten |
| 5. Yin qiaomai (›Kanal des aufsteigenden Yin‹) | mit 3 Punkten |
| 6. Yang qiaomai (›Kanal des aufsteigenden Yang‹) | mit 12 Punkten |
| 7. Yin weimai (›regulierender Kanal des Yin‹) | mit 8 Punkten |
| 8. Yang weimai (›regulierender Kanal des Yang‹) | mit 18 Punkten[7] |

Sind die Hauptleitbahnen voll mit Qi, so dringt dieses auch in die Netzleitbahnen. Ist das Qi voll im Dantian, so dringt es in Renmai- und Dumai-Kanäle ein und überfließt die acht unpaarmäßigen Leitbahnen. Qi und Blut ergänzen einander und bewegen sich. Bewegt sich das Blut in den Gefäßen, so bewegt sich das Qi außerhalb der Gefäße. Die moderne Wissenschaft arbeitet mit meßbaren Erscheinungen und hat die formlose feinstoffliche Stufe noch nicht erkannt.[8] Hier scheint es sich um formlose Veränderungen zu handeln. Der menschliche Körper in Bewegung erzeugt Qi, mit Wärme; ihre Zirkulation erfolgt im Körper in festen Haupt- und Netzleitbahnen und bewahrt die Gesundheit. Ist das Qi aber verstreut, in seiner Zirkulation gestört oder verläßt es gar den Körper, so entstehen Mangel und Schwäche. Auch die magnetische Induktion im Körperinneren folgt den Strömungen in den Leitbahnen; die Akupunkturpunkte sind Tore der Übermittlung und Übertragung von Qi. Die Induktion geschieht im Blut, während die Akupunkturpunkte der Ansatz zur Beeinflussung des Qi sind. Soviel andeutungsweise zu den Grundlagen der traditionellen chinesischen Medizin.

Die Anwendung der Akupunkturpunkte in den alten chinesischen Kampfkünsten war immer ein strenggehütetes Geheimnis und wurde nie an Außenstehende weitergegeben. Was in vielen Büchern dazu aufgezeichnet ist, ist oft auf den Kopf gestellt, durcheinandergebracht und verfälscht worden. Vieles ist also nicht verläßlich; nur das Durchfließen von zwölf Punkten auf den Leitbahnen Nr. 11 und 5 wurde von altersher immer wieder aufgezeichnet. Die Zeiten des Fließens in den Netzleitbahnen stehen in Zusammenhang mit der Zeit der Bewegungen in den Hauptleitbahnen, woraus der besondere Gebrauch im Gongfu entstand. Wird ein lebenspendender Punkt zur rechten Zeit ›geschlossen‹, so bleibt das Leben bewahrt; wird ein todbringender Punkt zur rechten Zeit ›geschlossen‹, so führt dies zum Tod. [9]

Entsprechende Zeiten und Akupunkturpunkte sind:

1. 23–1.00: Renzhong 2. 1–3.00: Tianting 3. 3–5.00: Chiaokong 4. 5–7.00: Chuansai 5. 7–9.00: Taiyang 6. 9–11.00: Shangcang 7. 11–13.00: Taiyuan 8. 13–15.00: Qikan 9. 15–17.00: Qihai 10. 17–19.00: Xuehai 11. 19–21.00: Xiayin 12. 21–23.00: Yongquan (siehe Abb. 1)

Weitere für den offensiven und defensiven Kampf wichtige Punkte sind:

13. Jiuwei 14. Chengqi 15. Yintang 16. Maoxin 17. Chengjiang 18. Shenting 19. Conghui 20. Baihui 21. Tinggong oder Ermen 22. Jiazhe 23. Changmen 24. Ruzhong 25. Jiangtai 26. Tiantu 27. Daimai 28. Jingmen 29. Shenyu 30. Jimen 31. Shanzhong 32. Burong 33. Riyue 34. Fuai 35. Qugu 36. Guanyuan 37. Fushe 38. Sanli 39. Dubi 40. Lingquan 41. Dazhu 42. Naohu 43. Yamen 44. Dachui 45. Feiyu 46. Geyu 47. Mangmen 48. Changchiang 49. Mingmen 50. Laogong 51. Zuchiao 52. Huang ting 53. Xiangu 54. Shaogu 55. Yangxi 56. Chize 57. Yinding (vgl. Abb. 1). [10]

## 2 Verbesserung der allgemeinen Körperfunktionen

Um den Körper gesund zu erhalten, bedarf es der besonderen Aufmerksamkeit für vier Bereiche. Notwendig sind: 1. Eine normale Funktion des Magen-Darm-Traktes, damit dort keine Krankheiten entstehen. 2. Eine starke, kräftige Muskulatur, ein gesundes Herz und eine gut funktionierende Lunge. 3. Ein klarer Verstand, beweglich, anpassungsfähig und frei von Anspannungen. 4. Ein entwickelter Geist und reichliches Qi, damit das Interesse an einer Entwicklung nicht nachläßt.

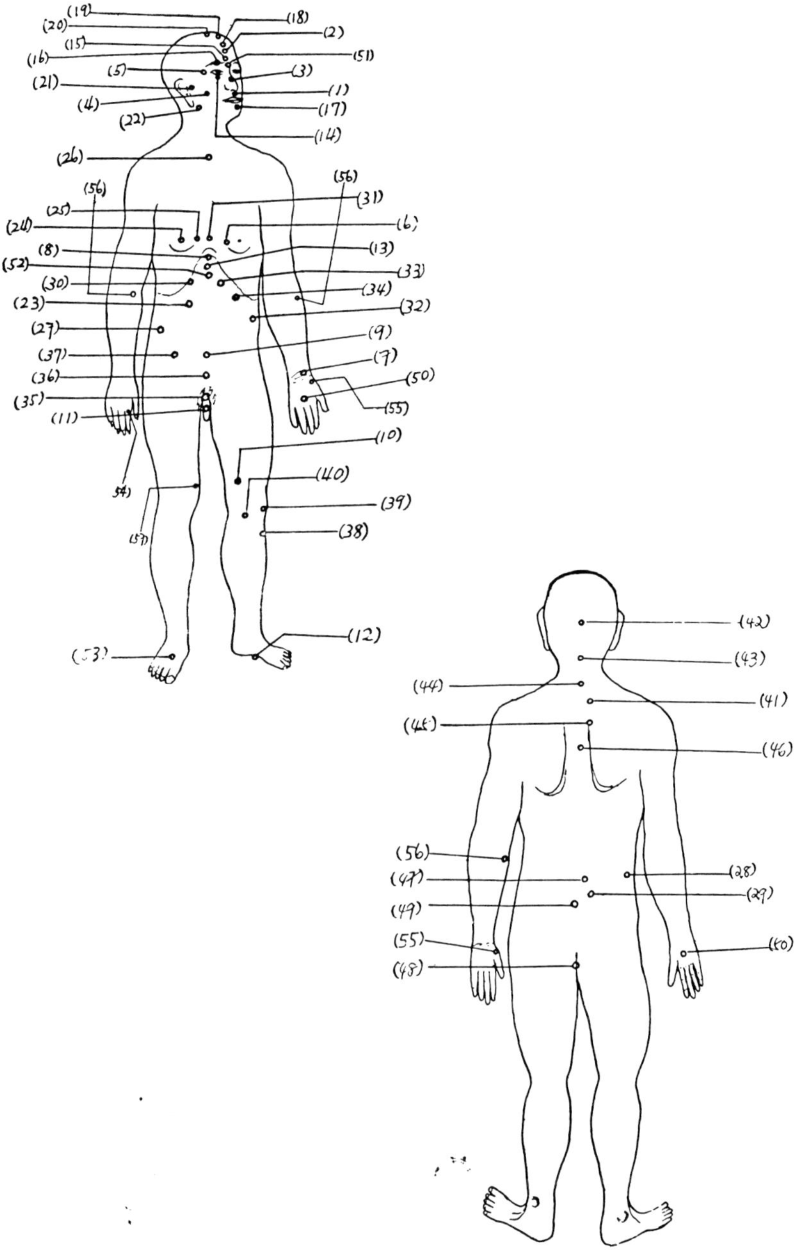


*Abb. 1: Vorder- und Rückansicht des menschlichen Körpers mit den wichtigsten Akupunkturpunkten*

Alles Leben wird von zwei entgegengesetzten Entwicklungslinien bestimmt. Die eine steht für die Fortentwicklung, die andere für Verfall. Beide sind je nach Lebensweise und Alter verschieden stark ausgebildet. Zum Erhalt der Gesundheit muß ein Gleichgewicht in den Wechseln und Veränderungen bewahrt werden. Übt man schon als Jugendlicher systematisch seinen Körper, wird viel von den jugendlichen Fähigkeiten bewahrt, und Gebrechen werden seltener oder später auftreten. Wer seine Gesundheit erst stärken will, wenn schon Anzeichen von Problemen auftreten, der muß mit größerem Aufwand und geringerem Erfolg rechnen. »Dies ist so, als ob man im Kampf erst anfinge, eine Waffe zu schmieden, oder als ob man einen Brunnen erst dann graben würde, wenn man bereits durstig ist.«[11] Wenn hier von regelmäßiger Übung gesprochen wird, ist eine wirksame Ganzkörperübung gemeint. Die meisten berufsbedingten Bewegungen beanspruchen nur Teilbereiche des Körpers und sind daher unzureichend, oft sogar schädigend. T'ai-chi ch'üan ist eine Bewegungsform, die den gesamten Körper anspricht und nicht nur körperliche, sondern auch geistige Schwächen ausgleichen kann.

### 2.1 *Verbesserung in Bereichen durch häufiges Betätigen*

Nach Darwin's Prinzip der Evolution ›entwickeln sich die Organe eines Körpers umso mehr, je öfter sie gebraucht werden; bei Nichtgebrauch entwickeln sie sich entsprechend zurück‹.[12] Die Entwicklung aller Teile und Organe ist abhängig von einer koordinierten Aktivität des ganzen Körpers. Die Sportphysiologie konnte nachweisen, daß die Muskelfasern und ›weichen Konstituenten‹ (Knorpel, Sehnen, Bänder) der Gelenke einerseits zwar durch Bewegung abgenutzt werden, sich andererseits aber gerade dadurch wieder erneuern und entwickeln. Regelmäßige Körperübungen kräftigen den Kreislauf, vergrößern damit langsam auch den Umfang der Muskulatur und festigen den Knochenbau. Zur Steigerung der Kraft sollten in der Anfangsphase die zu bewältigenden Krafteinheiten nur langsam erhöht werden. Physiologische Untersuchungen haben ergeben, daß die Entwicklung der Skelettmuskulatur auf einer Vermehrung von Muskelsubstanz und Myoglobin beruht, die Anzahl der Muskelfasern sich dagegen nicht sehr vermehrt. Hat man in der Steigerung der Krafteinheiten eine bestimmte Grenze im Verhältnis zum Körpergewicht erreicht, kann die Leistung proportional nicht mehr weiter gesteigert werden; der Schwerpunkt liegt dann auf einer Steigerung der Ausdauer.

Dabei ist wichtig, daß die Übungen über einen langen Zeitraum und ohne Unterbrechung gemacht werden. Dadurch kann sich die Zellorganisation langsam anpassen und entsprechend vermehren. Spürt man, daß die gewählte Übung zusätzlich Geist und Verstand anregt, wird das zum weiteren Anreiz, das Training nicht zu vernachlässigen oder aufzugeben. Sind einem die Übungen schon zur Gewohnheit geworden, weil man deutlich ihre positive körperliche Wirkung erfahren hat, wird sich bei einem Abbruch der Übung ein Gefühl der Leere und des Unbehagens einstellen.

Durch Übung und die damit einhergehende Entwicklung der Muskulatur entsteht geradezu ein Bedürfnis nach weiterem Training, denn damit wird das inzwischen erreichte Gleichgewicht erhalten. Bricht man eine Übung nach langer Zeit ab, so können sich Blutfluß und Kreislauf nicht sofort der neuen Situation anpassen, und es entsteht eine ungewohnte Belastung für den Stoffwechsel. Diese Probleme sind auch von Leistungssportlern bekannt, die ihre Karriere zu abrupt beenden.

### *2.2 Entwicklung der latenten Körperfähigkeiten*

Wie Laborversuche ergeben haben, kann im Durchschnitt ein menschlicher Muskel eine Kraft von 3 $kp/cm^2$ erbringen. Ein Muskelstrang von 40$cm^2$ Querschnitt kann ein Gewicht von ca. 120 kg ziehen. Dieser Laborwert drückt die Maximalkapazität bei einer ›austrainierten‹ Person aus. Theoretisch sollte man also über 100 kg stemmen können, doch die Durchschnittsleistung liegt bei nur 20–30 kg. Wenn man täglich nur einmal seine Muskulatur trainiert, vergrößert sich die Leistungsfähigkeit schon erheblich. Wissenschaftliche Experimente haben ergeben, daß man in sieben Tagen schon eine Steigerung um vier Prozent erreichen kann, in zwei Wochen entsprechend acht Prozent. In absehbarer Zeit also wird man einen Höhepunkt erreichen, ab dem die Entwicklung stagniert. Dann beginnt die Muskulatur zu zittern, eine Erhöhung von Übungsumfang und -einheiten bringt keine weiteren Verbesserungen mehr, vielmehr kann es durch Überanstrengung zu negativen Auswirkungen kommen. Die geeignetste Methode für die langsame und stetige Entwicklung der Muskelkraft und ihren täglichen Aufbau ist eine angemessene Ganzkörperübung, die auch die Innenbereiche des Körpers, die Organe, mit einbezieht. Der Bewegungsphysiologe Arthur H. Steinhaus hat die ›Angemessenheit‹ einer Übung wie folgt beschrieben: »Jeden Tag sollte man sich ein wenig anstrengen, ohne aber einen schmerzenden und unerträglichen Zustand der Muskulatur herbeizuführen. Dann kann man sich langsam steigern, sollte dabei aber nicht zu ambitioniert einen schnellen Fortschritt erzwingen wollen.«[13] Beim Erlernen des T'ai-chi ch'üan läßt sich beim anfänglichen Üben der Schrittarten ein leichtes Übersäuern und Heißwerden der Oberschenkelmuskulatur kaum vermeiden, doch unter der Anleitung eines guten Lehrers kann man schnell die Grundvoraussetzung erreichen, das gesamte Körpergewicht ohne Überanstrengung einzelner Muskelpartien von nur einem Bein tragen zu lassen. Dies gilt auch für ältere Personen, weil diese Eigenschaften und Fähigkeiten generell bei jedem latent vorhanden sind und es zu ihrer Aktivierung nur der persönlichen Entschlossenheit zur Ausdauer bedarf. So habe ich drei Personen im Alter von über siebzig Jahren unterrichtet, die dabei körperliche Fähigkeiten ausbildeten, die den Aktivitäten von 50- oder 60-jährigen entsprachen.

### *2.3 Die Wirkung der Übung der fünf Schrittarten*

Im T'ai-chi ch'üan liegt die Hauptbelastung auf den Hüften und Beinen; das Üben der Schrittarten ist die Grundlage für deren Kräftigung. Der ›Klassiker des T'ai-chi ch'üan‹ sagt: »Die Wurzeln liegen in den Füßen, und das (Jin) entsteht in den Beinen; die Ausführung erfolgt über die Hüften.«[14] Im ›Kommentar‹ lesen wir: »Aufrecht wie Ping- und Chun-Instrumente.«[15] Und in den ›Mentalen Erklärungen‹ heißt es: »Die Schritte folgen den Körperveränderungen.«[16] Die Schrittarten sind also die Basis, und deshalb sollte der Übende die Muskulatur der Beine zuerst entwickeln. Die Schritte sind leicht und wenn nötig schnell; in statischer Position sollen die Beine die Stabilität eines Berges haben, in der Bewegung sollen sie sein wie das Fließen von Flüssen und Strömen. Alle Figuren und Positionen des T'ai-chi ch'üan beruhen auf der Bewegung und Kraft der Beine. Physiologisch gibt es eine enge Verbindung zwischen einem gesunden Beinbereich und der Verdauung, den Geschlechtsorganen, dem Kreislauf und weiteren Systemfunktionen. Bei Menschen mit schwacher Beinmuskulatur und schlechtem Appetit stellen sich oft Probleme in der Sexualität ein, es mangelt ihnen an Lungenkapazität und ihrem Herzen an Ausdauer; eine günstige Voraussetzung für weitere Krankheiten. Die Übung des T'ai-chi ch'üan beginnt mit dem Training eines Beines, um das gesamte Körpergewicht zu tragen. Erst wenn man auf einem Bein Kniebeugen ausführen kann, ist die Muskulatur der Beine austrainiert.

Alle Figuren und Positionen beginnen und enden damit, daß das gesamte Körpergewicht auf einem Bein ruht. Während des Beinbeugens, Gewichtverlagerns und Schrittwechsels werden die Eingeweide stimuliert, und oft sind deshalb Geräusche im Bauchbereich wahrnehmbar. Die im Bauchraum beweglich fixierten Organe werden durch das Absenken des Qi und der damit verbundenen Bauchatmung massiert, was die Widerstandskraft von Darm und Magen deutlich verbessert. Wechsel und Änderungen in den Schrittarten erzeugen Bewegung und Reibung in den Eingeweiden, die die Magen- und Darmmotorik anregen. Der gesamte Körper entwickelt neue Aktivität und Elan, was zur Beschleunigung der Ausscheidung von Giftstoffen beiträgt. Dadurch können viele Magen-Darm-Probleme gelindert oder sogar behoben werden.

Vor- und Zurückbeugen wie auch andere T'ai-chi ch'üan-Dehnübungen sind Aktivitäten, die ebenfalls den Magen- und Bauchbereich betreffen und stimulieren. Deshalb sollten vor Ausführung der Soloform die Sets der grundlegenden Schrittarten und Dehnübungen geübt werden. Durch die Änderung des Drucks auf die Organe in der Bauchhöhle ergibt sich bei den nachfolgenden Figuren eine Wirkung, die das Wohlbefinden steigert. Auf diese Weise können z. B. auch Hämorrhoiden langsam ausgeheilt werden.

## *2.4 Aufrechte Körperhaltung*

Die aufrechte Haltung des Rumpfes einschließlich des Kopfes ist ein Grundprinzip in den Figuren des T'ai-chi ch'üan. In den ›Mentalen Erklärungen‹ heißt es dazu: »Der aufrechte Körper braucht Balance und eine bequeme Haltung, so daß die acht Seiten abgesichert sind.«[16] Diese Haltung ermöglicht innerhalb der

Figuren Entspannung und die Flexibilität der Bewegungen und bedeutet zugleich physiologisch auch ein Entspannen und Bewahren der Körperkraft. Damit wird ein Ausgleich zwischen Funktionsorganisation (tatsächlich benötigte Kraft) und Bewegungskraft (größtmögliche Körperkraft) hergestellt.

Die menschliche Muskulatur verbraucht Energie. Die Rumpfmuskulatur ist ununterbrochen aktiv und sorgt mit koordinierter An- und Entspannung für eine Balance des Körpers. Je mehr der Körper diese ausgeglichene Haltung verliert, umso mehr Energie wird durch die Muskelaktivität verbraucht. Bleibt der Körper aber gerade aufgerichtet, entspannt sich automatisch die Rumpfmuskulatur, und damit wird Körperkraft gespart; eine wichtige Voraussetzung zur Bewahrung der Gesundheit.

In der aufrechten Haltung sind alle inneren Organe einem gleichmäßigen Druck ausgesetzt. Die Bauchatmung führt zu einer gleichmäßigen Auf- und Abbewegung, die die Widerstandskraft erhöht. Auch die Lunge folgt diesen Bewegungen. Auf die natürliche Krümmung der Wirbelsäule wirkt sich die aufrechte Haltung ebenfalls positiv aus; beim Üben der Soloform wird sie in ihrer gesamten Länge und in ihrem gesamten Umfang gleichmäßig belastet. Die Bänder der Gelenke können entspannen und werden weniger strapaziert. Durch den ausgeglichenen Druck auf die inneren Organe kann das Blut ungehindert in der Bauchhöhle zirkulieren. Erkrankungen in diesem Bereich aufgrund von Durchblutungsstörungen werden verhindert.

### 2.5 *Körperbau und Struktur*

Ein weiterer Aspekt des T'ai-chi ch'üan-Unterrichts besteht darin, den Schülern zu verdeutlichen, wie man Bewegung aufnimmt und übt. Manche Figuren sind zunächst in ihren Bewegungen kaum nachzuvollziehen. Diese Schwierigkeiten werden jedoch überwunden mit einer Lehrmethode, die für das Unterrichtstempo bei neuen Bewegungen klare Regeln und festgelegte Formen für die Bewegungen kennt. Unübliche und sonst nie durchgeführte Bewegungen können auch deshalb gelernt werden, weil sich die daran beteiligten Körpersysteme im Lernprozeß neu organisieren. Die Struktur des Körpers wird sich langsam und natürlich verändern, bis diese Veränderung zur Routine im täglichen Leben wird.

Die durch Übung initiierte physiologische Veränderung zieht im Inneren tatsächlich eine Umstrukturierung in den motorischen Zentren des Gehirns nach sich. Auch Menschen, die erst im fortgeschrittenen Alter das T'ai-chi ch'üan erlernen, können mit zunehmender Übungszeit die Effektivität ihrer Muskulatur und ihres Knochensystems verbessern, somit ihre Vitaliät erhalten. Dies kann man am reichen Vorhandensein von Kollagen im Knochenaufbau nachweisen, der sich durch die Übungen stark verändert und wesentlich fester als bei Ungeübten wird. Am auffälligsten dabei ist die positive Verfeinerung der Netzstruktur im Knocheninneren. Gleichzeitig steigert sich die Elastizität und die Anpassungsfähigkeit der Muskeln, wodurch man flexibler und ausdauernder wird. Bei jungen Menschen sind diese positiven Effekte noch deutlicher. Bei ihnen werden auch Figur, Gestalt und Hautturgor stark beeinflußt. Durch die Anpassung an die Eigenart der Bewegungen in den Ch'üan-Figuren wird das gesamte Knochengerüst in seiner Längs- und Querstabilität verbessert. Die Muskelkörper erreichen eine verbesserte Verkürzungs- und Streckfähigkeit. Eine Erhöhung des Myoglobinwertes in der Muskulatur verändert auch deren Färbung. Aufgrund medizinischer Untersuchungen glaubt man, daß angemessene Übung einen ›piezoelektrischen Effekt‹ hat, d.h. es entsteht im Körper ein geringes Maß an elektrischer Energie, die sich positiv auf das Knochensystem und auch auf die Haut auswirkt.

### *2.6 Entspanntheit*[17]

Die Muskulatur ist der Motor aller menschlichen Bewegung. Die Muskeln sollen nicht nur entspannt und locker die Lasten des täglichen Lebens bewältigen, vielmehr muß auch ein Kraftspielraum für ungewöhnliche Situationen vorhanden sein, z. B. wenn man auf den gewohnten Schlaf verzichten muß oder über lange Zeit körperlich beansprucht ist. Ein Gefühl von nachlassender Kraft im Augenblick hoher Aktivität zeugt nicht von Gesundheit und Fitneß. Die Leistungsfähigkeit aller Muskeln zu erhalten, um allen Anfordernissen, die an den Körper gestellt werden könnten, gerecht zu werden, bedeutet, den Körper jeden Tag zu trainieren und dadurch Reserven zu speichern. Fortdauernde, regelmäßige und angemessene Übungen sind der Weg zur Verbesserung der körperlichen Fähigkeiten. Aufgrund meiner Erfahrungen bin ich zu dem Ergebnis gekommen, daß morgens und abends jeweils 20 Minuten des T'ai-chi ch'üan ausreichen, um die körperlichen Anforderungen eines gesamten Tages zu erfüllen. Darüberhinaus führt es im Laufe der Zeit zu einem Aufspeichern von Kraft und der Verbesserung der Skelettmuskulatur.

Mit entspanntem Üben ist eine Muskelkontraktion ohne harte Kraft gemeint; die Gelenke bleiben flexibel, und die Reaktion erfolgt leicht und schnell. Dringt eine Kraft von außen auf einen ein, sollte man im Augenblick des Zusammentreffens weich und nachgiebig darauf reagieren, um Verletzungen zu entgehen. Es gibt viele Beispiele von Menschen mit diesen Fertigkeiten, die in Situationen plötzlicher Veränderungen durch Nachgeben ihr Leben gerettet haben. Von allen Körperübungsarten weist nur das T'ai-chi ch'üan direkt auf diese besonderen Fähigkeiten eines entspannten Körpers hin.

T'ai-chi ch'üan ist eine Folge von stark standardisierten, regelmäßigen und entspannenden Übungen. Die Verbesserung der körperlichen Verfassung geschieht durch Entspannung, wie sie von kaum einer anderen Sportart gepflegt wird. Die positiven Wirkungen dieser Übungen zur Entspannung lassen sich in folgenden Punkten zusammenfassen:

1. Gewöhnlich erhöht sich das Körpergewicht etwas, doch stark Übergewichtige werden durch die gleichermaßen geförderte Entschlackung leichter. Es kommt zu einer allgemeinen Kräftigung und einer Verringerung von Fetteinlagerungen. 2. Regelmäßiges Üben führt zu einer Verringerung der Atemfrequenz bei alltäglichen Aktivitäten, da der Übende gelernt hat, tiefer zu atmen. 3. In der Entspannungsübung kräftigt sich der Herzschlag, seine Frequenz sinkt, die Menge des pro Herzschlag transportierten Blutes erhöht sich. 4. Bei plötzlichen anstrengenden Bewegungen kann sich das Volumen des Atemaustausches erhöhen. Zusätzlich steigt die Fähigkeit, Sauerstoffmangel zu ertragen. Der Milchsäurespiegel im Blut wird abgesenkt. 5. Durch regelmäßiges Üben sinkt der Sauerstoffverbrauch; das führt zu einem höheren Grad an mechanischen Fertigkeiten. 6. Auch die Reaktionsschnelligkeit wird gesteigert. Der Übende wird flinker und beweglicher.

Außerdem erhöht sich die Ansprechbarkeit bereits ermüdeter Muskulatur. Die Muskelkoordination insgesamt verbessert sich, so daß eine höhere Wirksamkeit erreicht wird. Auch die nervliche Kontrollfähigkeit der Atmung steigert sich, und die Ausdauerkraft des Herzens wird größer. Die Menge des im Blut transportierten Sauerstoffs steigt, die Verteilung von Nährstoffen beschleunigt sich, die Mobilisierung der Körperkräfte verbessert sich, und die Erholungsphase nach Anstrengungen wird verkürzt.

### *2.7 Ausdauer*

Bei hoher Anstrengung ist die Wirksamkeit der Bewegung dann am größten, wenn möglichst viele Muskeln an der Kontraktion beteiligt sind. Allerdings kann dieser Zustand nicht lange aufrecht erhalten werden, weil der für alle Bewegungen benötigte Brennstoff begrenzt ist. Vermutlich gibt es auch für das erträgliche Maß von Sauerstoffmangel und Übersäuerung eine genaue Grenze. Bei länger dauernden Aktivitäten muß also der Atemkreislauf die Sauerstoffversorgung der Muskulatur garantieren, da sonst deren Leistung rückläufig wird. Bei entspannter und langsamer Übung ist die Zahl der an der Kontraktion und Ausführung der Bewegung beteiligten Muskelfasern äußerst gering. Die unbeteiligten Fasern verharren in einem – allerdings extrem wachsamen und agilen – Ruhezustand, bis die beanspruchten Fasern ermüden. Jetzt setzen die ausgeruhten Fasern das ununterbrochene Kontrahieren fort, und die nicht mehr beanspruchten Muskeln entspannen sich und können ruhen, bis die arbeitenden Muskeln wieder ermüden und die regenerierten Muskeln die Arbeit wieder übernehmen. Im Laufe der Zeit muß zwar die Reizfrequenz langsam zurückgenommen werden, doch wird auf diese Weise das Aushalte- und Ausarbeitungsvermögen der Muskeln recht erheblich angehoben. Wird die Muskulatur auf diese Weise abwechselnd eingesetzt, so nennt man dies entspanntes Üben. Zu keinem Zeitpunkt übersteigt der Sauerstoffbedarf das von Atmung und Kreislauf bereitgestellte Maß. Diese Balance zwischen Sauerstoffbedarf und -verbrauch führt dazu, daß die Übung bzw. die Bewegung oder Arbeit lange und ohne Pause durchgehalten werden kann.

## *2.8 Widerstandskraft*

Die Widerstandskraft des Menschen gegenüber den ihn umgebenden Einflüssen ist die wichtigste aller Körperfähigkeiten. Im T'ai-chi ch'üan geübte Personen weisen einen starken Stoffwechsel auf, wodurch sowohl die Aktiv- als auch die Vitalkraft des Körpers ansteigt. Äußerliche Verletzungen heilen dadurch schneller. Ein Bluterguß z. B. wird durch den beschleunigten Blutkreislauf schneller aufgelöst. Wunde Hautstellen bilden schneller frische Hautzellen aus. Die allgemeine Widerstandskraft gegenüber vielen Krankheitserregern erhöht sich ebenfalls. Man erkältet sich nicht so leicht und erholt sich schneller und leichter von Erkrankungen. Die Widerstandskraft gegen Sonneneinstrahlung, Hitze und Kälte, Wind und Regen sowie die allgemeine körperliche Robustheit nehmen zu. Ursache dafür ist die Reaktion der Hormone, die durch innere Sekretion entstehen und über den Blutkreislauf im ganzen Körper verteilt werden, wodurch sich seine Fähigkeit zur Regeneration wie zur Bildung von ›Abwehrkräften‹ verbessert. Zusammen mit den ›Regenerationskräften‹ vernichten sie eindringende Bakterien und Keime und steigern die Widerstandskraft gegenüber Infekten. Bei beschleunigtem Blutkreislauf wird die Aktivität der weißen Blutkörperchen deutlich, und unter dem Mikroskop kann man erkennen, daß sich ihre Anzahl im Blut erhöht. Treffen sie auf eindringende Bakterien, so sammeln sie sich, umzingeln die Fremdkörper und zerstören sie.

## *2.9 Drehbewegung für Hüft- und Wirbelsäulenbereiche*

Fast alle Figuren und Stellungen des T'ai-chi ch'üan enthalten Bewegungen, die die Taille, die Hüften und die Wirbelsäule drehen, z. B. ›Wolkenhände‹, ›rückwärts den Affen vertreiben‹, ›fliegende Diagonalposition‹, ›den Tiger treffen‹, ›die Mähne des Wildpferdes teilen‹, ›den Körper drehen und mit der Faust stoßen‹. Schon bei den grundlegenden Bewegungsabläufen der Dehnübungen kommt es zu Drehaktionen. Ihre Wirkung liegt nicht nur darin, daß Hüften und Rücken bzw. die damit verbundenen Skelettmuskeln durch Streckung und Verkürzung austrainiert werden, sondern sie bewirken auch eine Stimulierung der inneren Organe, die in der Bauchhöhle durch das sie umgebende Bauchfell senkrecht gehalten werden. Diese Stimulierung wirkt förderlich auf die Verdauung im Magen-Darm-Trakt, den Hauptquell der Gesundheit. Die volle Streckung und Verkürzung des Nervenstranges in der Wirbelsäulenhöhlung stimuliert alle beteiligten Muskelkörper. Die Lockerung der Hüften und des Rückgrats bedeutet eine Bewahrung der Beweglichkeit bis ins Alter.

### *2.10 Körpertraining zur Vermeidung von Stoßerschütterung*

In vielen Kampfsportarten ebenso wie bei Auseinandersetzungen kann es vorkommen, daß die Beteiligten wuchtige Schläge einstecken müssen. Das T'ai-chi ch'üan kennt Techniken zum Abfangen von Aufprallkräften, um vor inneren Organschädigungen zu schützen. Die Fähigkeit, Schlägen auszuweichen oder sie abzufedern, kann durch Übung gelernt werden. Durch die Übungspraxis werden Muskeln und Knochensystem flexibler und kräftiger, was das Risiko äußerer Verletzungen und Brüche verringert. Hat man durch das Üben des ›Pushing Hands‹ genügend Jin-Kraft und Elastizität erreicht, kann man mit einer Übung beginnen, bei der man rückwärts geht, bis man mit dem Rücken gegen eine Wand trifft. Dadurch werden Kopf und Oberkörper im Abfedern von Erschütterungen und Stößen geübt, und auch die Elastizität von Gehirn, Rückgrat und den inneren Organen des Brust- und Bauchbereichs wird gekräftigt.[18] Bei ungeübten Personen bewirkt ein Stoß mit harter Kraft auf den Bauchbereich heftigen Schmerz, und in Leber, Milz, Nieren und Magen können Verletzungen, Risse sowie innere Blutergüsse auftreten. Im T'ai-chi ch'üan bewirkt jeder Atemzug durch das Absenken des Qi eine wirkungsvolle Bewegung der Organe, der Muskulatur, der Haut und Membranen, die ihre Lebenskraft verstärkt. Nach langer Übung werden der Bauch- und Brustbereich allmählich immer robuster. Die Schutzschicht unter der Haut wird in ihrem Aufbau kompakter; die Haut selbst gewinnt an Elastizität und wird zu einem starken Puffer, der der äußeren Krafteinwirkung durch Nachgeben besser widersteht. Mit dem Training der Bauchdeckenmuskulatur kann durch Anspannung gegen eine von außen eindringende Kraft ein Rückstoßeffekt entwickelt werden. Durch ein widerstandsfähiges Zwerchfell werden die inneren Organe besonders geschützt. Da sich durch die Übungen auch die Schleimbildung im Darm vermehrt, wird eine äußere Krafteinwirkung durch ein gleitendes Nachgeben im Inneren aufgefangen und Verletzungen der inneren Organe vorgebeugt.

## 2.11 *Qi-Übungen zum Genitalbereich nach der Ch'üan-Theorie*

Im T'ai-chi ch'üan wird das Qi ins Dantian abgesenkt, darf aber den Akupunkturpunkt ›Meeresgrund‹ (Haidi) nicht erreichen. Diese Regel gilt für fast alle Qigong-Übungen. Das ›Zinnoberfeld‹ ist ein imaginärer Punkt am und im Bauchbereich, ein vorgestellter Kreuzungspunkt des die Organe umgebenden Bauchfelles mit den Blutgefäßen und Nervenbahnen. Der ›Meeresgrund‹ befindet sich im unteren Bereich der Beckenhöhlung, nahe am Punkt ›Huiyin‹. Dort staut sich leicht der Rückfluß in den Venen des Unterleibs. Sinkt das Qi ins Dantian, so herrscht im Inneren der Bauchhöhle ein ausgeglichener Druck; sinken sie jedoch bis zum Haidi-Punkt, so wird die Höhlung im unteren Becken größerem Druck ausgesetzt, der Rückflußprobleme in den Venen bewirken kann und damit Verstopfung und andere Symptome auslöst. Wenn an diesem Punkt Haupt- und Netzleitbahnen und Akupunkturpunkte durch Druck verschlossen und somit blockiert werden, können sich die Renmai- und Dumai-Kanäle im Haidi-Punkt miteinander verbinden, was bei den Qi-Übungen der Ruhe unbedingt vermieden werden soll. Am Anfang der Übungen zum Absenken und Nähren des Qi bedarf es des konzentrierten Einsatzes der Vorstellungskraft, um das Qi oberhalb des Geschlechtsorgans zu sammeln. Nur so können normale Druckverhältnisse im Bauchraum hergestellt werden. Der Zusammenhang der nach oben gedrückten inneren Geschlechtsbereiche mit dem nach oben gezogenen Zwerchfell zeigt sich in einer Abnahme des Drucks im Unterleib. Senkt sich das Diaphragma wieder, so wird der ›Meeresgrund‹ trotz Ansteigen des Drucks im Unterleib keinem Überdruck ausgesetzt. Das Blut kann frei zirkulieren, die Verdauungstätigkeit von Magen und Darm wird angeregt, die Sekretion in den Membranhäuten und die Atemaufnahme werden gleichzeitig verstärkt. Der Rückfluß in den Venen des Afterbereichs beschleunigt sich, so daß Verstopfung und falsches Absenken der inneren Organe in der Bauchhöhle vermieden werden können.

## 2.12 ›Gesammelter Bauch, Vertikalstellung des Beckens und gewölbte Brust‹

Das Aufrichten und Strecken des Oberkörpers ist eine ausschließliche Eigenschaft der Menschen und Primaten. Die Vorwölbung von Bauch und Gesäß verweist auf frühe Stadien der Menschheitsentwicklung, als unsere Vorfahren noch mit Armen und Beinen den Boden berührten.

Mit zunehmendem Alter können durch ein hervorstehendes Gesäß und das damit in Zusammenhang stehende Hohlkreuz Mängel entstehen: 1. Die Bewegung der Hüftgelenke hat mit der Streckung der Muskulatur und den Bändern des Knochensystems zu tun; werden diese oft angespannt gehalten oder zeigen sie Verspannungen, wie bei Haltungen mit Hohlkreuz häufig zu beobachten ist, so ermüden sie leicht und verursachen Hüftschmerzen. Bei einem vertikal gestellten Becken kann viel Anspannung in den Hüftgelenken vermieden werden. 2. Weist das Ende der Wirbelsäule nach hinten, kann der Körper keine vertikal zum Boden verlaufende Haltung einnehmen. In Verbindung mit der Erdanziehungskraft führt das dazu, daß drehende Hüftbewegungen den Körper verspannt und unflexibel machen. 3. Ist der Winkel zwischen Kreuzbein und Hüftknochen zu klein, kann die von den Fußsohlen zurückgestoßene Jin-Kraft schwieriger zum Oberkörper geleitet werden. Ihre Übertragung sollte proportional mit dem Winkel Kreuzbein-Hüftknochen harmonieren. 4. Ist die Bauchdecke angespannt, so verspannt sich die untere Bauchhöhle einseitig, wodurch Bereiche der inneren Organe einem Preßdruck ausgesetzt werden, der den Blutfluß unterbricht, wodurch Zirkulationsprobleme und ihre Folgeerkrankungen auftreten können. Die T'ai-chi ch'üan-Haltung mit leicht gewölbter Brust und vertikalem Becken dient also der allgemeinen physiologischen Verbesserung.

## 2.13 Verbesserung der Elastizität leicht verspannender Muskulatur

Menschen, die die meiste Zeit sitzend verbringen, leiden unter einem Bewegungsmangel, der häufig einen erhöhten Muskeltonus bewirkt. Dadurch wird die Kontraktionsfähigkeit der Muskelfasern beeinflußt, bis es zu einer Rückentwicklung der Streckfähigkeit kommt. Wenn verkrampfte Muskelfasern Kälte ausgesetzt werden, kommt es zu ungewollten Kontraktionen.

Die Nerven in den Muskeln werden eingeengt, bis sie wegen des hohen Drucks zu schmerzen beginnen und schließlich sogar Erstarrung und Lähmung auftreten können. Zu Beginn einer solchen Erkrankung kann die Übung des T'ai-chi ch'üan noch leicht und schnell die Gesundheit wiederherstellen. Ein weiches und langsames Fortschreiten der Übungen führt zu einem körpergerechten Strecken der Muskelmembranen, womit Verkrampfungen in der zur Verspannung neigenden Muskulatur verhindert oder behoben werden können.

### 2.14 *Vermeidung geistiger Müdigkeit und Trägheit*

Körperliche Müdigkeit, die sich durch Ruhe und Schlaf nicht beheben läßt, nennt man ›geistige Schlaffheit‹ oder ›träge Müdigkeit‹. Das Üben des T'ai-chi ch'üan ist von altersher eine Methode zum Entspannen des Körpers und des Geistes und auch aus physiologischer Sicht eine hervorragende Therapie, um Ermüdungserscheinungen im Alltagsleben zu reduzieren. Obwohl unser modernes Leben die Grundbedürfnisse (Nahrung und Kleidung) mehr als ausreichend befriedigt, genügen schon kleine emotionale Probleme oder geistige Zerstreutheit, um zu einem psychovegetativen Erschöpfungszustand zu führen. Dieser beeinflußt den Appetit und führt zu Unregelmäßigkeiten bei Puls und Blutdruck; Gewichtsverlust kann eintreten und eine Schwere im Kopf, die eigenartige Schmerzen erzeugt. Dies alles sind Symptome einer ›trägen Müdigkeit‹. In einer derartigen Situation sollte man konzentriert und entschlossen eine Übung wie T'ai-chi ch'üan beginnen, die unmerklich die geistige Belastung löst und vermindert.

### 2.15 *An den menschlichen Körper angepaßte Übung*

Analysiert man die Bewegungseigenschaften der Soloform im T'ai-chi ch'üan, so zeigt sich, daß sie allen Altersstufen und Konstitutionen angemessen ist.

1. Übungszeit: Die Erholungszeit nach einer Übung sollte ein Viertel der Übungszeit betragen. Diese allgemeine Regel ergibt sich aus dem Sauerstoffbedarf pro Muskel- und Zeiteinheit und beruht auf einem Erfahrungswert aus der Praxis. Normalerweise kann sich ein Erwachsener ohne Probleme an tägliche Körperübungen von 10 bis 15 Minuten gewöhnen.

2. Geschwindigkeit der Übung: Alle Bewegungen haben eine physiologisch optimale Geschwindigkeit; oder anders gesagt: »mit geringstem Sauerstoffbedarf (soll die) größtmögliche Effektivität erzielt werden«.[19] Bei zu schneller Kontraktion reicht das bereitgestellte Sauerstoffmaß nicht aus. Bei Sauerstoffmangel sinkt die Leistung, bis das Defizit schließlich so groß wird, daß die Streck- und Spannkraft der Muskeln abnimmt. Seine ›natürliche‹ Bewegungsschwindigkeit zu finden ist optimal.

3. Hitze und Feuchtigkeitsgrad der Luft: Beim Üben in einer heißen und feuchten Umgebung nimmt die Genauigkeit der Muskel- und Nervenkoordinierung ab und reduziert die Leistung. Die jeweilige Beanspruchung folgt dem Maß von Feuchtigkeit und Hitze. Hat man über einen langen Zeitraum die Ausdauerfähigkeit trainiert und dadurch die Anpassungsfähigkeit erhöht, erreicht man die Wirkung trotz der negativen Umwelteinflüsse.

4. Mühelos bis zur Austrainiertheit: Je vertrauter man mit den Bewegungen ist, desto sensibler und entspannter kann man üben. Unnötige Muskelaktivitäten als auch der benötigte Sauerstoffbedarf verringern sich. Langsam gelangt man an den Punkt, ein auftretendes Defizit leichter zu ertragen.

5. Balance zwischen Versorgung und Bedarf: Alle intensiven Übungen bewirken zunächst einen zunehmenden Verbrauch von Energie und ein Ansteigen des Sauerstoffdefizits. Erst nach mehreren Minuten einer Gewöhnungsphase kann man die Koordination und damit die Balance von Versorgung und Bedarf herstellen. Die Atmung wird allmählich entspannter und das anfängliche Sauerstoffdefizit im Lauf der Übung ausgeglichen. Man spürt dann auch genauer, wenn die Sauerstoffversorgung zeitweilig nicht ausreicht. Die vorbereitenden Aufwärmübungen sind deshalb von großer Bedeutung.

Weil die Soloform des Yijian-T'ai-chi ch'üan kaum mehr als 15 Minuten dauert, ist sie auch für Schwache und Kranke geeignet; für Kinder kann man sich auf den ersten Abschnitt als Übung beschränken. Kräftige und gesunde Erwachsene können zur Erhöhung des Übungsmaßes die Soloform wiederholen. Für Fortgeschrittene bieten sich die schon erwähnten weiteren Disziplinen des T'ai-chi ch'üan an. In einem Forschungsbericht der University of California heißt es: »Kann eine Person sich fortlaufend und täglich 8–10 Minuten körperlich betätigen, so ist dies ein entscheidender Beitrag zur Bewahrung der Gesundheit.«[20] Die Übung des Yijian-T'ai-chi ch'üan entspricht ziemlich genau diesem Zeitmaß, und selbst sehr beschäftigte Menschen können sich täglich diese Zeit nehmen, um etwas für das eigene Wohlbefinden zu tun. Die richtigen Übungszeiten sind frühmorgens und abends, wobei darauf geachtet werden sollte, daß Hitze- und Feuchtigkeitsgrade keine extremen Werte aufweisen. Vor der eigentlichen Soloform ist während der Dehn- und Schritt- und Atemübungen auf eine optimale Sauerstoffzufuhr zu achten.

### *2.16 Beschränkungen aufgrund individueller Konstitution*

Untersuchungen des internationalen Gewichtheberverbandes haben ergeben, daß das Verhältnis von Körpergewicht zur erzielten Leistung bei Leichtgewichtlern besser ist als bei Schwergewichtlern. Leichtgewichtige Personen können also durch ein angemessenes Training proportional mehr Körperkraft austrainieren als schwergewichtige. Bis zum Alter von 30 Jahren ist die Steigerung der Körperkraft relativ proportional zur Zunahme des Gewichts. Oberhalb dieser Altersgrenze unterliegt die Kraftsteigerung keinem erkennbaren Gesetz mehr. Haben die Körperkräfte das Gewichtsniveau noch nicht erreicht, lassen sie sich durch Training schnell anheben; eine weitere Steigerung erfolgt dann nur noch langsam. Je langsamer man die Übung aufbaut, desto größer kann die Entwicklung der Maximalkraft sein. Beim T'ai-chi ch'üan spielen für einen Fortschritt in der Technik das Körpergewicht und auch die Größe im Gegensatz zu vielen anderen Disziplinen nur eine untergeordnete Rolle. Aber auch hier gilt, daß Personen unter 30 Jahren relativ schnell Fortschritte erzielen, während sich echte Erfolge nur durch eine ununterbrochene Übungspraxis erreichen lassen. Die besondere Eigenschaft von T'ai-chi ch'üan ist, daß seine Erfolge in der täglichen Praxis liegen und unabhängig von Alter und Konstitution sind, wobei sich ein gewisser Höhepunkt oft erst in der zweiten Lebenshälfte einstellt.

## 3 Muskulatur als Ausgangspunkt aller Körperaktivität

Die Lebensfähigkeit des Menschen beruht zunächst auf der mechanischen Bewegungskraft der Muskulatur, die wiederum das Ergebnis eines chemischen Prozesses ist. Dafür muß die Funktionsfähigkeit der fünf Organe und des Stoffwechsels erhalten und die Sauerstoffversorgung durch die Atmung gefördert werden, eine ausgeglichene Produktion von Hormonen muß stattfinden. Erst dann reflektiert das ganze System Aktivität. Fehlt nur eine dieser Voraussetzungen, ist die Bewegungskraft der Muskulatur eingeschränkt. Die willentlich bewegbaren Muskeln öffnen ein Tor zur Bewegungskraft des gesamten Körpers. Deshalb beeinflußt deren Schwächung eine Rückentwicklung der Funktion aller anderen Organe und Körperbereiche. Die Muskeln werden zwar vom Zentralnervensystem kontrolliert und bewegt, verlieren aber ihren Nutzen, wenn die Nerven nicht durch die Bewegungskraft der Muskeln genährt und geschützt werden.

### *3.1 Vorbereitende Übungen für die Muskulatur*

Während der Ruhephasen und in Zeiten ohne Bewegung werden die Muskeln zäher bis hin zur Verkrampfung (Kontraktur). Außerdem verringert sich in den Gelenkhöhlen die Gelenkschmiere, ihre Dichte nimmt zu und die Knorpel schrumpfen (auf ca. ein Zehntel der Ausgangsgröße). Beugen und Strecken funktionieren nicht mehr leicht und flexibel. Nach langem Sitzen oder nach dem nächtlichen Schlaf sind die Muskeln des gesamten Körpers nicht entspannt und frei, und jeder hat das natürliche Bedürfnis, seine Glieder zu strecken. In dieser Phase können alle sonst so förderlichen Übungen nur schwerlich ihre ganze Wirkung erreichen. Wenn man sich länger nicht bewegt und dann plötzlich anstrengende Übungen ausführt, können leicht Zerrungen und Risse in der Muskulatur sowie an Bändern und Sehnen auftreten. Bei Leistungssportlern kann man immer wieder beobachten, wie sie vor ihren Aktivitäten die Gelenke lockern und ihre Muskeln aufwärmen und dehnen, um die im Ruhezustand entstandenen Verspannungen zu verringern. Vorbereitend werden die verengten Kapillargefäße geweitet, um die Menge des transportierten Blutes und den Sauerstoffgehalt zu erhöhen, bis die Muskulatur die Funktionen des Beugens und Streckens wieder normal erfüllt.

Zu Beginn der frühmorgendlichen T'ai-chi ch'üan-Übungen sollte man deshalb zunächst immer mit Dehnübungen und den grundlegenden Schrittarten beginnen, bis die Muskulatur wieder genügend lockere Spannkraft hat.

### *3.2 Wiederherstellung bereits rückentwickelter Bewegungsfähigkeit*

Wem berufsbedingt über lange Zeit körperliche Bewegung fehlt, bei dem entwickelt sich der Beugungs- und Streckungsgrad der Gelenke zurück. Auch fortgesetztes Stehen führt in Gliedern und Körperteilen oft zu einer Übersäuerung, weil die Muskulatur ständig angespannt ist. Häufig speichern sich Phosphorkreatin und organische Stärke und verringern das ursprüngliche Vermögen der Muskulatur. In einer solchen Situation kann durch das Üben von T'ai-chi ch'üan die bereits geschwächte Bewegungskraft wieder in einen gesunden Zustand zurückgeführt werden. Weil T'ai-chi ch'üan eine entspannende Übung ohne übermäßigen Kraftaufwand ist, Bewegungen und Übungszeiten sehr regelmäßig sind, können Sensibilität und Aktionskraft der Bewegungsnerven wieder geweckt werden. Langsam beschleunigt sich der Blutkreislauf, der bei Streckung und Beugung die Muskelbereiche durchdringt. Alle benötigten Konstituenten werden – angepaßt an die Versorgung – aktiviert, die chemische Reaktion auf Kontraktionen verstärkt sich. So kann die bereits verkümmerte Bewegungsenergie wiederhergestellt und langsam aufgebaut werden. Besonders die gewöhnlich kaum bewegten Bereiche der Rumpfmuskulatur und der inneren Organe, die sich bei ungeübten Menschen am leichtesten zurückentwickeln, werden durch Brust- und Bauchatmung im T'ai-chi ch'üan gekräftigt, und die nur schwer zu trainierenden Hüftbereiche erhalten im Ch'üan viele Gelegenheiten, sich in ihrer Bewegungskraft zu üben.

### *3.3 Kräftigung der Rumpfmuskulatur*

Die Rumpfmuskulatur erfüllt drei wesentliche Aufgaben: 1. Sie schützt das Knochensystem und die inneren Organe. 2. Sie entwickelt die Bewegungsfähigkeit der Arme und Beine. 3. Sie dient als Stütze für Nerven, Blutgefäße und Lymphsystem, für die Bahnen von Qi und Blut. Bei unzureichendem Gebrauch der Rumpfmuskulatur kommt es auch hier zu atrophischen Erscheinungen, so daß ihre Stütz- und Schutzaufgaben nicht mehr genügend erfüllt werden können. Da nun die Muskulatur des Rückens und des Brustbereichs auf dem wiederum von Nerven und Blutbahnen durchdrungenen Skelett ruht, beeinflußt ihre Entspanntheit wie auch ihre Verspannung die Empfindlichkeit der Nerven und die Zirkulation des Blutes. Die Praxis des T'ai-chi ch'üan kann dazu beitragen, Stockungen des Kreislaufs zu verhindern. Die angemessene Übung der Rumpfmuskulatur kann zusätzlich vor Erkältungskrankheiten schützen.

1. Ein Bewegungsmangel des Rumpfes ist oft die Ursache für Schmerzen in den Hüften und am Rücken. Im Alltag gibt es häufig zu wenig Betätigungsmöglichkeiten für diesen Bereich, so daß die Muskelfasern versteifen, altern und an Atrophie leiden. Werden sie dann plötzlich doch eingesetzt, kommt es leicht zu Zerrungen. 2. Sind Rücken und Brust Wind, Kälte und Feuchtigkeit ausgesetzt, so können sich die dortigen Kapillaren bis zur Verstopfung verengen. In diesen Bereichen lagern sich dann Schadstoffe ab. Die sich ansammelnden Schadstoffe erzeugen sauere Substanzen und können Nervenleiden bewirken. 3. Stoffwechselschlacken können sich auch in den Gelenkkapseln sammeln und Schmerzen auslösen. Da die T'ai-chi ch'üan-Übung die Gelenke stark belastet und die Bewegung von Rumpf und Gelenken der Beine fördert, scheiden die Membranen vermehrt Gelenkflüssigkeit aus, was die Beweglichkeit der Gelenke steigert. Gleichzeitig sorgt der verbesserte Blutkreislauf für den schnelleren Abbau der Schadstoffe.

Liegestütze sind durchaus eine gute Übung zur Kräftigung der Rumpfmuskulatur, da hierbei nur die Fußspitzen den Boden berühren, und das gesamte Körpergewicht im wesentlichen von den beiden Armen gehalten und gehoben wird und sich neben der Stemmkraft der Arme auch die Brust- und Rückenmuskulatur entwickelt. Aber alle beteiligten Muskeln werden dabei nur auf Streckkraft hin trainiert, der Kraftzuwachs bleibt also hauptsächlich auf eine parallele Stemmkraft begrenzt. In den Figuren des T'ai-chi ch'üan dagegen bewegen sich die Arme vom Anfang bis zum Ende durch den Raum, d. h. physiologisch gesehen, daß sich in jedem Abschnitt des Bewegungsprozesses alle mit der Armbewegung in Verbindung stehenden Brust- und Rückenmuskeln üben. In allen Figuren der Soloform arbeiten die Muskeln schichtweise, was ohne Kraftaufwand zu ihrer langsamen Stärkung führt. Insgesamt und auf Dauer gesehen ist die Übung von T'ai-chi ch'üan vorteilhafter, weil sich die Stoß-, Zieh- und Stemmkraft gleichzeitig auf unspektakuläre Weise vermehren.

### *3.4 Durch extreme Weichheit äußerste Härte erreichen*

In der T'ai-chi ch'üan-Übung lernt der Körper äußerste Härte über extreme Weichheit zu erreichen. Durch die Beug- und Streckübungen wird die Skelettmuskulatur äußerst elastisch. Neben der durch nervliche Stimulation bedingten Kontraktion können diese Muskeln auch selbständig kontrahieren und dabei eine enorme Kraft entwickeln. Automatisch kontrahierende Muskeln müssen aber zuerst entspannt und weich sein, um diese Aktivität hervorzubringen. Eine verspannte Muskulatur verfügt nicht über diese Fähigkeit; sie ist oft durch einen Wettstreit zwischen Beuger- und Streckermuskel behindert. Bei einer völlig entspannten Muskulatur kann eine harte eindringende Kraft von außen direkt auf den Knochenkörper durchstoßen; in diesem Augenblick entsteht die automatische Kontraktionsreaktion, die die eindringende Kraft zurückstößt. Das ist ein Schutz vor Verletzungen, weil der Knochenkörper in den meisten Fällen widersteht und den extrem starken Rückstoß der automatisch kontrahierenden Muskulatur unterstützt.

Bei vielen Menschen befinden sich die Muskeln meistens in einer unnötigen Daueranspannung. Angespannte Muskeln leiden bei unerwarteten anstrengenden Aktivitäten unter Sauerstoffmangel. Lernt man hingegen, häufig zu entspannen, erhöht sich die Fähigkeit der Muskeln, im richtigen Ausmaß zu ›arbeiten‹, als auch ihre Reaktionseigenschaft. Aus dem Weichen, dem Entspannten erreicht die Widerstandskraft somit im T'ai-chi ch'üan die Härte.

### *3.5 Entspannte Bewegung zum Einsparen von Muskelkraft*

Je aufrechter man die Figuren des T'ai-chi ch'üan ausführt, umso entspannter, flexibler und ausdauernder ist man in den Aktionen. Bei aufrechtem, gestrecktem Rumpf behalten die inneren Organe ihre vorteilhafte hängende Position bei, und ein großer Teil der Muskelkraft, die sonst zum Halten des gesamten Körpers verbraucht wird, kann eingespart werden.

Bei beiden Muskelaktionen, dem Beugen wie dem Strecken,

entwickelt sich Hitze. Die beim Beugen zuerst entstehende Hitze nennt man ›Anfangshitze‹, wobei latente Fähigkeiten der Muskeln entfaltet werden. Beim Strecken entsteht die ›verzögerte Hitze‹, die die entfalteten Fähigkeiten wieder zu latenten macht. Beide Energien stammen größtenteils aus der chemischen Umwandlung von energiereichen Phosphaten. Das Bewahren von Weichheit und Entspanntheit in den Bewegungen des T'ai-chi ch'üan soll eine unnötige automatische Muskelkontraktion vermeiden, um keine hochwertigen Kalorien zu verbrauchen, d. h. Jin-Kraft wird eingespart, um die latente Fähigkeit der Muskeln zu erhalten. »Mit vier Liang 1000 Jin überwinden«[21] bedeutet, mit geringster Muskelkraft die statische Energie, die Wurzelkraft von schweren Objekten, zu überwinden. Die acht Handtechniken werden je nach Größe der Hindernisse oder des Widerstands eingesetzt. Sind sie klein, so erfolgt das Stoßen mit der Muskulatur der Unterarme. Wächst der Widerstand, geht man über zum Schlagen oder Abwehren mit der Muskelkraft des gesamten Armes oder benutzt die größere Kraft beider Arme im Pressen und Nach-unten-Ziehen. Bei noch größerem Widerstand verwendet man die Kraft des Oberkörpers kombiniert mit der Bewegungskraft im Ellbogenstoß oder Zurückgleiten. Eine letzte Steigerung umfaßt schließlich den Einsatz der gesamten Muskelkraft des Körpers plus seiner kinetischen Kraft im Schulterstoß. Immer aber wird das Prinzip eines sparsamen Muskeleinsatzes beachtet. Zusätzlich gibt es noch das Ausstoßen der Jin-Kraft, die schnell wie ein Pfeil ausgesandt und sofort wieder gesammelt wird. In dieser Bewegung muß jedes Zögern und jede Unentschlossenheit vermieden werden, denn auch bei nur geringer Unterbrechung wandelt sich das Jin in bloße Muskelkraft, und die volle Wirkung der Bewegung kann nicht mehr genutzt werden. Entgegen den Prinzipien des T'ai-chi ch'üan wird damit nur rohe Muskelkraft eingesetzt, und auch von einem Krafteinsparen kann dann nicht mehr die Rede sein.

### *3.6 Jin-Kraft und isometrische Kontraktion*

Die Kontraktion der Muskulatur löst eine Kraft aus, die Objekte bewegen kann. Man spricht von isotonischer Kontraktion, wenn eine Längenveränderung im Muskelkörper stattfindet. Zur Kontraktion allgemein würde man aber auch den Starrkrampf zählen.

Wenn nun ein Muskel angestrengt wird und durch eine entsprechende äußere Kraft (im T'ai-chi ch'üan die geistige Leistung der Vorstellungskraft) keine Längenveränderung möglich ist, so erhöht sich die Anspannung, ohne daß ein deutliches Beugen oder Strecken erkennbar wäre. Diese Kontraktion nennt man isometrisch. Sie bildet die Grundlage zum Festigen der Jin-Kraft von Körper und Armen im T'ai-chi ch'üan. Weil man die Bewegungen der Form in einer entspannten Muskelhaltung übt, erreicht man ganz formlos eine weiche Art isometrischer Kontraktion und damit das Festigen der Jin-Kraft.

### *3.7 Ausbildung der Elastizitätskraft (Jin)*

Im T'ai-chi ch'üan strebt man nicht nach roher Muskelkraft; die Bewegungen im T'ai-chi ch'üan basieren vielmehr auf der Jin-Kraft, deren Kultivierung in der Übung vor allem angestrebt wird. Unter Stärke versteht man die Kraft, mit der man widersteht oder Hindernisse überwindet. Sie entsteht durch die Kontraktionsbewegung in der Muskulatur und bedarf der Organisation durch die Nerven. Zusammen mit Hitzeentwicklung, Sauerstoffzufuhr und der Unterstützung durch das Skelett kommt sie zur vollen Ausbildung. Eine Temperaturerhöhung in den Muskeln bewirkt ein Zunehmen ihrer Bewegungskraft.

Der Einsatz der gesamten Körperkraft hängt von der vom Boden reflektierten Bewegung ab. Deshalb sind die Schrittarten im T'ai-chi ch'üan so wichtig; man nennt das ›vom Boden aufnehmen und sich stabilisieren‹. Sind die Schenkelmuskeln gebeugt und kontrahiert, kann die vom Boden reflektierte Widerstandskraft der Beine und Hüften im Ziehen und Zerren vorteilhaft angewendet werden. Kontraktion bei gestreckter Skelettmuskulatur steigert die Widerstandskraft im Stoßen, wenn die Kraft über eine gerade Linie vom Boden zu den Beinen und Hüften zurückgeworfen wird.

Da jede Muskelfaser einen kleinen Nervenstrang hat und jede Faser und Nervenfiber von einer Membran umgeben ist, können die Nervenfibern jeden Stimulus einzeln zur Faser hin übertragen, die dann aktiv wird und den Beginn einer Bewegung auslöst. Der jeweilige Bewegungsumfang wird in ›Bewegungseinheiten‹ eingeteilt. Das einmalige Annehmen eines Nervenimpulses, die Übertragung zum Muskel und seinen Fasern und die Ausführung einer Streck- oder Beugebewegung nennt man eine einfache Kontraktion. Eine längere Verkürzungskontraktion, die mit ›Tetanus‹ bezeichnet wird, entsteht durch die Verbindung von wenigstens zwei einfachen Kontraktionen, die von entsprechend vielen Nervenimpulsen hintereinander ausgelöst werden; seine Kraftdauer ist folglich länger. Gewöhnlich erreicht der Tetanus die mehr als vierfache Kraft der einfachen Kontraktion. Bei einer plötzlichen einfachen Kontraktion kommt es wegen der kurzen Zeit zu keiner Reihung der Muskelfasern; die Rückstoßwirkung ihrer Kraft bleibt daher sehr gering. Erst bei zwei, drei oder mehreren aufeinanderfolgenden Kontraktionen kann eine Reihung erfolgen. Durch Übung wird diese Reihung oder Ausrichtung den Muskelfasern, auch in unvollständigen Tetanus-Kontraktionen, zur Gewohnheit, so daß schon bei einmaliger Kontraktion eine optimale Wirkung erreicht wird. Im T'ai-chi ch'üan wird diese Art von trainierter Kraft als Jin bezeichnet.

Die isotonische Kontraktion der Muskulatur bedingt einen komplizierten chemischen Umwandlungsprozeß. Je größer der Streckenabstand in der isotonischen Kontraktion ist, umso größer wird die chemische Reaktionskraft sein. Deshalb ist die Elastizitätskraft umso stärker, je größer der Unterschied der Muskellänge bei Streck- und Beugekontraktion ist. Ist dieser Unterschied in der T'ai-chi-Bewegung kleiner als die größte isotonische Kontraktionsmöglichkeit, so fühlt man sich entspannt. Die grundlegenden Dehnübungen im T'ai-chi ch'üan sollen durch Kultivierung der isotonischen Kontraktion das Ziel einer gesteigerten Elastizität erreichen helfen. Die Solofiguren sind also erst dann wirklich entspannt und beweglich zu üben, wenn das Maß der Elastizitätskraft stark vergrößert wurde. Somit bewegt man vor allem die Arme isometrisch und kraftsparend.

### *3.8 Größte Wirkung bei geringer Körperaktivität*

Das Maß der Kontraktionskraft in der Muskulatur hängt von der Übertragung des Stimulus und der Kontrolle durch die Nerven ab. Wenn das Anheben schwerer Objekte eine hohe Kontraktionskraft erfordert, bestimmen die Nerven durch den als notwendig wahrgenommenen Kraftbedarf die Anzahl der zu kontrahierenden Muskelfasern, um eine entsprechende Kraft zu entwikkeln. Die Muskelbündel ihrerseits reagieren mit der passenden

Frequenzzahl. Außerdem kann man beobachten, daß die beteiligten Fasern entsprechend der Anwendungsrichtung differenziert eingesetzt werden. Beim T'ai-chi ch'üan ist die Anzahl der eingesetzten Muskelfasern wegen der entspannten Bewegungen auf ein Mindestmaß beschränkt; auch die Frequenz ist niedrig. Weil aber alle Kraftarten, Richtungen und Bewegungsmaße in den Soloformen zum Einsatz kommen, werden alle Muskelfasern trainiert. Mit geringem Aufwand werden alle Fasern eines Muskels und dann aller Muskelbündel benutzt und aktiviert, bis deren größtmögliche Leistung erreicht ist. Werden alle Bewegungseinheiten immer wieder geübt und trainiert, können sie innerhalb kurzer Zeit, auch im Verbund, erfolgreich eingesetzt werden. Unabhängig vom Bedarf an Muskelkraft werden ausgeglichene Bewegungen entstehen, die zu hervorragenden Leistungen befähigen.

### *3.9 Austrainieren von technischen Fertigkeiten*

»Vertrautheit führt zu Können«[22] heißt ein chinesisches Sprichwort, das für das Erlernen aller technischen Körperkünste gilt. Zu Beginn des T'ai-chi ch'üan-Studiums haben die Muskeln noch keine Erfahrung für die ausgeglichene Bewegung, so daß häufig ein Zehnfaches der benötigten Kraft eingesetzt wird. Erst wenn man in der Bewegung die richtige Haltung und Ausführung erreicht hat, werden die Muskelbündel unter Anleitung der Nerven ausgeglichen aufeinander reagieren. Das ist der Zeitpunkt, wo mit geringster Aktivität und Kraft ein Höchstmaß an Leistung bewirkt wird; jetzt kann man die Figuren ästhetisch und entspannt vollführen. Man spürt selbst, daß jede Bewegung erst dann exakt ist, wenn sie zu keinem Wettstreit der Muskeln führt. Hat man im T'ai-chi ch'üan die hohen Fertigkeiten erreicht, dann spielen für eine weitere Entwicklung auch Körpergewicht, Größe, Seh- und Lernvermögen und die geistige Verfassung eine gewisse Rolle. Dabei handelt es sich um angeborene Fähigkeiten, die die ›Reaktionen des früheren Himmels‹ bedingen. Sie sind aber von nicht allzu großer Bedeutung und werden lediglich die Geschwindigkeit des Fortschritts beeinflussen.

### *3.10 Größte Jin-Kraft im Ellbogengelenk*

Die Streck- und Beugekraft zwischen Unter- und Oberarm steht mit dem Winkelmaß im Ellbogen in einem engen Verhältnis. Bei einer völligen Streckung ist die isometrische Wirkung des Bizeps am größten. Bei einer völligen Beugung dieses Gelenks ist die isometrische Wirkung des Trizeps am größten. Bei einer Beugung von drei Achtel, einem stumpfen Winkel von ca. 125°, bis zu einer halben Streckung und einer halben Beugung, einem 90°-Winkel, ist die kombinierte Kraft der Beuge- und Streckmuskel am größten.[23] Wird das Ellbogengelenk zu drei Viertel gebeugt, also in einem spitzen Winkel von 45°, ist seine kombinierte Kraft am geringsten. Wird der Unterarm nach innen oder außen gedreht, bleibt die Streck- und Beugekraft kleiner, als wenn die Handinnenfläche genau vor der Körpermittelachse steht. Deshalb gilt als Standard für die gefestigte Jin-Kraft bei der Abwehrhaltung ein 100 Grad-Winkel (plus/minus 10°) im Ellbogen (siehe Abb. 2).

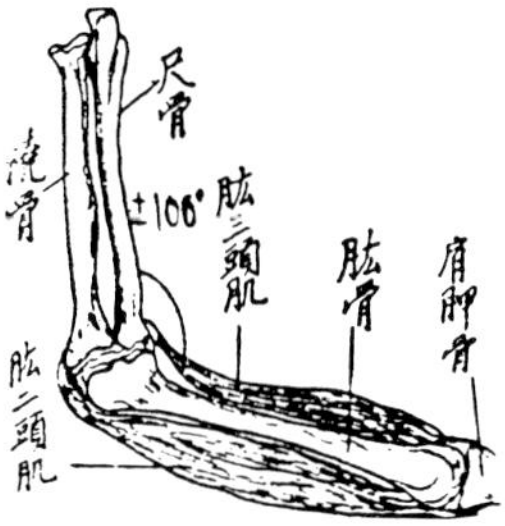


*Abb. 2: Optimalstellung des Ellbogengelenks in der Abwehrhaltung, mit ca. 100° in der Ellbogenbeuge*

### *3.11 Festigkeit und Übung der Muskulatur*

Jeder Skelettmuskel ist in seinem Bindegewebe von kleinen Blutgefäßen durchzogen, die die über die Arterien kommende Blutflüssigkeit aufnehmen. Auch jede Faser ist zusätzlich von vielen feinen netzartigen Blutbahnen umgeben, die sie bei der Kontraktion mit Sauerstoff und Nährstoffen versorgen. In Ruhephasen verschließen sich die meisten der feinen Gefäße, da sie nicht benötigt werden. Diese feinen Blutbahnen können sich jedoch wie der gesamte Stoffwechsel zurückentwickeln oder atrophieren, wenn sie über einen längeren Zeitraum nicht gebraucht werden. Regelmäßige Übung bewirkt ein verstärktes Wachstum der Muskelzellen und weitet die Blutbahnen. Die gemeinsame Arbeitslast wird auf mehr Fasern verteilt und damit die Belastung für die einzelnen verringert. Auch die feinen Nervenfasern wachsen und sichern die Reaktionsübertragung. Aufgrund der Entspanntheit und Weichheit der T'ai-chi ch'üan-Bewegungen wachsen die Muskelfasern relativ langsam. Erst nach langer Zeit täglicher Übung sind die Muskeln der Arme und des Rumpfes voll entfaltet. Die Beinmuskulatur dagegen wächst durch die Mehrbelastung schneller.

### *3.12 Entspanntes Üben zur Vermeidung schneller Ermüdung*

Eine entspannte T'ai-chi ch'üan-Übung bewirkt weder Ermüdung noch Erschöpfung, vielmehr verringert die erstrebte Ausgeglichenheit der physiologischen Funktionen Müdigkeit. Erst eine lang anhaltende Anstrengung der Muskulatur führt zur Erschöpfung. Durch langes Stehen z. B. verlangsamt sich die Blutzirkulation, und die metabolischen Reststoffe bewirken eine Ermüdung der beteiligten Nerven und eine Einbuße der Reaktionskraft. Eine derartige Erschöpfung wird durch T'ai-chi ch'üan vermindert. Der Kreislauf wird verbessert, die Ausscheidung der Schadstoffe beschleunigt, und Übersäuerung und Erschöpfung werden reduziert.

### *3.13 Bewahrung bzw. Wiederherstellung des ›musculus iliacus‹*

Am unteren Bereich der Wirbelsäule gibt es einen kleinen, schwachen Muskelstrang, ›musculus iliacus‹ (Darmbeinmuskel), den man durch ein leichtes Anheben der Oberschenkel oder durch ein langsames Vorbeugen des Oberkörpers in seiner Kontraktionsfähigkeit entwickeln kann. Bei den meisten täglichen Aktivitäten wird statt des Iliacus in diesem Bereich der ›musculus quadratus lumborum‹ eingesetzt, weil eine Übertragung der Nervenimpulse dorthin schneller abläuft. Aus diesem Grund sind bei vielen Menschen mittleren Alters der Iliacus und dessen Nerven bereits zurückentwickelt und atrophiert, so daß der Muskel praktisch gelähmt ist. Beim Gehen zeigt sich dies an einer nach oben gerichteten, veränderten Haltung des Beckens, die nur sehr schwer wieder auszugleichen ist. Oft spürt man beim Körper- und Hüftbeugen einen Schmerz im Hüftbereich. Durch die Eigenart des T'ai-chi ch'üan wird die Kontraktionsbewegung dieses Muskels geübt, der sich dadurch nach und nach wieder voll entwickelt.

## 4 Bewegungsfunktion der Knochen

Die Knochen bilden die Stütze für die mechanische Bewegungskraft des Körpers. Durch regelmäßige, angemessene Bewegung wird die Stabilität des Knochenaufbaus gefördert. Bei ungeübten Personen ist das Risiko einer Knochenfraktur bei Stürzen oder anstrengenden Sportarten wie Skilaufen wesentlich höher. Durch kontrolliertes Training läßt sich auch die altersbedingte Schwächung des Knochenbaus, wenn nicht vermeiden, so doch reduzieren. Das Ausmaß der Bewegung ist zudem die Basis für die Blutbildungsfunktion des Knochenmarks. Im Medizin-›Klassiker des Inneren‹ vom Gelben Kaiser heißt es im 17. Kapitel des ersten Teils: »Die Knochen sind die Hülle des Marks; wer nicht lange aufrecht stehen kann, zittert und stolpert auch im Gehen, und die Knochen ermüden. Erreicht man eine gesunde Stärke der Knochen, so lebt man; verliert man diese Stärke, so folgt der Tod.«[24]

### *4.1 Hebelkonstruktion des Skeletts*

Die Muskulatur empfängt die von den Nerven übertragenen Stimuli, und ihre Kontraktion bringt das Knochensystem in Bewegung. Die Bewegungskraft hängt stark von der Hebelfunktion des Skelettes ab. Die ›Kraftarme‹ der entsprechenden Knochen sind meist kürzer als die ›Gewichtsarme‹. Der lange Kraftarm des eingesetzten Knochens erleichtert ein Anheben schwerer Objekte, indem seine Wirkung relativ langsam ansetzt. Ist der Kraftarm kurz, so dient das einem schnelleren Anheben, ist aber auf leichtere Objekte beschränkt. Das Sprunggelenk z. B. weist einen längeren Kraftarm auf, ist somit zum Anheben schwerer Objekte geeignet und dient dem Aufrichten der Fersen. Im Ellbogengelenk zeigt sich ein kürzerer Kraftarm; es kann leichte Objekte schnell aufnehmen und wegwerfen. Die Bewegungen im Set der Soloform-Figuren können die kombinierte latente Kraft der Hebelkonstruktionen im ganzen Körper entwickeln.

### 4.2 *Stärkung der Knochenkörper*

Es gibt zwei Faktoren, die für die Stärkung der Stabilität und Elastizität in den Knochen eine Rolle spielen: 1. Die Grundsubstanzen zum Knochenaufbau. 2. Die Stützkonstruktion im Knochenaufbau. Die Stärkung des Knochenkörpers hängt von der ausreichenden Bereitstellung und angemessenen Proportionierung von Kollagen, Kalzium, Phosphat und weiteren Bestandteilen ab. Wenn das Knochensystem durch Bewegung nicht genug zur Entwicklung seiner Stützfunktion veranlaßt wird, reduzieren sich die Mineralstoffe und Kollagene, und es kann zu einer Osteoporosis kommen; eine solche Schwächung der Knochen erhöht die Gefahr von Brüchen. Der Verlust von Kalzium bereitet z. B. Kranken, die sich lange Zeit nicht bewegen können, und Astronauten, die längere Zeit unter Bedingungen der Schwerelosigkeit leben, ernsthafte Probleme.

Eine gute Konstitution der Knochen verlangt regelmäßige Körperaktivität, die auch dem Blutkreislauf dient. Die optimale Blutversorgung sorgt für die Verbesserung des Stoffwechsels und trägt damit zur Stabilisierung des Knochenaufbaus bei.

### 4.3 *Stützkraft der Knochenkörper*

Das Knochensystem bildet den Rahmen für die Bewegung des menschlichen Körpers. Sein stabiler, elastischer Aufbau ist notwendig, um große Stützlasten tragen zu können. Die Stützkraft kann durch eine Veränderung des Aufbaus im Knocheninneren verbessert werden, so daß sich die Knochenkörper streifenartig ausbilden und die Knochenbälkchen dünn und elastisch werden. Dadurch wird das Gewicht der Knochenkörper verringert und ihre Stützkraft verstärkt; Muskeln und Sehnen unterstützen diese Konstruktion noch zusätzlich. Ein über Jahre regelmäßig in der Stützfunktion geübter Knochen zeigt in seinem Inneren einen gewölbeartigen Aufbau. Als Reaktion auf das Tragen des Körpergewichts über lange Zeit erfolgt obige Entwicklung und Verbesserung normalerweise jeweils zwischen zwei Ansatzpunkten. Die Verbindungen dieser Ansatzpunkte bilden in einer besonderen Art gerade Linien für die Stützkraft, vergleichbar dem Aufbau einer Stahlbrückenkonstruktion, deren Einzelstreben eine Dreikantform aufweisen. Die Stützfunktion solcher Knochen ist um ein Vielfaches stärker als die gewöhnlicher Knochenkörper und kann sogar noch weiter verstärkt werden. Dies wurde schon früh von der anatomischen Forschung bestätigt. Trotz vielfacher Veränderungen in den Bewegungen des T'ai-chi ch'üan unterliegen alle Bewegungsarten einer Gesetzmäßigkeit, durch die sich die Positionen des Kraftansatzes an den Knochen entsprechen. Außerdem wird diese Stützkraft in ihrer Funktion durch eine Entspannung der Muskulatur während der Bewegung immer weiter verstärkt, so daß Stärke und vor allem Elastizität der Knochenkörper zunehmen. In der Physiologie der ›Mentalen Erklärungen‹ wird dies als »äußerste Weichheit, dann extremste Härte«[25] bezeichnet. Jahrelange Übung im T'ai-chi ch'üan verringert bei Zusammenstößen mit harten Objekten die Gefahr schneller Knochenbrüche. Besonders in den Armknochen entwickelt sich eine extreme Härte im Vergleich zu denen untrainierter Personen, so daß ihre Stützfunktion wesentlich größer ist.

### 4.4 *Blutbildung in der Knochenhöhlung*

Das Knochensystem wächst und entwickelt sich beim Menschen bis etwa zum 20. Lebensjahr. Ein ›Langknochen‹ wächst, indem von beiden Knochenenden in Richtung Zentrum allmählich mehr und mehr Kalzium eingelagert wird. Einerseits wächst er in die Länge und erhöht damit die Körpergröße, andererseits verstärken sich seine Stützfunktion und sein Aufbau. Die äußere Knochenwandung verändert sich, bis sie die Festigkeit von Stahl erreicht. In seinem Inneren ist der Knochen fein und locker wie ein Schwamm. Viele kleine, lockere Knochenplättchen füllen Höhlungen und Netzwerk aus. An den Knochenenden befinden sich die ›Markzellen‹, in der Mitte die ›Markhöhlen‹. Bei Erwachsenen sind gewöhnlich die Markzellen mit rotem Knochenmark gefüllt, während die Markhöhlen gelbes Knochenmark enthalten. Die Markzellen produzieren die roten und weißen Blutkörperchen. Ein junger Mensch mit gesundem Stoffwechsel benötigt mehr Blutflüssigkeit; daher ist bei ihm der gesamte Innenbereich der Höhlen mit rotem Mark gefüllt, das die Voraussetzung zur Produktion des größeren Blutvolumens ist. Mit höherem Alter, wenn die körperliche Bewegung nachläßt, entwickelt sich auch der Stoffwechselprozeß zurück, und das rote Mark wandert zu den Knochenenden, ins Innere der lockeren Zellen. In den Höhlungen wird ein Rest zu gelbem Mark umgewandelt, das als Füllstoff dient. Betreibt man aber bis ins Alter regelmäßige körperliche Übungen, so bleiben die Höhlungen mit rotem Mark für die Blutproduktion gefüllt. Da T'ai-chi ch'üan das gesamte Stützsystem gleichmäßig bewegt und immer wieder aktiviert, wird die Fähigkeit, Blut zu produzieren, erhalten bzw. gesteigert und kommt so dem Bedürfnis des Stoffwechsels nach vielen Blutkörperchen entgegen. Da der Körper, physiologisch gesehen, die Bereitstellung von Nährstoffen an der Bewegung orientiert, benötigt er eine genügende Anzahl von Blutkörperchen, um diese Versorgungsaufgaben zu erfüllen und gleichzeitig die Schadstoffe abzubauen. Wenn die roten Blutkörperchen wegen Überlastung mit saueren Schadstoffen nicht in der Lage sind, diese abzutransportieren, erhöhen sie durch Aufspaltung ihre Anzahl. Das führt zu einer Steigerung der Blutproduktion im Knochenmark. Da belegt ist, daß nach langer Bewegungsübung die Zahl der Blutkörperchen ansteigt und Übende des T'ai-chi ch'üan oder andere aktive Sportler nicht unter Blutarmut leiden, kann man unabhängig vom Alter die Blutproduktion im Knochenmark über Bewegung anregen.

### 4.5 *Schlüssel zur entspannten Übung*

Die Verbindung zwischen zwei langen Knochen bildet jeweils ein Gelenk, das durch Muskeln bewegt wird. Sind die Gelenke lange unbewegt oder nicht hinreichend bewegt, entwickeln sich Gelenkschmiere und -flüssigkeit zurück und Versteifungssymptome stellen sich ein, die sie umgebenden Bänder verlieren ihre Elastizität und die weichen Knorpel verkleinern sich, da zu wenig Gelenksekret vorhanden ist. Schließlich erhöht sich dadurch die Reibung der Knochen so stark, daß keine flinke und geschmeidige Bewegung mehr möglich ist und bei starker Belastung häufig Schmerzen auftreten. Die Übung des T'ai-chi ch'üan bewahrt nicht nur eine flexible Bewegung der Gelenke, sondern trainiert auch die Elastizität der Gelenkbänder, die die Geschmeidigkeit der Bewegungen ermöglicht.

### 4.6 *Gesundheit des Kniegelenks*

Im grundlegenden Werk der chinesischen Medizin, dem ›Klassiker des Inneren‹ des Gelben Kaisers, heißt es im 17. Kapitel: »Das Knie ist der Sitz der Sehnen; kann es nicht gebeugt und gestreckt werden, so ist der Gang entstellt, und die Sehnen erschöpfen sich.«[26] Das Knie ist zum Tragen und Stützen des gesamten Körpergewichts besonders wichtig; darüberhinaus ist es das größte Gelenk des Körpers überhaupt. Knieprobleme verweisen meist auch auf Muskelschwächen im Körper.

Da die Schrittmethodik des T'ai-chi ch'üan ganz deutlich zwischen Leere und Gewichtung unterscheidet, wird in jeder Soloform-Figur das Körpergewicht am Anfangs- und Endpunkt der Bewegung immer nur von einem Bein getragen. Der Ort mit der größten Stützkraft ist dabei das Kniegelenk. Es verbindet den Oberschenkel mit Schien- und Wadenbein. An der Vorderseite liegt die Kniescheibe, und der ganze Bereich wird von starken, dicken Bändern zusammengehalten. Im Inneren und Äußeren der Gelenkkapsel befinden sich weitere, besonders starke Verbindungsbänder, die dieses kräftigste Gelenk bewegen. Ihre Elastizität und Stützfunktion beim Tragen des Körpergewichts kann und sollte über das Dreifache aller anderen Gelenkbänder hinausgehen. Im T'ai-chi ch'üan gibt es für das Kniegelenk besonders zahlreiche Übungen, um die Elastizität und den Aufbau der Bänder entsprechend zu fördern, denn die Stabilität des Knies bildet die Grundlage aller Ziele des T'ai-chi ch'üan. Anfangs müssen leicht drehende Kniebewegungen, wie sie in den fortgeschrittenen Übungen vorkommen, unbedingt vermieden werden. Erst nach einer entsprechenden Kräftigung der Bänder bleiben derartige Bewegungen ohne negative Folgen. Zunächst muß die Stützfähigkeit ausgebaut und die Entwicklung von Gelenkschmiere und -sekretion verstärkt werden, damit mehr Ausdauerkraft entwickelt wird. Dabei spielt der Schutz vor Kälte und Feuchtigkeit für die Knie eine große Rolle.

### *4.7 Über Knochenkörper geleitete Jin-Kraft*

Alle Bewegungen des T'ai-chi ch'üan verlangen ein völliges Entspannen der Gelenke und der Muskulatur des gesamten Körpers. Das Übertragen der Jin-Kraft hängt von einer koordinierten Bewegung des Knochenkörpers ab. Wenn drei Knochen durch Gelenke als Drehpunkte miteinander verbunden sind, so kontrolliert der erste Knochen bei einer Kraftentwicklung über den Drehpunkt, das Gelenk, die Kraftrichtung des zweiten Knochens, dessen Kraftrichtung wiederum über den Drehpunkt die Kraftrich-

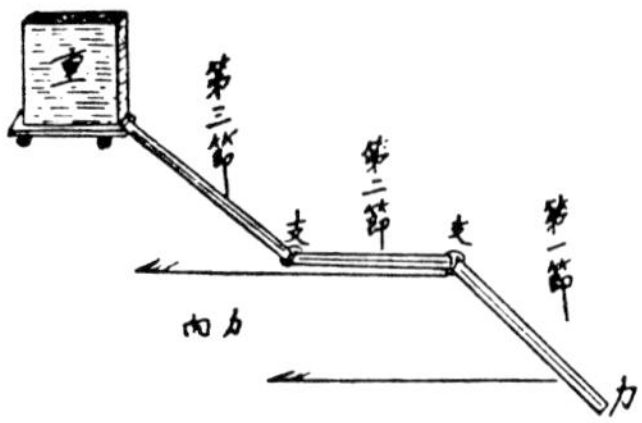


*Abb. 3: Modell zur Jin-Kraftübertragung im T'ai-chi chü'an*

tung des dritten Knochens auf den Schwerpunkt hin kontrolliert (siehe Abb. 3).

Diese Funktion kann an einem dreigliedrigen verbundenen Holzstab illustriert werden, um das Verständnis für die Mechanik des Körpers zu erleichtern. Im Knochensystem geht die Übertragung der Körperkraft auch nicht über drei Gelenke hinaus und folgt immer dem Hebelprinzip von miteinander verbundenen Teilen. Im ›Klassiker‹ heißt es: »Die Wurzeln (der Kraft) liegen in den Füßen, (sie) entsteht über die Beine, und ihr Kommandant sitzt in den Hüften. Sie nimmt in den Händen und Fingern Gestalt an. Von den Füßen über die Beine zu den Hüften, alles muß immer in einem Atemzug ablaufen.«[27] So wird die Jin-Kraft durch das miteinander verbundene Knochensystem eingesetzt. Die Gelenke, die Drehpunkte der Stützkraftübertragung, müssen im Moment der Jin-Entfaltung elastisch und gleichermaßen stabil sein. Das Jin entsteht so schnell wie ein Blitz und verschwindet ebenso schnell wieder. Den Vorgang nennt man die explosive Entwicklung von elastischer Jin-Kraft über Gelenke, Sehnen, Bänder und Muskeln.

### *4.8 Kräftigung und Gebrauch der Mittelfußknochenwölbung*

Die Fußfläche besteht aus vielen kleinen Knochen, die eine bogenförmige Wölbung ausbilden. Der hintere Punkt berührt mit dem Fersenbein (calcaneus) den Boden; oben vorne ist der ›talus‹ angefügt; er ist der obere Punkt zur Stützung des Schienbeins. Unten vorne befinden sich ›os naviculare, cuneiforme mediale, intermedium, laterale und cuboideum‹ als Hauptteile. Die Zehen sind durch die fünf ›ossa metatarsalia‹ mit der Fußwurzel verbunden. Jeder Mittelfußknochen berührt nur mit seinem vorderen Ende den Boden, so daß ein Gewölbe mit einem Hohlraum darunter entsteht, der als ›Fußzentrum‹ bezeichnet wird. In seinem Inneren befinden sich viele Blutbahnen und Nerven. Der erste Mittelfußknochen ist dick und kurz, sein vorderer Punkt ist mit dem Sesambein (ossa sesamoides) verbunden, das den Boden berührt. Dies ist der Punkt des Fußes, der den größten Teil des Auflagegewichts trägt. Der fünfte Mittelfußknochen ist am kürzesten, an seiner äußeren Seite ist er verdickt. Der den Boden berührende Punkt trägt an der Außenseite des Fußes den zweitgrößten Teil des Auflagegewichts. Das Zentrum ist für ein kurzes Beugen der Zehenmuskeln wichtig, das mit der Beugung anderer Muskeln zusammenhängt. Wenn das Auflagedreieck des Fußzentrums den Boden berührt, müssen die Muskeln des Zentrums nach unten sinken und Luft verdrängen; erst dann werden die Muskeln kontrahiert und die ganze Fläche, die von der Fußwölbung wie ein Saugnapf am Boden festgehalten wird, liegt enger am Boden auf. Die Schrittmethoden des T'ai-chi ch'üan verlangen eine besondere Konzentration auf das feste Auftreten des Fußzentrums, wodurch die Muskelkontraktion trainiert wird. Langes Üben läßt die Füße entspannt und elastisch werden, so daß sie sich dann wie Wurzeln fest mit dem Boden verankern.

### *4.9 Zahngesundheit und Kieferübung*

Die Gesundheit der Zähne hängt stark von der Beißkraft ab. Je weicher und bearbeiteter die Nahrungsmittel sind, umso mehr verringert sich die Beißkraft, und es kann zu ›Zahnfäule‹ kommen. Der Zahn besteht aus Zahnschmelz (enamelum) und dem ›Zahnbein‹ (dentinum), die zusammen eine harte Schale bilden. In der Zahnhöhlung (canalis radicis dentis) befinden sich Nerven, Blutgefäße und Lymphbahnen, die mit dem Bindegewebe das ›pulpa‹ bilden und den Hohlraum. füllen. Die Zahnwurzel ist außen von einer Zellhaut umgeben und verbindet das Zahnbett mit dem Kiefer. Durch das Zerbeißen der Nahrung wird der Kiefer trainiert und die Blutzirkulation im Zahnbett gefördert. Ein verbesserter Stoffwechsel erhöht den Phosphor- und Kalziumgehalt der Zähne und bewirkt, daß sich Krankheitserreger und Bakterien nicht so leicht festsetzen können. Auch die Mundflora kann außer zur Bewahrung der Zahngesundheit auch zur Bekämpfung von Mundgeruch dienen. Die Entwicklung moderner Kochmethoden hat dazu geführt, daß Gebiß und Zähne wesentlich weniger für die Zerkleinerung der Speisen beansprucht werden. Das führt allgemein zu einem Anstieg der Zahnerkrankungen, so daß bei vielen Menschen oft schon in mittleren Jahren die Zähne zerstört sind. Die daoistischen Methoden des ›Zähnebeißens und -aufeinanderklappens‹[28] reichen als Ersatz für verlorengegangene Beißübungen nicht aus. Erschütterungsübungen für das Zahnbett erhalten und vermehren den Druck beim Beißen. Bei Entspannung verbessert sich die Blutzirkulation im Zahninneren. Das bewirkt einen besseren Blutfluß und ein gesteigertes Aufnehmen von Nährstoffen, so daß die Zähne gesünder und die entsprechenden Nerven, das Zahnfleisch und der Kiefer stärker und widerstandsfähiger werden. In der Theorie der traditionellen chinesischen Medizin bestehen zwischen den Zähnen und den Nieren enge Zusammenhänge. (Die Nieren wiederum stehen in Zusammenhang mit den Geschlechtsorganen.) Die erhaltene Nierenflüssigkeit und das Aufeinanderbeißen der Zähne tragen in ihrer Konzeption zur Kräftigung des Gebisses bei. Physiologisch kann die Sekretion der Nieren die Transformation im Knochenmark fördern; das Eiweiß im ›Knochenkleber‹ dient als Ausgangsmaterial für Sperma. Die Zähne sind die ›Spitzen‹ von Knochen; die Nieren sind Ausgangspunkte der Fortpflanzungsorgane. Das Aufeinanderbeißen der Zähne verringert nach alter chinesischer Anschauung die Reaktionsfunktion (den Verbrauch) der Nierenflüssigkeit und kann unmittelbar die Gesundheit der Nieren verbessern.

## 5 Nerven zur Kontrolle der Bewegungsfähigkeit

Neben den chemischen Prozessen, den physiologischen Abläufen, den Hormonen und Körpersekreten ist die körperliche Aktivität des Menschen von der Kontrolle und Leitung durch die Nerven des Zentralnervensystems abhängig. Sie bewirken und beenden jede Bewegung. Gehirn und Haut verfügen dabei über die größte Nervenempfindlichkeit für die Bewegung und ihre Kontrolle; sie bewirken das ›Gefühl‹ dafür. Auch die allerfeinsten Bewegungen hängen von ihren ›Befehlen‹ ab. Wird das Gehirn über lange Zeit ungenügend beansprucht, entwickelt es sich langsam zurück, wie neuere Forschungsergebnisse belegen. Menschen mit großer Gehirnaktivität, die gerne studieren und lernen, leben länger als vereinsamte und geistig inaktive Menschen. Die Nervenzellen des Zentralnervensystems, die die Muskelbewegung kontrollieren, haben in den Hautschichten jeweils ganz bestimmte Positionen. Gewöhnlich hat jede Nervenzelle des Großhirns und der Haut eine Verbindung bis in die Muskelfasern der Glieder und des Körpers. Sie werden im Rückenmark zu Nervenbahnen und kommen nach einer Überkreuzung mit Bahnen der Gegenseite aus dem Rückenmark, um sich in der Muskulatur der Glieder und des Körpers auszubreiten, so daß Stimuli zur Bewegung übertragen werden können. Darüberhinaus gibt es 31 Zweige der Nervenbahnen, die mit dem vegetativen Nervensystem in enger Verbindung stehen und sich über Haut, Muskulatur und innere Organe ausbreiten und Reflexbewegungen bewirken können.

Die nervliche Wahrnehmung, die im T'ai-chi ch'üan ausgebildet wird, bezieht sich vor allem auf ein kombiniertes Gefühl für Druck und Wärme. Das Druckgefühl erstreckt sich von der Haut bis zu den Schleimhäuten. Sowohl die Membranen als auch die Haut haben hierfür Wahrnehmungszellen; ihre Anzahl auf der Haut ist allerdings größer. T'ai-chi ch'üan trainiert das Gespür für äußeren Druck und entsprechende Reaktionen; man nennt dies Wahrnehmung der Jin-Kraft. Grundlage für das Trainieren einer optimalen Nervenübertragung ist wiederum das Entspannen der Muskulatur. Das Entspannen der Muskeln verlangt ein feines, sensibles Reagieren der Nerven des Zentralnervensystems; natürlicherweise geschieht dies im Schlaf, wenn sich die Reaktionsfähigkeit des Zentralnervensystems abschwächt, wobei sich sogar die Bewegung des ›musculus transversus‹ stark reduziert. Der Fluß elektrischer Ströme nimmt stark ab, ohne allerdings völlig zu versiegen. Auch im Schlaf kommt es deshalb nicht zu einer vollständigen Entspannung. T'ai-chi ch'üan nun versucht die Entspannung der Muskulatur über die Übung der Vorstellungskraft zu erreichen.

### 5.1 *Entlastung der angespannten Emotionen*

Sitzt oder steht man den ganzen Tag, wie es bei vielen Beschäftigungen heute der Fall ist, treten oft als Folge geistiger Verspannung vorzeitig Symptome von Erschöpfung und Ermüdung auf, die einen hindern, das geplante Arbeitspensum zu erfüllen. Auch Emotionen, Krankheiten, Verletzungen, Schmerzen und chronische Leiden können eine Anspannung der Nerven verursachen, die leicht zu einer geistigen Verkrampfung führt. So kann Ärger einen derartigen Druck auf die gesamte körperliche Verfassung ausüben, daß sich schließlich Blutgefäße und Muskeln verändern. Eine bösartige emotionale Verkrampfung wirkt auf den Körper wie eine vernichtende Bombe. Hat man also aus irgendeinem Grunde Wut und Ärger eines anderen auf sich gezogen, sollte man unbedingt »trotz grundloser Bosheit (eines anderen) selbst die Ruhe bewahren«[29]. Menschen, die sich leicht ärgern, leiden häufiger unter Krankheiten. Langanhaltender Ärger wirkt physiologisch zunächst auf das Gehirn, dann aber auch auf das vegetative Nervensystem. Möglicherweise stellen sich Rhythmusstörungen des Herzschlags ein. Dabei können sich Blutgefäße ausdehnen, dann färbt sich die Haut rot, oder aber die Blutgefäße verengen sich, und die Haut wird blaß. Aufregungen, die das Großhirn und das Zentralnervensystem beeinflussen, stören die innere Sekretionsfunktion, bis das Adrenalin verbraucht ist, die Sexualdrüsen sich erschöpfen und die Nerven geschwächt werden. Insgesamt bedeutet dies, daß der Körper schneller altert. Leidet man schon in jungen Jahren an diesen Problemen, muß auf Dauer mit allen Arten plötzlicher und schleichender Krankheiten gerechnet werden. Eine solche Veranlagung bedarf der täglichen und kontinuierlichen Disziplin der Entspannung, um die aufgestauten Emotionen abzubauen und zu verändern. Die Bewegungen des T'ai-chi ch'üan sind entspannt, seine Prinzipien verlangen von den ersten Übungen an ein Lockern von Körper und Geist. Will man den Körper entspannen, ist Voraussetzung dafür ein beruhigter Geist. Durch Konzentration auf die Wechsel der Stellungen während der Übung des Faustkampfes verringert sich die Verspannung im Geist, bis sie vorübergehend und kurzzeitig vollständig verschwindet. Unterstützt wird dieser Effekt, wenn die Übung im Freien und in frischer Luft stattfindet. Später wird man kaum wieder ganz in den früheren Zustand zurückfallen, auch wenn man sich natürlich an die Alltagssorgen erinnert. So wird das allgemeine Wohlbefinden Schritt für Schritt allmählich erhöht.

### 5.2 *Funktion der Nervenanordnung*

Der Satz »sobald man beginnt, bewegt sich der ganze Körper leicht und behende«[30] aus dem ›Klassiker‹ bedeutet, daß jede Bewegung in den Figuren der Soloform alle Glieder des Körpers einbezieht. Wird also eine Bewegung leicht und behende ausgeführt, bewegt sich der ganze Körper entsprechend. Die Figuren des T'ai-chi ch'üan beinhalten gleichzeitig Bewegung und Ruhe, Yin und Yang. In eindeutigen Bewegungsbereichen wird Yang aufgebaut, in den Bereichen der Ruhe innerhalb der Bewegung Yin. Im gesamten Körper verändern sich entsprechend Leere und Gewichtung, Yin und Yang. »Einem Unten folgt ein Oben, einem Vorne ein Hinten, einem Links auch ein Rechts«,[30] heißt es im ›Klassiker‹, und auch die ›Mentalen Erklärungen‹ sagen dazu: »Alles, was Drehen und Wandel genannt wird, ist Leere und Gewichtung«, »sobald man sich bewegt, gibt es nichts Unbewegtes«.[31] Damit wird auf die Bedeutung von Koordination, Leichtigkeit und Flinkheit des gesamten Körpers verwiesen. Die Kraft zur Bewegung des Körpers entsteht in den Beinen, geht über die Hüften und zeigt sich in Armen und Händen, alles in einem Atemzug ohne Unterbrechung. Das verlangt die Koordinierung der Skelettmuskulatur durch die Nerven. Das Ziel, daß »alle Gelenke ununterbrochen verbunden sind«[32], also die völlige Koordination durch das Nervensystem zur körperlichen Einheit, kann nur in langer Übungszeit erreicht werden. Auch die beiden Qualitäten Leichtigkeit (Jing) und Flinkheit (Ling) müssen aus Ruhe und Festigkeit und den Übungen der Soloform zur Entspannung der Gelenke entwickelt werden. Durch die Koordination der entsprechenden Nerven und Ganglien wird die Lockerung der Muskeln geübt. Der ›Klassiker‹ sagt dazu: »Dies ist alles Vorstellung und liegt nicht im Äußeren«[32] und verweist damit auf die Koordination im Zentralnervensystem; so kontrolliert z. B. die Funktion Bewegung und Ruhe, die Form bewahrt das Schwerkraftzentrum. Beide werden durch die Vorstellungskraft im Großhirn in ihrem Umfang bestimmt. Wenn das Schwerkraftzentrum so schnell bewegt wird, daß man verwirrt ist, verlieren die Nerven ihre Fähigkeit der genauen Koordinierung; damit gehen auch Leichtigkeit und Flexibilität verloren. Der Satz »Vorstellung und Qi sind die Herrscher, Knochen und Fleisch folgen als Minister nach«[33] aus dem ›Lied der Form und Funktion‹ bekräftigt, daß die Anleitung durch das Zentralnervensystem der Auslöser der Bewegung ist. Die Muskulatur des Skeletts führt die Befehle aus und ist somit nur das Instrumentarium für die Bewegung.

### 5.3 *Anwendung der latenten geistigen Kraft (Qingshen)*

Die Übung der ›Meditation zur Bewahrung der Höhlung‹ kann zur Heilung vieler durch Blockierungen im Kreislauf entstandener Krankheiten beitragen. Diese Meditation umfaßt die Organisation der Nerven, des Zentralnervensystems und der Vorstellungskraft. In ihren Reaktionen wirkt die Meditation auf das Gehirn, die Blutgefäße und die Kontraktionen im Ganglienstrang; sie wirkt auch auf das Gefühl wie auf die Wahrnehmungsfähigkeit. Es entsteht Widerstandskraft, und Krankheitsursachen werden beseitigt und geheilt. Wenn man Geisteskraft und Kontemplation lange genug trainiert, verbessert sich auch die Blutzirkulation im Kopfbereich. Dadurch kräftigen sich allmählich die Gehirnzellen und werden aktiver, was die körperlichen Reaktionen schneller und flexibler werden läßt; auch der Gedankenfluß kann auf diese Weise gesteigert werden. Diese Geisteskraft wird bei einer Konzentration auf den unteren Bauchbereich, wo sich das Dantian befindet, eingesetzt. Von dort steigt die Kraft fließend wie in Arterien auf, und man verspürt größere Sensibilität.

Liegt die Zunge während dieser Art der Meditation fest hinter dem oberen Zahndamm innen am Gaumen an, werden die feinen Gefäße in der Speicheldrüse und deren Durchblutung deutlich verstärkt, wodurch auch die Speichelsekretion ansteigt. Die Augen sind leicht nach unten gerichtet und nicht ganz geschlossen. Auf diese Weise sammelt sich die latente Geisteskraft in den Gesichts-, Seh- und Augennerven. Die dreigeteilten Gesichtsnerven können dort einen vollen Fluß des Blutes in den Arterien unterstützen. So ist die Versorgung der Haut mit Nährstoffen gewährleistet; die Stoffwechselfunktion verbessert sich, die Geschmeidigkeit der Haut bleibt erhalten, es kommt kaum zu einer Veränderung der Haarfarbe, und auch die Sehkraft bleibt länger erhalten. Bei Beachtung und Einhaltung dieser Punkte wirkt das Gehirn stärkend auf den Blutfluß in der Hypophyse. Die Tätigkeit des Hypophysen-Vorderlappens nimmt zu, so daß Hormone der Sexualdrüsen und Sekrete reichlich vorhanden sind und es somit zu keinem Yang-Mangel kommen kann. Im unteren Bauchbereich verbessern sich bei Männern wie bei Frauen die Funktionen der Fortpflanzungsorgane. Die Adrenalinproduktion steigt ebenfalls, so daß es keinen Yin-Mangel gibt. Yang- und Yin-Mangel sind wichtige Begriffe in der traditionellen chinesischen Medizin: der erste betrifft eine Nervenschwäche, der zweite eine Rückentwicklung der geistigen Verfassung. Nach der T'ai-chi ch'üan-Lehre besteht die Wirkung der Meditation im Sitzen darin, daß alle latenten Geisteskräfte in einem Bereich angesammelt und vereint werden; das bewirkt in allen Bereichen eine Dehnung der Blutgefäße, eine Erhöhung der Nervenaktivität und eine Steigerung der Blutmenge.

Wer das Qi über die beiden Renmai- und Dumai-Kanäle leitet und dort zirkulieren läßt, bewegt zuerst die latente Geisteskraft über festgelegte Bahnen; dieser folgen das Qi und die Blutzirkulation in einem vollkommenen Kreislauf. Nach hinreichend langer Übung bedarf das Qi dann keiner Leitung mehr durch die geistige Vorstellungskraft; es kreist selbständig und bringt bald ähnliche Effekte mit sich, wie sie durch das ›Höhlung-Bewahren‹ erreicht werden. Nur zwischen Ruhe und Bewegung gibt es dann noch einen Unterschied.

### 5.4 *Wahrnehmung der Jin-Kraft und natürliche Reaktion*

Wird die Haut eines Menschen von irgendeinem Objekt berührt, entsteht automatisch eine Bewegung, die keiner willentlichen Reaktion entspricht und nicht der Vorstellungskraft folgt. Der Stimulationsweg dieser Bewegung läuft über die Wirbelsäule. Die Übertragung in beide Richtungen erfolgt im Rückenmark über zwei Arten von Nervenbahnen. Eine solche Übertragung nennt man ›natürlicher Reflex‹. Er ist eine Schutzfunktion des Körpers bei plötzlichen Veränderungen. Die Ursachen zum Entstehen natürlicher Reflexe beruhen auf vier Arten äußerlicher Wahrnehmung: 1. Impuls durch Wahrnehmung der Augen. 2. Reaktion auf Wahrnehmung durch das Gleichgewichtsorgan im Innenohr. 3. Durch Übung harmonisierte Funktion des › musculus longissimus‹. 4. Übertragung von Wahrnehmungen der Haut. Obwohl diese Reflexe angeboren sind, verkümmern sie meist, wenn sie nicht oft genug stimuliert werden; zudem sind sie im allgemeinen auf enge Bereiche beschränkt. Es bedarf daher einer konzentrierten Übung, um ihre Wirksamkeit zu verbessern. Zum Entstehen eines Reflexes bedarf es der Wahrnehmung eines Reizes in den Empfangsorganen. Wenn die Haut und die Muskeln angespannt sind, werden die Wahrnehmungsorgane leicht gepreßt und verlieren ihre Sensibilität. Die Forderung des T'ai-chi ch'üan nach Leichtigkeit, Entspanntheit, Ruhe und Klarheit im Kopf ist ein Üben der Wahrnehmung der Jin-Kraft und damit auch das Üben der angeborenen Reflexe. Beginnt man die Übung, so steht zunächst das Gefühl für Kontakt und Berührung im Vordergrund. Je sensibler man dafür wird, umso mehr verkürzt sich die Reaktionszeit der Reflexe. Je feiner der Reiz zur Auslösung einer Reaktion wird, umso stärker ist das Sensibilitätsgefühl. Im ›Ch'üan-Kommentar‹ wird die physiologische Wahrnehmung so umschrieben: »Eine Feder kann nicht zugefügt werden, ein Insekt kann nicht landen, (ohne den Körper in Bewegung zu versetzen). Niemand durchschaut mich, ich allein erkenne die Menschen.«[34] Zudem weist das Zitat auf die Jin-Wahrnehmung hin. Verfügt man über genügend Übung im T'ai-chi ch'üan, reagiert man daher auf alle möglichen äußeren Ursachen sofort mit einem spontanen Reflex des Körpers und hängt nicht mehr so ausschließlich von der Wahrnehmung der fünf Sinne ab. Die kaum in Worte zu fassende Wahrnehmung des Jin könnte vielleicht als antrainierte Reflexe umschrieben werden. Entstehende Reaktionen laufen ohne Einflußnahme des Bewußtseins ab, und deshalb kann ein späterer Bewegungsbeginn als beim Gegner trotzdem früher sein Ziel erreichen.

### *5.5 ›Reflexe‹ in den Ch'üan-Figuren durch Erlernen (›späterer Himmel‹)*

Die Bewegungen eines natürlichen Reflexes sind angeboren, von ›der Natur des früheren Himmels‹ bestimmt. Wenn die willentlichen Bewegungen immer wieder trainiert werden, können sie die Reaktion des Großhirns und die bewußte Übertragung über die Nervenbahnen umgehen und ebenfalls fast zu ›Reflexen‹ werden. Doch diese Art einer Reflexbewegung entsteht nur durch die Kultivierung der Reaktionen des ›späteren Himmels‹ und wird daher als ›Reflex des späteren Himmels‹ bezeichnet. Diese Reflexe sind mit den natürlichen Reflexen nicht identisch. Durch Übung mit großer Regelmäßigkeit können nach langer Praxis aus den T'ai-chi ch'üan-Bewegungen Gewohnheitsbewegungen werden. Obwohl der Geist ins Dantian abgesenkt ist, sich auf das Qi konzentriert und im Ruhezustand befindet, kann der Körper unbewußt und ohne einen gedanklichen Befehl alle Bewegungen der Soloform ausführen und dadurch einen eigenartigen, tief entspannten Bewußtseinszustand erreichen. Dies basiert auf den ›Reflexen des späteren Himmels‹, den anerworbenen Fähigkeiten. Wenn man dieses Stadium erreicht hat, kann man auf die Einwirkung äußerer Kraft oder auf einen Angriff so reagieren, daß man diese Kräfte automatisch abfängt und zurückkatapultiert, ohne daß man selbst genau weiß, wie und was man macht; es ist die Wirkungsweise der ›Reflexe des späteren Himmels‹, zu denen auch die besondere Sensibilisierung zur Wahrnehmung der Jin-Kraft gehört.

### 5.6 *Reaktionen auf neue und alte Bewegungen*

Die Gewohnheit im Verhalten jedes Menschen drückt sich in seiner Bewegung aus und damit auch seine charakteristische Veranlagung. Im Erwachsenenalter ist das Erlernen neuer Bewegungsmuster schwierig, zumal wenn es, wie im T'ai-chi ch'üan, darum geht, eine präzis vorgegebene Standardform zu erreichen. Das Studium des T'ai-chi ch'üan erfordert aus diesem Grund harte Arbeit und andauerndes Training, um sich dem Standard der Lehre anzunähern. Noch schwieriger wird es, wenn man beim Aufnehmen der neuen Bewegungen die Art der Standardbewegung abändert und vom Lehrer nicht genügend korrigiert wird. Wer sich über längere Zeit durch falsche eigene Vorstellungen unkorrekte Bewegungen angewöhnt hat, wird schwer zu einer Verbesserung finden. Dieses Problem nimmt mit zunehmendem Alter zu. Oft konnte ich beobachten, daß Schüler, die zuerst Formen des Shao lin, Xingyi oder Bagua und anderer Stile geübt hatten, bei der T'ai-chi ch'üan-Übung viele Bewegungen und Handtechniken aus früher oder länger praktizierten Faustkampfformen mit in die neue Bewegung einfließen ließen. Es ist eine alte Erfahrung, daß später Erlerntes oft oberflächlicher aufgenommen wird und sich erst in einem längeren Übungsprozeß durchsetzt. Die Ergebnisse sind natürlich auch von der Qualität der Unterrichtsmethodik abhängig. Ein guter Lehrer wird gleichzeitig vorführen und erklären, damit der Schüler sofort eine eigene Reaktion auf die neuen Bewegungen entwickelt, ohne diese mit den alten Bewegungen zu assoziieren oder zu verschmelzen.

### 5.7 *Funktion eines Ausgleichs von Gehirn- und Rückenmarksekret (Liquor)*

Alle Bewegungen des T'ai-chi ch'üan werden in einer halb oder ganz abgesenkten Haltung ausgeführt. Der Druck im inneren

Bauchbereich ist folglich etwas größer als bei einer völlig gestreckten Haltung. Wenn dann bei sammelnden, sich abschließenden Figuren der Körper in der Vertikalen etwas aufsteigt, senkt sich der Druck in der Bauchhöhle leicht ab. Damit findet in diesem Bereich eine optimale Blutzirkulation statt; gleichzeitig wird im Gehirnbereich der Blutdruck gering absinken. Durch die aufrechte Haltung des Kopfes folgt in der Rückenmarkröhre das Sekret dem aufsteigenden Körper und füllt die Gehirnhöhle, um die Balance des Gehirndrucks zu erhalten. Dadurch werden Blutmangel im Kopf und Schwindelsymptome vermieden. Die drei Akupunkturpunkte Yu, Zhen und Guan auf dem Dumai-Kanal sind die engsten Stellen für die Gehirn- und Rückenmarksekrete, die durch das ›Ruhe-Gongfu der Qi-Bewegung‹ beeinflußt werden können. Immer wenn die Haltung des Kopfes von der geforderten Position abweicht, werden die Sekrete durch eine Zickzackbahn aufgehalten und können nicht frei zirkulieren. Schließlich werden dadurch die Reflexe beeinflußt, und das Zentral-Qi wird nicht mehr nach oben transportiert. Durch Steigen in den Bewegungen wird der Blutfluß nach unten stimuliert. Gleichzeitig werden die Sekrete angeregt und steigen mit dem Körper nach oben. Durch vorderes Absinken und hinteres Ansteigen von Blut und Rückenmarksekret wird auch der Kreislauf auf den Renmai- und Dumai-Kanälen allmählich mitbewegt. In den ›Mentalen Erklärungen‹ heißt es: »In allen Bewegungen verhaftet das Qi am Rücken und sammelt sich in der Wirbelsäule«[35]; dies verweist auf den physiologischen Aspekt von wechselweiser Stimulation von Blut und Sekret einerseits und Qi andererseits.

### *5.8 Diagonalprinzip beim Ausstoßen der Jin-Kraft*

Stößt man im T'ai-chi ch'üan die Jin-Kraft über die linke Hand aus, so kommt sie ursprünglich aus dem rechten Fuß. Umgekehrt wird die Wurzelkraft des linken Fußes in die rechte Hand übertragen. Dies wird in der Physiologie das ›Prinzip der diagonalen Ausdehnung‹ genannt. Es bedeutet, daß die rechte oder linke Seite der oberen Glieder gleichzeitig mit der entgegengesetzten Seite der unteren Glieder das Jin bewegt; die vom Boden reflektierte Bewegungskraft des unteren Gliedes erzeugt diagonal die Bewegung des oberen Gliedes. Dieses Prinzip spiegelt sich auch im physiologischen Aufbau der Nerven wider. Jede Ausdehnungslinie der Jin-Kraft führt dabei durch das Schwerkraftzentrum des Körpers und kann seine Wirkung vom Gewicht des gesamten Körpers her entwickeln. Das Diagonalprinzip der Bewegung hat in der Evolutionsgeschichte der Lebewesen eine lange Tradition. Die Fortbewegungsweise von Tieren und Insekten hat große Ähnlichkeit mit der Diagonalanwendung und -bewegung von Händen und Beinen des Menschen. Das Diagonalprinzip hilft die physiologische Balance zu bewahren, indem es den Einfluß der Erdanziehungskraft ausgleicht. Die kraftmäßige Ausnutzung des Schwerkraftzentrums und die Erhaltung der Balance machen das Diagonalprinzip zu einer wichtigen Grundlage der T'ai-chi ch'üan-Übung.

### *5.9 Aufbau der Ch'üan-Figuren und Ausbildung einer Diagonalreaktion*

Die Ausbildung der Diagonalreaktion im T'ai-chi ch'üan bedeutet ein wechselweises, nach beiden Seiten gerichtetes Spüren und Reagieren. Durch Austrainieren der Bewegungen nach einer Seite oder in eine Richtung wird auch die andere, entgegengesetzte Körper- und Gliederseite trainiert. In den 64 Figuren des Yijian-T'ai-chi ch'üan gibt es 24 Figuren, die zusammenhängend ausgeführt werden. Nur acht Figuren werden jeweils nach rechts und links geübt. Die restlichen Figuren werden alle nur in eine Richtung ausgeführt, um Komplikationen im Ablauf der Soloform zu vermeiden. Nach längerer Übungszeit und dem völligen Austrainieren der Bewegungen nach einer Seite können diese gewissermaßen automatisch auch in eine andere Richtung ausgeführt werden, ohne daß es dazu eines großen Trainingsaufwands bedarf. Diese Wirkung beruht auf der Diagonalreaktion im Nervensystem. In der Soloform sind deshalb keine Wiederholungen von Einzelfiguren in die jeweils entgegengesetzte Richtung nötig. Dies gilt im übrigen für alle erfolgreich ausgebildeten Bewegungstechniken eines Bereichs. Sobald sie zur Gewohnheitsreaktion geworden sind, sind sie auf den gesamten Körper anwendbar. Das ist eine weitere Grundlage für die Kultivierung und für die Beherrschung der Bewegung des gesamten Körpers.

### 5.10 *›Leere im Nacken‹ zur Lockerung des Halsbereichs*

Mehr als 30 Muskelstränge verbinden den Kopfbereich mit dem Rumpf. Die Verbindung von Blutgefäßen und Nerven zum Kopfbereich hängt von der Erhaltung und Unterstützung dieser Muskeln ab. Die Übertragung von Gefühls- und Reaktionsbewegungen des gesamten Körpers, die Kreisläufe von Blut und Lymphe in den Kopf, der Nährstofftransport, die Qi-Leitbahnen und die Übermittlung der Drüsensekrete verlaufen zwischen den Muskeln des Halsbereichs. Die Wirbelsäule bewahrt in ihrer Höhlung das Rückenmark und bildet die zentrale Stütze für den Kopf. Diese Vielfältigkeit der Funktionen und die Empfindlichkeit dieses Bereichs bewirkt bei einer Verspannung der Halsmuskulatur zahlreiche Probleme. Durch ein Neigen des Kopfes oder ein seitliches Drehen können die Übermittlung und der freie Fluß in den Nerven- und Blutbahnen behindert werden; deshalb sind derartige Bewegungen im T'ai-chi ch'üan verpönt. Wenn die Gehirnnerven geschwächt sind, können Herzschlag und Blutdruck nicht exakt sein. Eine hierdurch bedingte Anspannung im Kopfbereich kann Schwindel, Schmerzen, Blutandrang und andere Symptome verursachen. Die Übung des T'ai-chi ch'üan fordert deshalb einen aufrecht gehaltenen Kopf, so daß der gerade Blick horizontal ausgerichtet ist. Durch das Entspannen der Kopf- und Halsmuskulatur können der umgebende Druck auf den Blutfluß verringert und die Sensibilität des gesamten Körpers gesteigert werden. Ist der Nacken richtig entspannt, spürt man eine ›Leere im Nacken‹. Durch die Entspannung der Nackenmuskulatur ist aber das Schwerkraftzentrum des Kopfes nicht stabilisiert, so daß der Kopf leicht aus seiner geraden und zentrierten Lage geraten kann. Deshalb bedarf es der Vorstellung und des Willens, um den Kopf aufrecht und im Gleichgewicht zu halten. In den ›Mentalen Erklärungen‹ wird diese Haltung »schwebender Scheitelpunkt«[35] genannt. Der Kopf sollte mit seinem Scheitelpunkt wie eine Perle auf einem Stock sein. Man spricht dabei vom ›Jin des Scheitelpunkts‹. Das Gehirn speichert alle geeigneten Positionen in den Nerven und im Zentralnervensystem, was im T'ai-chi ch'üan-›Kommentar‹ als »Leere im Nacken und Jin bis zum Scheitelpunkt«[36] bezeichnet wird. So werden die Nerven und das Zentralnervensystem ruhig und aktionsfähig gehalten und können leicht die volle Wirkung in den Reflexen und Reaktionen des gesamten Körpers entwickeln. Fortgeschrittene spüren beim Üben der Soloform mit ›Leere im Nacken und Jin bis zum Scheitelpunkt‹, wie das wahre Qi den Scheitelpunkt erreicht, was sich durch ein angenehmes Wärmegefühl vom Steißbein bis zum Scheitelpunkt, dem Akupunkturpunkt ›Niwan oder Baihui‹, bemerkbar macht. Das »Steißbein ausgerichtet, mit dem Scheitelpunkt durch den Geist verbunden, der ganze Körper leicht, dies begünstigt ein Schweben des Scheitelpunkts«[37], heißt es im ›Lied der Form und Funktion‹.

## 5.11 *Empfindungsverlagerung und Qi-Bewegung*

Der menschliche Körper reagiert an Haut und Membranen auf Druck, Wärme, Kälte und Schmerz. Diese Empfindungen werden über die Nerven weitergeleitet. Gewöhnlich wird eine Empfindung erst ausgelöst, wenn von außen z. B. Wärme einwirkt oder ein Kontakt mit anderen Körpern oder Gegenständen entsteht. Da man Blutwärme und Druckverhältnisse im Inneren des Körpers gewohnt ist, hat man dafür meist keine besondere Empfindung. Erst wenn man sich genügend lange systematisch bewegt, werden diese Empfindungen deutlicher. Aber auch in Ruhe und Entspanntheit kann man, wenn man die innere Aufmerksamkeit auf diese Punkte richtet, allmählich ein Gefühl dafür entwickeln (vgl. 5.3). Ist man fähig, den Bereich, auf den man sich konzentriert, imaginär zu bewegen, so folgt auch die Empfindung einer Bewegung, schließlich die Bewegung selbst. Wenn diese Bewegung in regelmäßigen Abständen und mit gleicher Geschwindigkeit wiederholt und unverändert ausgeführt wird und die Bewegungslinie zusätzlich mit den Leitbahnen der traditionellen chinesischen Medizin übereinstimmt, kommt es zu dieser Kongruenz von Bewegung und Empfindung. Personen, die in den ›Neigong‹-Übungen weit fortgeschritten sind, haben diese Erfahrungen. Konzentriert man die Vorstellungskraft und den Willen auf einen Punkt, so kommt es durch die Anregung der Nerven zu einer Ausdehnung und stärkeren Strömung in den Blutbahnen dieses Bereiches. Diese Art von Empfindung wird in der Meditation und auch im T'ai-chi ch'üan ›Qi des früheren Himmels oder wahres Qi‹ genannt. In den ›Mentalen Erklärungen‹ heißt es: »Mit dem Herz das Qi bewegen«, »das Qi fortgesetzt nähren bringt keinen Schaden«, »das Herz ist der Kommandant, das Qi ist die Flagge«.[38] Im ›Lied der Form und Funktion‹ ist zu lesen: »Das Qi durchdringt den ganzen Körper, ohne die geringste Stockung.«[39]

### *5.12 Zunge am Gaumen zur Beruhigung und Festigung von Geist und Wille*

Die Praktik, während der Meditation die Zunge an den Gaumen zu pressen, stammt aus dem chinesischen Daoismus. Dadurch werden die Renmai- und Dumai-Kanäle miteinander verbunden, auf denen dann das ›wahre Qi‹ kreislaufmäßig bewegt wird. Die an der Zungenspitze vorhandenen Nerven und das Ende des ›nervus glossopharyngeus‹ (der unter der Zunge beginnt und in den Halsbereich führt) zeichnen sich durch besondere Sensibilität aus. Durch ihre Verbindung entsteht ein Elektrizitätsfluß, den die alten Daoisten als Ursache von durchlaufendem Qi deuteten. Zudem wird die Sensibilität der Zunge gesteigert, und die Speicheldrüse produziert mehr Speichel, was aus zwei Gründen von Vorteil ist: zum einen gibt es im Speichel verschiedene Hormone und Sekrete, die das Altern der Fortpflanzungszellen aufhalten, und zum anderen enthält er Verdauungsenzyme, die den Magen und Darm unterstützen, die Kontraktion der glatten Muskulatur der Organe harmonisieren und die Schilddrüse anregen, Hormone zu produzieren. Durch diese Stimulation des Speichelflusses werden Phosphor und Kalzium vermehrt dem Stoffwechsel zugeführt, das Skelett wird gekräftigt und die Aktivität der Gehirnzellen nimmt zu. Deshalb werden Geist und Wille klar, ruhig und fest. Darüberhinaus kann durch die Meditation eine aufkommende Schläfrigkeit vertrieben werden.

### *5.13 Horizontaler, nach innen zentrierter Blick*

Der im T'ai-chi ch'üan geforderte horizontale Blick setzt voraus, daß der Kopf – wie bereits beschrieben – aufrecht ist, wobei der Unterkiefer leicht zurückgezogen wird. In dieser Stellung ist der Flüssigkeitskörper in den Bogengängen des Gleichgewichtsorgans der Ohren ausgeglichen, und die Gehirnnerven sind in einem ruhigen Zustand. Auch die Blutflüssigkeit ist in sich ausgewogen, und Geist und Wille lassen sich leicht sammeln und konzentrieren. Der zusätzlich leicht zurückgezogene Unterkiefer sorgt für die Ausgeglichenheit des Blutflusses in der Halsarterie.

Die Augenlider werden etwas gesenkt, so daß das Blickfeld nicht diffus verschwimmt, aber die Sehnerven sich nach innen richten und sammeln können. Das Bewußtsein darf nicht abwesend sein, allerdings sollte es möglichst wenig Reize aufnehmen, so daß die Konzentration ganz auf die Übung gerichtet werden kann, ohne sich jedoch von der Außenwelt abzuschließen. Besonders in der Selbstverteidigung spielt das Vermögen, schnell in einen derartigen Zustand eindringen zu können, eine wichtige Rolle in der Wahrnehmung der gegnerischen Aktionen und für die entsprechenden Gegenaktionen.

### *5.14 Steigerung der Reaktionsfähigkeit*

Erst wenn man in den Bewegungen der Soloform-Figuren des T'ai-chi ch'üan ein langes, exaktes Training durchlaufen hat, kann man das Bewegungsverhalten von Körper und Gliedern auf einen Punkt der absoluten Bewußtheit und Aufmerksamkeit hin fixieren. Das ist ein großer Schritt vorwärts und wird von Könnern oft als ›traumähnliches Wachen‹ beschrieben. Leichtigkeit und Flexibilität werden entscheidend verbessert und können bis ins hohe Alter erhalten bleiben.

Bleibt man in der Ausführung des Gongfu vollständig innerhalb der T'ai-chi ch'üan-Theorien, kann man die Vorteile der T'ai-chi ch'üan-Figuren und ihrer Bewegungen konzentriert in sich aufnehmen, woraus sich mit der Zeit ganz natürlich Berührungsreaktionen aus dem beschriebenen Geisteszustand entwikkeln. Dabei muß aber vermieden werden, sich nur auf Bewegungen von Teilbereichen des Körpers oder einzelner Extremitäten zu konzentrieren. Diese Wirkungen werden physiologisch auf Verbesserungen im Zentralnervensystem und den diesen zugeordneten Fähigkeiten zurückgeführt.

### *5.15 ›Innere Arbeit‹ in der Figur ›Rückwärts den Affen vertreiben‹*

Bei der geraden Schrittmethode nach hinten in dieser Figur werden die Fersen auf den gedachten, schulterbreiten Parallelen nach hinten gestreckt, so daß sie zuerst den Boden berühren. Beim Anheben der Schenkel soll man die Muskeln des unbelasteten Beines möglichst entspannen, damit das nach hinten zu versetzende Bein leicht nach innen dreht, insbesondere die Zehen und der Kniebereich. Die Beckennerven werden ziehend bewegt, und gleichzeitig strecken sich alle Nervenbahnen in Richtung Kopf, Brust und Bauch. Allmählich sollen die Nervenbahnen und die anliegenden Muskelsysteme zur Entspannung gebracht werden, bis diese Bewegungen insgesamt durch Übertragung dieser Wirkung entspannt ausgeführt werden können. Wenn das Bewußtsein die Nervenbündel um das Steißbein entspannt, folgen die Hüft- und Beckennerven nach, und die Wahrnehmungen an ihren Fasern und Rezeptoren werden sensibler, bis im unteren Bauchbereich eine besonders angenehme Empfindung auftritt. Im Daoismus wird dieser Vorgang so umschrieben: »Das Wasserrad dreht gegen die Flußrichtung, und (das Qi) beginnt, die Torpforte zu durchdringen (bzw. steigt von unten nach oben).«[40]

Wenn sich die Nerven der hinteren Hüften beim fünften Wirbel lockern, werden auch die Fibern der Hüft- und der Halsnerven in der Übertragung von Reaktionen sensibilisiert. Durch seitliches Drehen nach links und rechts wird das Wohlbefinden von Brust- und Bauchbereich gefördert. Im Daoismus sagt man: ›(Das Qi) bewegt sich auf dem Dumai-Kanal nach oben.‹ Physiologisch verweist das auf Qi, das das mittlere Zentrum durchdringt. Wenn der Kopf ausbalanciert und aufrecht ist, unterstützt ein entspannter Nacken gleichermaßen die Lockerung der Kopfnerven wie der Hüft-, Rücken- und rückseitigen Gesäßnerven. Das Gehirn und die fünf Sinne[41] werden in ihren Reaktionen sensibler. Der ganze Körper wird leicht, beweglich und fühlt sich wohl. Die Daoisten nennen dies ›das Qi durchdringt die Yu-, Zhen- und Guan-Zentren (auf den Renmai-und Dumai-Kanälen)‹. Da diese beiden Leitbahnen miteinander verbunden werden, ist die physiologische Voraussetzung für das kreisende ›wahre Qi‹ gegeben. Die gleiche Wirkung zeigt sich auch in den Reaktionen bei fortgeschrittenen Neigong-Übungen. Das Einbeziehen der Beckennerven in den Entspannungsprozeß fördert die Gesundheit und bewirkt die Lockerung der Kontraktionsnerven der inneren Organe, der Leitbahnen und Blutgefäße im unteren Bauchbereich. Der Blutfluß bis zum After ist damit durchgängig, wodurch z. B. Hämorrhoiden besser ausgeheilt werden können. Durch die Entspannung der Nervenbündel im unteren Rückenbereich verbessern sich auch die Funktionen und Nerven von Harnblase, Geschlechtsorganen und Schließmuskel, so daß alle damit in Verbindung stehenden Bereiche physiologisch optimal arbeiten.

### 5.16 *Meditation und Lärm*

Obwohl man in Großstädten Lärm kaum noch bewußt wahrnimmt, verursacht er im Trommelfell des Ohres andauernde Erschütterungen, die an das Gehirn und an das Zentralnervensystem weitergeleitet werden; das führt zu einem Ermüden der Hörfähigkeit, im Extremfall sogar zu deren Schwächung oder Lähmung. Die meisten gesunden und sensiblen Menschen spüren zunächst den Lärm als unangenehme Belastung für die Ohren. Mit der Zeit aber gewöhnt man sich daran und nimmt selbst großen Lärm nicht mehr wahr. Dies sind bereits erste Anzeichen einer Gehörminderung und -ermüdung. Eine Meditation in lärmender Umwelt bringt ›100 Schäden und nicht einen Vorteil‹. Oft hört man von Meditierenden, daß sie in der Versenkung nichts mehr wahrnehmen. In Wirklichkeit liegt hier bereits ein physiologischer Hörschaden vor. Sitzende und stehende Meditationen sind im T'ai-chi ch'üan ein wichtiger Weg zum Trainieren der Wahrnehmung. Wer sich früh am Morgen erhebt, um die relative Ruhe dieser Zeit für eine Meditation zu nutzen, kann durch ein Befrieden von Gefühl und Geist, durch das Ansammeln verstreuter Bewußtheit die eigene Leistungskraft in allen Angelegenheiten ›mit halbem Aufwand um das Doppelte steigern‹.

### 5.17 *Übung als Gewohnheit*

Im menschlichen Körper gibt es Nerven, die die Körperkraft zügeln und ihre Verschwendung in Grenzen halten, um vorbeugend eine körperliche Schädigung zu vermeiden. Die Aktivität dieser Nerven kennen wir als die natürliche Faulheit des Menschen. Regelmäßige Übung und Training können die Zügelkraft dieser Nerven verringern. Wenn das tägliche Üben zu einer festen Zeit zur Gewohnheit geworden ist, wird man immer zu dieser Zeit das Bewegungsbedürfnis des Körpers wahrnehmen und für sein Wohlbefinden sich üben. Das T'ai-chi ch'üan verlangt nur wenige Minuten der täglichen Übung, und mit der Zeit wird aus Gewohnheit natürliches Verhalten.

### 5.18 *Gemeinsame Übung*

Das Training im T'ai-chi ch'üan ist in einer Gruppe wirkungsvoller als alleine. Es ist nachgewiesen, daß in größeren Gruppen auch bessere Trainingsresultate erzielt werden. Der amerikanische

Forscher Morehouse berichtete über gleiche Erfahrungen: »Wenn man das Arbeitspensum eines eine bestimmte Zeit allein arbeitenden Menschen um 50% erhöht, wird er es als sehr beschwerlich empfinden. Bei einer größeren Personengruppe aber, die die gleiche Arbeit verrichtet, kann man das Pensum um 150% steigern, ehe es als beschwerlich empfunden wird.«[42] Erfolgt die Übung des T'ai-chi ch'üan in einer Gruppe von Gleichgesinnten, die sich gegenseitig beobachten, kontrollieren und kontrovers, aber entspannt miteinander diskutieren, fühlt man sich in guter Stimmung und nicht müde, selbst wenn man mal schweißgebadet sein sollte. Die Leistungskraft wird schneller gesteigert, als das bei Einzelübungen möglich ist. Zudem führt die durch den Wetteifer angeregte Gemütsverfassung zu einer Steigerung der Hormonsekretion, die die Allgemeinverfassung verbessert.

### *5.19 Übung und Schlaf*

Im Schlaf kommt es physiologisch zu einer deutlichen, wenn auch nicht vollkommenen Entspannung der Muskulatur und einer Abnahme der Reizbarkeit und Reaktionsfähigkeit des Nervensystems. Die genauen Gründe zum Auslösen des Schlafbedürfnisses sind noch immer nicht exakt geklärt. Die chinesische I Ging-Lehre vom Ab- und Zunehmen von Yin und Yang und der Wandel von Härte und Weichheit im T'ai-chi drücken diese physiologische Eigenart des Menschen aus, nach langer Bewegung der Ruhe zu bedürfen und nach langer Ruhe der Bewegung. Dabei zeigt sich eine physiologische Veränderung im Zentralnervensystem. Die Bewegungsnerven auf den quer liegenden Bauchmuskeln nehmen nach einem bestimmten Ausmaß von Bewegungen in ihren Reaktionen deutlich ab, bis man eine Ermüdung der Muskeln verspürt, mehr und mehr schläfrig wird, die Muskeln allmählich entspannen, die Körpertemperatur absinkt, Reaktionen des Großhirns feiner und schwächer werden, und man schließlich in den Schlaf fällt. T'ai-chi ch'üan-Übungen, kurz bevor man schlafen geht, erleichtern das Einschlafen, weil dadurch die die Muskelaktivität kontrollierenden Nerven ermüden. Auch die Methode, auf dem Rücken liegend das Qi abzusenken, fördert den Schlaf, denn durch die Bewegung der Organe in der Bauchhöhle steigt der Blutfluß dort, während der Blutdruck im Gehirn leicht sinkt, bis man zu dösen beginnt und einschläft.

Durch regelmäßigen, ausreichenden Schlaf wird nicht nur die Wirkung der Übung erhöht, sondern u. a. auch die aufgenommene Nahrung ganz verdaut und vom Körper voll ausgenutzt. Dr. Huan Dison, ein Experte auf diesem Gebiet, sagte dazu: »Kein Mensch kann mit nur fünf Stunden täglichen Schlafs auf die Dauer seine Gesundheit erhalten. Unter 60 Jahren sind sieben Stunden Schlaf pro Nacht angemessen, nach 60 Jahren sollte man neun Stunden schlafen und zusätzlich nach dem Mittagessen ein Nickerchen halten. Auch wenn der Mittagsschlaf nur kurz ist, erreicht man damit eine Aufspeicherung latenter Fähigkeiten.«[43]

## 6 Wirkungen einer Kreislaufharmonisierung

Im menschlichen Körper bildet das Herz mit den Gefäßen und Bahnen für Lymphflüssigkeit und Blut ein Kreislaufsystem. In der traditionellen chinesischen Medizin wird dies ›Herz-Hüllen-Funktionssystem‹ (Xinbao luo) genannt. Seine hauptsächlichen Aufgaben bestehen darin, die Nähr- und Sauerstoffversorgung zu übernehmen sowie für die Schadstoffausscheidung aus dem Stoffwechsel zu sorgen; zudem übermittelt es Hormone, bewirkt den Ausgleich von Wasserdruck und Körpertemperatur und verhindert Krankheiten. Die Form und Intensität körperlicher Bewegung beeinflußt das Kreislaufsystem und seine Funktionen sehr. Die Bewegungsart im T'ai-chi ch'üan und ihr Aufbau sind dem Herz wie den Blut- und Lymphbahnen angemessen und können von daher zur Grundlage eines allgemeinen Wohlbefindens werden.

### *6.1 Funktion der Herzkräftigung*

Man hat festgestellt, daß der Herzschlag von Hochleistungssportlern gewöhnlich bei 50 bis 60 pro Minute liegt, bei untrainierten Personen dagegen zwischen 70 und 90 Schlägen.[44] Außerdem ist das Herz eines aktiven Sportlers in der Menge des Bluttransports dem untrainierter Personen weit überlegen. Es transportiert durchschnittlich ca. 84 ml pro Herzschlag, während das Herz von Untrainierten nur etwa 50–70 ml Blut in den Kreislauf pumpt. Bei anstrengender Bewegung verringert sich die transportierte Blutmenge proportional[45] zur zunehmenden Herzschlagfrequenz. Weniger Herzschläge pro Minute heißt längere Ruhephasen zwischen den Schlägen; pro Jahr hochgerechnet macht der Unterschied zwischen 60 und 80 Schlägen pro Minute etwa 18 Tage mehr Ruhezeit aus. Bei einem Labortest mit 24 etwa gleichaltrigen Personen, von denen ein Teil T'ai-chi ch'üan übte, ergab sich eine Differenz von 13 Herzschlägen im Durchschnitt zugunsten der T'ai-chi ch'üan-Übenden, deren Herzschlag zudem deutlich stärker war, d. h. pro Herzschlag eine größere Menge Blut beförderte. Ihre Herzen waren folglich gesünder. Unter den Testpersonen gab es zwei, die sich als Übende ausgaben, aber kein regelmäßiges Training betrieben, was sich prompt in der Herzschlagfrequenz nachweisen ließ. Bewegungssysteme, die nur bestimmte Körperbereiche ansprechen, wie z. B. Gewichtheben, Hochspringen oder Freiübungen, können zwar die Skelettmuskulatur kräftigen, bringen aber nur wenig für die Kräftigung des Herzmuskels. Für Personen mit bereits geschwächtem Herzen eignet sich die T'ai-chi ch'üan-Übung besonders gut, weil die Bewegungen regelmäßig, langsam und entspannt sind. Die meisten anstrengenden Sportarten wie Langlaufen, Schwimmen, Ballspielen, Boxen, Judo, Ringen und harte Kampfkünste haben für den Herzschwachen nachteilige Wirkungen; sie können zu Herzvergrößerungen und Herzschwäche führen, die ihrerseits wiederum Ursache für andere Krankheiten sein können. Herzprobleme haben oft mit Kreislaufschwäche, blockiertem Blutfluß und ansteigendem Blutdruck in den Venen zu tun. Ist z. B. die Lungenvene mit Blut überfüllt, kommt es zu Atemproblemen. Die Lungen werden sich zuerst verhärten und dann anschwellen. Sind die Venen des Körpers mit Blut überfüllt, schwillt die Leber an. Weiterhin kann das Blutserum ausfließen und Wasserschwellungen unter der Haut verursachen, was zur Folge hat, daß der Blutdruck in den Arterien sinkt und die Urinmenge sich verringert. Durch regelmäßige Übung des T'ai-chi ch'üan kann eine Schwächung des Herzens verhindert werden. Wenn bei erstmals auftretenden Herzproblemen sofort mit der Übung begonnen wird, kann man schon nach vier Wochen Praxis der Qigong-Übungen und Schrittarten zumindest eine Abschwächung der negativen Entwicklung feststellen. Wenn man in etwa neun Monaten die gesamte Soloform gelernt hat, dürften die Symptome eines Blutstaus sich allmählich ganz abgebaut haben. Die Kräftigung des Herzens durch T'ai-chi ch'üan läßt den Übenden, auch wenn er keine körperlichen Probleme mit seinem Herzen hat, jede Art von Anspannung, sei es durch emotionale Probleme, durch übermäßiges Arbeiten oder nach Infektionskrankheiten, leichter ertragen.

### *6.2 Zu geringe oder übermäßige Herzbelastung*

Ist der Körper in Ruhestellung, ist die Anzahl der Herzschläge pro Minute gewöhnlich geringer als in Bewegung, und auch ihre Kraft ist schwächer. Durch die wechselweise An- und Entspannung während der Übung verbessert sich der Blutkreislauf, der ohne Bewegung allein von der Kompression und Öffnung des Herzens abhängt sowie von der Elastizität der Blutgefäße. Das Herz von ungeübten Personen ist also wegen der zu geringen Bewegung zu stark belastet. Bei länger dauernden Anstrengungen führt das zu vorzeitiger Ermüdung und einem Gefühl von Schwäche. Bei zu wenig körperlicher Bewegung läßt auch die Elastizität der Blutgefäße nach, denn Cholesterin und Fette im Blut werden weniger verbraucht und lagern sich tief ein, die Wände der Gefäße verhärten sich allmählich mehr und mehr. Die Folge ist dann oft ein Bluthochdruck. Zu anstrengende Übungen oder aber Unausgeglichenheit in den Bewegungen von Rumpf und Gliedern oder zu verspannte Praktiken verursachen leicht eine Erschöpfung des Herzens und Unregelmäßigkeiten in den Blutbahnen (z. B. Blutpfropfen), wodurch wiederum der Kreislauf in Mitleidenschaft gezogen wird.

Eine angemessene Übung zur Stärkung der Herzmuskelkraft und Verbesserung der Elastizität in den Blutgefäßen ist T'ai-chi ch'üan, weil es eine regelmäßige und entspannte Übung ist und den Körper insgesamt weder über- noch unterfordert.

### *6.3 Meditation und die Gesundheit des Herzens*

Das Herz ist das wichtigste Organ des menschlichen Körpers und äußerst sensibel. So beeinflussen z. B. alle Emotionen, ob Freude, Ärger, Trauer oder Angst, sehr schnell die Herzfrequenz. Halten diese Beeinflussungen lange an, können in allen Bereichen und Organen Kreislaufhemmungen entstehen. Bleibt aber das Gemüt über lange Zeit harmonisch und ausgeglichen, wird auch der Herzschlag gleichmäßig bleiben; er wird keine großen Unterschiede zwischen Ruhe- und Belastungszustand aufweisen, was ein Anzeichen eines gesunden Herzens ist. Sammlung, Konzentration und Meditation im T'ai-chi ch'üan führen zu einer ausgeglichenen Ruhe im Gemüt und verhindern einen unsteten Geist. So kann eine gute Konstitution des Herzens bewahrt werden. Heftiges Erschrecken z. B. zwingt das Herz, wenn man nicht geübt ist, zu ermüdender und erschöpfender Aktivität, bis der Blutkreislauf im Herzmuskel nicht mehr frei zirkuliert und ein gefährlicher Blutandrang entstehen kann. Wer sich in das T'ai-chi ch'üan-Gongfu zur ›Nährung der Ruhe und Erholung‹ vertieft hat, kann seine ruhige Geistesverfassung auch dann bewahren, wenn er in Schrecksituationen gerät. Er schützt die Gesundheit seines Herzens, weil er den über Auge und Gehör auf ihn eindringenden Aufregungen nicht so stark unterliegt.

### *6.4 Kreislaufverbesserung durch Übung*

Bewegung kann bewirken, daß die in den Muskeln gespeicherten Nährstoffe schnell verbraucht werden. Es bedarf dann einer Ergänzung, angepaßt an Dauer und Art der Bewegung. Sauerstoff speichert sich grundsätzlich nicht auf und muß daher ständig bereitgestellt werden. In diesem Zusammenhang nimmt das Kreislaufsystem, reguliert vom vegetativen Nervensystem, zwei Arten von Anpassungen vor: 1. Geschwindigkeit und Umfang in der Kontraktion der Bewegungsmuskulatur bewirken einen Ausgleich im Verteilen der Blutmenge. Von Bereichen mit geringer oder keiner Bewegung wird die Blutmenge zu Bereichen mit heftiger Aktivität umgeleitet. 2. Die Herzfrequenz wie auch die Menge des ausgestoßenen Blutes pro Herzkontraktion werden erhöht. Dadurch steigt auch die pro Zeiteinheit im Blut transportierte Sauerstoffmenge, und die Ausscheidung von Schadstoffen wird beschleunigt. Weil im T'ai-chi ch'üan das Qi ins Dantian abgesenkt wird, vergrößert sich das Lungenvolumen und damit die Menge des eingeatmeten Sauerstoffs. Durch das Entspannen der Muskeln und Gelenke des gesamten Körpers ist eine freie, ungehemmte Blutzirkulation möglich, auch in den feinsten Blutbahnen. Das erleichtert dem Kreislauf die oben beschriebene Aufgabe der Anpassung. So wird die Herzfunktion geschützt und genährt und der Einsatz von Körperkraft verringert. Zusätzlich verfügen diejenigen, die regelmäßig T'ai-chi ch'üan praktizieren, über eine größere Lungenaktivität als untrainierte Personen. Physiologischen Untersuchungen zufolge atmet ein trainierter Sportler bei Bewegung pro Minute bis zu 0,7 l mehr Luft als ein untrainierter Mensch. Sein Herzminutenvolumen kann bis auf 8 l ansteigen, so daß das ausgestoßene Blutvolumen um 40–50 ml pro Herzschlag höher liegt.[46]

### *6.5 Funktion des Pumpdrucks in den Beinen*

Atmosphärendruck und Erdanziehungskraft bewirken, daß der benötigte Druck einer Wasserpumpe umso höher sein muß, je tiefer die Position einer senkrechten Wasserleitung ist. Die senkrechte Position des menschlichen Herzens ist durch Druck in den unteren Venen gegeben, und sein Innendruck ist dem einer senkrechten Wasserpumpe vergleichbar. Also richtet sich der innere Druck in den Venen der Beine, in den unteren Bereichen, entsprechend den 90 mm auf der Quecksilbersäule (760 bar) aus. Wenn es nicht die folgenden physiologischen Voraussetzungen gäbe, würde die Blutflüssigkeit nicht nach oben zurück zirkulieren, und es gäbe keinen Blutfluß in den Blutbahnen. Auch wurde herausgefunden, daß das Blutserum in das Körpergewebe eindringen und Wasserschwellungen verursachen kann. Die physiologische Lösung dieses Problems umfaßt zwei Punkte: 1. In den Venengefäßen gibt es Klappen, die das Blut zum Herzen, aber nicht zurückfließen lassen. 2. Die wechselweise Kontraktion in beiden Beinen und Armen erzeugt einen Pumpdruck, der bewirkt, daß das Blut in den Venen entgegen der Schwerkraft zum Herzen zurückgepumpt wird. Alte, schwache Personen und Untrainierte weisen aber oft einen angestiegenen Blutdruck in den Venen auf, denn bei ihnen hat der Pumpeffekt abgenommen. Sobald sich eine Wasserschwellung (Ödem) zeigt, kann diese nur noch schwer geheilt werden. Bei den ersten Anzeichen sind häufig schon Kreislaufprobleme und damit verbundene Krankheiten entstanden. T'ai-chi ch'üan verstärkt durch die wechselweise Kontraktion der Beine ein Entspannen der Rumpfmuskulatur, so daß der Pumpdruck ein stärkeres Zurückfließen ermöglicht. Kommt es im oberen Bereich aber zu einer natürlich absinkenden Blutsäule, wird sich die Wirkung des Pumpdrucks nicht so deutlich zeigen. Die Größe der Pumpdruckleistung in den Beinen ungeübter Personen entspricht der durch den Bewegungsgrad der

Beine bestimmten Proportion. Im T'ai-chi ch'üan wird oft nur ein Bein benutzt, um das Körpergewicht zu tragen. Deshalb verfügt der Übende in der Bewegungskraft über Vorteile gegenüber jemandem, der gewöhnlich beide Beine gleichzeitig benutzt. Somit ist bei Übenden der Pumpdruck extrem stark.

Während der entspannten Übung und im Anschluß daran kann der Blutfluß in der Muskulatur gesteigert werden. Trotz Verringerung und kurzzeitigem Stocken des Blutflusses während kraftaufwendiger Übungen kann nach der harten Kontraktion dasselbe erreicht werden. Während der plötzlichen Kraftaufwendung wird zuerst das Blut aus den Muskeln verdrängt, worauf es schnell wieder zurückfließt. Der hohe Druck steigert die Blutzirkulation. Erhöht sich die Anzahl der Muskelkontraktionen, steigt der Blutfluß stark an, bis sich alle feinen Blutwege im gesamten Muskelbereich öffnen und weiten. Sie sind nun ganz mit Blut gefüllt und nehmen dann wieder die Kontraktionskraft des Muskels auf, die einen Pumpdruck erzeugt. Am Anfang der T'ai-chi ch'üan-Übung, wenn beide Beine abwechselnd stark belastet werden, ist der Zeitraum der in den Beinen abwechselnd entstehenden Kontraktion, die Verkürzung in den Oberschenkelmuskeln, sehr kurz. Das Blutvolumen, das aus dem einem Bein gepumpt wird, entspricht dem Volumen, das vom Herzen in die andere Seite, zum entspannten Bein mit den lockeren Muskeln, transportiert wird. Noch bevor das Herz zu einer gesteigerten Kontraktion angeregt wird, hat sich die Muskulatur bereits wieder gelockert und nimmt die Blutmenge, die durch die Kontraktion der Muskeln aus dem anderen Bein zurückgepreßt wird, ganz auf. Beim nächsten Wechsel der Beinbelastung läuft der Prozeß dann in entgegengesetzter Richtung ab. Diese wechselweise Entspannung und Anspannung, Leere und Gewichtung entsprechen zwei einander entgegengesetzten Kontraktionen und dem Ansaugeffekt einer Pumpe. Deshalb verringert eine Steigerung in Umfang und Geschwindigkeit des Blutflusses die Herzbelastung und verbessert die Funktionen des Stoffwechsels. Auch hier wird also wieder das hervorragende Gesundungsprinzip des T'ai-chi ch'üan deutlich.

### *6.6 Verbesserung der Blutbahnbildung*

Personen mit großen Erfolgen im T'ai-chi ch'üan zeichnen sich oft durch besonders schwere Glieder, Arme und Hände aus. Dies liegt nicht nur an der Entwicklung der Muskulatur und der Stärkung des Knochenaufbaus, auf die weiter oben schon ausführlich eingegangen wurde, sondern auch an der Vermehrung der Blutgefäße, wodurch der Umfang der Blutzirkulation zunimmt. Je weiter und je mehr sich die feinen Gefäße über die Muskeln verbreiten, umso mehr kann die Funktion des Stoffwechsels verbessert werden. Alle Übungen des T'ai-chi ch'üan können einen besseren Aufbau und eine Vermehrung der Blutgefäße bewirken. Aus der Physiologie weiß man, daß das Ausmaß der Blutzirkulation bei Bewegung um 30% höher ist als im körperlichen Ruhezustand. Diese Steigerung wird von den vorhandenen Blutgefäßen durch weiteres Öffnen und Mehraufnahme bewerkstelligt. Durch regelmäßige Übung über längere Zeit kann die Blutzirkulation wenigstens um das Doppelte gesteigert werden. In diesem Prozeß findet aber auch eine deutliche Vermehrung der Blutbahnen statt. Von noch größerem Vorteil ist die Steigerung der ›kollateralen Zirkulation‹ im Herzmuskel, denn sie vermindert die Auswirkungen der häufigsten Todesursache überhaupt: die lebensbedrohende Erkrankung der Herzkranzarterie. Zu geringe körperliche Betätigung kann zu Hypertrophie-Zuständen oder zu Fettablagerungen in den Körperzellen führen, wodurch auch eine Vermehrung der Blutbahnen erschwert wird.

### *6.7 Ch'üan-Übung und der Blutfluß im Herzmuskel*

Alle Übungen mit größerer Kraftanstrengung erhöhen die Herzfrequenz und die pro Herzschlag ausgestoßene Blutmenge. Dadurch wird der Kontraktionsdruck des Herzens deutlich angehoben, bis der Blutfluß im Herzmuskel der Erhöhung des Blutdrucks der Hauptarterie folgt und auch die Blutmenge, die in die Herzkranzgefäße eindringt, erhöht wird, so daß der vom Herzen benötigte Sauerstoff in ausreichendem Maße bereitgestellt wird. Dadurch kann die Leistung des Herzmuskels bei gesunden Personen verbessert werden. Doch bei Personen mit Kreislaufproblemen würde dies die Krankheit nur verstärken; für sie sind heftige, harte Übungen nicht geeignet. Die Bewegungen beider Beine sind im T'ai-chi ch'üan etwas stärker. Durch den in den Übungen vorgegebenen Einsatz beider Beine kann die Herzfunktion gesteigert werden. Obwohl dies an der tiefsten Position der ›Herzsenkrechten‹[47] geschieht, hat es keine negativen Auswirkungen, auch wenn das Kreislaufsystem ursprünglich nicht gesund war. Außerdem werden die Hüften durch die oberen Bewegungen gelokkert, was den Kontraktionsdruck im Herzen senkt. Die Vergrößerung der kleinen Blutgefäße läßt den Widerstand im Gefäßsystem geringer werden und die Flußgeschwindigkeit steigen, ohne daß die Herzfrequenz und das transportierte Blutvolumen sich erhöhen. Somit ist T'ai-chi ch'üan auch eine dem Kranken angemessene, die Gesundheit fördernde Aktivität.

### *6.8 Ch'üan-Übung und der Blutfluß im Großhirn*

Die Gehirnmasse ist durch die Höhlung der Kopfknochen in ihrer Größe beschränkt. Das Volumen des Blutflusses wird im Gehirn so reguliert, daß die Gehirndurchblutung in einem großen Blutdruckbereich gleichbleibt. Die meisten entspannten Übungen bewirken keine Änderung des Blutflusses im Kopfbereich. Durch intensivere Übung wird die Blutaufnahmefähigkeit im bewegten Muskel größer; obwohl sich, als Reaktion darauf, der Blutdruck der Arterien erhöht, steigt der Blutfluß im Gehirn nur unwesentlich. Allerdings können einige das Qi abschließende, kraftintensive Übungen, wenn Bewegungen und Atmung nicht angepaßt werden und dadurch eine unharmonische Sauerstoffversorgung entsteht, das Kohlendioxyd im Blut vermehren und den Sauerstoff verringern, wodurch es leicht zu Schwindelgefühl und Kopfschmerzen kommen kann, die oft bei Kampfkünsten mit einseitigen Belastungen und auch beim Gewichtheben auftreten. Atmung, Öffnen und Schließen bleiben beim T'ai-chi ch'üan hingegen im natürlichen Bereich und passen sich automatisch an, so daß keine negativen Erscheinungen auftreten.

### *6.9 Ch'üan-Übung und der Blutfluß in der Lunge*

Die Blutgefäße der Lunge sind äußerst weich und extrem elastisch, was ihre Anpassungsfähigkeit an wechselnde Blutvolumina erhöht. Die geschlossenen feinen Blutbahnen im Aufbau der Lunge können sich jederzeit öffnen, um eine gesteigerte Blutmenge aufzunehmen. Wenn der Blutfluß der Lungen deshalb einer Steigerung im Blutfluß der Körpervenen folgt, führt dies zu einem ausbalancierten Gleichgewicht; daher kommt es auch nicht zu einem Ansteigen des Blutdrucks. Nur eine Bewegungshaltung bildet eine Ausnahme. Wenn die Kehle geschlossen ist, das Qi stimuliert und Kraft angewendet wird, bis der Druck in Brust und Bauchhöhle steigt und in den Körpervenen kein Rückfluß möglich ist, dann folgt eine Reduzierung im Volumen des Blutflusses der Lungen. Deswegen wird auch die vom Herzen ausgeworfene Blutmenge geringer, die Herzfrequenz erhöht sich, der Blutdruck steigt und der Sauerstoffgehalt im Blut wird unzureichend, bis im Kopf ein Schwindelgefühl entsteht. Nach solch einer Übung ist man außer Atem, bis der Sauerstoffmangel behoben ist. Beginnt man erneut mit diesen anstrengenden Übungen, so hängt der Rückfluß in den Venen vom Pumpeffekt der Muskelkontraktion ab. Wenn die Übung plötzlich unterbrochen wird, verringert sich die Geschwindigkeit des Venenrückflusses abrupt, und der Blutdruck in den Arterien sinkt folglich, bis es zu Atemproblemen kommt. Gleichzeitig verspürt man im Herzen und Großhirn kurzzeitig Schmerzen. Für alle Personen mit Herz-, Lungen- und Großhirnproblemen sind derartige Anstrengungen äußerst gefährlich. Da jedoch öffnende und schließende Bewegungen im T'ai-chi ch'üan natürlich der Atmung angepaßt werden, gibt es dort keinerlei Beschränkungen. Somit können Umfang und Geschwindigkeit des Blutflusses in der Lunge gesteigert werden.

### *6.10 Der Vorteil der Ausscheidung in der Blutzirkulation bei Bewegung*

Wenn Schadstoffe des Stoffwechsels nicht ausgeschieden werden, kann das in den Ablagerungsbereichen leicht zu Krankheitszuständen führen. Werden die Krankheitserreger nicht ausgeschieden, können Organe lebensgefährlich geschädigt werden. Diese Krankheitsursachen entstehen durch Behinderungen im Kreislauf. Während der Übung kann die Muskelaktivität das Volumen und die Geschwindigkeit des Blutflusses steigern, so daß Krankheitserreger wie bakterielle Gifte, Reststoffe des Stoffwechsels und Zellsegmente mit dem Blutfluß schnell aus dem Körper ausgeschieden werden, wodurch die Gesundheit wieder hergestellt wird. Auch Blutergüsse aufgrund äußerer Verletzungen, Eiter, Yin-Gifte von Wind und Feuchtigkeit oder Entzündungserreger in Brust- und Bauchhöhle können durch die Öffnung der ursprünglich geschlossenen Blutgefäße und durch eine Steigerung des Blutflusses ausgeschieden werden. Gegenüber eingedrungenen Keimen und Krankheitsgiften können, bevor die Krankheit ausbricht, durch eine angemessene Übung der Blutfluß gesteigert und damit Abwehr- und Regenerationskräfte bereitgestellt und mehr weiße Blutkörperchen entwickelt werden. Die Erreger werden zunächst umzingelt und dann durch Verschlucken vernichtet, so daß die Entstehung vieler Krankheiten verhindert werden kann. Auch chemische Gifte können sich über längere Zeit ansammeln und starke Leiden bewirken. Diese können jedoch ebenfalls durch einen gesteigerten Blutfluß aus dem Körper ausgeschieden werden. Bei jedem Üben des T'ai-chi ch'üan kommt es wenigstens einmal täglich zur Ausscheidung durch den Blutfluß. Alle Gifte, Fremdstoffe und Krankheitserreger können sich folglich nicht so leicht einlagern oder ein Leiden verursachen.

*6.11 Blutdruckveränderungen durch kraftintensive Übungen*

Obwohl während einer anstrengenden Bewegung der Blutfluß durch den Druck der stark betätigten Muskulatur gehemmt wird, müssen sich die kleinen Arterien im Inneren der Muskulatur doch öffnen und weiten, um das Volumen der Blutzirkulation zu erhöhen bzw. zu ergänzen. Allein durch die kleinen Venen und die andauernde Anspannung der Glieder- und Körpermuskeln entsteht ein Kontraktionsdruck auf die Gefäßwände der Venen, bis es zu Schwierigkeiten im Blutrückfluß kommt. Der Kontraktionsdruck des Herzens muß steigen. Auch alle Blutbahnen von nicht bewegten Körperteilen reagieren mit Kontraktionen, so daß der Blutdruck sich erhöht und gezwungenermaßen sich der Blutfluß auf die kleinen Arterien der angespannten Muskeln konzentriert. So wird das Blut von den Venen ins Herz zurückgepumpt und zurückbewegt. Während harter, heftiger Bewegungen kann auf diese Weise das Blut die angespannten Muskeln durchdringen, und der Blutfluß bzw. seine Menge werden so gezwungen, eine Balance zwischen Bedarf und Versorgung zu bewahren. Doch dieser erzwungene Kreislaufzustand wird auf die Dauer sehr wahrscheinlich eine Vergrößerung des Herzens bewirken, und die Elastizität der Blutbahnen wird überbeansprucht und früher oder später nachlassen.

### *6.12 Blutfluß bei entspannter Muskulatur*

Die Flußbewegung des Blutes, die das Kreislaufsystem erzeugt, verlangt, daß die gesamte Blutmenge geringer ist als der Rauminhalt der geweiteten Blutbahnen des gesamten Körpers. Sie fordert weiter eine entsprechende Kontraktion feiner Blutgefäße von nicht bewegten Bereichen. Erst dann gibt es das Bedürfnis nach einer zusätzlichen Versorgung der aktivierten Körperorgane und -bereiche. Außerdem können der Umfang der Blutgefäße und die Widerstandskraft der Muskulatur ein Ansteigen des Drucks im Blutfluß bewirken, so daß auch feine Blutgefäße leicht durchdrungen werden. Deshalb kommt es in allen Bereichen des Körpers, Bewegung vorausgesetzt, zu einer Ausdehnung der Arterien, um das Volumen des Blutflusses zu erhöhen. Die restlichen entspannten Muskeln und weniger aktive Muskelbereiche bzw. deren kleine Blutbahnen verringern durch ihre Engstellung den Umfang des Blutflusses und bewahren ein Standardmaß im Blutdruck des Kreislaufs. Dadurch wird ein zu starker Blutausstoß des arbeitenden Herzens vermieden. Physiologisch gibt es zwischen den Muskelfasern nur teilweise geöffnete feine Blutbahnen, die eine geringe Blutmenge durchfließen lassen. Bei Bewegungen können die geöffneten kleinen Gefäße um das Zehntausendfache zunehmen. Auch die Menge des Blutflusses kann auf das Dreißigfache steigen. Deshalb verringert sich dieses Volumen, wenn der Körper über lange Zeit nicht ausreichend bewegt wird, bis die Nährstoffversorgung nur noch unvollkommen ist. Die Funktionen des Stoffwechsels unterliegen so Beschränkungen, die allmählich Symptome einer Rückentwicklung in der Konstitution ausbilden. Dies ist eine Ursache für ein frühzeitiges Altern bei unsportlichen Menschen. In den Bewegungen des T'ai-chi ch'üan werden trotz entspannter Gliedermuskulatur alle Blutbahnen ganz geöffnet, da alle Bereiche bewegt werden. Verstärkend kommt der Kontraktionswechsel in den gesamten Muskelbereichen hinzu. So fließt das Blut ungehindert, und das Herz muß erheblich weniger arbeiten, bis eine Balance zwischen Bereitstellung und Bedarf der Blutmenge erreicht ist.

### *6.13 Qi-Sammlung und Blutfluß bei ›geöffneter Gestalt‹*

Als ›Gestalt öffnen‹ (Xing kai) wird im T'ai-chi ch'üan ein Strekken und Ausdehnen der Glieder bezeichnet, das vom Herzen wegführt. ›Qi sammeln‹ (Qi he) kennzeichnet das Einatmen von Luft. Während des Einatmens dehnt sich der Brustkorb aus, und der Innendruck sinkt, bis die Venen in diesem Bereich sich ebenfalls ausweiten und die Blutflüssigkeit aus den Venen unter dem Schlüsselbein ansaugen. Außerdem senkt sich das Zwerchfell, so daß der Innendruck im Bauchbereich steigt. Die Venen in dieser unteren Höhlung werden komprimiert, aber die Klappen an den Öffnungen der Oberschenkelvenen schließen sich und zwingen damit das Blut der Venen in der Bauchhöhle, zum Herzen zurückzufließen. In diesem Moment passen sich die vorderen Glieder der Ausdehnung des Brustkorbs an; sie heben und strecken sich nach außen. Dann wird durch das natürliche Absinken der Blutsäulen der Rückfluß des Blutes in den Venen unter dem Schlüsselbein zum Herzen hin verstärkt. Somit entspricht dies einer vollkommenen Entspannung der Muskulatur, so daß die Arme beim Ausstrecken leicht und beweglich sind.

Stößt das Blut der Oberschenkelvenen auf dem Weg nach oben auf Hindernisse, so entsteht in den unteren Gliedern eine Blutfülle, die der Bewegung der Beinkraft angemessen ist, so daß die Schrittechniken stabilisiert werden und eine Grundlage zum Ausstoßen der Jin-Kraft geschaffen wird. Im Gegensatz dazu steht ›die Gestalt sammeln und das Qi öffnen‹ (Xing he qi kai). Hier wird während des Ausatmens der Innendruck in den Venen der Brusthöhlung erhöht, die Klappen an den Öffnungen der Venen unter dem Schlüsselbein schließen sich, und das Blut kann nur zum Herzen fließen. Außerdem dehnen sich die Venen der unteren Höhlung, weil das Zwerchfell nach oben steigt, und das Blut der Oberschenkel fließt in die Bauchhöhle. Wenn der Blutfluß aber in den Venen unter dem Schlüsselbein behindert wird, entsteht eine Blutfülle in den oberen Gliedern, die für ein Ausstoßen der Jin-Kraft durch die Arme von Vorteil ist. Am Anfang der Übung des Jin-Ausstoßens werden deshalb die Bewegungen vollkommen an das Ausatmen, das von einem Schrei begleitet wird, angepaßt. Obwohl dies nur ein kurzer Augenblick ist, reicht es aus, das Blutvolumen der oberen Glieder und damit deren Kraft zu steigern. In der Kunst des T'ai-chi ch'üan wird deshalb vom ›Jin-Ausstoßen und Qi-Ausspucken‹ (Fa jin tu qi) gesprochen. Aber es gibt auch eine harte Kampfkunst, die Kraft einsetzt, während der Mund geschlossen bleibt, so daß der Brust-

und Bauchhöhlendruck gleichzeitig hoch ist. Das Blut in den Venen der Arme und Beine kann nicht zurückfließen, und das Blutvolumen im Inneren der Muskulatur ist besonders groß und schwer. Deshalb kann die Bewegungs- und Jin-Kraft eine außergewöhnlich hohe Effektivität der körperlichen Fähigkeiten erreichen, da die Kontraktionskraft der Muskeln groß ist und somit ein starker Blutandrang entsteht. Nur verhärten sich dadurch die Blutgefäße, und bei Personen mit hohem Blutdruck können bei dieser Kraftentwicklung mit geschlossenem Mund sehr leicht Blutgefäße platzen.

### *6.14 Ursache der Blutfülle in aktiver Muskulatur*

Die Ausdehnung und Kontraktion der Blutbahnen in der Skelettmuskulatur und im Organaufbau entsteht durch die Stimulanz der Nerven mittels chemischer Stoffe. An den Anfängen und Enden der Fasern sympathischer Nerven, die Ausdehnung und Kontraktion der Blutgefäße kontrollieren, kann ein Hormon der Nebennieren abgesondert werden, das Noradrenalin. Auch Acetyl-Cholin stimuliert eine Dehnung oder Verengung der Gefäßwände. Wenn die Muskulatur eines Teilbereichs zu kontrahieren beginnt, kommt es wegen des Sekretionseffekts zu einem sofortigen Anstieg des Blutflusses in dem entsprechenden Bereich. In den Blutbahnen der anderen Bereiche reduziert sich der Blutfluß in gleichem Maße. Außerdem stimulieren chemische Produkte des Stoffwechsels, die ihrerseits durch Muskelbewegung entstehen, wie z. B. Milchsäure und $CO_2$, direkt über das Blut die Gefäßmuskulatur, so daß die Gefäßwände sich weiten, um den Blutfluß zu steigern. Gleichzeitig folgen diese chemischen Produkte dem Blutfluß bis zur ›medulla oblongata‹, den Gefäßnerven des Zentralnervensystems, und bewirken eine Kontraktion der Blutgefäße, wenn sich der Körper in Ruhe befindet. Die inneren Übungen des T'ai-chi ch'üan beruhen auf diesen Prinzipien. Einerseits wird durch Atmung eine Blutfülle in den inneren Organen stimulierend wirken, um ihre Kontraktion und ihre Funktion zu verbessern und zu stärken. Andererseits wird das nervliche Bewußtsein dazu verwandt, die Leitbahnen und Akupunkturpunkte zur Erregung zu ›leiten und zu dehnen‹ (Daoyin), so daß die kreuzweisen sympathischen Nerven kontrolliert werden, oder um ein Abnehmen im Blutfluß zu bewirken. So erreicht man einen hohen Entwicklungsgrad in den besonderen Funktionen des Körperaufbaus. Alle daoistischen und zenbuddhistischen Meditationstechniken gehen nicht über diese physiologischen Grundlagen hinaus.

### *6.15 Kreislaufanpassung in Hockstellungen des T'ai-chi ch'üan*

Personen mit Bewegungsmangel können in Hockstellung ein Anschwellen im Gehirn verspüren. Richten sie sich dann plötzlich wieder auf, kann es zu einem kurzen Schwindelgefühl kommen. Obwohl diese Zeitspanne extrem kurz ist, kann das doch zu großen Schäden führen, wenn der Kreislauf und dessen Funktionen zusätzlich gestört sind. Menschen, die regelmäßig T'ai-chi ch'üan üben und deren Bewegungen dem Standard entsprechen, kennen diese ungünstigen Erscheinungen jedoch nicht. Die Blutbahnen der inneren Organe im Bauch werden stark komprimiert, und das Blut wird nach oben ins Gehirn gepumpt. In diesem Augenblick steigt der Blutdruck im Kopfbereich, so daß man das Anschwellen verspürt. Weil das Aufnahmevolumen für das Blut im Kopfbereich kaum gesteigert werden kann, müssen die Gefäße im oberen Körperbereich sich dehnen. Sie nehmen das Blut auf, um ein Gleichgewicht im Blutdruck des gesamten Körpers zu bewahren. Wenn dann der Körper plötzlich und abrupt nach oben aufgerichtet wird, verringert sich das Kompressionsmaß im Bauchbereich. Der Innendruck der dortigen Gefäße sinkt schlagartig, so daß das Blut schnell dorthin fließt, um diesen Mangel auszugleichen, bis Schwindel oder sogar Bewußtlosigkeit auftreten können. Bei Fortgeschrittenen im T'ai-chi ch'üan ist die Muskulatur an Körper und Gliedern entspannt. Diese kann zu jeder Zeit unbenutzte Blutgefäße vollkommen öffnen, um die Aufnahme von Blut aus dem Bauchbereich an den Ausstoß von Blut aus den Beinen anzupassen, so daß keine Schwindelerscheinungen auftreten. Wenn der Innendruck in der Bauchhöhle sinkt, wird aufgrund des Schließens vorher geöffneter Blutgefäße der Blutfluß reduziert, so daß ein Gleichgewicht zwischen Blutvolumen und -druck bewahrt wird. Damit wird der Blutdruck im Kopf stabil gehalten, und es entsteht kein Schwindel. Zusätzlich wird in der einen Hockfigur des T'ai-chi ch'üan durch leicht eingewölbte Brust, weit geöffnete Leisten und eingezogene Gesäßbacken verhindert, daß der Bauchbereich stärker komprimiert wird. Somit wird eine Beeinflussung und Änderung im Blutfluß verhindert.

### 6.16 *Vermeidung von Menstruationsbeschwerden*

Die meisten Frauen mit einem Bewegungsdefizit haben viele bereits verschlossene, ungenutzte feine Blutgefäße im Unterleib, wodurch sich das Blutvolumen des Kreislaufs verringert. Der Fluß verlangsamt sich ebenfalls, so daß es zu einer Rückentwicklung der inneren Organe und ihrer Funktionen im Beckenbereich kommt. Über einen langen Zeitraum verschlossene Blutgefäße führen häufig und leicht zu einer Behinderung des Blutflusses. Während des Luteinabbaus, wenn die Innenhaut des Uterus als Reaktion darauf bricht und Blut abgibt und die Schadstoffe des Stoffwechsels nicht schnell genug abfließen und ausgeschieden werden können, sammeln sich diese, greifen die Nerven an und verursachen Schmerzen. Es kommt zu einer Änderung der physiologischen Funktionen des Uterus, bis sich die Periode verkürzt oder verlängert und schließlich ganz unregelmäßig wird. Das führt sowohl zu einer allgemein schlechteren Verfassung als auch zu einem Schwund der Körperkräfte und der Leistungsfähigkeit, und schließlich hat es sogar Auswirkungen auf die Gebärfähigkeit. Die wechselnde Kontraktion der Beinmuskulatur beim Üben des T'ai-chi ch'üan verhilft zu einem freien, ungehinderten Blutfluß im gesamten Körper. Alle Menstruationsbeschwerden, die durch Bewegungsmangel entstehen, sowie Schwangerschaftsprobleme, die durch zu schwaches inneres Bindegewebe bedingt sind, können nur durch eine Kräftigung der Stoffwechselfunktionen im unteren Körperbereich gelindert und geheilt werden. Diese Probleme wurden in China bisher kaum wahrgenommen. Westliche Frauen wissen eher, daß weiche, lockere Gymnastik die mit der Menstruation verbundenen Schmerzen oder ein Unwohlsein verringern kann. Es scheint so, als ob Gymnastik den gleichen Effekt wie T'ai-chi ch'üan hätte, doch tatsächlich werden dadurch die großen Wirkungen auch für andere Körperbereiche bei weitem nicht erreicht.

### 6.17 *Verlangsamung der Verhärtung von Blutgefäßen*

Bei unsportlichen Personen erreichen die Blutgefäße nur selten ein hohes Maß an Dehn- und Kontraktionsfähigkeit. Mit der Zeit entwickelt sich die Elastizität der Gefäßwände zurück; sie verhärten daher und platzen leicht. Außerdem verbraucht ein unbeweglicher Körper zu wenig Wärme; dadurch sind die Fette zu zahlreich, und man wird dick. Fettbestandteile wie Cholesterin sammeln sich leicht innen an den Gefäßwänden an. Dadurch entsteht eine Veränderung in den Zellen des Endothels, der innersten Zellschicht der Arterien und Venen. Die Zellkörper altern und wachsen nicht mehr, bis die Innenmembranen sich unnatürlich verdicken und hart und damit schwach werden. Schreitet diese Entwicklung voran, verursacht der Druck eine Zerstörung der Muskelzellen der ›Mittelmembranen‹ und der Elastizitätszellen. Alle sich schnell ansammelnden anorganischen Stoffe bewirken eine Verkalkung der Blutgefäße; die Gefäßwände verengen sich, werden schwach, verlieren ihre Elastizität und begünstigen das Entstehen von Bluthochdruck. Die Gefäßwände von Personen, die lange Zeit täglich T'ai-chi ch'üan üben, sind dehn- und verengbar, ihre Elastizität ist groß, und der Stoffwechsel funktioniert reibungslos. Die Zellen wachsen bis ins hohe Alter, so daß anorganische Stoffe wenig Gelegenheit haben, sich anzusammeln und einzulagern. Somit besteht ein Gleichgewicht zwischen Bedarf und Bereitstellung von Energie. Schadstoffe des Stoffwechsels können sich kaum im Körper ansammeln, und einer Verhärtung der Blutgefäße kann vorgebeugt werden.

## 7 Verbesserung der Stoffwechselfunktionen

Die Fähigkeit des Körpers, alte Zellen durch neue zu ersetzen, wird als Stoffwechsel bezeichnet und bildet das Grundprinzip des Lebens. Stärke und Schwäche dieser Fähigkeit beeinflussen direkt die Gesundheit und die Eigenschaften des menschlichen Körpers. Im Körperinneren kontrollieren kompliziert aufgebaute und komplex funktionierende Drüsen diese Lebenskraft und sorgen für einen ausgewogenen Stoffwechsel. Aus diesen Drüsen scheiden Hormonzellen besonders wirksame Stoffe aus. Sie durchlaufen mit dem Blutkreislauf die feinsten Gefäße, bis sie die einzelnen Organe und Bereiche erreichen und dort physiologische bzw. Stoffwechselreaktionen auslösen. Der Stoffwechsel wird in seiner Wirkung und Funktion von der Bewegung und dem Zustand der Blutzirkulation bestimmt, denn die ihn kontrollierenden Hormone hängen besonders stark vom Blutfluß ab. Das Verteilungsmaß des Blutflusses seinerseits basiert auf einer regelmäßigen körperlichen Ertüchtigung. Ansonsten reicht die Hormonübermittlung nicht aus. Alle durch den Stoffwechsel produzierten Stoffe hängen ebenso von einem Transport durch die Blut- und Lymphflüssigkeit ab. Sie werden über Leber, Nieren und Schweißdrüsen aus dem Körper ausgeschieden. Ist die Ausscheidung behindert oder erfolgt die Entstehung von Schadstoffen schneller als ihre Ausscheidung, müssen sie sich im Körperinneren sammeln. Das führt zunächst zu Müdigkeit, Übersäuerung und ähnlichen krankhaften Zuständen. Wird die Ernährung der Körperzellen beeinträchtigt, wird damit die Funktion der Hormone blockiert, bis sich schließlich die Stoffwechselfunktionen entsprechend zurückentwickeln. Die Bewegungseigenschaften des T'ai-chi ch'üan erfüllen vollkommen die Bedürfnisse, die der Stoffwechsel eines Körpers bei Bewegung entwickelt. Durch fortgesetztes Üben werden die regelmäßigen Funktionen des Stoffwechsels im Körper aufrecht erhalten. Personen mit geschwächten Körperfunktionen verbessern durch die Übung des T'ai-chi ch'üan ihren Stoffwechsel und gelangen dadurch zu höherer Effektivität. Da T'ai-chi ch'üan eine Ganzkörperübung ist, kann auch die Leistung der Drüsen und ihrer Sekrete verbessert werden, so daß sich das gesamte Körpersystem weiterentwickelt. Die Verbesserung der Konstitution bewirkt neue Lebenskraft, die Nährstoffversorgung ist ausbalanciert und harmonisch, und die Gesundheit und Funktionsfähigkeit der Zellen im gesamten Körper werden gesteigert. Damit kann bis ins Alter die Sensibilität der Nerven bewahrt werden.

### *7.1 Ergänzung der Bewegungsfähigkeit*

Die für Bewegungen des Körpers benötigte Energie wird durch den Kraftaufwand der Bewegungen und den Zeitraum bestimmt. Je mehr Kraft eingesetzt wird, umso größer ist die verbrauchte Energie. Sie wird gewöhnlich durch Wärme repräsentiert; als Berechnungseinheit dient die Kalorie. Eine Person mit 70 kg Körpergewicht verbraucht bei ruhigem Schlaf pro Stunde ca. 80 Kalorien, in der Meditation 100, im Stehen 110, bei entspannter Gymnastik (dem T'ai-chi ch'üan ähnliche und entsprechende Bewegungsformen) 160, beim Gehen in einer Geschwindigkeit von ca. 3,2 km/h 170, beim Bergsteigen 700, beim Ringen und bei harten Kampfkünsten 790, beim amerikanischen Football 1000, beim Laufen mit einer Geschwindigkeit von ca. 18 km/h oder beim japanischen Karate 1300, beim Schwimmen mit ca. 3,6 km/h 3000 und beim Sprinten mit ca. 25 km/h Geschwindigkeit 4740 Kalorien. Gemäß den bei jeder Bewegungsart benötigten Fähigkeiten wird die entsprechende Verbrennung durch eine Aufspaltung der Nährstoffe angepaßt. Dadurch wird es möglich, verbrauchte Körperenergie wieder zu ergänzen, so daß ein Gleichgewicht zwischen Versorgung und Bedarf gehalten werden kann. Nur unter dieser Voraussetzung kann das Ziel einer Steigerung der gesunden Körperkraft erreicht werden. Ist die Nährstoffversorgung nicht ausreichend, verbrennt der Körper eigene Substanzen, bis sich das Körpergewicht verringert. Ein ›Überangebot‹ von Nährstoffen führt zu zusätzlicher Verbrennung, deren Rückstände sich im Körperinneren ablagern; folglich erhöht sich das Körpergewicht. Ein Übermaß wie auch eine Unterversorgung führen also gleichermaßen zu Krankheitsursachen. Die lockeren, entspannten Bewegungen des T'ai-chi ch'üan beanspruchen aufgrund ihres relativ geringen Wärmeverbrauchs weder Atmung noch Kreislauf übermäßig. Selbst bei intensivem Üben der Schrittechniken bleibt das Sauerstoffdefizit sehr gering. So kann man sich schon innerhalb kurzer Zeit nach dem Übungsende wieder vollständig erholen, da das Sauerstoffdefizit im T'ai-chi ch'üan bis zum Zwanzigfachen geringer ist als bei sehr anstrengenden Übungen. Außerdem hat man nach heftigen Bewegungen für einen längeren Zeitraum nur ca. 40% der normalen Kraft zur Verfügung, während die restlichen 60% mit dem Ausgleich des Sauerstoffdefizits beschäftigt sind. Das ist auch der Grund dafür, daß bei vielen anstrengenden Bewegungen oder Sportarten die Leistung nur kurzfristig gehalten werden kann, während die Erholungsphase relativ lang ist. Außerdem kann jemand, der regelmäßig T'ai-chi ch'üan übt, bei gelegentlichen anstrengenden Tätigkeiten die dabei auftretende Erschöpfung leichter überwinden und sich schneller erholen. Dies zeigt, daß die physiologischen Funktionen des Stoffwechsels den natürlichen Effekt einer Ergänzung der Aktionsfähigkeiten haben. Wenn die latenten Fähigkeiten einer gesunden Muskulatur größer sind, als sie normalerweise im täglichen Leben benötigt werden, kann diese verbrauchte Kraft, die bei der Anpassung an anstrengende Bewegungen verloren geht, direkt nach der Übung ersetzt werden

(Sauerstoff- und Nährstoffmangel). Somit werden die gewöhnlich überreichlich vorhandenen Körperfähigkeiten bewahrt. Zusätzlich entwickeln sich – je langsamer, umso stärker – die latenten Fähigkeiten in der Übung.

### *7.2 Angemessene Ernährung für die Ch'üan-Übung*

Die vom menschlichen Körper benötigten Nahrungsmittel enthalten Eiweiß, Fette, Kohlehydrate, Vitamine, Mineralstoffe und anderes. Eiweiß und Mineralstoffe sind Grundlagen für den Zellaufbau, Fette und Kohlehydrate sind die wichtigste Quelle für die Verbrennung in den Zellen. Der Bedarf an verschiedenen Nahrungsmitteln hängt davon ab, wieviel der Körper durch Bewegung verbraucht, und ist deshalb sehr individuell. Alles Eiweiß und alle Vitamine sind für den Stoffwechsel unbedingt notwendige Stoffe, an denen es nicht mangeln darf. Wer mit T'ai-chi ch'üan-Übungen beginnt, erhöht einerseits den Kraftverbrauch etwas, andererseits wird diese Beanspruchung des Muskelaufbaus durch eine Verstärkung der neues Leben spendenden Auffüllfunktionen ausgeglichen. Wenn Personen mit schwachen Körperkräften die standardisierten Übungen der Schrittarten trainieren und nicht über genügend Nährstoffe zum Auffüllen verfügen, wird es in ihren Stoffwechselfunktionen zu keinem Gleichgewicht kommen. Die Effektivität ihrer Muskulatur wird abnehmen, der beabsichtigte Effekt wird nicht erreicht und die Anpassungsfähigkeit untergraben, bis das Interesse an der Übung nachläßt. Deshalb ist eine Ergänzung mit Eiweiß besonders wichtig. Sehniges Rindfleisch und gelbe Sojabohnen z. B. fördern den Knochen- und Sehnenaufbau und stellen somit eine gute Versorgung und Ergänzung der Körperkräfte sicher. Ansonsten würde der Körper schnell ermüden. Außerdem dient Vitamin A, das hinreichend in Karotten vorhanden ist, zum Trainieren der Sehkraft. Vitamin B fördert die Übung und die Effektivität der Muskelbewegung. Mit Ausnahme von Personen, die abnehmen wollen und sich daher zu vieler Fette und Kohlehydrate enthalten sollten, müssen alle Übenden vermehrt eiweißhaltige Nahrungsmittel zu sich nehmen, um den hohen Verbrauch auszugleichen. Doch sollte man dabei keineswegs übertreiben, da es sonst leicht zu einem Verfetten des Körpers kommen kann.

### *7.3 Steigerung des Oxydationsvermögens*

Wenn das von den bewegten Körperteilen geforderte Oxydationsmaß in angespannten Situationen über das Aufnahmevermögen und das Bereitstellungsmaß von Sauerstoff hinausgeht, spaltet sich die im Körper eingelagerte Stärke in Milchsäure und andere Stoffe und gleicht so schnell den Sauerstoffmangel aus. Die Differenz zwischen Bedarf und Bereitstellung wird als Sauerstoffdefizit bezeichnet. Ist dieses Defizit sehr groß, ist der Körper erschöpft, und es bedarf einer entsprechenden Erholungsphase, um die Oxydationsfähigkeit wieder herzustellen, den Sauerstoffmangel auszugleichen und die ursprüngliche körperliche Konstitution wiederzugewinnen. Je häufiger in den bewegten Körperbereichen dieser Mangel wieder ausgeglichen wird, desto besser entwickeln sich ihr Ausgleichsvermögen und ihre Oxydationsfähigkeit, bis schließlich ein Gleichgewicht zwischen Bedarf und Bereitstellung erreicht ist. Wenn die Übung für den Körper angemessen ist, kommt es kaum zu einem Sauerstoffdefizit. Das T'ai-chi ch'üan fördert sowohl die technischen Fertigkeiten als auch allgemein die Gesundheit. Beginnt man mit dem Erlernen der grundlegenden Schrittarten, wird die Stützkraft in den Muskeln beider Beine allmählich gestärkt; die Übung, einen Sauerstoffmangel zu ertragen, verbessert die Ausdauer in der Stützfähigkeit. Trainiert man anschließend regelmäßig die Faustkampffiguren, so wird neben einer fortschreitenden Verbesserung der Muskulatur beider Beine auch die Stützkraft von Hüften und Rumpf so erhöht, daß schließlich beide Arme ohne Kraftaufwendung im Raum schwebend bewegt werden können. Die Übung, einen Sauerstoffmangel zu ertragen, führt unmerklich und langsam zu einer Steigerung der Jin-Kraft und zu erhöhter Ausdauer in der Muskulatur von Körper und Gliedern. Herz und Gehirn können jedoch auf keinen Fall einen Sauerstoffmangel ertragen; hier kann eine Überbelastung der Oxydationsfähigkeit dazu führen, daß deren physiologische Funktionen geschädigt werden. Im T'ai-chi ch'üan werden deshalb Herz und Gehirn keinen Situationen ausgesetzt, bei denen Versorgung und Bedarf zu sehr auseinanderfallen. Auch hier gilt, daß der Sauerstoffbedarf bei anstrengender körperlicher Betätigung um das Zwanzigfache höher sein kann als bei entspannten T'ai-chi ch'üan-Bewegungen. Das bei T'ai-chi ch'üan-Übungen kurzfristig auftretende Sauerstoffdefizit schlägt daher keinesfalls auf Gehirn und Herz durch.

### 7.4 *Ergänzung des Wasserbedarfs*

Ein regelmäßiges Trainieren der technischen Fertigkeiten des T'ai-chi ch'üan, ein tägliches intensives Üben der Soloform sowie zusätzlich des ›Pushing Hands‹ hat für den Körper einen hohen Flüssigkeitsverlust zur Folge. Das Ausgleichen dieses Verlustes und das Fortschreiten der Leistungskraft stehen in einem engen Verhältnis zueinander. Der menschliche Körper besteht zu 70 % aus Wasser, das auch ein Hauptbestandteil sowohl des Blutes als auch der Lymphflüssigkeit und der Körperzellen ist. Das gewöhnlich mit der Nahrung aufgenommene Wasser wird über Magen und Darm absorbiert und ins Blut geleitet. Die Arterien transportieren es in die Körperzellen, über Venen und Lymphkreislauf erreicht es die Nieren, Schweißdrüsen, Lungen und Darm, über die es aus dem Körper ausgeschieden wird. Unabhängig von der aufgenommenen Wassermenge kommt es aufgrund des Drucks im Körperaufbau und der Funktion der Nieren normalerweise immer zu einem Gleichgewicht im Wasserhaushalt. Trinkt man also wenig Wasser, wird auch nur wenig ausgeschieden. Der menschliche Körper sollte allerdings täglich wenigstens 300 ml Urin produzieren, denn nur so können Schadstoffe und Salze des Stoffwechsels eines normal beanspruchten Körpers ganz aus geschieden werden. Zu geringe Flüssigkeitsaufnahme kann zu Dehydrationserscheinungen führen, und bei einem Wasserverlust von einem Fünftel der Körperflüssigkeit kann es zu lebensbedrohlichen Situationen kommen. Durch körperliche Aktivität wird die Produktion von Schadstoffen im Stoffwechsel gesteigert. Werden sie nicht vollständig ausgeschieden, kann ihre Ansammlung zu zunächst leichten, dann schweren Schädigungen und Krankheiten führen. Die Entwicklung der Leistungskraft im T'ai-chi ch'üan bringt eine Veränderung der Bewegungsfunktionen mit sich, so daß die ursprüngliche Körperkonstitution verbessert werden kann. Diese physiologisch-chemischen Veränderungen verlangen eine ausreichende Wasserzufuhr, um die beschriebenen Funktionen im Stoffwechsel zu erreichen. Ansonsten kommt es zu Schadstoffansammlungen, die der Entwicklung der entsprechenden Bereiche entgegenwirken oder sie verhindern.

*7.5 Anpassung der Körpertemperatur an den Übungsort*

Bei regelmäßiger körperlicher Ertüchtigung verfügt der Körper meist über eine große Anpassungsfähigkeit hinsichtlich der Außentemperatur. Wenn man gewöhnlich bei einer Lufttemperatur von 11 bis 30 °Celsius übt und die Luftfeuchtigkeit nicht zu groß ist, wird die Wärme des Blutes unter der Haut leicht verringert. Deshalb ist die Hauttemperatur niedriger als bei Menschen, die nicht regelmäßig üben. Liegt die Lufttemperatur unter der des Körpers, fühlt man sich recht wohl. Erst bei sehr hohen Temperaturen (Asien), wenn die Hautwärme nicht einfach durch Verdunstung gesenkt werden kann, scheint der Mensch dies nur noch schwer zu verkraften. Doch der Körper verfügt über angeborene Anpassungsmechanismen wie Atmung, Schwitzen und Urinieren, die eine vom Stoffwechsel ausgehende Wärmeentwicklung angemessen reduzieren können, so daß die Hauttemperatur nicht zu hoch ansteigt. Wenn das Übungsmaß allerdings so gesteigert wird, daß man in einer Stunde mehr als 400 Kalorien verbraucht, kann die Hauttemperatur doch ansteigen. Bei weiterer Übung kann es dann zu Schwierigkeiten kommen. Bei den entspannten und lockeren Bewegungen des T'ai-chi ch'üan werden pro Stunde weniger als 160 Kalorien verbraucht. Dadurch steigert sich allmählich auch die Anpassungsfähigkeit an die Temperatur des Übungsortes, so daß selbst Europäer sich an asiatische Temperaturen während der Übung anpassen können.

*7.6 Vermeidung von übermäßigem Schwitzen*

Der physiologische Vorteil des Schwitzens liegt im Ausscheiden von Schadstoffen des Stoffwechsels und im Reduzieren übermäßiger Körperwärme. Es wurde schon darauf hingewiesen, daß der Stoffwechsel den Abbau alter Zellen und das Entstehen neuer Körperzellen mit sich bringt. Der Körper nimmt die von außen kommenden Nährstoffe auf und entwickelt daraus die benötigten Zellen. Erst dann können die Nährstoffe weiter aufgespalten oder abgebaut sowie Fähigkeiten entwickelt werden, um eine zusätzliche Versorgung bei Bewegung zu gewährleisten. Zusätzlich werden alle entstehenden Schadstoffe ausgeschieden. Beide Effekte finden im Körper gleichzeitig statt. Während einer geregelten Übung besteht zwischen dem durch den Stoffwechselprozeß entwickelten Wärmegrad und den Schadstoffen ein proportionales Verhältnis. So kommt es zu einem Gleichgewicht zwischen dem Auflösen der Kalorieneinheiten und dem Entstehen und Ausscheiden der Schadstoffe. Während der Übung verstärken sich die Funktionen des Stoffwechsels, so daß auch Wärmeentwicklung und Schadstoffproduktion und -ausscheidung zunehmen. Ihr ursprüngliches Gleichgewicht verändert sich, bis die Hormone das Zentralnervensystem beeinflussen. Es kommt zu einer Ausweitung der Blutgefäße unter der Haut, der Blutfluß wird beschleunigt und Schweiß abgesondert, bis schließlich Außen- und Hauttemperatur wieder im richtigen Verhältnis zueinander sind. Durch die stärkere Durchblutung werden die Nieren zu erhöhter Urinproduktion angeregt und somit die Schadstoffe aus dem Körper ausgeschieden. Gleichzeitig werden durch die Schweißentwicklung das Zentralnervensystem und das vegetative Nervensystem angeregt; das vertreibt die Müdigkeit, und man fühlt sich besser. Mit zunehmender Übungszeit werden Wärmeentwicklung und Schadstoffansammlung immer größer, bis Hormone und Nerven gleichermaßen die Schweißdrüsen zur Aktivität anregen, wodurch über den Schweiß verstärkt Schadstoffe ausgeschieden werden, und die Hauttemperatur gesenkt wird. Bei einer Unterbrechung der Übung verengen sich die Blutgefäße unter der Haut, die Schweißabsonderung läßt nach und damit auch die Absenkung der Körpertemperatur. Bei einer zu starken Abkühlung werden die Nerven dann erneute Muskelbewegungen zur Erhöhung der Körpertemperatur stimulieren, um ein optimales Verhältnis zur Außentemperatur herzustellen. Adrenalin stimuliert dabei den Stoffwechsel und die Transformation von Glykogen zu Glykose, das über das Blut in den Körper gelangt und verbrannt wird, bis die Körpertemperatur in einem ausgewogenen Gleichgewicht gehalten werden kann. Wird bei der Bewegung aber zuviel Schweiß abgesondert, so wird sehr viel Körperenergie verbraucht. Das führt zu Mängeln in der latenten Muskelleistung, deren Entwicklung damit untergraben wird. In der Übung des T'ai-chi ch'üan gilt deshalb der Grundsatz, kurzzeitig zu pausieren, wenn der Körper soeben ins Schwitzen gekommen ist. Wer anfangs leicht ins Schwitzen gerät, sollte daher immer darauf achten, seine Körperkräfte nicht zu sehr zu belasten, denn deren kontinuierliche Entwicklung ist nur möglich, wenn der Körper nicht zu häufig an den Rand einer völligen Erschöpfung gerät.

*7.7 Hormoneinsparung durch Ruhe*

Die Lebensfunktionen des menschlichen Körpers erfordern eine Anpassung und Koordinierung aller Hormone, um im Gleichgewicht zu bleiben. Das für die Koordination verantwortliche Zentrum ist die Hypophyse, die unter Einfluß des Hypothalamus Hormone abgibt und die Wirkungen zahlreicher anderer Hormone koordiniert und einander anpaßt.

Das Nebennierenmarkhormon Adrenalin kann die Vitalität und Geduld steigern, Erschöpfungszustände verringern und vor Krankheiten schützen. Bei Erschöpfungen, äußeren Verletzungen, Kälte und Hitze, Hunger, Angst, plötzlich eindringenden Impulsen und aufregenden Stimuli löst das Adrenalin Abwehrreaktionen aus, um den ursprünglichen Zustand wieder herzustellen; so aktiviert es die körperliche Widerstandskraft oder auch Lebenskraft, die uns normal leben läßt. Unter dauernder Anspannung aber werden zu viele Hormone verbraucht, bis das Adrenalin nicht mehr in der Lage ist, für einen Ausgleich zu sorgen, und die Gesundheit negativ beeinflußt wird. Deshalb muß der Verbrauch aller Hormone kontrolliert werden, denn nur bei einem ausgeglichenen Hormonpegel kann man wirklich fit sein und sein Leben verlängern. Der Körper produziert sehr viele Hormone und Sekrete, die in Aufbau und Funktion außerordentlich kompliziert sind.

Das Schilddrüsenhormon, das Thyroxin, das Wachstum und Stoffwechsel kontrolliert, und das Parathormon, das den Kalzium- und Phosphoranteil im Stoffwechsel regelt, sind besonders wichtig. Die Langerhansschen Inseln wirken auf den Blutzucker im Stoffwechsel, während die Sexualdrüsen die Fortpflanzungsorgane beeinflussen. Es gibt noch mehr als zehn weitere Hormone und Drüsensekrete, die alle von Hypophysen-Hormonen angeleitet und koordiniert werden. Wenn eine Stimulation durch einen äußeren Reiz, z. B. Infektion, vorliegt, überträgt das Großhirn dies zur Hypophyse, die dann entsprechend Hormone ausscheidet. Diese erreichen über das Blut die jeweiligen Bereiche und bewirken eine Sekretion des Adrenalin, das dann wieder über das Blut übertragen wird und eine bestimmte Reaktion in den angesprochenen Bereichen auslöst, so daß Anspannungen aufgelöst werden. Bei strenger Kälte oder Frost bewirkt das Adrenalin z. B. eine Verengung der Arterien, was zu einem Ansteigen des

Blutdrucks und der Körpertemperatur führt. Bei schweren Verletzungen kann dadurch bereichsweise der Blutfluß gestoppt werden. Der Blutfluß sinkt, um den Verlust zu begrenzen, und der Blutzuckerspiegel wird erhöht, um Energie bereit zu stellen. Es ist bekannt, daß auch die Bauchspeicheldrüse, der Pankreas, unter Anleitung der Hypophyse zahlreiche Hormone mit verschiedenen Wirkungen ausscheidet, die wiederum andere Sekrete beeinflussen, um ungünstige Veränderungen im Körper zu verhindern. Doch wenn der Körper über längere Zeit verspannt und unter Streß ist, gerät der Pankreas in einen Erschöpfungszustand und verliert an Widerstandskraft, so daß eindringende Krankheitserreger ein leichtes Spiel haben. Gleichzeitig vermindern sich bei Ermüdungszuständen unter der Koordination der Hypophyse die Funktionen anderer Hormone, so daß der gesamte Körper seine Ausgeglichenheit verliert, was ernsthafte Folgen mit sich bringt. Deshalb ist ein Abbau von Anspannungen zur Bewahrung der Gesundheit besonders wichtig. Daoistische Meditation und Kultivierung des Geistes sowie das Bewahren des Dantian durch die Vorstellungskraft im T'ai-chi ch'üan sind äußerst effektive Methoden und Lehren, um Körper- und Geistverspannungen abzubauen. Durch das Lockern der Muskulatur des gesamten Körpers und durch die Sammlung des Verstandes ohne Fixierung wird alle Anspannung ganz aufgelöst. Außerdem werden der Wille und die Vorstellungskraft des Großhirns ruhig das Dantian bewahren, wodurch die Hypophyse in einem ruhigen Zustand gehalten wird. Das Dantian wird durch den Pankreas zu einer Zentrale, und durch Geist und Wille werden Blutmenge, Temperatur und Versorgung kontrolliert und geregelt. Das gleiche gilt für Hormone, und auch die Bauchspeicheldrüse bleibt in einem ausgewogenen Zustand. Kommt es dann plötzlich zu einer rapiden Veränderung, können die durch die Hormone beeinflußten Funktionen sich deutlicher entwickeln, und der Körper kann entsprechend reagieren, ohne sich zu erschöpfen.

### *7.8 Entspanntes Üben zur Verlangsamung des Alterns*

Das Altern des Menschen steht mit dem Abnehmen der gallertartigen Substanzen, die im Bindegegewebe aufgespeichert sind, in enger Verbindung. Alle Knochen, Knorpel, Sehnen, Bänder und Muskelmembranen, die Lederhaut (corium), die harte Hirnhaut (dura mater), Nervenmembranen, Qi-Leitbahnen, Blutgefäße und auch der Herzbeutel sind von einem netzartigen Bindegewebe gleicher Art gebildet. Die Kollagene, die im Bindegewebe eingelagert sind, sind bei Säuglingen am zahlreichsten. Im Laufe des Wachstumsprozesses und später des Alterns und mit abnehmender Körperaktivität nehmen diese Stoffe ab. Je schneller das geschieht, umso schneller altert man. So verhärtet sich die Knochenstruktur; die Knochen werden unelastischer und brechen leichter. Bänder, Sehnen, Membranen und Blutgefäße verhärten sich ebenfalls und verlieren an Elastizität, bis auch die Muskeln allmählich an Atrophie leiden. Bei Krankheiten und äußeren Verletzungen führt das dazu, daß der Genesungsprozeß länger dauert. Auch Schockzustände treten leichter auf, und Gedächtnis und Sehkraft lassen nach. Doch wer regelmäßig T'ai-chi ch'üan oder ähnlich entspannte weiche Übungen praktiziert, dessen Blutfluß bleibt normal, seine Stoffwechselfunktionen entwickeln sich besser und die aufgespeicherten Gallertsubstanzen erneuern sich ohne Rückbildung bis ins hohe Alter. So ist z. B. eine größere Stabilität der Arme ein Beleg für ein reichliches Vorhandensein von Gelatinestoffen und Kalzium.

### *7.9 Vermeidung von Fetten, die die Muskelaktivität behindern*

Zuviele im Körper aufgespeicherte Fette sind häufig die Ursache einer Gesundheitsgefährdung und Hintergrund für eine mangelhafte Bewegungsfähigkeit der Muskulatur. Bei einem gesunden Menschen im Alter zwischen 12 und 48 Jahren kann jeder Quadratzentimeter eines Muskelbündels eine Kraft von 3 bis 10 kp entwickeln. Die Leistungsunterschiede ergeben sich hier aus der körperlichen Konstitution und dem Training und haben mit dem Alter nicht viel zu tun. Die Leistung von Personen mit vielen Fetteinlagerungen liegt im allgemeinen um 40% unter der von trainierten. Das liegt daran, daß die im Muskel aufgespeicherten Fette diesen in Maß und Geschwindigkeit der Bewegung behindern. Durch harte Übung können diese überschüssigen Fette verringert werden; deshalb sammeln sie sich in der Muskulatur regelmäßig übender, sportlicher Personen nicht so leicht an. Gibt man die Übung jedoch wieder auf, so speichern die Muskeln schnell wieder Fette ein. Je mehr Fette sich ansammeln, umso unbeweglicher wird man, zwei sich gegenseitig bedingende Ursachen und Wirkungen. Der Sinn der täglichen Übung des T'ai-chi ch'üan liegt also auch darin, einer Fetteinlagerung entgegenzuwirken. Will man im Bauchbereich Fett verlieren, so zeigt die Übung des T'ai-chi ch'üan gewöhnlich schon nach den ersten zwei Monaten sehr deutliche Auswirkungen. Während der Übung der grundlegenden Schrittarten und Dehn- und Atemübungen stellen sich meist schon große Erfolge ein. Weil Personen mit starkem Bauchansatz durch ihr Übergewicht behindert sind, fällt es ihnen zunächst schwerer, die gesetzmäßigen, lockeren und entspannten Ch'üan-Figuren zu üben. Sie müssen erst die grundlegenden Übungen durchlaufen, um überflüssiges Fett abzubauen; erst dann können sie Unterweisungen in den Soloform-Figuren leichter umsetzen. Die Grundübungen stärken durch ihre Bewegungen die inneren Organe der Bauchhöhle und die Muskulatur der Hüften und Beine. Das erforderliche Sauerstoffvolumen wird das Maß des Anfängers überschreiten und sicherlich eine Abbaureaktion eingelagerter Fette unterstützen. Aber nach Beendigung der Übung wird der Körper nach einer Fettzufuhr verlangen, um den Verlust wieder auszugleichen; somit wird man Hunger verspüren, und der Appetit wird zunehmen. Dicke Personen sollten dieser Eßlust nicht nachgeben und die Nahrungsmittelzufuhr erhöhen, sondern eher versuchen, zu fasten und zu entschlacken. Damit können die Stoffwechselfunktionen des Fettes gesteigert werden, und man erreicht sein Ziel, die Einschränkung der Muskeleffektivität durch Fettblockaden aufzuheben. Eine gesunde Person über 50 Jahren sollte bei 85% des Körpergewichts angelangt sein, das sie mit 30 Jahren hatte; erst so kann eine Gefährdung durch Fetteinlagerungen vermieden werden. Ansonsten führen Fettablagerungen in der Muskulatur leicht zu Atrophie, was nicht nur die körperlichen Fähigkeiten beeinträchtigt, sondern auch Alterserkrankungen leichter entstehen läßt.

### *7.10 Verbesserung der Sekretionsfunktion der inneren Organe*

T'ai-chi ch'üan kann bewirken, daß sich die inneren Organe gegeneinander bewegen und ihre Sekretionskraft verstärkt wird. Es gibt unterstützende daoistische Massagen, wobei mit den Handflächen die Hautoberfläche von Brust- und Bauchbereich stimuliert wird[48], um einen ähnlichen Effekt zu bewirken. Am deutlichsten zeigt sich eine derartige Wirkung in einer vermehrten Sekretion von Galle, Pankreas, Darm und Magen. Wenn sich die Verdauung des Darms und sein Blutkreislauf verbessern, vermehrt sich auch die Darmflüssigkeit, und es kommt zu einer vorteilhaften Zunahme von Bakterien, die Nahrung auflösen, die über den Magen aufgenommen wurde. Außerdem werden Schadstoffe und Körpergifte zerstört und schneller aus dem Körper ausgeschieden.

## 8 Ch'üan-Figuren und Atmung

Alle von Menschen benötigte Wärmeenergie kommt hauptsächlich von der Spaltung und Oxydation der im Körper aufgespeicherten Stoffe. Reicht die Sauerstoffversorgung nicht aus, hat das auch Auswirkungen auf den Oxydationseffekt. Das benötigte Sauerstoffvolumen steigt gewöhnlich proportional zum Übungsumfang. Man benötigt während der Bewegung eine ausreichende Sauerstoffzufuhr, um die Oxydation und Aufspaltung im Körper zu gewährleisten. Ist dies nicht der Fall, muß der Körper auf andere Versorgungsmöglichkeiten ausweichen, um das Sauerstoffmaß zu ergänzen und das Defizit auszugleichen. Die Bewegungen des T'ai-chi ch'üan sind entspannt und locker. Die hierzu benötigte Sauerstoffzufuhr entspricht dem Volumen, das bei einem normal schnellen Gehen erforderlich ist. Das bedeutet noch nicht einmal eine Verdopplung gegenüber dem bei körperlicher Ruhe benötigten Maß. Da das Lungenvolumen durch Absenken des Qi ins Dantian vergrößert wird und durch das tiefe Atmen das aufgenommene Sauerstoffvolumen steigt, bleiben Bedarf und Versorgung nahezu im Gleichgewicht, so daß kaum ein Sauerstoffdefizit entsteht. Der Anfänger kann allerdings die Muskeln noch nicht so entspannen und wird zunächst auch zuviel Kraft aufwenden, so daß sein benötigter Sauerstoffbedarf bis zum Vierfachen des Standards in den Ch'üan-Figuren betragen kann. Dann kann der Bedarf durch normale Atmung nicht mehr gedeckt werden, und es kommt zu einem Defizit: der Übende gerät außer Atem. Ist man jedoch so weit fortgeschritten, daß man in der Lage ist, seine Atmung den Bewegungen der Solofiguren anzupassen, wird man, im Gegensatz zur ersten Lernphase, wo Körper und Glieder steif sind, eine Koordination von Bedarf und Versorgung bei der Sauerstoffzufuhr erreichen. Man muß also zunächst dafür sorgen, daß eine tiefe Lockerung von Gelenken und Muskeln erreicht wird, man mit den Bewegungen ganz vertraut ist, und diese weich und flexibel ineinander übergehen. Dann kann man seine Atmung entsprechend koordinieren. Deshalb heißt es in den ›Mentalen Erklärungen‹: »Kann man richtig atmen, dann kann man leicht und flexibel sein.«[49] Die Übung des T'ai-chi ch'üan kann also nicht von der Atmung isoliert betrachtet werden; diese ist vielmehr ein besonders wichtiger Punkt der inneren Schule. Im ›Klassiker‹, im ›Kommentar‹ wie auch in anderen Schriften der Altmeister taucht häufig der Begriff Qi auf, der zwei grundlegende Bedeutungen hat: 1. Das Qi, das durch Vorstellungskraft und Leitung wahrgenommen wird. 2. Die aufgenommene bzw. ausgestoßene Atemluft. Beide kombiniert bilden die Basis der inneren Schule. Die Zitate »das Qi soll stimulieren«[50] aus dem ›Klassiker‹, »das Qi ins Dantian absenken«[51] aus dem ›Kommentar‹, »mit dem Herzen das Qi bewegen, es tief absenken; ... Fortwährendes Nähren des Qi bringt keinen Schaden«[52] aus den ›Mentalen Erklärungen‹ verweisen alle auf ein Absenken des Zwerchfells, auf die Bauchatmung und ihre besondere Technik. Obwohl von der Führung des Qi gesprochen wird, gehen diese Zitate nicht über den grundlegenden Umfang der Atemtechnik hinaus.

### *8.1 Lungenvolumen und Ch'üan-Atmung*

Das Lungenvolumen steht gewöhnlich mit der Elastizität der Lunge und der Kontraktionskraft der Atmungsmuskeln in Verbindung. Ist die Elastizität bei Dehnungen und Verkürzungen nicht ausreichend, können auch Lunge und Brust nicht vollkommen kontrahieren oder sich ausdehnen; dadurch verringert sich die Sauerstoffmenge, die ein- bzw. ausgeatmet werden kann. Alle ausdauernden Ganzkörperübungen können das Aufnahmevolumen der Lunge trainieren und somit vergrößern. Eine derartige Übung, kombiniert und ergänzt mit Qigong-Übungen, ist auch das T'ai-chi ch'üan. Bei untrainierten Menschen wird das Lungenvolumen selten 3500 ml übersteigen. Nach einem Jahr kontrollierter methodischer Unterweisung im T'ai-chi ch'üan kann eine Steigerung auf 4000 ml erreicht werden, wobei junge Erwachsene diesen Wert auch schneller erreichen können. Mit gesteigertem Volumen nimmt der Sauerstoff in den Lungenzellen zu, und der $CO_2$-Austausch im Blut vermehrt sich. Im Durchschnitt beträgt der Sauerstoffanteil in der eingeatmeten Luft 20,93%, während es beim Ausatmen noch 16,40% sind; der ins Blut gelangende Sauerstoffanteil beträgt also nur 4,53%. Da durch die Übung des T'ai-chi ch'üan das Lungenvolumen gesteigert wird und sich somit das aufgenommene Sauerstoffmaß erhöht, nimmt der durch einen Atemzyklus ins Blut gelangende Sauerstoffgehalt zu. Die Atmung eines in den T'ai-chi ch'üan-Übungen Fortgeschrittenen paßt sich natürlich an die Bewegungen der Solofiguren an und umgekehrt. Unter dem Begriff ›geöffnete Gestalt und gesammeltes Qi‹ versteht man deshalb eine komplette Soloform, die zu einer einzigen Atemübung wird. Durch das Absenken des Qi ins Dantian und die tiefe, lange Atmung wird das Aufnahmemaß an Luft durch die Lungen erheblich gesteigert. Das Ansammlungsvermögen der Lungenzellen nimmt ebenfalls allmählich zu. Wenn die Bewegungen und die Atmung miteinander unterstützend harmonieren, ist dies ein großer Schritt zur Vervollkommnung, der allerdings seine Zeit braucht. Folgt die Atmung aber den Bewegungen nur unterstützend, so ist sie in ihrer Tiefe unharmonisch, und nach längerer Zeit kann es zu einem Qi-Abschluß kommen, was für das Lungenvolumen sehr von Nachteil ist. Folgen die Bewegungen umgekehrt in ihrer Ausführung der Atmung, dann können sie nicht leicht, behende und flexibel sein. Deshalb heißt es in den ›Mentalen Erklärungen‹: »Liegt die Aufmerksamkeit bei dem Qi, so stagniert dies.«[52] Damit gehen die Grundprinzipien des T'ai-chi ch'üan, nämlich Kreisförmigkeit und Ununterbrochenheit, verloren. Deshalb wird im ›Lied der Form und Funktion‹ betont: »Strecken und Beugen, Öffnen und Sammeln müssen natürlich geschehen.«[53]

### 8.2 *Steigerung der Organleistung durch Qi-Absenkung*

Hätte die weiche Bauchdecke nicht eine Stütze durch das Knochensystem, würden die Organe nach unten gedrückt, und der Bauch würde aufgebläht. Hinter der Bauchhöhle gibt es die Stütze durch die Wirbelsäule; weiter oben befindet sich das Diaphragma, das verhindert, daß die zusammengedrängten, überlappenden, nach unten hängenden Organe bis auf den Bauchboden absinken und dort eine Schwellung verursachen. Das Absenken des Qi im T'ai-chi ch'üan verlangt, daß die Zwerchfellmuskeln durch nervliche Einflußnahme entspannt und dadurch die Organe abgesenkt werden, bis die Tiefe der Atmung ›bis in den Bauch führt‹ (imaginär). Mit jedem Atemzyklus wird direkt eine Organbewegung bewirkt, wodurch der Blutfluß frei und ungehindert ist und die Funktionen des Stoffwechsels verbessert werden. Ins Dantian abgesenktes Qi bewirkt, daß der Blutfluß der Atmung und dem Bewußtsein folgt und flexible und sensible Reaktionen entstehen. Qi und Blut können der Vorstellungskraft bzw. deren Bedürfnissen folgen, wodurch eine Entfaltung der Jin-Kraft unterstützt wird. Diese körperinneren Effekte beruhen auf dem Absenken des Qi.

Im Anfangsstadium der T'ai-chi ch'üan-Übung kann man jedoch eine nach unten drückende Kontraktion des Zwerchfells nicht erzwingen. Übertreibt man die Übung, so werden Nerven, Blutbahnen und innere Organe zu abrupt gedehnt und gestreckt, was leicht zu Schädigungen führen kann. Deshalb muß die Methode, durch Vorstellungskraft das Qi abzusenken, vorsichtig und allmählich fortentwickelt werden, bis man nach langer Übung dies ganz natürlich erreicht. Somit kann ein Fortschreiten in der Muskelkontraktion und im Stoffwechsel nicht von heute auf morgen verwirklicht werden. Nur die Methoden der Bauchatmung und alle Methoden, auf dem Rücken liegend das Qi abzusenken, können schneller verstärkt werden. Durch Absenkung des Diaphragmas, der daran hängenden Organe und des Qi vergrößert sich die Lunge in der Brusthöhlung; ihr Volumen steigt ebenfalls an. Der Innendruck in der Brusthöhlung sinkt, das Blut fließt leicht zurück und verstärkt somit den Lungenkreislauf. Dadurch wird auch die Effektivität der ›äußeren Atmung‹ begünstigt und gesteigert.

### *8.3 Organmassage durch Qi-Stimulierung*

Im ›Lied von der Form und Funktion‹ heißt es: »Ist der innere Bauchbereich entspannt, so fließt das Qi frei.«[53] Diese Erscheinung tritt bei wechselnden Schrittechniken und beim Bewegen der Organe sowie bei Entspannung und Senkung des Bauches auf. Darüberhinaus gibt es eine Methode zum Absenken des Qi im Liegen und eine Methode, die das Qi in einem Kreislauf zirkulieren läßt. Auch hier wird die Atmung benutzt, um das Qi zu stimulieren; es handelt sich also um eine Übung zur Bewegung der inneren Organe, die durch die Soloform unterstützt wird. Die liegende Absenkungsmethode ist am einfachsten und ungefährlichsten; das Einatmen erfolgt in drei Phasen von der oberen Brust über den mittleren bis zum unteren Bauch. Darauf folgt als vierte Phase das Ausatmen, während der der Schließmuskel des Anus und die Höhlung des Geschlechtsorgans leicht angespannt und angehoben werden. Jede Bewegung beeinflußt das Zwerchfell und bewegt stimulierend Magen und Darm. So können das Zwerchfell gestärkt und die Elastizität der Blutbahnen verbessert werden. Der Blutfluß im Bauchbereich steigt an, die Reflexe in den Nerven des verlängerten Markes werden von Verspannungen befreit. Der Blutfluß im Kopfbereich sinkt, was zu einer ruhigen Gemütsverfassung führt. Der Körper wird kräftiger, so daß das Eindringen von Krankheitserregern und ein Degenerieren der inneren Membranzellen verhindert wird. Deshalb findet sich im Ch'üan-›Klassiker‹: »Das Qi soll stimulierend wirken.«[54] Die zweistufige Atmungsweise des T'ai-chi ch'üan, das Qi wechselweise kreisförmig zu bewegen, benutzt die Vorstellungskraft und den Willen, um die Atmung zu leiten. Brust und Bauch werden ebenfalls stimuliert, der Blutfluß wird ungehindert sein, und die Organe werden gestärkt. In der daoistischen Meditation wird das als ›Austausch von wahrem Qi des früheren Himmels und kultiviertem Qi des späteren Himmels‹ bezeichnet. Deshalb heißt es in den ›Mentalen Erklärungen‹: »Vorstellungskraft und Qi müssen einander ergänzen und erreichen so Flexibilität.«[55] Das verweist auf die Anpassung der daoistischen Zwei-Stufen-Atmung, auf die Wechsel von Leere und Gewichtung in den Solofiguren. Vor der Übung sollte man die Kleidung im Bereich der Hüften lokkern, damit die Bauchdecke nicht eingeengt ist. Während des Einatmens dehnt sich der obere Bereich der Brusthöhlung aus, die Luft dringt in die Lungenzellen nach unten, der Druck in der Brust fällt, das Blut fließt beschleunigt zurück, das transportierte Blutvolumen in der Lungenarterie steigt, der Sauerstoffaustausch in der Lunge und auch die Ausdauerkraft für Bewegung nehmen zu. Die untere Bauchdecke entspannt sich dann durch das Anheben des Zwerchfells, der Innendruck im Bauch sinkt, der Blutfluß dort beschleunigt sich, und die Blutmenge in der Oberschenkelvene steigt an, bis die Verdauung der Nahrungsmittel und deren Verteilung beschleunigt werden und die aktiven Körperfähigkeiten sich voll entwickeln. Beim Ausatmen steigt der Innendruck im oberen Bauchbereich, und das Volumen des vom Herzen transportierten Blutes wird erhöht. Durch das Einziehen der oberen Bauchdecke sinkt das Zwerchfell ab; der Beckenboden wird leicht angehoben, bis der Druck im Bauchbereich ansteigt und Blut und Lymphflüssigkeit nach oben befördert werden, so daß die Nierenfunktion verbessert wird. Dadurch ist die Aktivitätskraft des ganzen Körpers voll vorhanden und stabilisiert. Während der Kontraktion von Brust und Bauch werden die Eingeweide bewegt und geschaukelt; dadurch werden die Gesundheit und Ausdauerkraft aller Organe verbessert. Außerdem werden die Koordination der Nerven und die Verdauung des Magens gesteigert. Leiden wie Verstopfung, Schlaflosigkeit, Verdauungsprobleme und Nervenschwächen können durch das Bewegen der Organe geheilt werden.

### *8.4 Qi-Übungen und Widerstandskraft des Bauchbereichs*

In der T'ai-chi ch'üan-Übung werden zur Absenkung des Zentral-Qi Vorstellungskraft und Wille benutzt. Durch Absenken des Diaphragmas werden auch die inneren Organe wie Darm und Magen in der Bauchhöhle natürlich mit nach unten bewegt, bis die Bauchatmung ein gegenseitiges Komprimieren und Reiben der die Organe umgebenden Netzhäute verursacht. Dadurch werden die Absorption und die Sekretion zäher Flüssigkeiten verbessert, was ebenfalls von Vorteil ist und zu einer günstigeren körperlichen Konstitution führt. Die Fasern der Bauchmuskeln werden nach und nach elastischer und flexibler. Stößt der Körper plötzlich auf Druck von außen oder auf Erschütterungen, kommt es nicht so leicht zu Verletzungen oder gar zu Rissen. Die meisten Qi-Übungen des T'ai-chi ch'üan beruhen auf der Bauchatmung, durch die das Bewegungsmaß der Bauchmuskulatur deutlich verbessert und die Zwerchfellfasern und deren Kraft merklich entwickelt werden. Nach hinreichender Übung kann man sie willentlich kontrollieren; der Aufbau unter der Bauchhaut nimmt in Dicke und Dichte der Elastizitätszellen zu, bis diese besonders geschmeidig und widerstandsfähig sind. Die dort befindlichen Nerven und Blutgefäße werden von einer Pufferschicht umgeben und damit geschützt. Wenn die Bauchmuskeln gut an- und entspannbar sind, und außerdem die Kontraktion an die Atmung angepaßt ist, kann eine von außen kommende große Aufprallkraft neutralisiert werden. Die Jin-Kraft der inneren Bereiche kann ausgestoßen werden, und die Widerstandsfähigkeit erhöht sich. Hier kann die vorteilhafte Anwendung des Prinzips vom Aufnehmen und Ausstoßen, Heben und Senken des Bauchbereichs im T'ai-chi ch'üan ansetzen und weiterentwickelt werden.

### *8.5 Atmung und Widerstandskraft des Brustbereichs*

Wenn die Atmungstiefe in die Lungen vergrößert wird und die Kontraktion der Atemmuskeln ein hohes Ausmaß erreicht, werden Brustbein und Rippen deutlich angehoben. Der Abstand zwischen den Rippen wird durch das Dehnen des Brustkorbs vergrößert. In diesem Moment verringert sich die Widerstandskraft aller Rippen im Verbund gegen von außen kommende Stoßkraft, während sich die jeder einzelnen Rippe erhöht. Wenn sie kleiner als die eindringende Kraft ist, kann es leicht zu Brüchen kommen. Wenn tiefer ausgeatmet wird, werden durch den hohen Entspannungsgrad der Atmungsmuskeln Brustbein und Rippen abgesenkt, und der Abstand zwischen den Rippen wird verringert. Der Brustraum wird komprimiert, und der gesamte Rippenbereich weist eine größere Widerstandskraft gegen äußere Stöße auf. Weil sich dabei die Stützkraft jeder einzelnen Rippe verringert, kann die gesamte Widerstandskraft während eines tiefen Ausatmens oft das Zehnfache der Stoßkraft betragen, so daß es nicht zu Brüchen oder Verletzungen kommt. Obwohl im T'ai-chi ch'üan die Atmung von Brust und Bauch vereint wird, wird die Bauchatmung erst nach dem Absenken des Qi ins Dantian verstärkt. Die so entstehende Atmungstiefe ist wesentlich größer; bei einer Einwirkung durch Stoß oder Schlag von außen reagiert man mit Brusteinwölbung und Ausatmen, wodurch sich die Rippen einander nähern und so stabil wie Eisen und Stein werden. Außerdem wird die Atmungstiefe im T'ai-chi ch'üan durch zerrende und ziehende Bewegungen für die Rippen sehr eingehend geübt. Die Dichte im Knochenaufbau des Übenden übertrifft die ungeübter Personen, was die Widerstandskraft auf Stoßdruck ebenfalls um ein Vielfaches steigert. Diese Errungenschaft verhilft dem T'ai-chi ch'üan-Übenden dazu, Angriffe und auch Stürze auf die Brust ohne Verletzungen zu überstehen.

*8.6 ›Zweite Luft‹ als latente Fähigkeit in Bewegungen*

Im ›Pushing Hands‹ des T'ai-chi ch'üan kann man oft beobachten, daß die Jin-Kraft beider Seiten gleich groß ist. Keiner zieht zurück oder gibt nach, und nach einiger Zeit erreicht die Anstrengung bei beiden ihren Höhepunkt, bis die Körperkräfte sich erschöpfen und Atmungsprobleme auftreten. Plötzlich gewinnt einer jedoch seine Kräfte zurück, und seine Atmung normalisiert sich. Durch eine Willensanstrengung kann er erreichen, daß die Hände auf den Geist reagieren und so den Sieg erringen. Hier hat also ein Wiederherstellen des ursprünglichen Zustands stattgefunden. Auch in anderen, lange andauernden, kraftintensiven Bewegungen tritt häufig diese Art von ›Ende mit neuem Anfang‹ auf, wie z. B. beim Bergsteigen, Wettlaufen oder bei Kämpfen. Zunächst verspürt man durch die fortgesetzte Anstrengung eine immer unerträglichere Atemlosigkeit. Zwingt man sich weiter, so entstehen wirkliche Atemprobleme, der Herzschlag beschleunigt sich, die Muskeln übersäuern, im Kopf fühlt man einen Schwindel fast bis zur Ohnmacht, und es kommt zu weiteren Erschöpfungsproblemen. Kann man sich jedoch überwinden und weitermachen, was nur fest zum Training entschlossene und willensstarke Personen schaffen, so zeigt sich urplötzlich eine Verbesserung. Alle bisher nur schwer zu ertragenden Schmerzen verschwinden, und auch das Atmen gelingt plötzlich leichter und besser. Der Herzschlag paßt sich an und wird langsamer. Die Körpertemperatur steigt, man beginnt zu schwitzen, die Muskelübersäuerung löst sich auf, und das Bewußtsein wird erneut klar und wach. Diese Erscheinung ist unter der Bezeichnung ›zweite Luft‹ bekannt; sie ist allerdings von einem regelmäßigen Training abhängig, denn erst dadurch kann diese latente Fähigkeit realisiert werden. Fortgeschrittene des T'ai-chi ch'üan wenden keine rohe Kraft an, um einander zu widerstehen. Bei einer längeren Auseinandersetzung ergänzen sich Ausdauerkraft und ›zweite Luft‹, so daß es erst gar nicht zu starken Ermüdungserscheinungen kommt. So kann man lange durchhalten, ohne Pausen einlegen zu müssen (vgl. 7.3).

*8.7 Sauerstoffmaß und Übungsbeschränkung*

Zum Üben des T'ai-chi ch'üan sollte man einen Platz mit ausreichender Sauerstoffzufuhr wählen. Da die Stoffwechselfunktionen eines sich bewegenden Körpers ansteigen, nimmt auch der

Sauerstoffbedarf deutlich zu. Um ein Gleichgewicht zwischen Oxydation und Stoffwechsel zu bewahren, muß eine volle Versorgung gegeben sein. Bei normal trockener Luft beträgt der Sauerstoffdruck 159 mm auf der Quecksilbersäule. Während einer entspannten Übung dehnen sich die Blutbahnen der Lungen aus, und auch alle bei Ruhe geschlossenen Gefäße öffnen sich. Obwohl sich der Blutfluß beschleunigt, sinkt die Aufenthaltsdauer des Blutes in den Lungen nicht. Somit kann ein gewöhnlicher Sauerstoffdruck von ca. 100 mm im Blut erhalten werden. Wenn die Übung aber anstrengend wird oder sich die Übungsdauer verlängert, wenn also das vom Stoffwechsel geforderte Sauerstoffmaß über den Sauerstoffgehalt des Blutes hinausgeht, muß sich automatisch die Atemfrequenz erhöhen, um den jeweiligen Bedarf abzudecken. Wenn der Sauerstoffgehalt der Luft nicht ausreichend ist, kommt es ganz deutlich zu Defiziterscheinungen. Dann können die Fähigkeiten des Körpers kaum verbessert werden. Alle Qigong-Übungen, die die T'ai-chi ch'üan-Übung unterstützen sollen, sind in einer solchen Situation unbedingt zu unterlassen. Außerdem können andere in der Luft befindliche Stoffe den Sauerstoffanteil verringern, so daß eine solche Umgebung für eine T'ai-chi ch'üan-Übung nicht angemessen ist. Bei einem Sauerstoffdruck unter 155 mm sind T'ai-chi ch'üan-Übungen am frühen Morgen, bei dichtem Nebel und im Freien nicht zu empfehlen.

### *8.8 ›Schildkrötenruhe‹ und Methoden zum Abschließen des Qi*

Wenn man in den geheimen Meditationstechniken des T'ai-chi ch'üan bewandert ist, kann man den Geist sammeln und seine Aktivität bis zur Auflösung reduzieren. Man ist absolut ruhig im leeren Raum, spurlos, und viele Stunden oder sogar Tage können so vergehen, als ob man schläft und doch nicht schläft. Der Geist bewegt sich nicht, kein Gedanke entsteht. Die Daoisten bezeichnen dies als ›in die Stabilität eindringen‹ (Ru ding). In diesem Zustand gelangen alle Körperbereiche in einen ›rastenden Schlaf‹. Der Stoffwechsel kann fein und schwach werden, der Blutkreislauf verlangsamt sich außergewöhnlich, und die Atmung scheint fast zum Stillstand zu kommen. Die Lungenzellen vergrößern sich durch das Absenken des Qi ins Dantian, die Kehle ist geöffnet, die Luft der Atemwege steht in freier Verbindung mit außen. Ein natürlicher Austausch reguliert den Sauerstoffdruck, so daß geringe Sauerstoffmengen in das Blut diffundieren können. Physiologisch wird dieser Zustand mit dem Winterschlaf einer Schildkröte verglichen, weshalb es auch zu dieser Bezeichnung gekommen ist. Durch diese Praxis können im Körper abgelagerte Reststoffe und Schadstoffe gründlich ausgeschieden und abgebaut werden, so daß das Zellwachstum verstärkt wird. In der Medizin ist ein Heilfasten bekannt, das in seiner Bedeutung mit der Schildkrötenruhe identisch ist, allerdings nicht soviel für die Verfassung und die latenten Körperfähigkeiten bewirkt wie die daoistische Technik. Beherrscht man so schließlich die Methode, durch Kehlenabschluß auch den Luftstrom abzuschließen (das Qi abzuschließen), so liegt dies außerhalb der im T'ai-chi ch'üan üblichen Qigong-Übung und hat mit einer Verbesserung der Kampftechniken und der körperlichen Gesundheit nichts mehr zu tun. Diese Methode, die der Physiologie zuwiderhandelt, beeinflußt direkt ein Zusammenziehen der Blutgefäße im verlängerten Mark und in der Wirbelsäule, denn der Säuregehalt im Blut wird plötzlich angehoben. Der Blutfluß verringert sich im gesamten Körper, wodurch die Fähigkeit, einen Sauerstoffmangel zu ertragen, und die Widerstandskraft gegen Übersäuerung trainiert werden. Daß dadurch auch die Widerstandskraft gegen von außen kommende Angriffe gesteigert wird, wie man immer wieder hört, konnte bisher nicht bewiesen und auch physiologisch nicht erklärt werden.

## 9 Hygiene nach Ch'üan-Prinzipien

Die Übung des T'ai-chi ch'üan verbessert die physiologische Gesundheit des menschlichen Körpers, wie in diesen Kapiteln dargelegt wurde. Zusätzlich beinhaltet die Lehre auch viele Wege, die die Gesundheit des Geistes positiv beeinflussen. Dies zu realisieren hängt aber nicht vom Wesen des T'ai-chi ch'üan allein ab. Denn wenn man ein unregelmäßiges Leben führt oder schlechten Gewohnheiten verfallen ist, werden auch T'ai-chi ch'üan-Übungen nicht sonderlich zur Körpergesundung beitragen können. Eine unangemessene Übungsdauer, eine falsche Methodik oder ein ungeeigneter Übungsplatz können die Effektivität ebenfalls verringern. Deshalb benötigt man neben einem physiologischen

Verständnis der T'ai-chi ch'üan-Übung auch die richtige Einsicht in die allgemeine Lebenshygiene, um seine Gesundheit zu schützen und Angriffe durch Krankheiten zu vermeiden. Wenn die Faustkampfübung die körperliche Gesundheit steigert, man sich aber schwitzend und erhitzt dem Wind aussetzt oder sich in einer derartigen Situation mit kaltem Wasser wäscht oder gar darin badet, muß man trotz einer kurzzeitigen Erfrischung auf Dauer mit Rheuma und Taubheitserscheinungen rechnen, die nur schwer zu kurieren sind. Wenn jemand mit schwachem Kreislauf in übertriebenem Ausmaß beugende und absenkende Figuren übt, kann eine Gefährdung durch Schwindel und Schlaganfall auftreten. Aus diesen Gründen darf man bei der Übung des T'ai-chi ch'üan die allgemeinen Verhaltensregeln des gesunden Menschenverstands nicht außer acht lassen.

### *9.1 Regelmäßige Übungszeiten*

Eine logisch fundierte Übung muß in Zeiteinheiten und Übungsintervallen genau abgemessen und danach geplant sein. Nur dann kann man von einer gesetzmäßigen Übung sprechen. T'ai-chi ch'üan sollte am besten täglich nach dem Aufstehen und vor dem Schlafengehen geübt werden. Die morgendliche Übung kann die Koordination der Körperfunktionen steigern, denn in dieser Zeit im Freien ausgeführte Übungen verbessern die körperliche Verfassung, wecken die latenten Körperfähigkeiten und steigern die Leistungskraft für den kommenden Tag. Außerdem werden die während der Nacht steif gewordenen Muskeln und Gelenke gelockert. Die Übung vor dem Schlafengehen kann die Muskulatur entspannen und die angestauten Emotionen des ganzen Tages auflösen, so daß der Blutfluß die Arme, Beine und die Körperoberfläche erreichen kann – ein unmerkbarer, beinahe hypnotischer Effekt. Kann man zusätzlich während des Tages, nach Stunden angespannter Arbeit und schärfster Konzentration, ein paar Minuten lang die entspannten Bewegungen des T'ai-chi ch'üan üben, so bringt dies sowohl für eine Steigerung der Arbeitseffektivität wie auch für die psychisch-physische Gesundheit einen großen Vorteil. Nur tägliche, regelmäßige Übungsphasen können die Realisierung der wahren Effekte des T'ai-chi ch'üan bewirken. Doch bei besonders kaltem Wind oder heißer Sonne sollte die Übung unterbleiben bzw. verringert werden. Wenn sich am Abend die Luft in den Großstadtparks verschlechtert hat, sollte man einen geräumigen Platz in Gebäuden wählen. Doch hier wird durch den beschränkten Sauerstoffvorrat die Teilnehmerzahl begrenzt sein.

### *9.2 Kein Üben nach den Mahlzeiten*

Die meisten Übungsformen sollten nicht kurz vor oder nach dem Essen praktiziert werden, da sonst die Verdauung gestört wird, wodurch im Extremfall sogar Erkrankungen des Magen-Darmtraktes entstehen können. Wer gerne ausgiebig speist, dürfte aufgrund ausgeweiteter Magenwände Schwierigkeiten haben, das Zwerchfell zu senken; die Atmung erreicht keine volle Leistung, und ein Großteil des Blutes sammelt sich zur Verdauung und Absorbtion in den entsprechenden Organen. Die Sauerstoffversorgung entspricht kaum mehr den Bedürfnissen der Bewegung. Außerdem würde die Magenausdehnung den Herzschlag ebenso wie die transportierte Blutmenge negativ beeinflussen, weshalb die Pause zwischen Mahlzeit und Übung noch verlängert werden sollte. Allerdings sind die Bewegungen des T'ai-chi ch'üan so entspannt, locker und langsam, daß die meisten Gefährdungen nicht so leicht auftreten, so daß grundlegende Bewegungen und das ›Pushing Hands‹ auch nach kleineren Mahlzeiten problemlos durchgeführt werden können.

### *9.3 Angemessener Übungsumfang*

Im Anfangsstadium des T'ai-chi ch'üan sollte morgens und abends jeweils 30–60 Minuten geübt werden, um eine langsame Verbesserung der Körperfähigkeiten einzuleiten und zu entwikkeln. Jedesmal sollte nur bis zu einem leichten Schwitzen geübt werden, das auf ein hohes Maß an Aktivität hinweist und für die angestrebte Verbesserung sehr vorteilhaft ist. Ältere Personen und solche mit geschwächter Konstitution sollten jeden Morgen und Abend die Form ein- oder zweimal üben; der 20 Minuten-Standard sollte dabei nicht überschritten werden. Sobald man ins Schwitzen gerät, ist das ein Zeichen für eine Pause. Nach Krankheiten wird ein verständiger Arzt heute entsprechende Grenzen für die körperliche Betätigung nicht mehr so niedrig ansetzen wie noch vor einigen Jahren. Durch das Training wird auch die Ausdauerkraft gesteigert. Je langsamer und länger das Training aufbaut, umso höhere Werte können erreicht werden. Im fortgeschrittenen Stadium kann man vor allem beim ›Pushing Hands‹ ein Schwitzen über längere Zeit ertragen, allerdings ist auch dann noch ein völliger Erschöpfungszustand unbedingt zu vermeiden. Denn das würde die Stimulationsfähigkeit der Nerven senken und die Kontraktionsfähigkeit der Muskeln ebenso wie die Nervenkoordination schwächen. Wird das Sauerstoffdefizit zu groß, kann man sich nur langsam erholen, und im Erschöpfungszustand verringert sich die Abwehrkraft des Körpers, so daß Krankheitserreger in diesen Phasen leichter eindringen können. Ein Übertreiben ist daher ebenso gesundheitsschädlich wie eine Unterforderung. Wer die Soloform sehr sorgfältig übt, braucht als Fortgeschrittener im Hochsommer jeweils nur einen Durchgang auszuführen, während für den Herbst und Frühling zwei und im Winter bei Möglichkeiten in Gebäuden drei oder vier Abläufe angemessen sind. Wer sich ganz konzentriert der Übung widmet, sollte zwischen den vier oder fünf täglichen Übungsphasen regelmäßige Pausen einhalten. Dann wird man mit einem hohen Trainingsaufwand (ca. 8 Std. Übung innerhalb von 15 Std.) umso schneller fortschreiten. Die Devise bleibt bei jedem Trainingsmaß gleich: Die Zeit wirklich nutzen, hart arbeiten, aber sich nicht erschöpfen; so verwirklicht man die Vorteile und vermeidet die Nachteile.

### *9.4 Nebenwirkungen kraftintensiver Übungen*

Eine den Körperfähigkeiten angepaßte Übung soll die Gesundheit von Gemüt und Körper begünstigen. Starke und abrupte Kraftübungen haben für einige Körperkonstitutionen einen negativen Nebeneffekt, der Krankheiten bedingen oder begünstigen kann. Während dieser Übungen kommt es nämlich zu einem verstärkten Blutfluß in den bewegten Muskeln, so daß sich die Durchblutung des Magen-Darmtraktes abschwächt. Dadurch können die Verdauungsfunktionen geschädigt werden. Während und nach der Aktion gibt es in Magen und Darm keine Sekretion, da die windenden Bewegungen fehlen. Es entsteht manchmal eine Übersäuerung des Magens, was leicht zu Verdauungsbeschwerden führt. Zwischen An- und Entspannen zeigt sich vielleicht auch ein Unwohlsein. Reduzierter Blutfluß durch die Nieren verringert die Urinproduktion und kann den Blutzuckergehalt ansteigen lassen. Säure-, Eiweiß- und Zuckergehalt im Urin erhöhen sich. Ist der Blutfluß im Bereich der Haut nicht frei, wird die Angleichung der Körpertemperatur beeinträchtigt. Auch Sauerstoff- und Nährstoffzufuhr leiden darunter, und die Schadstoffausscheidung nimmt ab. Bei hohem Säuregehalt und nicht angepaßter Körpertemperatur kann der Körper leicht erkranken. Durch andauernde Beeinträchtigungen ändert sich auch der Blutfluß im Herzen und in anderen Bereichen, so daß weitere Ansatzpunkte für Ungleichgewichte im Körper entstehen. Wird eine anstrengende Übung zu lange betrieben, kann zuviel Gelenkschmiere produziert werden, oder es kommt zu Verklebungen, so daß sich Knorpel und Gelenke aneinander reiben. Bei derartigen plötzlichen Aktivitäten kann das Oxydationsmaß nicht sofort gesteigert werden. Das übersäuerte Blut verdickt, was bei Personen mit schwacher Anpassungsfähigkeit schnelle Ermüdung und Erschöpfung bewirkt. Oft wird auch zuviel Schweiß abgesondert, wodurch Sekrete und Mineralstoffe verlorengehen. Auch der Wasserverlust steigt, und die Effektivität des Blutkreislaufes kann sinken. Zahlreiche rote Blutkörperchen werden zerstört, während die weißen überhandnehmen, und der Herzschlag beschleunigt sich. Beim T'ai-chi ch'üan hingegen kommt es zu weniger Gefährdungen durch große Veränderungen in der Körpertemperatur und bei den Blutkörperchen.

### *9.5 Hinweis für Herzkranke und Schlaganfallgefährdete*

Herzkranke leiden bei schnellem Gehen, Treppensteigen oder bei schwerem Tragen oft unter Kurzatmigkeit und Herzklopfen, was im schlimmsten Fall zu einer bläulichen Gesichtsfärbung und Schwellung führt. Der Puls wird unregelmäßig, und kraftintensive Übungen würden bei ihnen das Krankheitsbild nur verschlimmern. Die Übung des T'ai-chi ch'üan soll kein übertriebenes Praktizieren der Schrittarten bedeuten, das den Herzschlag belasten würde. Ist eine Erkrankung noch nicht ausgeheilt, kann man auch das ›Pushing Hands‹ noch nicht trainieren. Personen, die schlaganfallgefährdet sind (›vom Wind getroffen‹), an hohem Blutdruck, Diabetes oder Arterienverhärtung leiden, manchmal an Händen, Füßen und Zunge Taubheit verspüren und leicht schwindlig werden, müssen unbedingt heftige, anstrengende Bewegungen vermeiden; dazu gehören auch Aktionen mit plötzlichem Abhocken und wieder Aufrichten. Die Übung des T'ai-chi ch'üan soll dann in der Figur ›Abhocken und wie eine Schlange gleiten‹ entsprechend den körperlichen Möglichkeiten nur ganz leicht belasten; ›Pushing Hands‹ mit Kraftanwendung, wie es bei Anfängern fälschlicherweise oft beobachtet wird, könnte den Blutfluß vom Gehirn abhalten. Doch ein langsames Fortschreiten im T'ai-chi ch'üan führt über die entspannten Muskeln, frei beweglichen Gelenke und eine unterstützende Atemkoordination bei sitzender und stehender Meditation auch den geschwächten Übenden immer mehr an den Punkt, an dem er die mildernden und heilenden Auswirkungen des T'ai-chi ch'üan erfährt und entsprechend sein Leistungsvermögen steigern kann.

### 9.6 *Wahrnehmungsbeeinträchtigung durch Alkohol und Nikotin*

Die meisten regelmäßig T'ai-chi ch'üan-übenden Personen sind gewöhnlich weder starke Raucher noch Trinker. Zwar ist beides nicht etwa streng verboten, aber jeder Übende spürt die einschränkenden Wirkungen an sich selbst. Das Nikotin regt z. B. das Gehirn an, betäubt die Nervenspitzen und untergräbt die Wirkungen der Blutkörperchen. Alkohol verzögert die Nervenreaktion im Zentralnervensystem und bewirkt eine reflexive Ausdehnung oder Verengung der Blutgefäße. In Überdosen genossen werden beide zu Giften und verringern die Reaktionen auf äußere Berührung, bis das richtige Gespür vollends verlorengeht. Das Nikotin verstärkt die Atrophieneigung des Körpers, Alkohol hat eine enthemmende Wirkung. Bei der Übung des T'ai-chi ch'üan, beim Trainieren und Anwenden der Jin-Kraft würden beide Gifte sehr stark zum Verlust der Sensibilität führen, so daß kaum noch ein Entspannungseffekt zu verwirklichen wäre.

### 9.7 *Reine Geisteshaltung und Bedürfnislosigkeit*

An dieser Stelle bedeutet ›rein‹ (Qing) eine leere, freie Vorstellungskraft. Diese Gedankenhaltung kann viele Wünsche, Bedürfnisse und sexuelle Ausschweifungen auflösen. Durch die Kontrolle der Begierden kann die latente Kraft der Sexualdrüsen erhalten werden, die sich verlagert und die Körperkräfte auffüllt. So kann man leichter einen hohen Grad an technischer Beherrschung erreichen. Das wird auch als Sublimation der Sexualkraft bezeichnet. Die Sexualhormone sind Quellen eines jugendlichen Körpers, die das Leben verlängern. Sie dienen weiterhin zur Aufrechterhaltung eines Gleichgewichts des Stoffwechsels in allen Aktivitäten. Der Kontrollpunkt der Begierden liegt vor und unterhalb des Großhirns. Zwar ist seine Hauptfunktion diese Kontrolle, doch dient dieses Zentrum gleichzeitig als eigentliche Antriebskraft für alle Arten der Wissensanwendung und Aktivitätsentwicklung. Besonders bedeutend sind die Sekretionsdrüsen von Hoden bzw. Ovarium. Wenn sie stimuliert werden, kontrollieren die Sexualhormone die Organe und beeinflussen die Koordination aller anderen Hormone. Ihrerseits werden sie aber auch von Hormonen der Hypophyse koordiniert. Deshalb kann eine verschwenderische Verausgabung zu Müdigkeit in allen Körperfunktionen führen (vgl. 7.7). Wenn während der T'ai-chi ch'üan-Übung die Leistungskraft kultiviert wird, sollte man sich auch in Hinsicht auf sexuelle Begierden beschränken. Bei Personen über 50 Jahren beginnen sich die Sexualdrüsen in ihrer Sekretionsfunktion zurückzuentwickeln. Hoden- und Ovariumhormone verringern ihre Produktion auf 20%. Die Hypophyse muß daher die Produktion von Gonadotropin steigern, um die Funktion der Sexualdrüsen zu ergänzen. Auch die Nebenniere ersetzt durch Produktionssteigerung Hormone der Sexualdrüsen. Da die Übung eine Anpassung an die Aktivitäten aller Körperbereiche erfordert, um eine Entwicklung der Körperzellen zu erreichen, muß die Produktion aller Hormone gesteigert werden. Die erst dann mögliche richtige Koordination bedarf also einer ausreichenden Ernährung und voller Körperkräfte. Die Vernachlässigung eines Teilbereichs erschwert eine einheitliche Koordination. Wer sich konzentriert der Übung der Leistungskraft widmet, sollte einen freien Geist und wenig Begierden haben und eine Anregung der Sexualdrüsen vermeiden. Durch T'ai-chi ch'üan-Meditation und Qigong-Übungen können die körperlichen Fähigkeiten verbessert und in ein enges Verhältnis zueinander gebracht werden. Wenn über die Praktiken der T'ai-chi ch'üan-Lehre neben der Gesundung des Körpers damit auch die Funktion der Sexualdrüsen gestärkt wird, würde eine sexuelle Erschöpfung den Vorteil der Übung wieder aufheben. In allen Aktivitäten muß folglich ein rechtes Mittelmaß gefunden und bewahrt werden. Dieses bestimmt sich jeweils individuell nach Alter, gesellschaftlicher Stellung, persönlicher Reife und den eigenen Wünschen. So kann man sich fit und gesund halten und seine jugendliche Aktivkraft lange bewahren.

# C: Mechanik und T'ai-chi-Faustkampf

Da es beim T'ai-chi ch'üan darum geht, möglichst wenig Rohkraft für die Kontrolle des Gegners einzusetzen, werden die mechanischen Gesetze in den Bewegungen ausgenutzt und angewandt. Das T'ai-chi ch'üan hat sich in seiner langen Geschichte von Anfang an nach diesen natürlichen Gesetzmäßigkeiten entwickelt, und durch die jahrhundertelangen Erfahrungen über die Möglichkeiten des Körpers gibt es heute keine einzige Bewegung in der ganzen Lehre, die nicht den Gesetzen der Mechanik entspräche.

Wenn vom T'ai-chi ch'üan die Rede ist, wird häufig von seinen nahezu ›wunderbaren‹ Fähigkeiten geschwärmt, die jedoch meist durch nüchterne mechanische Prinzipien erklärt werden können. Das gilt zumindest für die Jin-Kraftanwendung. Natürlich begegnen dem T'ai-chi ch'üan-Eingeweihten auf seinen Wegen, besonders in China, immer wieder Personen, die außergewöhnliche Leistungen vollbringen. Manche verfügen über soviel Ruhe in der Bewegung, daß sie während der Soloform ein volles Wasserglas auf dem Kopf balancieren können, ohne einen Tropfen zu verschütten. In jüngster Zeit sind immer häufiger Video-Bänder mit erstaunlichen Aufnahmen von Qigong-Meistern und ihrem Einsatz des Qi zu Kampfzwecken zu sehen. Von vielen Autoritäten wird das aber als ›Sensationshascherei‹ in Frage gestellt. Eine andere Gruppe, Vertreter dieser chinesischen Geheimkünste und obskuren Techniken, tritt im Gegensatz dazu überhaupt nicht in Erscheinung und wünscht keine Schüler und Nachfolger. Wenn man sie doch einmal trifft, dann dort, wo man sie nicht erwartet. So z. B. begegnete dem Übersetzer zufällig ein etwa 50-jähriger Mann, der von Kindheit an trainiert worden war und die Technik beherrschte, willentlich und blitzschnell seine Hoden in die Bauchhöhle einzuziehen. Diese u. ä. Phänomene beruhen oft auf einer lebenslangen Praxis familieninterner Geheimtechniken. Sie waren und sind Ausnahmeerscheinungen, die nicht Inhalt einer allgemeinen Grundlagenstudie sein können. Hier soll vielmehr die für jeden Übenden realisierbare Jin-Kraft in ihrer Eigenart und Anwendung beschrieben und erklärt werden.

## 1 Vorteil der ruhenden Stabilität

Alle Objekte unterliegen der Erdanziehungskraft und befinden sich ursprünglich in einer Ruheposition. Der menschliche Körper bildet da keine Ausnahme, doch er ist kaum an Ruhe und Einhalten gewöhnt. Gibt es Ruhe, so kann es Stabilität geben. Das T'ai-chi ch'üan legt großen Wert auf eine Stabilisierung der Jin-Kraft. Wer sich stabilisieren kann, wird nicht so leicht von äußerer Kraft bewegt, weg- oder umgestoßen. Deshalb liegt das Ziel der Übung in einer Stabilisierung des Schwerkraftzentrums des Körpers. Der Lernende muß daher durch das Vorbild des Lehrers erkennen, daß es falsch ist, sich mit harter Kraft einer anderen Kraft zu widersetzen.

### 1.1 *Körperstabilität*

Der Körper unterliegt der Erdanziehungskraft und hat aufgrund seiner Masse eine eigene Schwerkraft. Der Sammelpunkt der Schwerkraft der verschiedenen Körperbereiche wird Schwerkraftzentrum genannt. Wenn das Zentrum ruhender Objekte stabilisiert ist, muß auch der Berührungspunkt mit dem Boden fest und unveränderlich sein. Diese Art von Unbewegtheit eines stabilisierten Objektes wird allgemein als Stabilität bezeichnet. Es gibt drei Prinzipien, um diese Stabilität eines Objektes zu erhöhen: 1. Eine große Auflagefläche: Die Schrittechniken in den Ch'üan-Figuren erfordern eine angemessene Breite, spiegeln also das Prinzip der Stabilität wider. 2. Ein tiefes Schwerkraftzentrum: Im T'ai-chi ch'üan sind die Hüften und Beine abgesenkt, und durch eine leicht eingewölbte Brust, entspannte Schultern, eingezogene Gesäßbacken und das ins Dantian abgesenkte Qi wird veranlaßt, daß das Schwerkraftzentrum des Körpers in der Tiefe stabilisiert ist. 3. Die Größe der Masse: Die Masse des menschlichen Körpers drückt sich in seinem Gewicht aus; das Körpergewicht beeinflußt die Stabilität. Deshalb gilt beim ›Kräftemessen‹

im ›Pushing Hands‹, daß beide Seiten ein etwa gleiches Gewicht haben sollten, um eine gerechte Ausgangsposition herzustellen. Wenn das ›Pushing Hands‹ zwischen einer schweren und einer leichten Person unentschieden endet, sollte grundsätzlich die kleinere und leichtere den Sieg zugesprochen bekommen.

Ein Stabilisieren des Schwerkraftzentrums in einem sich bewegenden Körper ist nun wesentlich schwieriger als bei einem ruhenden Objekt. Bewegen sich Rumpf und Extremitäten auch nur geringfügig, folgt das Schwerkraftzentrum und verlagert sich entsprechend. Wenn beide Beine durchgestreckt sind und beide Arme an den Beinen anliegen, befindet sich das Schwerkraftzentrum in Taillenhöhe. Sind beide Beine gebeugt und beide Arme nach oben gestreckt, sinkt das Schwerkraftzentrum in den unteren Bauchbereich zwischen die Hüften. Zu den oben beschriebenen Prinzipien zur Stabilisierung kommen also noch die Eigeninitiative des Körpers und das Gleichgewichtsgefühl, das in seinen physiologischen Funktionen die Stabilität des Körpers ebenfalls stimuliert und kontrolliert.

Die Festigung der Jin-Kraft im T'ai-chi ch'üan ist eine Anwendung der Jin-Wahrnehmung, um eine äußere Kraft mit der Schwerkraft des eigenen Körpers in Richtung der Erdanziehungskraft abzuleiten. In diesem Augenblick stemmt sich der Widerstehende gegen den Boden, verwurzelt in ihm und ist eigentlich kein menschlicher Körper mehr. Der Körper dient vielmehr als Hebel, um Kraft weiterzugeben. Die Stabilität eines ruhenden menschlichen Körpers ist um ein Vielfaches größer als die grundlegende Stabilität eines gleich schweren, aber unbeweglichen Objekts, das durch Stoßen und Ziehen weniger elastisch bewegt werden kann, sondern versetzt wird. Dies kann man schon als Festigung der Jin-Kraft auffassen. Wenn z. B. die stabilisierte Kraft einer Person der Stoßkraft mehrerer Personen widerstehen und diese einzelne Person nicht bewegt werden kann, spricht man von einem Gleichgewicht der Kräfte. Verwendet man die Stoßkraft einer oder mehrerer Personen gegen die Leistung, die durch das Stabilisieren einer Kraft entsteht, so kommt es meist zu einem bleibenden Gleichgewicht. Dies sind die besonderen Eigenschaften der Körperstabilisierung im T'ai-chi ch'üan.

*1.2 Schwerkraftzentrum und Stabilitätsmaß*

Eine gedachte Gerade vom Schwerkraftzentrum eines Objektes vertikal zum Boden wird ›Fallinie‹ genannt. Wo diese Linie den Boden berührt, liegt der ›Schwerkraftbodenpunkt‹. Der Mittelpunkt aller das Objekt am Boden stützenden Kräfte wird als ›zentraler Stützpunkt‹ bezeichnet. Der Grad der Stabilität eines den Boden berührenden Objekts und die Größe des Abstands vom Schwerkraftbodenpunkt bis zum zentralen Stützpunkt verhalten sich reziprok zueinander. Sind Schwerkraftbodenpunkt und zentraler Stützpunkt identisch, ist die Stabilität am größten. Steht der menschliche Körper aufrecht, liegt der zentrale Stützpunkt genau zwischen beiden Füßen. Beim Gehen verändert sich dieser Punkt einmal zum Fußballen, dann wieder zur Ferse hin, je nach der individuellen Veranlagung und den Gehgewohnheiten. In den Schrittechniken und Standübungen des T'ai-chi ch'üan wird immer nur ein Bein belastet, das dann alleine den Körper stützt. Der zentrale Stützpunkt bei voller Belastung liegt zwischen Fußzentrum und Ferse. Die Stützkraft des leeren Beines, das leicht und ohne Kraft auf den Boden gesetzt wird, verteilt sich auf zwei Auflagepunkte, die Ferse und den Ballen. Der Schwerkraftbodenpunkt des Körpers sollte beim belasteten Bein möglichst zwischen Ferse und Ballen liegen, in der Nähe des Akupunkturpunktes ›Yongquan‹ (sprudelnder Quell); dies ist die Standardposition mit der größten Stabilität.

*1.3 Fest auftretende Füße als ›Wurzeln‹*

Die Schrittechniken des T'ai-chi ch'üan verlangen ein festes Aufsetzen des jeweils belasteten Beines, um ›Wurzeln‹, d. h. einen festen Kontakt zum Boden, auszubilden. Das belastete Bein und sein Fuß dürfen also trotz von außen eindringender Kraft nicht bewegt werden oder auch nur teilweise den Kontakt mit dem Boden verlieren. Der Körper soll sich verhalten wie die Zweige von dünnem Bambus oder gebogener Weiden. Zieht man, so geben sie nach (kommen); stößt man, so weichen sie (gehen). Die Wurzeln dieser Gewächse reichen tief in den Boden, und selbst ein starker Wind reißt sie nur selten aus. Im ›Kommentar zum T'ai-chi ch'üan‹ heißt es: »Des Körpers Wurzeln liegen in den Füßen.«[1] Durch das feste Auftreten und das Ausbilden der Wurzeln wird neben einer Stabilisierung des Schwerkraftzentrums auch eine

Festhaltekraft der Fußflächen entwickelt. Ein Gecko kann z. B. deshalb an der Decke gehen, weil sich seine Fußzentren flach an der Decke festsaugen. Er nutzt also die mechanischen Gesetze des Luftdrucks aus, um die Schwerkraft zu überwinden.[2] Voraussetzung für diese Fähigkeiten sind völlig entspannte, bewegliche Hand- und Fußgelenke. Die Muskeln der Gliederflächen beim Gecko sind so weich, daß sie sich jeder Unebenheit vollkommen anpassen können. Wenn die Füße des Menschen flach auftreten, stützen sie den Körper an drei den Boden berührenden Punkten: dem Fersenbein, dem Sesambein und dem fünften Mittelfußknochen. Diese drei Punkte bilden ein gleichschenkeliges Dreieck. Wenn dieses Dreieck flach auf dem Boden aufliegt und man durch festes Auftreten wie ein Gecko versucht, sich anzusaugen, kann man eine sehr große Stabilität erreichen. Gleichzeitig muß das Sprunggelenk entspannt und wie ein Kugelgelenk in alle Richtungen beweglich sein, so daß der Körper beim Vordringen, Zurückgleiten und in seitlichen Bewegungen nicht die Stabilität des flach aufgesetzten Fußes beeinflußt. Dies nennt man flaches Auftreten und das Ausbilden von Wurzeln.

### *1.4 Stützkraftlinien beim flachen Auftreten*

Wenn die Fußflächen flach auf dem Boden aufliegen, ist die Fußwölbung lang und abgeflacht. Vorne, unter dem Ballen, verläuft eine Stützlinie quer zwischen dem ersten und fünften Mittelfußknochen, hinten liegt die Stützkraft im mittleren Fersenbereich. Vom Zentrum der Ferse bis zum zweiten Mittelfußknochen verläuft eine Verbindungslinie, die die größte Jin-Kraft in der Nutzung der ganzen Fußfläche als Stütze hat. In der Wertung der Jin-Kraft folgen dann: die Verbindungslinie zwischen der Ferse und dem Ballen des großen Zehs, die Querlinie vom großen Zehenballen zum kleinen und die Linie vom Fersenbein zum Ballen des kleinen Zehs. Dies sind im T'ai-chi ch'üan die ›Aktionslinien‹ des den Körper stützenden Fußes; sie werden auch als ›Stützlinien‹ bezeichnet. Durch die auf ihnen aufbauenden ›Linienkräfte‹ und deren Anwendung wird verhindert, daß das Schwerkraftzentrum des Körpers zu weit nach vorn oder hinten verlagert wird. In den Schrittechniken aller T'ai-chi ch'üan-Figuren weist dabei der vordere Fuß gerade nach vorne, um der eindringenden oder zurückweichenden Jin-Kraft in den Körper- und Handtechniken zu entsprechen. Das hintere Bein tritt mit dem Fuß immer schräg auf (ca. 45° zur geraden Linie durch den vorderen Fuß), um die schwache Innenseite, das Gewölbe des vorderen Fußes, und die Leere und Gewichtung des hinteren Bereichs zu stützen. Die Ferse des vorderen Fußes bildet den Scheitelpunkt eines gleichschenkeligen Dreiecks. Die Schenkellänge wird von der Längsmittellinie durch den hinteren Fuß bestimmt. Die gerade Stützkraftlinie vom Scheitelpunkt (Ferse des vorderen Fußes) bis zum Basispunkt, eine 90 Grad-Senkrechte auf die Mittellinie durch den hinteren Fuß, bildet die Anwendungslinie für die ›Bodenkraft‹ zwischen beiden Füßen, so daß Leere und Gewichtung der Jin-Kraft des vorderen Fußes und Leere und Gewichtung des hinteren Fußes sich einander angleichen und ergänzen. So wird das Schwerkraftzentrum stabil gehalten.

### *1.5 Reibungskraft am Fußteller*

Jeder durch flaches Auftreten entstehende Einsatz der Jin-Kraft kommt von einem Reibungswiderstand, der entsteht, wenn die Fußfläche den Boden berührt. Die Berührungsfläche stützt die Masse des Körpers vom Boden ab, es kommt zu einer statischen Reibung, die mit größer werdendem Druck des Fußes anwächst. Wenn sie sich in eine bewegte Reibungskraft umwandelt, entsteht zu Beginn für einen Augenblick ›maximale Reibung‹. Die einbeinige Stützung des Körpers im T'ai-chi ch'üan trainiert den Druck des belasteten Fußes, um die Reibungskraft zu erhöhen. Wenn man eine von außen kommende Kraft aufnimmt, braucht man die Jin-Kraft und das richtige Gespür, um im ersten Moment mit der fremden Kraft seine Beine und Füße zu füllen und dadurch seine eigene Körperstabilität zu verbessern. Fortgeschrittene des T'ai-chi ch'üan können das Prinzip der Reibungsenergie jedoch auch dazu benutzen, der Reibungskraft des Gegners in diesem Augenblick auszuweichen, um die Jin-Kraft-Wurzeln der gegnerischen Beine und Füße ›auszugraben‹, ihn also zu ›entwurzeln‹.

### *1.6 Anpassung in den Schrittarten*

Wenn das Schwerkraftzentrum eines labilen Objektes gestützt wird, kann dieses nicht kippen oder umfallen. Das T'ai-chi ch'üan berücksichtigt dieses Prinzip. Sobald man die Hände bewegt, um die Stabilität eines Gegners zu prüfen und zu kontrollieren, wird das eigene Schwerkraftzentrum immer kreisförmig verlagert, um sich vor der Berührung durch den Gegner zu schützen. Hat man die Stabilität eines Gegners unter Kontrolle, können seine Schrittechnik und sein Schwerkraftzentrum voneinander getrennt werden. Will man das Zentrum eines Gegners kontrollieren und gleichzeitig das eigene Zentrum schützen, müssen Schrittart und Zentrum einander angepaßt werden. Die Stabilität eines beweglichen Körpers ist abhängig vom Gleichgewicht. Bei Veränderungen seiner Position und Haltung muß man durch Anpassung des Schwerkraftzentrums an eine kreisförmige Bewegung versuchen, seine Stabilität zu erhalten. Gelingt dies nicht, wird man durch die einwirkende Kraft beeinflußt und kann zu Boden gehen. Die Bewahrung der Stabilität hängt ihrerseits von einer exakten Ausführung der Schrittechniken ab, ob man also die Beinaktionen und das Schwerkraftzentrum einander anpassen kann oder nicht. Im T'ai-chi ch'üan wird in der Grundstellung und anderen Standübungen durch aufrechten Rumpf, abgesenkte Ellbogen und abgesenktes Zentral-Qi das Schwerkraftzentrum in den unteren Bauchbereich verlagert, in das Dantian. In der üblichen gestreckten Standposition liegt das Zentrum in der Mitte des oberen Bauchbereichs. Die Fallinie führt zu einem Bodenpunkt zwischen beiden Füßen. Werden beide Arme horizontal nach vorne angehoben, muß sich das Zentrum nach vorne verlagern. Im standardisierten abgehockten Schritt liegt es dann im Dantian, die Fallinie führt durch den Mittelbereich des belasteten Fußes. Wenn der Oberkörper nach vorne geneigt wird, liegt das Zentrum zwischen Brust und Bauch. Beugt man den Oberkörper nach hinten, so liegt es im Bauchbereich. Bei gestreckter Brust und herausgedrücktem Gesäß liegt es im Gesäßbereich, und seine Fallinie berührt den Boden hinter der belasteten Ferse. Beim vorne belasteten Bogenschritt des T'ai-chi ch'üan fällt der Bodenpunkt in den Mittelbereich dieses belasteten Fußes. Hat der Oberkörper Vorlage oder ist der Brustbereich vorgestreckt, wird das Zentrum vom Dantian in den oberen Bauchbereich verlagert, und die Fallinie berührt den Boden vor dem Fußzentrum. Neigt sich der Oberkörper nach hinten oder ist der Beugungswinkel im Kniegelenk nicht spitz genug, wird der Bodenpunkt wieder zwischen beiden Füßen liegen, wodurch eine nachteilige Doppelgewichtung entsteht. Der Bodenpunkt des korrekten Parallelstands liegt auf der Verbindungslinie beider Füße und zwar um ein Drittel oder ein Viertel näher zum belasteten Fuß hin. Bei Doppelgewichtung liegt der Punkt ziemlich genau in der Mitte des Parallelstands. In einer Position mit abgesenktem aufrechten Oberkörper fällt die Lotsenkrechte in das Fußzentrum des belasteten Beines. Wird der Körper nach unten gebeugt, fällt der Bodenpunkt auf die Verbindungslinie beider Füße, ein Drittel oder ein Viertel näher zum belasteten Fuß hin. Auf der Verbindungslinie steht der Bodenpunkt eines ruhenden Körpers immer mit der jeweils entstehenden Stabilität in enger Verbindung, wobei er alle Punkte einer Gewichtsverlagerung zwischen 0 und 100% durchläuft. Beim Erlernen des T'ai-chi ch'üan muß also zuerst die Eigenart aller grundlegenden Schrittarten verstanden werden. Beherrscht man den Standard und ist damit vertraut, sollte man anhand der Mechanik ihre Anpassung an das Schwerkraftzentrum noch einmal überprüfen. So entwickelt die Muskulatur eine ›Gewohnheitsstabilität‹, die auch bewahrt werden kann.

### *1.7 Mechanische Anwendung*

Das T'ai-chi ch'üan trainiert Glieder und Körper zu einer aus extremer Weichheit extreme Härte entwickelnden Jin-Kraft, was lediglich eine Anwendung der Mechanik des in sich verbundenen Knochensystems bedeutet. Gleichzeitig ist T'ai-chi ch'üan auch eine grundlegende Übung, sich in Ruhe zu festigen und zu stabilisieren. Ist der Körper weich und entspannt, gleicht er einem ›Gummimenschen‹; das Zentrum wird abgesenkt und ist nicht leicht zu ergreifen. Wenn der Körper zur Härte überwechselt, wird er wie ein ›eiserner Mensch‹. Seine Stabilität ist groß, und seine Reibungskraft entspricht der eines gegliederten Hebels. Dies kann die Stabilität begünstigen. In der Phase der Weichheit ist man wie ein aus Einzelteilen bestehendes Stahlkabel, die locker miteinander verbunden sind; in der Phase der Härte ist man nur schwer zu überwinden. Dieser mechanische Effekt ›ohne Stärke unzerbrechlich‹ kommt aus der anfangs trainierten Weichheit. Kann man bis zum äußersten entspannen, gelingt es einem auch, die absolute Härte zu erreichen. Der ›Klassiker‹ beschreibt diese Mechanik so: »Die Wurzeln liegen in den Beinen, (das Jin) geht über die Schenkel, der Befehlshaber sind die Hüften, die Gestalt zeigt sich in den Fingern. Durch die Füße führt es in die Beine und dann zu den Hüften, alles in einem Atemzug.«[3] Nehmen Körper oder Arme Kraft auf, wird diese in einem Atemzug über Körper, Hüften, Schenkel und Füße zum Boden hin übertragen. Die mechanischen Effekte des T'ai-chi ch'üan zeigen sich in dem Moment der gesamten Jin-Kraft-Entfaltung; erst diese verkörpert die Bedeutung des Satzes ›extreme Weichheit bringt extreme Härte zu Tage‹.

Die Muskeln des menschlichen Körpers und das Knochensystem bilden einen äußerst kunstvollen, komplizierten ›Gliederstock‹. Zum richtigen Einsatz seiner Mechanik bedarf es einer Methodik; erst dann können die immanenten Möglichkeiten vollkommen entwickelt werden. Die Ganzkörperübung des T'ai-chi ch'üan geht von dem Lehrsatz aus: »Bewegt sich ein Teil, bewegen sich alle; ist ein Bereich ruhig, so sind es alle.«[4] In jeder Bewegung sind die Gesetze der Lehre von der Kraft wirksam. Der Schwerpunkt des T'ai-chi ch'üan liegt in der Entwicklung einer möglichst kompletten Verbundenheit zwischen den Knochen des gesamten Körpers; erst dann kann man nach Belieben die Jin-Kraft übertragen und anwenden. Schon im ›Klassiker‹ heißt es dazu: »Sobald man sich bewegt, müssen alle Körperbereiche äußerst sensibel sein, d. h. sie müssen total verbunden sein. Alle Glieder des Körpers hängen untrennbar zusammen.«[5] Dies bedeutet, daß neben der Weichheit auch Leichtigkeit und Flexibilität notwendige Bedingungen sind. Erst bei entspannten Muskeln und sehr flexiblen Gelenken kann die Hebelfunktion zwischen den Knochen vollständig ausgenutzt werden.

### *1.8 Leere, Gewichtung und kreisförmige Bewegung*

Kugelförmige Objekte haben nur einen das Schwerkraftzentrum stützenden Bodenpunkt. Jeder Oberflächenpunkt einer Kugel kann als Stütz- und Auflagepunkt dienen. Wenn eine äußere Kraft eindringt, beginnt sich die ganze Kugel zu drehen. Auf diese Weise entgeht ihr Zentrum dem Angriff. Hätte ein Kugelkörper zwei Berührungspunkte mit dem Boden, würde bei eindringender Kraft ein Widerstand als Reibungskraft entstehen, und die Eigenschaft der Rundbewegung ginge verloren. Das Schwerkraftzentrum wäre leicht zu kontrollieren und zu versetzen. Vor allem wenn die Aktionskräfte beider Seiten auf einer Verbindungslinie sich in einem 90 Grad-Winkel überkreuzen, wäre die Stützkraft aufgehoben und die Stabilität sehr gering; sie würde noch geringer, wenn die Widerstandskraft kleiner als die eindringende Kraft ist. Wenn sich die Stützkraft auf zwei Bodenpunkte verteilt, verringert sich die Stützkraft eines Punktes schon um die Hälfte. In allen Standübungen des T'ai-chi ch'üan gibt es ein leeres und ein gewichtetes Bein, die beide den Boden berühren. Der Bezug zur Kugel findet sich in der Stützung durch ein Bein, das das Gewicht des ganzen Körpers vom Boden abstützt und zum festen Zentrum aller Glieder- und Körperbewegung wird. Die Kugelform des Körpers wird durch den möglichen nächsten Bodenpunkt des leeren Beines imaginiert. Gibt es eine auf eine große Fläche verteilte Stabilität und Stützung in Verbindung mit ziehenden oder vordringenden Effekten, so bedarf es genügend Zeit, um Körper und Arme in ihren Bewegungen nach rechts, links, vorne und hinten anpassen zu können. Auf diese Weise erreicht man, daß das Zentrum des Körpers in kreisförmigen Bewegungen Ruhe und Sicherheit beibehält und eine äußere Kraft sich nicht leicht festsetzen oder eindringen und damit zu Ortsveränderungen oder gar Stürzen führen kann. Gleichzeitig kann das leer aufgesetzte Bein je nach Bedarf agieren, mit der Ferse oder den Zehen stoßen oder mit dem Knie angreifen und somit in seiner Bewegungskraft für Angriff oder Verteidigung eingesetzt werden.

### *1.9 Anwendung zur Stoßdämpfung*

Wenn eine von außen kommende Stoßkraft auf ein hartes Objekt prallt, kann dieses leicht zerstört oder zumindest verformt werden. Wenn hingegen ein Objekt bei gleichbleibender Masse sein Volumen gegen Null verändert und sich verhärtet, wird es mit der aufprallenden Stoßkraft nicht die gleichen Probleme haben wie ein gleich schweres größeres Objekt. Wenn z. B. ein Glasstab aus bestimmter Höhe zu Boden fällt, wird er zerspringen, während eine gleich schwere Glaskugel denselben Aufprall unbeschadet übersteht. Das T'ai-chi ch'üan benutzt dieses Prinzip, indem es ein völliges Entspannen der Extremitäten, des Rumpfes und aller Gelenke einübt. Über diese Weichheit findet der Körper zur Härte und läßt bei der Aufnahme eines Stoßes die Vibrationen nicht zur Weichheit durchdringen; dies nennt man ›der Kraft nachgeben und sie ableiten‹. Daneben gibt es noch das Prinzip des Sich-Anhaftens, um Angriffe zu kontern. Hier geht es darum,

Härte in Weichheit zu verwandeln. Trifft die äußere Kraft auf einen entspannten, weichen Körper, trifft sie auf eine Leere. Diese gallertartige Weichheit aber heftet sich an die Stoßkraft und kontert mit ihrer Elastizitätskraft. Die Wirkung läßt sich mit der einer weichen Peitsche vergleichen, deren Schläge die Verletzungen durch einen harten Stock übertreffen können.

### *1.10 Aufrechtes, zentriertes Gleichgewicht*

Maurer und Zimmerleute verarbeiten Ziegel, Steine und Balken immer versetzt übereinander. Solange die Schwerkraftzentren alle auf der gleichen Lotsenkrechten zum Boden liegen, wird ihr Gebäude oder ihre Mauer nicht einstürzen, wie hoch diese auch sein mögen. Genauso verhält es sich mit senkrecht zum Boden stehenden Holzpfählen; solange sie senkrecht stehen bzw. hängen, muß man sie kaum stützen, und sie werden ohne äußeren Einfluß nicht aus der Senkrechten geraten. Ist ein Holzpfahl nun aber etwas krumm gewachsen, bedarf er einer Stützkraft, die sich proportional zum Grad seiner Verkrümmung verhält. Außerdem kann sich ein gerader Pfahl in der Vertikalen extrem beweglich drehen, was bei einem krummen schwieriger wird und größere Kraftaufwendung erfordert. Diese Beispiele verweisen alle auf das Prinzip des senkrechten Gleichgewichts. Artisten benutzen dieses Gesetz, wenn sie auf den höchsten Punkt einer freistehenden Leiter klettern. Zu den Grundsätzen im T'ai-chi ch'üan gehört, den Rumpf immer aufrecht und vertikal zu halten, wobei das Gewicht nur von einem Bein getragen wird, während das andere leer, aber verwurzelt auf dem Boden aufliegt. Der obere Bereich, vom Kopf über die Hals-, Rücken- und Lendenwirbel zum Kreuz- und bis zum Steißbein, zu den Hüften und zum Becken ist in seinen Einzelbereichen auf einer vertikalen Linie ausgewogen aufgereiht. Dies bedeutet der Satz ›in der Krümmung liegt die Gerade‹. Die Fallinie des unteren Bereichs verläuft durch den Mittelbereich des belasteten Fußes; die Stützkraft bzw. das Zentrum jedes Teils liegt auf dieser Vertikalen zum Boden, so daß die Muskeln des gesamten Körpers eine symmetrische Gleichgewichtshaltung zeigen und so mehr und mehr zur Entspanntheit finden. Was in den Ch'üan-Schriften[6] mit Begriffen wie ›nicht geneigt, nicht einseitig‹, ›erreicht man eine Gelegenheit, so hat man eine vorteilhafte Stellung‹, ›der Körper muß aufrecht sein, dazu bedarf es einer ruhigen bequemen Ausbalanciertheit‹, ›ist das Rückgrat senkrecht, so verbindet der Geist den Körper bis zum Scheitelpunkt‹ umschrieben wird, heißt Entspannung und Flexibilität im Streben nach einem aufrechten, zentrierten Gleichgewicht.

### 1.11 *Aufschlagsverminderung durch gewölbte Brust*

Alte Leute bevorzugen meist einen gekrümmten Gehstock statt eines geraden. Intuitiv vermeiden sie dadurch eine direkte Übertragung einer vom Boden reflektierten Erschütterung. Ein bogenförmiges Objekt entwickelt beim Aufsetzen auf den Boden in der Übertragung von Bewegungskraft eine stoßdämpfende Spannung, so daß keine oder nur eine geringe Erschütterung verspürt wird. Mit zunehmender Erschütterungskraft kann allerdings die Elastizitätskraft, die den ursprünglichen Zustand wiederherstellt, nicht mehr im gleichen Maße neutralisiert werden.

Die leicht eingewölbte Brust und der leicht hervorstehende Rücken in den T'ai-chi ch'üan-Haltungen spiegeln dieses Prinzip wider; auf diese Weise können Erschütterungen des Kopfbereichs abgeschwächt werden. Physiologisch bedeutet das einen Schutz für die Gehirnnerven, was besonders für ältere Leute vorteilhaft ist. Nimmt man in einer bogenförmigen Haltung Kraft auf und entwickelt gleichzeitig Elastizität, kann eine große Angriffskraft ohne Verringerung der ursprünglichen Energie auf den Gegner zurückgeworfen werden. Auch die Elastizität des Oberkörpers ist folglich für eine wirksame Verteidigung durch Konter notwendig; Bogenförmigkeit alleine ist hier nicht ausreichend.

### 1.12 *Angriffs- und Widerstandskraft*

Benutzt man Körperkraft, um jemanden anzugreifen, so gibt es zwei Hauptmethoden: 1. Man setzt unerwartet Kraft ein und durchbricht in einem Überraschungsangriff die gegnerische Verteidigung; der Erfolg wird dabei ganz von der eingesetzten Kraft abhängen (harte Kampfkünste). 2. Man benutzt kalkulierte Kraft, d. h. die Faust oder das Bein berührt zuerst den Gegner, und erst nachdem man bewußt den gegnerischen Körper spürt, attackiert man (weicher Faustkampf ohne Verletzungsabsicht). Die zweite Methode nutzt die stabilisierte Kraft von Rumpf und Körper oder Schrittechniken als Quelle. Die Jin-Kraft beim Angriff läuft über den eigenen Rücken und beruht eigentlich auf der Ruhekraft des

Rumpfes, oder sie entsteht über die Beine und basiert auf der Ruhekraft in den Schrittstellungen.

Zur Abwehr eines Angriffs gibt es drei Hauptmethoden: 1. Man nimmt die Angriffskraft über den Körper auf (Elastizität), wodurch eine stark reagierende Widerstandskraft entsteht. 2. Man stimuliert die Qi-Kraft, um das Eindringen der Angriffskraft zu verhindern, eine recht fortgeschrittene Methode, die die Beherrschung des Qi verlangt. 3. Während der Angriffsparade entwickelt man im ganzen Körper eine Spannung, die dem Angriff widersteht. Diese Methode benutzt ebenfalls Ruhekraft von Rumpf und Schrittstellung als Quelle. Natürlich ist dazu ein hinreichendes Training der Ruhekraft notwendig.

Hängen Widerstands- und Angriffskraft nur von der Entwicklung der körperlichen Stärke ab, so handelt es sich lediglich um rohe ›Ringerkraft‹, und derjenige mit dem stärkeren Körper wird gewinnen. Wenn Angriffs- und Widerstandskraft als rohe Kraft gleich groß sind, kann man beobachten, wie beide Seiten gleichermaßen aufeinander prallen und zurückgeworfen werden. Wie schon im ›Kommentar‹ zu lesen ist, entspricht diese rohe Kraftanwendung nicht der Lehre vom Kontern und Angreifen im T'ai-chi ch'üan: »Diese Kunst kennt viele Nebenlehren. Obwohl ihre Figuren unterschiedlich sind, gehen sie nicht über folgendes hinaus: Das Starke überwindet das Schwache, das Langsame gibt dem Schnellen nach, Gewalt schlägt Gewaltlosigkeit. Ist ein Arm langsam, so gibt er dem schnelleren nach. Dies alles sind Fähigkeiten des ›früheren Himmels‹, haben mit erworbenen Fähigkeiten nichts zu tun, sind einfach angeboren.«[7] Wenn man aber mit Rohkraft angegriffen wird, kann man mit den Methoden des T'ai-chi ch'üan ihre Anwendungsart so ausnutzen, daß es zum Sturz des Angreifers kommt. Die häufig als Widerstandskraft verstandene Rohkraft ist von der Stabilisierung der Jin-Kraft im T'ai-chi ch'üan grundsätzlich unterschieden.

## 2 Eigenschaften der Jin-Kraft

Wenn die Position eines menschlichen Körpers oder eines Objekts verändert wird, entsteht aus der ›Massekraft‹ eine ›Bewegungskraft‹. Die zusätzlich notwendige Kraft hängt von der

Größe und Höhe des Objekts und seinem räumlichen Widerstand ab, ist also je nach Verhältnis größer oder kleiner und unterscheidet sich auch in Richtung und Geschwindigkeit. Der Unterschied zu der Jin-Kraft liegt nur in der Anwendung. Im T'ai-chi ch'üan gibt es zahlreiche Bewegungsänderungen; immer wird aktive Jin-Kraft eingesetzt. Im Anfangsstadium der Übung läßt es sich kaum vermeiden, daß der ganze Körper rohe Kraft anwendet. Sobald man aber die Eigenart der Elastizitätskraft (Jin) zu verstehen beginnt, kann man die anfängliche Steifheit ablegen, sie durch lockere und entspannte Bewegungen ersetzen und allmählich die Jin-Kraft ganz entwickeln.

### *2.1 Jin-Kraft und ›Rohkraft‹*

Die Elastizitätskraft (Jin) ist eine Abänderung der Rohkraft, d. h. diese Kraft kann verstärkt oder verringert werden, ebenso wie ihre Richtung und Geschwindigkeit veränderlich sind. Die Jin-Kraft ist flink und beweglich und folgt in ihren wechselnden Anwendungen der I Ging-Theorie von Yin und Yang. Von der Mechanik her könnte man sie als Bewegungskraft mit Elastizität definieren. Während der Übung der Soloform zeigen sich eine Kraft mit unbestimmtem Vektor durch Bewegung des Körperzentrums und eine kreisförmige (cuvilineare) Bewegung von Masseträgheit. Berührt man in dieser Bewegungsart andere Personen, so verspüren diese eine weiche, erschütterungsfreie Stoßkraft. Diese Art von Jin entsteht immer über die Hüften und aus den Füßen und Beinen.

Die unveränderte Größe, Richtung und Geschwindigkeit der angewandten Kraft nennt man ›mechanische Kraft‹ oder ›Sterbekraft, Starrkraft und Barbarenkraft‹. In der Mechanik fester Körper würde man von Starrkraft ohne Richtungsänderung sprechen. Bei der Übung der Soloform zeigen sich eine starke, gerade Impulsivkraft und eine mechanische, gleichförmige Bewegungskraft. Berührt man damit andere Personen, entsteht eine sehr harte Erschütterungsbewegung mit Reibungskraft (kinetische Friktion), so daß ein Gefühl von erzwungener Vibration oder Erschütterung auftritt. Diese Kraftart entsteht meist in den Armen und Händen. Im T'ai-chi ch'üan wird sie nur bei ernsthafter Verteidigung eingesetzt, denn sie ist extrem verletzend.

## 2.2 *Zwei Arten der Zentralkraft*

Im T'ai-chi ch'üan entsteht durch Drehung um die eigene Körperachse Zentralkraft. In Händen und Armen verursacht die Drehung eine Zentrifugalkraft, d. h. aus der Armkraft und ihrer Anwendung wird rotierende Trägheitsbewegung. Beim Vordringen des Körpers entsteht aus der Repulsionskraft (Abstoßung) Zentrifugalkraft, beim Zurückschreiten des Körpers entwickelt sich Anziehungskraft in den Armen, die zur Zentripedalkraft wird. Manchmal kann man dadurch die Zentrifugalkraft eines Gegners ansaugen und in die eigene Zentralkraft umwandeln. Zentrifugal- und Zentripedalkraft ergeben sich aus der Multiplikation von Masse und Geschwindigkeit, doch die Richtungen beider Kräfte sind einander entgegengesetzt, haben also umgekehrte Vorzeichen. Die allgemeinen mechanischen Formeln lauten:

$$\text{Zentrifugalkraft} = +\,(\text{Masse}) \times \frac{(\text{Geschwindigkeit})^2}{\text{Radius zum Zentrum}} \qquad F_f = m \cdot a = m\frac{v^2}{r}\,(+)$$

$$\text{Zentripedalkraft} = -\,(\text{Masse}) \times \frac{(\text{Geschwindigkeit})^2}{\text{Radius zum Zentrum}} \qquad F_p = m \cdot a = m\frac{v^2}{r}\,(-)$$

## 2.3 *Stoßkraft ohne Erschütterung*

Mit erschütterungsfreier Stoßkraft ist im T'ai-chi ch'üan Bewegungskraft ohne erzwungenen Aufprall gemeint. In der Mechanik entsteht eine freie Erschütterung aus der Anwendung der Massekraft, d. h. die Bewegungskraft wird mit der Massekraft kombiniert. Wenn der Gegner also angezogen oder weggestoßen wird, entwickelt sich eine freie Vibration aus dem vom Gegner erzeugten Druck, den man im Zurückgleiten oder Nach-unten-Ziehen zum eigenen Vorteil benutzen kann. Die Spannung in der Haltung des Gegners wird in Abwehr- und Stoßanwendung ausgenutzt. Diese freie Vibration kann man als ›Blitzbewegung‹ bezeichnen. Der so Angegriffene verspürt ein eher angenehmes Gefühl, nicht schmerzhaft und verletzend wie bei harter Erschütterung.

Die sogenannte erzwungene Erschütterungsbewegung beruht auf dem Prinzip der Erhaltung der Treibkraft (Momentum). Wenn zwei Objekte (das eine stößt das andere) zusammenstoßen, so muß das Bewegungsmaß des gestoßenen Objekts um genau soviel zunehmen, wie das stoßende Objekt an Bewegung verliert, wodurch das gestoßene Objekt eine Erschütterung aufnimmt. Stoßen sie noch einmal zusammen und stimmen beide Objekte dabei in ihrem Tempo überein, so gibt es keine Wahrnehmung von Erschütterung. Wenn z. B. im ›Pushing Hands‹ die Jin-Kraft ausgestoßen wird und nach der Kontaktaufnahme der Stoßende sein Tempo dem des Gestoßenen anpaßt, wird aus den beiden gewissermaßen ein Körper. Wird nun über Hüften und Beine die Jin-Kraft ausgestoßen, so fühlt sich der Gestoßene wie ein von einem Kran angehobenes Objekt oder wie ein von einem elastischen Bogen ausgesandtes Geschoß. Er wird sich eher ›weggeworfen‹ als durch Erschütterung fortgestoßen vorkommen.

### 2.4 *Richtung und Maß nicht ändernde Stoßkraft*

Starrkraft bewegt sich gerade. Nach ihrer Entfaltung ändern sich sowohl ihre Richtung als auch ihre Leistung nicht mehr; die Geschwindigkeit kann zu-, nicht aber abnehmen. Starrkraft kann sich auf ihrem Weg nicht sammeln oder gar einhalten. Sie folgt dem Prinzip der kürzesten Strecke, auf der die Geschwindigkeit am größten ist. Die Wirkung einer starken geraden Kraft steht im Verhältnis zur Größe der Masse. In der Faustkampfkunst wird unter Masse all das verstanden, was die Kraftentwicklung des eigenen Körpers umfaßt. Ist das Körpergewicht groß, so ist auch sein Nutzen bei gleicher Technikbeherrschung in den meisten Fällen größer. Leichtgewichte würden demnach über weniger Wirkung verfügen, doch da die erarbeiteten Fähigkeiten immer individuell verschieden sind, kann dieser Nachteil sehr oft ausgeglichen werden.

### 2.5 *Starke gerade Stoßkraft (Impulsivkraft)*

Den Anwendungszeitraum des Bewegungsmaßes extrem zu verkürzen, d. h. auf einer Geraden das Vordringen einer Bewegung zu beschleunigen, bedeutet Impulsivkraft. Stoßen zwei Impulsivkräfte aufeinander, die gleich groß sind und auch in Masse und Dichte einander entsprechen, so werden beide verlieren und sich verletzen. Ist dies nicht der Fall, zieht der Körper mit der geringeren Masse und Dichte den kürzeren. Im T'ai-chi ch'üan wird diese Angriffsweise als ›kalte Hand‹ bezeichnet; sie kommt ganz selten, nur in absoluten Notfällen zum Einsatz; diese Art von Kraft wird am ehesten in der Handtechnik ›schnelles Reagieren‹ (Schlagen) angewendet.

### 2.6 *Bewegungsmaß und Stoßmaß*

Das Bewegungsmaß ist das berechnete Momentum von Objekten oder Körpern in Bewegung, das aus dem Produkt von Geschwindigkeit und Masse besteht. Wenn ein Objekt in einer bestimmten Haltung äußere Kraft aufnimmt, verändert sich das Bewegungsmaß des Objektes. Auch die äußere Kraft stellt eine Art von Bewegungsmaß dar und wird über ein Medium auf das die Kraft empfangende Objekt übertragen. Wenn beide einander entsprechen und der die Kraft Ausstoßende unmittelbar nach der Kraftübertragung innehält, wird sich das Bewegungsmaß desjenigen, der die Kraft aufnimmt, um das Bewegungsmaß des Ausstoßenden vermehren. Das T'ai-chi ch'üan macht sich dieses Prinzip zunutze, durchbricht so die Wurzelkraft des Gegners und beschleunigt dessen Fallen. Wenn die Richtungen nicht gleich sind und der Winkel zwischen beiden kleiner als 90° ist, ändern sich die Relationen jeweils nach den Reflektionsgesetzen; die Bewegungsmaße addieren und erhöhen sich. In diesem Fall verhalten sich Größe der Erschütterung und Geschwindigkeit proportional zueinander. Ist der Winkel größer als 90°, so verändern sich die Richtungen beider sehr stark, und das ursprüngliche Bewegungsmaß nimmt durch den Aufprall ab. Die Änderung des Bewegungsmaßes ist durch die Multiplikation der Kraft mit der Änderung des Zeitfaktors gegeben. Die Wirkung des Bewegungsmaßes, die durch Kraft innerhalb eines Zeitraums entsteht, wird auch ›Impuls‹ genannt. Ellbogen- und Schulterstoß unter den Handtechniken des T'ai-chi ch'üan folgen diesem Prinzip.

### 2.7 *Reibungskraft in Ruhe und Bewegung*

Wenn zwei Handflächen sich gerade aufeinander zubewegen, entsteht im Moment ihrer Berührung eine sich gegenseitig ›abstoßende Reibung‹. Diese Widerstandskraft wird auch ›kinetische Reibung‹ genannt. Haften die beiden Handflächen aneinander und werden gegeneinander bewegt, entsteht eine ›statische Reibung‹. Im Augenblick des Bewegungsbeginns entsteht die ›maximale Reibung‹ dort, wo der größte Druck herrscht. Die Reibungskraft ist das Produkt aus Reibungsfaktor und exaktem Druckfaktor. Die Gesetze der Reibung lauten wie folgt: 1. Reibungskraft und exakte Druckkraft verhalten sich proportional zueinander. 2. Statische Reibung ist größer als kinetische Reibung. 3. Kinetische Reibung steht in Verbindung mit der entgegengesetzten Bewegungsgeschwindigkeit. Je größer sie ist, umso größer ist auch die Erschütterung. In allen Kampfkunstwettbewerben entsteht nach einer Kontaktaufnahme sofort ein Reibungseffekt. Im T'ai-chi ch'üan wird beim Berühren des Gegners hauptsächlich die statische Reibung verwendet, wodurch die Wirkung groß, das Erschütterungsmaß aber klein ist. In den meisten harten Kampfarten wird im wesentlichen die kinetische Reibungskraft benutzt. Da die entgegengesetzten Bewegungsgeschwindigkeiten vor dem Kontakt sehr hoch sind, kommt es auf beiden Seiten zu einer erzwungenen Erschütterung, einem harten Aufprall.

### *2.8 Reaktionskraft*

Wenn zwei entgegengesetzte Kräfte sich berühren oder ein bewegter Körper auf einen ruhenden trifft, wird jeweils eine Art von Reibungskraft entstehen. Beugt man die Beine und stößt mit Kraft gegen den Boden, so springt man und hebt vom Boden ab. Benutzt man eine Faust und stößt heftig in gepreßte Watte, wird der ganze Körper zurückgestoßen, bedingt durch die Reaktions- oder Rückstoßkraft. Das mechanische Gesetz des Rückstoßes erklärt die Anwendung der Kraft, die begleitende Reaktionskraft und ihr Entstehen. Die Größe beider Kräfte entspricht einander, die Richtungen sind entgegengesetzt. Ist die Zentripedalkraft groß, ist auch die Zentrifugalkraft groß. Das Aufnehmen von Jin-Kraft im T'ai-chi ch'üan folgt diesem Prinzip. Die Schwerkraft unseres Körpers richtet sich immer auf das Erdzentrum, die Beine berühren deshalb den Boden. Da die Schwerkraft aber auch Reaktionskraft verursacht, kann der Mensch aufrecht gehen. Alle Entwicklung von Kraft in Gliedern und Körper kommt durch den Kontakt der Sohlen mit dem Boden zustande. Ohne die Erdanziehungskraft würden Arme und Beine in der Luft schweben, und die Kraft würde sich im Zustand der Schwerelosigkeit verlieren. Im ›Klassiker‹ heißt es dazu: »Die Wurzeln der Jin-Kraft liegen in den Füßen.«[8] Im T'ai-chi ch'üan ist die Wurzelkraft beider Beine die Grundlage aller Schrittechnik.

### 2.9 *Unabhängigkeit der Kraft*

Nach dem Entwurzeln eines Gegners im T'ai-chi ch'üan folgt oft noch ein Schritt nach vorne; in der Kraftrichtung wird zusätzlich Jin-Kraft eingesetzt, die zusammen mit der Vordringgeschwindigkeit die Stoßgeschwindigkeit ausmacht. Es kommt also zu einer Addition der ursprünglichen Kraft und der zusätzlichen Bewegungskraft des Vordringens. Wenn nun mehrere hintereinanderstehende Personen vereint und gleichzeitig in Richtung einer einzelnen Person stoßen, bestimmt sich die Größe der vereinten Kräfte aus dem Produkt der Masse und der Geschwindigkeit. Aber weil die einzelnen Kräfte in ihren Richtungen voneinander Abweichungen zeigen, kann die gegnerische Einzelkraft gleichgewichtig sein. In einer derartigen Situation kann durch ein- oder zweiarmiges Stoßen die Richtung der vereinten Kräfte so abgelenkt werden, daß sie sich trennen. Wird man beim beidarmigen Stoßen von einer harten Widerstandskraft blockiert, spielt dieses Wissen eine entscheidende Rolle. Es ist nämlich oft zu beobachten, daß die angewandten Kräfte jeweils ihre eigenen Wirkungen haben, sich gegenseitig aber nicht verbinden oder beeinflussen. Deshalb spricht man dann von der Unabhängigkeit der Kraft.

### 2.10 *Erzwungene Erschütterungskraft*

Im T'ai-chi ch'üan gibt es eine ›ermunternde‹ Jin-Kraft. Wenn man äußere Kraft aufnimmt und diese Ermunterung erfährt, kann der eindringende Körper zurückgestoßen, erschüttert und gestürzt werden. Je größer die angreifende Rohkraft ist, umso weiter kann der Angreifer zurückkatapultiert werden. Diese Eigenerschütterung wird vom Angreifer gewissermaßen selbst herbeigeführt. Das Maß der Erschütterung, das der Angreifer erleidet, besteht aus der Summe der von ihm eingesetzten Erschütterungskraft und der vom Gegenüber zugefügten Elastizitätskraft. Folglich kann die Abstoßung sehr stark sein und den Angreifer weit wegschleudern.

### 2.11 *Druckkraft und Ausdehnungskraft*

Wenn sich zwei Kräfte treffen und die Druckkraft eines Gegners einen Gegendruck bewirkt, so nennt man dies ›Widerstehen‹. Übertrifft die Widerstandskraft die Druckkraft, so spricht man von ›Entgegenstellen‹. Sind beide Kräfte gleich stark, zeigt sich ein ›Gleichgewicht der Kräfte‹. Wenn jemand die Druckkraft des Gegenübers durch Ausweichen meiden will, spricht man von ›Loswerden‹. Wenn die Druckkraft verschwindet und man nicht nachfolgt, bezeichnet man dies als ›Kontakt verlieren‹.[9] Diese fünf Fehler soll der Fortgeschrittene im ›Pushing Hands‹ unbedingt vermeiden. Obwohl Entgegenstellen und Widerstehen einen Sieg über einen Gegner herbeiführen können, sind sie doch lediglich ein Zeichen der Überlegenheit von angeborener Körper- und Starrkraft und liegen außerhalb der im T'ai-chi ch'üan angestrebten Eleganz der Übungen. Im ›Pushing Hands‹ des T'ai-chi ch'üan sind die fünf Methoden zum Tasten nach Gefühl wesentlich wichtiger als eine extreme Stärke in Teilbereichen des Körpers.

## 3 Ausführung und Stil der Bewegung

Der Großteil der Kampfsysteme läßt sich in folgenden Punkten unterscheiden: 1. Anwendung von Muskelkraft je nach Umfang und Dauer; dabei wird differenziert zwischen starker, halber oder ›natürlicher‹ Kraftanwendung. 2. Art der Bewegungslinie; dabei geht man von der Zahl der bewegten Glieder und Körperbereiche aus. 3. Bewegungsgeschwindigkeit. 4. Verlagerung des Schwerkraftzentrums mit Wechsel von Leere und Gewichtung.

Die immanenten mechanischen Prinzipien sollten die Lernenden der Kampfkünste zunächst genau analysieren und sich ein tieferes Verständnis aneignen, ehe sie ihre Praxis vervollkommnen.

### *3.1 Anwendungslinie der Kraft*

Es wurde schon darauf hingewiesen, daß die Verwendung von Kraft sich hier meist auf Starrkraft bezieht. Sie ändert ihre Richtung nicht und dringt räumlich in einer geraden Linie vor. Der gesamte Entfaltungsprozeß kann so als eine geradlinige Bewegung beschrieben werden, im Unterschied zu der Kraft, die in einer bogenförmigen Bewegung vordringt. Die Jin-Kraft der Geraden ist kurz, die des Bogens lang. Obwohl man in der Praxis von geradem Vordringen spricht, entsteht nur selten eine wirkliche Gerade. Ungerades Vordringen bildet immer eine bogenförmige Kurvenlinie. Gleichgültig ob eine Gerade oder eine

Kurve vorliegt, die räumliche Anwendung der Kraft bzw. ihr Weg wird immer als Aktionslinie bezeichnet. Im T'ai-chi ch'üan unterliegt sie keiner festgelegten Richtung. Deshalb ist die Grundgeschwindigkeit sehr langsam, das Vordringen immer bogenförmig und die Bewegungskraft äußerst leicht und fein.

### *3.2 Bewegungslinie*

Das T'ai-chi ch'üan verlangt »Glied für Glied Verbundenheit des gesamten Körpers, ohne die geringste Unterbrechung«.[10] Seine Figuren sind deshalb »wie lange Ströme und das große Meer, immer fließend, ohne zu enden«[10], wie es schon im ›Klassiker‹ als grundlegendes Prinzip der Bewegungslinie definiert ist. Man sollte sich wie in einem auf- und niedergehenden Prozeß bewegen, denn erst so wird es möglich, die Übung in einem Atemzug durchzuführen. Alle Rumpf- und Armbewegungen werden in einem runden Ablauf ausgeführt. Geradliniges Vordringen führt zu Unterbrechungen und eckigen Bewegungen. Die Jin-Kraft der Beine hingegen erscheint eckig und geradlinig. Arm- und Rumpftechniken im T'ai-chi ch'üan verlaufen auf zahlreichen kleinen und großen, zusammenhängenden und kreisförmigen Bewegungslinien. Manchmal wird ein ganzer Kreis ausgeführt, manchmal entsteht eine Kurvenbewegung, die sich leicht wandeln läßt und so ausgleichen kann. Alle Körper- und Armbewegungen haben ein oder mehrere Schwerkraftzentren, die den Kreismittelpunkt der Bewegung bilden. Diese Mittelpunkte sind die Gelenke oder befinden sich auf den Körperachsen. Die Bewegungslinien der von den Mittelpunkten ausgesandten Jin-Kraft sind immer kreis- oder bogenförmig. Obwohl darunter auch extrem kurze, fast gerade Bewegungslinien zu finden sind, würde eine Verlängerung beider Enden der Bewegungslinien doch wiederum eine Kurve zeigen. In der Praxis hat diese Bewegungsmethode mit ihrem bogenförmigen Ablaufprozeß die Möglichkeit, alle von außen kommenden Kräfte mit aufzunehmen.

### *3.3 Masseträgheit in der Bewegung*

Nach dem Gesetz der Masseträgheit, wonach ›Sich-Bewegendes sich immer weiter bewegt‹, beginnen die Übungen der Soloform-Figuren mit einer Geschwindigkeit, die gleichbleibend in allen Bewegungslinien beibehalten und auch beim Vordringen nicht verringert wird. Vom Anfang bis zum Ende erfolgt eine Übertragung von den Beinen über die Hüften bis zum rotierenden Rumpf. So bleibt die Verbundenheit von der ersten Bewegung an bewahrt, woraus eine Masseträgheit entsteht. Da die Bewegungslinie im T'ai-chi ch'üan immer kreis- oder bogenförmig ist, wird es auch als Bewegungssystem der ›Masseträgheit und der Kurvenlinien‹ bezeichnet. Man führt alle Figuren unter der Anleitung des Geistes in dieser fortgesetzten Trägheit aus. Wenn es heißt, daß es im T'ai-chi ch'üan keine eigenständige Armbewegung gibt, so steht dahinter die Auffassung einer fortgesetzten Bewegung durch Masseträgheit. Einer Kraft, die durch eine Bewegung mit Trägheit auftritt, kann man kaum widerstehen und sie auch nicht ergreifen. Besonders beim Ausstoßen des Jin muß zuerst eine Bewegung der Masseträgheit erreicht werden. Erst dann kann man ihre natürliche Kraft weiter entwickeln und wirkungsvoll einsetzen.

### *3.4 Schwerkraftzentrum in der Bewegung*

Das Schwerkraftzentrum in den T'ai-chi ch'üan-Bewegungen wird immer von einem fest auftretenden, belasteten Bein gestützt. Wenn in den Beinen Leere und Gewichtung wechseln, folgt auch das Schwerkraftzentrum diesen Wechseln. Alle Bewegungskraft dieser natürlichen Übung entsteht aus dem Zentrum. Die Jin-Kraft ergibt sich aus der Verlagerung des Zentrums. Das T'ai-chi ch'üan verlangt ein Bewußtsein für das Dantian, womit jede Verlagerung des Zentrums in der Bewegung exakt kontrolliert werden kann. Schon im ›Klassiker des Inneren‹ heißt es, daß »der Ort des Bewegungs-Qi unter dem Nabel zwischen den Nieren«[11] liegt. Dies ist der Bereich des Körperschwerkraftzentrums, der als Dantian bezeichnet wird. Bei der Übung muß das Zentral-Qi im Dantian gesammelt und abgesenkt werden. Hat man diese Qi-Sammlung lange genug praktiziert, wird dieser Bereich fest und besitzt große Elastizität. Schließlich sammeln sich an dieser Stelle alle Kraftquellen des Körpers. Das Schwerkraftzentrum stabilisiert sich auf natürliche Weise, und sobald man sich bewegt, entsteht daraus Kraft. Das Zentrum folgt dem Tempo und der Richtung von gewichtsverlagernden Bewegungen in Hüften und Beinen. Es liegt bei den willentlich geleiteten Übungen und bei Reaktions- und Vorstellungskraftübungen im Bereich des

Dantian. Daraus leitet sich im T'ai-chi ch'üan das Prinzip ab, den unteren Bauchbereich ohne zu starke Konzentration ruhig zu bewahren. Das Schwerkraftzentrum von Übungen mit großer Kraft aber liegt meist im Bereich des in der Aktion benutzten Kraftpunktes. Es ist daher schwierig, nach der Kraftentfaltung das Schwerkraftzentrum in der Bewegung zu kontrollieren.

Der Hinweis »hat man eine Gelegenheit, so hat man eine überlegene Stellung«[12] deutet auf die Kontrolle des Schwerkraftzentrums in der Bewegung. Kann man in der Soloform das Zentrum stabilisieren und festigen, so kann man sich flexibel und aktiv bewegen. Im Kampf das Zentrum des Gegners wie auch das eigene kontrollieren zu können verhilft zum Sieg. Ist das eigene Zentrum stabilisiert, wird man nach allen Richtungen hin eine korrekte Haltung einnehmen und sich ständig verbessern. Eine Bewegung führt zu einer weiteren, und so gelangt man in eine vorteilhafte Situation. Das Schwerkraftzentrum des Gegners zu ergreifen ist noch schwieriger. Plötzlich findet man es, aber ebenso schnell geht es wieder verloren. Wenn Körper und Arme leicht, entspannt, behende und aktiv sind, kann man sich den Umständen anpassen. Behält man diese Eigenschaften nicht bei, geht die Anpassungsfähigkeit wieder verloren. Findet man im ersten Augenblick einer Situation die korrekte Haltung, so findet man in der korrekten Haltung die günstige Gelegenheit. Überall gibt es Möglichkeiten, die ausgenutzt werden können; immer ist man im Besitz von Chancen und bewegt sich. Im ›Klassiker‹ findet sich dazu der Hinweis: »Wenn man so vordringt und zurückschreitet, dann kann man Gelegenheiten und korrekte Haltung erreichen. Gibt es diese nicht (erreicht man sie nicht), so ist der Körper aufgelöst und in Unordnung. Die Ursache ist in den Hüften und Beinen zu suchen.«[12] Die Hüften mit den Taillen sind die beiden Seiten des Schwerkraftzentrums des ganzen Körpers. Die Beine sind die aktiven Instrumente zur Stützung des Zentrums. Man muß nur Hüften und Beine beachten und das Zentrum kontrollieren, dann werden die Bewegungen kurz und korrekt, weder aufgelöst noch verworren sein. Deshalb heißt es im ›Klassiker‹ weiter: »Oben und unten, vorn und hinten, links und rechts verhalten sich so; alles liegt bei der Vorstellungskraft und nicht im Äußeren.«[12] Im ›Lied der Form und Funktion‹ wird angeführt: »Der Bereich der Hüften bedarf immer der Aufmerksamkeit«,

»Leere und Gewichtung erfordern die Beachtung durch den Verstand«[13]. Diese Aussagen weisen alle auf die Stabilisierung des eigenen Schwerkraftzentrums hin. Der Satz im ›Klassiker‹ »soll ein Objekt angehoben werden, so verstärkt man zuerst den Druck nach unten, um seine Wurzeln zu lösen«[14] verweist auf das Ergreifen des gegnerischen Schwerkraftzentrums und auf die Bedeutung der nach unten gerichteten Preßkraft.

### *3.5 Natürliche Bewegung*

Ein in Gang gesetztes Auto rollt zwar auf ebener Strecke auch nach dem Ausschalten des Motors weiter, wird aber durch die entstehende Reibung allmählich zum Stillstand kommen. Auch bei der Übung des T'ai-chi ch'üan gibt es eine Bewegungsbremse, und zwar sind dies die Knotenpunkte der Hand- und Körperbewegungen, die Gelenke. Daher muß man in den Solofiguren, vom Anfang bis zum Ende, die Gelenke des Rumpfes, der Arme und Beine entspannen, also ›die Bremse lösen‹. Man paßt Arme und Rumpf an die Bewegung von Hüften und Beinen an. Die Bewegungslinie in den Solofiguren mit Bewußtheit muß eingehalten werden, denn nur so kann man eine natürliche, weiche und ununterbrochene Bewegung erreichen.

Es gibt sechs grundlegende Methoden in den Handtechniken, die zu der natürlichen Bewegung des T'ai-chi ch'üan führen: 1. Die Arme folgen den Wechseln von Richtungen und Positionen des Rumpfes in der ›ursprünglichen Körperposition‹. Alle Bewegungskraft, die durch eine Körperposition entsteht, folgt dem Prinzip von der Anwendung der potentiellen Hebelkraft. 2. Richtung und Position des Rumpfes ändern sich, aber Handfläche, Unterarm oder Ellbogen bleiben unverändert in der ›ursprünglichen Raumposition‹. Alle Jin-Kraft und alle Bewegungskraft, die durch die Raumposition entstehen, benutzen das Gesetz der Masseträgheit und unterliegen nicht der Anwendung äußerer Kraft. 3. Jedes Glied der Arme sinkt durch ein Entspannen der Gelenke der Schwerkraft folgend nach unten ab oder steigt durch Anwendung der Reflektionskraft (Abstoßung) nach oben. Dies nennt man ›absinkende oder nach oben flutende Bewegung‹. Alle dadurch entstehende Jin-Kraft beruht auf der potentiellen mechanischen Kraft. 4. Die Arme werden durch den Rumpf bewegt und ihre Position verändert; dies nennt man ›Mitbewegung‹. Sie beruht auf der Anwendung der mechanischen Bewegungsfähigkeit. 5. Rumpf und Arme benutzen in der Bewegung das Gesetz der Masseträgheit und verstärken die fortgesetzte Bewegung. Dies nennt man im T'ai-chi ch'üan ›Vordringen durch Ausnutzung der Gelegenheit‹; es beruht auf dem Prinzip einer Bewegungsbeschleunigung. 6. Dem Vordringen der Arme folgt der Rumpf nach. Diese Handtechnik, in der einer oberen Bewegung eine untere reagierend nachfolgt, nennt man ›stimulierte Bewegung‹, die sich aus dem Elastizitätsprinzip ergibt.

Diese sechs Methoden der Bewegung von Körper und Armen können nach hinreichender Einzelübung wechselweise miteinander verbunden werden. Durch sie erreicht man Flexibilität, Leichtigkeit und Natürlichkeit.

### *3.6 Bewegung mit gleichbleibender Geschwindigkeit*

Bei einer Bewegung mit gleichmäßiger Geschwindigkeit entsteht begleitende Jin-Kraft. Die gleich schnelle Bewegung von Rumpf und Armen wird durch die elastische Verbundenheit beibehalten. Je größer die Kraft der Bewegung ist, umso leichter läßt sie sich beeinflussen. Eine willentliche Bewegung dieser Art verringert die Jin-Kraft oft bis zur feinsten ›Leichtigkeit‹, die dennoch entscheidend sein kann. Übt man sie in Bewußtheit und ohne Absicht, so nennt man das ›Übung der Geisteskraft‹. Vom Anfang bis zum Ende werden Richtung und Geschwindigkeit durch ›latente Reaktionen‹ kontrolliert, wodurch ein gleichmäßiges harmonisches Prinzip gewahrt bleibt. Je weniger Kraft man anwendet, umso leichter kann man diese abwägen. Ist man nicht leicht, so erreicht man nur schwerlich die möglichen enormen Vorteile. Im ›Klassiker‹ ist vermerkt: »Es soll kein Makel von einseitig abgesenkten Stellen, keine hervorragenden oder eingewölbten Bereiche und keine Unterbrechung geben... Das Jin bewegen, wie man einen Seidenfaden vom Kokon abwickelt... In einem Atemzug vollenden«.[14]

### *3.7 Bewegung mit beschleunigender Geschwindigkeit*

Auch in der gleichmäßig beschleunigten mechanischen Bewegung wird eine besondere Feinheit erreicht, die dennoch eine harte, heftige Stoßkraft entwickeln kann. Die Jin-Kraft bestimmt den Anfang der Bewegung. Sobald sie sich entfaltet hat, wird sie nicht weiter kontrolliert und gelangt sofort ans Ziel. Eine bewußte beschleunigte Bewegung ist eine Änderung der ursprünglichen Bewegung; sie wird meist langsam gesteigert. Trifft sie auf Veränderungen beim Gegner, so folgt sie dessen Absichten und übernimmt die wahrgenommenen Änderungen, bis die Aktion des Gegners sich totgelaufen hat. Durch die erst nach unten und dann nach oben gerichtete Jin-Entfaltung im T'ai-chi ch'üan wird der Gegner zuerst entwurzelt, dann durch allmähliche Beschleunigung in der entsprechenden Handtechnik weggestoßen. Nach der allmählichen Beschleunigung kann die Jin-Entwicklung auf ihrem Weg weiterhin kontrolliert werden und sehr stark zunehmen. Deshalb nennt man das T'ai-chi ch'üan auch die Übung mit ›langer Jin-Kraft‹. Während der gegenseitigen Kontaktaufnahme folgt man einem sich zurückziehenden Gegner und stößt ihn noch weiter weg, indem man plötzlich, aber harmonisch die Geschwindigkeit erhöht und so mit entsprechender Handtechnik den Gegner ›fliegen‹ läßt, während dieser nicht feststellen kann, woher diese Kraft eigentlich kommt. Bei großen, schweren Gegnern benutzt man deren Größe wie auch ihr Problem, ihre einmal in Gang gesetzte Eigengeschwindigkeit kaum noch abstoppen zu können. Kann man die Jin-Kraft beschleunigen, lassen sich große Wirkungen erzielen. Allerdings ist die gleichmäßig beschleunigte Jin-Kraft nicht einfach zu kontrollieren. Deshalb sollte man sich zunächst ein Ziel setzen, d. h. darauf achten, daß die entfaltete Jin-Kraft nicht ins Leere stößt; nur so verwirklicht man einen durchschlagenden Erfolg.

### *3.8 Kraftintensive Bewegung*

Obwohl im T'ai-chi ch'üan bzw. seinen Handtechniken keine Bewegungen mit starker Kraft eingesetzt werden, muß in den einseitig stützenden Kniegelenken und den entsprechenden Muskelpartien unbedingt die Fähigkeit zum Tragen des verlagerten Schwerkraftzentrums entwickelt werden. Durch eine kraftintensive Betätigung der Beine und Kniegelenke kann im T'ai-chi ch'üan eine Elastizität entwickelt werden, die als Stützkraft, als gerade Stoßkraft und Kraft im Nach-unten-Ziehen optimal einzusetzen ist.

## 4 Prinzip der Anpassung

In den Figuren des T'ai-chi ch'üan gibt es in allen Bereichen des Körpers Wechsel von Leere und Gewichtung, Ruhe und Bewegung. Die Jin-Kraft kann sich ständig in behenden, leichten und kreisförmigen Aktionen zeigen. Ihre Auswirkungen in der Anwendung mögen dem Außenstehenden zwar unbegreiflich erscheinen, gehen jedoch nicht über die latenten Körperfähigkeiten hinaus. Das wird auch schon im ›Großen Appendix des I Ging‹ beschrieben: »Alle Bewegungen unter dem Himmel unterliegen dem einen Prinzip.«[15] Kennt man also das eine Prinzip, so weiß man um alle Erscheinungen. Im T'ai-chi ch'üan-›Kommentar‹ wird dazu erklärt: »Obwohl die Änderungen mannigfaltig sind, gibt es ein durchdringendes verbindendes Prinzip.«[16] Folglich muß man in der Übung des T'ai-chi ch'üan zu allererst das Prinzip der Jin-Kraft verstehen, dann wird man auch die Wechsel in Körper- und Handtechniken klar erkennen, verstehen und leicht zuordnen können.

### *4.1 Anwendung der Masseträgheit*

Viele Anwendungen der Jin-Kraft im T'ai-chi ch'üan beruhen auf dem Prinzip der Masseträgheit. ›Was sich bewegt, bewegt sich weiter; was ruht, bleibt ruhen.‹ Wenn sich der Gegner in Ruhe befindet und man ihn angreifen oder wegstoßen will, muß man ein Stoß-Jin anwenden, das größer ist als die statische Ruhekraft des Gegners. Das T'ai-chi ch'üan versucht immer eine den Gegner verletzende Stoßkraft zu vermeiden; oft wird nur ganz leichte, feine Kraft angewendet. Zuerst bewegt man ziehend und schiebend das Schwerkraftzentrum des Gegenübers, bis es in Bewegung gerät. Dann erst benutzt man eine Handtechnik mit beschleunigter Bewegung, um ihn wegzustoßen, was dann als Jin-Ausstoßen bezeichnet wird. Diese Art von Handtechniken spart Kraft und bringt doch eine erstaunlich große Wirkung. Weil der Gegner meist leicht bewegt werden kann (ziehen und schieben), ist auch sein Zentrum im Raum beweglich. Wenn die Wurzelkraft der Ruhehaltung gebrochen ist, ist die Reibung im Augenblick des Jin-Ausstoßens bereits sehr klein. Obwohl der Gegner weit weggestoßen wird, verspürt er keinerlei Erschütterungskraft. Im ›Lied vom Händeschieben‹ steht: »Den Gegner anziehen, ins

Leere leiten und wegstoßen... Mit vier Liang 1000 Jin überwinden«.[17] Dabei handelt es sich um ein vorteilhaftes Ausnutzen des Masseträgheitsprinzips, d.h. man leiht sich vom Gegner Bewegungskraft, um dessen Körper anzugreifen. Wenn sich beide Seiten in Ruhehaltung berühren, kann man oft beobachten, daß derjenige verliert, der sich zuerst bewegt, weil der Bewegungsablauf vom Gegner ausgenutzt wird. Deshalb heißt es im ›Lied der Form und Funktion‹: »In der Ruhe liegt Bewegung, in der Bewegung entsteht die Ruhe. Wenn man einen Gegner trifft, zeigt man durch Wandel die überlegenen Techniken.«[18] Beim Ausstoßen der Jin-Kraft gegen einen Gegner sollte die eigene Richtung etwa 15° seitlich zum Rückzugsweg des Gegenübers verlaufen. Denn obwohl die Bewegungskraft des Zurückschreitens eine Masseträgheit erzeugt, können Bein- und Hüftkraft des Gegners doch ein gemeinsames stabilisiertes Zentrum finden. Erreichen sie dieses Zentrum, so kann eine kontrahierte Widerstandskraft entstehen, die die eigene Jin-Kraft zurückstößt. Also sollte man Jin ohne Absicht, mit sich plötzlich ändernder Bewegungskraft und Richtung anwenden, bis das Schwerkraftzentrum des Gegners bewegt und aus dem ursprünglichen Gleis der Bewegungskraft hinausgestoßen wird. Wenn sich außerdem Beine und Füße des Gegners der wechselnden Richtung und den Änderungen nicht mehr anpassen können, hat man Aussicht auf ein erfolgreiches Einsetzen der Handtechniken, um den Gegner zu Fall zu bringen. In der Masseträgheit entsteht also eine andere Masseträgheit, die ein Mittel für die eigene Bewegungskraft ergeben sollte.

Im T'ai-chi ch'üan gibt es eine Art ›ermunternder‹ Jin-Kraft. Wenn jemand z.B. mit seiner Jin-Kraft die Ruhehaltung seines Gegners kontrolliert oder mit Jin-Kraft auf dessen Zentrum drückt, ist die ermunternde Jin-Kraft äußerst wirkungsvoll. Sie kann das Zentrum des ruhenden Gegners zur Bewegung verleiten, und diesen Augenblick der Haltungsänderung von Ruhe zur Bewegung kann man ausnutzen. Drückt jemand auf das Schwerkraftzentrum seines Gegners, so kann der durch stimulierte Bewegung das Zentrum des Drückenden in einen Zustand mit Masseträgheit bringen, die ebenfalls auszunutzen ist. Aber beim Ausnutzen dieser Trägheit darf man keineswegs das folgende grundlegende Prinzip mißachten. Sind Geschwindigkeit und Körpermasse groß, ist auch die Masseträgheit groß. Deshalb weist der

Satz »Jin wie einen Pfeil ausstoßen«[19] aus den ›Mentalen Erklärungen‹ auf die notwendige Geschwindigkeit zur Überwindung des Gegners hin. Ist der Gegner groß und schwer und beschleunigt man das Jin zu stark, kann man die entstehende Masseträgheit selbst nur noch schwer kontrollieren. Dadurch können Verletzungen auftreten, und auch das Jin kann unterbrochen werden, was der Könner im T'ai-chi ch'üan unbedingt vermeiden will.

### *4.2 Prinzip des Nachgebens und Abstreifens*

Zurückweichen bedeutet ein geradliniges Nachgeben, Abstreifen beschreibt ein rundes Wegdrehen. Das gerade Nachgeben verringert die immanente Federmechanik vom Stoßdruck der Bewegungsfähigkeit, rundes Wegdrehen dagegen reduziert die Reibung der Bewegungsfähigkeit über die Gelenke (die Windenmechanik). Bei beiden Regeln vermeidet man ein Aufnehmen von äußerer Kraft; dafür gibt es drei Gründe: 1. Eine Verlängerung des Zeitraums in der Anwendung der von außen kommenden Zentripedalkraft bewirkt ein plötzliches Verringern der Bewegungsfähigkeit und ihre Umwandlung in Schwäche. 2. Ein Ausweichen vor dem Aufprall der angreifenden Bewegungskraft auf das Zentrum und eine Verlängerung der Anwendungsstrecke der äußeren Kraft bewirken ein plötzliches Absinken der restlichen Geschwindigkeit, die dadurch in eine langsame, wirkungslose Bewegung umgewandelt wird. 3. Die ganz natürliche Methode: Während des Angriffs durch eine äußere Kraft bringt man nicht durch Ausweichen das Angriffsziel in Sicherheit, sondern leert diesen Bereich vielmehr durch Verlagerung des Schwerkraftzentrums. Die Bewegung verliert sich im Formlosen. Im ›Lied vom Händeschieben‹ heißt es dazu: »Den Gegner zum Vordringen verleiten und ins Leere laufen lassen.«[20] Im ›Kommentar‹ ist zu lesen: »Ist das Gegenüber hart und ich weich, so ist dies Nachgeben... Dringt der Gegner vor, so bin ich länger im Zurückgehen.«[21] Beide Zitate verweisen auf das erste Prinzip des Nachgebens. In den ›Mentalen Erklärungen‹ wird ausgeführt: »Hat man den Vorteil der runden Aktivität, so ändert sich alles Drehen in Leere und Gewichtung.«[22] Und wiederum im ›Kommentar‹: »Entsteht ein einseitiges Belasten, so kann man folgen.«[23] Hier liegt das dritte Prinzip, das runde Wegdrehen. Weiter heißt es in den ›Mentalen Erklärungen‹: »Die Hüften sind wie eine

Achse.«[24] Und im ›Kommentar‹: »Aktivität gleicht einem Rad.«[25] Hier findet sich das zweite Prinzip, das runde Wenden. Die Erklärung im ›Kommentar‹: »Entsteht Druck links, so ist links Leere; entsteht Druck rechts, so ist man rechts leer«[25] verweist auf eine Verbindung zwischen dem zweitem und dem dritten Prinzip, das Nachgeben mit rundem Drehen und Abstreifen.

### *4.3 Hebelanwendung*

»Mit vier Liang 1000 Jin überwinden«[26], dieser schon mehrfach erwähnte Grundsatz im T'ai-chi ch'üan benutzt außer dem Prinzip, Richtung und Bewegungsmaß vom Gegner ›auszuborgen‹ und die Widerstandskraft zu verringern, auch noch die durch Anwendung des Hebelprinzips bedingten Wirkungen. In der Regel drückt sich das so aus: Der Krafteinsatz multipliziert mit seiner Strecke entspricht der Widerstandskraft des Schwerkraftzentrums (oder: Widerstandskraft x Strecke). Folglich ist die Widerstandskraft in ihrer Größe proportional zur angewandten Kraft. Die Strecke dieser Kraft und die Strecke der Widerstandskraft verhalten sich reziprok zueinander, ebenso zur Strecke der Bewegungsveränderung. So kommt es zu dem Ergebnis »mit vier Liang 1000 Jin überwinden«, vorausgesetzt, die Widerstandskraft wird verkleinert, die angewandte Kraft vergrößert bzw. die Strecke der angewandten Kraft verlängert, wodurch sich die Strecke der Widerstandskraft verkürzt. Übt man in den T'ai-chi ch'üan-Soloform-Figuren die Hebelanwendung, so werden die Fußsohlen zu Kraftpunkten, die Hüftgelenke zu Achspunkten, die Zentren von Rumpf und Armen zu Schwerpunkten, die Beine zur Strecke der angewandten Kraft, die Hüftbereiche zur Strecke der Widerstandskraft. Manchmal benützt man ein Bein als Stütze, während das andere die Jin-Kraft überträgt. Über die Achspunkte kann wechselweise links und rechts das Schwerkraftzentrum des Gegners bewegt werden. Wenn der menschliche Körper das Knochensystem zu bewegen beginnt, wenden alle das Skelett stützenden Muskeln und die bewegten Gelenke, die als Achspunkte fungieren, eines oder mehrere Prinzipien des Hebelgesetzes an. Somit ist die T'ai-chi ch'üan-Übung eine Bewegung aller Muskeln und Gelenke, in der durch die Hebelanwendung Wirkungen von großer Bewegungskraft entwickelt werden. Anders als bei der Übung der Soloform-Figuren wird der Berührungspunkt der

Handflächen oft zum Schwerpunkt, die Hüften und Beine werden zu Kraftpunkten und die Fußsohlen zu Achspunkten. Wer lange übt und das Jin versteht, benutzt oft Füße und Beine des Gegners als Achspunkte und die eigenen Hüften und Beine als Kraftpunkte, um das Zentrum des Gegners zu bewegen und zu stoßen. Das Zitat »die Wurzeln des Jin liegen in den Füßen«[27] deutet auf den Achspunkt; »entsteht über die Beine«[27] verweist auf den Kraftpunkt; »wird von den Hüften geleitet«[27] entspricht der Strecke der angewandten Kraft, »zeigt sich in den Fingern«[27] meint den Schwerpunkt. Der Satz: »Von den Füßen über die Beine und Hüften in die Finger, die Übertragung muß in einem Atemzug beendet werden«[27], beschreibt die Hebelanwendung des gesamten Körpers.

### *4.4 Verschmelzung der Jin-Kräfte*

Im ›Kommentar‹ heißt es: »Die Möglichkeiten von Bewegung und Ruhe sind der Ursprung von Yin und Yang. Bewegen sie sich, so trennen sie sich; sind sie in Ruhe, so sind sie vereint. Kein Zuviel und kein Zuwenig, so folgt der Beugung eine Streckung. Ist der Gegner hart und man selbst weich, so heißt dies Nachgeben. Folgt man dem Rückzug des Gegners, so spricht man von Anhaften. Bewegt sich jemand schnell, so reagiere ich schnell. Ist jemand in der Bewegung langsam, so folge ich langsam ... Man muß vom Anhaften, Nachgeben, von Yin und Yang wissen. Anhaften ist auch Nachgeben, Nachgeben ist auch Anhaften. Yin verläßt nicht Yang, Yang verläßt nicht Yin. Ergänzen sich Yin und Yang, so führt diese Methode zum Verständnis der Jin-Kraft ... Kennt man die Methoden zum Tasten nach Gefühl, so erreicht man allmählich den Zustand, in dem man tun kann, was einem beliebt. Die eigene Person folgt dem Gegenüber. Viele vernachlässigen das Nahe und streben nach dem Fernen.«[28] Diese Stellen des ›Kommentars‹ verdeutlichen die Methodik beim Verschmelzen der Jin-Kräfte. Das Prinzip der Anpassung ist nur ein Ergänzen von Weichheit und Härte. Dazu muß man über entspannte Gelenke im ganzen Körper verfügen; erst dann kann die Anpassung behende und flexibel sein. Das Schwerkraftzentrum des eigenen Körpers wird nicht durch Schritte verändert. Deshalb ist die Bewegungsfähigkeit der Sprunggelenke wichtig. Wenn die Fußsohlen den Akupunkturpunkt ›sprudelnder Quell‹ (Yongquan) absenken und am Boden kleben, kann die Aktivität des Oberkörpers die Wurzelkraft nicht brechen; so werden Schritte unnötig. Wenn äußere Kraft den eigenen Körper berührt, muß man mit Gefühl ihre Richtung, Geschwindigkeit und die Position ihres Zentrums wahrnehmen. Dann folgt man mit entsprechendem Krafteinsatz und Geschwindigkeit ihrer Richtung und zieht das Zentrum des Gegners an. Diese Entsprechung in Kraftmaß, Geschwindigkeit und Richtung bedeutet nun eine Verschmelzung der Kräfte. Die vereinten Jin-Kräfte zweier Gegner sind also weder unterstützend noch widerstrebend, sondern einander angepaßt. Während der Jin-Verschmelzung ist es am wichtigsten, daß das eigene Zentrum weder gezogen noch gestoßen wird, wie sich das gegnerische Jin auch ändern mag. Man bewegt sich selbst aktiv, nicht zu viel und nicht zu wenig, und paßt sich dem Gegner an, auch wenn es so aussehen mag, als ob man bewegt wird.

Die Hauptanwendung der Jin-Verschmelzung liegt in den fünf Handtechniken zum Tasten nach Gefühl: 1. Das Schwerkraftzentrum des Gegners anziehen – Kontakt herstellen (anheften). 2. Nicht zu stark kontaktieren, den Gegner nicht verlassen – den Kontakt stabilisieren (ankleben). 3. In den Bewegungen ununterbrochen folgen – nachfolgen. 4. Sich selbst sammelnd dem Gegner folgen – nachgeben. 5. Den Kontakt nicht verlieren und auch keinen Widerstand bieten – sich zentrieren. Diese fünf Methoden bilden ein Fundament zur Verschmelzung der Jin-Kraft; sie sind in ihrer Differenzierung aber nur durch eigene praktische Erfahrung voll erfaßbar, zu verstehen und anzuwenden.

### *4.5 Anwendung der Jin-Kraft*

Nach den Gesetzen der Mechanik kann nur ein elastischer Körper eine erschütterungsfreie Bewegungskraft entwickeln. Wenn man im T'ai-chi ch'üan einen von außen kommenden Druck aufnimmt, folgt darauf ein Nachgeben und Abstreifen, zusammen mit einem Ins-leere-Führen der Kraftrichtung und des Kraftmaßes. Was hier unter ›Nachgeben‹ verstanden wird, wurde schon im Absatz 4.2 erläutert: mit dem Beugen der Gliedergelenke verändert man die ursprüngliche Haltung, bis die äußere Kraft sich totgelaufen hat. Darauf folgt man der Rückzugsbewegung der äußeren Kraft und gewinnt seine ursprüngliche Haltung wieder. Dieses Wiederherstellen der anfänglichen Position bedeutet Elastizitätskraft schlechthin. Im ›Kommentar‹ steht dazu: »Folgt man mit Beugung, so entsteht Streckung,... bewegt sich der Gegner schnell, reagiert man schnell; bewegt er sich langsam, so folgt man langsam;... strebt ein Gegner aufwärts, so macht man sich noch größer; beugt er sich nach unten, so sinkt man noch tiefer; dringt er vor, so macht man sich länger; zieht er sich zurück, so folgt man noch enger nach.«[28] In den ›Mentalen Erklärungen‹ heißt es: »Die Jin-Kraft wird wie in einem Bogen gespeichert und ausgestoßen, wie ein Pfeil die Sehne verläßt. In der Beugung sucht man das Gerade. Zuerst wird Jin gespeichert, dann ausgestoßen... Aufnehmen ist auch Kraft-Austeilen; ist das Jin gebrochen, kann es wieder verbunden werden... Nachfolgen und Zurückkommen verlangen eine Faltung (von Schulter, Ellbogen und Faust)... Jin speichert man in der Bewegung, so daß es reichlich vorhanden ist.«[29] Auch im ›Lied der Form und Funktion‹ wird erklärt: »Beugen, Strecken, Öffnen und Schließen beruhen auf Natürlichkeit.«[30] Ist die äußere Kraft groß, die ein elastischer Körper aufnimmt, so ist auch die elastisch zurückkatapultierte Kraftmenge groß. Ist die Geschwindigkeit der äußeren Zentripedalkraft hoch, so ist die elastisch zurückgeworfene Zentrifugalkraft und deren Geschwindigkeit hoch. In der Mechanik nennt man dies ›periodische Bewegung‹. Im T'ai-chi ch'üan wird dieses Prinzip angewandt, um ein ›Aufnahme-Jin‹ zum Zurückwerfen der äußeren Kraft aufzubauen; auch in den wegstoßenden Handtechniken findet es sich wieder. Die ›Mentalen Erklärungen‹ beschreiben es so: »Beim Ausstoßen der Jin-Kraft muß diese ganz abgesenkt und entspannt sein, sich auf eine Richtung konzentrieren.«[31] Elastizität findet also auch in Form des Aufnahme-Jin ihre Anwendung.

### *4.6 Drehen des Kraftmoments*

Im T'ai-chi ch'üan wird die Linie der angewandten Kraft, die gerade Strecke zum Stützpunkt, ›Kraftstrecke‹ oder ›Kraftarm‹ genannt. Das Jin (Kraft) multipliziert mit dem Kraftarm (Weg, Abstand zweier am gleichen Körper, aber an verschiedenen Punkten ansetzender Kräfte) ergibt das Kraftmoment. Die Kräfte an beiden Enden des Kraftarms jeweils multipliziert mit dem Kraftarm sind einander entsprechend. Die Größe beider Kräfte und der Kraftarm bilden ein reziprokes Verhältnis aus (zur Kräftebestimmung vgl. die physikalischen Berechnungsweisen des Kräfteparallelogramms bzw. Kräftepolygons). Ist daher der Kraftarm lang, so ist die Wirkung der angewandten Kraft groß; und die Drehkraft von Hüften und Rumpf, die Hände und Arme mitbewegt, ist größer als die Drehkraft von Händen und Armen allein. Das ist der Vorteil der ursprünglichen Körperposition im T'ai-chi ch'üan gegenüber anderen Kampftechniken. In den drei Handtechniken ›Zurückgleiten‹, ›Nach-unten-Ziehen‹ und ›schnelles Reagieren‹ kommt sie jeweils zur Anwendung. Der ›Kommentar‹ nennt das: »Beweglich wie ein Rad.«[32] Die ›Mentalen Erklärungen‹ sagen: »Dann hat man den Vorteil einer kreisförmigen Aktivität... Der stehende Körper muß aufrecht und zentriert sein, dann ist er in einer angenehmen Position, und die acht Seiten sind geschützt... Die Hüften sind wie eine Wagenachse.«[33] Diese Merkmale finden sich immer in kreisförmiger Aktivität und drehendem Abstreifen. Sie bilden das Prinzip in der Anwendung des Kraftarms und im Moment der Kraft, vor allem bei den drehenden Techniken des Nach-unten-Ziehens und des schnellen Reagierens.

Während des ›Pushing Hands‹ dienen diese zum Überwinden des gegnerischen ruhestabilisierten Schwerkraftzentrums, indem der Kraftarm beider Richtungen (›Paararm‹) eingesetzt wird und ein Drehen, Beugen und Schütteln des gegnerischen Zentrums bewirkt. Wenn die Kraft des stoßenden Armes und die Zugkraft des anderen Armes in ihrer Größe einander entsprechen, die Richtungen in gleicher Ebene jedoch entgegengesetzt sind, spricht man von einem ›Kräftepaar‹. Wenn beide Schultern Stützpunkte sind, bildet die Strecke zwischen ihnen den ›Paararm‹, bis sich der Rumpf dreht. Falls die linke Schulter und die rechte Hüfte die Stützpunkte bilden, ist ihre diagonale Verbindungslinie das ›Kraftpaar‹, bis der gegnerische Körper sich nach rechts beugt und schließlich zu Boden stürzt.

### *4.7 Zentrum der Stützkraft*

Findet man im ›Pushing Hands‹ das Schwerkraftzentrum des Gegners nicht, kann man nur noch mit unkontrollierter Rohkraft angreifen und überschreitet damit die Regeln des T'ai-chi ch'üan. Darum sei noch einmal darauf hingewiesen: Empfängt man eine genau auf das Schwerkraftzentrum gerichtete große Starrkraft, gleichgültig ob in festen Schrittstellungen oder in einer Bewegungshaltung, so wird der gesamte Körper aus seiner ursprünglichen Position fortgestoßen. Diesen die Kraft aufnehmenden Bereich des Schwerkraftzentrums nennt man auch ›Zentrum der Stützkraft‹. Im Prinzip kann während der Bewegung das Schwerkraftzentrum als Stützkraftzentrum dienen, unabhängig von der Art seiner Veränderung. Es ist ursprünglich der Punkt, an dem sich die Erdanziehungskraft eines Objektes in Ruhe gesammelt auswirkt. Während der Bewegung wird diese Schwerkraft teilweise aufgehoben und wandelt sich zum Zentrum der Trägheitsmasse. Daß wir im schnellen Lauf nur schwerlich plötzlich abstoppen können, macht dieses Prinzip deutlich. Die Übung des T'ai-chi ch'üan versucht ein Verständnis für die Position des Stützkraftzentrums auszubilden, wobei das Prinzip des masseträgen Zentrums in einer komplexen Bewegung sich nur schwer begreifen läßt. Selbst nach langer Übung und einem vertieften Verständnis des Nachgebens und Abstreifens empfindet man die Methoden zum Tasten nach Gefühl, in denen das gegnerische Schwerkraftzentrum kontrolliert werden soll, als sehr schwer erlernbar. Gelangt man eines Tages jedoch zum Verständnis der Jin-Kraft, kann man sich das masseträge Stützkraftzentrum zunutze machen. Man wird die lineare Bewegung (das Momentum), die dieses Zentrum durchschreitet, genau ergreifen und einen Gegner sehr weit und doch sanft wegstoßen können. Das Trägheitszentrum in der Bewegung ist nicht so einfach zu entdecken wie dasjenige in Ruhe. Keinesfalls sollte man rohe Kraft anwenden, denn diese verhilft nicht dazu, den Gegner erfassen und wegstoßen zu können. Wer die Jin-Kraft verstanden hat, kennt auch genau das Schwerkraftzentrum und dessen Position beim Gegner, wird es aber kaum sofort angreifen. Vielmehr wird er es in Bewegung zu versetzen und zu entwurzeln suchen oder die Ruheposition zum Trägheitszentrum einer Bewegung zu machen versuchen. Dann wird er es fest ergreifen und ohne Zaudern die vom Zentrum abgewandte Geschwindigkeit einsetzen. Im ›Kommentar‹ heißt es dazu: »Das Gewicht soll nicht einseitig abgesenkt werden, das Zentrum nicht verborgen, aber auch nicht offensichtlich sein.«[34] Dies deutet genau auf das Stützkraftzentrum hin. Man kann sich das am Beispiel eines schwebenden Balles verdeutlichen. Sein Stützkraftzentrum ist der Kugelmittelpunkt (Kreismittelpunkt). Der Verständige kann mit einem Finger den Ort der Stützkraft kontrollieren. Außerdem kann jeder Oberflächenpunkt zur Kontrolle verwendet werden. Bei einem Angriff ohne dieses Verständnis wird man mit Sicherheit von der Kugelform abgleiten, und das Zentrum wird den Ganzkörper in Drehung versetzen, so daß man es nicht erfassen und wegstoßen kann. Da es nur einen Weg gibt, der das Massezentrum des Kugelkörpers durchläuft, muß das Bewegungsmaß liniengerade darauf verlaufen; das ist ein Prinzip des Stützkraftzentrums.

### *4.8 Richtungsänderung der Kraft*

Den Einsatz der Jin-Kraft nennt man in der Mechanik ›Arbeit‹. Zur Berechnung verwendet man die (Anwendungs-)Kraft multipliziert mit Richtung und Maß der Positionsveränderung (Weg). Wenn angewandte Kraft und Bewegungsrichtung nicht eins werden, entsteht zwischen beiden ein Winkel. Die Wirksamkeit wird dann, je nach der Größe des Winkels, gegen Null tendieren. Dieses mechanische Prinzip ist für die Anwendung des T'ai-chi ch'üan besonders wichtig. Wenn ein sehr hoher Baum gefällt wird, kann man beobachten, daß die Arbeiter zunächst seine Fallrichtung und seinen Aufschlagbereich festlegen. Ein sehr schwerer und großer Baum kann schon von zwei oder drei Leuten kontrolliert werden, indem er am Wipfel mit Seilen in die gewünschte Richtung gezogen wird. Die Handtechnik des Zurückgleitens nach links verwendet praktisch das gleiche Prinzip. Im Augenblick der gegnerischen Kraftentfaltung setzt man die Fähigkeit der Jin-Wahrnehmung ein. Zuerst wird die gegnerische Jin-Kraft mit der eigenen verschmolzen, wodurch die Richtung der eindringenden Kraft abgeändert wird, bis schließlich die gesamte Kraft des Gegenübers vollkommen ins Leere abgeleitet ist und jede Wirkung verliert. Im ›Lied der Form und Funktion‹ heißt es: »In der Ruhe liegt Bewegung, in der Bewegung liegt Ruhe. Trifft man auf einen Gegner, so zeigt man durch Wandel die überlegenen Techniken.«[35] ›Überlegen‹ (Shenji, wundersam, göttlich-abstrus), diese beiden Zeichen deuten hier auf die Anwendung des Prinzips von der Richtungsänderung der Kraft. Diese Änderung und die vereinte Kraft zweier gleichzeitig ausgestoßener Jin sind gänzlich unterschiedlich. Beherrscht man die entsprechende Methodik zu dieser Änderung, kann man eine enorme Steigerung der Wirkung erzielen. Wenn man im ›Pushing Hands‹ jemand wegstoßen möchte, wird zunächst mit der Kraft des hinteren Beines der Gegner horizontal gestoßen, bis das eigene Schwerkraftzentrum gerade auf das vordere Bein verlagert ist; dann schließt sich ein sofortiger Jin-Ausstoß des vorderen Beines nach oben an. Dadurch wird der Körper des Gegners zuerst in eine horizontale Rückwärtsbewegung versetzt. Die anschließend empfangene Kraft geht nach oben, entwurzelt die Füße vom Boden, bis zu einem Augenblick des scheinbaren Schwebens, und man wird den gegnerischen Körper weit und effektiv wegkatapultieren können.

### *4.9 Übertragung von Stoßkraft*

Die Stoßkraft (Impulsivkraft) und ihre Anwendungsdauer sind äußerst kurz und schnell, dadurch aber auch sehr wirksam. Da die Länge der Strecke klein, das Kraftmaß aber groß sein muß, um die gewünschte Wirkung zu erzielen, verringert sich die Kraft nach dem Gesetz der Krafterhaltung nicht gleich. Eine Strecke von entfalteter Kraft entwickelt somit entsprechende Wirkungen, wie wir sie etwa bei einem Nagel beobachten können, der von einem Hammer ins Holz getrieben wird. Wegen der Größe des Hammers und der Kleinheit des Nagels erscheint das Ergebnis recht imposant. Aber alle vom Nagel aufgenommene Erschütterungskraft ist gar nicht so groß, denn sein Bewegungsmoment wird im Prozeß des Eindringens schon wieder verringert. Bei einem ›genagelten‹ Objekt wird also nur viel Kraft auf einen Punkt übertragen. In der Handtechnik des Pressens wird genau diese Übertragungsanwendung der Stoßkraft eingesetzt. Eine Hand haftet durch die Abwehr-Technik am Körper des Gegners, nimmt die Übertragung des ausgestoßenen Jin der anderen Hand durch Pressen auf und leitet sie an den gegnerischen Körper weiter. Obwohl der Gegner aus seiner ursprünglichen Position gepreßt wird, bleibt die aufgenommene Erschütterung doch extrem weich und fein. Sie ist nicht anders als die direkte Stoßkraft von Ellbogen- und Schulterstoß, die durch starke Erschütterung den Gegner schwer verletzen können, weshalb sie auch nur in Notfällen ernsthaft eingesetzt werden.

### *4.10 Unbestimmtes Maß der Richtungsänderung*

Das positionsverändernde Kraftmaß verbindet die Größe (Entfernung) und Richtung miteinander zum ›Richtungsmaß‹, das ebenfalls eine Berechnungsformel hat und für den Menschen kontrollierbar ist. Wenn Kraftgröße und Richtung nicht festgelegt sind, gibt es keine Berechnungs- und Kontrollmethode. Das Bewegungsmaß im T'ai-chi ch'üan zeigt immer Leere und Gewichtung, ist nicht leicht zu ergründen und wird deshalb als ›nicht festgelegtes Richtungsmaß‹ bezeichnet. Wenn bei zentriertem Rumpf die Hüften und Beine das Schwerkraftzentrum verlagern, sind alle Handtechniken von einer gleichförmigen Geschwindigkeit. Wenn aber der Rumpf sich entweder nach links oder rechts dreht, aufwärts steigt oder abwärts sinkt, also sich vertikal bewegt, verbreitet sich diese Bewegung über die Wirbelsäule oder über das Dantian als Zentralachse. Deshalb sind die Bewegungen der Handtechniken und der Hüftdrehungen in ihren Geschwindigkeiten unterschiedlich. Auch die Richtungen ändern sich sehr häufig. Eigene Positionsveränderungen des Körpers entstehen im T'ai-chi ch'üan durch veränderte Bewegungen in jeder Figur, was je nach Bereich ganz unterschiedlich sein kann. Einmal verändert sich nur der Unterarm, dann der Oberarm, der Rumpf oder der gesamte Körper. Die Größe der Bewegungsmasse und die Richtung ändern sich ebenfalls oft, und somit wird die Jin-Aktivität im Soloset des T'ai-chi ch'üan zu einer nicht festgelegten Richtung und Größe. Deshalb ›kann der Gegner meinen nächsten Schritt nicht vorausberechnen, ich selbst aber durchschaue den Gegner‹. Jederzeit kann durch eine entsprechende Wahl der Richtung und Drehung ein Angriff oder eine Verteidigung vorbereitet werden.

### *4.11 Bewegungskraft aus Körperfähigkeiten*

Die mechanische Bewegungskraft kann durch Anwendung der exakten Formeln des Hebelgesetzes berechnet werden. Die Bewegungsfähigkeit des menschlichen Körpers kann aber nur durch mechanische Versuche bestimmt werden. Außerdem sollte man die Berechnung nicht von der Figur abhängig machen, denn die Fähigkeiten des Körpers können erst durch ein gezieltes Training voll entwickelt und ausgeschöpft werden. Ohne Übung wird man bei allen Anwendungen nicht die latenten Möglichkeiten seines Körpers ausnutzen können. Wer aber hart an sich arbeitet, wird in allen Bereichen seine ursprünglichen Körperfähigkeiten bei weitem übertreffen. Hier zeigt sich erneut, warum der Mensch nicht auf körperliche Übung verzichten kann, wenn er die Möglichkeiten seines Körpers ganz ausschöpfen will.

Sobald sich der menschliche Körper bewegt, entsteht kinetische Kraft. Wird die Bewegung beschleunigt, bewirkt dies auch ein Ansteigen der Kraft. Die Bewegungskräfte oder -fähigkeiten unterscheiden sich besonders in folgenden Punkten: 1. Elastizität der Muskulatur: Das allein von der Skelettmuskulatur bewirkte Elastizitätsmaß benutzt nur die Kontraktionskraft der Muskeln durch Beugen und Strecken eines Gelenks. Es wird auch ›Jin-Kraft eines einzelnen Gelenks‹ genannt. Die entsprechende Kraft wenigstens zweier Gelenke heißt ›Elastizitätskraft aufeinander folgender Gelenke‹. Weiterhin gibt es den Unterschied zwischen der Elastizitätskraft aufeinander folgender Gelenke in Armen oder Beinen und der Elastizitätskraft aller Gelenke des gesamten Körpers. Vergleicht man jeweils die Kräfte, so unterliegen die ersteren Teilkräfte der letzteren Gesamtkraft natürlich deutlich. In den Handtechniken Abwehren, Zurückgleiten und schnelles Reagieren werden alle Arten der Elastizitätskraft der Muskeln benutzt. 2. Statische Stoßkraft (aus der Positionseigenschaft): Sie beruht auf der Elastizitätskraft aufeinander folgender Gelenke in den Beinen; hierbei geht es also um die Schrittechniken. Nach Positionsveränderungen des Körpers, einem Vordringen oder Zurückschreiten oder bei festen Schrittstellungen nach Schwenk-, Rüttel- und Drehbewegungen entsteht durch das Schwerkraftzentrum des Körpers bzw. durch seine Positionsveränderung Bewegungskraft. Ihre Geschwindigkeit und ihr statisches Vermögen sind proportional. Die Stoßkraft des statischen Vermögens findet im T'ai-chi ch'üan durch die Handtechniken Schulter- und Ellbogenstoß eine direkte Anwendung. Das Bewegungsmaß der Stoßkraft ist der Elastizitätskraft zwar in der Größe überlegen, aber sie ist nicht so beweglich und flexibel einsetzbar. 3. Kombination von Stoß- und Elastizitätskraft, eine verbundene Doppelanwendung: Kann man gleichzeitig beide Kräfte entwickeln, ist dies besonders vorteilhaft. Die Handtechnik des Pressens umfaßt das gesamte Vermögen von vereinter Stoß- und Elastizitätskraft. In der Handtechnik des Stoßens wird Elastizitätskraft von aufeinander folgenden Gelenken in den Beinen und Stoßkraft einer statischen Position der Arme gleichzeitig verwendet. Kann der Übende diese Prinzipien verstehen und umsetzen, wird er mit halbem Aufwand die doppelte Wirkung erzielen.

### *4.12 ›Locus‹ – (geometrische Orts-) Bewegung*

Alle Bewegungen der T'ai-chi ch'üan-Handtechniken folgen dem Gesetz einer harmonischen langsamen Aktion und sind natürlich, leicht und entspannt. Außerdem beschreiben sie immer kreisförmige runde Strecken. Während der Übung der Soloform gibt es keine Unterbrechung; die Figuren werden in einem Atemzug ausgeführt, ohne daß es zu einem Stoppen oder Verspannen kommt. Alle im Raum durch die Hände beschriebenen Bewegungslinien entstehen durch Verbindung zahlreicher ›Loci‹ (geometrischer Orte) in gebogenen Linien. Folglich gibt es keine Punkte mit Kraftanwendung, so daß sich tatsächlich jeder Punkt in einen Kraftpunkt verwandeln kann. Diese kunstvolle Locus-Bewegung sollte immer als ganz besondere Bewegung in den Hand- und Armaktionen demonstriert werden.

# D: I Ging und T'ai-chi-Faustkampf

Schon im ›Klassiker‹ und im ›Kommentar‹ der Faustkampfkunst T'ai-chi ch'üan sind alle Prinzipien des körperlichen Einsatzes umfassend dargestellt. Kein Zeichen dieser beiden klassischen Schriften geht dabei über die I Ging-Theorie des T'ai-chi hinaus. Damit der Übende die tiefere Bedeutung der Bewegungen des Körpers und ihrer Anwendung in den Solofiguren versteht, muß man sie auch mit der I Ging-Theorie begründen. Das betrifft vor allem die Anwendungen, die ihren Ursprung im ›Hetu‹ (Karte des Gelben Flußes, Flußkarte) und im ›Luoshu‹ (Schrift des Flußes Luo, Luoschrift) haben, zwei Schriften aus der Antike. Man muß die Trigramm-Theorie, die gegenseitige Erzeugung und Überwindung der fünf Wandlungsphasen heranziehen, um zu einem grundlegenden Verständnis zu gelangen. Konfuzius beschreibt es so: »Alle Dinge haben Anfang und Ende, alle Angelegenheiten einen Beginn und einen Schluß. Weiß man von Anfang und Ende, von ersterem und späterem, so nähert man sich dem Weg (Dao).«[1] Dieses Kapitel, das sich auf eigene jahrelange Forschung stützt, beschäftigt sich mit der Erklärung des T'ai-chi ch'üan durch die Logik des I Ging. Auch wenn im heutigen China westliches Wissen sehr populär geworden ist, wird doch immer noch das uralte ›Buch der Wandlungen‹ hervorgeholt und studiert. Sehr leicht entsteht dabei der Eindruck, daß man umso weniger versteht, je mehr man liest; das Wissen darum bleibt meist sehr vage. Will man also das I Ging und seine Theorie ergründen, setzt das ein gewisses Vertrauen in dessen Wahrheit voraus.

Beim Studium dieses Weisheitsbuches sollte man sich nicht auf den überlieferten Text beschränken, sondern auch die zahlreichen Kommentare aus der chinesischen Geschichte zu Rate ziehen. Wichtig sind zu allererst die ältesten ›Erklärungen von König Wen‹ (Wen Wang tuanchuan)[2] und die ›Linien-Erklärungen von

Fürst Zhou‹ (Zhou Gong yaoce)[3], die den eigentlichen Text des I Ging bilden. Dann folgen eingehende Erklärungen von Konfuzius, die als ›Appendizes‹ (Chuan) oder ›zehn Flügel‹ (Shi weng)[4] bekannt sind. Dabei unterscheidet man die Erklärungen, die sich direkt auf den Text des König Wen (Tuanchuan) beziehen, von den Erklärungen zu Fu Xi's Hexagrammen (Da xiangchuan) und den Erklärungen zum Text des Fürsten Zhou (Xiao xiangchuan). Für die beiden ersten Hexagramme gibt es zusätzliche konfuzianische Anmerkungen (Wenyan chuan). Dies sind die ersten fünf Flügel, die sehr speziell an bestimmte Hexagramme gebunden sind. Generelle Erklärungen zur I Ging-Theorie finden sich in den letzten fünf Flügeln: ›Großer Appendix 1 + 2‹ (Xice shang, xia chuan), ›Erklärungen zu den Trigrammen‹ (Shuogua chuan), ›Geordnete Sequenz der Hexagramme‹ (Xugua chuan) und ›Anmerkungen zu wechselnden Hexagramm-Bedeutungen‹ (Zagua chuan). Zusätzlich gibt es zahlreiche Kommentare aus zwei oder drei Jahrtausenden von den verschiedensten Gelehrten des I Ging.

In den folgenden zwei Abschnitten soll zunächst einmal erläutert werden, weshalb das Verständnis des I Ging ein Vertrauen in seine Wahrheit voraussetzt und was das Verständnis seiner Theorie für den T'ai-chi ch'üan-Übenden bedeutet.

## a) Die I Ging-Theorie verbindet die Denkschemata in den chinesischen Wissensbereichen (frühzeitliche ›Wissenschaften‹).

Die I Ging-Theorie macht Aussagen über die Veränderungen und Bewegungen des großen Universums. Zheng Xuan aus der östlichen Han-Dynastie sagte: »Einfachheit (Yi) ist sein Name; ein Zeichen mit drei Bedeutungen: ›vereinfacht‹ ist die eine, ›Veränderung des Einfachen‹ die zweite und ›Nicht-Veränderung‹ die dritte.«[5] Einfachheit verweist auf Himmel (Qian) und Erde (Kun), die veränderte Einfachheit auf die Trigramm-Theorie und Nicht-Veränderung auf das T'ai-chi. Das Hetu luoshu und das ›T'ai-chi tu‹ (Graphik des T'ai-chi) umfassen jeweils diese drei Prinzipien. Sie dienten dazu, das Wissen der Menschen zu bereichern, und verbinden die Denkweisen der traditionellen Disziplinen Chinas. So können z. B. die Handtechniken im T'ai-chi ch'üan zwar nur durch die eigene körperliche Wahrnehmung verständlich werden, die nur schwer durch verbale Erklärungen zu verdeutlichen ist. In der I Ging-Theorie aber finden sich Erklärungen, die man fast körperlich zu begreifen scheint, sobald man sie hört. Werden die Figuren der Soloform dazu noch durch die grundlegende Trigramm-Theorie definiert, wächst das theoretische Verständnis des Lernenden, unterstützt ein Fortschreiten in den Faustkampftechniken und verhindert ein blindes Folgen.

Nach der I Ging-Theorie verfügt jeder Mensch über ein latentes Wissen, zu dem die Theorie nur der Schlüssel ist. Vertrauen und Ausdauer sind auch hier Voraussetzungen zum Gebrauch dieses Schlüssels. Wer die I Ging-Theorie erforschen will, sollte zunächst bei den Zahlenerscheinungen beginnen und diese dann mit der nicht einfachen Theorie von den Dingen und Angelegenheiten verbinden. So kommt man zur ›echten‹ Theorie und vermag die zentrale Lehre besser zu verstehen. Durch die Erforschung einer Richtung erkennt man die drei anderen und erreicht so einen neuen Wissensstand. So hat z. B. G. W. Leibniz, der Entdecker der Infinitesimalrechnung, seine ›Zwei-Zahlen-Mathematik‹ auch aus der I Ging-Lehre abgeleitet. In seinem Entwurf sagte er, daß seine neuartige und damals kaum vorstellbare Entdeckung von einem der ersten Fürsten Chinas, von vor mehr als 3000 Jahren, kommt. Er habe es einfach in den uralten geheimnisvollen Schriften des Philosophen Fu Xi (ca. 2852 v. Chr.) gefunden. Weil dieses Buch wirklich ganz unvorstellbare Wunder aufspeichere, sei er ganz unerwartet auf diese bis heute noch nicht versuchte Rechenmethode gestoßen. Sie werde für die gesamte Mathematik eine neue Entwicklung zu ihrem Vorteil auslösen und stark beeinflussen, was sie ja dann auch getan hat.[6] Dies ist nur ein Beleg dafür, wie das I Ging ganz unterschiedliche Wissensbereiche miteinander verknüpft hat. Man denke nur an die Verwendung von Yin und Yang im Binärcode des Computers. Die Grundkonzepte der Einzeldisziplinen in der langen chinesischen Kulturgeschichte stehen nahezu ausnahmslos in Beziehung zum I Ging; entweder beruhen sie direkt auf ihm oder sind zumindest davon beeinflußt. Schon Zhou Dunyi aus der Song-Dynastie sagte: »Das I Ging ist nicht nur der Urquell der fünf Klassiker, sondern auch das Mysterium von Himmel und Erde, guten und schlechten Geistern.«[7]

### b) Anwendung der ›echten‹ Theorie in der Realität

Die Menschen haben heute nicht mehr einen so tiefen Zugang zum I Ging wie früher; meist wird der Kenntnis der westlichen Wissenslehren der Vorrang eingeräumt. Somit kann es nicht ausbleiben, daß zum traditionellen chinesischen Wissen nur noch eine spärliche Beziehung besteht. Die östliche Theorie mit ihrer mysteriösen Tiefe stößt nur noch auf das Interesse weniger. Dabei bräuchte es nur eine korrekte Untersuchung und Erforschung des I Ging, um seine Gültigkeit für die Realität heute belegen zu können. Damit entstünde quasi von selbst ein erneutes Interesse an seiner Theorie, und ihr wahres Prinzip könnte wiederentdeckt werden. Schließlich sind die klassische Zeitrechnungsmethode in China, das antike Militärwesen, Grundlagen der Außenpolitik, mathematische Syteme (Zhoupi, eine der drei uralten Rechenschulen), Abakus, Reimgesetze, Moralprinzipien, Kampfwagen, Feuerwerk, Kompaß und Globus aus der I Ging-Theorie entwikkelt worden oder zumindest von ihr beinflußt. Das neuerdings im Westen zu beobachtende Interesse am I Ging ist wohl unterschiedlich zu beurteilen. Einerseits begeben sich viele Anhänger des New Age ohne Zugang zu dem Original (keine Sprachkenntnisse!) ins rein Spekulative und Mystische. Andererseits werden aber die aktuellen Anstrengungen westlicher Sinologen zur Neu-Interpretation des I Ging auch von chinesischer Seite mit großer Spannung erwartet, bringen sie doch hoffentlich die zu sehr christlich beeinflußte und veraltete Standardübersetzung von R. Wilhelm in eine adäquatere Form.

## 1 Grundlegendes Wissen um das I Ging

Das T'ai-chi ch'üan ist aus den chaotischen unberechenbaren Veränderungsbewegungen des T'ai-chi in seiner Grundtheorie entstanden und bildet folglich nur die Erscheinungen und Phänomene aus dem I Ging ab; ursprünglich beruht es auf Ableitungen aus dem Hetu luoshu. Hier soll nun die Verbindung zwischen I Ging-Theorie und den Grundlagen in den Ch'üan-Methoden aufgezeigt werden, wozu grundlegende Kenntnisse der I Ging-Theorie unbedingt notwendig sind. Untersucht man diese Theorie, muß man zuerst die beiden genannten Schriften betrachten. Darin findet man die Primär-Zahlen, und so lernt man durch ihr Arrangement die Theorie verstehen, so daß das I Ging leichter aufgenommen werden kann.

### *1.1 Geschichte des I Ging*

Das I Ging, auch Zhouyi genannt, beinhaltet das philosophische Konzept des T'ai-chi. Es gehört von Anfang an dazu und kann nicht davon getrennt werden. Von Pao Xi (= Fu Xi) wurden die acht Trigramme gezeichnet. Nach ihm studierten die Heiligen, Weisen und Herrscher das I Ging, um Antworten auf die Probleme der Zeit und des jeweiligen Reiches zu bekommen. Ohne Abänderung wurde das nicht einfache Prinzip des T'ai-chi meist dazu benutzt, um zu regieren, eine Dynastie zu errichten oder einen Kodex zu ergänzen. In der Xia-Dynastie entstand das ›Lianshan‹ (verlorengegangene Version des I Ging), in der Shang-Dynastie das ›Guicang‹[8] (ebenfalls verlorengegangen) und in der Zhou-Zeit das Zhouyi, die einzig erhaltene Version des Buches. Die Theorie des T'ai-chi umfaßt all das, was im Zhouyi über verschiedene Zeiten, Vorgänge und Wissensbereiche gesagt ist. Seine Geschichte wird schon in den ›Jahrhunderten der Kaiser und Könige‹ beschrieben: »Pao Xi schuf die acht Trigramme, Shen Nong (ca. 2737 v. Chr.) vermehrte sie auf 64 Hexagramme; Huangdi (der Gelbe Kaiser, ca. 2697 v. Chr.), die legendären Kaiser Yao (ca. 2356 v. Chr.) und Shun (ca. 2255 v. Chr.) führten sie weiter, teilten alles in die zwei Instrumente (Yi), bis die Menschen der Xia-Dynastie es wegen Yandi (= Shen Nong) Lianshan, die Leute der Yin-(= Shang-)Dynastie Guicang nannten. König Wen (ca. 1171 v. Chr.) entwickelte in Yuli (seinem Gefängnis in Henan) die 64 Hexagramme weiter, die Trigramm-Striche für die Zahlenwerte 7, 8, 9 und 6. Dies nennt man das Zhouyi.«[9] In ungefähr zwei Jahrtausenden vor und nach der Zeitenwende wurde es ohne Unterbrechung tradiert. Es ist bedauerlich, daß das Lianshan und Guicang, die beiden früheren I Ging-Versionen, und ihre Kommentare schon früh verloren gingen. Vermutlich hat es schon im Mittelalter kein Exemplar dieser Schriften mehr gegeben. Insofern ist es von großer Bedeutung, daß das Zhouyi durch die beiden Schulen des Konfuzianismus und des Daoismus aufbewahrt und bis in die Gegenwart tradiert wurde. Die Theorie des Zhouyi basiert von ihrer Entstehung, ihrer Ableitung und ihrem Inhalt her auf philosophischen und wissenschaftlichen Grundlagen; gleichzeitig liegt ihr ein Moralprinzip zugrunde. Das Zhouyi als Mystizismus abzutun, ist eine oberflächliche und falsche Einschätzung dieses Werkes.

### *1.1.1* Natürliche Gesetzmäßigkeit von Schicksal und Evolution

Das Universum mit seinen großen Sternen wie mit seinen kleinen Elektronen befindet sich permanent in einer stimulierten Ordnung. Sie beruht auf Anziehung und Abstoßung in den Kräften der beiden Aktivitäten von Weichheit und Härte. Ewig bleiben dieses ›Große ohne Äußeres‹ und ›Kleine ohne Inneres‹ bestehen und erhalten. Dies ist das Prinzip des T'ai-chi und zugleich auch unserer Welt. Das erstere steht für Vergangenheit, Gegenwart und Zukunft, das zweite für oben und unten, für die vier Hauptrichtungen und die dazwischenliegenden vier Ecken. Sie umfassen sowohl die Dimension der Zeit als auch die des Raumes. In dieser Existenz folgen alle physikalischen Objekte und Körper den sechs Prozeßphasen der Entstehung, des Wachsens, der Blüte, des Abnehmens, des Loslösens und der Vereinigung und ändern sich ununterbrochen in diesem Kreislauf. Aber jeder Körper unterscheidet sich in den Kreislaufprozessen durch Zeit (›zuerst oder später‹) und Raum (›Position‹). So haben die Aktivitätszustände jeweils die Form von ›Angepaßtheit‹ und ›Entgegengesetztheit‹. Wie in einer Vergrößerung oder Verkleinerung des Raumes oder in einer Verkürzung oder Verlängerung der Zeit zeigen sich in der I Ging-Lehre die Veränderungen im menschlichen Leben als Erscheinungen von Blüte und Verfall, langem Leben und frühem Tod, Gesundheit und Krankheit. Wenn man die Richtungen in den Veränderungen der Existenz verstehen kann und sich entsprechend anpaßt und einfügt, spricht man von ›Schicksal‹. Weiß man vom Schicksal nicht und hört auf seine natürlichen Fähigkeiten, nennt man es ›Evolution‹.

### *1.1.2* Entwicklungsprozeß der Trigramme in Flußkarte und Luoschrift

Zu Beginn der chinesischen Geschichte entwickelte der legendäre Herrscher Fu Xi die Karte des Gelben Flusses (Hetu) und das

Prinzip des T'ai-chi, indem er sich an der Gesetzmäßigkeit der Änderungen im Universum orientierte. Er erforschte die acht Trigramme und die Ordnung in ihren Änderungen. Diese wurden später die ›acht Trigramme des früheren Himmels‹ genannt. Die Flußkarte[10] symbolisierte ursprünglich die gegenseitige Aufhebung oder Verlängerung bei Angelegenheiten (bezieht sich auf menschliche Aktivitäten) und Dingen (bezieht sich auf die Objektwelt) durch Zahlen. Die acht Trigramme repräsentieren die Änderungserscheinungen in den Dingen und Vorfällen. Seit diesem Zeitpunkt entwickelten die Menschen die grundlegenden Konzepte von oben und unten, Haupt- und Nebenrichtungen und unterschieden innen und außen, Bewegung und Ruhe. Dadurch entstand das Wissen zur Aufzeichnung bestimmter Dinge und zu Berechnungen. Aber diese Anfänge gingen nicht über die Theorie des gegenseitigen Mehrens oder Verminderns durch Yin und Yang in der Flußkarte hinaus. Alle darin befindlichen Änderungen entstanden aus der Einfachheit hin zum Komplexen, vom Nahen ins Ferne, zwischen Bewegung und Ruhe, und zwar ohne Ende. Vor jeder Veränderung muß es zuerst immer eine gesetzmäßige Erscheinung geben, ein glückliches oder unglückliches, bedauernswürdiges oder willkommenes Omen. Diese Zeichen zeigen nur die Richtung der Änderungsbewegung, was als Prinzip in der Prophezeiung angewandt wird.

### *1.2 Erklärungen zur ›Flußkarte‹*

Das über 4000 Jahre alte Werk von Fu Xi, der sich von der Zeichnung auf dem Rücken eines ›Drachenpferdes‹ (Longma, Pferderasse am Gelben Fluß mit gezwirbelten Haaren) dazu inspirieren ließ, nennt man die Karte des Gelben Flusses oder einfach Flußkarte (siehe Abb. 4).[11]

Diese Karte wurde der Nachwelt als schwarzweiße quadratische Punktekonstellation überliefert, die innere und äußere Kreisrichtungen ausdrückt und sich auf die zehn geraden und ungeraden Zahlen von Yin und Yang ausdehnt und diese anordnet: 1 und 6 kommen auseinander, 2 und 7 werden Freunde, 3 und 8 gehen gleiche Wege, 9 und 4 sind Kumpanen und 5 und 10 erhalten sich gegenseitig. Jede Zahl sucht ihresgleichen, so daß insgesamt fünf Positionen entstehen. Fu Xi hat nach dieser Skizze die

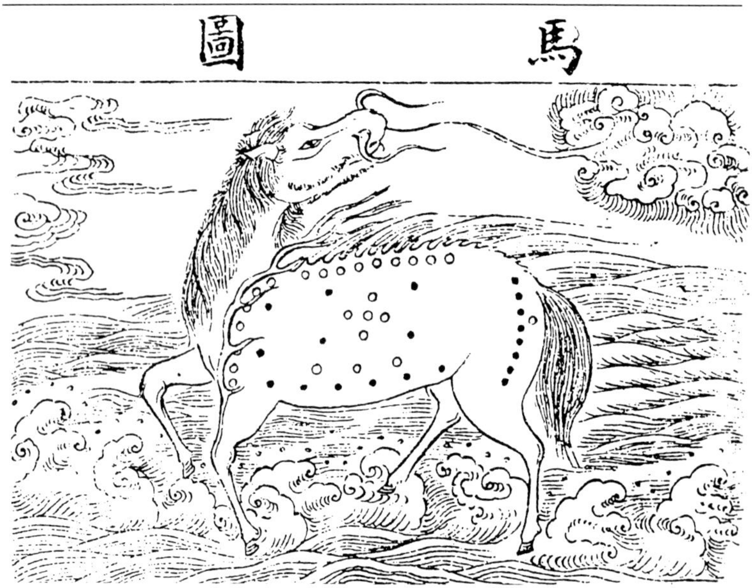


*Abb. 4: Quadratische Flußkarte auf Drachenpferd*

acht Trigramme gezeichnet und damit die Grundlage für die Schriftzeichen der Nachwelt gelegt. Die Karte vom Fluß enthält alle Konstellationen von Yin und Yang, wie sich sehr deutlich zeigt (siehe Abb. 5):

1. Ungerade und gerade Yin- und Yang-Zahlen: Jeder Kategorie sind fünf Zahlen zugeordnet, folglich werden im Zhouyi die fünf ungeraden 1, 3, 5, 7 und 9 als Zahlen des Himmels bezeichnet und dem Yang zugeordnet. Die fünf geraden 2, 4, 6, 8 und 10 sind die Zahlen der Erde und dem Yin zugeordnet. Die fünf Positionen sind einander entsprechend, und jede einzelne birgt ihre Ergänzung in sich. Die Zahlen von Himmel und Erde ergeben addiert 55.

2. Yin und Yang, innen (Erzeugung) und außen (Vervollkommnung), mit jeweils fünf Zahlen: Die inneren Seiten bringen 1, 2, 3, 4 und 5 hervor, sind erzeugend und gehören zu Yin. Der Weg des Yin beherrscht die Transformation in den vier Trigrammen Dui (See), Li (Feuer), Xun (Wind) und Kun (Erde). Seine Zahlen erreichen durch Rückschritt das Maximum. Die äußere Seite bringt 6, 7, 8, 9 und 10 hervor; sie sind vervoll-

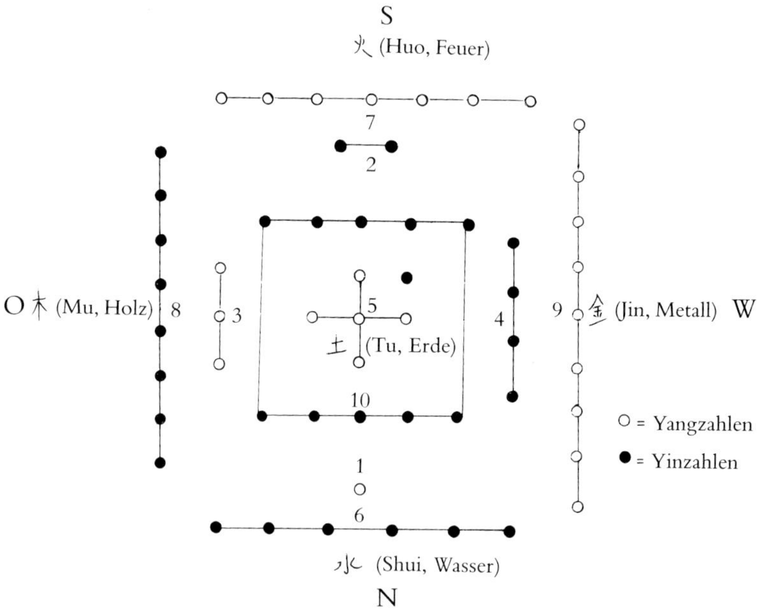


*Abb. 5: Quadratische Flußkarte mit vier Hauptrichtungen und Wandlungsphasen*

kommnend und gehören zu Yang. Der Weg des Yang beherrscht die Veränderungen in den vier Trigrammen Qian (Himmel), Zhen (Donner), Kan (Wasser) und Gen (Berg). Seine Zahlen erreichen durch Fortschritt das Maximum. Eine erzeugt, die andere vervollkommnet, beide sind einander angepaßt. Das Prinzip der fünf Wandlungsphasen (Wu xing) beruht auf dieser Entdeckung.

3. Vertikales und horizontales Yin und Yang: Beiden sind jeweils vier Zahlen zugeordnet: Waagerecht 9, 4, 3 und 8, alle Yang, von West nach Ost; senkrecht 7, 2, 1 und 6, alle Yin, von Süd nach Nord. Yin und Yang unterscheiden sich in je ein ›strahlendes‹ (Lao) und ein ›vermindertes‹ (Shao) und bilden so die vier Erscheinungen (Si xiang): 9 und 4 sind strahlendes Yang; 3 und 8 sind vermindertes Yin; 1 und 6 sind strahlendes Yin; 2 und 7 sind vermindertes Yang. Die vier Erscheinungen dehnen sich alle von 5 und 10 im Zentrum aus. 1, 2, 3 und 4 sind die Wurzeln der Erscheinungen; 6, 7, 8 und 9 sind die Zahlenwerte der vier Erscheinungen. So lauten die Ursprünge der vier

Erscheinungen und die Zahlenwerte, die die Trigramm-Entstehungen im I Ging bedingen. Zu dieser Entstehung heißt es im Zhouyi: »Der Gelbe Fluß gab die Karte, der Luo-Fluß die Schrift. Die Heiligen zogen ihren Vorteil daraus.«[12] Kong Anguo aus der Han-Zeit sagte: »Was die Karte vom Gelben Fluß betrifft: Als Fu Xi die Welt regierte, kam das Drachenpferd aus dem Fluß. Den darauf befindlichen Zeichen folgend zeichnete er die acht Trigramme.«[13] Zhu Xi bemerkte : »In der Karte vom Fluß und im I Ging werden die Zahlen des Himmels bis zu den Zahlen der Erde, von 1 bis 10, vereint; und die Zahlen von Himmel und Erde, die 55, sind aufgezeichnet. Daraus entspringt folglich das Zhouyi.«[14] Sowohl die Zahlentheorie als auch die Tonlehre, die Systeme der zehn Himmelstämme und zwölf Erdzweige, der Kompaß, die Medizin und auch die Literatur beinhalten diese Theorie der Karte des Gelben Flusses.

### *1.2.1* Aufbau der Kartenform

Das Hetu ist der Ursprung der acht Trigramme. Die Karte besteht aus feinen Linienstücken. Jedes ist aus unterschiedlich vielen runden Kreisen oder Punkten, je nach Zahl, zusammengesetzt, und Linien verbinden jeweils die zehn Zahlen. Es sind altertümliche Zeichen, geknüpfte Knoten, die an etwas erinnern sollten. 1, 3, 5, 7 und 9, die Ungeraden, werden jeweils durch runde volle Punkte symbolisiert und stehen für die Yang-Zahlen. 2, 4, 6, 8 und 10, die Geraden, werden durch runde leere Kreise repräsentiert und stehen für Yin-Zahlen. 1 und 6 bilden unten den Norden; 2 und 7 stehen oben für den Süden; 3 und 8 sind links, im Osten; 4 und 9 finden sich rechts, für den Westen.[15] Die Zahlen 5 und 10 stehen im Zentrum, repräsentieren alles unter dem Himmel und auf der Erde. Runde Punkte und Ringe verbinden getrennt jeweils gerade Linien. Die Karte bildet also ein Quadrat oder einen Kreis (siehe Abb. 6).

Die Zahlen dieser Kartenform zeigen oben und unten, die vier Richtungen, die vier Jahreszeiten, innen und außen, ungerade und gerade; sie verweisen auf wechselseitige Aufhebung oder Verstärkung in den Erscheinungen aller Angelegenheiten und Objekte. Durch eine Verbindung der Punkte und Kreise zu Bogenlinien entsteht eine kreisförmige Karte vom Gelben Fluß. Sie zeigt die Erscheinungsform des T'ai-chi, in dem die beiden Instru-

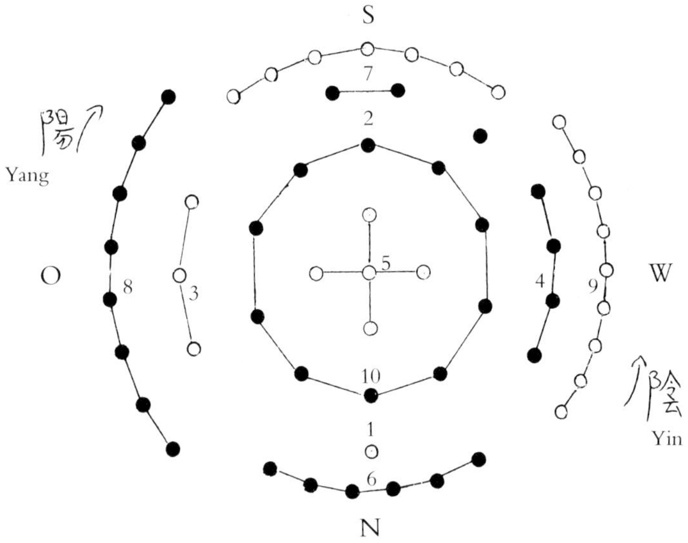


*Abb. 6: Runde Flußkarte mit Drehrichtung der zwei Instrumente*

mente Yin und Yang sich gegenseitig umfassen. Wie bei der Mechanik einer Schraube ist Yang linksdrehend und Yin rechtsdrehend. Yin und Yang, innen und außen entsprechen einander, jedes hat ein ›Strahlendes‹ (Altes) und ein ›Vermindertes‹ (Junges), und Bewegung und Ruhe werden deutlich getrennt.

### *1.2.2* Anwendung der zehn Zahlen

Der große Appendix zum I Ging erklärt, daß die ungeraden die Zahlen des Himmels, die geraden die der Erde sind. Himmel und Erde sind je fünf Zahlen zugeordnet. Der Himmel ist das Yang-Instrument, die Erde das Yin-Instrument. Der Himmel gibt, die Erde empfängt, der Himmel erzeugt, die Erde vervollkommnet. Beide reagieren wechselseitig, und sie bewirken Änderungen und Transformationen. Unter den zehn Zahlen ist die 5 die ›erweiternde Mutter‹, die umgebende 10 ist das ›Überfließende‹. Außerhalb des Zentrums befinden sich die restlichen acht Zahlen. Yin und Yang bilden jeweils die vier Erscheinungen, die Vorstadien der acht Trigramme. 1, 2, 3 und 4 sind die Positionen für den Beginn der vier Erscheinungen. An den äußeren Seiten des Kreises werden die Himmelszahlen durch Addition der 5 im Zentrum jeweils zu Erdzahlen (z. B. 1 + 5 = 6; 3 + 5 = 8), die Erdzahlen durch Addition der 5 zu Himmelszahlen (z. B. 2 + 5 = 7; 4 + 5 = 9). Entsprechend wird aus der nördlichen 1 Wasser und 6, die südliche 2 bringt Feuer und 7 hervor. Die östliche 3 entwickelt Holz und 8, die westliche 4 fördert Metall und 9. Die zentrale 5 gebiert die Erde und die 10. Das Zentrum ist der Knotenpunkt aller Änderungen in den vier Richtungen. So sind die Zahlen von Himmel und Erde angeordnet. Durch die Erscheinung der wechselweisen Erzeugung, einmal gebärend, einmal vervollkommnend, durch den Austausch der zwei Qi-Arten kann erst die aktive Anwendung der fünf Wandlungsphasen entwickelt werden. Der Himmel bewegt sich fünf Schritte nach links, die Erde geht fünf Schritte nach rechts; jedes erzeugt Wasser, Holz, Feuer, Erde und Metall. Die äußere Linksdrehung ist Yang, die innere Rechtsdrehung ist Yin. Deshalb haben die fünf Phasen jeweils ein Yang und ein Yin. Dies ist der Ursprung der zehn Himmelsstämme (Tiangan).[16] 3 und 8 sind Jia, Yang und Yi, Yin, zweimal Holz; 7 und 2 sind Bing, Yang und Ding, Yin, zweimal Feuer; 5 und 10 sind Wu, Yang und Si, Yin, zweimal Erde; 9 und 4 sind Geng, Yang und Xin, Yin, zweimal Metall; 1 und 6 sind Kui, Yin und Ren, Yang, zweimal Wasser. Alle haben jeweils ein Yang und ein Yin, die Methode des ›gegenseitigen Erreichens der fünf Positionen‹. Wenn man die zehn Himmelsstämme gemäß ihrer Ordnung auf die zehn Zahlen überträgt, so entspricht 1 Jia, 6 Si, 2 Yi, 7 Geng, 3 Bing, 8 Xin, 4 Ding, 9 Ren, 5 Wu und 10 Gui; so verläuft die Methode des ›gegenseitigen Bedingens eines Yang und eines Yin‹. Gemäß dem im Zhouyi besprochenen Prinzip reagieren 1 und 2, 3 und 4, 5 und 6, 7 und 8 und 9 und 10 durch wechselweise Reihenfolge der ungeraden und geraden, was man ›gegenseitige Bedingung der fünf Positionen‹ nennt. 1 und 6, 2 und 7, 3 und 8, 4 und 9, 5 und 10 werden wegen ihrer Yin/Yang-Reaktionen an gleichen Positionen als ›gegenseitige Ergänzung der fünf Positionen‹ bezeichnet. Werden alle Yang-Zahlen addiert, so ergibt sich 25; ihr Erscheinen ist von leichtem, klarem und aufsteigendem Qi; die Yin-Zahlen addieren sich zu 30, ihr Erscheinen ist von schwerem, trübem und absinkendem Qi. Gemeinsam ergeben sie 55, drücken das Entstehen und die Vervollkommnung bzw. die Veränderungen in Himmel, Erde und unzähligen Objekten aus.

*1.2.3* Bedeutung der Zahl 5

Im Hetu ist 5 die kleine Vollendung der gebärenden Zahlen und deshalb im Kreiszentrum angeführt. 10 ist die große Vollendung und befindet sich direkt um das Zentrum herum. Subtrahiert man 5 von 10, so kommt man wieder zur Zahl 5 zurück. Auch die Paare der inneren und äußeren Zahlen in den vier Richtungen ergeben durch Subtraktion immer 5. Die Position der vier Erscheinungen von strahlendem Yang (Qian und Dui, Himmel und See) und strahlendem Yin (Gen und Kun, Berg und Erde) liegen im nordwestlichen Schrägwinkel; vermindertes Yang (Xun und Kan, Wind und Wasser) und vermindertes Yin (Li und Zhen, Feuer und Donner) liegen im südöstlichen Schrägwinkel. Diese beiden jeweils gegenüberliegenden Diagonalen ergeben durch die Addition zweier entsprechender Zahlen (einer inneren und einer äußeren) immer 10.[17] Die äußeren Zahlen reduziert um die zentrale 5 werden jeweils zu den entsprechenden inneren Zahlen. Werden die beiden entgegengesetzten Zahlen (äußere und äußere oder innere und innere der Diagonalen) der beiden Schrägen addiert, so ergibt die äußere Verbindung je 15, die innere je 5 (siehe Abb. 7). Die vier Zahlen der inneren Seite ergeben wieder 10, die vier Zahlen der äußeren Schicht addieren sich auf 30. Alle diese Zahlen sind ein Vielfaches der Zahl 5. Deshalb befindet sich also 5 im Inneren der Flußkarte, als Ursprungszahl aller Änderungen und Transformationen, Verminderung oder Vermehrung. Die Physiker nehmen an, daß das kleinste, nicht weiter teilbare Objekt aus fünf verschiedenen Partikeln besteht, die gegenseitig ihre Einheit kontrollieren.[18] In den meisten Dingen und Angelegenheiten drückt 5 entweder fünf Phasen, fünf Sinne, fünf Finger und Zehen, fünf Töne, fünf Geschmäcker, fünf Farben, fünf menschliche Beziehungen oder fünf Getreidesorten und ähnliches aus. Die Dinge und Angelegenheiten zwischen Himmel und Erde bilden oft fünf Arten. Zwischen diesen fünf gibt es ein gegenseitiges Bedingen und Überwinden, wie die Anpassung von Erdzweigen (Dizhi) und Himmelsstämmen. Außerdem setzen dort leicht Veränderungen ein, so daß besonders die fünf Phasen angewendet werden, um die Repräsentanten der fünf Arten zu bilden. Die bedingenden und überwindenden Erscheinungen werden oft benutzt, um gemäß dem natürlichen Prinzip alle Geheimnisse und Mysterien des Universums zu untersuchen, zu beschreiben und

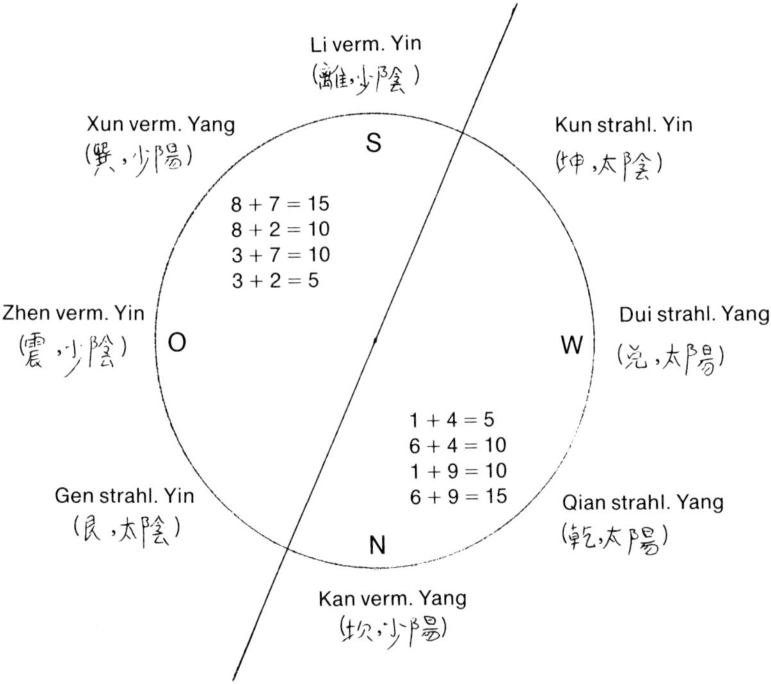


*Abb. 7: Graphik zu den Additionsmöglichkeiten in den Diagonalen*

zu ordnen. Dies sind die im Hetu versammelten Konzepte eines Weltbildes, das zugleich eines der wichtigsten Dokumente aus der Anfangszeit der uralten chinesischen Kultur ist.

### *1.2.4* Entwicklung und Änderung durch die I Ging-Theorie in der Mathematik

Die zehn Zahlenzeichen der Flußkarte scheinen sehr einfach zu sein. Setzt man sie jedoch in allgemeine Formeln ein, führen sie im Kleinen wie im Großen ins Unendliche. Betrachtet man ihre Erscheinungen über die Karte verteilt, so scheint es sich um eine erklärende Skizze zur I Ging-Theorie zu handeln. Die immanenten Veränderungen haben für die Trigrammzahlen eine besondere Bedeutung. Nach der I Ging-Theorie gilt: Aus Wuji (Nichts-Pol) entsteht T'ai-chi (extremer Pol), aus T'ai-chi die beiden Instrumente (Liang yi), aus diesen die vier Erscheinungen (Si xiang), daraus die acht Trigramme (Ba gua). Die 5 der Flußkarte ist genau im Zentrum, als unveränderlicher Yang-Pol, in seiner ursprünglichen Natur in Bewegung, aber er liegt in einer Position der Ruhe. (Nach dem I Ging gehört das Innere dem Yin an, Ruhe; das Äußere gehört dem Yang an, Bewegung.) Die 5 versucht sich nach außen auszudehnen, aber sie wird von dem umgebenden Yin-Bereich, der Zahl 10, eingeschlossen und eingeschränkt. Der nach Ausdehnung strebende Yang-Pol wandelt sich, wird zu negativem Druck. Dies wird in der Mathematik von den negativen Zahlen > 0 symbolisiert. In der I Ging-Theorie wird Wuji zur Repräsentation verwendet. Die 10 ist der unveränderliche Yin-Pol im äußeren Zentrum, ursprünglich charakteristisch in Ruhe, doch liegt er ganz nah neben der Bewegung stimulierenden Position des Yang. Er versucht sich nach innen hin zu verdichten, denn er nimmt den Gegendruck der Zahl 5 auf, den Yang-Druck des Zentrums. Obwohl die Zahl des nach außen expandierenden Yang-Pols im Zentrum klein ist, sammelt sich doch die Kraft, was eine verstärkende Wirkung mit sich bringt. Obwohl die Zahl des sich nach innen verdichtenden äußeren Yin-Pols groß ist, verstreut sich diese Kraft doch, bis hin zur Aufhebung dieser Wirkung. Dadurch neutralisieren sich innerer und äußerer Druck gegenseitig und bilden ein ruhendes Gleichgewicht. Dies wird mathematisch durch 0 symbolisiert. Wird aber die Yang-Zahl im Zentrum stimuliert, so bildet die Zahl 5 durch punkt- und linienförmige ebene Verbreiterungen einen aufrechten Raumkörper. Die Kraft nimmt plötzlich um das Hundertfache zu, bis sie schließlich förmlich ›explodiert‹. Genau dieses Prinzip wurde bei der Entdeckung des Feuerwerks und Schwarzpulvers in China verfolgt. Die I Ging-Zahlen können das T'ai-chi zur Repräsentation und Erklärung verwenden, den chaotischen Zustand im Inneren des T'ai-chi analysieren. In der Mathematik wird dies durch Zahlen > 1 symbolisiert. Aber vom Äußeren des T'ai-chi her betrachtet handelt es sich einzig um die Zahl 1. Nach dem natürlichen Gesetz entsteht im Yin-Pol Yang, im Yang-Pol Yin. 1 entwickelt jedesmal 2, aus 2 entsteht 4. 2 wandelt sich zu 3, 3 zu 5. 1 bildet keine wandelbare Zahl. Erst 2 und 3 bilden den Anfang der zwei Zahlenreihen von Yin und Yang. 2 bildet progressiv 4, das Doppelte davon ist 8, mit sich selbst multipliziert 64. Weil der ursprüngliche Feinstaufbau aller Materie aus Yin- und Yang-Elektronen oder einem Vielfachen der binären Einheiten von

Qian und Kun besteht, ist das Elektrizitätsmaß von Yin und Yang gleich, wodurch es eine ewige Erscheinung bildet. Der Zerfall eines Zellproduktes ist deshalb wie folgt: Aus 1 entsteht 2, dann 4, dann 8. Wenn nun Yin und Yang in dieser geraden ›Reihung‹ (Veränderung, Wechsel) fortschreiten, so geht dies endlos weiter: mathematisch drückt sich das so aus: $2^0 \rightarrow 2^1 \rightarrow 2^2 \rightarrow 2^3 \rightarrow 2^n$; $2^0$ entspricht dem T'ai-chi, woraus folgt: $2^0 - 1 = 0$ oder Qian (Einheit) x Kun (Einheit) = 1, die allgemeine Formel des T'ai-chi. Daraus können Erscheinungen natürlicher Situationen berechnet werden, wie z. B. im Computerverfahren 0 und 1 alles repräsentieren können. Noch einmal das Ganze durch die Veränderungen der I Ging-Zahlen betrachtet: Die vier Erscheinungen entstehen durch die Potenz $2^2$ der beiden Instrumente. 8 entsteht aus $2^3$, 16 aus $2^4$, 32 aus $2^5$ und 64 aus $2^6$, bis ins Unendliche.

Die 64 Hexagramme haben insgesamt 384 Definitionslinien (Yao); Yin (32) und Yang (32) haben jeweils 192 Yao (32 x 6); die Yang-Yao sind 9 (größte Yang-Zahl), jedes wird durch 4 abgezählt; jedes Yao hat also 36 Halme (9 x 4, Ce), insgesamt 6912 Halme (36 x 192). Die Yin-Yao sind 6 (kleinste Yin-Zahl), jedes wird durch 4 abgezählt; jedes Yao hat also 24 Halme (6 x 4), insgesamt 4608 Halme (24 × 192). Zusammen ergeben sich folglich 11520 Halme. Wenn die teilnehmenden Yao sich mit den Hexagrammzahlen in gleicher Weise vermischen, so zieht ein Hexagramm 64 Hexagramme nach sich. Die Hexagramme verändern aber wieder die Yao, die Yao ihrerseits wieder die Hexagramme. Wiederholt durch 4 abgezählt, entstehen ihre Zahlen. Ihre Akkumulationszahl ist demnach wirklich unendlich groß.

### *1.2.5* Zahlentheorie der 64 Hexagramme in der Flußkarte

Die beiden Zahlen im Zentrum der Karte bilden den Ursprungskörper des früheren Himmels; die acht Zahlen der vier Richtungen bilden den späteren Himmel. Qian ist der Ausgangspunkt (die Einheit) des früheren Himmels. Wenn die mittlere 5 die 10 erhält, so entsteht 15. Das Qian des späteren Himmels liegt im Nordwesten; erhält die 9 die 6, so ergibt sich wieder 15. Darin liegt die Bedeutung, daß Qian 15 Hexagrammen angehört. Dui liegt im Westen, 4 erhält 9, d. h. das Dui findet sich in 13 Hexagrammen (bereits ins Qian eindringende, diesem angehörige Hexagramme werden nicht mitgezählt). Zhen liegt im Osten; 3 erhält 8, d. h. das Zhen gibt es in 11 Hexagrammen. Li liegt im Süden; 2 erhält 7, d. h. das Li gehört 9 Hexagrammen an. Kan liegt im Norden; 1 erhält 6; d. h. Kan ist in 7 Hexagrammen zu finden. Xun liegt im Südosten; 2 erhält 3 oder 7 erhält 8 (= 15 = 10 + Rest 5); folglich gibt es 5 Hexagramme mit Xun. Gen liegt im Nordosten; 6 weniger 3 oder 8 weniger 5 (1 und 5 wechseln die Position), Gen gehört damit 3 Hexagrammen an. Kun liegt im Südwesten; 9 erhält 2 oder 7 erhält 4 (beides = 11 = 10 + Rest 1; Yin/Yang, sich gegenseitig ergänzend und um 10 reduziert); es gibt folglich nur 1 Hexagramm mit Kun. Auf diese Weise entstehen rechnerisch die 64 Hexagramme.

### *1.2.6* Flußkarte als Modell des T'ai-chi

Die beiden Zahlen 5 und 10 im Zentrum der Karte symbolisieren den Ursprungskörper des T'ai-chi. 10 bildet den ganzen Kreisweg, 5 den halben Weg. Zhu Xi sagte dazu: »Die leere 5 und die 10 der Flußkarte bilden das T'ai-chi. Die 10 bildet einen Ring; die 5 ist das leere, trübe Zentral-Qi. «[19] Dies verweist auf Zhou Dunyi's Aussage, daß aus dem Wuji das T'ai-chi entsteht. Durch die Anwendung der zwei sich messenden Arten von Yin und Yang im Zentrum entstehen zwei Arten von Kraft, die das Äußere beeinflussen. Eine ist die scheinbar strahlende Zentrifugalkraft, Yang zugehörig, die andere ist die scheinbar magnetische Zentripedalkraft, Yin zugehörig. Deshalb entwickeln sich an den vier Ringen der acht Zahlen die beiden Systeme von Yin und Yang. Sie bilden einander ergänzendes oder aufhebendes Yin/Yang-Qi bzw. die Erscheinungen, die in der I Ging-Theorie als die beiden Instrumente bekannt sind. Nach dem Prinzip ›innen Yin und außen Yang‹ entstehen an den vier Kreisen der acht Zahlen innen 1, 2, 3 und 4, die vier hervorbringenden Zahlen mit Yin-Positionen, und an der Außenseite 6, 7, 8 und 9, die vier vervollkommnenden Zahlen mit Yang-Positionen. Doch vom Äußeren der Flußkarte kann man nur die vervollkommnenden Zahlen mit ihren Yang-Positionen erkennen. Einerseits repräsentieren die auf dem Südwest-Halbkreis entstehenden 7 und 9 das Yang-Instrument, andererseits repräsentieren die auf dem Nordost-Halbkreis entstehenden 6 und 8 das Yin-Instrument. 9 (Qian) steht für strahlendes Yang, 6 (Gen) für strahlendes Yin, 7 (Kan) für vermindertes Yang, 8 (Zhen) für vermindertes Yin, die zusammen die vier Erscheinungen genannt werden. Die 9 an gleicher Position reduziert um 5 kehrt zur 4 zurück. 4 (Dui) ändert sich dem strahlenden Yang folgend (9 und 4, beide von den zentralen zwei Zahlen 10 bzw. 5 subtrahiert ergeben 1, strahlendes Yang). 6 reduziert um 5 kehrt zur 1 zurück. 1 (Kun) ändert sich dem strahlenden Yin folgend (1 und 6, beide von den zentralen zwei Zahlen 5 bzw. 10 subtrahiert ergeben 4, strahlendes Yin). 7 reduziert um 5 kehrt zur 2 zurück. 2 (Xun) ändert sich dem verminderten Yang folgend (2 und 7, beide von den zentralen zwei Zahlen 5 bzw. 10 subtrahiert ergeben 3, vermindertes Yang). 8 reduziert um 5 kehrt zur 3 zurück. 3 (Li) ändert sich dem verminderten Yin folgend (3 und 8, beide von den zentralen zwei Zahlen 5 bzw. 10 subtrahiert ergeben 2, vermindertes Yin). Diese gebärenden Zahlen der Yin-Positionen unterstützen die vervollkommnenden Zahlen der Yang-Positionen und folgen ihnen. Deshalb geben die Yin-Positionen nach und folgen dem Menschen, verbergen kurzzeitig ihre ursprüngliche Art. Spricht man nun von dem natürlichen Prinzip, so haben alle Angelegenheiten und Dinge jeweils ein Yin und ein Yang. Deshalb gibt es in jede Richtung der Karte zwei jeweils angepaßte Zahlen von Yin und Yang. Dabei zeigt sich eine festgelegte Position deutlich, eine nicht festgelegte Position verheimlicht sich. Dieses Prinzip liegt auch der unterschiedlichen Vererbung in den Lebewesen und dem Aufbau des T'ai-chi-Modells zugrunde. Das Laishi t'ai-chi[20] der Flußkarte beruht und entsteht auf diesen Überlegungen.

### *1.2.7* Uraltes Modell zum Aufbau des Atoms

Seit der Entdeckung des inneren Aufbaus eines Atoms haben einige Philosophen die Theorie und Lehre der Atomistik entwickelt. Sie leiten aus dem Aufbau der Atome die Form und Gestalt des Universums ab. Aber wer weiß schon, daß es in China seit mehreren tausend Jahren die Flußkarte gibt, die den Aufbau des Universums und Firmaments erklärt; der heute angenommene Feinstaufbau der Atome scheint den Aussagen der Flußkarte im wesentlichen zu entsprechen. Das Atom besteht aus einem elektrisch positiv geladenen Kern und einer elektrisch negativ geladenen Atomhülle. Der Atomkern setzt sich aus den positiv geladenen (Yang-Ladung tragenden) Protonen und den elektrisch neutralen Neutronen zusammen. Dieser Aufbau gleicht dem Zentrumskern der Flußkarte mit 5 und 10 recht deutlich. Nach dem Gesetz sich aufhebender Yin / Yang-Kräfte kann die 5 alle Zahlen und ihre Änderungen (entsprechend den Elektronen) des gesamten Kreises beeinflussen und auch Bewegung, Ruhe und Richtung des gesamten Kreises beherrschen. Wenn der Kern versetzt wird oder sich dreht, werden alle Zahlen am äußeren Kreis entsprechend mitbewegt bzw. gedreht. Dies und die elektromagnetische Kraft zwischen Proton und Elektron sind einander entsprechend. Merkwürdigerweise ist die Zahl 10 im Kernzentrum der Flußkarte (entsprechend Neutron) eine Vergrößerung jeder Zahl, wie die Summe der gebärenden Zahlen 1, 2, 3, 4 genau 10 ergibt (Aufbau der beiden Yin / Yang-Zahlen). Die vervollkommnenden Zahlen 6, 7, 8, 9 ergeben als Summe ein Vielfaches von 10, um jeweils 5 verringert führen sie wieder zu 1, 2, 3, 4, deren Quersumme auch 10 beträgt.[21] Dies entspricht dem Aufbau der Neutronen, denn ein Yang-geladenes Proton und ein Yin-geladenes Elektron sind in der elektrischen Ladung einander entsprechend, ihre Vorzeichen entgegengesetzt. Deshalb können sie sich vereinigen und ein Neutron bilden. Außerdem ist die Masse eines Neutrons gleich den Massen von Proton und Elektron. Wenn z. B. die 10 zerpreßt wird und sich zerstreut, wird aus der ganzen Flußkarte das Grundsystem für die Schrift vom Fluß Luo. Mit Ausnahme der Zahlen 1, 3 und 5, die sich nicht ändern, verlagern alle anderen sechs Zahlen ihre Position. Die Yang-Zahlen reihen sich in die vier Hauptrichtungen nach außen, die Yin-Zahlen konzentrieren sich auf die vier Schrägrichtungen. Dies ist der durch eine Kollision des Neutrons ausgelösten Kettenreaktion sehr ähnlich. Die Richtungslinien der Bewegung aller Yin / Yang-Zahlen am äußeren Ring der Flußkarte sind ebenso entsprechend der Erscheinung, nach der die Elektronen auf dem äußeren Kreis den Atomkern umkreisen. Die Flußkarte ist in ihrer Struktur also tatsächlich auch ein uraltes Modell für den Atomaufbau.

### *1.2.8* Schwungrad zur Zeitmessung

Die Zahlen der Flußkarte sind innen und außen in drei Kreisen um ein Kreiszentrum angeordnet. Vereinfachend kann man das System mit einem sich drehenden Wagenrad vergleichen. Die vier Yin / Yang-Zahlen des äußeren Rings ergeben addiert 30 und symbolisieren den Radkranz. Die vier Yin / Yang-Zahlen ergeben zusammen im Innern die 10, symbolisieren die Radspeichen. Im inneren Kreis ist die 10 die Yin-Zahl und steht für die Radnabe.[22] Die Yang-Zahl 5 im Zentrum symbolisiert die Radachse. Vor etwa 4000 Jahren wurden aufgrund dieser Überlegungen die chinesischen Kampf- und Pferdewagen entwickelt, die später als Ausgangspunkt für viele weitere Anwendungen in der Mechanik und Gravitation dienten. Die Bewegungsgeschwindigkeit wie auch persönliche Lebensspannen können mit den Zahlen der Flußkarte auf diesem außergewöhnlichen Rad berechnet und aufgezeichnet werden. Bei einem Umfang des Rades von 360° entspricht jede Drehung um 15° einer Stunde, wobei jeder 15°-Bereich sein repräsentierendes Symbol hat, das durch die Verteilung der Himmelsstämme und Erdzweige und der acht Trigramme ausgedrückt wird. Die vier Richtungen der Flußkarte sind die Positionen der acht Himmelsstämme (d. h. jeweils zwei Himmelsstämme umfassen eine der vier Hauptrichtungen). Unter Abschnitt 1.1.2 wurde schon darauf hingewiesen, daß die Himmelsstämme Yang-Positionen angehören, aber Yin-Zahlen nachfolgen. Jede Richtung besetzt zwei Positionen. Die Erdzweige gehören Yin-Positionen an, folgen aber den Yang-Zahlen nach und werden mit den Himmelsstämmen gemischt. Jede Richtung besetzt drei Positionen. Man beginnt im Norden mit dem Trigramm Kan, das drei Richtungen zu jeweils 15° umfaßt. Für die 15° des Nordens steht der Erdzweig Zi. Danach breiten sich die Richtungen gemäß der Rechtsdrehung der Erdkugel und der Yang-Zahlen aus. Im Osten liegen nach Chou Yin, Mao und Chen, im Süden Si, Wu und Wei, im Westen Shen, You und Xu, bis schließlich Hai, Zi und Chou wieder nach Norden zurückführen. Zi, Wu, Mao und Yu fallen mit den vier Hauptrichtungen zusammen, die meist durch die Trigramme Kan, Li, Zhen und Dui vertreten werden. In den vier diagonalen Hauptrichtungen werden Gen, Qian, Kun und Xun, die restlichen vier Trigramme, als Symbole verwendet. Zusammen ergeben sich also 24 Positionen und Richtungen (vgl. Abschnitt 1.3.2). Das Rad dreht folglich jede Stunde um eine Position, jeder Umlauf um die 24 Positionen ergibt einen vollen Tag. Auf diese Weise dreht das Rad unaufhörlich, über Monate und Jahre, Jahrzehnte, Jahrhunderte und Jahrtausende. Dieses traditionelle Kalendersystem findet in China für bestimmte Zwecke noch heute Anwendung. Schon der Philosoph Shao Yong sagte: »Das Runde sind die Sterne, die Zahlen der Kalenderaufzeichnung haben dort ihren Anfang.«[23] Eine solche rund drehende Bahn nennt man ›kleiner ganzer Himmel‹ (Xiao zhoutian), der sich ebenfalls in 360° aufteilen läßt. Jede 15°-Bewegung des Rades bildet eine ›Phase‹ (Jieling); jeder Zyklus besteht aus 24 Phasen. Entsprechend dreht sich das Rad 365 und einen viertel Tag (wegen des Schaltjahrs). Im Schaltjahr blieb diese Art der Zeitrechnung etwas unexakt und wird heute durch den Sonnenkalender korrigiert. Der äußere Ring der Flußkarte hat 30 Yin-Punkte und Yang-Kreise, die die Radzähne symbolisieren. Jeder Punkt steht für eine Aufzeichnung von zwölf Jahren. Dreißig solcher Aufzeichnungen ergeben einen kompletten Zeitabschnitt von 360 Jahren oder einen ›großen ganzen Himmel‹ (Da zhoutian). Auf diese Weise dreht sich der Himmelskörper einmal ganz, bis er zum ursprünglichen Ausgangspunkt zurückkehrt. In Fu Xi's Theorie der 64 Hexagramme eines ganzen Zyklus wird der Kreis in je eine Hälfte von Yin und Yang aufgeteilt. Der ganze Umfang folgt den beiden Enden des Durchmessers, so daß sich mit Yin und Yang gemischte Trigramm-Formen ergeben. Die Erde muß sich also 180 Jahre bewegen, ehe sie eine gegenüberliegende Position wieder erreicht. Nach der Berechnung der Luoschrift und ihren dreigeteilten Bewegungsphasen (je 60 Jahre) entsprechen die 180 Jahre einem halben ›Ganzzyklus‹ (Zhouji), der in drei Abschnitte von früheren, mittleren und späteren ›Yuan‹ eingeteilt wird. Jeder Zyklus wird durch Kombination von Himmelsstämmen und Erdzweigen gekennzeichnet, also finden sich zwischen Jia und Zi, Kui und Hai jeweils 60 Jahre (Huajia). Beginnt man die Zeitrechnung mit Jiazi im Jahr 2697 v. Chr. (angeblich der Gelbe Kaiser), die spätere 60-Jahre-Phase der ersten Halbkreishälfte, bis zum Jahr Guihai oder 1923 n. Chr., d. h. zählt man die 4620 Jahre durch 60-Jahreszyklen ab, so entstehen 77 solcher 60-Jahre-Zyklen. 1924 begann der sechsundzwanzigste 60-Jahre-Zyklus im mittleren Drittel der 180-Jahre-Halbkreise. Anders gesagt ist es der Mittelbereich des vorderen, Yang zugehörigen Halbkreises der 360-Jahre-Zyklen, und zwar der vierzehnte. Das Jahr Jiazi, also 1984 – seit dem Gelben Kaiser sind es 4681 Jahre-, ist der Beginn der letzten 60-Jahre-Phase eines 180-Jahre-Zyklus, also der vierzehnte Ganzzyklus zu 360 Jahren, im dritten Bereich des Yang.

*1.3 Erklärungen zur ›Schrift vom Fluß Luo‹*

Von Fu Xi bis zu König Yu der Xia-Dynastie vergingen viele Jahre. Bei der Regulierung einer Überschwemmung sah König Yu angeblich eine Wasserschildkröte aus dem Fluß Luo kommen, die die Informationen zur späteren Luoschrift (oder Schrift vom Fluß Luo)[24] auf dem Rücken trug (siehe Abb. 8).

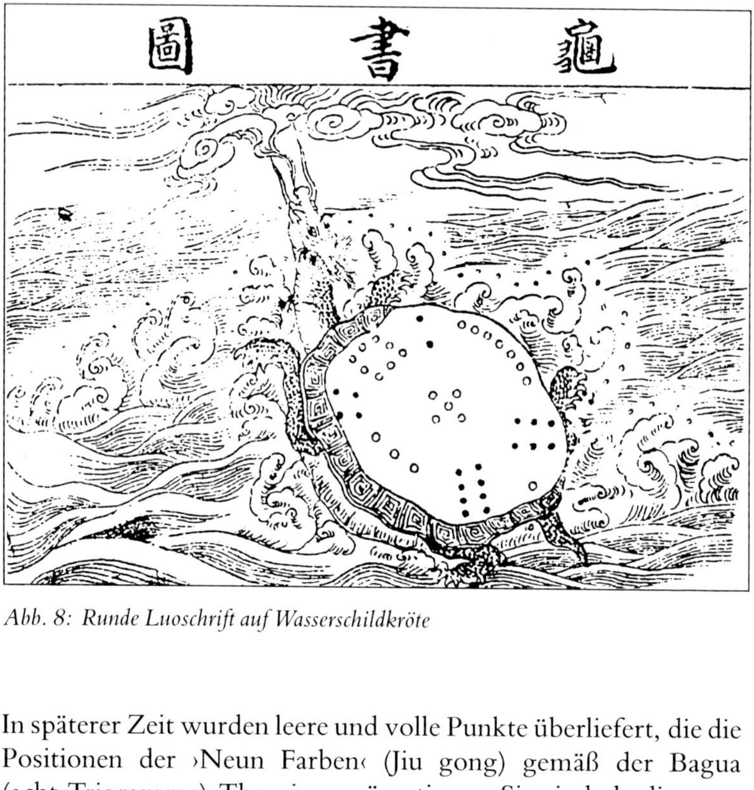


*Abb. 8: Runde Luoschrift auf Wasserschildkröte*

In späterer Zeit wurden leere und volle Punkte überliefert, die die Positionen der ›Neun Farben‹ (Jiu gong) gemäß der Bagua (acht Trigramme)-Theorie repräsentieren. Sie sind als die neun Zahlen von Gerade und Ungerade nach Yin und Yang angeordnet. 9 und 1 stehen für Süden und Norden, links im Osten steht 3, rechts im Westen findet sich 7; 2 und 4, die beiden geraden Zahlen, bilden die Schultern. 8 und 6, ebenfalls gerade, stehen für die Beine. Die Zahl 5 bleibt fest im Zentrum (siehe Abb. 9). König Yu hat nach diesem Prinzip der Anordnung der neun Zahlen das Reich in neun Provinzen eingeteilt; daraus entstand die große

Methode zur Kontrolle und Beherrschung der Überschwemmungen im Reich. Die Yin / Yang-Zahlentheorie, die im Luoshu enthalten ist, geht nicht über die Flußkarte hinaus. Die ungeraden Zahlen 1, 3, 5, 7 und 9 liegen in den vier Hauptrichtungen und im Zentrum, gehören durch Linksdrehung zu Yang. 2, 4, 6 und 8 liegen in den Schrägrichtungen, gehören durch Rechtsdrehung zu

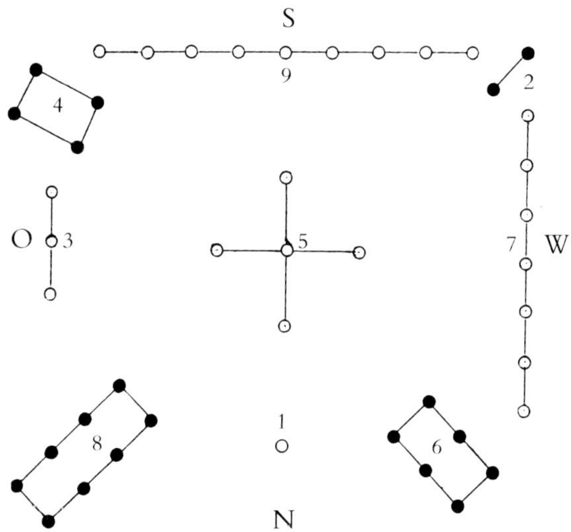


*Abb. 9: Rundgraphik zur Luoschrift*

Yin. Schräg, waagerecht und senkrecht gegenüberliegende Zahlen ergeben jeweils mit der zentralen 5 addiert 15. Die veränderten Positionen der beiden Geraden 2 und 8, im Luoshu der frühere Himmel der neun Farben, bilden den Ursprung der verborgenen Wandlung von Nordost und Südwest in der I Ging-Theorie. 2 und 8 des früheren Himmels sind die veränderten Positionen der Trigramme Zhen und Xun. 2 und 8 des späteren Himmels sind die veränderten Positionen der beiden Trigramme Gen und Kun. Daraus entsteht die vortreffliche Anwendung von veränderten zweiten und fünften Hexagrammlinien bzw. deren Positionen. Die linksseitigen 9, 4, 3 und 8 des Luoshu sind die vier waagerechten Yang-Zahlen der Flußkarte. Die rechtsseitigen 2, 7, 6 und 1 entsprechen den vier senkrechten Yin-Zahlen der Flußkarte. Dadurch gehören sie zur Ordnung der Trigramme des früheren Himmels, woraus man noch einmal die hinter der Flußkarte und der Luoschrift stehende Theorie erkennen kann. Die verborgene Bedeutung der immanenten Zahlentheorie soll nun im einzelnen erklärt werden.

### *1.3.1* Anordnungsweise der neun Zahlen

Das Luoshu ist der Ursprung der acht Trigramme des späteren Himmels und entspricht der Gesetzmäßigkeit der ›Bewegungsänderung des Universums‹ (Yuzhou biandong). Die Graphik benutzt feine Linien, um die neun Zahlen zu unterscheiden bzw. zu verbinden; es werden wieder kleine Kreise und volle Punkte verwendet. Im I Ging ist zu lesen, daß das Luoshu seine Methodik von der Schildkröten-Erscheinung hat, wodurch die Reihungsart der neun Zahlen bedingt ist (siehe 1.3). Die Anordnung dieser neun Richtungen symbolisiert die Positionsveränderungen der Erde unter der Drehung des Alls und beinhaltet viele tiefsinnige Anwendungen. Die chinesischen Astrologen untersuchen nach diesem Prinzip die eigenartigen Wege und Entwicklungen im Universum. 1, 3, 5, 7 und 9, die Ungeraden der Luoschrift, werden durch runde leere Kreise dargestellt und sind Yang-Zahlen. 2, 4, 6 und 8, die Geraden, werden durch volle Punkte repräsentiert und sind die Yin-Zahlen. Die Yang-Zahlen stehen für Orthodoxie in Dingen und Angelegenheiten, sind in die vier Hauptrichtungen und im Zentrum angeordnet. Die Yin-Zahlen sind Unterstützung und Ergänzung in Angelegenheiten und Dingen und befinden sich in den vier Diagonalrichtungen. Die Positionsrichtungen der neun Zahlen sind anders als in der Flußkarte, wo alle Zahlen gemeinsam miteinander verbunden sind. Das Luoshu kann sowohl als Rechteck als auch als Kreis gesehen werden. Es weist im gesamten Umfang acht Bereiche auf, die miteinander verbunden den Zentrumsbereich umgeben. Die ›neun Abteilungen des großen Plans‹ (Jiu chou) aus dem ›Buch der Historien‹ (Shujing), die ›neun Dreifüße‹ (Jiu ding) des Königs Yu, das ›Arrangement der neun Farben‹ (Jiu gong), die ›Methode des Brunnenfelds‹ (Jingtian), das ›kleine Einmaleins bis 9‹ (Jiujiu biao) und die ›Charaktereigenschaften der neun Farben‹ (Jiu gong ge) aus späteren Zeiten beruhen alle auf der Schrift vom Fluß Luo.

### *1.3.2* Prinzip der Richtungsänderung beim Kompaß

Das Luoshu scheint wie ein Kompaß zu sein. Die Yang-Zahlen repräsentieren die Linksdrehung des Weltalls.[25] 1, 3, 5, 7 und 9 folgen einander in spiralförmigem Fortschreiten. Die Yin-Zahlen repräsentieren die Rechtsdrehung der Erde. 2, 4, 6 und 8 folgen ebenso spiralförmig aufeinander. Links- und Rechtsdrehung sind die Positionsveränderungen. Die ›Spirale‹ folgt einer drehenden Bewegungslinie (die Aktionslinie im T'ai-chi ch'üan folgt im Ablauf diesem Prinzip). Bewegt sich das All um fünf Schritte, so entspricht dies einer Drehung um die eigene Achse; dreht es sich zweimal um die eigene Achse, wird ein kompletter Zyklus von 360 Jahren durchlaufen. Bewegt sich die Erde um vier Schritte, so ist dies eine Drehung um ihre eigene Achse. Dreht sie sich zweimal um sich selbst, entspricht dies einem kompletten Erdzyklus. Dies ist der Ursprung der zehn Himmelsstämme und zwölf Erdzweige. Die ersteren repräsentieren die zehn Schritte eines Ganzzyklus im All, die letzteren stehen für die zwölf Schritte eines Gesamtzyklus der Erde. Wie schon erklärt wurde, nehmen die Himmelsstämme, mit Ausnahme von Wu und Yi im Zentrum, also die acht Stämme Jia, Bing, Ding, Si, Geng, Xin, Ren und Gui, die seitlichen Plätze der vier Hauptrichtungen ein und trennen Yin und Yang voneinander. Die Erdzweige bestimmen folglich wechselweise mit den Himmelsstämmen die Positionen und Richtungen. Zi, Wu, Mao und Yu befinden sich in den exakten Positionen der vier Hauptrichtungen. Zi und Wasser sind im Norden, Kan. Wu und Feuer sind im Süden, Li. Dies ist eine Stützung der Yang-Position durch Yang. Mao und Holz sind im Osten, Zhen; Yu und Metall sind im Westen, Dui. Dies ist eine Stützung der Yang-Position durch Yin. Die verbundenen vier Zweige der Hauptrichtungen kreuzen sich und bilden ein senkrechtes Yang und waagerechtes Yin, oder strahlendes Yang und vermindertes Yin. Yin, Shen, Si und Hai bilden die rechten Positionen der vier Diagonalen. Yin und Holz sind im Nordosten, Shen und Metall im Südwesten. Das ist eine Stützung der Yin-Position durch Yang. Si und Feuer sind im Südosten, Hai und Wasser im Nordwesten. Das ist eine Stützung der Yin-Position durch Yin. Die verbundenen vier Zweige der rechtsseitigen Positionen kreuzen sich und bilden ›linksgestrichenes

Yang‹ (Yang pie) und ›rechtsgestrichenes Yin‹ (Yin nai), oder vermindertes Yang und strahlendes Yin. Chen, Xu, Chou und Wei sind seitliche Erde und Wu, Yi zentrale Erde; sie sind innen und außen, verbreiten sich auf die linken Positionen der vier Diagonalen. Chen, Erde und Holz sind im Südosten; Xu, Erde und Metall sind im Nordwesten. Dies ist das deutliche Yang, vom Yang-Zweig ohne feste Position. Chou, Erde und Wasser sind im Nordosten; Wei, Erde und Feuer sind im Südwesten. Dies ist das schwache Yin, vom Yin-Zweig ohne feste Position. Nach obigem Prinzip entstehen die sechs Yao (Linien eines Hexagramms) in den Hexagramm-Erscheinungen. Die Mittelpositionen der vier Hauptrichtungen sind im späteren Himmel des Luoshu Kan, Li, Zhen und Dui überlassen. Die Mittelpositionen der vier Diagonalen sind demnach durch Gen, Xun, Qian und Kun vertreten: Gen im Nordosten, Xun im Südosten, Qian im Nordwesten und Kun im Südwesten. Neben den vier Hauptrichtungen sind auf beiden Seiten die Himmelsstämme angeordnet, neben den vier Diagonalen sind auf beiden Seiten die Erdzweige zu finden. Jedes Trigramm beherrscht also drei 15-Grad-Richtungen (siehe Abb. 10). Die acht Trigramme der Geraden und Diagonalen umfassen insgesamt 24 Positionen, jede Richtungsposition beträgt 15°; zusammen bilden sie die 360° des gesamten Umfangs. Auf diese Weise wurden im klassischen China die Positionen auf dem Kompaß bestimmt.

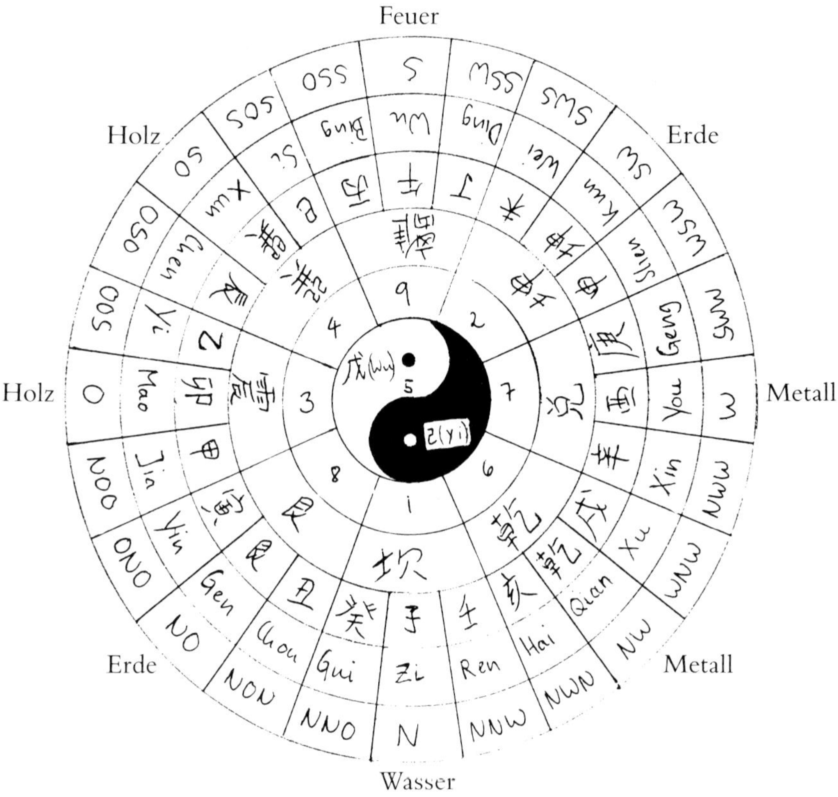


*Abb. 10: Standardisiertes Richtungs-Diagramm mit den fünf Phasen*

### *1.3.3* Besonderer Gebrauch der Yin / Yang-Zahlen

Die Yang-Zahlen im Luoshu beginnen genau im Norden und enden im Süden, wie auch die Magnetnadel nord-südlich ausgerichtet ist. Die Yin-Zahlen enden im Nordosten und beginnen im Südwesten, genau wie die Richtung der Positionsveränderungen von Sommer und Winter auf der Erdkugel. Die Yang-Zahlen 1, 3, 5, 7 und 9 beginnen in ihrer Anordnung im Norden, der in modernen Darstellungen meist oben zu finden ist. Entsprechend der antiken Anordnung liegt der Süden im Gegensatz zur üblichen Kartenart nicht unten, sondern oben (siehe Abb. 11). Die Ungeraden symbolisieren den Norden, die Geraden den Süden. Sie symbolisieren auch die festen Richtungen der beiden Pole, und dies entspricht der Anzeigenadel und Ausrichtung des Kompasses.

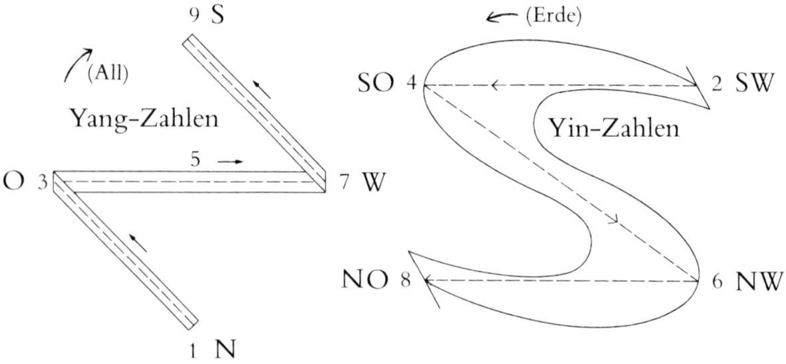


*Abb. 11: Bewegungslinien von Yang- und Yin-Zahlen nach dem Luoshu*

Erst mit dieser Richtungsnadel im Kompaß kann eine Richtung genau aufgezeigt werden. Diese Erkenntnis war folglich schon im alten Luoshu enthalten. Wie aber wußte man damals von der Linksdrehung des Alls und der Rechtsdrehung der Erde? Dies zeigt sich in den Änderungen und im Verlauf der Zahlen recht deutlich. Die Potenzierung der Yang-Zahl 3 bewegt sich nach links: $3^1$ oder 3 liegt im Osten, $3^2$ oder 9 liegt im Süden, $3^3$ oder(2)7 (die 20 fallen weg) liegt im Westen, $3^4$ oder (8)1 (die 80 fallen weg) liegt im Norden. $3^5$ oder (24)3 (240 fallen weg) liegt im Osten. Diese Reihe bildet den Zahlenkreislauf von 3, 9, 7 und 1. Die Potenzierung der Yin-Zahl 2 bewegt sich nach rechts: $2^1$ oder 2 liegt im Südwesten, $2^2$ oder 4 liegt im Südosten, $2^3$ oder 8 liegt im Nordosten, $2^4$ oder (1)6 (die 10 fallen weg) liegt im Nordwesten, $2^5$ oder (3)2 (die 30 fallen weg) liegt wieder im Südwesten, $2^6$ oder (6)4 (die 60 fallen weg) liegt wieder im Südosten. Führt man die Potenzreihe nach oben bis ins Unendliche, bleibt doch die komplette Drehung von 2, 4, 8 und 6, ein sich ununterbrochen drehender Kreislauf. 2 und 3 folgen der Zahl 1 (dem T'aichi); sie sind die zuerst entstehenden zwei Yin- und Yang-Zahlen und der Anfangspunkt aller Zahlen, der Beginn von Bewegung und Ruhe. Vom Universum her gesehen, also in räumlicher Anwendung, folgt Yin dem Yin und Yang dem Yang. Wir finden wieder oben erwähnte Drehung, d. h. 2 folgt fortschreitend den Yin-Zahlen, 3 folgt fortschreitend den Yang-Zahlen. Zeitlich angewendet folgt Yin dem Yang und Yang dem Yin. Deshalb wird zur Berechnung der Alldrehung, eines Ganzzyklus, die Zahl 2 verwendet. (Folglich entsprechen fünf Schritte des Alls einer Eigendrehung; zwei Drehungen sind zehn Schritte, die 10 Himmelsstämme sind ein Gesamtzyklus.) Für die Drehung der Erdkugel verwendet man die Zahl 3. (Folglich sind vier Schritte der Erde eine Eigendrehung; drei Drehungen, 12 Erdzweige, sind ein Gesamtzyklus.) Da die Zeit durch gegenseitige Ergänzung von Ruhe und Bewegung entsteht, kann dies so dargestellt werden. Im Raum werden Bewegung und Ruhe deutlich getrennt (sie machen gegensätzliche Erscheinungen klar). Das sich Bewegende bleibt ewig in Bewegung, das Ruhende bleibt ewig in Ruhe. Bewegung entspricht Yang, Ruhe gehört zu Yin. Die angepaßte Anwendung von 2 und 3 bewirkt also diese ›natürliche Methode‹.

*1.3.4* Ab- und Zunehmen aller entgegengesetzten Zahlen

Jeweils drei gerade miteinander verbundene Zahlen im Luoshu, ob senkrecht, waagerecht oder diagonal, ergeben immer 15. Jeweils zwei gegenüberliegende Zahlen ergeben ohne die zentrale 5 genau 10. Dies entspricht den Positionen und der Zahlenordnung der acht Trigramme. Es beinhaltet die Erscheinungen von Aufhebung oder Vermehrung in den Angelegenheiten und Dingen; hier finden sich das Erhaltungsgesetz von Objekten und das natürliche Umkehrungsgesetz nach dem Erreichen eines Höhepunkts. Die zentrale 5 scheint die Stütze des mittleren Gewichts zu sein. Wenn die Kräfte an Schwerpunkt und Kraftpunkt, den beiden Punkten einer Wiegeskala, einander entsprechen, so entsteht eine ausgeglichene Ruhehaltung, d. h. alle Angelegenheiten und Dinge bleiben unverändert. In der Gesellschaft gäbe es dann keine Auseinandersetzungen, aber es könnte auch keinen Fortschritt geben. Alle entgegengesetzten Dinge und Angelegenheiten befinden sich nun fast immer in einer natürlichen Veränderung, und es scheint kaum eine jeweils genau entsprechende Quantität oder Qualität zu geben. Doch die Summe aller entgegengesetzten Angelegenheiten und Dinge verändert sich nicht. Wenn sich eine Seite verringert, muß die andere Seite zunehmen. Überall im Leben zeigen sich derartige Erscheinungen, wie etwa in chinesischen Großstädten illegale Häusersiedlungen (Slums) im Zuge einer Steigerung von Hochhausbauten abnehmen. Alte Einstellungen können sich erst ändern, wenn sich neue Ansichten und Verständnis vermehrt haben. Nimmt das Helle zu, kann das Dunkel überwunden werden. Wenn sich Gerechtigkeit ausdehnen und verbreiten kann, kann auch eine Diktatur überwunden werden. Es ist wie in der Luoschrift: Ist eine Seite 4, so ist die gegenüberliegende 6. Verringert sich 4 um 1 auf 3, so nimmt 6 um 1 zu, wird zu 7. Addiert man zu 3 die 5 auf 8, so verringert sich 7 um 5 auf 2. Ist diese Seite 9, so muß die andere 1 sein. In jedem Fall handelt es sich immer gleichermaßen um eine Yin- oder Yang-Zahl. Das heißt nun: Das Prinzip der Entgegengesetztheit erfordert eine Zahl gleicher Art. Die Summe entgegengesetzter Zahlen muß 10 ergeben; addiert man noch die zentrale 5 dazu, so ergibt sich immer 15. Dies entspricht den beiden Zahlen des Zentrums in der Flußkarte, ein Symbol für den Ursprungskörper des T'ai-chi. Die 5 symbolisiert das Optimum des sich nicht verändernden T'ai-chi. Außer der Verbindung von drei durch Geraden miteinander verknüpfter Zahlen (mit der zentralen 5) gibt es noch die Erscheinung sich vermehrender oder verringernder, nebeneinander liegender Zahlen. Auch diese Beziehungen beruhen auf der Anwendung der zentralen 5. 1 und 5 ergeben genau die benachbarte 6. 6 verringert um 5 ergibt die benachbarte 1. Außerdem liegt 2 neben 7, 9 neben 4, 3 neben 8. Alle sind gleiche Erscheinungen der Trigramm-Ordnung, mit ergänzender bzw. verringernder Beziehung durch die Zahl 5. Im Kreislauf des Luoshu folgen alle Zahlen einer Folge von Ab- und Zunehmen. Im Prinzip wird die 10 als Ganzzahl verwendet. Ist die Zahl kleiner als 10, so nimmt sie zu; ist sie größer, so nimmt sie ab. So steigt das Kleine bis zum Überfließen an, worauf es sich wieder verringert. 1 aus genau Norden und 6 aus der Diagonalen Nordwest ergeben addiert die 7 aus genau Westen. Diese und 2 aus Südwesten ergeben addiert die 9 aus genau Süden. Diese und die 4 aus Südosten ergeben addiert (1)3 (die 10 fällt weg) aus genau Osten. Diese und die 8 aus Nordosten addiert ergeben (1)1 (die 10 fällt weg) aus genau Norden. Osten und Süden entsprechen den Jahreszeiten Frühling und Sommer. Das entstehende Qi gedeiht üppig, und Vorzeichen der Erscheinungen sind zahlreich auszumachen. Westen und Norden entsprechen Herbst und Winter, entstehendes Qi ist finster und düster, die Vorzeichen der Erscheinungen werden seltener. Überfließen und Abnehmen umfassen sich gegenseitig, sind ebenso ein natürliches Prinzip. Der exakte Norden symbolisiert den Winter, der die Samen aufspeichert, 1. Mit der 10 des Erd-Qi (11) weniger 8 entsteht 3. Der genaue Osten symbolisiert den Frühling, Triebe, Wurzeln, Stiele und Blätter; die Zahl 3 mit dem Erd-Qi 10 weniger 4, so entsteht 9. Der genaue Süden symbolisiert den Sommer, das Qi ist üppig. Die Blumenblüte steht für 9, verringert um 2 ergibt 7. Der exakte Westen symbolisiert den Herbst, das Qi schwappt über. Die Ernte der Früchte steht für 7, verringert um 6 ergibt 1, und kehrt zur im Winter gespeicherten 1 zurück. Oben beschriebenes Wachsen und Zunehmen gehört dem Yang an, der Rechtsdrehung. Abnehmen und Vergehen gehören dem Yin an, der Linksdrehung. Dies steht im genauen Gegensatz zur inneren Rechtsdrehung, dem Yin, und der äußeren Linksdrehung, dem Yang, in der Flußkarte, denn die Flußkarte und die Luoschrift haben jeweils Yang-Zahlen einer Linksdrehung und Yin-Zahlen einer Rechtsdrehung. Dies hat erneut die Anpassung von Yin/Yang zwischen Himmel und Erde zum Inhalt.

### *1.3.5* Anwendung des Farben-Arrangements zwischen Purpur und Weiß

Die Positionen der neun Zahlen im Luoshu werden auch als ›(Anordnung der) neun Farben‹ bezeichnet. Der gesamte Umfang der neun Farben umfaßt die acht Richtungen der Geraden und Diagonalen und das Zentrum. Schon vor ca. 4000 Jahren entdeckten die alten Weisen, wie man die neun Arten von chromatischem Licht verwenden kann, um Glück und Unglück durch ein Farben-Arrangement auszudrücken. Zusätzlich paßten diese sich den Veränderungen der acht Trigramme an. Jedes wurde zeitlich und der Reihe nach angewendet, um Glück und Unglück einer Richtung oder Position zu definieren. Die erste Farbe ist dem Kan-Trigramm angepaßt, die Erscheinung von weiß, sein Vorzeichen ist ›Ruhe‹ (Xiu). Die zweite Farbe korrespondiert mit Kun, wird durch schwarz repräsentiert, sein Vorzeichen ist ›Tod‹ (Si). Die dritte Farbe entspricht Zhen, die Farbe ist hellgrün, sein Vorzeichen ist ›Schädigung‹ (Shang). Die vierte Farbe steht für Xun, blaugrün, sein Vorzeichen ist ›Sperrung‹ (Du). Die fünfte Farbe ist gelb, das ›zentrale Gleichgewicht‹. Die sechste Farbe ist dem Qian zugeordnet, weiß, sein Vorzeichen ›Öffnung‹ (Kai). Die siebte Farbe entspricht Dui, rot, sein Vorzeichen ›Spannung‹ (Jing). Die achte Farbe harmoniert mit dem Gen, ist weiß, sein

Vorzeichen ›Leben‹ (Sheng). Die neunte Farbe ist dem Li angepaßt, ist purpur, sein Vorzeichen ›Aussicht‹ (Jing) (siehe Abb. 12).

| | | |
|---|---|---|
| Blaugrün (綠, Lü) 4 (四, Si)<br>Sperrung (杜, Du) Xun (巽) | Purpur (紫, Zi) 9 (九, Jiu)<br>Aussicht (景, Jing) | Schwarz (黑, Hei) 2 (二, Er)<br>Tod (死, Si) Kun (坤) |
| Hellgrün (碧, Pi) 3 (三, San)<br>Verletzung (傷, Shang) Zhen (震) | Gelb (黄, Huang)<br>Fünf (五, Wu) | Rot (赤, Ch ih) 7 (七, qi)<br>Spannung (驚, Ching) Dui (兌) |
| Weiß (白, Pai) 8 (八, Pa)<br>Leben (生, Shen) Gen (艮) | Weiß (白, Pai) 1 (一, Yi)<br>Ruhe (休, Xiu) Kan (坎) | Weiß (白, Pai) 6 (六, Liu)<br>Öffnung (開, Kai) Qian (乾) |

*Abb. 12: Arrangement der neun Farben zwischen Purpur und Weiß*

Unter diesen neun Lichtarten gibt es zwei für das menschliche Auge nicht sichtbare Farben; diese werden deshalb durch Weiß repräsentiert. Wechselweises Purpur und Weiß drücken Glück aus, Gelb deutet auf mittlere Ausgeglichenheit; alle anderen Farben (hellgrün, blaugrün, schwarz und rot) stehen für Unglück. Folglich sind Leben, Öffnung, Ruhe und Aussicht glückverheißend; Tod, Sperrung, Schädigung und Spannung sind unglückliche Vorzeichen. Alle aber finden sich in den acht Positionen der Geraden und Diagonalen. Welche Methode verwendet wird, um Wandlungen, Glück und Unglück der neun Farben zwischen Purpur und Weiß zu bestimmen, überschreitet den für das T'ai-chi ch'üan interessanten Bereich. Dieser beschränkt sich auf die Bedeutungen der neun Farben für die Positionen und Richtungen. Das I Ging berichtet, daß die Weisen des antiken China »sich rückwärts beugten, um die Himmelskörper zu betrachten«.[26] Die neun Farben wurden aus dem Spektrum des Regenbogens herauskristallisiert. Später entdeckte man noch, daß es keinen gemeinsamen Ursprung für die Lichtarten gibt, sondern daß sie von den neun Positionen jener strahlenden Himmelskörper und deren Veränderungen abhängen. Der Reflektionswinkel der Farbenstrahlung war damit zeitlich Veränderungen unterworfen, und so fanden die Alten, daß diese Strahlungen Sicherheit und Gefährdung des menschlichen Lebens beeinflußten. Konfuzius weist in seinem ›Großen Appendix‹ darauf hin: »Folglich wußte man von Ursache um Düster und Hell, ihren Anfängen und ihrer Rückkehr, und man wußte auch, was über Leben und Tod zu sagen war«[27], zumal diese Änderungen mit der Ordnung der neun Zahlen des Luoshu übereinstimmten. Zu jener Zeit kannte man sieben Arten von sichtbarem Licht: rot, weiß, gelb, hellgrün, blaugrün, schwarz und purpur. Sie stimmen mit der heutigen Spektralauflösung der Farben ziemlich genau überein. In den Bezeichnungen gibt es dabei aber wegen der Verschiedenheiten in antiken und modernen Konzepten einige Differenzen. Die moderne Optik hat gezeigt, daß die Lichtintensität von Orange besonders deutlich und strahlend ist, so daß man es leicht für Weißstrahlung halten könnte. Es ist auch möglich, daß man im Altertum lediglich wußte, daß Weiß das strahlende Yang der Farben ist. So wurde es entsprechend als reines Yang angewendet. Man erkannte nicht, daß Weiß ursprünglich die Kombination der sieben Farben bzw. ihrer reflektierten Strahlung ist. Aus diesem Grund wurde es verwendet, um die achte Farbe, Orange, zu repräsentieren. Gen, Weiß, findet sich im zweiundzwanzigsten Hexagramm, die Anmut (unten Li, oben Gen); Yin (6) an der vierten Stelle, Yang (9) ganz oben. Shao Yong erklärte, daß das Gen-Trigramm, das Gelb-weiß repräsentiert, in Wirklichkeit Orange ist. Fast alle orangefarbenen Objekte reflektieren sehr stark Strahlung und Hitze. Deshalb werden Pflanzen orangefarbig, wenn sie kein Sonnenlicht mehr benötigen. Die Reflektionsfähigkeit der Farbe Orange bewirkt beim Menschen Wohlbehagen und stimuliert offene Emotionen. Das Blau im Spektrum der sichtbaren Strahlen ist das am wenigsten leuchtende Indigo; beinahe kommt es schon dem Schwarz nahe. Dieses Schwarz ist die ›Finsternis‹ unter den Farben und wird als reines Yin eingesetzt. Obwohl Konfuzius in seinen I Ging-Studien zu berichten weiß, daß »das Schwarz und Gelb die Vielfältigkeit von Himmel und Erde ausmachen«[28], hat er möglicherweise nicht verstanden, daß Schwarz ursprünglich die Erscheinung des Augengrunds ist, der alle Farbstrahlung absorbiert. Es wird also verwendet, um die zweite Farbe, die Blaustrahlung, zu repräsentieren. Das Schwarz von Kun findet sich in den ›Erklärungen zu den Trigrammen‹: »(Kun) gehört zur Erde und ist schwarz«.[29] Shao Yong bezeichnete Kun als Schwarzweiß, was auf die blaue Farbe deutet. Blaue Objekte absorbieren den größten Teil direkter Strahlung und Wärme.[30] Die Reflektionskraft des Blau bewirkt beim Menschen Gefühle der Einsamkeit, Trauer und Verletztheit. Dieses Schwarz-weiß repräsentiert die beiden Yin / Yang-Pole der sichtbaren Strahlen. Beide Farben von Kun und Gen gehören zum Element der Erde. Folglich liegt im Mittelbereich die Wandlungsphase Gelb. Je heller es wird, umso mehr wird es zu Weiß. Dreht es zum Yang-Pol Nordosten, zu Gen, Tu (Berg, Erde, nur äußerlich sichtbar), wird es immer ununterscheidbarer und schließlich zu Schwarz. Dreht es nach Südwesten, Kun, Tu (Erde), dem äußerlich sichtbaren Yin-Pol, so sind es die beiden Endpunkte der Erdachse. Schwarz und Weiß sind auch zweite und sechste Positionen in der Ordnung der Spektralauflösung. Wenn das Gelb der Mitte, 5, kein Trigramm hat, zählt es also nicht dazu. Dann werden entsprechend die Trigrammlinien 2 und 5 konträr sein (die zweite Linie ist Yin, Position Schwarz; die fünfte Linie ist Yang, Position Weiß). Die dritte der neun Farben, Hellgrün, verdeutlicht frische grüne Strahlung. Sie steht zusammen mit Zhen und ist die Farbe von saftigen jungen Büschen und Schilf. Shao Yong bezeichnete Zhen als frischgrün. Diese Farbe bewirkt im Menschen Gefühle der Leere, Trauer und Selbsterniedrigung. Die vierte Farbe, die satte Grünstrahlung, gehört zu Xun, dem Grün großer Weideflächen. Shao Yong handelte es unter blattgrün ab. Das Absorbtionsmaß derartiger grüner Objekte ist nur etwas geringer als bei den beiden Farben Blau und Schwarz. Dadurch können Pflanzen mittels der absorbierten Strahlen sowohl diese selbst als auch Wärme in organische Fähigkeiten umwandeln. Das Maß an absorbierten Strahlen und Wärme ist wesentlich größer als bei anderen Farben. Die Reflektion von Dunkelgrün bewirkt beim Menschen Hochstimmung, Depression oder lüsterne Gefühle. Die zentrale 5, Gelbstrahlung, findet man beim Kun-Hexagramm, Yin (6) auf der fünften Position (›gelbes Gewebe‹).[31] Literarisch sagt man auch ›der Edle durchdringt in Gelb das Prinzip‹. Gelbe Objekte zeigen eine Halbabsorbtion von direkten Strahlen und Wärme. Reflektion von Gelb bewirkt im Menschen Würde, gerechte Empörung oder Kaltblütigkeit. Blaugrün, Hellgrün und Gelb, so ist die entgegenlaufende Ordnung der drei Farben in der Farbauflösung. Wenn 5, Gelb, nicht dazu zählt, sind entsprechend dritte und vierte Hexagrammlinien entgegengesetzt. Die sechste Farbe ist Weiß, weil es mit der siebten Farbe, Rot, verbunden ist. Dieses Weiß stellt also das nicht sichtbare Infrarotlicht dar. In den ›Erklärungen zu den Trigrammen‹ heißt es: »Qian (Himmel) ist großes Rot«[32], Dui bedeutet Glück und wird durch die rote Farbe symbolisiert. Shao Yong sagte folglich, daß Dui, Metall, weiß ist. Rot ist Rotstrahlung, hat am äußeren Rand eine eigene unsichtbare Schicht. Ob es einen Hof um Sonne oder Mond gibt, hängt von der Anwesenheit dieser äußeren Schicht des Roten ab. Da man darin keine Farbe erkennen kann, wird sie am besten durch Weiß vertreten. Die Lichtwellen des Infrarot sind äußerst lang, mit sehr kleiner Brechungskraft. Die ausgestrahlte Wärmeeigenschaft ist besonders stark und kann daher die Lebensfunktionen der Lebewesen fördern, da auf diese Weise einige Nährstoffe entstehen. Die Reflektionsstrahlung der sichtbaren Rotfarbe bewirkt beim Menschen hitzige, mutige und aufopferungsbereite Gefühle. Die erste Farbe, Weiß, ist mit der neunten Farbe, Purpur, verbunden. Im Himmel des Nordpols gibt es einen Stern namens ›Ziwei‹, im Westen als ›Polarstern‹ bekannt. Seine Strahlung ist purpur, wie ein Glühwürmchen, und er liegt dem Polarstern im Süden gegenüber. Zur Spektralauflösung bleibt zu sagen, daß dieses Purpur einer unsichtbaren Außenschicht des Weiß entspricht. In den ›Erklärungen zu den Trigrammen‹ heißt es: »Kan ist rot«[32] (also scheinen Rot und Purpur eng beisammen zu liegen). Das Kan ist ursprünglich ein Symbol für den Stern Ziwei. Shao Yong sagte, daß das Li dem Purpur entspricht; es ist eine Schicht außerhalb des Purpur. Diese äußere Schicht spielt bei der Hofbildung um Sonne und Mond ebenfalls eine große Rolle. Da es eine unsichtbare Farbe ist, wird es am besten durch Weiß repräsentiert. Seine Lichtwellen sind sehr kurz, die Brechungskraft sehr stark. Die Strahlen können in die inneren Strukturen von Lebewesen eindringen. Sie zerstören alte, unbrauchbare Zellen und fördern neue Zellteilung, vernichten Krankheitskeime und bewahren die Gesundheit. Purpurfarbige Objekte können Schäden durch starke Strahlen verringern (weshalb die jungen Blätter von Pflanzen oft purpurfarbig sind). Purpurne Reflektionsstrahlung bewirkt beim Menschen herzliche Liebe, Wärme und selbstanspornende Gefühle. Die beiden Farben Rot und Purpur liegen in der Spektralauflösung an den äußersten Schichten. Entsprechend sind auch erste und sechste Hexagramm-Linien entgegengesetzt. Mit den oben beschriebenen Strahlungen der neun Farben, nach den Zahlen des Luoshu, kann eine Graphik gebildet werden (siehe Abb. 13).

Die 2 wird mit 8 verbunden, 3 mit 7, 6 mit 4, 1 mit 9, und so werden die natürlichen Erscheinungen sich gegenseitig erreichender Yin / Yang-Farbstrahlungen sichtbar. Gelb, die zentrale 5, bildet die Vermengung der acht Farben durch seine Mittelposition. Fährt man fort und verbindet mit Linien von der 5 aus die 9, die 1 und die 2, auch die 8, die 3 mit der 8, die 7 mit der 1 (in Abb. 12), so zeigt sich eine Zickzacklinie der Lichtbrechung. Die Bewegungslinien im T'ai-chi ch'üan sind grundsätzlich gebeugt und gebogen, hervorstehend und einsinkend. Die Lichtwellen von Weiß haben auf die Vorgänge im menschlichen Körper keinen schlechten Stimulationseinfluß. In der Optik wurde belegt, daß der Strahlungsgrad von Weiß am stärksten ist, aber dennoch die Augen bzw. deren Farbwahrnehmung nicht strapaziert; im Gegensatz dazu steht die Reflektionsstrahlung von Schneeweiß, das stark blendet. Im normalen Weiß empfindet man ein wenig die Orangestrahlung der Erde, zwischen Rot und Gelb. Auch bei langzeitlicher Reflektion auf den Augengrund wird der Geist nicht geschädigt. Dies ist also die kunstvolle Vermengung der drei Weißstrahlungen in den neun Farben. Deshalb verwendet man in kostbaren Büchern meist weißes Papier, dem etwas erdfarbiges Orange beigemischt ist. Beim Üben von T'ai-chi ch'üan sollen die Figuren in Richtung Norden begonnen und das Qi geweckt werden. Der Grund dafür liegt in der raffinierten Anwendung der drei Weißstrahlungen in den neun Farben (der Übungsbeginn nach Norden symbolisiert einen Schritt in den Farben pro Minute; nach ca. 10 Minuten kehrt man folglich wieder zum Ausgangspunkt zurück.)

*1.3.6* Die Zahl 100 als große Vollendung eines Gesamtkörpers

Die Zahlenaddition aus zusammengefaßten Hetu (55) und Luoshu (45) beträgt genau 100. Zwischen 1 und 9 liegen die Grundwerte aller gebärenden und vervollkommnenden Zahlen. 10 ist die grundlegende Vollzahl, man nennt sie auch ›kleine vollkommene Zahl‹ (Xiao chengshu). Sie wird oft verwendet, um

| Trigramm-ordnung der neun Farben | Linien-position in Hexa-grammen | Farben der Spektral-auflösung | Neun Zahlen der Luo-Schrift | Neun Farben zw. purpur und weiß |
|---|---|---|---|---|
| Qian (乾) | | (außerhalb von Rot) | 6 (六, Liu) | Weiß (白, Bai) |
| Dui (兑) | oberste Linie (上爻, Shang Yao) | Rot (紅, Hong) | 7 (七, Qi) | Rot (赤, Chih) |
| Gen (艮) | fünfte Linie (五爻, Wu Yao) | Orange (橙, Cheng) | 8 (八, Ba) | Weiß (白, Bai) |
| | | Gelb (黃, Huang) | 5 (五, Wu) | Gelb (黃, Huang) |
| Xun (巽) | vierte Linie (四爻 Si Yao) | Dunkelgrün (綠, Lu) | 4 (四, Si) | Dunkelgrün (綠, Lu) |
| Zhen (震) | dritte Linie (三爻, San Yao) | Hellblau (青, Ching) | 3 (三, San) | Hellgrün (碧, Bi) |
| Kun (坤) | zweite Linie (二爻, Er Yao) | Blau (藍, Lan) | 2 (二, Er) | Schwarz (黑, Hei) |
| Li (離) | erste Linie (初爻, Chu Yao) | Purpur (紫, Zi) | 9 (九, Jiu) | Purpur (紫, Zi) |
| Kan (坎) | | (außerhalb von Purpur) | 1 (一, Yi) | Weiß (白, Bai) |

*Abb. 13: Graphik zur Aufschlüsselung des Arrangements der neun Farben*

Perfektion in Dingen und Angelegenheiten zu beschreiben, z. B. 10 Punkte (im Chinesischen gibt es mehrere Zeichenkombinationen diesen Inhalts). In der Mathematik dient die 10 auch als ›Leiter‹: 10 x 10 = 100; diese heißt auch ›große, vollkommene Zahl‹ (Da chengshu); 100 wird oft verwendet, um die größte Sättigung im Zahlenmaß zu beschreiben, wie im Chinesischen die 100 Geschlechter (das Volk), 100-faches Erdulden, 100 Blumen, 100 Ämter, 100 Vögel, 100 Tiere, 100 Jahre langes Leben, 100 Generationen und 100 Angelegenheiten ganz geläufige Redewendungen sind und jeweils ein Maximum ausdrücken. Die 55 aus der Flußkarte und die 45 aus der Luoschrift addieren sich zu 100. Die Karte ist die Summe der zehn Zahlen, die Schrift die Summe der neun Zahlen. Die ›Himmelsneun‹ (Tianjiu) gehört durch 45 zu Yang, die ›Erdzehn‹ (Dishi) gehört durch 55 zu Yin, und beide symbolisieren das ›Schweben des Himmels‹ und das ›Absinken der Erde‹. Der Yang-Pol, die Zahl 5 im Zentrum der Flußkarte, wird zur Hinderung der Zahl 10. Das Yang wird durch das Yin kontrolliert, und die Zahlenordnung dreht nach rechts. Die unveränderte Position drückt Ruhe, Yin, aus. Das zentrale Yang der Luoschrift dringt nach außen. Yang dreht hier links, Yin dreht rechts. Jede Folgeordnung und wechselnde Position drückt Bewegung, Yang, aus. Die Flußkarte und die Luo-Schrift bilden demnach tatsächlich einen Körper mit Yin und Yang; vereint bilden sie die Zahl der großen Vervollkommnung eines gesamten Körpers. Dies entspricht weiterhin dem I Ging-Prinzip von den beiden Instrumenten, die das T'ai-chi bilden.

*1.3.7* Gesamtzyklus und Zahlenprinzip der Quadranten

Zur Zeitberechnung des Großzyklus (360 Jahre) wurde genaueres schon im Abschnitt 1.2 erwähnt. Das Zitat aus dem I Ging »die für Qian notwendigen ungeteilten Linien betragen 216, die für Kun notwendigen Linien betragen 144. Zusammen ergeben sie 360 und korrespondieren (in etwa) mit den Tagen eines Jahres«[33] bezieht sich auch auf einen nicht repräsentierten Rest der 365 Tage eines Jahres. Im Kalender entspricht einem Tag damit etwas weniger als ein Grad auf dem Luo-Kreis, und für ein ganzes Jahr bleibt eine Restzahl von etwas mehr als 5°, entsprechend den fünf Tagen im Normal- bzw. sechs Tagen im Schaltjahr. Die angeordneten 360° bilden einen kleinen Gesamtzyklus (1 Jahr). Ein Viertel des kleinen Zyklus beträgt 90°, und man bezeichnet die vier entstehenden Teile als Quadranten. Sie vertreten die Bedeutungen der vier Erscheinungen des T'ai-chi. Dieses Zahlensymbol ist auch im Prinzip des Luoshu enthalten, da darin die zentrale 5 als Kreuz durch runde Kreise in die vier Richtungen repräsentiert wird. In den acht Richtungen des gesamten Umfangs werden 40 Punkte durch runde Kreise oder volle Punkte vertreten. Sie sind weiter in die 9, 1, 7, 3 der vier Achsen unterteilt. Ungerade Zahlen sind in runden Kreisen gezeichnet, gerade in vollen Punkten. Jede Zahl der Ungeraden benutzt einen Kreis als ›Leerzahl‹ oder Mittelpunkt. Werden die Leerpunkte mit den kreuzförmigen fünf Punkten des Zentrums durch Linien verbunden, entsteht ein großes Kreuz, das vier Quadranten begrenzt und die Karte in vier Bereiche einteilt. In jeden Quadranten fällt je die Zahl 9, Kreise und Punkte innerhalb addiert. Diese wird mit den zehn Zahlen der Flußkarte multipliziert, so daß jeweils 90 als die Gesamtzahl eines Quadranten entsteht. Die vier Neunen (9) erreichen also zusammen 360 und bilden die Zahl eines kleinen Zyklus. Somit ist die Ganzzahl eines Jahres schon im Luoshu aufgespeichert (siehe Abb. 14).

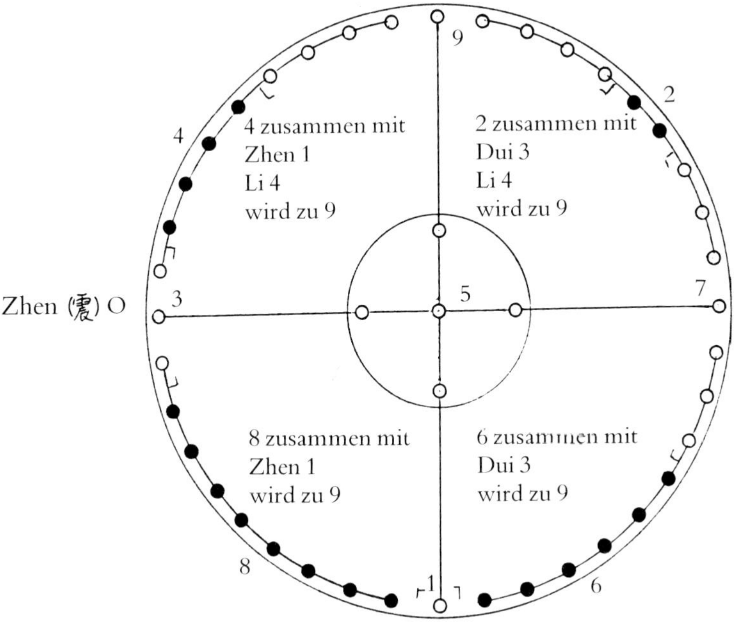


*Abb. 14: Quadranten-Graphik nach dem Luoshu, mit Zhen im Osten*

## *1.4 Erklärungen zum T'ai-chi*

Im ›Großen Appendix‹ zum I Ging heißt es: »Der Himmel erschafft die geistigen Dinge, und die Weisen folgen ihnen. Himmel und Erde unterliegen Wechseln und Änderungen, die Weisen imitieren sie durch das I Ging. Der Himmel sendet seine Erscheinungen nach unten auf die Erde, so erkennt man Glück und Unglück. Die Weisen interpretieren sie.«[34] Die Weisen symbolisierten also durch die Zeichnung der Trigramme Bedeutungen. Dazu muß es einen zusammenfassenden, die menschlichen Vorstellungen übertreffenden Logoskörper geben, der wohl im Teilungsprinzip von 1 zu finden ist. Es ist eine Zeitform zwischen ›Unbekanntes wird bekannt‹ und ›Existenz wird zur Nicht-Existenz‹. Die Veränderungen basieren auf der Bewegungskraft, die ihrerseits auf dem Prinzip von Qian und Kun beruht. Beide sind Erscheinungen von Veränderungen in Bewegung und Ruhe. Veränderungen beziehen sich auf ›Abgeschlossenes und Geöffnetes‹, tief Verborgenes und deutlich Aufgezeigtes; Wechsel zeigen dagegen ›übernatürliches Wissen‹ von Vergangenem und Zukünftigem auf. Die Entwicklung und das Wachsen aller Objekte im Universum zeigen diese chaotischen Zeitformen von Veränderungen und Wechsel. Deshalb heißt es im ›Großen Appendix‹: »Aus diesem Grund gibt es im I Ging das T'ai-chi.«[35] Die T'ai-chi-Graphik repräsentiert die Idee und das Modell dieser Zeitformen. Das unveränderliche Prinzip, das die Zeitformen ausdrückt, wird auch als der ›Weg‹ (Dao) bezeichnet. Shao Yong sagte dazu: »Was das T'ai-chi ist, wird auch als Wuji bezeichnet.«[36] Zhou Dunyi schätzte den Ursprung des Daoismus so ein: »Zuerst das Wuji, dann das T'ai-chi.«[37] Das T'ai-chi entwickelt die beiden Instrumente, die beiden Instrumente gebären die vier Erscheinungen, bis ins Endlose. Ist Yin schwer, so ist Yang leicht. Ist das Außen weich, so folgt das Innen nach. Qian hat die Bedeutung, Kun ist der Weg. Sich im Kreis bewegen, aber an das Rechteck denken. Die zwei Seiten balancieren sich gegenseitig aus, ein endloses Kommen und Gehen. All diese Sätze drücken die natürliche Erscheinung und das Prinzip des T'ai-chi aus.

Zuerst entstand die Flußkarte, und damit wurde von Fu Xi das T'ai-chi entdeckt. Dann wurde die Luoschrift gefunden, und König Yu setzte die darin gegebenen Empfehlungen durch die Schaffung der neun Regierungsbezirke in die Praxis um. Die Konzepte des T'ai-chi entstammen also tatsächlich der Flußkarte und wurden im Luoshu fortgeführt. Gäbe es keine Flußkarte und Luoschrift, hätte man keine Erklärung für Wechsel und Änderungen des T'ai-chi. Das Konzept des T'ai-chi ermöglichte es, Graphiken zu zeichnen (die frühesten dürften schon vor den ersten Schriftzeichen entstanden sein). Die alten Daoisten respektierten sie als Maßstab und tradierten sie mit entsprechender Belehrung. Laozi dachte an das Geheimnis des T'ai-chi, wenn er sagte: »Es gab etwas Formloses vor der Existenz von Himmel und Erde, still und einsam, allein und unverändert, sich immer bewegend, ohne Trägheit; es kann die Mutter aller Dinge sein.«[38] Weiter heißt es bei ihm: »Alle Dinge stützen sich auf Yin und werden von Yang umfaßt, durch Reinigung des Qi entsteht Harmonie.«[39] (So ist es auch in der Graphik erklärt.) Konfuzius befragte einmal Laozi nach dem Daoismus, und so steht von Anfang an in seinen I Ging-Studien, daß es ein T'ai-chi gibt, ebenso in allen Kapiteln des ›Appendix‹. Er hat es aus der Kartenform erkannt, und im Kapitel zur Positionsbestimmung der Trigramm-Erklärungen und anderen Abschnitten findet sich der Inhalt von der Form und Erscheinung des T'ai-chi. Erst in der Song-Dynastie begann Chen Tuan aus Bushang (einem kleinen Ort in Shandong) die Geheimnisse des Daoismus aufzudecken und tradierte die antike T'ai-chi-Graphik an Zhung Fang (siehe Abb. 15). Fang gab diese an Mu Xiu weiter, dieser seinerseits an Zhou Dunyi aus Luoyang. Zhou lehrte die Brüder Cheng Hao und Cheng Yi und drang noch tiefer in die Trigramm-Theorie ein, um den Ganzkörper des T'ai-chi zu entwickeln und seine T'ai-chi-Graphik des früheren Himmels aufzuzeichnen (siehe Abb. 16).

Aber die früheren Gelehrten haben diese Graphik nicht recht ernst genommen, bis zur Ming-Zeit, als Lai Zhide aus Sichuan, Liangshan, nach der Flußkarte, Luoschrift und Zhou's Graphiken die T'ai-chi-Graphik der Flußkarte entdeckte (siehe Abb. 17). Obwohl diese mit den beiden alten Graphiken nachweislich übereinstimmt, wurde auch sie leider nicht eingehend und öffentlich diskutiert. Größtenteils wird das T'ai-chi von Lai als zweidimensionale Ebene angesehen. Durch die senkrechte Trennlinie in der Graphik und den Trigramm-Positionen wird aber auf den Himmel, die Erde, die Sümpfe und Berge angespielt, oben und unten werden getrennt. Es wurde noch keine Theorie eines Kugelkörpers entwickelt und deren tiefe Bedeutung folglich auch nicht diskutiert. Ich habe deshalb die drei Graphiken zur I Ging-Theorie zusammengefaßt und erkläre die Illustrationen der Wechsel und Änderungen des T'ai-chi-Körpers, um die weitreichende Bedeutung des I Ging verständlich zu machen.

*Abb. 15: Ebene T'ai-chi-Graphik nach Fu Xi*

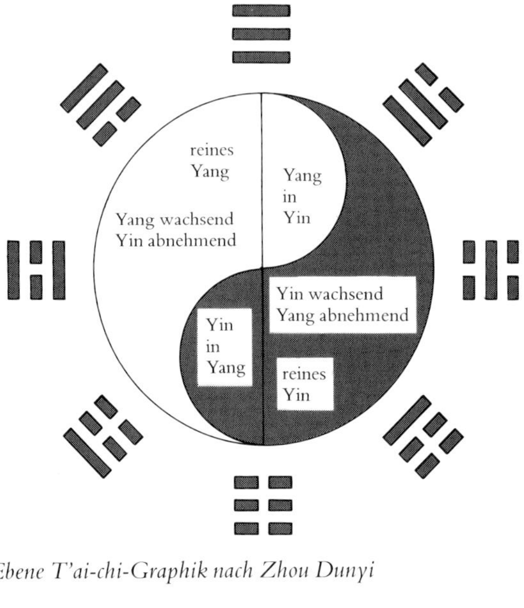


*Abb. 16: Ebene T'ai-chi-Graphik nach Zhou Dunyi*

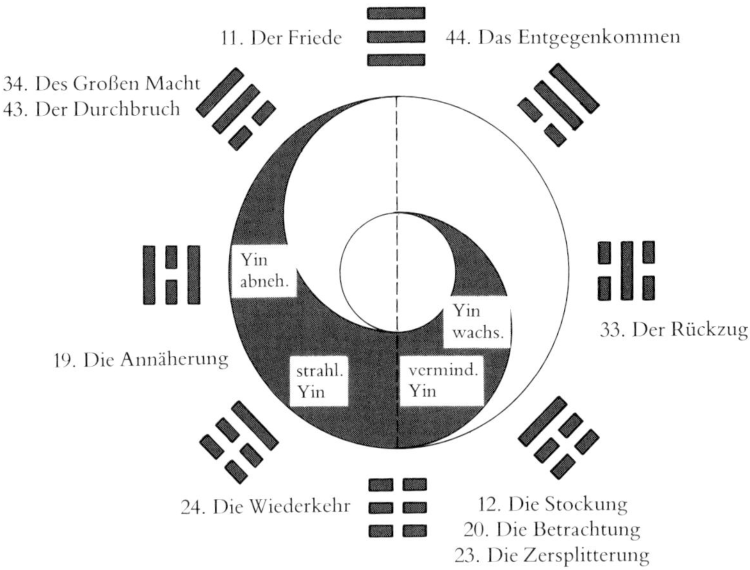


*Abb. 17: Ebene T'ai-chi-Graphik nach Lai Zhide, mit einigen Hexagrammen*

*1.4.1* Feste Bedeutung und Grundtheorie des T'ai-chi

Das T'ai-chi ist ein bestimmtes Konzept darüber, wie alle Dinge des Universums zum Zeitpunkt des Entstehens ausgesehen haben. Die Graphiken folgen diesem Konzept und verschmelzen die ursprünglichen Theorien und Annahmen der Flußkarte und der Luoschrift. Entstehung und Vervollkommnung aller Dinge des Universums, Bewegung und Ruhe in allen Angelegenheiten, das Große ohne Äußeres (Größeres), das Kleine ohne Inneres (Kleineres), all diese Aussagen gehen nicht über das Prinzip von ›Nicht-Veränderung‹ (Buyi) hinaus. Shao Kangjie (= Shao Yong) aus der Song-Dynastie sagte: »Das T'ai-chi ist vor Himmel und Erde, ist aber nicht das erste; es ist nach Himmel und Erde, aber nicht das letzte. Himmel und Erde enden, aber das T'ai-chi endet niemals. Himmel und Erde hatten einen Anfang, aber das T'ai-chi kennt kein Beginnen. Es verschmilzt und vereint sich mit den Dingen von Himmel und Erde, hat aber weder ein Vorher, Nachher, noch Anfang und Ende.«[40] Diese Aussage geht einen Schritt weiter, um die Verbreitung und ewig vorhandene Größe des T'ai-chi-Prinzips aufzuzeigen. Überprüft man alle von früheren Weisen aufgezeigten Prinzipien, die in den Eigenschaften des T'ai-chi aufgespeichert liegen, kann man von den vier Qualitäten der Form, der Masse, der Eigenart und der Fähigkeit sprechen:

Seine *Form* ist die eines exakten Kugelkörpers, insbesondere in Ruhehaltung; es symbolisiert strahlendes Yin.

Seine *Masse* ist ein seitenwechselndes Gleichgewicht; in der Ruhe gibt es Bewegung; es symbolisiert vermindertes Yang (Form und Masse gehören zum Yin-Instrument).

Seine *Eigenschaft* ist außen weich und innen hart; in der Bewegung gibt es Ruhe; es symbolisiert vermindertes Yin.

Seine *Fähigkeit* ist gebärend und entwickelnd, insbesondere in Bewegungshaltung; es symbolisiert strahlendes Yang (Eigenschaft und Fähigkeit gehören zum Yang-Instrument).

Im folgenden soll in einem weiteren Schritt jede Qualität erklärt, dann mit der Form der jeweiligen ebenen Graphik belegt und schließlich auch mit räumlichen Modellen eines aufrechten Körpers verglichen werden.

### *1.4.2* Das T'ai-chi als exakt runder Körper

Die beiden chinesischen Zeichen für T'ai-chi drücken – vereinfacht gesagt – einen natürlichen Rundkörper aus. T'ai bedeutet ›am größten‹ und Chi ›am höchsten‹. Erreicht das Größte die höchste Grenze, wird es als ›größtes Höchstes‹ (T'ai-chi) bezeichnet. Aus der Zahlentheorie (Mathematik) und Physik ist bekannt, daß das Volumen eines Rundkörpers durch die Oberflächenspannung besonders stabilisiert ist. Außerdem kann sich die Rundform an die Existenz aller Dinge im Universum besonders gut anpassen. Ungeachtet der jeweiligen individuellen Verschiedenheiten in den Angelegenheiten und Dingen, der Frage von Bewegung oder Ruhe, Größe oder Kleinheit, gehen alle Objekte und Angelegenheiten nicht über dieses Prinzip hinaus. Der Tau auf den Blättern, Früchte, Stiele und Blätter von Pflanzen, Glieder und Rümpfe der Tiere, Blutkörperchen und Samenfäden der Lebewesen, Luft- und Gasblasen, sie alle bilden verschieden positionierte Rundformen aus. Rechteckigen Steine werden durch das Wasser talabwärts transportiert und dabei zu runden Steinen geschliffen, ein weiteres Beispiel für dieses Prinzip. Wie die Zellen im Aufbau der Lebewesen, vom Atom und Elektron im Kleinsten bis zu Sonne, Mond und anderen Himmelskörpern im Größten und dem All überhaupt, alles bildet eine Rundform aus, sogar in ihren Bewegungslinien zeigt sich immer wieder die Rundförmigkeit (Kreis, Ellipse). Falls die Dinge nicht rund sind oder zwar rund, ohne jedoch Vollkommenheit zu erreichen, können sie sich nicht perfekt bewegen, und es gibt keine Anpassung an den Wandel; sie können nicht auf Dauer existieren. Rund symbolisiert die ›äußerste Harmonie‹ (Tai he) und entsteht durch Vereinigung von Yin und Yang und Vermischung der Qi-Arten. Alle Objekte haben eine Neigung zum Vollen, Runden, zur äußersten Harmonie. Einerseits streben sie wegen der gleichmäßigen Beeinflussung durch den äußeren Druck oder wegen der gleichmäßigen Berührung durch die äußere Kraft nach Rundförmigkeit; andererseits aber auch wegen des gleichmäßig nach außen dringenden Innendrucks. Weil dies der Ausdruck der größten Obergrenze ist, ist das T'ai-chi also ein Kugelkörper mit einem ewig ruhigen Kugelzentrum.

### *1.4.3* Chaotische Urhaltung des T'ai-chi

Bevor Angelegenheiten und Dinge Gestalt anzunehmen beginnen, befinden sie sich in einem chaotischen Zustand. Yin und Yang sind noch nicht getrennt, Bewegung und Ruhe noch nicht geteilt, etwa wie ein schon lebender, aber noch nicht treibender Samen. In dieser Situation haben Wasser, Luft und Wärme noch nicht den absolut ›runden Zustand‹ des Körpers bewirkt. Diese Zeitform wird als Wuji bezeichnet. Die T'ai-chi-Graphik von Zhou Dunyi sagt: »Der Ursprung, der die Essenz des Weges bewirkt, heißt Wuji und T'ai-chi. Wenn mein Verstand einsam ist, so denkt er nicht. Alles hat noch nicht begonnen, und es gibt fast keine Bezeichnung dafür, außer dem Begriff Wuji. Wenn der Verstand also noch nicht denkt, gibt es doch schon eindeutig einen strahlenden, nicht duftenden Ursprungskörper; dies ist das T'ai-chi.«[41] Wuji ist also der chaotische Urzustand des T'ai-chi. Auch Laozi sagte: »Es kommt aus dem Nichts; dies ist, woraus der Weg des T'ai-chi entsteht.«[42] Der größte Unterschied zwischen Wuji und T'ai-chi ist das jeweils gegensätzliche Element von Ruhe und Bewegung. Wuji gehört zu Yin, Ruhe, ist aber keinesfalls ein toter Körper ohne Schöpfungskraft. Im Inneren ist eine Art höchster Harmonie, dargestellt durch das Qian-Symbol und dessen Bewegungsfähigkeit, gespeichert. Dies ist das Prinzip des Yin-Pols, der Yang in sich birgt und es auch hervorbringt.

### *1.4.4* Phänomen der Wechsel und Änderungen von Härte und Weichheit im T'ai-chi

Wenn sich die im Wuji aufgespeicherte Bewegungsfähigkeit des Qian-Symbols vom Zentrum des Körpers nach außen hin entfaltet und durchdringt, muß es im Äußeren weiteres angesammeltes Kun-Qi geben, das die Gelegenheit wahrnimmt und entgegengesetzt ins Zentrum fließt. Diese Zeitform wird T'ai-chi genannt. Die oben beschriebene Art von Veränderung und Wechsel hält im äußeren Umfang des Körperzentrums inne. Betrachtet man also das ganze Phänomen, scheint das T'ai-chi mehr zur eigenständigen Yang-Eigenschaft zu tendieren. Die Änderungsform bzw. das Modell der im Äußeren sich gegenüber stehenden Bewegung und Ruhe wird im großen ›Appendix‹ zum I Ging die zwei Instrumente genannt. Sie verkörpern Yin und Yang, Härte und Weichheit. Die Härte regiert die Bewegung, geht von innen nach außen, ihre Eigenart zählt zu Yin. Die Erscheinung von Änderungen und Wechsel zwischen Härte und Weichheit erreicht zwar im Äußeren eine unendliche Zahl, aber das Zentrum des Ursprungskörpers bleibt von Anfang bis Ende beharrlich. Dies ist das Prinzip der äußeren Weichheit und inneren Härte des T'ai-chi. Da es eine eigene Bewegungshaltung, eine Entwicklung von innen nach außen aufweist und gleichzeitig einer festen Ruhehaltung des äußeren Umfangs ausgesetzt ist, kann es die Phänomene von Veränderung und Wechsel entwickeln. Die räumliche Leere der zentrifugalen Bewegungshaltung wird also durch die zentripedale Ruhehaltung ersetzt. Dieses Phänomen unterliegt im Inneren einer Begrenzung durch den Ursprungskörper, im Äußeren der Begrenzung durch die Rundform. Sie bilden wechselweise die beiden Wege einer schraubenförmigen Wicklung zum äußeren Umfang hin. Außerdem verringert sich der Bewegungstrend, nachdem die Bewegungsfähigkeit mit der Ruhehaltung konfrontiert worden ist. Dies verweist auf die Logik, daß der Yang-Pol auch Yin hervorbringt. Das T'ai-chi ist also ein Symbol, das die Bewegung entwickelnde Yang-Qualität des Rundkörpers verdeutlicht.

### *1.4.5* Prinzip der gegenseitigen Gleichgewichtigkeit

Das T'ai-chi entsteht vor den beiden Instrumenten Yin und Yang. Die vier Erscheinungen entstehen nach den beiden Instrumenten. Die acht Trigramme sind in den vier Erscheinungen aufgespeichert. Obwohl sich Yin und Yang wechselseitig und gleichmäßig teilen und Veränderungen bewirken, können sie sich von Anfang bis Ende doch nicht von der inneren Herrschaft und äußeren Kontrolle des T'ai-chi-Körpers lösen. Der T'ai-chi-Körper kommt ursprünglich aus der Veränderung des Wuji. Das Wuji ist als Blase zu verstehen; es gibt weiter nichts Erklärendes zum Aufbau und zur Gestalt zu sagen. Man verwendet zur Darstellung des Kugelkörpers einen Kreis, der auch das T'ai-chi symbolisiert. Dieses kann die Existenz des Wuji verbergen, aber das Wuji-Zentrum geht nie ganz verloren. Das T'ai-chi vermag die beiden Instrumente hervorzubringen; dies ist aber eigentlich auf den Einfluß durch die Anwendung des Wuji-Urkörpers zurückzuführen. Nach dem Entstehen der beiden Instrumente existiert das T'ai-chi noch immer. Die zwei Instrumente bringen die vier Erscheinungen hervor, doch die zwei Instrumente existieren noch immer. Die vier Erscheinungen bewirken die acht Trigramme, aber die vier Erscheinungen sind noch immer vorhanden. Diese Art von Änderungsprozeß und -gestalt der I Ging-Theorie kann, gleichgültig ob vorn oder hinten, innen oder außen, groß oder klein, das Prinzip und die Symbolik der wechselweisen Gleichgewichtung nicht verlassen. Alles Entstehen von Dingen und Angelegenheiten hat durch ein Oben auch ein Unten; gibt es ein Links, so auch ein Rechts; gibt es ein Vorn, dann auch ein Hinten; gibt es ein Groß, dann auch ein Klein. Gibt es eine Vorderseite, muß es auch eine Rückseite geben. Erst wenn es ein Gut gibt, kann es ein Böse (Schlecht) geben. Erst durch das Entstehen der wechselseitigen Erscheinungen kann die Gleichmäßigkeit des Ganzen beibehalten werden. Dies alles beruht auf dem T'ai-chi-Prinzip, in dem Yin und Yang gleichmäßig bzw. einander ergänzend vorhanden sind. Deshalb ist das T'ai-chi aus zwei einander entsprechenden Hälften gebildet, die sich zur Einheit ergänzen.

### *1.4.6* Außergewöhnliche Kombinationskraft von Yin und Yang

Alle Angelegenheiten und Dinge entstehen durch zerrende und berührende Veränderungen der beiden Pole Yin und Yang. Gibt es Yin und Yang, so gibt es deren außergewöhnliche Kombinationskraft und neue Lebenskraft. Die hier so bezeichnete Kraft deutet auf latente und tatsächliche Kräfte der Änderungen zwischen Yin und Yang. Beide umfassen die Erscheinungen von Ursache und Wirkung, wechselweisem Überfluß (Fülle) und entsprechendem Mangel (Leere), Verminderung und Mehrung. Wie der Erfolg aus der Bedrohung durch den Mißerfolg entsteht, so bewirkt Schwäche eine Verbesserung zur Stärke. Weder die Dinge im Universum noch die Menschen in ihren kleinen und großen Angelegenheiten überschreiten die Grenzen dieses Prinzips der Ergänzung von Yin und Yang. Auch eine Batterie z. B. bedarf der Verbindung beider Pole, Yin und Yang, bevor ein Elektrizitätsfluß entstehen kann. In einem Hühnerei müssen das weibliche Ei und der männliche Samen zusammenwirken, bevor neues Leben entstehen kann. Auch Geschäftserfolg bedarf eines Wechselspiels von Härte und Weichheit. Die Effektivität des T'ai-chi ch'üan bedarf ebenfalls einer Kontrolle durch die Zeit, in der das Yin das Geben von Yang aufnimmt. Es ist wie das Aufblühen und Untergehen von weltlichen Dingen, wie das Umformen eines Staates, wie Ehrlichkeit und Falschheit der Beamten, wie ›Dicke und Dünne‹ der Traditionen, wie falsche und richtige Einstellungen, wie Helligkeit und Dunkel im Wissen, wie Vordringen und Rückschreiten in der Bewegung, wie Mangel und Überfluß der Finanzen, wie Anstrengung und Faulheit des Körpers, wie Ab- und Zunahme der Bevölkerung, wie Steigen und Sinken der Preise, wie Erfolg und Mißerfolg im Lernen, wie Sommer und Winter im Klima, wie Langsamkeit und Schnelligkeit der Bewegung. Alles unterliegt dem Wechselspiel eines Yin und eines Yang in einem Körper. Deshalb sagten schon die Brüder Cheng: »Im Prinzip aller Dinge von Himmel und Erde gibt es nichts einzelnes, sondern immer nur Paare. Alles ist so natürlich; nichts kann arrangiert werden. Dies kann man der Graphik entnehmen.«[43] Die Kombinationskraft von Yin und Yang stammt aus dem T'ai-chi-Körper und entsteht durch die Verbindung beider (siehe Abb. 18).

*Abb. 18: Vereinfachte Graphik des T'ai-chi zur Körperveränderung der Kreisform*

In obiger Graphik werden Körperveränderungen der Kreisform aufgezeigt. So wurde schon früh der Bereich der Lebewesen auf der Erde dargestellt. Auf der Erdoberfläche gibt es eine lebentragende Schicht. Das Erdzentrum ist der Urkörper des T'ai-chi, die Erdkruste bildet das Yin-Instrument, die äußere Luftschicht das Yang-Instrument. Zwischen beiden entstehen auf der Erdoberfläche durch Änderungen der latenten Kräfte verschiedene Schichten von Leben, die die Verhältnisse auf der Erdkugel zeigen. Diese relativ dünne Schicht nennt man ›Lebenskreis- oder Lebewesen-Schicht‹.

*1.4.7* Form des Zentral-Qi im T'ai-chi der Flußkarte

Die Flußkarte ist eine analysierende Graphik des T'ai-chi, die noch keine Form ausgebildet hat. Das Zentrum der Zahl 10 im Urkörper des T'ai-chi ist die Position der Zahl 5, des reinen Yang. Die 5 symbolisiert das Schwerkraftzentrum aller Objekte und auch das ZentralQi in den Körpern der Lebewesen. Für den Menschen bedeutet das Zentral-Qi die ursprünglichen Geisteskräfte des Körpers. Darauf beruht die Kultivierung und Übung der Emotionen im Daoismus. Dies ist von der Physiologie und Anatomie her kaum erklärbar. Aber von der Flußkarte aus, vom Aufbau des T'ai-chi-Zentrums im Körper, kann man dies leichter verstehen.

Die Zahlen 1 und 6 (strahlendes Yin) der Flußkarte liegen unten, 7 und 2 (vermindertes Yang) liegen oben. Beide Paare ergeben sich jeweils durch Addition oder Subtraktion von 5. Außerdem werden Yang oben und Yin unten angeordnet. Demnach sinkt das Zentral-Qi ab und steigt auf. 3 und 8 (vermindertes Yin) liegen links; 9 und 4 (strahlendes Yang) sind rechts angeordnet. Beide Paare ergeben sich ebenfalls jeweils durch Addition oder Subtraktion von 5. Zusätzlich wird Yin links und Yang rechts aufgeführt. Deshalb folgt das Zentral-Qi nach links und dann nach rechts. Die fünf gebärenden Zahlen der Karte im inneren Kreis beherrschen die fünf vervollkommnenden Zahlen im äußeren Kreis. Bei den fünf hervorbringenden Zahlen liegt das Kommando bei dem durch 5 besetzten Zentrum. Ganz formlos beherrscht es still die Yin/Yang-Veränderungen aller Zahlen. Das Yang-Instrument dringt von innen nach außen, von ganz kleiner gelangt es zu riesenhafter Größe. Das Yin-Instrument bewegt sich von außen nach innen, von enormer Größe verringert es sich zum Feinen und Geringen. Dies zeigt deutlich die Effektivität der Kontrolle des T'ai-chi, das mit Kleinem Großes beherrscht, wie auch die feste Ordnung von oben und unten, links und rechts, innen und außen im Hetu t'ai-chi. Jede Zahl von Yin und Yang verändert sich, das Qi sammelt sich im Zentrum, es heißt Zentral-Qi des T'ai-chi. Die vier Erscheinungen entstehen aus dem Zentrum des Urkörpers. Also ist eine Kultivierung und Nährung des Ursprungs des Zentral-Qi die einzige Methode zur Füllung des T'ai-chi.

*1.4.8* Prinzip von Gebären und Entstehen

Gemäß dem I Ging-Prinzip von Überfluß und Mangel, Verringern und Anwachsen muß ein volles Objekt sich verringern, ein leeres Objekt muß anwachsen. Deshalb wachsen und gebären alle Dinge und Angelegenheiten, bis das T'ai-chi rund und voll ist; dann beginnen sie sich nach außen zu entwickeln. Zunächst entstehen Veränderungen von Ruhe und Bewegung, dann folgen Erscheinungen der Fortpflanzung. Das T'ai-chi-Zentrum des Urkörpers gebiert durch Yang-Qi und ist übervoll. Nach dem Durchsickern durch die kondensierenden Schichten von Yin-Qi entstehen die beiden Qi-Strömungen von Yin und Yang. Von den äußeren Schichten des Rundkörpers bis zur Oberfläche des Körperzentrums rollen sie sich zusammen, bis der Yang-Pol Yin hervorbringt und sich in strahlendes Yang und vermindertes Yin zerteilt. Der Yin-Pol bringt Yang hervor und spaltet sich in strahlendes Yin und vermindertes Yang. Dies nennt man die vier Erscheinungen. In analoger Weise entstehen die acht Trigramme, die 64 Hexagramme, bis ins Endlose. Diese Art der Vervielfältigung, vom Einfachen ins Mehrfache, der Ursprung und Quell allen Entstehens, bildet ganz und gar das reine, gebärende Yang des Urkörpers. Doch das Zentrum des Urkörpers hängt von der Aufnahme des äußeren Yin-Qi und dessen Kultivierung ab. Erst so entstehen die beiden Instrumente und die vier Erscheinungen. Wenn das Zentrum des Urkörpers völlig verschwindet, müssen alle Erscheinungen des Entstehens zum Stillstand kommen, bis sich das Ganze zur Nicht-Existenz zurückentwickelt. Falls sich das reine Yang des Körperzentrums auflöst und so eine Einschränkung verursacht wird, der Zeitpunkt der Verminderung bis zur Auflösung jedoch noch nicht gekommen ist, erfolgt ein weiteres Aufnehmen und eine Transformation von Kultivierung, bis der Körper wieder zu einer Situation der Fülle und des Überflusses zurückkehrt. Schließlich kann es sich erneut nach außen entwickeln, und dies ist exakt wieder die Logik vom Gebären und Entstehen des T'ai-chi.

### *1.4.9* Ursprung der T'ai-chi-Graphiken

Im ›Großen Appendix‹ des I Ging heißt es: »Der Gelbe Fluß brachte die Karte hervor, der Fluß Luo die Schrift. Die Weisen zogen daraus ihren Vorteil.«[44] Das Zeichen für ›daraus Vorteil ziehen‹ (Ze) scheint oberflächlich betrachtet nicht über die Methodik in der Flußkarte und Luoschrift hinauszugehen. Es scheint sich nur um die Entdeckung der Ordnung und Positionen der acht Trigramme zu handeln, um Verringerung und Anwachsen von Yin und Yang. Außerdem ist die Aufzeichnung der acht Trigramme nur eine Aufgliederung des Vielfachen von 1, und scheinbar gibt es darin keinen Einfluß von Flußkarte und Luoschrift. Aber durch den Satz »der Himmel gebar geistige Dinge, und die Weisen zogen daraus Vorteil. Himmel und Erde änderten sich, und die Weisen imitierten sie«[44] kann man erkennen, daß die Weisen durch die Trigramm-Zeichnungen besondere Bedeutungen errichteten. Es muß also ein T'ai-chi geben, das über die gesammelten Denkweisen der zwischenzeitlich lebenden Menschen hinausgeht und das dieses Prinzip zur Aufgliederung der 1 erklärt. Obwohl Konfuzius schon in seinen I Ging-Studien sagte, daß das I Ging ein T'ai-chi hat, bleibt es doch fraglich, ob er alle Quellen eingesehen hat. Weiter bleibt offen, ob diese Belege von Fu Xi's Hand stammen oder nicht. Leider haben wir bis heute weder zur Herkunft noch zu den graphischen Erklärungen eindeutige Beweise. Wir wissen es nicht; deshalb steht in allen Kapiteln des ›Großen Appendix‹ und in den Kapiteln zur Positionsbestimmung in den ›Erklärungen zu den Trigrammen‹ jeweils eine Erklärung zur Bedeutung der T'ai-chi-Graphiken. Übrigens drückt die traditionelle klassische T'ai-chi-Graphik (vgl. Abb. 15) die Außenansicht eines T'ai-chi-Körpers aus. Angeblich soll sie von Fu Xi stammen. Da sie jedoch die ganze Zeit über vom Daoismus als Geheimnis aufbewahrt wurde, und es keine der Öffentlichkeit zugängliche Überlieferung gab, haben auch nur sehr wenige Gelehrte bis zur Song-Zeit diese Aufzeichnungen einsehen können. Die Überlieferung erreichte Zhou Dunyi, der zwar tief vordrang und im Denken die Substanz des T'ai-chi erreichte, aber möglicherweise auch nicht verstand, daß die klassische Graphik die Außenansicht des T'ai-chi zeigt. Er nahm an, daß das T'ai-chi bei der Substanz von Yin / Yang und den vier Erscheinungen stehenblieb. Er vermied es, diese klasssische Graphik zu erwähnen, und nach dem Studium des I Ging und den Theorien der früheren Gelehrten hat er selbst die T'ai-chi-Graphik des früheren Himmels (vgl. Abb. 16) entwickelt. Zunächst gab es in seinen Ausführungen ein Kapitel zur Zeichenweise der Graphik, danach wurde konkreter die Form und Erscheinung des T'ai-chi aufgezeigt.

### *1.4.10* Ebene T'ai-chi-Graphik nach Fu Xi

Die T'ai-chi-Graphik von Fu Xi heißt auch klassische T'ai-chi-Graphik (vgl. Abb. 15). Sie wurde bis in die Song-Dynastie von Chen Tuan aus dem Kreis Zhenyuan auf die Nachwelt überliefert. Fu Xi hatte das Geheimnis der Flußkarte entdeckt und seine Gedanken und Geistesarbeit der Nachwelt hinterlassen, indem er die T'ai-chi-Graphik entwickelte. Sie ist nicht außergewöhnlich schwierig, aber außer Konfuzius hat sich kaum ein Gelehrter mit ihr auseinandergesetzt, und sie wurde auch nicht für wichtig gehalten. Außerdem wurde sie für lange Zeit nur innerhalb der Daoisten-Schule weitergegeben, und es gab keine öffentliche

Tradierung. Folglich gab es in der Zeit zwischen Konfuzius und Chen keine Aufzeichnungen. Manche Gelehrte nehmen deshalb sogar an, daß sie von Chen Xiyi (= Chen Tuan) selbst stammt. Aber bei Ren Daoxun [45] aus Ruian, der in der Ming-Dynastie ein Großlehrer der I Ging-Lehre war (Nr. 81 der Dao-Meister, um ca. 1426), finden wir in einem seiner Gedichte einen Hinweis auf den möglichen Urheber der Graphik. In dem Gedicht heißt es: »Im T'ai-chi teilt sich die Einflußdrehung; es entstehen die beiden Instrumente, die vier Erscheinungen und die fünf Wandlungsphasen. Die acht Trigramme des früheren Himmels sind chaotisch immanente Instrumente. Wie könnten die gesamten Lebewesen diesen Kreis verlassen ?... Die Mutter Natur ist der Ursprung der frühesten Schriftzeichen, die Graphik bildet den natürlichen Himmel des T'ai-chi. Dies war schon zu den Zeiten der Könige Wen und Wu (Zhou-Dynastie) so. Mühelos hat man dies erforscht und korrekt überliefert.« [46] Im Satz von den acht Trigrammen und den frühesten Zeichen und deren Bedeutung kann man erkennen, daß diese klassische Graphik, die im Daoismus tradiert wurde, wahrscheinlich doch von Fu Xi oder anderen Weisen aus jener Zeit stammt. Auch der Xuanyuan-(Huangdi's Regierungsdevise)-Gelehrte Wang Hansheng belegte 1957, daß die T'ai-chi-Graphik wohl doch von Fu Xi selbst gezeichnet worden ist. [47] Von wem auch immer diese Graphik nun wirklich geschaffen wurde, ihre Bedeutung muß doch als besonders wichtig gelten, und sie ist es auch heute noch wert, erforscht zu werden. Das Zentrum der Karte zeigt den Anfangspunkt von zwei Qi-Strömungen und deren Drehungen. Man kann dieses Zentrum auch als Endpunkt sehen, da es, von außen gesehen, die Gestalt eines Mittelpols auf der Oberfläche des T'ai-chi hat.

Der äußere Kreis der klassischen Graphik mit einem angenommenen Radius von 3 cm repräsentiert den Gesamtkörper des T'ai-chi. Die rechte untere Halbkugel ist Yin, die linke obere Hälfte ist Yang. Wenn man Fu Xi's Graphik zeichnet, teilt man zuerst die Senkrechte durch den Mittelpunkt (Länge 6 cm) in drei gleiche Abschnitte zu je 2 cm. Man benutzt den oberen der beiden mittleren Punkte als Mittelpunkt und zieht mit einem Zirkel einen nicht vollständig ausgeführten Halbkreis mit dem Radius eines Drittels der Mittelsenkrechten (also 2 cm) nach rechts, auf der Seite des Yin-Instruments. Dies symbolisiert das Yang-Instrument, das in das Yin-Instrument eindringt. Dieser kleine, nicht ganz vollständige Halbkreis berührt den Höchstpunkt des großen Kreises oben, während er unten nicht ganz die Mittelsenkrechte erreicht. Das untere Ende bleibt vielmehr vorläufig frei schwebend. Mit dem unteren der beiden Punkte auf der Mittelsenkrechten verfährt man ebenso, nur wird der Halbkreis mit dem gleichen Radius diesmal nach links, nicht ganz bis zur Mittellinie gezogen. Dies symbolisiert das Yin-Instrument, das in das Yang-Instrument eindringt. Dieser kleine, nicht ganz vollständige Halbkreis berührt den Tiefstpunkt des großen Kreises unten, trifft aber nicht ganz auf die Mittelsenkrechte. Das obere Ende bleibt vorläufig frei schwebend. Diese so entstandenen freien Enden wurden ursprünglich durch das Zeichen Zhi verbunden (vgl. Abb. 15), wodurch ohne Zuhilfenahme des damals noch unbekannten Zirkels durch die freihändige Zeichnung keine ganz exakte geometrische Form erreicht wurde. Jede Graphik unterschied sich darum in diesen von der Hand gezogenen Linien, die die Form eines umgekehrten S oder besser die eines Fragezeichens ohne Punkt haben. Heutzutage läßt sich dies alles mit einem Zirkel sehr exakt ausführen. Um den Mittelpunkt des großen Kreises zieht man einen nur angedeuteten Kreis mit dem Radius vom Mittelpunkt bis zu einem der beiden Drittelpunkte auf der Mittelsenkrechten (je 1 cm). Diese führt ebenfalls senkrecht durch den kleinen angedeuteten Kreis um den Mittelpunkt des großen Kreises. Man sucht nun die Mittelpunkte der beiden Radien des angedeuteten kleinen Kreises. Diese dienen als Mittelpunkt für noch kleinere Kreise. Vom oberen Mittelpunkt schlägt man einen Halbkreis nach rechts, bis nach unten zur Mittellinie. Der Radius beträgt die Hälfte des mittelgroßen Kreises (0,5 cm). Vom unteren Mittelpunkt schlägt man den kleinsten Halbkreis nach links, bis nach oben zur Mittellinie, mit dem gleichen Radius von 0,5 cm. Die beiden Halbkreise werden durch eine umgedrehte S-Linie miteinander verbunden, so daß die Graphik in ihrem Zentrum die beiden sich zusammenrollenden Qi-Strömungen aufzeigt (siehe Abb. 19). Die zwei ›weiblichen und männlichen Drachen‹ umarmen sich in diesem Zentrum; in der klassischen Graphik haben sie die Form zweier Dinosaurier und bilden die beiden Instrumente etwas unregelmäßiger aus. Der Bereich des Yang-Instruments wird durch die weiße, der Bereich des Yin-

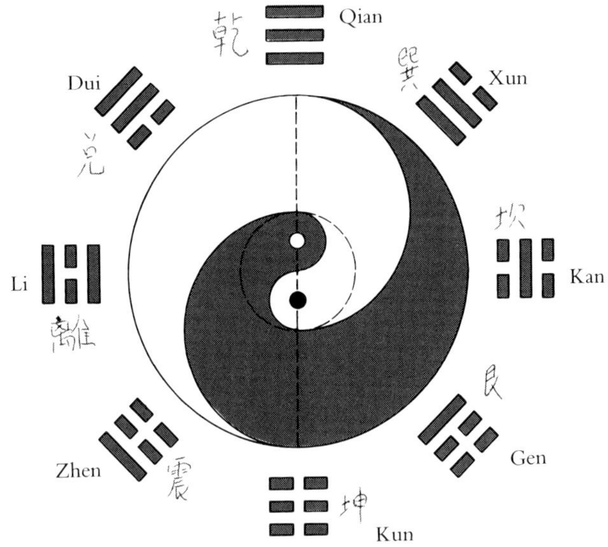


*Abb. 19: Moderne ebene T'ai-chi-Graphik nach Fu Xi*

Instruments durch die schwarze Farbe repräsentiert. Im Zentrum des großen weißen Bereichs (oder am Endpol, d. h. starkes Yang) gibt es einen kleinen dunklen Punkt, der ausdrückt, daß im Yang das Yin entsteht. Im Zentrum des großen schwarzen Bereichs (oder am Endpol, d. h. starkes Yin) gibt es einen kleinen weißen Kreis, der ausdrückt, daß im Yin das Yang entsteht. Betrachtet man die spiegelverkehrte Rückseite dieses Kreises, wo das Innere, die Innenseite, nach außen durchleuchtet, zeigt sich eine völlige Übereinstimmung mit dem Aufbau der Flußkarte nach Lai Zhide. Die beiden Punkte, schwarz und weiß, repräsentieren das Nach-Außen-Dringen der Essenz, der latenten Yin- und Yang-Kräfte im Zentrum des Kugelkörpers, die beiden Zahlen 2 und 3 (zusammen 5) und ihre Weiterentwicklung, ihr Aufblühen.[48] Die beiden spitzen, großen Qi-Strömungen, ebenfalls weiß und schwarz (vgl. Flußkarte), repräsentieren die Yang-Zahlen 1, 3, 7 und 9, und die Yin-Zahlen 2, 4, 6 und 8 bzw. deren sich verändernde Formen. Die gerade Außenansicht der Graphik korrespondiert mit der Anordnung der acht Trigramm-Positionen, von außen nach innen.[49] Am äußeren Rand der Rundkarten (vgl. Abb. 15 und Abb. 19) folgen die Yang-Linien von links unten den Trigrammen, und zwar von außen nach innen zunehmend und so die ansteigende Ordnung ausbildend: das Zhen-Trigramm mit einer Yang-Linie, Li und Dui mit jeweils zwei Yang und Qian schließlich mit drei Yang. Überschreitet die Ordnung den Höchstpunkt, verringern sich die Yang-Linien entsprechend je Trigramm, von oben nach rechts unten und von außen nach innen, so daß die absteigende Ordnung entsteht: das Xun-Trigramm mit zwei Yang-Linien, Kan und Gen mit je einem Yang und Kun schließlich ohne Yang am Tiefstpunkt des Kreises. Am äußeren Rand folgen die Yin-Linien von rechts oben den Trigrammen nach unten, und zwar von außen nach innen zunehmend und so die absteigende Ordnung ausbildend: Xun mit einer Yin-Linie, Kan und Gen mit je zwei Yin, Kun schließlich mit drei Yin. Überschreitet die Ordnung den Tiefstpunkt, verringern sich die Yin-Linien entsprechend, von unten nach links oben und von außen nach innen, so daß die ansteigende Ordnung entsteht: Zhen mit zwei Yin-Linien, Li und Dui mit je einem Yin und Qian schließlich ohne Yin am Höchstpunkt des Kreises. Die vier Haupt- und Diagonalrichtungen weisen so vermischtes Yin und Yang auf, je nach Position proportioniert. Sie deuten jeweils das T'ai-chi an, das Yin und Yang enthält. Yin und Yang bilden die vier Erscheinungen, und diese beinhalten die natürlichen Erscheinungen der acht Trigramme. Dieses immanente Prinzip des früheren Himmels und die perfekt abgeleitete Graphik des späteren Himmels sind in sich geschlossen und weisen eine große Logik auf.

*1.4.11* Ebene T'ai-chi-Graphik des früheren Himmels

Alle von Zhou Dunyi geschaffenen T'ai-chi-Graphiken (vgl. Abb. 16) entstanden gemäß der klassischen Graphik von Fu Xi, unter Berücksichtigung der Anordnung der acht Trigramme des früheren Himmels. Die Form der Graphiken zeigt im Inneren des Kreises zwei gleichmäßig gezeichnete Instrumente, die Kopf und Schwanz in Kaulquappenform aufweisen. Yin und Yang werden durch schwarz und weiß repräsentiert. Am äußeren Rand finden sich ebenfalls die umgekehrten, von außen nach innen angeordneten acht Trigramme des früheren Himmels.[49] Die Methode zum Zeichnen ist wie folgt: Von den senkrechten Außenpositionen, Qian oben und Kun unten, wird eine Mittelsenkrechte durch den Kreis gezogen, so daß ein linker und ein rechter Halbkreis entstehen. Alle Trigramme, mit einer Yang-Linie beginnend (außen), Zhen, Li, Dui und Qian, gehören zum Yang-Instrument und liegen auf dem linken oberen Halbkreis. Die Trigramme Xun, Kan, Gen und Kun, die mit einer Yin-Linie beginnen und mit drei solchen enden, gehören zum Yin-Instrument und liegen auf dem rechten unteren Halbkreis. Der Radius vom Mittelpunkt zum Qian-Trigramm wird zum Durchmesser eines Halbkreises, der von oben nach rechts bis zur Mittelsenkrechten gezogen wird. Dieser Halbkreis dringt ins Yin-Instrument und symbolisiert das im Yin entstehende Yang, das verminderte Yang. Es wird mit dem linksseitigen Yang-Bereich verbunden und drückt »Angelegenheiten arrangiert nach ihren Tendenzen« (Fang yi lei ju)[50] aus. Vom unteren Kun-Trigramm zum Mittelpunkt wird in gleicher Weise ein Halbkreis nach links, ins Yang-Instrument eindringend, gezogen. Er symbolisiert das im Yang entstehende Yin, vermindertes Yin. Es wird mit dem rechtsseitigen Yin-Bereich verbunden und drückt »Dinge unterteilt nach ihren Klassen« (Wu yi jun fen)[50] aus. Jeder Bereich bildet so eine Kaulquappe mit Kopf (starker Bereich) und Schwanz (schwacher Bereich). Sie umfassen sich im Inneren des Kreises. Yang ist weiß, mit dem Qian-Trigramm an der obersten ›Kopfposition‹; man nennt es ›reines Yang‹ (Chun yang). Sein Schwanz beginnt an der Kun-Position. Dies wird als ›Yang wachsend und Yin abnehmend‹ (Yang chang yin xiao) bezeichnet. Yin ist schwarz, mit dem Kun-Trigramm an der untersten ›Kopfposition‹; man nennt es entsprechend ›reines Yin‹ (Chun yin), und sein Schwanz beginnt an der Qian-Position. Dazu sagt man ›Yin blühend und Yang verfeinernd‹ (Yin sheng yang wei). Dies und Yin/Yang der sich am Kreis außen befindenden Trigramm-Positionen belegen sich gegenseitig. Die Anzahl der Yang-Linien in den vier Trigrammen Qian, Dui, Li und Zhen verringert sich von oben nach unten im selben Verhältnis, wie das Yang-Instrument im Kreis, oben groß als Kopf und unten klein als Schwanz, erscheint. Die Yin-Linien der vier Trigramme Xun, Kan, Gen und Kun nehmen von oben nach unten gemäß ihrer Ordnung zu, entsprechend der Erscheinung des Yin-Instruments, oben klein und unten groß. Die Kun-Position ist reines Yin; eine Yang-Linie erscheint unter Yin-Linien im Zhen-Trigramm und symbolisiert die Wiederbewegung des Ruhepols oder die genaue Zeitphase 23–1 Uhr des Winteranfangs. Die Qian-Linien sind reines Yang; eine Yin-Linie erscheint unter den Yang-Linien des Xun-Trigramms und symbolisiert die Wiederberuhigung des Bewegungspols oder die genaue Zeitphase 21–23 Uhr des Sommeranfangs. Dies ist die Außenansicht der ebenen Graphik und ihre Erklärung. Sie zeigt das einander Einfassen der beiden Instrumente, wobei es sich um einen Rundkörper handelt (siehe Abb. 20). Er sollte hier als Oberflächenform der Zentrumsubstanz des T'ai-chi verstanden werden.

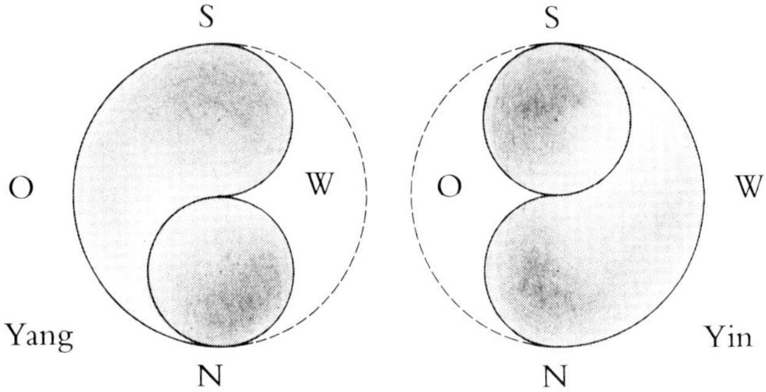


*Abb. 20: Analysierende T'ai-chi-Graphik zu den Essenzen der Oberflächenschichten von Yin und Yang*

### *1.4.12* Ebene T'ai-chi-Graphik nach der Flußkarte

Alle das I Ging kommentierenden und von Lai Zhide aus Liangshan geschaffenen T'ai-chi-Graphiken beruhen auf der Flußkarte (vgl. Abb. 17). Inhaltlich zeigen sie eine Verbindung von Flußkarte und Trigramm-Anordnung und korrespondieren mit Fu Xi's ›nach der Karte die Trigramme zeichnen‹. Da es das T'ai-chi vor den acht Trigrammen gab, muß die Trigramm-Anordnung des früheren Himmels nach der Trigramm-Schöpfung entstanden sein, was schon von Konfuzius erkannt worden war. Die Flußkarte bildet die Grundlage zur Trigramm-Schöpfung und entstand noch vor der T'ai-chi-Graphik. Deshalb glauben die meisten Gelehrten, die die I Ging-Theorie erforschen, daß die Graphiken von Lai logischer als die von Zhou sind, die die T'ai-chi-Graphiken des früheren Himmels repräsentieren. Im Zentrum der Karte wird durch kleine, volle Kreise die 10 der Flußkarte ausgedrückt, wo reines

Yin sich angliedert und die Kernhülle entsteht. Das Weiße in diesem Kreis steht für das Kernzentrum, 5 und reines Yang, aber auch für die Ruhehaltung der T'ai-chi-Essenz. In Abb. 17 (großer Kreisdurchmesser 6 cm) liegen Hoch- und Tiefpunkte des kleinen Kreises (mit einem Durchmesser von 2 cm) auf der Mittelsenkrechten und dienen als Mittelpunkte für Kreise mit jeweils 2 cm-Radien oder doppelten Radien, dem Durchmesser des kleinen Kreises. Die Strecken vom Höchstpunkt des großen Kreises bis zum Tiefstpunkt des kleinen Kreises oder umgekehrt vom Tiefstpunkt des großen Kreises zum Höchstpunkt des kleinen betragen genau vier Radien des kleinen Kreises (= 4 cm); die gesamte Mittelsenkrechte beträgt das Sechsfache des kleinen Zentralkreises (= 6 cm). Dies verweist auf das Prinzip ›1 bringt 2 hervor und wird zu den drei Potenzen (Himmel, Mensch und Erde)‹. 2 multipliziert mit 2 ergibt die vier Erscheinungen, multipliziert mit 3 die sechs Linien der Hexagramme. Die Mittelsenkrechte des großen Kreises teilt diesen in zwei Hälften: der linke Halbkreis wird zum Yin-Instrument, der rechte zum Yang-Instrument. Dies beruht auf der Anordnung der Yin-Zahl 8 auf der linken Seite in der äußeren Schicht der Flußkarte und der Anordnung der Yang-Zahl 9 auf der rechten Seite (siehe Abb. 21).

Hier zeigt sich auch, wie in Abb. 17, daß der Yin-Pol Yang hervorbringt, das das verminderte Yang bildet. Dazu zählt nicht der Bereich des kleinsten Kreises. Auch der Yang-Pol erzeugt Yin, das verminderte Yin. Und weiter sieht man, daß in der Flußkarte die Yang-Zahlen 1 unten und 3 links an der Innenseite der Yin-Zahlen 6 und 8 entstehen, daß die Yin-Zahlen 2 oben und 4 rechts an der Innenseite der Yang-Zahlen 7 und 9 entstehen. Der Bereich rechts oben und außen, das Yang-Instrument und der ins Yin links oben eindringende Bereich, bleiben weiß, repräsentieren Yang. Links unten und außen, das Yin-Instrument und der ins Yang eindringende Bereich rechts unten, bleiben schwarz, repräsentieren Yin. So entstehen die Erscheinungen von strahlendem Yang, vermindertem Yin, strahlendem Yin und vermindertem Yang, ihr Ab- und Zunehmen. Der große Kreis symbolisiert so die Bewegung eines sich verändernden T'ai-chi-Körpers. Schließlich benutzt man noch die acht Trigramme des früheren Himmels oder die 64 Hexagramme und ordnet sie umgekehrt, von innen nach außen, am äußeren Rand der T'ai-chi-Graphik

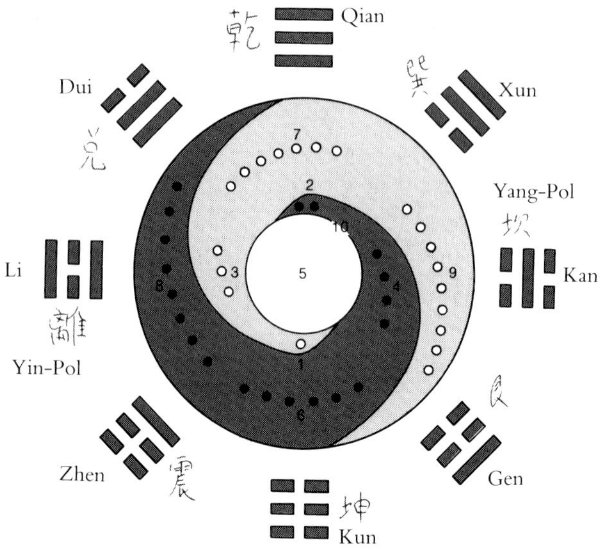


*Abb. 21: T'ai-chi-Graphik nach der Flußkarte, mit Ab- und Zunahme von Yin und Yang*

an.[51] Am linken Kreisrand werden die Yang-Trigramme mit der beginnenden Linie innen angeführt und belegen so, daß das Yang-Instrument im Yin-Instrument entsteht und anwächst. Am rechten Kreisrand werden die Yin-Trigramme mit der beginnenden Linie innen angeordnet und belegen so, daß das Yin-Instrument genauso im Yang-Instrument entsteht und anwächst. Der kleine, ganz weiße Kreis im Zentrum der Graphik drückt die Essenz und den Inhalt des T'ai-chi aus. Der äußere Ring zeigt, daß die Änderungen der Yin- und Yang-Körper in der Mitte sich jeweils dünn und spiralförmig zum Zentrum hinwenden. Sie symbolisieren je ein männliches und weibliches Weichtier, den eigentlichen, von innen betrachteten Querschnittaufbau des T'ai-chi. Die äußere, sich verändernde Schicht kann vereinfacht durch einen hellen und dunklen Ring dargestellt werden (vgl. Abb. 18). Das weiße Zentrum zeigt die Substanz, der äußere helle Ring das Yang, der mittlere dunkle Ring das Yin. Ihr Größenverhältnis ändert sich ebenso wie die Proportionen der T'ai-chi-Graphik nach der Flußkarte nicht. Dies nannte Zhou Dunyi »die Essenz von zweiter und fünfter Position, ihre vortreffliche Vereinigung und Form«[52] und faßt die endlosen Änderungen von Yin/Yang gut zusammen. Der ganze Kreis repräsentiert schließlich in einer recht groben Abstrahierung das gesamte T'ai-chi.

*1.4.13* T'ai-chi der Flußkarte in der Luoschrift

Die Anordnungen und Arrangements der Flußkarte und Luoschrift können dem I Ging-Studierenden dazu dienen, die Ordnung der Trigramme und Zahlen 9, 4, 3, 8, 2, 7, 6 und 1 zu durchdringen und zu erklären. Die auf der Flußkarte beruhenden T'ai-chi-Graphiken können weiterhin ein Verständnis der Schrift vom Fluß Luo fördern. Die Mittelsenkrechte durch den Kreis des T'ai-chi von der Flußkarte beträgt das Dreifache des kleinen Kreises, der die Substanz des Zentrums ausdrückt (vgl. Abb. 17). Wenn der Radius des kleinen Zentrumskreises die Zahl 5 repräsentiert (5 beliebige Einheiten), so repräsentiert der Radius des großen Zentrums mit gleichem Mittelpunkt die Zahl 15 (15 beliebige Einheiten). Alle Strecken durch den Mittelpunkt, ob diagonal, senkrecht oder waagerecht, repräsentieren mit ihren Abschnitten durch den kleinen Kreis die Zahl 10 (die halbe Strecke entspricht dem Radius des kleinen Kreises, Zahl 5). Im Ring der Änderungen von Yin und Yang ergänzen sich die jeweiligen beiden Abschnitte, ohne die Zentrumsstrecke 2 x 5 (10), auf die Zahl 10, zusammen mit dem Radius des Zentralkreises 5 auf 15. Die 10 einer Ringseite und die 5 des Radius im Zentralkreis haben jeweils ein Yin/Yang (Großradius). Wenn sich die Yang-Zahlen im Radiusbereich des Änderungsringes ansammeln, so folgt die Essenz des Zentrums durch eine Yang-Zahl. Genauso verhält es sich mit den Yin-Zahlen des Änderungsrings und des kleinen Kreises. Dies entspricht der Luoschrift, wo Li (9) und Kan (1) die 10 ergeben, ebenso wie Xun (4) und Qian (6), Zhen (3) und Dui (7), Gen (8) und Kun (2) jeweils gleich 10 sind. Je zwei addierte Zahlen und die Zentrumsfünf ergeben 15. Die Flußkarte und Luoschrift korrespondieren vollständig miteinander (vgl. Abb. 9). Dies ist die erste Erklärung zur Durchdringung von Kartengestalt und Zahlenerscheinung. Die beiden Yin/Yang-Instrumente, die sich im Änderungsring der T'ai-chi-Graphik vom Gelben Fluß befinden, in der Mitte dick und an Anfang und Ende dünn, ändern ihre Stärke entsprechend der Position. Der Yang-Körper der Graphik entspricht in den vier Hauptrichtungen in seiner Größe den Zahlenerscheinungen dieser Positionen. Auch der Yin-Körper korrespondiert in seiner Größe mit den Zahlenerscheinungen der Diagonalpositionen. Die Zahlen der vier Hauptrichtungen sind die Yang-Zahlen der Luoschrift; die Zahlen der Diagonalen sind die Yin-Zahlen der Luoschrift. Dies ist die zweite Erklärung zur Durchdringung von Yin / Yang in der Flußkarte und Yin / Yang in der Luoschrift. Die beiden Yin / Yang-Körper im Änderungsring des T'ai-chi der Flußkarte entsprechen einander vorne und hinten, rechts und links und auf den vier Hauptdurchmessern. Auch die Körperflächen von Yin / Yang entsprechen einander vollkommen, und mit Ausnahme der im Luoshu sich nicht verändernden zentralen 5 ergeben die Yin-Zahlen zusammen 20, genauso wie die vier Yang-Zahlen zusammen 20 ergeben; der dritte Beleg zur Korrespondenz von Graphik und Zahlenerscheinungen (siehe Abb. 22). Die Drehung der Yin- und Yang-Körper in der T'ai-chi-Graphik folgt im Yang-Instrument den Yang-Zahlen der Flußkarte, 1, 3, 9, 7, von innen nach außen und links drehend. Das Yin-Instrument folgt den Yin-Zahlen der Flußkarte, 2, 6, 8, 4, von außen nach innen und rechts drehend. Die Yang-Zahlen entwickeln sich im Luoshu in einer geometrischen Reihe auf der Basis von 3: $3^0 = 1$, $3^1 = 3$, $3^2 = 9$, $3^3 = (2)7$, von innen nach außen und auch links drehend. Die Yin-Zahlen bilden eine geometrische Reihe auf der Basis von 2: $2^1 = 2$, $2^2 = 4$, $2^3 = 8$, $2^4 = (1)6$, von außen nach innen und auch rechts drehend. Die zentrale 5 bewegt sich nicht. Dies ist der vierte Beweis zur Durchdringung von Kartengestalt und Zahlenerscheinungen. Durch diese Belege wird deutlich, daß die alleinige 5 im Zentrum der Luoschrift der Essenz im Zentrum der T'ai-chi-Graphik entspricht. Die Geraden und Diagonalen mit ihren Trigramm-Positionen und die acht Zahlen entsprechen den Körperänderungen in der T'ai-chi-Graphik, und so stimmen Karte und Schrift durch die immanente Zahlentheorie überein. Im I Ging könnte man es das T'ai-chi der Luoschrift nennen.

*1.4.14* Modell-Graphik zum T'ai-chi als räumlicher Körper

Die im I Ging eingeführte Idee des T'ai-chi bezieht sich auf einen räumlichen Körper, eine Kugel, die unzähligen Veränderungen unterliegt. Es umfaßt auch Ovale, Flachkreise, innen und außen, oben und unten, vorne und hinten, links und rechts, Yin und Yang, groß und klein, Anwachsen und Verkleinern, eckig und

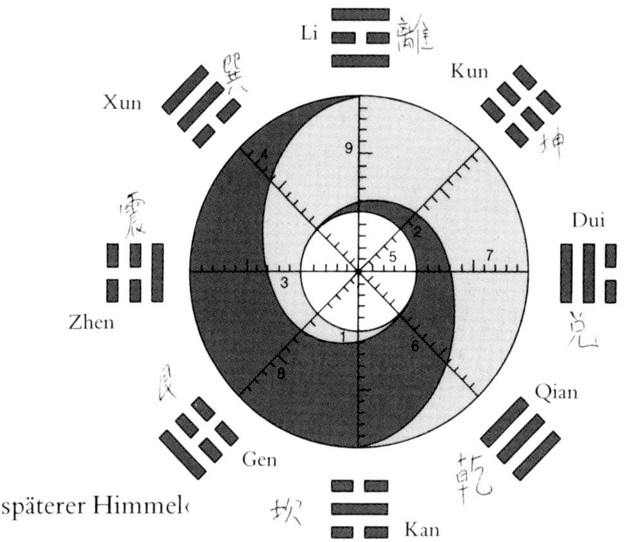


*Abb. 22: T'ai-chi-Graphik nach der Luoschrift, mit Ab- und Zunahme von Yin und Yang*

rund und andere Erscheinungen. Daher ist es nicht einfach, mit zweidimensionalen Zeichnungen die Körper darzustellen. Diese Veränderungen der Natur unterliegen einem in der Tat kaum ergründbaren Prozeß, wie etwa die Größe des Universums grenzenlos und ohne Ende, wie die Feinheit eines Protons verschwommen und unendlich ist. Obwohl diese nicht über »Yin und Yang vereinen ihre Qualitäten, und Weich und Hart verkörpern sich; durch diesen Körper bilden sich die Prinzipien von Himmel und Erde«[53] hinausgehen, sieht man doch die Tugend und das Wissen und möchte versuchen, dies in einer Graphik auszudrükken. »Das I Ging deutet die Vergangenheit und erfaßt die Zukunft. Es zeigt das Feine auf und erklärt das Obskure. Es öffnet sich und unterscheidet die Dinge nach ihren Namen.«[53] Aber es ist nicht einfach, die Denkweisen vieler Gelehrter zu verstehen und einen eigenen Schluß zu ziehen. Dabei läßt es sich nicht vermeiden, mit Segmenten zu arbeiten. Die drei Arten der schon besprochenen T'ai-chi-Graphiken entstanden durch die große Weisheit und das Wissen der Philosophen-Heiligen des Altertums, durch ihr Nachdenken und ihre Kontemplation. Alle drei sind von symbolischer

Bedeutung zur Repräsentation von Bereichen, wenn auch leider nur zweidimensional. Aber man sollte auf keinen Fall der ursprünglichen Bedeutung des T'ai-chi widersprechen und fälschlicherweise nur bereichsweise oder nur zweidimensional denkend das T'ai-chi betrachten. Besonders die T'ai-chi-Graphik nach der Flußkarte verweist schon deutlich auf den Inhalt der T'ai-chi-Essenz. Man sollte es also als Querschnitt eines chaotischen Rundkörpers mit entsprechenden Flächen betrachten (siehe Abb. 23).

Außerdem sollte man auf geometrische Berechnungen räumlicher Körper zurückgreifen, woraus sich Graphiken 24 und 25 ergeben (siehe Abb. 24 und 25). Analysiert man den Aufbau dieser drei Modelle, so finden sich Graphiken 26 und 27 (siehe Abb. 26 und 27). Nach langen Jahren des Studiums habe ich entdeckt, daß die obigen klassischen drei Graphiken drei Analysegraphiken eines einzigen Kugelmodells sind ( vgl. Abb. 26 und 27). Alle von Zhou Dunyi geschaffenen T'ai-chi-Graphiken des früheren Himmels zeigen die Zentrumssubstanz (vgl. Abb. 16 und 23). Fu Xi's T'ai-chi-Graphik zeigt den Aufbau der äußeren Schicht (vgl. Abb. 24, 25, 26). Deshalb ist die Trigramm-Anordnung am Rand beider Graphiken jeweils nach der Oberfläche und nach dem Innenraum gestaltet. Aufbau und Anordnung entsprechen einander dennoch genau. Die T'ai-chi-Graphiken nach der Flußkarte von Lai Zhide sind eine Verbindung von Innen und Außen als Querschnittsmodelle, so daß der zerlegte Innenbereich klar zu sehen ist (vgl. Abb. 27). Deshalb müssen die Trigramm-Positionen bzw. ihre Anordnung nach der Flußkarte und nach der Luoschrift umgekehrt, also von innen nach außen erfolgen (vgl. Abb. 17). Nach der Analyse der Yin / Yang-Instrumente in den Graphiken von Zhou als räumliche Modelle zeigt sich bei den nach innen eingelegten Fältchen (vgl. Abb. 20) eine Ähnlichkeit mit einem Paar Silberfischchen (altes Zahlungsmittel in China). Es sieht also überhaupt nicht so aus wie die zweidimensionalen Ausschnittsgraphiken, auf denen man die sogenannten T'ai-chi-Fische sehen kann. Das chaotische Innere in diesem Kugelkörper kennt keine Bewegung und Ruhe, Yin oder Yang, die unterscheidbar wären. Deshalb wird das Wuji weder weiß noch schwarz, sondern farblos dargestellt. Die eingelegten Enden der beiden langen runden Flächen entstehen durch Akkumulation von der Oberfläche des Kugelkörpers, denn die Kugel entspricht der Essenz des T'ai-chi.

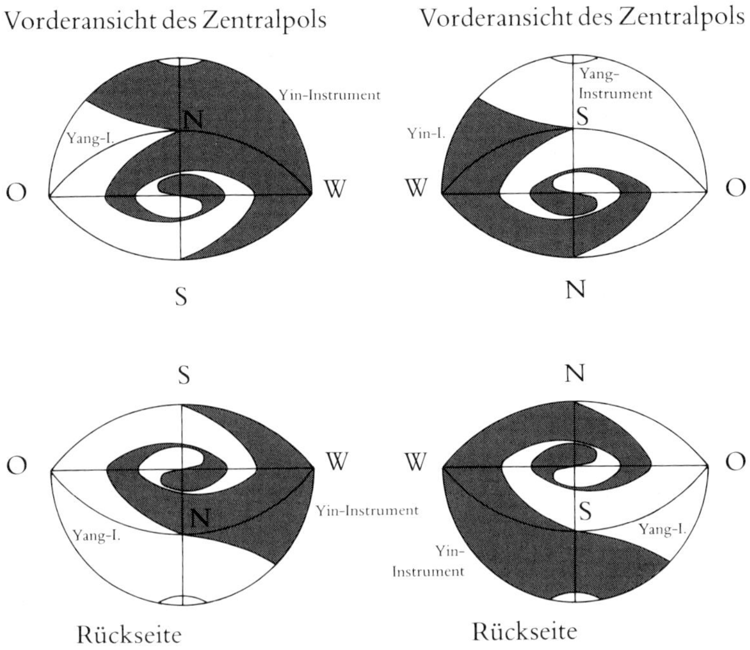


*Abb. 23: Modell-Graphik zur Außen- und Innenansicht eines räumlichen T'ai-chi, nördlich und südlich*

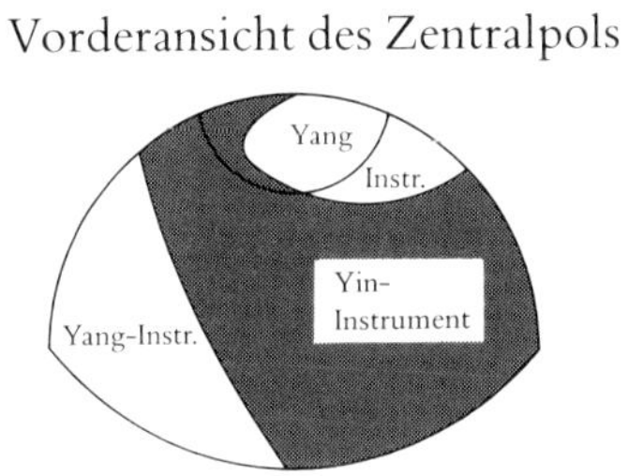


*Abb. 24: Räumliche T'ai-chi-Graphik einer nördlichen Halbkugel, Außenansicht*

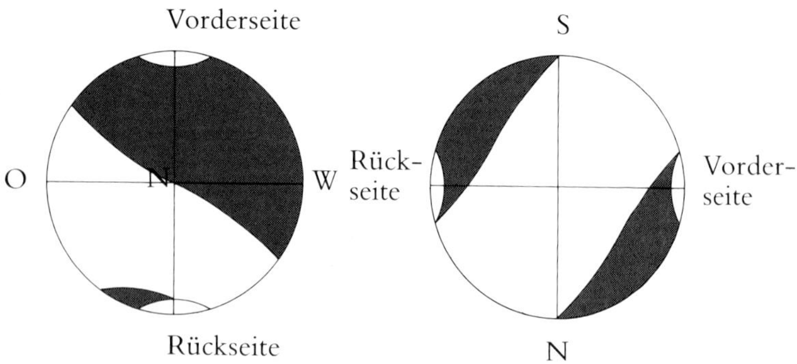


*Abb. 25: Modell eines räumlichen T'ai-chi, östlich und nördlich, Außenansicht*

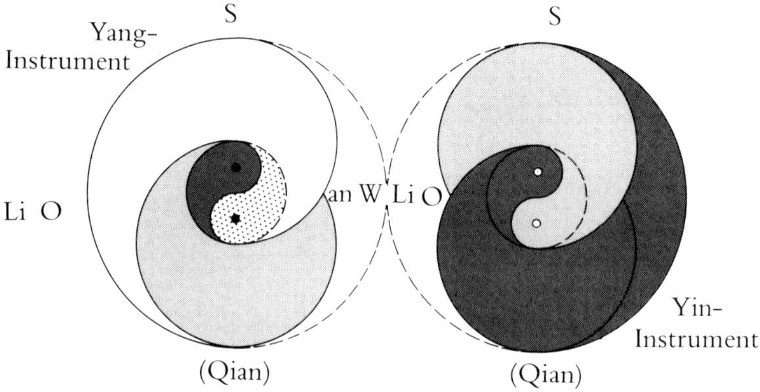


*Abb. 26: T'ai-chi-Graphik zur Analyse von Yin und Yang auf der gekrümmten Oberfläche*

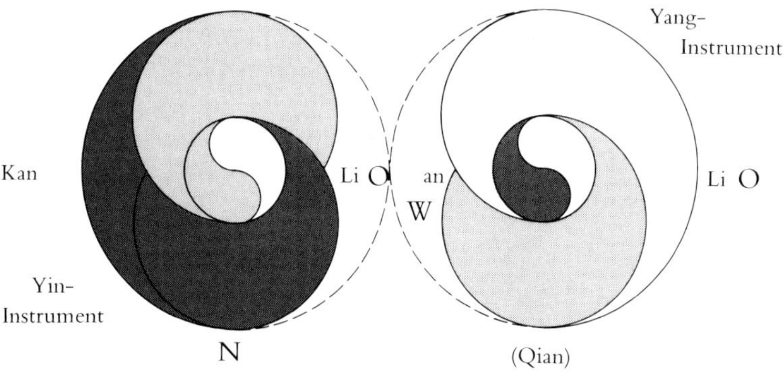


*Abb. 27: T'ai-chi-Graphik zur Analyse von Yin und Yang, Innenansicht, Querschnitt*

Die Yin / Yang-Spuren in den beiden runden Flächen repräsentieren die Basis, das Fundament zur Entstehung der beiden Instrumente; sie werden auch Yin- bzw. Yang-Basis genannt. Aber die berührende Fläche des Yang-Instruments hat eine entgegengesetzte Form. Alles in den Hetu t'ai-chi-Graphiken Dargestellte ist also die Rück- und Gegenseite der Zentrumssubstanz. Dies entspricht einer Änderung von Innen und Außen, Yin und Yang, der Rückseite und ihrem Gegenteil (vgl. Abb. 27). Daraus entwickeln sich über die zwei Instrumente die vier Erscheinungen, eben die Form des Anwachsens und Abnehmens von Yin / Yang im Querschnitt der Hetu t'ai-chi-Graphik. Die Zentrumssubstanz des Körpermodells weist an der Oberfläche die Spuren der beiden langen Yin / Yang-Flächen auf, der beiden Basen. Die Konstitution der beiden äußeren Instrumente korrespondiert mit den vier nachweisbaren Spuren im Inneren. Folglich wird die Substanz des Zentrums von beiden Instrumenten und vier Erscheinungen am Außenbereich verhüllt. Außer an der Oberfläche, im Kreis des Mittelpols, wo aus dem Yang-Pol das Yin entsteht und zum Yin-Instrument der Zentrumssubstanz durchsikkert und aus dem Yin-Pol Yang entsteht und ins Yang-Instrument der Zentrumssubstanz sickert, ist es tatsächlich schwer, von außen das Aussehen seines Inneren zu erkennen. Aber die Graphik bzw. das Modell zum T'ai-chi nach der Flußkarte ist ein Querschnitt, und so untersucht man natürlich vom Durchschnitt des Zentrums einer Halbkugel aus seinen Aufbau (vgl. Abb. 23). Erst dann kann man die Zentrumssubstanz erkennen. Außerdem wird man merken, daß es Fu Xi's T'ai-chi-Modell, von der Oberfläche des Rundkörpers aus betrachtet, in seinem Aufbau und Positionen entgegengesetzt ist. Nach der Aufspaltung der Yin / Yang-Instrumente, wie in Abb. 26 und 27, entstehen jeweils halbkugelförmige Spiralkörper. Wenn man beide Instrumente nun zweidimensional darstellt (siehe Abb. 28), wird noch deutlicher, daß die Bewegung zweier sich hin- und herbewegender Qi-Strömungen entsteht, die sich dann erzeugt und verringert.

Wenn man alle Zahlen von Yin und Yang der Flußkarte (55) und der Luoschrift (45) auf den beiden Wegen der Qi-Strömungen anordnet (siehe Abb. 29), hat der Bereich der Zentrumssubstanz, wo das entstehende Yin der oberen und unteren Spitzen ins Yang einsickert, jeweils die Zahl 2. [54]

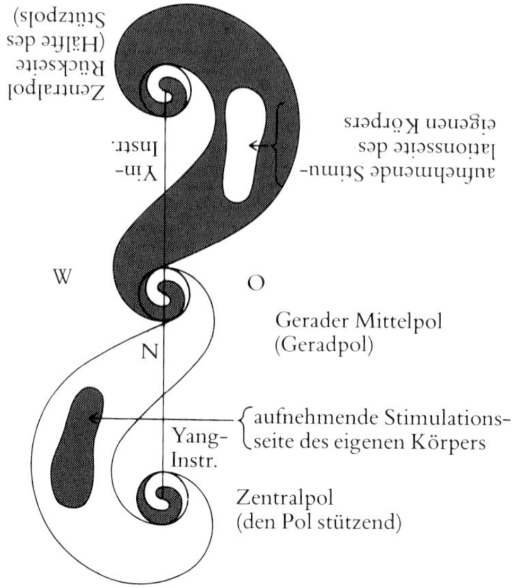


*Abb. 28: Zweidimensionale Graphik zur Analyse vom Anwachsen und Abnehmen beider Instrumente im Inneren des T'ai-chi*

An beiden Enden, die allmählich zum Mittelpunkt der Qi-Strömungen dringen, befinden sich die Yang-Zahlen 1, 3, 5, 7 und 9. Am Mittelbereich trennt die Yin-Zahl 5 die beiden Zahlen 9.[55] Der Bereich der Zentralsubstanz, wo oben und unten entstehendes Yang der beiden Spitzen ins Yin-Instrument einsickert, hat jeweils die Yang-Zahl 3 (als Zerfallsprodukt der Zahl 5, d. h. das Yang im Yin, siehe Anmerkung 54). An beiden Enden, die allmählich zum Mittelpunkt der Qi-Strömung dringen, befinden sich die Yin-Zahlen 2, 4, 6 und 8. Am Mittelbereich, wo dieser mit dem Außenbereich aneinander stößt, werden beide durch die Yin-Zahl 5 verbunden (als Aufspaltungsprodukt der Yin-Zahl 10, d. h. das Yang im Yin, siehe Anmerkung 55). Schließlich verbinden sich die Yang-Zahlen (2 + 3) der beiden Polbereiche oben und unten zu 5. Die beiden Yin-Zahlen der beiden Mittelbereiche ergeben 10. Die Zahlen 1, 3, 7 und 9 im oberen Halbabschnitt des Yang-Instruments der beiden Qi-Strömungen und 2, 4, 6 und 8 des Yin-Instruments ergeben zusammen 40, mit den beiden Yang-Zahlen der beiden Spitzen die 45 der Luoschrift für die obere Halbkugel. Sie repräsentieren das

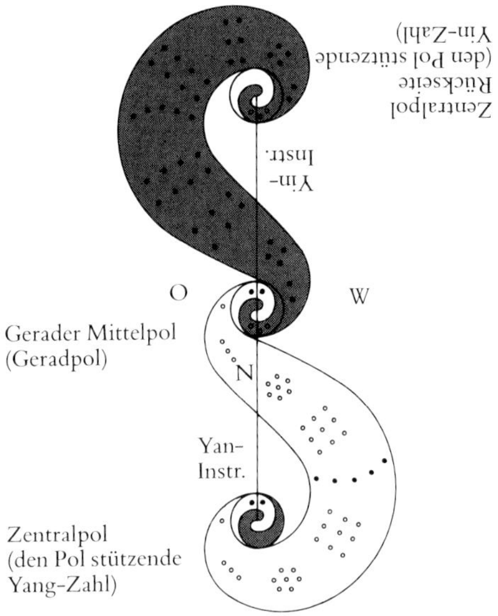


*Abb. 29: Zweidimensionale Graphik zur Analyse vom Anwachsen und Abnehmen beider Instrumente auf der Oberfläche des T'ai-chi*

Weltall. In der unteren Hälfte der beiden Qi-Strömungen des Yang-Instruments ergeben die Zahlen 1, 3, 7 und 9 mit den Zahlen 2, 4, 6 und 8 des Yin-Instruments und der Yin-Zahl 10 der beiden Mittelbereiche und der Yang-Zahl 5 in den beiden Spitzen die 55 der Flußkarte für die untere Halbkugel. Sie repräsentieren die Erde. Oben leicht und unten schwer, so ergeben die Positionen der ganzen Kugel die große Ganzzahl 100. Dies ist der Ganzkörper des T'ai-chi.

Im I Ging ist das ›Verdoppeln der Trigramme‹, das ›gegengesetzte Vermischtsein der sechs Linien‹ ein Grundzug. Der Radius des Substanzzentrums in der T'ai-chi-Graphik des räumlichen Körpers entspricht einem Drittel des Radius der ganzen Graphik und symbolisiert die drei Linien des inneren oder äußeren Trigramms. Das Sechsfache des Zentrumsradius entspricht dem Durchmesser der ganzen Graphik und symbolisiert die sechs Linien der verdoppelten Trigramme. Dies ist eine grundlegende Übereinstimmung zwischen den Graphiken und der Zahlentheorie der Trigramme. Für die Flußkarte und die Luoschrift bleibt zu sagen, daß gemäß einem Vielfachen des oben beschriebenen Substanzdurchmessers, wenn das Zentrum der T'ai-chi-Graphik den Zahlenwert 5 hat, der Radius entsprechend 2,5 ist; das Dreifache davon, also 7,5 , ergibt den Radius des großen Kreises mit einem Durchmesser von 15. Dies korrespondiert mit den schon erwähnten 15 der Luoschrift, die durch gerade oder diagonale Verbindung zweier gegenüberliegender Zahlen, addiert mit der zentralen 5, entsteht. Folglich finden sich im Gesamtdurchmesser des großen Kreises (15) die 5 der Zentralsubstanz und die 10 des sich ändernden Ringkörpers um das Zentrum. Diese 10 des Änderungskörpers entspricht den in der Flußkarte enthaltenen Zahlen 9, 4, 3, 8 und 2, 7, 6, 1. Flußkarte und Luoshu zeigen also das Geheimnis in der Natur von Himmel und Erde auf. Heute weiß man, daß die T'ai-chi-Graphik und die Zahlentheorien der Flußkarte und der Luoschrift übereinstimmen. Deshalb ist die Untersuchung der T'ai-chi-Graphik eines räumlichen Körpers eine Annäherung an das Mysterium der Natur im Universum, dessen Anfang man so erahnen kann. Es wird deutlich, daß die Zahlen einer Änderung unterliegen, die das Änderungsprinzip der Existenz erreichen und durchdringen. Dieses Wissen soll an die folgenden Generationen von Schülern weitergegeben werden.

### *1.4.15* Graphiken und ihre Übereinstimmung mit Himmel und Erde

Die Anwendung der T'ai-chi-Graphiken führt außerhalb der sechs Richtungen ins innere Zentrum des Ur-Chaos. Man kann sagen, es entspricht dem grundlegenden Aufbau der Dinge im Universum. Nichts geht über den Inhalt der T'ai-chi-Graphiken eines räumlichen Körpers hinaus. Im großen ›Appendix‹ zum I Ging heißt es: »Das I Ging beruht auf der Übereinstimmung von Himmel und Erde. Daher zeigt es ohne Verhüllung den Weg von Himmel und Erde auf... Es scheint mit Himmel und Erde gleich zu sein, und folglich gibt es keine Widersprüche zwischen I Ging und ihnen. Es weiß um alle Dinge, und sein Weg hilft allen auf der Erde. Somit gibt es kein Darüberhinaus.«[56] »Sein Umfang umfaßt die Veränderungen von Himmel und Erde ohne Irrtum. Durch verändernde Anpassung entstehen die unzähligen Dinge ohne Ausnahme.«[57] Die T'ai-chi-Graphik basiert in ihrer Methodik auf dem Geheimnis der Natürlichkeit von Himmel und Erde. Ein weiteres Zitat aus dem großen ›Appendix‹: »Sieht man nach oben, so sieht man die Erscheinungen des Himmels; blickt man nach unten, so erkennt man die Prinzipien der Erde. Man beobachtet die Vögel und Tiere und die Eigenschaften des Bodens.«[58] »Der Himmel bringt geistige Dinge hervor, und die Weisen ziehen Vorteile daraus.«[59] Hieran kann man erkennen, daß schon im Altertum die Gelehrten Wissen und Weisheit besaßen, wußten sie doch, daß man in den natürlichen Veränderungen von Himmel und Erde die Objekte erforschen kann. Fu Xi erkannte, daß der Himmel die Erde repräsentiert, und hat aufgrund von Beobachtungen an Tieren die T'ai-chi-Graphik gestaltet und die acht Trigramme geschaffen. Dies ist der Beginn der ›Naturwissenschaften‹ in der chinesischen Geschichte. Die Entdeckung der klassischen T'ai-chi-Graphik beruht auf Überlegungen zu den Lebewesen. Im Licht der heutigen Wissenschaft ist darin nichts Besonderes zu sehen, denn Verbindungen zu den mysteriösen Erscheinungen von Himmel und Erde finden sich bei allen Lebewesen. Ich habe früher oft während meiner Untersuchung von Insekten gesehen, daß sich auf dem Rücken von Spinnen und Nachtfaltern das Zeichen des T'ai-chi oder Furchen der acht Trigramme fanden. Noch deutlicher zeigt sich eine räumliche T'ai-chi-Graphik in roter Farbe auf manchen Sojabohnen. (Der Übersetzer sah bei Meister Song ein solches Exemplar.) Die natürliche geistige Entwicklung der Lebewesen bedeutet möglicherweise ›geistige Dinge, die durch den Himmel entstehen‹, möglicherweise auch Zeichen von Himmel und Erde. Deshalb heißt es im ›Großen Appendix‹: »Die Weisen erkannten alle Schichten unter dem Himmel. Dann überlegten sie, diese auszudrücken, und gaben ihnen Form und Charakter. Deshalb wurden sie Erscheinungen genannt.«[60] Somit bestimmt die T'ai-chi-Graphik die Erscheinungen aller Dinge von Himmel und Erde. Trotz ihrer Zweidimensionalität verweist die Graphik doch auf die natürlichen Erscheinungen eines räumlichen Körpers. Aus diesem Grund werden zur Erklärung am äußeren Rand die acht Trigramme des früheren Himmels hinzugefügt. Der Himmel oben und die Erde unten repräsentieren Höhe und Tiefe des Raumes und nicht nur den engeren Sinn von Qian im Süden (Norden) und Kun im Norden (Süden). Darum heißt es: »Himmel und Erde haben feste Positionen.«[61] Berge und Gewässer repräsentieren Nordwesten und Südosten, denn im Nordosten Chinas gibt es viele Gebirge, im

Südosten hingegen viele Gewässer. Außerdem werden Seen und Ströme immer von Gebirgen geformt, und sie symbolisieren horizontale und vertikale Verlängerungen und Vergrößerungen geometrischer Punkte und Linien. Deshalb sagt man, daß »Berge und Gewässer ihre Qi austauschen«.[61] Der Donner und der Wind repräsentieren Nordosten und Südwesten, denn der Donner entsteht im Nordosten und der Wind im Südwesten. Donner, Blitz, Wind und Regen ergänzen einander und bewegen sich. Sie symbolisieren ein räumliches Ansteigen und Erweitern von geometrischen Ebenen; deshalb heißt es: »Die Geräusche von Donner und Wind erregen einander.«[61] Die Trigramm-Positionen der vier Diagonalen enthalten die Bedeutung des gesamten Kreises; zusammen mit den Positionen oben und unten (Himmel und Erde) bilden sie die sechs Richtungen eines räumlichen Kugelkörpers. Außerdem repräsentieren Wasser und Feuer Kälte und Hitze, die ursprünglich keine Form haben, die eine Richtung symbolisieren könnte; noch weniger gibt es geometrische Formen zu ihrem Ausdruck. Denn alle Hitzequellen entspringen der Substanz der Sonne oder entstehen aus dem Erdinneren. Alle Kälte verbreitet sich ursprünglich im Inneren und Äußeren der ›sechs Leeren‹ (Liu xu, sechs Richtungen: links, rechts, vorn, hinten, oben, unten). Sommer und Winter müssen einander notwendig abwechseln, erst so können alle Lebewesen existieren. Ohne Kältequelle würden die Dinge im Universum zerschmelzen und verglühen. Gäbe es keine Hitzequelle, würde die Welt erstarren und erfrieren; deshalb sagt man, daß »Wasser und Feuer einander folgen«.[62] Später haben die Menschen die Graphik fälschlicherweise meist nur zweidimensional erklärt, sie sprachen nur von acht Richtungen und nicht von oben und unten, Kälte und Wärme. Die Menschen und die Dinge, alle bilden sie räumliche Körper aus, die sich im dreidimensionalen Raum vergrößern und anwachsen. Bespricht man die T'ai-chi-Graphik, die die Zeitformen und Veränderungen aller Dinge im Universum symbolisiert, wie könnte man da den räumlichen Körper vernachlässigen und nur von Ebenen sprechen? Seit Tausenden von Jahren strebt der Mensch am meisten danach, die Geheimnisse des Universums zu erkennen. In der T'ai-chi-Graphik des räumlichen Körpers sieht man seine allgemeine Form. Im ›Großen Appendix‹ ist zu lesen: »Der Weg des I Ging zeigt häufig Wechsel. Die Linien wechseln und bewegen sich, ohne an einem Ort zu bleiben, gleiten auf alle sechs Stellen eines Hexagramms (vgl. sechs Leeren, sechs räumliche Richtungen). Sie steigen an und steigen ab, ganz unregelmäßig. Starke und schwache Linien wechseln ihre Plätze, so daß keine festen Regeln aufgestellt werden können. Sie ändern sich nach den Entsprechungen.«[63] Entspricht dies nicht dem ›Pulsieren und Anschwellen des Universums‹, das die modernen Astronomen entdeckt haben? Folglich kann man durch die T'ai-chi-Graphik auf die Geheimnisse des Universums schließen. Es ist so, als würde man »durch das Form-Habende, das Sichtbare auf das Formlose, Nichterkennbare anspielen.«[64] Außerdem ist die Graphik eine gute Quelle zum Beweis der Wechselwirkung zwischen Wissenschaft und I Ging-Lehre.

### *1.5 Erklärungen zu den acht Trigrammen*

Die acht Trigramme dienen als veränderliche Symbole für die verschiedensten Dinge des Universums und sind darüberhinaus eine Art erster kultureller Zeichen zu Beginn der chinesischen Geschichte, mit deren Hilfe wichtige Ereignisse berechnet wurden. Sie sind von Fu Xi nach den Veränderungspunkten der Flußkarte geschaffen worden. Auch dienen sie als Symbole der geraden und ungeraden grundlegenden Faktoren Yin und Yang. Diese vermischen sich dreifach und bilden die acht Trigramme. Mit sich selbst multipliziert ergeben sie die 64 Hexagramme. Die Herrscher und Beamten aller Schichten in den frühesten Zeiten Chinas haben vor der Entscheidung über wichtige Regierungs- und Verwaltungsangelegenheiten stets ›Zauberei‹ (Zhanshi) angewandt, um Glück und Unglück, Erfolg oder Mißerfolg vorauszubestimmen. Dabei wurden fünfzig Schafgarbenstengel (einer wurde beiseite gelegt) wahllos geteilt zwischen die Finger gesteckt oder auf Holzfächer abgelegt. Nach der Abzählung in Viererbündel zählte man zum Schluß den geraden oder ungeraden Rest und errechnete so die Yin- oder Yang-Linien. Aus einem Produkt von 18 wurden sechs Linien, zwei Trigramme bzw. ein Hexagramm gebildet. Dann prüfte man die auf diese Weise erhaltene Prophezeiung zu der jeweiligen Angelegenheit. Da die sechs Linien durch das Halten der Schafgarben entstanden, wurde jeweils nach der dritten und sechsten Linienzeichnung von ›Aufzeichnungen‹ (Gua) gesprochen, die auch ihre Veränderung umfaßten. Die

Ordnung der drei Linien in den acht Trigrammen verläuft von oben nach unten, mit Yang- und Yin-Linien. Die Ordnung der sechs Linien verdoppelter Trigramme verläuft von unten nach oben. Eine ruhende Yang-Linie hat den Zahlenwert 7, eine sich bewegende, verändernde Yang-Linie entspricht dem Zahlenwert 9. Deshalb gibt es für alle Hexagramme des gesamten I Ging einen Zusatzkommentar für eine 9 am Anfang (unten) oder eine 9 auf zweiter, dritter, vierter, fünfter und sechster Position. Durch die sich ändernden Yang- und auch Yin-Linien entstehen jeweils neue, gewandelte Hexagramme. Eine ruhende Yin-Linie hat den Zahlenwert 8, eine sich bewegende, verändernde Yin-Linie entspricht dem Zahlenwert 6. Folglich gibt es zu jedem Hexagramm des I Ging einen Zusatzkommentar für eine 6 am Anfang (unten) oder eine 6 an zweiter, dritter, vierter, fünfter und oberster Position. 9 und 6 dienen als Pole der vervollkommnenden Yin- und Yang-Zahlen. 8 und 7 sind die Festkörper der vervollkommnenden Zahlen von Yin und Yang. Die 1, 3 und 5 der hervorbringenden Yang-Zahlen ergeben zusammen 9, deshalb heißen die durch sie entstehenden Linien Yang-Linien. Die hervorbringenden Yin-Zahlen 2 und 4 ergeben zusammen 6; durch sie entstehende Linien nennt man Yin-Linien. Die festen, unveränderlichen Zahlen haben keine besondere Bezeichnung. Die von Fu Xi geschaffene, auf der Flußkarte beruhende Trigramm-Ordnung ist wie folgt: Qian 1, Dui 2, Li 3, Zhen 4, Xun 5, Kan 6, Gen 7 und Kun 8. Dies ist die Trigramm-Ordnung des früheren Himmels. Sie bilden mit den Zahlen 9, 4, 3, 8, 2, 7, 6 und 1 bzw. mit der darin enthaltenen Theorie einen Körper. Die Trigramm-Ordnung von König Wen[65] ist nach dem späteren Himmel arrangiert: Qian im Nordwesten, Zhen im Osten, Kan im Norden, Gen im Nordosten, Kun im Südwesten, Xun im Südosten, Li im Süden und Dui im Westen. Sie wird mit den Positionen der Zahlentheorie angewendet. Überlagernde Trigramme im unteren Körper liegen innen, im oberen Körper außen. Erste, dritte und fünfte Linien sind Yang-Positionen; zweite, vierte und sechste Linien sind Yin-Positionen. Die jeweils mittleren, also die zweiten und fünften Linien der Hexagramme, sind die Mittelpositionen, aber man nennt auch die zweiten, dritten, vierten und fünften Positionen Mittellinien. Durch Verbindung der mittleren Linien zwei, drei, vier oder drei, vier, fünf bilden sich je zwei Trigramme; man nennt sie ›Hugua‹ (Kern-Trigramme). Ändern sich die Trigramm-Körper, also die Yin- oder Yang-Linien, so entstehen neue Trigramme bzw. Hexagramme; man nennt sie ›Biangua‹ (Änderungs-Trigramme). Gibt es eine Bewegung der Linienpositionen in den inneren und äußeren Trigrammen, so spricht man von ›Yonggua‹ (Anwendungs-Trigramme). Ruhende, unveränderte Trigramme bezeichnet man als ›Tigua‹ (Form-Trigramme). Alle Trigramme, die durch Ansteigen von Linien in Qian und Kun entstehen, bezeichnet man als die zwölf ›Pigua‹ (Drehungs-Trigramme). Vermischen sich die Linienpositionen eines Ausgangs-Trigramms mit einem anderen Trigramm, so spricht man von ›Cuogua‹ (Vermischungs-Trigramm). Passen sich die Linien unten und oben auf der fünften Position oder oben und unten auf der zweiten Position an, nennt man sie ›Tonggua‹ (Durchdringungs-Trigramme). Reagieren gleiche Yin / Yang-Linien in äußeren und inneren Trigrammen gleichzeitig, so nennt man sie ›Yinggua‹ (Reaktions-Trigramme). Die oberste Linie ›reitet‹ (Cheng) auf der untersten oder die unterste ›empfängt‹ (Cheng) die oberste Linie. Dies sind die Bewegungseigenschaften der acht Trigramme, wozu auch ›Zonggua‹ (Umkehrungs-Trigramme) gehören. In ihrem Bezug zur Faustkampftheorie lassen sich die Trigramm-Eigenschaften wie folgt aufgliedern.

### *1.5.1* Prinzip vom ungeraden Yang und geraden Yin

Im ›Großen Appendix‹ zum I Ging heißt es: »Himmel ist 1, Erde 2, Himmel 3, Erde 4, Himmel 5, Erde 6, Himmel 7, Erde 8, Himmel 9, Erde 10.«[66] Alle Dinge des Universums entstehen und ändern sich also nach dem Prinzip ›ungerade Zahlen sind Yang, gerade Zahlen sind Yin‹. Das I Ging hat Gerad- und Ungeradheit geschaffen; dabei wurde das klassische Zeichen ›Ou‹ an Stelle des modernen ›Ou‹ verwendet. Die Yang-Zahlen regieren Veränderung und Bewegung, die Yin-Zahlen Ruhe und Festigkeit. Es wurde schon darauf hingewiesen: ›1 ist die Grundeinheit der Zahlen‹, und alle Zahlen entstehen durch Aufspaltung dieser 1. Sie ist der Ursprung zur Entstehung aller Dinge im Universum. Im Shouwen jiezi, einem antiken Lexikon, findet sich der Satz: »Anfangs gab es nur das T'ai-chi, sein Weg gründet auf der Zahl 1 und erschafft Himmel und Erde, bringt alle Dinge hervor.«[67] Im Hanshu heißt es: »Aller Anfang und alle Wurzeln, auch die Zahlen beginnen mit 1.«[68] Also kann man wieder das T'ai-chi zur Repräsentation und Erklärung anführen. Nach dem T'ai-chi-Prinzip des Gebärens und Hervorbringens hat ein einfaches Objekt oder ein einzelner Körper meist eine ununterbrochene, sich nach außen verbreitende Eigenstrahlung, die eine Aufspaltungs- oder Verbindungseigenschaft bewirkt. Diese Art einer nicht ruhenden Eigenschaft nennt man Yang-Qualität. Deshalb ist die Zahl 1 dem Yang zugehörig.

*1.5.2* Entstehung von Interaktion zwischen Yin und Yang

Wenn sich ein Objekt in zwei aufspaltet, gibt es oft zwei sehr unterschiedliche Erscheinungen (vgl. die wuchernde Aufspaltung bei Mikroben). Ist z. B. die Yang-Eigenschaft zweier Körper sehr stark, so sind sie einander entgegengesetzt und trennen ihre Verbindung. Jeder bildet einen eigenen Körper mit Yang-Qualität aus, das sogenannte Yang-Instrument oder strahlendes Yang. Zwei Yang schichten sich in enger Umgebung zum sogenannten alten oder großen Yang (Lao yang, tai yang) zusammen, so daß sie sich zur Vermischung und zum Austausch verschiedener Eigenschaften entweder für lange verbinden oder es zu wechselnder Interaktion kommt; auf diese Weise entstehen vermindertes Yin oder Yang. Wenn die Yang-Einheiten zweier Körper unzureichend sind, kann die Aufspaltung nicht vollkommen sein, und es entsteht ein stabiler Körper mit Yin-Charakeristik, das Yin-Instrument oder vermindertes Yin (Jue yin). Sie können sich in enger Verbindung zu altem oder großem Yin anschichten. Im Prinzip gibt es bei gegenseitiger Abstoßung zweier Yang oder zweier Yin zwischen ihnen meist eine schwächere, ältere Halbaufspaltung, die Yang- und Yin-Instrument bildet. (Meist ändern sich die Positionen des längeren, früheren und älteren zuerst.) Weil die Dinge des Universums aber auch der Interaktion von Yin und Yang bedürfen, um Stabilität und Unveränderlichkeit zu bewahren, heißt es in den ›Erklärungen zur Trigramm-Ordnung‹: »Nachdem es Himmel und Erde gab, entstanden alle Dinge.«[69] Himmel und Erde stehen hier für Yin und Yang. Erst wenn es sie gibt, kann Magnetismus entstehen. Gibt es magnetische Anziehungskräfte, dann kommt es zur Bewegung von Himmel und Erde und zum Aufbau aller Dinge. Alle Objekte weisen einen Yin/Yang-Aufbau auf, auch die winzig kleinen Protonen und Elektronen bilden da keine Ausnahme. Aber die Vermehrung und die Entwicklung der Yin- und Yang-Eigenschaften unterliegen wechselseitig einer natürlichen, harmonischen Begrenzung. Deshalb müssen zwei Yang ein Yin hervorbringen oder zwei Yin ein Yang. Ein einzelnes Yin oder Yang kann sich nicht weiter vermehren. Dauert dieser Zustand lange an, wird dies zur Aufspaltung des Körpers führen. Hier setzt das Prinzip vom wechselseitigen Gleichgewicht im T'ai-chi ein.

### *1.5.3* Warum gerade Zahlen zu Yin gehören

Die geraden Zahlen beginnen mit 2. Im Shuowen jiezi steht dazu: »2 ist die Zahl der Erde, folgt aus 2 x 1; zuerst gibt es 1, dann 2. Das Ur-Qi teilt sich: leichtes, klares Yang ist der Himmel; schweres, trübes Yin ist die Erde.«[70] Die Erde ist also Yin. Yin und Yang sind ursprünglich die entgegengesetzten Erscheinungen von Helligkeit und Dunkelheit. Sind Eigenschaften unklar und vergehend oder können sich nicht zeigen, so sind sie Yin. Wenn – wie oben beschrieben – sich alle Aufspaltung nicht trennen kann, behält der neue Anfangspunkt den entsprechenden alten Zustand bei, wieviel magnetische Anziehungskraft auch entsteht. Die latente Yang-Eigenschaft der ursprünglichen 1 folgt ebenfalls der Aufspaltung und Drehungsänderung und wird zu magnetischer Eigenschaft, oder aber sie verändert sich zu latenter Yin-Eigenschaft. Sie benötigt nun die gegensätzliche, von außen kommende Ergänzung und Harmonisierung einer latenten Yang-Eigenschaft, so daß die Yin-Eigenschaft anwächst und sich nicht auflöst. Gleichzeitig kann die latente Yin-Eigenschaft das Anwachsen und die Entwicklung einer Yang-Eigenschaft unterstützen. Deshalb ist die gebrochene, noch nicht getrennte Zahl 2 dem Yin zugehörig. Wenn die Yin-2 sich schichtet und die 4 bildet, das strahlende Yin, so kann dieses stabil und unverändert bleiben, sofern sich verschiedene Eigenarten nicht mischen und verändern; anderenfalls ändern sie sich gegenseitig zu vermindertem Yang und vermindertem Yin. Im allgemeinen überschichten sich analoge Yin-Eigenschaften zu geraden Yin-Zahlen. Wenn die Yin-2 und die Yang-1 sich zur 3 verbinden, hat die Yin-Eigenschaft keine Kraft mehr, um weiter eine latente Anziehung nach außen hin zu entwickeln. Aber die Yang-Eigenschaft verliert durch diese Verbindung nicht ihre latente Fähigkeit, was sich sehr deutlich zeigt. Darum sind alle analog entstehenden ungeraden Zahlen dem Yang zugehörig. Und deshalb heißt es auch im ›Großen Appendix‹: »In den Yang-Trigrammen sind viele Yin-Linien, in den Yin-Trigrammen sind viele Yang-Linien. Was ist nun der Grund dafür? Es ist so, weil Yang-Trigramme ungerade (ungebrochen –) und Yin-Trigramme gerade (gebrochen --) sind.«[71]

*1.5.4* ›3‹ als von Natur aus unveränderliche Zahl

1 und 2 sind die Anfangspunkte von geradem und ungeradem Yin / Yang, die sich ganz unbestimmt verändern können. Nur die 3 ist eine ganz unveränderliche Zahl. Schon die Weisen des Altertums sagten, daß 1 und 2 sich nicht erschöpfen können und sich folglich zu 3 verbinden. Die Summe der ungeraden 1, Yang, und der geraden 2, Yin, ergibt 3. Die 3 ist also die Sammelzahl der beiden Yin / Yang-Instrumente. Zhuangzi sagte: »2 und 1 ergibt 3.«[72] Die 3 steht für den Daoismus und beruht auf dem T'ai-chi. Dieses ist die Mutter von Yin und Yang, also ist 3 auch die vollkommene Zahl des T'ai-chi. Es ist rund, der Umfang beträgt das Dreifache des Durchmessers. Durch sämtliche Punkte oder durch alle Kombinationen zweier Punkte kann man unzählige Kreise ziehen. Durch nicht gesetzmäßige Punkte, vier oder mehr, kann man keinen Kreis mehr ziehen. Aber durch alle ungesetzmäßigen drei Punkte gibt es genau einen Kreis. Dies soll belegen, daß die vervollkommnende Zahl des Kreises die 3 ist. Aus den Graphiken sieht man, daß die Verbindungslinien zweier Punkte keinen Kreis bilden. Drei verbundene Punkte können ein Dreieck bilden. Alle Formen der Graphik entstehen aus Dreiecken; also ist das Dreieck die grundlegende Einheit im natürlichen Formaufbau aller Dinge im Universum. Der chinesische Begriff des ›goldenen Mittelwegs‹ (Zhongyong zhi dao) beruht ebenfalls auf der Einheit von drei Punkten auf dem Durchmesser des T'ai-chi; das sind die beiden Anfangspunkte und der Mittelpunkt des Durchmessers. Die Körperflächen oder Kreissegmente, die durch Anfügen eines 90 Grad-Winkels an den beiden Endpunkten des Durchmessers entstehen, sind äußerst klein; sie tendieren gegen Null. Die durch einen am Mittelpunkt angelegten 90 Grad-Winkel entstehende Körperfläche (Kreissegment) ist am größten, nämlich genau ein Viertel des gesamten Kreises, ein Quadrant. Der Daoismus führt demnach nicht zu Extrempunkten, vielmehr ist die Einhaltung der Mitte sein Prinzip. Auch hierzu wieder ein Zitat aus dem ›Gro-

ßen Appendix‹: »Dies ist der Weg der drei Extreme.«[73] Es deutet auf den großen Weg des Mittelpols (Mittelmaß). Laozi sagte: »Ich besitze drei Schätze, bewache sie und schütze sie. Der erste ist Güte, der zweite Sparsamkeit (nie zu viel), der dritte: wage es nicht, der erste auf Erden zu sein.«[74] Auch dies zeigt, daß der Mittelweg eine Kostbarkeit ist, die noch heute in der Tradition Chinas als wertvollster geistiger Schatz betrachtet wird. Himmel, Erde und Mensch, die drei Potenzen: der Mensch lebt im Mittelbereich und ist in der Mitte allen Seins. Aber meist erreicht man den Mittelpol der drei Extreme nicht, und deshalb benutzten die Weisen wiederholende, übereinander liegende Linien und schufen die Trigramme, in denen jeweils die Mittellinie als Kommandant fungiert. Drei Linien repräsentieren aber auch den Kugelkörper des T'ai-chi. Entsprechend gibt es innen, außen, oben, unten, Yin, Yang und ähnliche sich gegenüberstehende Erscheinungen. Deshalb wurden die 64 Hexagramme geschaffen, die aus jeweils zwei übereinander liegenden Trigrammen bestehen. Betrachtet man die Vorder- und Rückseite des T'ai-chi-Rundkörpers, sieht man, daß jede Seite ein eigenes T'ai-chi-Symbol hat, das die übereinander liegenden Trigramme symbolisiert. Im ›Großen Appendix‹ heißt es: »Das I Ging ist ein Buch von tiefem Verständnis und großem Horizont. Es umfaßt den Weg des Himmels, den der Erde und den des Menschen. Es verbindet die drei Potenzen und verdoppelt sie zu sechs. Was die Sechs zeigen, ist nichts anderes als der Weg der drei Potenzen.«[75] Weiter findet sich dazu in den ›Erklärungen zu den Trigrammen‹: »Das I Ging zeichnet die sechs Linien und bildet Hexagramme. Yin und Yang werden unterschieden; wiederholt werden Schwach und Stark verwendet. Deshalb hat das I Ging sechs Positionen und schafft die Bilder.«[76] Wiederum im ›Großen Appendix‹: »Wechsel und Bewegung ohne Stabilität, Fließen in allen sechs Leeren (Positionen).«[77] Alle Zitate erklären die Bedeutung von übereinander liegenden Trigrammen. Die Formgebungen von 3 und 6 im I Ging sind natürliche Erscheinungen, wie z. B. eine Kamera auch auf einem Dreifuß steht. Zwei Beine reichen nicht aus, und vier sind zuviel. Drei können den Apparat gut von der Erde abstützen, so daß sechs Achspunkte entstehen, ein einleuchtender Vergleich zur Anwendung einer Verdoppelung. Hat eine Lichtquelle drei Farben, so ergibt sich bei Vermischung weiß; haben Objekte drei Farben, so ergeben sie vermischt schwarz. Schwarzes Yin und weißes Yang sind aber ursprünglich ein Körper. Wird Wasserdampf zu Eis, so hat ein Kristall sechs Ecken. Wird Wasser zu Eis, so zeigen sich drei Kristallecken; dies verdeutlicht, daß Wasser und Eis, Yin und Yang, ein Körper sind. Deshalb sagte das Piya erklärend: »Schnee hat sechs Ecken in seinen Kristallen und bildet Blumen; Hagel hat drei Ecken und bildet Festkörper.«[78] So zeichneten die Weisen die Trigramme als dreifache Linien und verdoppelten sie; eine Anwendung der von Natur aus unveränderlichen Zahl 3.

*1.5.5* Ursprung in der Schöpfung der acht Trigramme

Fu Xi schuf im Altertum die acht Trigramme, um sein Reich zu regieren. Er entwickelte das T'ai-chi, das in seinem Aufbau vom Einfachen zum Komplexen ganz der natürlichen Ordnung entspricht. Das Zitat aus dem ›Großen Appendix‹ »der Fluß brachte die Graphik hervor, der Luo die Schrift, und die Weisen folgten ihnen«[79] deutet auf die Zeit nach der Trigramm-Schöpfung. Flußkarte und Luoschrift belegten und untermauerten die Trigramm-Anordnungen und deren Veränderungen. Die Trigramme wurden aber nicht nach der Karte und Schrift geschaffen. Die Zitate »der Himmel gebar geistige Dinge«, »Himmel und Erde verändern sich« und »der Himmel sendet Erscheinungen nach unten, die Glück und Unglück anzeigen«[80] verweisen darauf, daß die Weisen den Himmel nachzuahmen und seine Bedeutung zu erklären versuchten. Deshalb sagte auch Konfuzius: »Der alte Fu Xi war der König des Reiches auf Erden. Er blickte nach oben, um die Erscheinungen des Himmels zu betrachten; er blickte nach unten, um die Gesetzmäßigkeit auf Erden zu beobachten. Er betrachtete die Zeichen an Vögeln und Tieren und die Beschaffenheit des Bodens. Er sammelte im Nahen von Personen, im Weiten von Objekten, bis er begann, die acht Trigramme zu entwickeln, um die strahlend geistige Tugend zu durchdringen und das Wesen aller Dinge gleichermaßen zu verstehen.«[81] Obwohl die acht Trigramme äußerst einfach sind, ist ihre Bedeutung sehr weitreichend. Sie bilden den Anfangspunkt in der Entwicklung der chinesischen Welt, worauf sich viele östliche Kulturen gründen. Zu jener Zeit benutzte Fu Xi die acht Trigramme sehr vorteilhaft, und durch seine Methodik ihrer wechselweisen Veränderung vermochte er die Bevölkerung zu belehren und die Ordnung des menschlichen Lebens in der Gesellschaft zu festigen. Im ›Großen Appendix‹ findet sich der Hinweis: »Die acht Trigramme bestimmen Glück und Unglück, die ihrerseits das große Geschäft (des Lebens) bestimmen.«[82] Bis in die Gegenwart hat das I Ging seine Bedeutung als besondere Methode zur Regelung und Ordnung des individuellen und öffentlichen Lebens nicht verloren.

### *1.5.6* Prozeß der Entstehung der acht Trigramme aus dem T'ai-chi

Laozi sagte: »Das Dao bringt 1 hervor, 1 gebiert 2, 2 die 3 und die 3 alle Dinge.«[83] Dies ist der Prozeß der Trigramm-Entstehung. Konfuzius sagte ebenfalls: »Das T'ai-chi erzeugt die beiden Instrumente, diese die vier Erscheinungen, diese die acht Trigramme.«[84] Dies drückt wiederum die Methodik der Trigramm-Entstehung aus. Beide Zitate erklären die Deduktion vom Einfachen zum Komplizierten in der I Ging-Theorie. 1 verändert sich und gebiert die beiden Instrumente; 2 ändert sich und bringt die vier Erscheinungen hervor; 3 ändert sich und erzeugt die acht Trigramme, die als Repräsentanten für die Formerscheinung aller Dinge dienen. Wie schon wiederholt gesagt wurde: Das T'ai-chi entspricht der Zahl 1, diese der Flußkarte und der Luoschrift. Zuerst zeichnet man den runden Umfang des T'ai-chi, der einem horizontalen Strich entspricht (—); der Strich ist ungerade (ungebrochen), repräsentiert das Yang-Instrument, und man nennt ihn ›strahlendes Yang‹. Zeichnet man auf der linken Seite des Yang-Instruments einen in der Mitte in zwei Teile gebrochenen horizontalen Strich (- -), entspricht dieser dem Geraden (Geteilten), repräsentiert das Yin-Instrument und wird ›vermindertes Yin‹ genannt. Dieses verbindet sich mit dem ursprünglichen Yang-Instrument. Hier findet sich die erste Veränderung und Aufteilung von Yin / Yang. Dann zeichnet man über dem Yang-Instrument von rechts nach links zwei Ungerade, über dem Ungeraden noch ein Ungerades, das verdoppelte Yang. Ein weiteres Yang außerhalb des Yang nennt man strahlendes Yang. Ein Gerades über dem Ungeraden wird zur Überlagerung von Yin und Yang. Dieses Yin im Yang heißt vermindertes Yin. Dann zeichnet man über dem Yin-Instrument, von rechts nach links, zwei Gerade. Über dem Geraden ein Ungerades wird zur Überlagerung von Yang und Yin. Dieses Yang im Yin bezeichnet man als vermindertes Yang. Ein Gerades über dem

Geraden wird zum verdoppelten Yin. Außerhalb des Yin ein weiteres Yin nennt man strahlendes Yin. Also ergibt sich folgende Ordnung dieser vier so entstandenen Erscheinungen: 1 strahlendes Yang, 2 vermindertes Yin, 3 vermindertes Yang und 4 strahlendes Yin. Sie ähneln noch formlosen Paaren und sind die zweite Veränderung und Aufspaltung zu den vier Erscheinungen. Weiter wird über den vier Erscheinungen von rechts nach links jeweils ein Ungerades, dann ein Gerades angefügt. Ein Ungerades auf strahlendem Yang wird zum dreifachen Ungeraden, dem Trigramm des reinen Yang namens Qian. Ein Gerades auf dem strahlenden Yang wird zum einfachen Geraden auf doppeltem Ungeraden; außerhalb des Yang entsteht Yin, dieses Trigramm heißt Dui. Fügt man auf das verminderte Yin ein Ungerades, so entsteht ein Gerades zwischen zwei Ungeraden, Yin zwischen zwei Yang, das Trigramm Li. Ein Gerades auf einem verminderten Yin läßt zwei Gerade über einem Ungeraden entstehen; innerhalb des doppelten Yin ein Yang ergibt das Trigramm Zhen. Ein Ungerades auf dem verminderten Yang ergibt zwei Ungerade auf einem Geraden; innerhalb des doppelten Yang ein Yin bedeutet das Trigramm Xun. Ein Gerades auf vermindertem Yang ergibt ein Ungerades zwischen zwei Geraden; Yang zwischen zwei Yin nennt man Kan. Ein Ungerades auf strahlendem Yin ergibt ein Ungerades auf zwei Geraden; der Yin-Pol gebiert Yang, das Trigramm heißt Gen. Ein Gerades auf dem strahlenden Yin wird zu dreifachem Geraden, dem Trigramm des reinen Yin mit Namen Kun (siehe Abb. 30). Die acht Trigramme, die durch jeweils ein zugefügtes Ungerades oder Gerades wechselweise entstehen, haben folgende Ordnung: Qian 1, Dui 2, Li 3, Zhen 4, Xun 5, Kan 6, Gen 7 und Kun 8. Die ersten vier Trigramme gehören zum Yang-Instrument, die zweiten vier gehören zum Yin-Instrument. Dies ist die dritte Veränderung zur Vollendung der acht Trigramme.

### *1.5.7* Trigramm-Anordnung nach dem früheren und späteren Himmel und Yin / Yang

Die oben erwähnte Entstehung der Trigramme und die Zahlenordnung nach Fu Xi wurden von der Nachwelt die ›acht Trigramme des früheren Himmels‹ genannt. Sie unterschieden sich von der Ordnung der acht Trigramme zur Richtungsbestimmung (späterer Himmel), die von König Wen entwickelt wurde

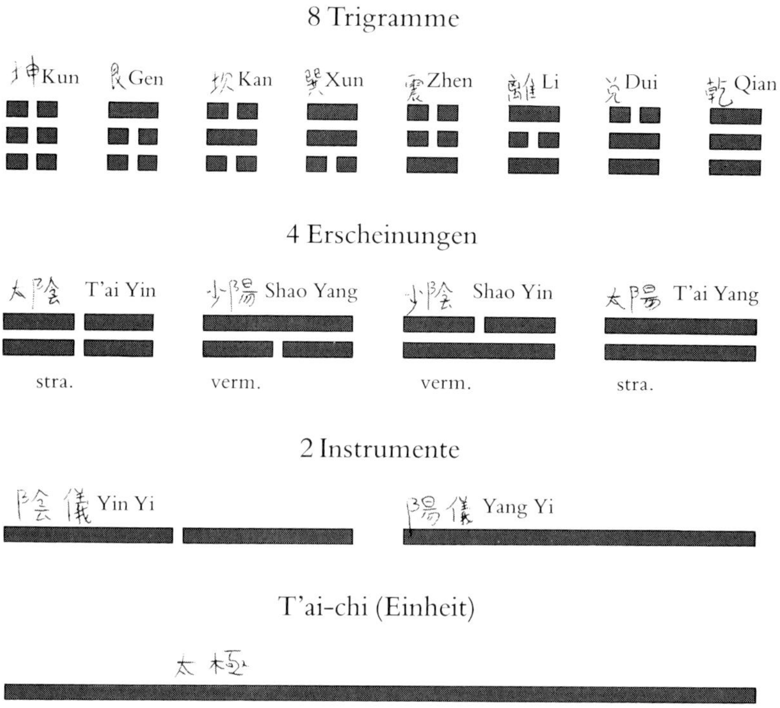


*Abb. 30: Drei Phasen der acht Trigramm-Bildungen aus dem T'ai-chi*

und Zhen, Xun, Li, Kun, Dui, Qian, Kan und Gen umfaßt. Die T'ai-chi-Positionen der acht Trigramme des früheren Himmels bilden einen räumlichen Körper. Der Himmel ist Höhe, die Erde Niederung. Berg und Donner gehören zur Erde, Wind und See zum Himmel, und Wasser und Feuer sind dazwischen angeordnet (siehe 1.4.15). Sie symbolisieren den natürlichen Himmelskörper. Die Positionen des T'ai-chi nach dem späteren Himmel sind zweidimensional, eben, repräsentieren die vier Geraden und die vier Diagonalen. Der Qian-Pol liegt hier bei Wu, Li; der Kun-Pol bei Zi, Kan. Yin/Yang der acht Trigramme nach dem früheren Himmel ergeben über die beiden Instrumente aus dem Yang-Instrument Yang-Trigramme, aus dem Yin-Instrument Yin-Trigramme. Nach dem späteren Himmel entstehen Ungerade und Gerade, so daß einzelne Yin/Yang-Linien die Kommandeure sind. Ein Zitat aus dem ›Großen Appendix‹ besagt, daß »Yang-Trigramme ungerade, Yin-Trigramme gerade sind«.[85] Folglich sind Dui, Li und Xun dem Geraden zugehörig (- -, Yin entscheidend), ihre einzelnen Linien sind Yin. Sie gehören deshalb zu den Yin-Trigrammen, in Xun an erster Stelle, stark, in Li in der Mitte, mittel, in Dui an letzter Stelle, also gering. Alle haben 2 x — und 1 x - -. Gen, Kan und Zhen haben jeweils fünf Striche: 1 x — und 2 x - -, gehören deshalb zum Ungeraden. Die einzelnen Linien sind jeweils Yang, also sind sie alle Yang-Trigramme; in Zhen an erster Stelle, stark, in Kan in der Mitte, mittel, in Gen an letzter Stelle, also gering. Die drei Striche des Qian (3 x —) sind alle ungerade, reines Yang. Die sechs Striche (3 x - -) des Kun sind alle gerade, reines Yin. Sie heißen deshalb altes Yang bzw. altes Yin. Das T'ai-chi bringt die beiden Instrumente, Yin und Yang, hervor; diese gebären wieder je ein Yin und ein Yang, so daß die vier Erscheinungen entstehen. Diese entwickeln ebenfalls je ein Yin und ein Yang und schaffen die acht Trigramme. So verläuft das Gesetz vom Gebären und Hervorbringen des T'ai-chi und seiner symmetrischen Ausgewogenheit.

### *1.5.8* Trigramm-Positionen des früheren Himmels nach dem T'ai-chi der Flußkarte

Die vier gebärenden Zahlen auf den vier Seiten der Flußkarte 1, 2, 3 und 4 sind innen angeordnet und gehören zu Yin. Die vervollkommnenden Zahlen der vier Richtungen 6, 7, 8 und 9 sind außen angereiht und gehören zu Yang. Die zentrale 5 und 10 stehen für Himmel (oben) und Erde (unten). Die gebärenden Zahlen sind die vier Yin-Trigramme, die vervollkommnenden Zahlen die vier Yang-Trigramme. In der Ordnung der vermengten Yin/Yang-Trigramme folgt die Hauptlinie der Yang-Trigramme von lang (bedeutend) zu einer geringeren (sinkenden) Reihe. Die Hauptlinie der Yin-Trigramme folgt von gering zu einer steigenden Reihe. Deshalb sind Yang-Linien durch Vielzahl wichtig, während Yin-Linien durch Geringheit zum Tragen kommen. Dementsprechend ist das Qian-Trigramm mit drei Ungeraden reines Yang und wird von der größten vervollkommnenden Zahl 9 repräsentiert. Das Zhen-Trigramm ist durch seine erste Yang-Linie alt und wird durch die zweite vervollkommnende Zahl 8 repräsentiert. Kan hat in seiner Mittelposition ein Yang und wird von der drittgrößten vervollkommnenden Zahl 7 repräsentiert. Gen hat oben eine Yang-Linie und wird durch die kleinste vervollkommnende Zahl 6 ausgedrückt. Dui hat ganz oben Yin und wird von der größten gebärenden Zahl 4 repräsentiert. Li hat in der Mitte ein Yin und wird von der zweitgrößten gebärenden Zahl 3 vertreten. Xun hat an der ersten Stelle Yin und wird von der drittgrößten gebärenden Zahl 2 ausgedrückt. Kun hat drei Gerade, ist reines Yin und wird mit der kleinsten gebärenden Zahl 1 dargestellt. Die Reihenfolge der Trigramme ist also 9, 4, 3, 8 (Qian, Dui, Li, Zhen), sie sind in der Flußkarte horizontal angeordnet und Yang-Zahlen. 2, 7, 6, 1 (Xun, Kan, Gen, Kun) sind in der Flußkarte vertikal angeordnet, als Yin-Instrument. 9 und 4 sind gleichermaßen strahlendes Yang. Sie ergeben jeweils von den beiden Zentrumszahlen subtrahiert die Zahl 1, ihre Position ist im Westen. (Gebärende Zahlen verringern gebärende, vervollkommnende reduzieren vervollkommnende, also 9 verringert 10 und 4 reduziert 5 jeweils zu 1.) 3 und 8 sind gleichzeitig vermindertes Yin und ergeben von den beiden Zentralzahlen subtrahiert jeweils 2, ihre Position ist im Osten. 2 und 7 sind gleichzeitig verringertes Yang, ergeben vom Zentrum subtrahiert jeweils 3, ihre Position ist der Süden. 6 und 1 sind gleichzeitig strahlendes Yin, ergeben vom Zentrum subtrahiert jeweils 4, ihre Position ist im Norden. Aber nachdem die Flußkarte sich ins T'ai-chi gewandelt hat, werden die vier Trigramme Qian, Dui, Li und Zhen von oben nach links unten sinkend am Rand des Yang-Instruments angeordnet. Die vier Trigramme Kun, Gen, Kan und Xun werden von unten nach rechts oben steigend am Rand des Yin-Instruments angeordnet. Die Trigramm-Ordnung mit Qian, 9, Kun, 1, stimmt mit dem Gegensatz von Himmel (Anfang) und Erde (Ende) überein. Dui, 4, und Gen, 6, stehen einander gegenüber wie Seen und Berge; Li, 3, und Kan, 7, sind wie der Gegensatz Feuer und Wasser; Zhen, 8, und Xun, 2, wie der Gegensatz Donner und Wind. Also stimmen die Stellungen der acht Trigramme von der Flußkarte und der T'ai-chi-Graphik vollkommen überein. In den ›Erklärungen zu den Trigrammen‹ heißt es: »Himmel und Erde haben feste Positionen. Berge und Gewässer verbinden ihr Qi. Donner und Wind erregen sich gegenseitig. Wasser und Feuer bekämpfen sich nicht. So vermischen sich die acht Trigramme. Die Zahlen der Vergangenheit folgen natürlich, das Wissen um Kommendes ist Ahnung. Deshalb gibt es im I Ging die Vorahnung und die Zahlen.«[86] Die Trigramm-Positionen des früheren Himmels durchdringen also die Zahlenordnung in Hetu, Luoshu und T'ai-chi. Daher läßt sich eine Aufgliederung der acht Trigramme in die 64 Hexagramme graphisch darstellen (siehe Abb. 31).

### *1.5.9* Trigramm-Positionen des späteren Himmels nach dem T'ai-chi des Luoshu

Die obere 9 und die untere 1 des Luoshu, links 3 und rechts 7, 2 und 4 als Schultern, 6 und 8 als Beine beinhalten auch die Trigramm-Ordnung des früheren Himmels. Doch die Veränderungen der neun Farben im Luoshu benutzten sowohl Trigramm-Positionen des späteren Himmels als auch die Trigramm-Ordnung der Flußkarte. Da die des späteren Himmels nach den neun Farben des Luoshu auch aus den Veränderungen der Flußkarte entstehen kann, haben die fünf Phasen der Flußkarte jeweils zwei Zahlen, Yin und Yang, bis das Yang-Feuer, die 5 des späteren Himmels, sich mit dem Yin-Wasser, der Zahl 10, verbindet, vom Zentrum in den Raum aufsteigt und wieder zur Erde sinkt. Dies ist ein Kreislauf ohne feste Positionen. Weil Wasser und Feuer je eine Restzahl haben, verbinden sich diese Reste. Übersteigt dieser 6, entstehen die acht Trigramme des späteren Himmels: Li im Süden, Kan im Norden, Zhen im Osten, Dui im Westen, Qian im Nordwesten, Gen im Nordosten, Xun im Südosten und Kun im Südwesten. Auch aus dieser Trigramm-Ordnung kann eine Hexagramm-Aufspaltung in 64 Bilder mit ihren Positionen entwickelt werden (siehe Abb. 32).

Das in den Raum aufsteigende Zentral-Qi hat kein Trigramm, das Erd-Qi durchdringt nur Gen und Kun. Die chinesischen neun Farben, zwischen Purpur und Weiß, und die drei Einheiten bei der Zeitmessung kreisen gleichermaßen, so daß man von Huangdi bis in die Gegenwart die Zeiteinheiten jeweils mit Farben kombinieren kann. Alle Angaben dieser Methode beruhen auf einer Anpassung der neun Farben aus dem Luoshu an die Trigramm-Ordnung des späteren Himmels. So kann kann man am äußeren Rad der T'ai-chi-Graphik die Trigramme des früheren Himmels anfügen und zusätzlich innerhalb davon noch die acht Trigramme des späteren Himmels. Unter Qian findet sich also Li, unter Dui Xun, unter Li Zhen, unter Zhen Gen, unter Kun Kan, unter Gen Qian, unter Kan Dui und unter Xun Kun (siehe Abb. 33). Diese zeigt

太極拳先天卦位分列圖

中華太極館編製

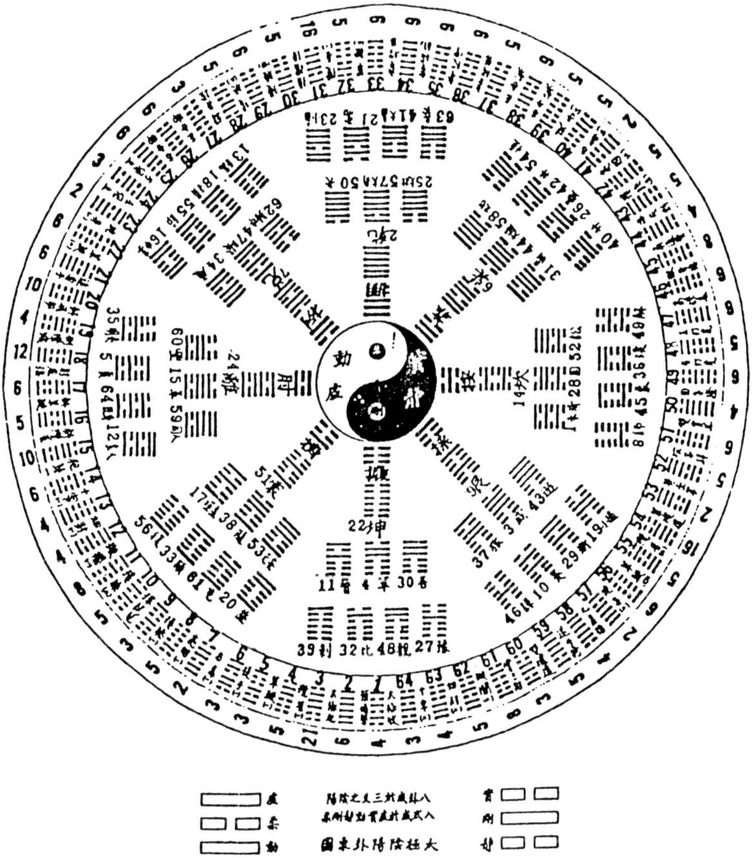

*Abb. 31: Graphik der Hexagramm-Positionen des früheren Himmels*

# 太極拳後天卦位分列圖

中華太極館編製

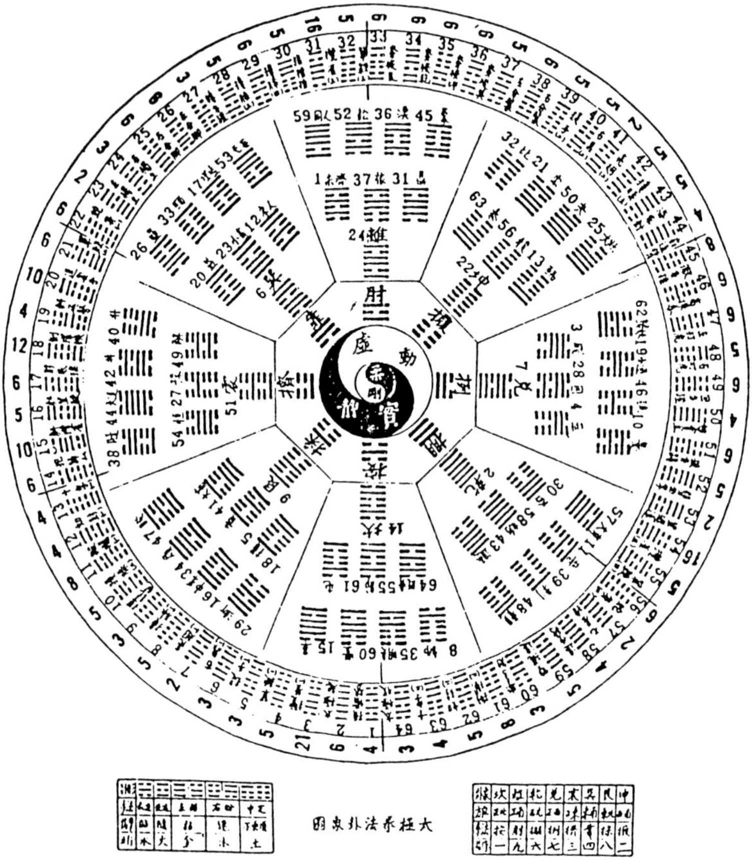

*Abb. 32: Graphik der Hexagramm-Positionen des späteren Himmels*

*Abb. 33: Klassische T'ai-chi-Graphik mit Trigramm-Positionen des früheren (außen) und späteren (innen) Himmels*

aber nur, wie die Vier des früheren Himmels den Änderungskreislauf des späteren Himmels bewirken, was von der Geomantik der Yang-Residenz ausgelöst wird.

### *1.5.10* Von den acht Trigrammen repräsentierte Angelegenheiten und Dinge

Alle Dinge des Universums gehören einem der acht Trigramme an und können durch sie repräsentiert werden. Hier sollen in einer Auflistung nun einige Beispiele gegeben werden, die mit der Bedeutung des Faustkampfes in Verbindung stehen und sie erläutern.

*Qian* repräsentiert: Himmel (Weltall), Tag, Gold, bekannte Person, erster Sohn, Kopf, Knochen, Stahl, getrocknete Früchte, Jadespiegel, das Erste, Häufigkeit, Rot, Kälte, Löwe, Elefant, Roß, Gans, männliche Tiere, Größe, Gesundheit, Ernte, Soldat, Kreis, Kugel, Schärfe, Vater, Staatsoberhaupt, Sonnenschein, Strahlung.

*Kun* repräsentiert: Erde (Erdoberfläche), Minerale, Nacht, Boden (Erde), Wagen, Schrift, Geld, alte Frau, Bauch, Tinte, Gelb, fünf Getreide, Schwäche, Vögel, Seide, Ebene, Schatten, Nebel, Bauer, Milz, Magen, Süße, Glätte, Sanftmut, Kuh, Arznei, Grund, Mutter, Stoff, Topf, Geiz, Gleichgewicht, Masse, Griff, weibliche Tiere, Verwirrung, Rechteck, Kleidung, Soße.

*Zhen* repräsentiert: Tiere (Lebewesen), Blitz und Donner, Insekt, Schlange, kurzes Haar, Fuß, Leber, Huf, tapferes Pferd, Schreien, Hütte, Baum, Frühling, Musikinstrument, Schilf, Bambus, Wald, Grün, Dreifuß, großer Sohn, Stadt, Gemüse, Melone, Respekt, Stimulanz, Erdbeben, Zug, Munition, Tasse, Gefäß, Bewegung, Kommando.

*Xun* repräsentiert: Pflanzen (Lebewesen), Luft, Holz, Buddhismus, Mechaniker, Schwägerin, ältere Schwester, Huhn, Feder, Schnur, Augen, After, Gestank, Gräser, Büsche, Zweige und Blätter, Kloster, Park, Darmkrankheit, Rastlosigkeit, Hellgrün, Bergvögel, gerades Gehen, Flugzeug, Säure, Üppigkeit, Nährung des Qi, Eindringen, Frauen, Elster, Hals, Geringheit, langes Haar.

*Kan* repräsentiert: Wasser, Wasserprodukte, niedrige Temperatur, Frieren, Fische und Krabben, Salz, Wein, Schwein, Fuchs, Ohr, Schnee, Regenwasser, Wassergraben, Bogen, Monat, Ehrlichkeit, Tau, Reif, Fluß, See, Strom, Meer, Kern, feuchter Boden,

Unsicherheit, Falle, Winter, flüssige Arznei, Blut, Wolke, Verborgenheit, Täuschung, Herzkrankheit, Sorge, Ohrenkrankheit.

*Li* repräsentiert: Flamme, hohe Temperatur, Regenbogen, Elektrizität, Strahlung, Sonne, Herrlichkeit, Rot, Schild, Rauben, Soldat, Trockenheit, dürres Holz, Brennstoff, Ofen, Schildkröte, Auge, Verzierung, Sommer, Hitze, freier Raum, Mittagszeit, Herz, Panzer, Überdruck, Fasan, leeres Zimmer, Opferhalle, Schaf, Eier, Zentrum, Prophezeiung.

*Gen* repräsentiert: hohe Berge, Festland, Erde, Stadtmauer, Tempel, Kinder, Nase, Arm, Finger, Hund, Ratte, Tiger, Wolf, Gelb, reife Früchte, Melone, Tierfleisch, Empfangshalle, Auto, Rücken, Ruhe, Halt, kleine Straße, Ehrenpforte, Winter, Freiwillige, Deutlichkeit, Leder, Stern, Rauch, Aufrechtheit, Männer, kleiner Tisch.

*Dui* repräsentiert: Höhle, Sumpf, Teich, Gold, Freude, Zank, Rede, neuer Monat, Goldgeschäft, Magd, kleines Mädchen, Lebensmittel, Ziege, Säbel, Schwert, Zerfall, Spaltung, Lunge, Weiß, Außenstehender, Herbst, Gestirn, Brunnen, Länge, Hexe, Betrug, Nebel, Blase, Dickdarm.

(Mehrfach auftretende Begriffe werden jeweils nach ihren Qualitäten weiter unterteilt und zugeordnet.)

### *1.6 Erklärungen zu den fünf Wandlungsphasen*

Alle Angelegenheiten und Dinge im Universum bewegen und verändern sich durch anwachsendes oder abnehmendes Qi sowie durch alle möglichen Arten wechselseitiger Stimulierung und folgen, der Zeit und dem Raum entsprechend, auf ganz natürliche Weise dieser Veränderungstendenz. Im allgemeinen bezeichnet man diese Veränderungen und Entwicklungen der Dinge und Angelegenheiten als ›Phasen‹ (Xing).[87] Die fünf Arten von Veränderungsstimulierung bzw. deren Eigenschaften nennt man die ›fünf Wandlungsphasen‹ (Wu xing). Im Shuowen jiezi wird darauf hingewiesen, daß 5 gleichbedeutend mit fünf Wandlungsphasen ist. Weiter heißt es: »Die Weisen des Altertums kannten die fünf Elemente Wasser, Feuer, Holz, Metall und Erde; dann schufen sie diese Zeichen.«[88] Im ›Großen Appendix‹ des I Ging finden wir: »Deshalb werden Wechsel und Änderungen beeinflußt, und die geistigen Organe werden bewegt.«[89] Dies ist die Entdeckung des Konfuzius, daß nämlich die Zahlentheorie der Flußkarte und die Veränderungen von Himmels- und Erdpositionen eine tiefe Bedeutung haben. Deshalb sagte er: »Die fünf Positionen ergeben sich gegenseitig, und jede beinhaltet jede.«[90] Daran kann man erkennen, daß zwischen den ungeraden und geraden Positionen die fünf Wandlungsphasen ganz natürlich existieren, auch wenn sie nicht explizit erwähnt wurden. Deshalb gibt es in Zhu Xi's Erklärungen der Flußkarte zum Begriff Veränderung folgendes Zitat: »1 wandelt sich und gebiert Wasser, die Veränderung zu 6; 2 bringt Feuer hervor, der Wechsel zu 7; 3 läßt Holz entstehen, der Wechsel zu 8; 4 erzeugt Metall, die Veränderung zu 9; 5 gebiert Erde, die Veränderung zu 10.«[91] Was weiter oben als geistige Organe bezeichnet wurde, bedeutet den ›Gott‹, der das Ich schöpft, und den ›Geist‹, der das Ich überwindet. Es deutet auf die Erzeugung und Überwindung der fünf Phasen. Jiang Yong, der große I Ging-Gelehrte zu Beginn der Qing-Dynastie, sagte: »Alle Angelegenheiten und Dinge unter dem Himmel gehen aus den fünf Phasen hervor; folglich entspringen sie alle der Flußkarte.«[92] Wieder wird also die Flußkarte angeführt, um den Ursprung der Naturgesetze aufzuzeigen. Die fünf Phasen (Elemente) Wasser, Feuer, Holz, Metall und Erde dienen als Symbole und Repräsentanten der fünf Arten von Veränderung, durch Erzeugung und Überwindung. Außerdem zeigen diese fünf Zeichen die Eigenart der fünf Symbole auf. Sie entstehen aus der Verbreitung der gebärenden Zahlen 1, 2, 3, 4 und 5 der Flußkarte. Aber jede Phase hat jeweils ein Yin und ein Yang, und deshalb gibt es in der Flußkarte zehn Zahlen. 1 + 4, 2 + 3 ergeben jeweils 5. Man kann erkennen, daß Metall, Holz, Wasser und Feuer der vier Seiten mit der zentralen ›Mutter‹ (Yanmu) Erde angeordnet sind. Holz, Feuer, Metall und Wasser ist die Anordnung der gegenseitigen Erzeugung in den fünf Phasen; sie sind auch in den vier Jahreszeiten von Frühling, Sommer, Herbst und Winter und in den vier Himmelsrichtungen zu finden. Ihre Ordnung ist wie der ununterbrochene Kreislauf der Mutter Natur. Die fünf Phasen sind ständig in Bewegung und bedeuten deshalb grundlegend fünf Wandlungsphasen. Sie repräsentieren die miteinander verbundenen Ursachen in den Veränderungen von Dingen und Angelegenheiten. Man kann sagen, daß sie die fünf grundlegenden Formen und Substanzen im Aufbau aller Dinge des Universums sind. Obwohl sie alle möglichen Veränderungen durchlaufen, bleiben sie nicht bei einer gegenseitigen Neutralisierung der Grundstoffe stehen. Wenn sie sich gegenseitig berühren, muß es zu Erzeugung oder Überwindung kommen. Wenn es im I Ging heißt, daß »Feuer sich bewegt und aufsteigt«[93], »bewegte Wolken Regen erzeugen«[94], so ist dies ein Beispiel für die Überwindung von Metall und die Erzeugung von Wasser. Erzeugung und Überwindung haben jeweils eine aktive und eine passive Richtung, so daß durch sie Glück und Unglück entstehen können. Die fünf Phasen sind also eigentlich der Ursprung zu Veränderungen und Wechseln in den acht Trigrammen. In seiner abschließenden Abhandlung nach über 80-jähriger Erforschung des I Ging schrieb Jiang Yong sehr zutreffend, daß alle Dinge aus den fünf Phasen hervorgehen. Aber im ›Buch der Wandlungen‹ wird immer von ›menschlicher Physik‹ (Renwen wuli)[95] ausgegangen, um die Hexagramm-Bedeutungen zu erklären. Früher waren Prophezeiungen zu den verschiedensten Fragen wichtig, um politische Entscheidungen danach auszurichten. Deshalb ging es in den Veränderungen von Hexagrammen, Trigrammen und Linien auch meist nur um die Frage von Glück und Unglück. Die Ursachen in der Verbindung der fünf Phasen und acht Trigramme mußten nicht eingehend erklärt werden. Aber da die I Ging-Theorie die Veränderungen der acht Trigramme bespricht, muß es vorher die Erzeugung und Überwindung der fünf Phasen gegeben haben. Sonst hätten die Trigramme und Hexagramme keine Verbindung untereinander und hätten sich auch nicht verändern können. Diese Veränderungen wurden von früheren Gelehrten häufig nicht für wichtig gehalten. Das führte dazu, daß sie hauptsächlich im okkultistischen Bereich tradiert wurden. Vielleicht gab es im Lianshan oder Guicang, den verloren gegangenen I Ging-Versionen, eine ausführliche Erklärung zum Einfluß der fünf Phasen auf die Trigramme und Hexagramme. Wir können es jedoch nicht wissen. Da die Angelegenheiten und Dinge ohne die Einwirkung von Erzeugung und Überwindung in den fünf Wandlungsphasen keine Änderungen in den Zuständen von Ruhe, Bewegung, Leere und Fülle aufweisen würden, ist es einleuchtend, daß die acht Trigramme der fünf Phasen bedürfen, um aktiv eingesetzt werden zu können.

*1.6.1* Ursprung der fünf Wandlungsphasen

Der Ausdruck ›fünf Wandlungsphasen‹ findet sich zum ersten Mal im Shangshu (Buch der historischen Aufzeichnungen, ca. 2590 v. Chr.). Dort ist zu lesen: »Herr Wu vergeudete und mißbrauchte die fünf Elemente«[96], und diese werden als Wasser, Feuer, Holz, Metall und Erde aufgelistet. In einer Aufzeichnung von Jizi, dem Buch Hongfan (ca. 1110 v. Chr.) aus der westlichen Zhou-Dynastie, steht geschrieben: »Gun (der Vater des großen Yu, Xia-Zeit) wollte die Fluten aufstauen; (er war nicht erfolgreich,) weinte und König Shun erklärte ihm die fünf Wandlungsphasen.«[97] Später hat Liu Xiang das elfte Kapitel über die fünf Elemente im Hongfan detaillierter erklärt und die zugrundeliegende Theorie sorgfältig entwickelt. Auch im Shiji wird gesagt: »Der Gelbe Kaiser errichtete bei seinen Nachforschungen zum Sternenkalender die fünf Wandlungsphasen, von dort wissen wir um sie.«[98] Dies belegt, daß die fünf Phasen, die Elemente und die acht Trigramme etwa im gleichen Zeitraum entstanden sind. Obwohl das I Ging die wechselweise Erschaffung und Überwindung der fünf Elemente nicht explizit anspricht, deutet es doch immer darauf hin, da die acht Trigramme nach ihrer Grundform jeweils einem der fünf Elemente zugeordnet wurden. So heißt es in den ›Erklärungen zu den Trigrammen‹: »Qian gehört zu Metall.«[99] Im Hexagramm 44 – das Entgegenkommen (Gou), mit der 6 an erster Stelle – heißt es: »Gebunden an eine eiserne Egge.«[100] In den ›Trigramm-Erklärungen‹ steht weiter: »Dui gehört zu Stärke und Salz.«[101] (Dies deutet darauf, daß hartes Metall für große Schilde geeignet ist.) Im Hexagramm 47 – die Bedrängnis (Kun), mit der 9 an vierter Stelle – steht: »Schwierigkeiten am metallenen Wagen.«[102] Die ›Trigramm-Erklärungen‹ schreiben: »Li gehört zum Feuer.«[103] Im Bild des Hexagramms 38 – der Gegensatz (Gui) – ist zu lesen: »Bewegt sich Feuer, so nach oben.«[104] Die ›Trigramm-Erklärungen‹ dazu: »Zhen gehört zu jungem, hellem Bambus, zu Büschen und Sträuchern.«[105] (Dies deutet auf Bäume und hohes Gras.) Im Hexagramm 3 – die Anfangsschwierigkeit (Tun), mit der 6 an dritter Stelle – heißt es: »Man findet sich in der Mitte des Waldes.«[106] Im Hexgramm 34 – des Großen Macht (Da zhuang), mit der 9 an vierter Stelle – liest man: »Geöffneter Zaun ohne Verwicklung.«[107]. Die ›Trigramm-Erklärungen‹: »Xun gehört zu Holz.«[108] Hexagramm 53 – die Entwicklung (Jian) – zeigt das Bild: »Auf dem Berg gibt es einen Baum.«[109] Und 6 an vierter Stelle führt an: »Die Gänse fliegen allmählich auf die Bäume.«[109] Die ›Trigramm-Erklärungen‹: »Kan gehört zu Wasser.«[110] Hexagramm 63 – nach der Vollendung (Ji ji) – hat das Bild: »Wasser auf dem Feuer.«[111] In Hexagramm 29 -das Wasser (Kan) – heißt es: »Wasser fließt, ohne sich anzusammeln.«[112] Die ›Trigramm-Erklärungen‹: »Gen gehört zum Berg, zu kleinen Steinen.«[113] (Berge und Steine gehören zur Erde.) Hexagramm 52 – der Berg (Gen) – besagt: »Ein Berg über dem anderen.«[114] (Dies zeigt, daß Berge und Höhen trockene Erde sind.) Die ›Trigramm-Erklärungen‹: »Kun gehört zu Erde.«[115] In Hexagramm 23 – die Zersplitterung (Bo) – findet sich: »Oben Berg gehört zu Erde.«[116] (Erde ist eingeebneter Boden.) Andere Hexagramme, wie das Metall in Hexagramm 21 – das Durchbeißen (Shi ke) – oder wie die Erde in Hexagramm 30 – das Feuer (Li) –, beziehen sich auf die Erschaffung, Überwindung oder Vermischung der Trigramm-Linien.

### *1.6.2* Verbindung zwischen I Ging-Theorie und den fünf Wandlungsphasen

Qian und Dui folgen Metall, Zhen und Xun gehören zu Holz, Gen und Kun sind Erde, Kan ist Wasser und Li steht für Feuer. Dies ist die Festlegung, wie die acht Trigramme den fünf Wandlungsphasen angehören. Was im I Ging als »die Zahlen des Himmels sind fünf, die der Erde sind fünf; beide Gruppen korrespondieren miteinander und ergänzen sich«[117] bezeichnet wird, weist darauf hin, daß die fünf Positionen jeweils eine Yang- und Yin-Zahl haben, die einander ergänzen. Sie breiten sich aus und formen die zehn Zahlen der zehn Himmelsstämme. Die fünf Positionen ergeben einander; das bedeutet, wie Zhu Xi es nannte, die Veränderungen der fünf Phasen. 1 ist die gebärende Zahl des Wassers, 6 die vervollkommnende. Die Trigramm-Position von Kan im späteren Himmel liegt im Norden bei Zi. 1 und 6 sind beide gebärende und vervollkommnende Zahlen, denn die Eigenschaft und Form des Wassers verändert sich nicht. Man benutzt allgemein nur ein Trigramm zur Repräsentation. Deshalb gehört das Kan-Trigramm dem Wasser an. 2 ist die gebärende Zahl des Feuers, 7 seine vervollkommnende. Li liegt im Süden bei Wu. Eigenschaften und Form sind immer gleich; es wird also auch nur von einem Trigramm repräsentiert. Li gehört folglich dem Feuer an. 3 ist die gebärende Zahl von Holz, 8 die vervollkommnende. Zhen liegt im Osten bei Mao. Xun liegt in der Diagonalen Süd-Ost, und sie haben die 3 des Himmels und die 8 der Erde als gebärende und vervollkommnende Zahlen. Deshalb repräsentieren Zhen und Xun beide Holz. 4 ist die gebärende Zahl von Metall, 9 seine vervollkommnende. Dui liegt im Westen, in der Yin-Position, Qian in der Diagonalen Nord-West, und sie haben die 4 des Himmels und die 9 der Erde als gebärende und vervollkommnende Zahlen. Beide Trigramme gehören deshalb zu Metall. Die 5 ist die gebärende Zahl des Himmels und 10 die vervollkommnende der Erde. Gen liegt im schrägen Nord-Osten, Kun im schrägen Süd-Westen, also zwischen Nord-West und Süd-Ost. Die 5 des Himmels und die 10 der Erde sind gebärende und vervollkommnende Zahlen, folglich gehören beide Trigramme der Erde an.

Oder anders ausgedrückt: Die 9 und die 4 der Flußkarte sind Metall, beide wurzeln im strahlenden Yang. Nach ihrer Veränderung und Trigramm-Bildung ist die 9 das Qian-Trigramm, die 4 wird zu Dui. Beide gehören noch immer zu Metall, ihre ursprünglichen Positionen ändern sich nicht; sie symbolisieren die Unveränderlichkeit der Metalleigenschaft. 3 und 8 der Flußkarte sind Holz und wurzeln im verringerten Yin. Nach ihrer Veränderung und Trigramm-Bildung ist die 8 Zhen, das Holz. 3 ändert sich zu Li, Feuer. Dies entsteht aus der Holz-Position des früheren Himmels. Weil seine leichte, schwebende Eigenschaft nach oben steigt, wird es im früheren Himmel aus der Zentralposition zur südlichen Wu-Position hochgezogen. Zhen und die Holz-Position verändern sich nicht. Die 2 und die 7 der Flußkarte sind Feuer, wurzeln beide im verringerten Yang. Nach der Trigramm-Ausbildung verändert sich 2 zu Xun, Holz; 7 wird zu Kan, Wasser. Xun und Holz entstehen beide durch das Feuer des früheren Himmels. (Es deutet Strahlung und Hitze an.) Im späteren Himmel wächst ihre ursprüngliche Position im Süd-Osten an. Kan, Wasser, entsteht durch Feuereinfluß des früheren Himmels (Verdampfen); im späteren Himmel (Wolken und Regen) sinkt es von der zentralen 10, Wasser, und gerinnt in der Urposition Norden. Die 1 und die 6 der Flußkarte sind Wasser, wurzeln beide im strahlenden Yin. Nach der Trigramm-Ausbildung vertauschen sie zuerst mit der zentralen 5, Feuer (Hitzeursprung), und der zentralen 10 (Kälteursprung) die Positionen. Daraufhin wird aus 1 Kun, Erde, und aus 6 wird Gen, Erde. Im früheren Himmel ist das Kun dem Yin zugeordnet, Erde mit feuchter Eigenschaft. Es erhält vorteilhaft Li, Feuer, und ändert sich, bringt hervor, um die Dinge zu kultivieren. Folglich kehrt es im späteren Himmel zur ursprünglichen Position Süd-Westen zurück. Im früheren Himmel ist das Gen Yang, Erde von trockener Eigenschaft. Es erhält vorteilhaft Kan, Wasser, wird befeuchtet, um das Volk zu nähren. Folglich liegt es im späteren Himmel an der ursprünglichen Position Nord-Ost. Li, 3, und Kan, 7, sind Wasser und Feuer, haben den gleichen Ursprung und ergeben 10. Zhen, 8, und Xun,2, sind Gras und Holz mit gleichem Ursprung und ergeben ebenfalls 10. Qian, 9, Kun, 1, und Dui, 4, Gen, 6, sind alle Metall, Erde mit gleichem Ursprung, ergeben ebenso 10.

Im I Ging sind die fünf Wandlungsphasen also immanent. Erst durch sie können alle den acht Trigrammen angehörenden Dinge die Veränderung durchlaufen. Den acht Trigrammen und fünf Wandlungsphasen gehören alle Dinge und Angelegenheiten an. Im Prinzip ergänzen sie sich alle gegenseitig und lösen Bewegung aus. Aber die Methodik der jeweils zugehörigen Arten ist nicht absolut einheitlich. Oben wurde schon aufgezeigt, daß ein Element zwei oder mehrere Trigramme verbinden kann. Ein Trigramm kann ebenfalls die fünf Phasen zusammenfassen, wie Qian Metall und Jade repräsentiert, Kälte, Eis, Baumfrüchte, dunkelrot und Wu, Erde. Die Trigramm-Veränderung bildet durch Linienvermischung den Körper, die fünf Phasen die Anwendung. Die Phasenveränderung bildet durch Erschaffung und Überwindung den Körper, die Trigramm-Symbolik und die Anwendung. Die Trigramm-Änderung entspricht den Längengraden, die Phasenänderung den Breitengraden. Zuerst muß man diese Verbindungen kennen, bevor man sich mit Erzeugung und Überwindung, ihren Wechseln und den entsprechenden Körperfähigkeiten auseinandersetzt.

### *1.6.3* Erklärung zur wechselweisen Erzeugung zwischen den fünf Phasen

Bei der gegenseitigen Erzeugung der fünf Phasen kommt es zu folgendem Kreislauf: Wasser erzeugt Holz, Holz erzeugt Feuer, Feuer erzeugt Erde, Erde erzeugt Metall, Metall erzeugt Wasser (siehe Abb 34). Im I Ging wird darauf hingewiesen, daß die Him-

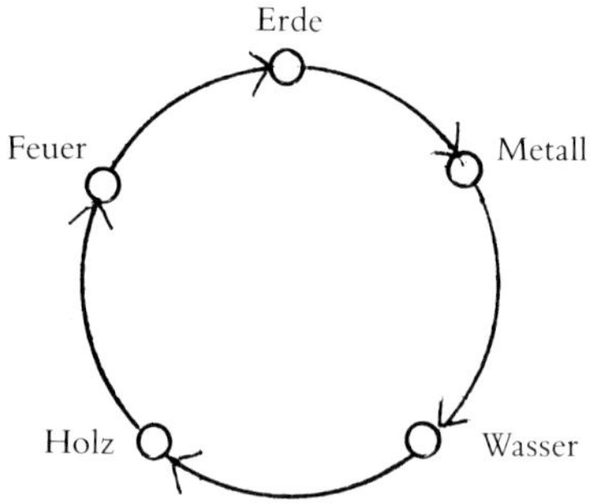


*Abb. 34: Kreislauf der Erzeugung, Bedingung und des Hervorbringens zwischen den fünf Phasen*

mels-1 Wasser erzeugt. Dies zeigt an, daß das Wasser vom Himmel sinkt. Qian ist der Himmel und auch Metall; man sieht, Metall ist die Mutter des Wassers. Holz repräsentiert die Lebewesen. In der Natur sind die Pflanzen am zahlreichsten, und sie sind der Quell für tierisches Leben, dessen Verbreitung am weitesten ist. Die Lebewesen werden deshalb alle durch Holz repräsentiert. Ob Tiere, Pflanzen oder Mikroorganismen, alle haben sich zunächst aus dem Wasser entwickelt oder entwickeln sich durch Wasseraufnahme. Durch Wasser allein können sich in den Zellen der Lebewesen Stoffwechselprozesse und deren Aufspaltungserscheinungen entwickeln. Daraus entstehen Fortpflanzung, Wachstum und Leben. Folglich entsteht Holz aus Wasser. Anders ausgedrückt kann man auch sagen, Wasser erzeugt Holz. Tatsächlich ist Wasser für das Holz von großem Nutzen. Der Ausgangsstoff Wasser erzeugt Holz und wird dabei konsumiert.

Im Longhua jing heißt es: »Gräser und Bäume empfangen das Beste von Sonne und Mond, und so entstehen Getreide und Früchte, die das Volk ernähren.«[118] Das Beste von Sonne und Mond ist das Feuer, Li von der Sonne und ihrer Strahlung. Die Nahrungsmittel sind die Essenz von Feuer, Li. Dies scheint eine mystische Bedeutung zu haben. Aber heute ist bekannt, daß Gräser und Bäume der Sonneneinstrahlung bedürfen, damit es zur Photosynthese kommt: $6\ CO_2 + 6\ H_2O + \text{Sonnenlicht} \rightarrow C_6H_{12}O_6 + 6\ O_2\uparrow$

So kommt es zu einer Vermehrung aufgespeicherter Kalorien. Außer zum Wachstum der Pflanzen und Bäume dienen die Kalorien auch als Quelle der Wärmeentwicklung in den tierischen Körpern: Erst die Verdauung von pflanzlicher Nahrung setzt die Kalorien frei, die entweder aufgespart oder gleich verbraucht werden. So dienen sie schließlich auch als Ursprung der Wärmeentwicklung im menschlichen Körper. Im Hexagramm 50, der Tiegel (Ding), finden wir im Bild: »Holz dringt ins Feuer ein; ein Hinweis auf den Tiegel.«[119] Holz dient als Brennstoff und nährt somit unmittelbar die Flammen. Auch Li und Sonne sind Feuer. Zhen und Holz gehen aus Osten hervor und dienen als Wärmequelle aller Dinge im Universum. Folglich entsteht Feuer aus Holz. Aber das Feuer erzeugende Holz muß natürlich einem Oxydationsprozeß unterliegen.

Nach der Verbrennung aller organischen Stoffe bleibt ein nicht metallischer anorganischer Rest, nämlich Asche (Erde). Nachdem Pflanzen durch Oxydation Wärme freisetzen, bleibt nur Asche, also Erde übrig. Auch im tierischen Körper entstehen durch Verdauung und Verbrennung von Sauerstoff einerseits Wärme und andererseits Giftstoffe, die ausgeschieden werden. Sie sind ebenfalls Erde. Heute ist wissenschaftlich belegt, daß die Erde ursprünglich ein Feuerball aus Lava war. Erst nach einer Hitzeabstrahlung über einen sehr langen Zeitraum war die Oberfläche so weit abgekühlt, daß die Erdkruste entstand. Dann kam es durch Einfluß von Wind zur weiteren Gestaltung der Erde. Folglich sagt man, daß Erde aus Feuer entsteht. Aber nachdem Feuer Erde erzeugt hat, kehrt es zur Auflösung zurück.

Die die Erde umgebende Atmosphäre wird oft als Himmel bezeichnet, während die Sterne ringsherum das Weltall bilden. Die Himmelskörper bestehen ebenfalls aus ›Erde‹. Alle Erscheinungen von Veränderungen im All entstehen durch aktive ›Erd‹-Ansammlung, und im Wechselspiel Himmel – Erde gibt es erst durch die ›Erde‹ den Himmel, der also aus jener entsteht. Aber die Bedeutung von »Qian, Himmel gehört zu Metall«[120] beruht nicht auf einer Achtung seiner Größe und Schöpfung. Tatsächlich haben alle Himmelskörper eine Anziehungskraft, die durch die aktiven Teile der Erde entsteht und den in den Metallen aufgespeicherten Magnetismus entwickelt. Auf die Erde bezogen liegt das Metall, mit anderen anorganischen Stoffen (›Erde‹) vermischt, aufgespeichert in den oberen und tieferen Schichten der

Erde. Diese im Metall enthaltenen Minerale müssen erst aus der Erde geholt und ausgesondert werden, ehe man sie nutzen kann. Folglich entsteht Metall aus Erde. Aber nachdem Metall aus Erde geschieden wurde, wird diese leer, und die Erdschichten werden in großem Umfang zerstört.

Wenn Feuchtigkeit auf Kälte, die ausgetauschte Hitze von Metall ist, trifft, entsteht wieder Wasser. Die sich durch Hitzeeinfluß frei im Raum bewegenden Wasserteilchen (Dampf) sammeln sich durch Kälte wieder. Im I Ging ist definiert, daß Qian und Metall Himmel, Eis und Kälte sind. Metall hat also die Eigenschaft kühl und kalt. Dampf sammelt sich, wird zu Wasser. Wolken und Nebel steigen auf in den Himmel und bilden Regen, wenn sie auf Kälte stoßen. Himmel ist deshalb Qian, Metall. Somit entsteht aus Metall Wasser. Aber das Wasser erzeugende Metall muß mehr oder weniger oxydieren, so daß seine Kälte allmählich austritt.

### *1.6.4* Erklärung zur wechselweisen Überwindung zwischen den fünf Phasen

Der Überwindungskreislauf der fünf Phasen läßt sich so darstellen: Wasser überwindet Feuer, Feuer überwindet Metall, Metall überwindet Holz, Holz überwindet Erde, Erde überwindet Wasser (siehe Abb. 35). Im Hexagramm 49, die Umwälzung (Ge),

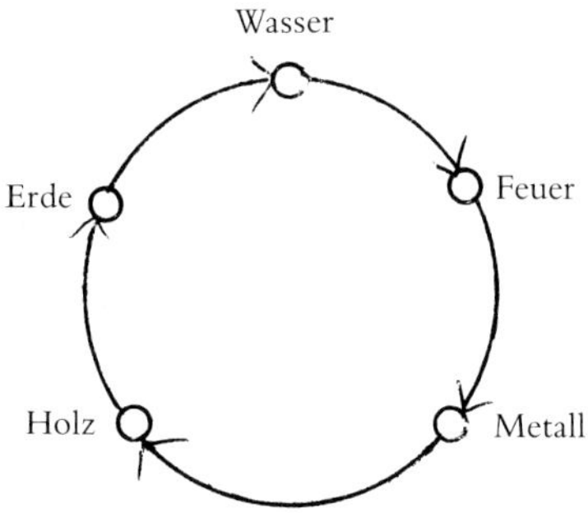


*Abb. 35: Kreislauf der Überwindung, Eroberung und des Eindringens zwischen den fünf Phasen*

steht: »Feuer und Wasser vernichten einander.«[121] Wenn also Hitze und Kälte von Feuer und Wasser aufeinanderstoßen, entsteht eine »Form ohne zwei Existenzen«.[122] Trifft die Flamme auf Wasser, wird sie ausgelöscht. Trifft große Hitze auf Wasser, verdampft dieses. Wenn Menschen oder Tiere hohes Fieber haben, müssen sie viel kaltes Wasser trinken, um die Innentemperatur des Körpers zu senken. Das geschieht durch Elektrolyse und Oxydation. Wasser kommt demnach durch Feuer zur Anwendung, folglich wird Feuer durch Wasser überwunden.

Li, Sonne, bewirkt durch große Wärmeenergie die Bewegung der Himmelskörper. Li, Feuer, kommt durch Qian, Metall, zur Anwendung. Trifft Metall auf Feuer, schmilzt es und verändert seine Form. Oft bedienen wir uns der Energie des Feuers, um aus Metall alle Arten von Schmuck und Werkzeugen zu prägen. Auch Mineralerze werden durch Feuer gestählt und so zu reinen, Metall angehörigen Dingen. Hier zeigt sich ganz deutlich der Nutzen des Feuers. Feuer kommt also durch Metall zur Anwendung, Metall wird von Feuer überwunden.

Im I Ging heißt es: »Weit ist das Große im Qian; alle Dinge entstehen darin, und Qian beinhaltet alle Bedeutungen des Himmels.«[123] Das Leben auf der Erde entsteht durch Wasser, wird durch Feuer genährt und stirbt durch den Himmel. Das sich drehende Firmament zeigt den Ablauf der Zeit, der Alter und Tod mit sich bringt; deshalb werden alle Dinge vom Himmel beherrscht. Da Qian, Metall, zum Himmel, die Lebewesen aber zu Holz gehören, weiß man, daß der Himmel die Eigenschaft hat, die Lebewesen zu überwinden. Hierin zeigt sich deutlich die Auswirkung des Alls. Holz repräsentiert alle organischen Stoffe. Bäume und Pflanzen, Wasserlebewesen und Tiere bedürfen der Ernährung durch mineralische Stoffe, ehe sie ihrerseits ›Anwendung‹ finden können. Dies zeigt den Nutzen des Metalls auf, eine Anwendung von Metall durch Holz. Holz wird von Metall überwunden.

Der Überfluß der heutigen Gesellschaft beruht direkt oder indirekt auf der Ausbeutung der Erde. Alle Pflanzen können ›rohe‹ Erde in ›reife‹ verwandeln. Die Wurzeln von Pflanzen spalten Gestein und verwandeln es in Erde. Schließlich werden sie zum Dünger der Erde. Auch die Exkremente der Tiere verwandeln sich in Erdmasse, die wieder durch andere Lebewesen in Rohstoffe für Gebäude verwandelt wird. Auch werden die fünf Getreidesorten,

Gemüse und Obst durch die Erde kultiviert. Folglich kann Holz Erde überwinden. Doch der Nutzen des Holzes entwickelt sich aus der Erde. Sie wird also durch Holz überwunden.

Große, breite Wassermassen, die ein Land durchströmen, müssen durch Dämme reguliert werden, um gut genutzt werden zu können. Wasser kann also von der Erde überwunden werden. So können Überschwemmungen verhindert werden. Im I Ging, Hexagramm 8, das Zusammenhalten (Bi), steht: »Bi (Wasser und Erde) bringt Hilfe, und Untergebenes folgt nach.«[124] Erst durch Nachfolgen können hohe Ziele erreicht werden. (Auch das T'ai-chi ch'üan macht sich dieses Prinzip zunutze.) Wenn der Fluß und die Strömung des Wassers andererseits behindert werden, muß auch der größte Damm einmal brechen und wird überflutet; das führt zu Katastrophen. Geringe Wassermengen kann der Boden aufsaugen und als Grundwasser aufspeichern, das wiederum den Pflanzen dient. Dementsprechend ist die Bewahrung von Bergen und Wäldern (Gen, Berg gehört zur Erde) der Weg, Wasserquellen für uns Menschen zu erhalten. Dies ist die Anwendung von Erde durch Wasser; Wasser wird also von Erde überwunden.

### *1.6.5* Anhäufung von Yin und Yang in den fünf Phasen

Die fünf Elemente haben jeweils ein Yin und ein Yang. Deshalb gilt: Metall außerhalb der Erde ist Yang, in der Erde Yin. Fertiges Metall, reines Eisen, ausgetrocknetes Metall sind Yang. Erze, Legierungen, feuchtes Metall sind Yin. Lebendes Holz ist Yang, Bauholz ist Yin. Trockenes Holz, Bäume sind Yang, feuchtes Holz, Büsche sind Yin. Flußwasser, heißes Wasser sind Yang. Brunnenwasser, kaltes Wasser sind Yin. Holzfeuer, wildes Feuer und Flammen sind Yang. Kohlefeuer, Phosphorfeuer, elektrisches Feuer sind Yin. Flammende Hitze ist Yang, glühende Hitze ist Yin. Trockene Erde, Löß sind Yang, schwarzer Boden ist Yin.

Einander entsprechende Elemente, Phasen, wie Metall und Metall, Holz und Holz, Wasser und Wasser, Feuer und Feuer, Erde und Erde erzeugen oder überwinden bei ihrer Vereinigung nichts. Sie haben nur Anhäufungen zur Folge. Das chinesische Zeichen ›Bi‹ bedeutet mehr, nämlich Unterstützung, Ergänzung und Verbindung. Das Zeichen ›He‹ steht für Vereinigung, Friede, Ehrlichkeit, Ruhe. Anhäufung beinhaltet die Bedeutung von ›gleiche Eigenschaften stimulieren sich, verschiedene Eigenschaften ziehen sich an‹. Sind gleiche Eigenschaften beisammen, wie Yang bei Yang oder Yin bei Yin, entsteht eine gegenseitige Stimulierung. Solche vereinte Kräfte entwickeln die ursprünglichen Eigenschaften noch stärker. Wenn aber ihr Kontakt zu eng wird, läßt es sich kaum vermeiden, daß sie sich gegenseitig aufheben oder ›lang und kurz‹ sich gegenseitig bekämpfen. Verschiedene Eigenschaften vereinigen sich oft, sie sind ein Herz und eine Seele und können jeweils ihre Vorteile entwickeln. Ihre gegenseitige Sympathie und Stimulierung kann ein ununterbrochenes Anwachsen ihrer latenten Fähigkeiten bewirken. Dies alles beruht auf einigen natürlichen Veränderungsgesetzen. Da die fünf Wandlungsphasen als Symbole für Veränderungen in den Eigenschaften der Objekte dienen, kann durch sie Unglück und Glück in den Hexagramm-Erscheinungen gedeutet werden.

## 2 Aufbau der Ch'üan-Figuren nach der I Ging-Theorie

Nach dieser ausführlichen Darstellung des Wesens der I Ging-Theorie, die im Westen mangels umfassender Übersetzungen in ihrer ganzen Tiefe oft gar nicht bekannt ist, sollen nun die Beziehungen zwischen der I Ging-Theorie und dem T'ai-chi ch'üan ebenso deutlich aufgezeigt werden.

Zwar sind zahlreiche Stile des T'ai-chi ch'üan überliefert, doch stammen sie alle aus einer gemeinsamen Quelle. Weil alle Anhänger immer bestrebt waren und sind, die jeweiligen Besonderheiten zu verwirklichen, entstanden Geheimnisse, durch deren Kenntnis sich Familien und Schulen voneinander abgrenzten. Die Formen sind kompliziert oder einfach, aber die Figuren stützen sich immer auf die Überlieferung und sollten nicht grundlos verändert werden. Alle Faustkampftheorie, von den Anfängen bis zur Gegenwart, bildet eine Einheit. Auch wenn sich die äußeren Formen einer Sequenz gleichen mögen, geht doch die wahre Bedeutung des T'ai-chi verloren, wenn die Bewegungen nicht aus der Theorie abgeleitet sind. Es ist nicht einfach, den geraden Weg beizubehalten, und leicht gleitet man in falsche Seitenlinien ab. Erst wenn der Aufbau der Figuren die Theorie des I Ging widerspiegelt, können die Bewegungen die Realität aufspeichern.

### *2.1 Erklärung des Faustkampfnamens ›Yijian‹*

Zheng Kangchen (Zheng Xuan) aus der östlichen Han-Dynastie sagte: »Yi ist sein Name, ein Zeichen mit drei Bedeutungen: 1. Einfachheit, 2. Veränderung und 3. Nicht-Veränderung.«[125] Einfachheit ist das Prinzip der Natur von Himmel und Erde. Veränderungen stehen für die 62 Hexagramme ohne Qian und Kun. Nicht-Veränderung spiegelt das T'ai-chi wider. Die Ch'üan-Figuren der hier besprochenen T'ai-chi ch'üan-Form sind Instrumente der wunderbaren Natur von Himmel und Erde und speichern die Prinzipien von Veränderung und Nicht-Veränderung. Die erstere entspricht der Anwendung, die letztere ist die Form. Deshalb wird dieser Stil ›Yijian t'ai-chi ch'üan‹ genannt.

#### *2.1.1* Veränderung und Einfachheit als Prinzip in der Natur von Qian und Kun

Die Verwendung der beiden Zeichen Yijian für das T'ai-chi ch'üan ist von großer und tiefer Bedeutung. Das wird auch deutlich in der Klarheit dieses Ch'üan-Stils. Außerdem erkennt man diese Bedeutung auch an der Einfachheit, mit der die Form erlernt werden kann. Sie entspricht als Gesundungsübung sowohl der heutigen Zeit einer modernen industrialisierten Gesellschaft, wie sie auch in alten Zeiten den damaligen Bedürfnissen gerecht wurde. Im ›Großen Appendix‹ des I Ging steht: »Qian dirigiert durch Leichtigkeit. Kun vermag viel durch Einfachheit. Hat man die Leichtigkeit, dann wird man leicht verstehen. Wer Einfachheit hat, dem folgt man leicht. Wer leicht verstanden wird, der wird Gefolgschaft haben. Wem man leicht nachfolgt, der wird Erfolg haben. Wer Anhänger hat, kann lange weitermachen. Wer Erfolg hat, kann groß werden. Kann man lange fortfahren, so hat man die Tugend der Weisen. Kann man groß sein, so ist dies das Erbe der Weisen. Hat man Leichtigkeit und Einfachheit, so erreicht man die Prinzipien der Welt. Mit dieser Meisterschaft sichert man seine Position zwischen Himmel und Erde.«[126] Diese 71 chinesischen Zeichen verweisen eindeutig auf die Besonderheit und Wirksamkeit dieses T'ai-chi ch'üan-Stils. Qian ist die erste Position der acht Trigramme und hat die Bedeutung eines großen Anfangs. Es repräsentiert das Wachsen aller Dinge im Universum und symbolisiert alle regelmäßige und geordnete Veränderung. Diese durch Bewegung ausgedrückten Prinzipien lassen den

Menschen sehr leicht verstehen. Insbesondere aufrichtige Menschen vermögen noch schneller und leichter dieses Wissen zu durchdringen. Kun ist das letzte unter den acht Trigrammen, hat die Bedeutung von Folgen und Nachgeben und repräsentiert die Vollendung und Reife aller Dinge im Universum. Es symbolisiert die Ruhehaltung eines Gegenstands oder einer Angelegenheit. Wenn man eine aktive Stoßbewegung aufnimmt, kann man daraus gleich neue Fähigkeiten entwickeln und zu einem besonders guten Ergebnis gelangen. Ohne eigene Aktivität muß man sich lediglich eindeutig und klar verhalten, um leicht der Kraft anderer Menschen nachzufolgen und seine eigene Latenzfähigkeit zu entwickeln. Dies alles sind leichtverständliche Prinzipien, die für jeden in Hinsicht auf seine eigenen Gefühle einen Vorteil bringen können. Durch gegenseitige Nähe und große Intimität mit tiefem Verständnis erreicht man für lange Zeit eine Vereinigung und entwickelt Tugenden von Weisen. Durch dieses Prinzip, jemandem nachzufolgen, kann man die Fähigkeiten vieler Menschen in sich vereinigen und nicht nur erfolgreich sein, sondern auch großen Einfluß ausüben. Dies ist die erfolgreiche Methodik der Weisen. Alle komplizierten Dinge und Angelegenheiten sollten in einzelne überschaubare Segmente zerlegt werden; so wird es keine Schwierigkeiten bei der Ausführung geben. Außerdem kann man im Studieren und Verstehen dieser Segmente die wechselseitige Grundtheorie in allen Dingen und Angelegenheiten erkennen; dadurch gelangt man zur Kombinationstheorie und gleichzeitig damit auch zu Fortschritt und Erfolg. Wechselseitig bedeutet hier Yin und Yang, wie die kreisförmigen Veränderungen von Sonne und Mond. Kombinationstheorie steht für das Prinzip von Wechsel und Einfachheit. Deshalb sagte auch Konfuzius: »Die Bedeutung von Yin und Yang paßt zu Sonne und Mond. Die vortreffliche Anpassung von Wechsel und Einfachheit führt zur Tugend.« [127] Wechsel und Einfachheit sind demnach die Kombination in der Natur von Qian und Kun.

### *2.1.2* Prinzip von Wechsel und Einfachheit in den Ch'üan-Figuren

Somit entspricht Qian dem Yang und Kun dem Yin. Dies zeigt sich in den T'ai-chi ch'üan-Figuren als Leere, Gewichtung, Härte, Weichheit, Ruhe und Bewegung. Yang steht für Bewegung, regiert Veränderung. Eine durch Bewegung entstehende Kraft muß sich in voller Gewichtung, Stärke und Härte zeigen, die man leicht erkennen und verstehen kann. Yin steht für Ruhe, regiert Nachfolge. Will man in Ruhehaltung nicht dem Einfluß äußerer Kraft unterliegen, muß man seine Erwägungen und Pläne leicht verändern oder zurückstellen können und völlig offen und entspannt sein; erst dann kann man sensibel reagieren und weich einer anderen Person nachfolgen. In den Bewegungen der Ch'üan-Figuren gibt es Prinzipien und Methoden zur Aufgliederung, damit die Lernenden leichter verstehen können. Die Bewegungsmethodik muß also gegliedert, kurz und prägnant sein, so daß man sie leicht erlernen kann. Das leichte Verständnis wird Interesse und Sympathie des Lernenden wecken, wodurch eine größere Effektivität erreicht wird. Erst unter dieser Voraussetzung wird man lange genug üben; erst durch positive Ergebnisse wird man sich weiter entwickeln und an Einfluß gewinnen. Wenn die T'ai-chi ch'üan-Schüler ohne Unterbrechung üben, zeigt sich hierin ihre Sympathie für diesen Stil. Die Lehrmethode soll das Interesse des Schülers wecken; nur so kann auch die Gesundung und Kräftigung des Körpers durch die Übung verwirklicht werden. T'ai-chi ch'üan bedarf also nur einfacher Voraussetzungen, und die Menschen können entspannt die immanenten Prinzipien verstehen und begreifen. Durch dieses Verständnis gelingen viele Verbesserungen und dadurch wiederum die Verwirklichung der Prinzipien.

### *2.2 Gespeichertes Grundprinzip des Universums im Figurenaufbau*

Das Universum ist seit jeher nicht ruhend oder endend. Seine Organisation ist natürlich und doch so tiefsinnig, und die Himmelskörper passen sich wechselseitig der angemessenen Harmonie an. Die Veränderungen in der Größe von Yin und Yang bewahren ein Gleichgewicht von Ruhe und Bewegung. Bewegung hat ein bestimmtes Maß, Ruhe eine bestimmte Position; beides bewirkt eine bestimmte Dauer. Die Form des T'ai-chi ch'üan beinhaltet dieses Universalprinzip, entspricht der Physiologie des menschlichen Körpers und symbolisiert das Zitat bzw. dessen Bedeutung aus dem I Ging, Hexagramm 1, das Schöpferische (Qian), Kommentar: »Der Himmel bewegt die Stärke, der Edle rastet nie, um sich selbst zu kräftigen.« [128] Im folgenden werden die beiden Prinzipien von Ruhe und Bewegung weiter erklärt.

### *2.2.1* Entsprechung zwischen Bewegungsmaß der Figuren und Zahlentheorie

Die Struktur des Menschen und aller Dinge entspricht der des Universums. Deshalb sollten die menschlichen Aktivitäten und die Veränderungen der Dinge der I Ging-Theorie, die die Veränderungen des Universums gespeichert hat, nicht zuwiderhandeln. Erst dann können sie glücklich, vorteihaft und glatt verlaufen. Die 64 Figuren des T'ai-chi ch'üan korrespondieren mit der Zahl der Hexagramme. 55 Figuren-Bezeichnungen entsprechen der Gesamtzahl der Flußkarte. 360 (etwas mehr) stehen für die Zahl des ›Ganzzyklus‹ (360 Grad, 360 Tage, 360 Jahre und je ein nicht repräsentierter Rest). Die acht Handtechniken symbolisieren die acht Trigramme, die fünf Schrittarten die fünf Wandlungsphasen. Folglich finden sich im T'ai-chi ch'üan die veränderlichen Zahlentheorien von Himmel und Erde, die das Prinzip des Universums ausdrücken. Im Bewegungsmaß der gesamten Soloform, die hervorragend der Körperkräftigung dient, wird keine Zeit verschwendet. Das Yijian-T'ai-chi ch'üan harmoniert also mit der natürlichen Zahlentheorie, ist von Yin/Yang-Veränderungen durchdrungen und eine vorteilhafte Übung für den Menschen. Wenn Konfuzius sagte, »ähnelt man dem Himmel und der Erde, so widerstrebt man nicht... Der Himmel bewegt die Zeit... Glück ohne Widrigkeiten«[129], so trifft dies alles auch auf diesen Faustkampfstil zu.

### *2.2.2* Harmonisierung auf den Ruhepunkt des Weltalls durch die Ch'üan-Übung

Unter den schon erwähnten vier glückverheißenden Sternen der neun Farben von Purpur bis Weiß gibt es drei, die gleichermaßen die Positionen von Weiß, Norden, innehaben. Darunter befindet sich ein weißer Stern, der in der Flußkarte und in der Luoschrift eine jeweils unveränderte Position besetzt. Das ist der den Nordpol symbolisierende, ewig unveränderte Polarstern (Ziwei xing). Das ›1‹ aus dem Zitat von Guan Yingzi »durch das eine Qi entstehen alle Objekte«[129] deutet ebenfalls auf den Nordstern. Deshalb nimmt man das Zentral-Qi in einer diesem Stern zugewandten Position auf. Diese verbinden das Qi von Himmel und Erde. Übt man das Gongfu der ›goldenen Blüte‹ (Ausbildung des inneren unsterblichen ›Embryo‹, Taixi, daoistische Meditation zur Erleuchtung), ist es von Vorteil, wenn man sich dem Ruhepol des Polarsterns direkt gegenüber befindet. Denn in dieser Richtung gibt es weniger Kurzwellen und kaum eine Störung durch einen kurzwelligen Magnetismus. Der Geist kann somit leichter zur Ruhe finden. Von altersher wurde die daoistische Meditation, wie auch das Sitzen im Zen-Buddhismus, mit dem Gesicht zur Wand und mit dem Rücken nach Süden ausgeführt. Dies galt als der korrekte Weg und findet sich schon im Longhua-Klassiker, wo Hua Yang sagte: »Die Vorstellungskraft in den Bauch absenken, mit dem Körper ganz nach Norden ausgerichtet.«[130] Anfangs- und Schlußfigur im T'ai-chi ch'üan verlangen ein Aufnehmen des Zentral-Qi, das sich dann im gesamten Körper ausbreiten kann. Die Nordausrichtung ist also die korrekte Richtung. Obwohl in den Bewegungen der Figuren alle geraden und diagonalen 24 Richtungen passiert werden, sind die meisten verbindenden Positionen zwischen Ende und Anfang zweier Figuren doch im Norden zu finden. Bei allen Übungen zur Nährung des Qi sind Anfangs- und Schlußbewegungen besonders wichtig und sollten unbedingt nach Norden ausgerichtet sein.

### *2.3 Reihenfolge der Figuren und Trigramme, Zahlen in Hetu luoshu*

Zhu Xi sagte in seinen Kommentaren: »Die Zahl der Flußkarte beträgt 55, die der Luoschrift ist 45. Zusammen ergeben sie 100, und dies ist die Gesamtzahl von Himmel und Erde.«[131] Dies erklärt, daß die beiden Zahlen aus Flußkarte und Luoschrift die Natur von Himmel und Erde ausdrücken. Die Reihenfolge der Ch'üan-Figuren ahmt die Zahlentheorie von Flußkarte und Luoschrift nach; sie entsteht durch sie, und ganz natürlich findet sich darin ein Durchgang durch die Natur von Himmel und Erde. Die Heiligen folgten der Graphik nach und schufen die acht Trigramme. Mit sich selbst multipliziert entstehen die 64 Hexagramme. Vereinfacht sind es 36 Ur-Hexagramme. Zusammen mit dem zentralen T'ai-chi ergibt sich die Zahl 37, die die Ch'üan-Figuren verbindet und vollendet. Da es die Eigenarten von Yin / Yang-Veränderungen gibt, entstehen in der Form die Veränderungen von einfachen, kombinierten, wiederholten, verbindenden, herrschend-unterstützenden, nachfolgenden, hoch-tiefen und öffnend-schließenden Bewegungsabläufen. Alle haben mit den Trigrammen und den Zahlen des Hetu und Luoshu eine enge Verbindung.

*2.3.1* Organisation der einfachen einheitlichen Figuren

In der Reihenfolge der Yijian-T'ai-chi ch'üan-Figurennamen gibt es im Soloset 55, die aus den einheitlichen ursprünglichen 37 Figuren bestehen und durch ihre Vermischung und Aneinanderreihung entstehen:

Eine Figur, die herrschend-unterstützend und zusammengesetzt ist: ›den Körper wenden und mit der Faust stoßen‹;

zwei Figuren, verbunden und kombiniert: ›rückwärts den Affen vertreiben‹, ›Wolkenhände‹;

zwei Figuren, verbunden und mit Abstand wiederholt: ›der weiße Kranich spreizt die Flügel‹ (wiederholt in Verbindung mit ›rechtem Schulterstoß‹), ›sich wie ein Siegel abschließen‹ (wiederholt in Verbindung mit ›die Hände kreuzen‹);

eine Figur, symmetrisch und mit Abstand wiederholt: ›das Knie streifen und im Schritt drehen‹ (viermal wiederholt);

eine Figur, herrschend-unterstützend, kombiniert und mit Abstand wiederholt: ›vordringen, abwehren und mit der Faust stoßen‹ (einmal wiederholt); vier Figuren, einfach und mit Abstand wiederholt: ›den Vogel beim Schwanz fassen‹ (einmal wiederholt), ›einarmige Peitsche‹ (dreimal wiederholt), ›die Hände heben‹ (einmal wiederholt), ›sich niederhocken und wie eine Schlange gleiten‹ (einmal wiederholt);

fünf Figuren, rechts und links symmetrisch verbunden und wiederholt: ›der goldene Fasan steht auf einem Bein‹ (einmal wiederholt), ›die Arme teilen und mit der Ferse stoßen‹ (einmal wiederholt), ›die Fee am Webstuhl‹ (dreimal wiederholt), ›die Mähne des Wildpferdes teilen‹ (einmal wiederholt), ›den Tiger treffen‹ (einmal wiederholt);

eine Figur, nicht wiederholt oder kombiniert, aber mit der benachbarten Figur verbunden: ›Eröffnung des T'ai-chi‹ (an die ›Vorbereitung‹ angefügt);

zwanzig Figuren einzeln, nicht wiederholt, kombiniert oder angeschlossen: ›die Hände spielen die Pipa‹, ›den Tiger umfassen und zum Berg zurückkehren‹, ›den Vogel beim Schwanz fassen, diagonal‹, ›einarmige Peitsche, diagonal‹, ›die Faust unterm Ellbogen sehen‹, ›fliegende Diagonalfigur‹, ›den Körper drehen und mit der Ferse stoßen‹, ›die Nadel auf dem Meeresgrund‹, ›der Fächer durchdringt den Rücken‹, ›das Pferd am Hals tätscheln‹, ›den Körper drehen und mit der Ferse stoßen‹, ›der doppelte Wind verehrt die Ohren‹, ›den Körper aufrichten und mit den Zehen stoßen‹, ›mit der Handfläche stoßen‹, ›die Arme kreuzen und den Lotos streifen‹, ›vorschreiten und die sieben Sterne des großen Bären bilden‹, ›zurückschreiten und den Tiger reiten‹, ›den Körper drehen und den Lotos streifen‹, ›den Bogen spannen und den Tiger schießen‹.

In den obigen 37 Grundfiguren gibt es acht Arten von verschiedenen Veränderungen in den Wiederholungen, die die acht Trigramme in den Geraden und Diagonalen repräsentieren. Übrig bleiben zwanzig einfache, unveränderliche Figuren; sie repräsentieren die beiden Instrumente im Zentrum des T'ai-chi.

### *2.3.2* Besondere Bedeutung der 37 Figuren nach der I Ging-Theorie

Die 37 Grundfiguren gibt es schon seit langer Zeit. Darunter sind 16 Figuren, die scheinbar acht Arten ähnlicher Figuren beinhalten. Dazu gehören die ›einarmige Peitsche‹, ›einarmige Peitsche, diagonal‹, ›den Vogel beim Schwanz fassen‹ und seine ›Diagonalausführung‹, ›die Hände heben‹, ›die Hände spielen die Pipa‹, ›die Mähne des Wildpferdes teilen‹, ›fliegende Diagonalfigur‹, ›die Arme teilen und mit den Zehen stoßen‹, ›den Körper aufrichten und mit den Zehen stoßen‹, ›den Körper drehen und mit den Zehen stoßen‹, ›den Körper zurückdrehen und mit der Ferse stoßen‹, ›den Körper wenden und mit der Faust stoßen‹, ›abwehren, abfangen und mit der Faust stoßen‹, ›die Arme kreuzen und den Lotos streifen‹ und ›den Körper wenden und den Lotos streifen‹. Oberflächlich betrachtet könnte man meinen, sie könnten unter acht Namen zusammengefaßt werden. Aber untersucht man sorgfältig den Einsatz der immanenten Handtechniken in den sich ähnelnden Figuren, erkennt man ihre Verschiedenheit. Zusätzlich gibt es die Erscheinungen von innen und außen, oben und unten, Yin und Yang, jeweils einander entgegengesetzt. Dies symbolisiert erneut die Vermischung der sich selbst in die 64 Hexagramme vervielfältigenden acht Trigramme. Innere und äußere Trigramm-Körper scheinen ähnlich zu sein, aber die Anwendungen sind doch recht unterschiedlich. Die 37 Figuren entstanden durch Kombination der Zahlentheorie im Luoshu und den acht Trigrammen des T'ai-chi. Die linke 3 und rechte 7 der Luoschrift symbolisieren die linken und rechten Bereiche im Bewegungsraum der Sequenzübung. 3 ist das Zhen-Trigramm des späteren Himmels und repräsentiert Osten. 7 ist das Dui-Trigramm des späteren Himmels und steht für Westen. Die 10 ist ein Vielfaches der zentralen 5 und repräsentiert das zentrale Steigen und Sinken in den Figuren. Die 37 Figuren stehen für Beginn und Ende der Form in Richtung Norden. Dazwischen gibt es aber ein Vordringen nach Osten, eine Wendung mit Vordringen nach Westen und dann eine Rückkehr zum Zentrum, dem Ausgangspunkt, den man am Ende exakt wieder erreicht. In der T'ai-chi-Graphik mit den acht Trigrammen des früheren Himmels zeigt sich die Entstehung der beiden Instrumente aus dem T'ai-chi. Der Zentralkörper des T'ai-chi ist innen noch allein existent. Die zwei Instrumente und die vier Erscheinungen erzeugen die acht Trigramme, und sie sind jeweils in der ersten und zweiten Linie der acht Trigramme aufgespeichert. Deshalb ist die Summe der Qian-1, Dui-2, Li-3, Zhen-4, Xun-5, Kan-6, Gen-7 und Kun-8 die Zahl 36. Fügt man die 1 der T'ai-chi-Substanz hinzu, entsteht die Zahl 37. 36 schließt auch die Bedeutung der 64 Hexagramme mit ein. Die durch Trigramm-Verdoppelung umgedrehten veränderten 56 ›Arrangement-Trigramme‹ (Zonggua) ergeben geteilt 28 Hexagramme. Dazu kommen die 8 nicht umkehrbaren Hexagramme, und es entstehen 36 Hexagramme, die von Shao Yong als 36 ›Paläste‹ (Gong) bezeichnet wurden. Die geraden und ungeraden Linien der acht Trigramme betragen insgesamt 36. Qian und Kun, Zhen und Xun, Li und Kan, Dui und Gen bilden vier Paare von geraden und diagonalen Richtungen im früheren Himmel, die jeweils neun Striche aufweisen, zusammen also 36 ergeben. Dazu kommt wieder die 1 des zentralen T'ai-chi, und erneut entstehen die 37.[132] Daran kann man erkennen, daß den 37 Figuren im T'ai-chi ch'üan eine kaum zu ermessende tiefe Bedeutung nach den I Ging zugrundeliegt.

*2.3.3* Ch'üan-Figuren und Trigramme, Zahlen in Hetu luoshu

In der T'ai-chi ch'üan-Form, die durch die oben erwähnten einzelnen Grundfiguren aufgebaut ist, werden in Abständen 13 Figuren wiederholt und fünf mit anderen verbunden, so daß schließlich 55 Figuren entstehen, die auch ›zusammenhängende oder komplette Figuren‹ (Ningshi oder Zongshi) genannt werden. Sie symbolisieren die Zahlenanordnung der Flußkarte. Darin gibt es, ohne die einfachen kurzen Verbindungsfiguren wie ›Vorbereitung‹, ›rechter Schulterstoß‹, ›die Hände kreuzen‹ (zweimal) und ohne die nicht notwendigen Wiederholungsfiguren wie ›vordringen, abwehren und stoßen‹ (zweimal), ›den Affen vertreiben‹, ›Wolkenhände‹, ›den Körper wenden und mit der Faust schlagen‹ genau 45 einfache Figuren, die den 45 der im Luoshu angeordneten Zahlen entsprechen. Die oben als verbundene Figuren bezeichneten Bewegungsabläufe sind kurz und einfach, wie ›an einer Tür vorbeigehend‹ (Guo men). Sie reichen nicht zur Ausbildung einer eigenständigen vollständigen Figur. Wiederholte Figuren entstehen in vollständigen Figuren durch Hinzufügung der Bewegungen einer halben Figur und bilden so eine ganze. Verbundene und wiederholte Figuren werden aneinander angefügt und bilden zehn symbolisierende harmonische Figuren, die genau die zehn Erdzahlen der Flußkarte repräsentieren. In diesen 55 Figuren werden also acht links und rechts symmetrisch wiederholt; sie teilen sich, dehnen sich aus und bilden Einzelfiguren. Dazu kommt die Schlußfigur des T'ai-chi ch'üan, so daß man eigentlich 64 Einzelfiguren auflistet, die auch ›ausgedehnte Figuren‹ (Dan yuanshi oder Yanshi) genannt werden. Im Yijian T'ai-chi ch'üan gibt es, wie schon erklärt, acht Arten von wiederholten Figuren, acht sich ähnelnde, symmetrisch ausgeführte Figuren, die zusammen die 24 Richtungen des chinesischen Kompasses repräsentieren. Folglich beinhaltet die Reihenfolge der Figurenbezeichnungen im T'ai-chi ch'üan die Trigramm- und Hexagramm-Erscheinungen und die Zahlentheorie des I Ging, die die Veränderungen von Leere und Gewichtung in der gesamten Soloform symbolisieren und eine tiefe, kaum abschätzbare Bedeutung haben.

### *2.3.4* Himmels- und Erdpositionen der 55 kompletten Figuren

Die Figuren, die Trigramme, Hetu und Luoshu repräsentieren, werden nach ihrer Kompliziertheit oder Einfachheit in gerade und ungerade unterschieden. Alle einfachen eigenständigen Figuren sind klar, flexibel, ihrer Eigenschaft nach Yang und repräsentieren die Himmelszahlen. Schwere, vermischte und komplizierte Figuren werden nach ihrer Passivität dem Yin zugeordnet und stehen für die Erdzahlen. Zusätzlich werden die 5 und 10 nach ihrer Zentralposition als ›Mutter und Kind‹, als Verbreitungszahlen bezeichnet, die den Mittelpunkt aller Veränderung kontrollieren. Die Yin / Yang-Positionen der die Flußkarte symbolisierenden 55 Figuren sind wie folgt: Himmel 1, ist die ›Eröffnung‹; Erde, 2, ›sich niederhocken und wie eine Schlange gleiten‹, mit ihrer späteren Wiederholung. Himmel, 3, steht für ›die Nadel am Meeresgrund‹, ›die Arme wie einen Fächer öffnen‹ und ›das Pferd am Hals tätscheln‹. Erde, 4, ist ›das Knie streifen und im Schritt drehen‹ und seine drei Wiederholungen. Himmel, 5, ist ›der goldene Fasan steht auf einem Bein‹, ›die Mähne des Wildpferdes teilen‹, ›die Fee am Webstuhl‹, ›die Arme teilen und mit der Ferse stoßen‹, ›den Tiger treffen‹ und ihre symmetrischen Wiederholungen. Erde, 6, ist ›der weiße Kranich spreizt die Flügel‹, ›sich wie ein Siegel abschließen‹, ›die Hände heben‹ und die im Abstand erfolgenden Wiederholungen, insgesamt sechs. Himmel, 7, ist ›die Hände spielen die Pipa‹, ›den Tiger umfassen und zum Berg zurückkehren‹, ›einarmige Peitsche, diagonal‹, ›die Faust unterm Ellbogen sehen‹, ›fliegende Diagonalfigur‹, ›den Körper wenden und mit der Ferse stoßen‹ und ›die Faust plazieren‹. Erde, 8, ist ›den Vogel beim Schwanz fassen‹, seine Diagonalausführung und ›die einarmige Peitsche‹ mit Wiederholungen, insgesamt acht. Himmel, 9, ist ›beide Fäuste treffen die Ohren des Gegners‹, ›den Körper zurückdrehen und mit der Ferse stoßen‹, ›mit der Handfläche stoßen‹, ›den Lotos streifen, einfach‹ ›vorschreiten und die sieben Sterne bilden‹, ›zurückschreiten und den Tiger reiten‹, ›den Körper wenden und den Lotos streifen‹, ›den Bogen spannen und den Tiger schießen‹, insgesamt neun. Erde, 10, ist in den oben erwähnten verbundenen Figuren und in den ergänzenden bzw. verringernden Wiederholungsfiguren, insgesamt zehn, zu finden. Die 55 Figuren nach der Flußkarte gleichen einer kämpfenden, aber doch spielerischen ›Schlachtordnung‹ (Strategie), als ob sie von 55 Leuten gemäß ihren Himmels- und Erdpositionen bewahrt würden und durch eine fünffarbige Yin / Yang-Flagge ihre Richtung erhielten und eine kleine Organisation bildeten. Jede Figur wird aber in den Handtechniken unterschieden und verschieden angewendet, so daß eine stabile Schlachtordnung des T'ai-chi entsteht. Wenn in dieser Phase sich jede kleine Organisation nach den Positionen des Luoshu verändert, die Erdzahl 10 und die Person sich entsprechend in den Diagonalen bewegen, wenn die Bewegungslinien nach der Trigramm-Veränderung vom früheren zum späteren Himmel ausgeführt werden, entsteht eine äußerst eigenartige, aber wirkungsvolle Strategie.

*2.3.5* Drei Form-Niveaus nach Himmel, Mensch und Erde
Die Trigramme haben je drei Linien, eine des Himmels, eine der Erde und eine des Menschen. Im Faustkampf gibt es das Rund von oben, der Mitte und unten, die hohe, mittlere und niedrige Form genannt werden. Unter den 37 Grundfiguren gibt es zwölf, die zum hohen Niveau gehören: ›Eröffnung‹, ›der weiße Kranich spreizt die Flügel‹, ›der goldene Fasan steht auf einem Bein‹, ›die Arme teilen und mit den Zehen stoßen‹, ›den Körper wenden und mit der Ferse stoßen‹, ›die Fee am Webstuhl‹, ›die Arme wie einen Fächer öffnen‹, ›den Tiger treffen‹, ›den Körper zurückdrehen und mit der Ferse stoßen‹, ›doppelter Wind verehrt die Ohren‹, ›den Körper aufrichten und mit den Zehen stoßen‹, ›den Bogen spannen und den Tiger schießen‹ (insgesamt 22 ausgebreitete Figuren). Es gibt sechs Figuren, die zum niedrigen Stil gehören: ›sich niederhocken und wie eine Schlange gleiten‹, ›die Faust plazieren‹, ›fliegende Diagonalfigur‹, ›die Mähne des Wildpferdes teilen‹, ›die Nadel am Meeresgrund‹, ›die sieben Sterne bilden‹ (insgesamt acht ausgebreitete Figuren). Die restlichen 19 Figuren (insgesamt 34 ausgebreitete Figuren) gehören dem mittleren Horizontalniveau an.

## *2.4 Aufgegliederte Bewegungen und Hexagramme, Zahlen des Ganzzyklus*

Im I Ging heißt es: »Die 360° und etwas mehr stehen für die Tage des Zyklus.«[133] Dies deutet auf die Gradzahl eines Kreises bzw. eines Jahres oder eines 360-Jahre-Zyklus. Der große Ring des Himmelskreislaufs, ein Kreis mit den 360 Grad, ist ein ›ganzer Himmel‹ (Zhou tian) und hat sechs Bedeutungen: 1. 360 repräsentiert die Gradzahl der ganzen Himmelskugel, ohne Auslassung. 2. Die Bewegungslinie ist horizontal, eben und harmonisch. 3. Die Eigendrehung und das Fortschreiten der Sternkörper entsprechen pro Drehung angenähert einem Grad des Ganzzyklus. 4. In der Bewegung gibt es die Änderungen von Yin und Yang. 5. Der Ganzzyklus ist an die 64 Hexagramm-Positionen des früheren Himmels angepaßt. 6. Die sechs Richtungen entstehen durch Verdoppelung der drei Potenzen. Die Hexagramme entstehen durch die sechs Linien.

Deshalb ist der Ganzzyklus die »große Helle von Anfang und Ende; durch die sechs Positionen entstehen die Jahreszeiten«.[134]

Die traditionelle chinesische Medizin unterscheidet darauf basierend sechs verschiedene Pulse, nämlich an Fuß-, Tor- und Zollöffnungen (Chi, Guan, Cun), drei Linien hinter dem Handgelenk am Unterarm, jeweils drei links und drei rechts. Das T'ai-chi ch'üan unterscheidet durch sein natürliches Bewegungsprinzip über 360 Einzelbewegungen, die sich aus den 64 Figuren aufgliedern. Man unterscheidet weiter sechs Abschnitte (Duan), in denen Leere, Gewichtung, Yin und Yang vermischt sind. Folglich hat jede Bewegung mit Hexagrammen und Zahlen des Ganzzyklus eine enge Verbindung.

*2.4.1* Bewegungen der Figuren und Hexagramm-Linien

Alle Einzelbewegungen der eigenständigen Figuren gehen nicht über die Zahl 6 hinaus, denn jede Figur hat im Prinzip jeweils ein Hexagramm als Repräsentantin. Einzelbewegungen symbolisieren die Linienzahlen der Hexagramme und unterliegen deshalb der Begrenzung durch die sechs Linien; alle eigenständigen Figuren benötigen tatsächlich nicht mehr als sechs Bewegungen. In der Anwendung der Hexagramm-Veränderungen werden nicht alle sechs Linien benutzt, aber doch wenigstens zwei, so daß Innen und Außen reagieren können. Im Yijian-T'ai-chi ch'üan haben die meisten Figuren weniger als sechs Einzelbewegungen. Nur Wiederholungsfiguren, die zwei oder mehr Figuren vereinen, haben mehr als sechs Bewegungen. Außer diesem Hexagramm-Prinzip der sechs Linien kommen auch noch bei ›Ergänzungs-Hexagrammen‹ (Fugua) bzw. ihren vermischten wechselweisen Veränderungen mehr als sechs Linien zur Anwendung. Dies ist genau die Erscheinung von Überfluß und Mangel, Kürze und Länge in der I Ging-Theorie. In den 64 Figuren der Soloform werden die 384 Bewegungen der Hexagramm-Linien nicht erreicht, um zu vermeiden, daß »Vollheit zum Nachteil wird«.[135] Man will über lange Zeit die Tugend »Bescheidenheit bringt Vorteil«[135] bewahren. Übt man jedoch die ›19 Bewegungen des Öffnens und Schließens zur Atemverlängerung‹ (Kaihe huxi yanshen shijiu dong), so wird diese Höchstzahl erreicht (siehe folgenden Abschnitt 4.2).

*2.4.2* Ganzzyklus im Aufbau der sechs Abschnitte

Alle Figuren der gesamten Soloform des Yijian-T'ai-chi ch'üan sind in sechs Abschnitte unterteilt; sie symbolisieren die sechs Linien in den verdoppelten Trigrammen. Die drei vorderen und die drei hinteren Abschnitte haben jeweils 32 Figuren mit insgesamt 360 Einzelbewegungen, die die 360° des Ganzzyklus symbolisieren. Dazu kommen die vier Bewegungen der Vorbereitung und eine Endstellung, die mit der Ausgangsstellung identisch ist. Zusammen entstehen also 365 Einzelbewegungen, die die Tageszahl eines Sonnenjahres repräsentieren. Der erste Abschnitt geht bis zur ersten Ausführung der Figur ›die Hände kreuzen‹, hat 13 Figuren und 73 Einzelbewegungen. Der zweite Abschnitt endet bei der zweiten ›einarmigen Peitsche‹, hat acht Figuren mit 59 Einzelbewegungen. Der dritte Abschnitt führt bis zur dritten ›einarmigen Peitsche‹, hat elf Figuren mit 63 Einzelbewegungen. Der vierte Abschnitt schließt mit ›die Arme wie einen Fächer öffnen‹, hat zwölf Figuren mit 61 Bewegungen. Der fünfte Abschnitt geht bis zur vierten ›Peitsche‹, hat elf Figuren und 69 Bewegungen. Der sechste Abschnitt endet mit dem ›Abschluß des T'ai-chi‹, hat neun Figuren und 40 Bewegungen. Durch lange, fortgesetzte Übung erreicht man ganz natürlich die Einswerdung von Himmel, Mensch und Erde.

### *2.5 Ch'üan-Figuren und Hexagramm-Bilder*

Das T'ai-chi ch'üan ahmt die Trigramm-Theorie des früheren Himmels nach und bildet die 64 Figuren aus. Jede Figur ist also entsprechend einem bestimmten Hexagramm zugeordnet, das jeweils die Bedeutung der Bewegungen in einer Figur symbolisiert. Die Figuren sind nach dem Prinzip natürlicher Bewegung aufgebaut und verdeutlichen diese. Deshalb kann durch die Hexagramm-Abfolge die Besonderheit im Aufbau der Ch'üan-Figuren erklärt werden. Die Handtechniken, die jede Figur aufbauen, sind jeweils genau den Bedeutungen der verdoppelten Trigramme bzw. den Bedeutungen des Ursprungs-Trigramms entsprechend. Außerdem beinhalten die Handtechniken die beiden Kraftwege des Jin von Härte und Weichheit. Dies und die acht Trigramme bewirken, daß Wiederholungen oder Überkreuzungen der Yin/Yang-Linien ebenfalls dazu korrespondieren. Für die Hexagramm-Bilder der 64 Faustkampffiguren sei hier auf die Formenlehre (Bd. II) verwiesen, in der Bedeutung, Bewegung, Anwendung und Verbindung zum I Ging für jede Figur einzeln erklärt werden. Hier sollen zunächst die Hexagramm-Ordnung der 64 Figuren und ihre Verbindung zur Ausbildung der ungeraden und geraden Yin-und Yang-Anwendungen in den Abschnitten der Handtechniken aufgezeigt werden.

### *2.5.1* Hexagramm-Ordnung der 64 ausgebreiteten Ch'üan-Figuren

Die 64 einzelnen Figuren der T'ai-chi ch'üan-Soloform beinhalten die Zahl der verdoppelten Trigramme des gesamten I Ging (8 x 8 Trigramme = 64 Hexagramme). Jede Figur entspricht einem Hexagramm, manchmal werden die Bedeutungen des Figurennamens, manchmal die Zusammensetzungen der grundlegenden Handtechnik, manchmal Vor- oder Nachteile der Bewegungen oder aber auch die Wechsel von Härte und Weichheit symbolisiert. Immer aber wird die Besonderheit der jeweiligen Figur durch die geborgte Hexagramm-Bedeutung erklärt, wodurch die Entwicklung der ausgeführten Figurenbewegung verstärkt wird. Die Hexagramm-Ordnung der sechs Abschnitte verläuft wie folgt:

1. Abschnitt: 1. Wei ji (Nr. 64, vor der Vollendung), 2. Qian (Nr. 1, das Schöpferische), 3. Xian (Nr. 31, die Einwirkung), 4. Cui (Nr. 45, die Sammlung), 5. Bi (Nr. 22, die Anmut), 6. Xun (Nr. 57, der Wind), 7. Dui (Nr. 58, der See), 8. Shi (Nr. 7, das Heer), 9. Gen (Nr. 52, der Berg) 10. Jian (Nr. 39, das Hemmnis), 11. Jin (Nr. 35, der Fortschritt), 12. Jiaren (Nr. 37, die Sippe), 13. Lin (Nr. 19, die Annäherung)

2. Abschnitt: 14. Kan (Nr. 29, das Wasser), 15. Ge (Nr. 49, die Umwälzung), 16. Zhong fu (Nr. 49, die innere Wahrheit), 17. Shike (Nr. 21, das Durchbeißen), 18. Shun (Nr. 41, die Minderung), 19. Xiao guo (Nr. 62, des Kleinen Übergewicht), 20. Yi (Nr. 42, die Mehrung), 21. Xu (Nr. 5, das Warten)

3. Abschnitt: 22. Kun (Nr. 2, die Erde), 23. Xiao xu (Nr. 9, des Kleinen Zähmungskraft), 24. Li (Nr. 30, das Feuer), 25. Da zhuang (Nr. 34, des Großen Macht), 26. Gu (Nr. 18, die Arbeit am Verborgenen) 27. Yu (Nr. 16, die Begeisterung), 28. Kun (Nr. 47, die Bedrängnis), 29. Jian (Nr. 53, die Entwicklung), 30. Bi (Nr. 12, die Stockung), 31. Ding (Nr. 50, der Tiegel), 32. Bi (Nr. 8, das Zusammenhalten).

Die Abschnitte 1–3 umfassen 32 Figuren, also auch 32 Hexagramme.

4. Abschnitt: 33. Yi (Nr. 27, der Mundwinkel), 34. Lu (Nr. 10, das Auftreten), 35. Mingyi (Nr. 36, die Verfinsterung des Lichts), 36. Huan (Nr. 59, die Auflösung), 37. Lü (Nr. 56, der Wanderer), 38. Sui (Nr. 17, die Nachfolge), 39. Bo (Nr. 23, die Zersplitterung), 40. Sheng (Nr. 46, das Empordringende), 41. Da xu (Nr. 26, des Großen Zähmungskraft), 42. Jing (Nr. 48, der Brunnen), 49. Dun (Nr. 33, der Rückzug), 44. Da guo (Nr. 28, des Großen Übergewicht).

5. Abschnitt: 45. Meng (Nr. 4, die Jugendtorheit), 46. Qian (Nr. 15, die Bescheidenheit), 47. Kui (Nr. 15, der Gegensatz), 48. Guan (Nr. 20, die Betrachtung), 49. Jie (Nr. 40, die Befreiung), 50. Gai (Nr. 43, der Durchbruch), 51. Zhen (Nr. 51, der Donner), 52. Song (Nr. 6, der Streit), 53. Wuwang (Nr. 25, die Unschuld), 54. Heng (Nr. 32, die Dauer), 55. Jie (Nr. 60, die Beschränkung).

6. Abschnitt: 56. Fu (Nr. 24, die Wiederkehr), 57. Da you (Nr. 14, der Besitz von Großem), 58. Gou (Nr. 44, das Entgegenkommen), 59. Tong ren (Nr. 13, die Gemeinschaft mit Menschen), 60. Feng (Nr. 55, die Fülle), 61. Chun (Nr. 3, die Anfangsschwierigkeit), 62. Gui mei (Nr. 54, das heiratende Mädchen), 63. Tai (Nr. 11, der Friede), 64. Ji ji (Nr. 63, nach der Vollendung).

Die Abschnitte 4–6 umfassen ebenfalls 32 Figuren, 32 Hexagramme. Die ganze Soloform beinhaltet folglich alle 64 Hexagramme.

### *2.5.2* Vereinfachte Bedeutungen der Hexagramme für die Ch'üan-Figuren

Der Aufbau und die Ordnung der Hexagramme in der I Ging-Theorie dienen dazu, den Gehalt oder die Bedeutung einer Sache oder Angelegenheit auszudrücken. Die Hexagramm-Ordnungen der drei I Ging-Versionen waren möglicherweise entspechend der Ungleichheiten der Angelegenheiten und ihrer Erscheinungszeiten und Formen unterschiedlich. Die 64 Figuren des T'ai-chi ch'üan beginnen mit Wei ji. Dies zeigt, wie die I Ging-Theorie vom Einfachen zum Komplizierten aufsteigt. Zu Beginn des T'ai-chi ch'üan-Studiums wird man die Übungen weder elegant noch effizient beherrschen, aber im Laufe der Zeit wird man immer mehr zu verwirklichen lernen. T'ai-chi ch'üan ist eine Schule von äußerst tiefem und fein strukturiertem Wissen. Sobald man damit beginnt, muß man seinen Willen ganz darauf konzentrieren, um bis zum höchsten Stadium im Gongfu vorzudringen. Dazu bedarf es einer ständigen Beachtung der Regeln und Vorschriften; ein Stehenbleiben auf halbem Weg bleibt ohne Ergebnisse. Die Hexagramm-Ordnung symbolisiert, daß man am Anfang des Studiums die Vollendung von Bewegung und Ruhe, Leere und Gewichtung, Härte und Weichheit noch nicht erreichen kann. Man sollte die Methode des ›starken Himmels ohne Stagnation‹ nachahmen; deshalb folgt das Qian-Hexagramm nach Wei ji. Dann verfügt man bald über gute Reaktionen (Xian) und sammelt seinen Geist (Cui), so daß man Verständnis (Bi) erreicht. Man benötigt nur eine demütige Einstellung ohne Erwartung (Xun), um eine angenehme Situation (Dui) zu erreichen. Erhält man in dieser Phase eine vorzügliche Unterweisung (Shi), wird man ernsthaft eine Durchdringung der Faustkampfprinzipien anstreben (Gen). Nach Überwindung der Anfangsschwierigkeiten (Jian) wird man günstige Umstände (Jin) erreichen. Dann muß man seinen Willen erneut sammeln (Jiaren) und kann sich in einem ersten Schritt der Schaffung einer Basis nähern (Lin). Daher wird mit diesem Hexagramm der erste Abschnitt abgeschlossen. Zu Beginn der T'ai-chi ch'üan-Übung scheint man sich relativ schnell zu entwickeln, doch beim Vordringen in die zweite Stufe zeigen sich oft Schwierigkeiten. Deshalb beginnt der zweite Abschnitt mit dem Hexagramm Kan. In dieser Phase wird meist fleißig trainiert, ohne daß unmittelbar entsprechende Resultate sichtbar werden. Man durchläuft die Hexagramme Ge, Zhong fu, Shike, Shun und Xiao guo, die Fehl- und Rückschläge bedeuten.[136] Erst dann spürt man einen kleinen Fortschritt (Yi), der natürlich noch nicht ausreichend ist. Folglich schließt der zweite Abschnitt mit dem Hexagramm Xu. Im dritten Abschnitt erreicht man eine entspannte, weiche Haltung, und die Ergebnisse und Errungenschaften werden deutlicher sichtbar. Diese Sektion beginnt entsprechend mit dem Hexagramm Kun. Aber es ist Nachdruck auf Zurückhaltung (Xiao xu), Eleganz (Li) und Kräftigung des Qi zu legen (Da zhuang). In dieser Phase gerät man erneut in Verwirrung (Gu), Unentschlossenheit (Yu) und Sorge (Kun), erreicht aber über die Entwicklung (Jian) den Gipfel (Bi). Jetzt sind die Grundlagen bereits stabilisiert; es bedarf nun einer Erneuerung des Alten und einer Reform (Ding). Da nun der Abschluß der ersten Hälfte der Soloform erreicht ist, endet der dritte Abschnitt mit dem Hexagramm Bi. Die vierte Stufe ist leichter und beginnt mit Yi. Man folgt dem Prinzip und erfüllt es, wobei eine deutliche Ausführung (Mingyi) wichtig ist. Man darf den Geist nicht wieder zerstreuen (Huan) oder gar faul werden (Lu); so kann man den Sui- und Bo-Hexagrammen entsprechen und in den Zustand von Sheng eindringen. Jetzt sollte man die Techniken groß und gleichzeitig zurückhaltend beherrschen (Da xu), dann kann man sie wie Quellwasser (Jing) nutzen, ohne sie zu verbrauchen. Somit sollte man sich zurückziehen (Dun) und seine Tugenden üben, dabei aber jede Übertreibung (Da guo) vermeiden. Anschließend überwindet man dieses Hexagramm, und so endet die vierte Sektion. Hier wird die Übung besonders wichtig, und man sollte sich erneut selbstkritisch beobachten. Deshalb beginnt der fünfte Abschnitt mit dem Hexagramm Meng, denn alles Gelernte, obschon entwickelt, bleibt in der Anwendung unklar. Daher sollte man mit demütiger Erwartungslosigkeit (Qian) um Unterweisung bitten. Zwischen den Schülern muß Rivalität (Kui) vermieden und eine friedliche Stimmung bewahrt werden. Ruhig sollte man forschen (Guan), dann durchdringt man wie nebenbei (Jie) die Prinzipien; Gai steht für das Ausmerzen von Mängeln, Zhen für das Streben nach Errungenschaften, die über den Diskurs (Song) erreicht werden. So findet man zur Unschuld (Wuwang) und zur Beharrlichkeit (Heng). Wenn man die Zeit nutzt und eifrig übt, wird sich auch der Erfolg einstellen. Deshalb endet der fünfte Abschnitt mit dem Hexagramm der Beschränkung (Jie). Im letzten Abschnitt nähert man sich dem gesetzten Ziel, doch ohne Regelmäßigkeit gibt es keinen Fortschritt, und so beginnt der sechste Teil mit der Wiederkehr (Fu) von Problemen. Übt man erneut sehr intensiv, muß es auch Fortschritte (Da you) geben. Schließlich versteht man vieles sehr schnell (Gou). Der Übende und die Übung werden eins (Tong ren). Aber auch wenn man vieles erreicht hat (Feng) und andere bei weitem übertrifft, darf man keineswegs anmaßend werden. Überwindet man den letzten schwierigen Punkt (Chun), kehrt man zu einer erfolgreichen Situation (Gui mei) zurück. Schließlich erreicht man die Fähigkeit der Ausgewogenheit (Tai) und der Vollendung (Ji ji), welches das zuletzt abschließende Hexagramm ist. (Zu den Hexagramm-Namen siehe die Auflistung unter 2.5.1; Hexagramm-Bedeutungen sind in den I Ging-Übersetzungen nachzulesen.)

### *2.5.3* Trigramm-Erscheinungen in den Handtechniken

In den Handtechniken gibt es sehr selten ganz harte oder extrem weiche Jin-Kraft. Nur im Augenblick des Jin-Ausstoßens ist diese Kraft absolut hart, nur im Augenblick des Aufnehmens von Kraft ist sie ganz weich. Meist bewegt sich die Jin-Kraft in den unzähligen Variationen zwischen Leere und Gewichtung, Härte und Weichheit. In den acht Handtechniken ist die Abwehrmethode der Standard für härteste Jin-Kraft-Anwendung. Die Technik des Zurückgleitens entspricht dem Standard für absolut weiche Jin-Anwendung. In den anderen sechs Handtechniken finden sich mehr oder weniger Anwendungen des Abwehr-Jin oder des Zurückgleitens, des Ausweichens. Dies zeigt sich in den acht Trigrammen, die die acht Handtechniken repräsentieren. Außer dem Qian-Trigramm, in dem es keine Yin-Linie gibt, und dem Kun-Trigramm, in dem es keine Yang-Linie gibt, finden sich in den restlichen sechs Trigrammen Dui, Li, Zhen, Xun, Kan und Gen immer Kombinationen von Yin und Yang. Das weist darauf hin, daß alle Handtechniken des Faustkampfes weder das Ausweichen des Zurückgleitens noch das Widerstreben des Abwehrens vernachlässigen oder gar verlassen können.

## 3 Veränderungen grundlegender Bewegungen nach der I Ging-Theorie

Hand- und Schrittechniken sind die grundlegenden Bewegungen des T'ai-chi ch'üan. Sie basieren auf dem ›Klassiker‹ des T'ai-chi ch'üan, wo es heißt: »Abwehren, Zurückgleiten, Pressen, Stoßen, Nach-unten-Ziehen, schnelles Reagieren (Schlagen), Ellbogen- und Schulterstoß entsprechen den acht Trigrammen. Vordringen, Zurückschreiten, Nach-rechts- und -links-Wenden und die Zentralposition entsprechen den fünf Wandlungsphasen.«[137] Damit wollten die Vorfahren andeuten, welche Trigramme und Phasen die charakteristischen Bewegungen der acht Handtechniken und fünf Schrittarten symbolisieren: Abwehren – Qian, Zurückgleiten – Kun, Ellbogenstoß – Li, Stoßen – Kan, Nach-unten-Ziehen – Gen, Schnelles Reagieren – Dui, Pressen – Zhen und Schulterstoß – Xun; Vordringen – Wasser, Zurückschreiten – Feuer, Nach-links-Wenden – Metall, Nach-rechts-Drehen – Holz und Zentralposition – Erde. Die acht Trigramme repräsentieren die Veränderungen von Härte und Weichheit in den Handtechniken. Die fünf Wandlungsphasen symbolisieren Leere und Gewichtung, Bewegung und Ruhe in den Schrittarten. In wie zwischen den Hand- und Schrittechniken gibt es weiterhin das gegenseitige Überwinden und Hervorbringen. Diese beruhen auf den Richtungswechseln der Trigramme durch ihre jeweilige Zugehörigkeit zu einer Phase. Sie fließen zusammen und bilden die Veränderungen der I Ging-Theorie als Anwendungen der Faustkampffiguren.

Zusätzlich gibt es die fünf Methoden zum Tasten nach Gefühl, die in gleicher Weise an die fünf Wandlungsphasen angepaßt sind. So ist z. B. das Kontakt-Herstellen, das Ankleben (Nian) der beiden Handtechniken Abwehren und schnelles Reagieren, dem Metall zugeordnet. Das Kontakt-Vertiefen, Anhaften (Zhou oder Tian) der Stoßtechnik, gehört zur Phase Wasser. Nachfolgen und das Zentrum des Gegners finden (Lian) in den beiden Techniken Pressen und Schulterstoß korrespondiert zur Phase Holz. Sich-Mitbewegen und das Zentrum des Gegners fortlaufend kontrollieren (Sui) im Ellbogenstoß steht für die Phase Feuer. Statisches und dynamisches Gleichgewicht oder Kontakt-Bewahren ohne Widerstand (Bu diu ding) in den Techniken des Nach-unten-Ziehens und Zurückgleitens wird schließlich der Phase Erde zugeordnet.[138] Gäbe es in den acht Trigrammen keine fünf Wandlungsphasen, könnten auch keine Veränderungen entstehen, um Vor- und Nachteile einer Aktion oder Glück und Unglück aufzuzeigen. Versteht man in den Handtechniken die fünf Phasen nicht, kann man ihre Wirksamkeit nicht vollkommen entwickeln. Die fünf Phasen haben je ein Yin und ein Yang, ergeben zusammen 10, wie schon im Kapitel zur Flußkarte aufgezeigt wurde. Die Schrittarten des T'ai-chi ch'üan bilden das Yang in den fünf Phasen und sind die Bewegungs- und Kraftpunkte der Handtechniken. Die fünf Methoden zum Tasten nach Gefühl sind das Yin in den fünf Phasen und bilden Ruhe- und Schwerpunkte in den Handtechniken. Erst wenn Yin und Yang auf diese Weise koordiniert werden, können die Veränderungen in den Ch'üan-Figuren alle erwünschten Wirkungen erzielen.

### *3.1 Genaues Durchdringen der I Ging-Theorie in den grundlegenden Bewegungen*

Die Faustkampfmethoden mit ihren natürlichen Bewegungsabläufen haben alle ihren Ursprung in der I Ging-Symbolik; auch ihre Anwendungen lassen sich daraus erklären.

#### *3.1.1* Acht Trigramme, fünf Phasen und Handtechniken, Schrittarten

Die grundlegenden Bewegungen der 64 Figuren in der T'ai-chi ch'üan-Soloform ergeben sich aus der Kombination der acht Handtechniken und fünf Schrittarten. Dabei sind die Schrittarten die Basis für die Handtechniken, und diese bilden wiederum die Grundlagen für die einzelnen Figuren. Dies entspricht den 64 verdoppelten Trigrammen (Hexagrammen) im I Ging, die durch die Verdoppelung der acht Grund-Trigramme entstehen und sich durch die Anwendung der Hervorbringungs- und Überwindungseigenschaften der fünf Phasen vervollkommnen und verändern. Will man Anfang und Ende der Veränderungen in den 64 Hexagrammen verstehen, muß man zunächst die grundlegende Erscheinung der acht Ursprungs-Trigramme durchdringen. Wenn man im Faustkampf nun in gleicher Weise die Anwendungen der acht grundlegenden Handtechniken versteht, wird der Sinn der 64 Figuren ganz natürlich erfaßt und realisiert. In den Handtechniken und Schrittarten zeigen sich also gleichermaßen die Veränderungserscheinungen der I Ging-Theorie, was die Verbindung zwischen dieser und den Faustkampffiguren deutlich macht.

#### *3.1.2* Anwendung der grundlegenden Bewegungen nach der I Ging-Theorie

Zweifellos beruhen alle Figuren der Soloform, die mit der Erzeugung und Überwindung der fünf Wandlungsphasen in enger Verbindung stehen, auf dieser Methode. Wenn wir nun den Sinn der Veränderungen in der I Ging-Theorie verstehen, dieses Verständnis übertragen und das Prinzip der grundlegenden Bewegungen erkennen, können wir diese Theorie anwenden, um die Veränderungen in den Bewegungen zu kontrollieren. Die Eigenschaften der acht Handtechniken in den Ch'üan-Figuren entsprechen exakt den Erscheinungen der acht Trigramme im

I Ging. Die Eigenschaften in den fünf Schrittarten entsprechen ebenso genau den Anwendungen der fünf Wandlungsphasen. Deshalb heißt es im ›Klassiker‹: »Die 13 Stellungen sind wie die acht Trigramme und fünf Wandlungsphasen. Abwehren, Zurückgleiten, Pressen, Stoßen, schnelles Reagieren, Ellbogen- und Schulterstoß, Nach-unten-Ziehen entsprechen den acht Trigrammen. Vordringen, Zurückschreiten, Nach-links-Wenden, Nach-rechts-Drehen und Zentralposition stehen für die fünf Phasen. Abwehren, Zurückgleiten, Ellbogenstoß und Stoßen sind den geraden Richtungen Qian, Kun, Li und Kan entsprechend. Nach-unten-Ziehen, schnelles Reagieren, Pressen und Schulterstoß bilden die vier ergänzenden Diagonalen Gen, Dui, Zhen und Xun. Vordringen, Zurückschreiten, Nach-links-Wenden, Nach-rechts-Drehen und Zentralposition sind den fünf Phasen Wasser, Feuer, Metall, Holz und Erde zugeordnet. Zusammen bilden sie die 13 Stellungen.«[139] Die in der Vergangenheit aufgezeichneten Trigramm-Positionen sind oft einander widersprechend und unterschiedlich; widersprechen sie der I Ging-Theorie, so beruhen sie vermutlich auf verfälschten Überlieferungen.[140] Durch die Anwendung des Sets von Handtechniken und Schrittarten nach der allgemeinen Formel der acht Trigramme und fünf Wandlungsphasen kann ein gegnerischer Angriff überwunden werden. Der Gründer dieser Faustkampfkunst, Altmeister Zhang Sanfeng, benannte seine Kampfform mit den zwei Zeichen T'ai-chi, weil darin sowohl das T'ai-chi als auch die beiden Instrumente, die vier Erscheinungen, die acht Trigramme und die fünf Wandlungsphasen bzw. deren Bedeutungen nach der I Ging-Theorie enthalten sind. Außerdem entwickelte er aus dieser Theorie die Anwendungsmöglichkeiten des T'ai-chi ch'üan. Die Begriffe fünf Phasen, acht Trigramme und T'ai-chi werden also nicht leichtfertig im Faustkampfstil des T'ai-chi ch'üan verwendet.

### *3.2 Erscheinungen der acht Handtechniken nach der Trigramm-Theorie*

Benutzt man die Trigramm-Theorie zur Erklärung der Anwendungen der acht Handtechniken, können die Lernenden den Nutzen des T'ai-chi ch'üan leicht verstehen und selbst verwirklichen.

### *3.2.1* Abwehren – Qian

Qian ist reines Yang und bewirkt Bewegung. Es hat die Bedeutung von Stärke, Biegsamkeit und Festigkeit. Diese stimmen mit dem Prinzip des Abwehrens überein, das fordert, Hüfte und Beine zu entspannen, abzusinken und die Jin-Kraft auf die Unterarme zu übertragen. Im Qian-Hexagramm des I Ging steht: »Der Himmel in Bewegung entspricht der Stärke; der Edle zwingt sich folglich zur ununterbrochenen Aktivität.«[141] Genau in diesem Sinne wird die Abwehrtechnik angewendet. Die erste Linie des Qian-Hexagramms oder des unteren Qian-Trigramms symbolisiert die Beine, die mittlere Linie die Hüften und die obere Linie den Unterarm. Insgesamt ergibt sich ein zusammengesetzter Ganzkörper, in dem oben und unten aufeinander reagieren. So heißt es auch im ›Klassiker‹: »Von den Füßen über die Beine zu den Hüften, ausgeführt in einem einzigen Atemzug.«[142] Die obere Hexagramm-Hälfte symbolisiert eine Stahlplatte mit drei Schichten, die scheinbar wie Federn wirken. Wird auf sie Druck ausgeübt, kann sie schichtweise nachgeben und den Druck zurückgeben. Ist der Gegner entspannt, so dehnt sie sich aus. Die aufgespeicherte gesammelte Jin-Kraft der Abwehrhaltung findet sich auch in der natürlichen Erscheinung des Sich-Mitbewegens, je nach den Vor- oder Rückwärtsbewegungen des Gegners.

### *3.2.2* Zurückgleiten – Kun

Kun ist reines Yin, Trübheit. Es beinhaltet die Bedeutungen von Gehorchen, Zurückhaltung und Beruhigung. Es korrespondiert mit der stabilisierten Schrittart von Hüften und Becken in der Technik Zurückgleiten, in der man mit dem Unterarm der Kraftrichtung des Gegners nachgibt, mit entspanntem Becken das Gewicht auf das hintere Bein verlagert, durch die Hüften die Jin-Kraft neutralisiert und den Oberkörper des Gegners zur Vorlage verleitet, bis er sein Zentrum nicht mehr kontrollieren kann. Im Kommentar zum Kun-Hexagramm heißt es: »Wer zuerst sein will, der irrt; wer folgt, der erreicht etwas. Man sucht Freunde aus Südwesten und verliert sie nach Nordosten.«[143] Das bedeutet: Der Gegner soll meine eigene Gewichtung und Leere nicht erkennen, wodurch man früh die Kontrolle über ihn erlangt. Es ist von Vorteil, wenn die Ausweichbewegung von einem selbst, statt vom Gegner ausgeht. Wenn man angreifende Kraft aus Südwesten aufnimmt, sollte der Gegner nach Nordosten weggestoßen werden, was einer Verlängerung des Angriffs entspricht. Diese 14 Zeichen aus dem I Ging drücken die Methodik des Zurückgleitens vollkommen aus. Die drei Linien des Kun-Trigramms sind alle in der Mitte unterbrochen und bilden eine leere, stützlose Falle. Im T'ai-chi ch'üan-›Kommentar‹ steht: »Ist der Gegner hart und ich weich, so heißt das Ausweichen; folge ich dem gegnerischen Rücken nach, so heißt dies Kontakt herstellen . . . Eine Feder kann nicht zugefügt werden, Insekten können nicht landen, (ohne den Körper in Bewegung zu versetzen). Der Gegner weiß nicht um mich, ich allein durchschaue den Gegner.«[144]

Äußerlich scheint die Form des Kun einer kleinen Stahlplatte mit 2 x 3 Schichten zu gleichen, die wie Federn aufgebaut sind. Wird diese Formation links gedrückt, schichtet sich die linke Seite enger und sinkt schräg ab, wodurch der Druck ganz natürlich nach links abgleitet. Genauso verhält es sich mit Druck auf die rechte Seite, der entsprechend nach rechts abgestreift wird. Die Stoßkraft des Gegners wird durch die Technik des Zurückgleitens, ohne daß dieser es auch nur wahrnimmt, ins Leere geleitet, und er findet sich ein Stück hinter dem Angegriffenen wieder. Im Bild des Kun-Hexagramms steht: »Der Kun-Ursprung ist vollkommen; alle Dinge verdanken ihm ihre Geburt. Es empfängt gehorchend das Himmels-Qi. Kun in seiner Dichte beinhaltet alle Dinge. Sein Umfang spiegelt unbegrenzte Kraft.«[145] Seine Bedeutung im Faustkampf ist folgende: Durch die kleinste Berührung entsteht ein Gefühl, alle Veränderungen folgen den natürlichen Bewegungsgesetzen. Man fragt nicht nach der Größe der eindringenden Kraft. Alle Kräfte können aufgenommen und neutralisiert werden, so daß sie keinesfalls vom Gegner vorteilhaft genutzt werden können.

### *3.2.3* Stoßen – Kan

Im Kan-Trigramm findet sich eine Yang-Linie zwischen zwei Yin-Linien. Dies hat auch die Bedeutung von Heftigkeit, die im Weichen verborgen liegt, und korrespondiert mit der Handtechnik Stoßen, in der Weichheit und Entspanntheit eingesetzt werden. Hier zeigt sich ein vorwärts ausgerichtetes Anhaften an den Gegner. Kan ist Wasser; das Wegstoßen gleicht dem Vordringen von sich schnell bewegenden Wolken oder fließendem Wasser. Es kann sehr schnell sein und dringt in jede Höhlung ein. Dieses Stoßen ist wie das Wasser eines Meeres, und der Gegner scheint einem auf dem Meer forttreibenden Boot zu gleichen. All seine Bewegung wird von der stoßenden Hand kontrolliert. Das Kan-Trigramm deutet aber auch auf gefährliche Schwierigkeiten. Wenn man die anzuwendende Wassereigenschaft nicht genau kennt, läßt sich die Gefahr des ›Zerstörens und Versenkens‹ des Bootes kaum vermeiden, d. h. man verletzt den Gegner, was aber vermieden werden sollte. Die mittlere Linie von Kan repräsentiert das während des Stoßens im Körperinneren bewegte Zentral-Qi und auch das über Beine und Hüften verbundene Ausstoßen der Jin-Kraft. Die beiden oberen und unteren Linien symbolisieren das anhaftende Jin von ›vier Liang, mit denen man 1000 Jin überwinden kann‹. Dies ist die besonders exakte Anwendung des Kan-Trigramms. Darin dringt eine Yang-Linie auf die Mittelposition des Kun-Trigramms vor und verweist auf eine mögliche Verletzung. Wenn man die stoßende Hand anhaftet und ganz plötzlich die harte, immanente Kraft ausstößt, kann man leicht die inneren Organe des Gegners verletzen.

### *3.2.4* Pressen – Zhen

Im Zhen-Trigramm bedecken zwei Yin-Linien oben eine Yang-Linie. Wenn Objekte mit Yang-Eigenschaft im Äußeren einen großen verdichtenden Yin-Druck aufnehmen, ist auch die innere Yang-Kraft, die sich gewalttätig entwickelt, entsprechend groß. Deshalb hat Zhen die Bedeutung von ›entschlossener Hitzigkeit, erschütternder Bewegung und vor Angst nachgeben‹. Es entspricht der Preßeigenschaft, die einem abgeschossenen Pfeil gleicht. Durch eine kurze Berührung kann der Gegner weggestoßen werden. Die beiden oberen Linien symbolisieren das feste Anhaften an die Hände bzw. Arme des Gegners und passen zur pressenden Handfläche des Jin. In weicher, zum Yin gehörender und entspannter Handtechnik wird das Schwerkraftzentrum des Gegners kontrolliert, ohne daß dieser sich dessen bewußt wäre. Die beginnende Linie repräsentiert kräftiges Ausstoßen des Jin über Hüften und Oberschenkel. Beim Pressen bildet dieses Jin eine Stütze für Arm und Hand, so daß schon bei der geringsten Berührung die Preßwirkung äußerst schnell erreicht werden kann. Zhen steht für Beine, für die ›weiße Hinterhand‹ (Zhuzu) bei Pferden und repräsentiert auch den linken, hinteren Fuß. Beim Ausstoßen des Preß-Jin muß dieses in beide Beine oder in das hintere Bein des Gegners eindringen; erst dann kann man den Gegner entwurzeln und wegstoßen. Zhen bedeutet Donner, also einen gewaltigen Ton. Kurz vor dem Ausstoßen des Preß-Jin kann man das Zentral-Qi anheben und plötzlich einen lauten Schrei ausstoßen, der dem Gegner Angst macht und seine Widerstandskraft verringert oder gar auflöst. Die Vermischung des Zhen-Trigramms mit Xun trägt aber die Symbolik des Verachtens und Einander-Bekämpfens in sich. Beim Üben der Preßtechnik muß man deshalb sehr vorsichtig sein, um Verletzungen und erhitzte Auseinandersetzungen unter den Trainingspartnern zu vermeiden.

### *3.2.5* Nach-unten-Ziehen – Gen

Im Gen-Trigramm findet sich eine Yang-Linie über zwei Yin-Linien. Es entsteht aus dem Kun-Trigramm durch Absinken einer Yang-Linie, entwickelt sich über Zhen und Kan, als ob es im letzten Moment noch umkehren wollte, und hat die Bedeutung, durch Ruhe Bewegung zu stimulieren. Benutzt man im T'ai-chi ch'üan die Technik des Nach-unten-Ziehens, um jemanden zu irritieren, geht dem meist ein Angriff auf die eigene Person voraus. Tief abgesunken erwartet man die gegnerische Attacke; wenn man spürt, daß des Gegners Schwerkraftzentrum nach vorn übergeneigt ist, kann man diese Technik des Nach-unten-Ziehens vorteilhaft anwenden. Dies stimmt mit der Bedeutung von ›Einhalten‹ (Zhi) des Gen-Trigramms überein. Vermischt sich dies mit dem Zhen-Trigramm, beinhaltet es auch die Bedeutung von Schnelligkeit und Plötzlichkeit. Die ersten und zweiten Linien ähneln den Fingern, und sie verweisen auf die Erscheinung des Ziehens. Die dritte Linie symbolisiert das Jin-Ausstoßen über Schultern und Rücken, wobei Handgelenk und Ellbogen des Gegners gleichzeitig fest gezogen werden. Man benutzt das Zentral-Qi in den Beinen und zieht ganz unerwartet nach unten. Damit kann eine optimale Wirksamkeit erreicht werden. Gen steht für Berge und verdeutlicht, daß beim Ziehen das eigene Schwerkraftzentrum und die Schrittposition fest verwurzelt wie ein Berg sein sollen. Wie sich in der Trigramm-Form zeigt, müssen beide Hände eingesetzt werden, um zu verhindern, daß der Gegner eine Unaufmerksamkeit ausnutzt und einen durch eine Schulterstoßtechnik angreift.

### *3.2.6* Schnelles Reagieren – Dui

Im Dui-Trigramm dringt eine Yin-Linie auf zwei Yang-Linien von oben ein. Es entsteht aus Qian durch Absinken einer Yin-Linie, über Xun und Li, wo die beiden Yin-Linien von unten nach oben steigen. Es hat die Bedeutung von »hart in der Mitte, weich im Äußeren; Aufforderung zum Ertragen eines Risikos«[146]; so kann man dem Natürlichen nachfolgen und Unglück in Glück umwandeln. Wenn man im T'ai-chi ch'üan auf einen Gegner trifft, der seine gesamte Kraft in einen Angriff mit der Preßtechnik legt, und wenn dieser einem sehr nahe kommt oder die Techniken des Nach-unten-Ziehens oder Zurückgleitens nicht angemessen sind, auch wenn der Gegner den Brustbereich durch einen Ellbogen- oder Schulterstoß angreift und man durch Rückenlage das eigene Schwerkraftzentrum nicht mehr kontrollieren kann, bleibt einem nur noch die Möglichkeit, den Gegner mit einer ›schlagenden Hand‹ (Lie shou) zwischen Brust und Hals anzugreifen. Dadurch kann man ihn zu Fall bringen, und erst so kann die drohende Niederlage in einen Sieg umgewandelt werden. Diese ›Auge um Auge, Zahn um Zahn‹-Attacke beinhaltet die Bedeutung vom Wechsel im Dui-Trigramm. Aber die schlagende Handtechnik muß dem Prinzip einer natürlichen Bewegung folgen. Man borgt sich Kraft und kehrt sie um, so daß man den Sieg erringt. Es ist wie im Bild des Dui-Hexagramms: »Dies bewirkt Übereinstimmung mit dem Himmel und Korrespondenz zu den Menschen.«[146] Die zwei Yang-Linien im Inneren des Trigramms symbolisieren die stabile Anwendung der gefestigten Jin-Kraft in Hüften und Oberschenkel. Man darf also keinesfalls einen Gegner mit der Muskelkraft der Arme attackieren, um die Gefahr einer Armfraktur zu vermeiden. Weil die Erscheinungsform des Dui-Trigramms auch die Bedeutung von Ruinieren und Zähne beinhaltet, muß man bei der Handtechnik der schnellen Reaktion vorsichtshalber auch auf ein etwaiges Beißen des Gegners achten. Die obere Yin-Linie stellt die beiden Augen des Gegners dar, aber auch die eigenen Finger und die Handfläche. Eine Vermischung des Dui mit dem Gen hat ein Ende mit Schwierigkeiten zum Inhalt. Wenn der Gegner also plötzlich mit Schulter- oder Ellbogenstoß angreift, benutzt man die blitzschnelle Handtechnik des Schlagens und greift mit der Handfläche das Gesicht des Gegners an, um seine plötzliche Attacke zu beenden. Wenn man in äußerste Bedrängnis gerät und alles an einem Faden hängt, kann man die blitzartigen Angriffe der schnellen Reaktion verwenden, die ›zwei Drachen spielen mit Perlen‹ und ›die Tigerhand verschließt den Hals‹ heißen. Doch muß ein Mißbrauch dieser gefährlichen Techniken unbedingt vermieden werden. Dazu gehört auch schon das Vermeiden des im Dui-Hexagramm symbolisierten Streits, der meist verbal beginnt.

### *3.2.7* Ellbogenstoß – Li

Im Li-Trigramm finden wir eine Yin-Linie zwischen zwei Yang-Linien. Es steht für Feuer oder für Lanzenkrieger. Bei kurzem Abstand entsteht zwischen zwei Gegnern eine hitzige Gewalttätigkeit. Je größer der Druck ist, umso schneller entsteht Gewalt. Im Gegensatz dazu bewahrt man durch Distanz die eigene Sicherheit. Die gebrochene Yin-Linie liegt in Li zwischen zwei Yang-Linien; anatomisch wird hier auf den Mittelbereich zwischen Ober- und Unterarm angespielt. Dort ist das beugbare Ellbogengelenk; also sind die beiden Knochen Yang, während das Gelenk zu Yin gehört. Dasselbe Verhältnis findet sich auch zwischen Ober- und Unterschenkelknochen und dem Kniegelenk. Beide symbolisieren den Ellbogen- oder Kniestoß im T'ai-chi ch'üan. Wird man durch schnelles Reagieren (Schlagen), Abwehren oder Zurückgleiten vom Gegner bedrängt, nähern sich beide Körper sehr stark; man wartet erst die Ermüdung des Angreifers ab, beugt plötzlich den Ellbogen und stößt die Jin-Kraft aus. So läßt sich durch feste Entschlossenheit die Technik gut einsetzen, und man kann den Gegner überwinden. Nach den Zugehörigkeiten der acht Trigramme repräsentiert Li die Augen, das Herz, elektrische Strahlung, Getrommel, Bäume und das Zielen auf die Herzposition des Gegners beim Ellbogenstoß. Dieser Stoß muß schnell wie ein elektrischer Blitz erfolgen; das Jin soll schnell wie ein Trommelwirbel ausgestoßen werden. Der Gegner wird niedergeworfen, wie ein vertrockneter Baum umfällt. Diese einem heftigen Feuer gleichende grausame Handtechnik sollte nur als wirklich letzte Möglichkeit angewendet werden; dabei muß man aber blitzschnell das Jin ausstoßen und sich sofort wieder zurückziehen. Wird man durch eine Abwehrtechnik wie in der ›fliegenden Diagonalfigur‹ oder in der Figur ›die Mähne des Wildpferdes teilen‹ angegriffen, kann man nur mit den Armen den Gegner kaum überwinden und benutzt an Stelle des Ellbogens ebenso blitzartig das Knie, wodurch Qian und Kun umgedreht werden. Li vermischt sich mit Kan; wenn man einen Moment nicht aufpaßt, wird man vom Gegner neutralisiert und läuft Gefahr, weggestoßen oder nach unten gezogen zu werden. Das Li-Trigramm hat auch noch die Bedeutung von aufrecht, stabil und geharnischt. Wenn man also die Ellbogentechnik anwendet, muß man zuerst nach einem aufrechten, ausgerichteten Körper streben. Das Qi soll über den ganzen Körper verbreitet werden. Alle Reaktionsfähigkeit muß aufgeboten werden, wie ein Krieger einen Helm trägt, um einem hinterhältigen Überfall vorzubeugen. Das Li-Trigramm steht auch für Ofen, symbolisiert die Qi-Übung des Dantian. Wenn man also in der inneren Übung fortgeschritten ist, entsteht im unteren Bauchbereich Wärme. Erst wenn man dieses Qi anhebt und den Ellbogenstoß ausführt, erreicht man die größte Wirkung, denn dann wird die äußere Technik durch die innere Einstellung gestützt.

### *3.2.8* Schulterstoß – Xun

Xun ist ein rastloses, hitziges Trigramm, in dem sich unter zwei Yang-Linien eine Yin-Linie befindet. Seine Eigenschaft ist eindringend und symbolisiert Wind als Bewegung. Weil Xun sich mit Zhen vermischt und ein Gewitter erzeugt, hat es im Angreifen die Bedeutung einer entschlossenen und rasch ausgeführten Bewegung. Die äußere Erscheinung bzw. die erste Linie symbolisiert das Nach-unten-Hängen beider Arme. Die mittlere Linie steht für den kontrollierten Ellbogen. Die obere repräsentiert die Schulter, mit der der Gegenangriff geführt wird. Xun zeigt also deutlich die angemessene Situation und Methodik des Schulterstoßes auf. Vor allem wenn mit dem Ellbogen gestoßen wird oder man von den Techniken des Nach-unten-Ziehens und Zurückgleitens bedroht ist, ergibt sich die Möglichkeit, die Schulterstoßtechnik anzuwenden. Xun hat außerdem noch die Bedeutung von Höhe und Bewegung, die auf den stoßenden Schulterbereich verweisen. Als Ziele sind daher das obere Brustbein oder die Mittelachse des Gegners angemessen. Im Kommentar des Xun-Hexagramms steht: »Das Harte dringt in der Mitte vor, und sein Wille setzt sich durch.«[147] Dies erklärt den doppelsinnigen Inhalt der Schulterstoßtechnik für den Gegner und die eigene Person. 1.

Harte Jin-Kraft dringt auf die Achse und auf das Zentrum des Gegners ein, so daß man erfolgreich ist. 2. Der eigene Körper muß eine aufrechte Haltung und ein ausgerichtetes Schwerkraftzentrum bewahren, so daß oben und unten sich gegenseitig schützen. Zusätzlich muß man Bewegung und Ruhe im Gegenüber genau beobachten, um Angriffsschläge auf Kopf und Hals zu verhindern. Die hintere Hand unterstützt den vorderen Arm in der Ellbogenbeuge, um eine Kontrolle des vorderen Arms durch den Gegner zu unterlaufen. Das vordere Bein dringt zwischen die gegnerischen Beine vor, doch muß man auf exakte zeitliche Koordination achten und das Schulterstoß-Jin oben einsetzen. Die Anfangslinie im Xun-Trigramm repräsentiert auch die Beine, die beiden oberen Linien stehen für Oberschenkel und Gesäßbereich. Wenn der Gegner sich auf bedrohliche Weise dem eigenen Oberkörper nähert, kann man entsprechend auch mit den Beckenseiten stoßen und die gleiche Wirkung wie mit den Schultern erreichen. Die Bewegungen des Schulterstoßes müssen aber unbedingt das Prinzip der Trigramm-Erscheinungen, also Beweglichkeit, leichte Schnelligkeit und Geschmeidigkeit, bewahren. Besonders wichtig ist das Nachfolgen an die gegnerische Jin-Kraft und seine Bewegungen, so daß man als erster eine vorteilhafte Gelegenheit erreicht und wie der Wind überall hin durchdringen kann.

### *3.3 Erscheinungen der fünf Schrittarten nach der Trigramm-Theorie*

Das T'ai-chi ch'üan verwendet die fünf Schrittarten des Vordringens, Zurückschreitens, Nach-links-Wendens, Nach-rechts-Drehens und der Zentralposition. Diese korrespondieren vollkommen mit den Veränderungen der fünf Wandlungsphasen in der Trigramm-Theorie.

#### *3.3.1* Vordringen – Kan – Wasser

Das Vordringen sollte der Bewegung von treibenden Wolken oder fließendem Wasser entsprechen; der Geist muß entspannt und der Körper aufrecht sein. Das bedeutet jedoch keine Leichtigkeit in den Schritten. Bei richtigem Vordringen wird man durch eine entsprechende geistige Einstellung die Arme einsetzen können. Im Bild des Kan-Hexagramms findet man: »Der Geist ist durchdringend, dies zeigt sich in der starken Mittellinie. Diese

Aktion ist groß, Vordringen bringt Erfolg.«[148] Ob man einen Schritt oder mehrere vordringt, immer muß der vordere Fuß zuerst gewichtet und voll aufgesetzt sein; erst dann schreitet der leere hintere Fuß nach vorn. Dieses Vordringen wird oft mit der Handtechnik des Stoßens kombiniert. Aber natürlich können beim Vordringen auch andere Methoden eingesetzt werden. Wenn das vordere Bein belastet und gewichtet ist, kann die diagonal versetzte Hand gleichzeitig die Jin-Kraft ausstoßen. Wenn also z. B. der rechte Bogenschritt (rechtes vorderes Bein) gewichtet ist, benutzt man den linken Arm zum Jin-Ausstoßen (kurze Jin-Kraft). In diesem Augenblick ist das hintere Bein entsprechend ganz ›leer‹, dringt schnell vor und wird wieder belastet, so daß das eben noch vordere Bein ›leer‹ wird und wieder vordringt, wobei nun gleichzeitig auch die rechte Hand Jin ausstößt (lange Jin-Kraft), und zwar nicht diagonal versetzt. Das leere Bein wird dabei angehoben, nach vorne geführt und mit der Ferse aufgesetzt. Wenn die Fußspitze der Ferse folgt und ebenfalls Bodenkontakt herstellt, wird gleichzeitig von der diagonal versetzten Hand die lange Jin-Kraft übernommen und ausgestoßen. Diese Schrittart ist dem Kan-Trigramm zugeordnet. Die obere Linie symbolisiert die Hände, die untere die Beine. Die mittlere Linie steht für den Körperrumpf. Wenn die Reaktion überkreuz angewendet wird, kann der Körper besser die Balance bewahren. Der vordringende Körper gleicht fließendem Wasser, und obwohl seine Bewegung weich und harmonisch ist, bleibt die latente Kraft äußerst groß, so daß der Gegner mich nicht fassen kann. Ist die Aktion groß, gleicht sie dem Vorwärtsstürmen von 10000 Pferden; ist sie klein, spricht man vom steten Tropfen, der den Stein höhlt. Für fließendes Wasser gibt es keine Höhlung, in die es nicht eindringen könnte. Seine vordringende Kraft ist äußerst stark und zwingend. Der gesamte Körper klebt am Gegner, nimmt seine Absichten und Richtungen wahr und paßt sich so entstehenden Veränderungen an. Ständig kann man aufnehmen oder ausstoßen, wobei es sich keinesfalls um eine lediglich gewalttätige, stoßende Vordringbewegung handelt. Das Kan-Trigramm beherrscht in der I Ging-Theorie das Vordringen. Das Li beherrscht das Zurückschreiten. Dies verweist auf die physikalischen Erscheinungen der ›Ebenflächigkeit‹ und stimmt mit dem horizontalen Vordringen und Zurückschreiten in den Ch'üan-

Figuren völlig überein. Hier liegt also keineswegs die häufig gebrauchte Erklärung ›Feuer steigt und Wasser sinkt‹ als physikalische Erscheinung eines Körpers vor. Nach den Trigramm-Positionen des früheren Himmels sind Wasser und Feuer ursprünglich Objekte des Himmels. Deshalb also ihre entsprechenden Positionen; Feuer ist Ansteigen, Zurückschreiten; Wasser ist Vordringen, Absinken. Fu Xi zeichnete die Trigramme so, daß der Weg des Yang die Veränderungen beherrscht und im Vordringen sein Maximum erreicht. Der Weg des Yin regiert den Wechsel und erreicht im Zurückschreiten sein Maximum. Kan ist dem Yang zugehörig und regiert deshalb das Vordringen. Li ist dem Yin zugehörig und beherrscht das Zurückschreiten.

### *3.3.2* Zurückschreiten – Li – Feuer

Auch das Zurückschreiten soll leicht, beweglich und nach außen hin unerkennbar ausgeführt werden. Im I Ging steht dazu: »Die verdoppelte Helligkeit hängt dem Aufrechten an.«[149] Ob man einen halben oder ganzen Schritt zurück macht, immer muß der Körper aufrecht bleiben, das Gewicht auf dem hinteren Bein ruhen, so daß der leere vordere Fuß angehoben und nach hinten versetzt werden kann. Auch die Methoden des Zurückschreitens sind je nach Angriffstechnik des Gegners unterschiedlich. Wenn das hintere Bein belastet ist und der Körper seine aufrechte Position beibehält, benutzt man eine Hand und stößt ganz leicht gegen das Schwerkraftzentrum des Gegners. Der vordere Fuß nutzt die Leere und schreitet nach hinten, setzt eben und fest auf, bis aus dem ursprünglich hinten belasteten ›gesetzten Schritt‹ (Zuobu) ein vorn belasteter ›Bogenschritt‹ (Gongbu) wird. In einer bedrängten Situation steht dem vorne belasteten Bein nichts entgegen. Der hintere Fuß nutzt die Leere und schreitet einen weiteren halben Schritt zurück. Dann wird das Schwerkraftzentrum wieder auf das hintere Bein verlagert. Diese Methode wird angewendet, wenn der Gegner zwischen meine Beine vordringt oder seine Attacke sehr plötzlich ist. Dann kann man ebenso schnell zurückschreiten und das Nach-unten-Ziehen anwenden. Aber man muß immer die Initiative behalten und gute Gelegenheiten kontrollieren. Man darf also weder erst nach Aufnahme des Stoßes zurückschreiten noch sich zu früh und ohne Anlaß bewegen. Besonders wenn man ein Bein anhebt und nach hinten versetzt, darf der Körper mit dem Schwerkraftzentrum nicht verlagert werden, da man nicht gleichzeitig die Beine versetzen kann. Das Rückschreiten im T'ai-chi ch'üan sollte einem Vordringen vorausgehen und zeigt die Bedeutung des Ausdrucks ›durch Rückschreiten Vordringen‹ auf. Es ist sehr treffend, diese Schrittart durch das Trigramm Li zu repräsentieren, denn Li und Feuer sind außen stark und innen leer. Dies kann nicht lange beibehalten werden, und im Li-Hexagramm heißt es deshalb: »Das Li der untergehenden Sonne, wie könnte diese Situation lange anhalten?«[150] Man kann mit einem halben oder ganzen Schritt nach hinten also nur einen weichen Stoß einleiten. Im Prinzip sollte man erst vordringen, dann zurückschreiten; sobald man zurückschreitet, muß man auch vordringen, wie eine Flamme, die vergeht, zuerst sehr hell war, oder wie die aufgehende Sonne, die gerade noch verdunkelt war, ehe sie strahlt. Kombiniert man diese Schrittart mit dem Ellbogenstoß, der als Handtechnik dem Li-Trigramm angehört, muß man zurückschreiten, sobald man angreifen will. Es sei denn, man benutzt das Zentral-Qi zum Ausstoßen eines erbarmungslosen Jin, das den Gegner entwurzelt, vom Boden abhebt und wegstößt. Dies entspricht physikalisch einem Ersetzen des eigenen Rückschreitens durch den Gegner. Die Grundeigenschaft von Hitzestrahlung und Flammen ist das Verbrennen von Objekten. Die Flammen beginnen und enden auf dem verbrennenden Objekt und können es nicht verlassen oder allein existieren. Je länger sie brennen, um so kleiner werden die Flammen. Auch die Hitzestrahlung wird immer geringer. Hat das Feuer keine Unterstützung durch das brennende Objekt mehr, verhält es sich gänzlich anders als Wasser, das um so schneller wird, je weiter es vordringt. Es kann auch nicht mit der sich nicht aufzehrenden Eigenschaft des Wassers verglichen werden. Li, Feuer, repräsentiert deshalb nur das kurzlebige Zurückschreiten. Das Li-Trigramm symbolisiert weiterhin das Dantian. Beim Zurückschreiten sinkt die Vorstellungskraft dorthin ab und unterstützt das Zentrum dabei, das Zentral-Qi zu bewegen und durch Haupt- und Netzleitbahnen zu schicken, um einen gegnerischen Angriff zu erwarten. Man sollte aus diesem Grund oft das Zurückschreiten und die Figur ›den Affen vertreiben‹ üben, um die Öffnungen der Wirbelsäule mit Qi zu durchdringen.

### 3.3.3 Nach-links-Wenden – Qian und Dui – Metall

Nach-links-Wenden ist die Methode für eine Linksdrehung und deutet auf den belasteten ›Linkssitz‹, der ›durch Verteidigung ein Angriff‹ ist. Im T'ai-chi ch'üan-Zweikampf wird diese Stellung oft mit belastetem hinteren linken Bein oder beim rechten Bogenschritt (vorderes rechtes Bein belastet) verwendet. In der ersten Position wird das rechte Bein nach vorn versetzt und ist ungewichtet. Das linke Bein trägt das Körperzentrum und ist somit voll belastet. Dies beruht auf der Luoschrift und der T'ai-chi-Graphik bzw. ihren Theorien. In der Luoschrift findet sich die ›kurze‹ 3 links, die ›lange‹ 7 rechts. Die T'ai-chi-Graphik des späteren Himmels ist linksdrehend. Der Kopf des Yin-Instruments findet sich links hinten, sein Ende erstreckt sich nach rechts vorn. Der rechte Bogenschritt symbolisiert die rechte ›kurze‹ 2 des Luoshu, die eine Schulter ausbildet. Die linke ›lange‹ 8 steht für das hintere Bein. Der Kopf des Yang-Instruments in der T'ai-chi-Graphik des späteren Himmels beginnt rechts vorn, sein Ende erstreckt sich nach links hinten. Der Linkssitz oder der rechte Bogenschritt empfangen Angriffe jeweils mit der leeren linken Vorderseite. Deshalb muß man die drei vorderen wichtigen Punkte beobachten. Dies wird ›die drei vorderen beobachten‹ genannt. Das sind: die Augen nach vorn, Hände nach vorn und Bein nach vorn. Ich muß also die gegen mich gerichteten Bewegungen des Gegners in den oberen, mittleren und unteren Bereichen beobachten. Stößt man auf einen plötzlichen Angriff mit ›kalter‹ Kraft, kann man sich entsprechend bei einer günstigen Gelegenheit verändern. Wird man plötzlich links angegriffen, verlagert man ganz schnell das Schwerkraftzentrum auf den rechten vorderen Fuß. Gleichzeitig drehen Hüften und Becken nach links, bis der Angriff ins Leere läuft. Dann richtet man sich wieder geradseitig zum Gegner hin aus, so daß er kontrolliert wird und in eine ungünstige Position gerät. In den Zweikampftechniken ist der Linkssitz dem Bogenschritt rechts überlegen. Personen mit unzureichenden Grundlagen können aber nur den Bogenschritt kontrolliert anwenden. Die ›gesetzte Position‹ (Belastung hinten, beidseitig möglich) als Ausgangssituation zur Verteidigung ist wie die »Schlachtordnung eines Todeskampfes«[151] in der Kriegskunst. Hände, Beine und Kopf sind deutlich im Blickwinkel des Gegners. Verfügt man über eine gute Methodik, kann man dennoch gute Gelegenheiten und Positionen erreichen und leicht sein eigenes gesammeltes Jin entwickeln. Diese Schrittart wird oft mit den Handtechniken Abwehren und schnelles Reagieren kombiniert. Sie repräsentieren die beiden Trigramme Qian und Dui, die der Phase Metall angehören. Die Anfangs- und Mittellinien der Trigramme haben jeweils die Bedeutung von belastetem Hinterbein und gesammeltem Jin. Die übereinander liegenden drei Yang-Linien des Qian sind Symbole für Kopf, Arme und Beine, während das Dui-Trigramm neben Armen und Beinen auch noch die Augen umfaßt. Dies stimmt mit den drei zu beobachtenden Punkten vorne, beim Wenden nach links, überein. Diese Schrittart gehört der Phase Metall an, dessen Eigenschaften die beiden Bedeutungen von Aufspeicherung und Festigkeit umfassen und auf das gesammelte Jin des belasteten Beines deuten.

#### *3.3.4* Nach-rechts-Drehen – Zhen und Xun – Holz

Nach-rechts-Drehen ist die Methode für eine Wende nach rechts und zu dem belasteten Rechtssitz. Sie deutet auf den linken Bogenschritt des ›sich durch Angriff verteidigen‹. Diese Schrittechnik beruht auf der Form und Gestalt der T'ai-chi-Graphik nach der Flußkarte. Der Kopf des Yin-Instruments findet sich rechts hinten, sein Ende liegt links vorn. Der Kopf des Yang-Instruments ist links vorn, sein Ende rechts hinten. Die Trigramm-Positionen von Zhen und Xun liegen an den Diagonalen zwischen Süden und Osten und haben die Bedeutung von rechts drehender Abwehr. Im linken Bogenschritt und bei rechts belastetem hinterem Bein ist jeweils die rechte Seite leer. Daher muß man sieben wichtige Punkte des Gegners in der Frontalansicht beobachten, die auch die ›sieben Sterne des Rechtsblickens‹ heißen. Das sind Kopf, Hände, Ellbogen, Schultern, Becken, Knie und Füße. Zeigt sich in diesen sieben Punkten auch nur die geringste Spur einer Bewegung, muß man sie schon im Ansatz kontrollieren und bekämpfen. Alle anderen Bereiche werden Ruhepunkte genannt und bilden die Ziele des eigenen Angriffs. Wird man also im rechten Bogenschritt angegriffen, und zwar durch das gegnerische Bein auf der eigenen rechten Seite, so benutzt man ganz schnell das linke Bein, dringt damit einen Schritt vor und erreicht durch Verlagerung des Körpers nach vorn den linken Bogenschritt, dreht nach rechts und kontrolliert somit noch immer die Situation am besten. Hat man den Angriff neutralisiert, dreht man sich dem Gegner wieder gerade zu und nimmt die die Bewegung bestimmende Position ein. Die oben erwähnten drei vorderen Punkte beim Nach-links-Wenden und die sieben Sterne des Nach-rechts-Drehens spiegeln auch das Luoshu-Prinzip von links 3 und rechts 7 wider. Links, Osten, gehört der eigenen Person; rechts, Westen, wird vom Gegner eingenommen. Wer nun die zentrale 5 voll ausnutzen kann, wird die Oberhand behalten und siegen. Das Nach-rechts-Drehen verläuft meist nicht so glatt; man muß um die eigene Bewegung ringen. Wenn man diese Schrittart mit den Handtechniken Pressen und Schulterstoß kombiniert und das Jin ausstößt, muß man unbedingt auf das Schwerkraftzentrum des Gegners zielen und den Angriff reibungslos ausführen; es darf also keine Unausgewogenheit geben. Nach-rechts-Drehen, Pressen und Schulterstoß werden jeweils durch die Phase Holz und seine Trigramme Zhen und Xun repräsentiert. Die Holzeigenschaft speichert in der Ruhe entstehende Bewegung auf. Man bewegt sich dann in der Art, wie es Wind und Donner tun. Die Ausführung ist so kraftvoll, daß sie nicht aufgehalten werden kann. Wind und Donner sind ohne Form und Aussehen, so wie Pressen und Schulterstoß ungreifbar und unfaßbar sind. Aber beide hängen von der Stabilität und der Verwurzelung der Schrittart Nach-rechts-Drehen ab, durch die man erst ihre größte Wirksamkeit entwickeln kann. Es soll so sein wie bei Bambus und Weide, deren Wurzeln so fest sind, daß sie selbst ein Sturm nicht ausreißen kann. Der Oberkörper muß elastisch sein, so daß er sich leicht wie Bambus im Wind bewegt, sich selbst auf eine Stimulanz hin aktiv verhält, ohne Widerstand zu bieten oder sich zu früh und zu viel zu bewegen. Dies ist die besondere Anwendung des T'ai-chi und bringt für die Fähigkeiten des Körpers enorme Vorteile.

### *3.3.5* Zentralposition – Gen und Kun – Erde

Zentralposition ist die Schrittart mit einem senkrecht ausbalancierten, abgesenkten, stabilisierten und unbewegten Schwerkraftzentrum. Wenn im Bogenschritt das vordere Bein 70% der Körperlast trägt, und das hintere Bein mit 30%-iger Belastung auftritt, ergeben die 3 und 7 genau 10. Dies ist das Prinzip der Kontrolle des Zentrums in der Flußkarte und Luoschrift. Wenn man in dieser Position vorne Kraft aufnimmt, sich die Haltung des Körpers aber nicht verändert, vor allem die Beinstellungen unverändert bleiben, so verändert sich die Belastung im hinteren Bein sofort von 30% auf 70% und entsprechend im vorderen Bein auf 30%. Leere und Gewichtung des vorderen und hinteren Beines können sich verschieben oder verändern, da man der äußeren Kraft nachfolgt. Dazu benützt man das Zentrum von Hüften und Becken als Achse oder Wendepunkt. Deshalb verlangt die stabilisierte Beinposition ein Absenken und Entspannen von Hüften und Becken. Die Wirbelsäule muß senkrecht und aufrecht bleiben, das Qi soll bis zur Kopfspitze den Körper verbinden. Mit ruhigem Zentral-Qi erwartet man in Gelassenheit die Bewegung.[152] Wird man an den Armen gezogen, kommt man nicht zu Fall. Wird man an Unterarmen oder Brust gestoßen, bewegt man sich nicht weg, beugt sich nicht vor und verliert das Gleichgewicht nicht. Wird links gezogen, bewegt man sich nicht; wird rechts versucht zu entwurzeln, wird man seine Position nicht verändern. Man steht fest wie ein Berg, stabil und ruhig wie ein Fels. Die Zentralposition wird deshalb durch die beiden Trigramme Gen und Kun repräsentiert, die zur Phase Erde gehören. Diese Schrittposition wird oft mit den Handtechniken Nach-unten-Ziehen und Zurückgleiten kombiniert angewendet. Berge, Ströme, Boden und Erde können sich nicht selbst bewegen und auch nur begrenzt bewegt werden, und dies stimmt ganz mit der Bedeutung der Zentralposition überein. Erde ist die Mutter der fünf Wandlungsphasen. Die Veränderungen der restlichen vier Phasen Wasser, Feuer, Holz und Metall benötigen die Mitarbeit der Erde. Deshalb können alle Figuren und Handtechniken im T'ai-chi ch'üan nicht ohne stabilisierende Jin-Kraft der Zentralposition oder Zentralstabilität auskommen. Das Ausstoßen der Jin-Kraft wird erst über diese Stellung so erfolgreich. Physikalisch entsteht die Kraft durch Rückstoß von der Erdoberfläche. Wird die Stützkraft der Fußsohlen auf der Erde beim Ausstoßen des Jin plötzlich unterbrochen, wird der ganze Körper hinfallen. Wie könnte ein Jin dann überhaupt erfolgreich sein und sich formieren? Die Kraft entsteht also aus dem und über den Boden. Kann man in der Übung des T'ai-chi ch'üan das ›sich durch die Erde bewegen‹ vollkommen ausnutzen, so wird man von Tag zu Tag ein besseres Gongfu entwickeln.

### *3.4 Hervorbringungs- und Überwindungserscheinungen bei Handtechniken und Schrittarten*

Die Anwendungen der Handtechniken und Schrittarten im T'ai-chi ch'üan unterliegen der Hervorbringung und Überwindung der fünf Phasen nach der I Ging-Theorie. Wenn man im ›Pushing Hands‹ und im ›Großen Ziehen‹ erste Erfolge erzielt und zusätzlich Bedingung und Überwindung zwischen den Hand- und Körpertechniken beherrscht, kann man mit halbem Aufwand doppelten Fortschritt erreichen. Vermag man in dieser Phase auch noch die Anwendung der fünf Methoden zum Tasten nach Gefühl hinzuzufügen, was ein Verstehen der Jin-Kraft bedeutet, so kann man seine Ziele verwirklichen. Die Anwendung von Erzeugung und Überwindung in den Faustkampfmethoden ist in der Tat der kürzeste Weg zum ›freien Kampf‹ (San shou). Schon die Ch'üan-Vorfahren wiesen darauf hin, daß es in den Kampftechniken die fünf Wandlungsphasen gibt. [153] Heute kann man auch belegen, daß dieses Handlungsprinzip existiert. Um eventuelle Zweifel zu beseitigen, habe ich noch einmal explizit dieses Schema dargestellt. Bevor Entstehung und Überwindung in den Erscheinungen der Ch'üan-Figuren erklärt werden, soll eine Graphik die von den acht Trigrammen repräsentierten Handtechniken und ihre Zugehörigkeit zu den fünf Wandlungsphasen verdeutlichen und im Überblick aufzeigen (siehe Abb. 36).

#### *3.4.1* Yin / Yang der fünf Phasen in den Ch'üan-Figuren

Die Handtechniken des T'ai-chi ch'üan bestehen aus Bewegungen des Oberkörpers und der Hüften mit den Armen. Die Schrittarten dagegen sind Bewegungen des Unterkörpers, des Beckens mit den Beinen. Beim Üben der Soloform müssen die Bewegungen oben und unten einander angepaßt sein und aufeinander reagieren, wie wir es bei den Trigramm- und Hexagramm-Linien gesehen haben. Das Unten ist Yin, das Oben Yang. Yin folgt nach, und Yang bewegt sich; Yin ist Gewichtung, Yang ist Leere. Wenn die Bewegungen eine wechselseitige Reaktion von Yin und Yang aufweisen, kann ihre Wirksamkeit voll ausgebildet werden. Die Anwendungen der acht Handtechniken und der Erzeugung und der Überwindung innerhalb der fünf Phasen, die in den acht Trigrammen wirken, entsprechen einander. Erst durch die fünf Phasen können die acht Trigramme angewendet werden. Das

| 5 Phasen | Handtechnik | Trigramm | Schrittart | Tasten n. Gefühl | Richtung |
|---|---|---|---|---|---|
| Metall | Abwehren<br>Schnelles Reagieren | Qian<br>Dui | Nach-links-Wenden | Kontakt herstellen | NW<br>W |
| Holz | Pressen<br>Schulterstoß | Zhen<br>Xun | Nach-rechts-Drehen | Zentrum des Gegners finden | O<br>SO |
| Erde | Nach-unten-Ziehen<br>Zurückgleiten | Gen<br>Kun | Zentralposition | Kontakt ohne Widerstand | Zentrum,<br>NO<br>SW |
| Wasser | Stoßen | Kan | Vordringen | Kontakt vertiefen | N |
| Feuer | Ellbogenstoß | Li | Zurückschreiten | Zentrum des Gegners kontrollieren | S |

*Abb. 36: Graphik zur Korrespondenz zwischen Trigrammen und Phasen und ihre Verbindung zu den T'ai-chi ch'üan-Stellungen*

Zeichen ›Xing‹ für Phase beinhaltet eine Art Aktion mit einer Richtungseigenschaft. Wasser, Holz, Feuer, Metall und Erde sind fünf Symbole mit unterschiedlichen Richtungstendenzen. Der Faustkampf vermag sich der Realität von Hervorbringung und Überwindung anzupassen. Die Veränderungen der I Ging-Theorie werden angemessen eingesetzt, wodurch die beiden Zeichen T'ai-chi im Faustkampf ihre echte Bedeutung erfahren.

### *3.4.2* Gegenseitiges Überwinden in den acht Handtechniken nach der Trigramm-Theorie

Abwehren ist dem Qian-Trigramm, schnelles Reagieren dem Dui-Trigramm zugeordnet, die beide zur Phase Metall gehören. Beide Techniken können leicht durch Sich-Mitbewegen, durch Beugen, dann Strecken der gefalteten Ellbogenstoß-Technik überwunden werden. Der Ellbogenstoß ist dem Li-Trigramm zugeordnet, das zur Phase Feuer gehört. Diese Technik kann durch die Wahrnehmung von Anhaften, durch Stoß-Technik überwunden werden. Stoßen ist dem Kan-Trigramm zugeordnet, das zur Phase Feuer gehört. Es wird durch Kontakt-Bewahren ohne Widerstand und durch die Technik des Zurückgleitens überwunden; aber auch das Nach-unten-Ziehen durch Jin-Wahrnehmung und -Stabilisierung kann Stoßen überwinden. Zurückgleiten gehört dem Kun-Trigramm an, der Phase Erde, ebenso wie das Nach-unten-Ziehen des Gen-Trigramms. Beide überwindet man durch Nachfolgen ohne Unterbrechung und durch die Technik des Pressens oder durch den Schulterstoß, bei dem man sich Kraft und Position des Gegners borgt und zunutze macht. Pressen gehört zum Zhen-Trigramm, Schulterstoß zum Xun-Trigramm; beide sind der Phase Holz zugeordnet. Sie werden leicht durch Ankleben und Aufsaugen in der Abwehr-Technik überwunden. Auch das Nach-unten-Ziehen, mit eventuell unterbrochenem Jin, aber ununterbrochener Vorstellungskraft, kann Pressen und Schulterstoß kontern.

### *3.4.3* Gegenseitiges Hervorbringen in den Handtechniken nach der Trigramm-Theorie

Wenn man mit der Abwehr-Technik angreift, aber durch gegnerische Ellbogenstoß-Technik gekontert wird, erreicht man den Sieg durch einen plötzlichen Wechsel zur Stoß-Technik. Wenn jedoch der Gegner mit Abwehr-Technik angreift und ein Kontern durch Ellbogenstoß situationsbedingt nicht möglich ist, sollte man sofort die Technik des Stoßens anwenden, sich eng anhaften und den Gegner wegkatapultieren. Dies sind alles vorteilhafte Methoden. Das Abwehren der Phase Metall kann also ein Stoßen der Phase Wasser erzeugen bzw. bedingen. Genauso ist es, wenn ein eigenes Stoßen durch Zurückgleiten oder Nach-unten-Ziehen gekontert wird. Dann folgt man der Situation entsprechend mit den Techniken Pressen oder Schulterstoß nach und kontrolliert so die Aktion. Wenn andererseits der Gegner mit der Stoß-Technik angreift, muß man mit der entsprechenden Körperseite die Jin-Kraft des Gegners abstreifen, dann die Gelegenheit ergreifen und ihn durch Pressen wegbefördern. So kann man sehr früh die beiden Arme einzeln neutralisieren, die Gelegenheit (Leere) ausnutzen und die Rippen des Gegners durch Schulterstoß attackieren. Da Stoßen zur Phase Wasser gehört, können somit Pressen und Schulterstoß der Phase Holz entstehen. Falls man durch Zurückgleiten oder Nach-unten-Ziehen angreift, jedoch durch Pressen oder Schulterstoß des Gegners gekontert wird, muß man sofort durch Abwehren oder schnelles Reagieren den Sieg anstreben. Außerdem können Abwehren und schnelles Reagieren direkt die beiden Methoden des Zurückgleitens und Nach-unten-Ziehens schlagen. Die beiden letzteren Handtechniken, die zur Phase Erde gehören, können also die zur Phase Metall gehörenden Techniken Abwehren und schnelles Reagieren hervorbringen. Dann muß man schnellstens durch Ellbogenstoß den Sieg erringen. Außerdem kann der Ellbogenstoß auch direkt Pressen und Schulterstoß kontern, weil Pressen und Schulterstoß der Phase Holz den Ellbogenstoß der Phase Feuer hervorbringen. So erklärt sich die gegenseitige Erzeugung der fünf Phasen in den acht Handtechniken, und gleichzeitig beinhaltet dies die Logik des Satzes »alles entsteht durch gegenseitige Unterstützung, das Nachfolgende (der Sohn) kann das Vorhergehende (die Mutter) ableiten.«[154]

### *3.4.4* Gegenseitiges Hervorbringen in den Schrittarten nach der Trigramm-Theorie

Vordringen, Zurückschreiten, Nach-links-Wenden, Nach-rechts-Drehen und Zentralposition, die fünf Schrittarten bzw. ihre Zugehörigkeit zu den fünf Phasen müssen immer mit ihren gegenseitig nachfolgenden Schrittarten harmonisiert angewendet werden. Erst so können ihre Wirkungen ganz ausgebildet werden. Gleichzeitig können entgegenwirkende Schrittarten eines Konters aufgelöst werden: Vordringen verbindet sich mit Stoßen, beide gehören zu Kan, Wasser. Es muß folglich mit dem Nach-links-Wenden, dem Metall, das Wasser bedingen kann, verbunden werden, um seine Wirkung zu vollenden. Zurückschreiten verbindet sich mit Ellbogenstoß, beide gehören zu Li, Feuer, und müssen mit Nach-rechts-Drehen, Holz, verbunden werden, wodurch Feuer entsteht. Nach-links-Wenden, Abwehren und schnelles Reagieren gehören zusammen, alle sind den Trigrammen Qian und Dui, der Phase Metall, zugeordnet. Sie müssen also mit der Zentralposition, Erde, verbunden werden, die Metall hervorbringen kann. Nach-rechts-Drehen, Pressen und Schulterstoß gehören ebenfalls zusammen. Sie sind den Trigrammen Zhen und Xun, der Phase Holz, zugeordnet und müssen mit

Vordringen, Wasser, verbunden werden, das Holz erzeugen kann. Zentralposition, Zurückgleiten und Nach-unten-Ziehen verbinden sich, gehören zu den Trigrammen Gen und Kun, zur Phase Erde. Sie müssen entsprechend an Zurückschreiten angeschlossen werden, um durch Hervorbringung von Erde ihre größte Wirkung erzielen zu können.

### *3.4.5* Hervorbringungs- und Überwindungserscheinungen in den fünf Methoden zum Tasten nach Gefühl

Die Zugehörigkeit der fünf Arten zum Tasten nach Gefühl zu den fünf Wandlungsphasen ist wie folgt: Metall entspricht dem ›Anklebe-Jin‹, Wasser dem ›Anhafte-Jin‹, Holz dem ›Nachfolge-Jin‹, Feuer dem ›Sich-Mitbewegen-Jin‹ und Erde dem ›Zentral-Jin‹ (ohne Widerstand Kontakt bewahren). Durch die fünf Phasen entstehen in den Tasttechniken die Erscheinungen von Hervorbringung und Überwindung. Diese beiden Phänomene beschreiben die sich ändernden Haltungen zweier Partner (in der Übung) oder Gegner (in der Auseinandersetzung) in dem Moment, wo sie sich berühren und beiderseits nach einem Gefühl für die Jin-Kraft des Gegenübers suchen.

*Ankleben* hat die Bedeutung von klebend anziehen und zurückkommen. Es funktioniert wie die Anziehungskraft, die zum Metall gehört, und wird deshalb auch der Phase Metall zugeordnet. Meist wird diese Technik mit der Schrittart Nach-links-Wenden kombiniert, und damit überwindet man gegnerische Angriffe, in denen Nachfolgen angewandt wird. Falls der Gegner eine widerstrebende Haltung hat, kann man durch Anziehen kontern. Hat der Gegner eine sture, feste Haltung, kann man Anheben und Aufnehmen anfügen. Ankleben kann also Nachfolgen überwinden oder sich zu Anhaften verändern. Im Kreislauf der fünf Phasen entspricht dies der Überwindung des Holzes durch Metall oder der Erzeugung des Wassers durch Metall.

*Anhaften* bedeutet Nachfolgen und Ausspionieren, wie ein Blatt Papier sich an eine Wasseroberfläche vollkommen ansaugt. Diese Technik wird folglich der Phase Wasser zugeordnet und häufig mit der Schrittart des Vordringens kombiniert. Sie kann einen Angriff durch Nachfolgen, zuerst Beugen und dann Strekken, überwinden. Falls der Gegner Fluchtabsichten hat, haftet man sich an und folgt seinem Körper. Hat er aber hinterhältige

Absichten, kann man ebenso eng am Gegner bleiben und den Hinterhalt aufspüren. Deshalb kann man mit Anhaften das Nachfolgen überwinden, und dies kann für dessen Entwicklung von Vorteil sein. In der Lehre der fünf Phasen ausgedrückt, verhält sich dies so: Wasser überwindet Feuer, aber Wasser erzeugt Holz.

*Nachfolgen* bedeutet fortlaufend, ununterbrochen und andauernd Dranbleiben. Als Bild bieten sich Kletterpflanzen an, die ohne Einhalt an Bäumen hinaufranken. Diese Technik wird nun der Phase Holz zugeordnet. Während der Berührung und gegenseitigen Wahrnehmung und Erforschung gibt es keine Unterbrechung, kein Schnell oder Langsam. Nachfolgen wird oft mit der Schrittart Nach-rechts-Drehen kombiniert und kann eine sture, fließende Anwendung des Versuchs, ohne Widerstand Kontakt zu bewahren oder das Zentrum zu schützen, überwinden. Falls der Gegner durch Zurückgleiten abstreift oder zieht, kontrolliert man die guten Gelegenheiten durch die Verbundenheit aller Gelenke. Nachfolgen kann zur Technik des Sich-Mitbewegens werden oder damit kombiniert werden. Hier spiegelt sich also das Prinzip der Phase Holz: Es überwindet Erde und bringt Feuer hervor.

*Sich-Mitbewegen* beinhaltet ein Anpassen an den Gegner, keinesfalls ein Widerstreben gegen dessen Absichten. Es ist so, wie der Wind dem Feuer oder das Feuer dem Öl folgt. In den fünf Phasen entspricht diese Technik der Phase Feuer. Die Bewegungen dieser Handtechnik müssen dem Gebeugten folgen können und zur Streckung werden. Man muß das eigene Beherrschen-Wollen aufgeben, ganz der Kraftrichtung des Gegners folgen und sich mitbewegen, den Gegner unbemerkt mehr und mehr führen, bis er sich im Leeren totläuft. Oft wird diese Technik mit der Schrittart Zurückschreiten kombiniert. Doch am geeignetsten ist diese Handtechnik, um Abwehren mit Ankleben und Anziehen zu überwinden. Falls der Gegner abstreift und neutralisiert, dringt man durch Sich-Mitbewegen noch tiefer ein, und die wechselnden Gelegenheiten ermöglichen die Kontrolle des Gegners. Die Kraft des Mitbewegens ändert sich leicht und schnell zur zentrierten Jin-Kraft des Ohne-Widerstand-Kontakt-Bewahrens oder wird mit dieser Technik kombiniert, um den Sieg zu erreichen. In den fünf Phasen ausgedrückt heißt das: Feuer überwindet Metall und erzeugt Erde.

*Zentralisieren* bedeutet, den Kontakt zum Gegner nicht zu verlieren, aber gleichzeitig auch keinen Widerstand zu bieten. Es ist so, wie Erde und Steine im Boden einander berühren, ohne sich zu drängen oder sich voneinander zu entfernen. Deshalb wird diese Technik der Phase Erde zugeordnet. In einer lockeren, leichten Haltung des Anhaftens werden eine bestimmte Entfernung zum Gegner und ein bestimmter Druck beibehalten; vom Anfang bis zum Ende wird ein unveränderliches Zentrum geschützt (d. h. es gibt keine Schrittveränderung, doch das Schwerkraftzentrum kann sich im Spielraum der beiden Beine, Yin und Yang, verschieben). Dies deutet auf das Sich-Mitbewegen mit dem Vordringen oder Zurückschreiten des Gegners, das aber mit den Anwendungen eines zentrierten, gefestigten Zentrums in Ruhe ohne Bewegung nicht ganz identisch ist. Oft wird diese Technik mit der Schrittart Zentralposition kombiniert angewendet. In diesem Tasten nach Empfindung bedeutet ein Kontaktverlust eine Unterbrechung in der Wahrnehmung der gegnerischen Bewegungslinie. Dieser Fehler liegt bei einem selbst; deshalb wird das Zentralisieren leicht durch die Technik des Nachfolgens überwunden, in der die Jin-Kraft zwar unterbrochen sein kann, die Vorstellungskraft aber fortlaufend ist. (Holz überwindet Erde.) Bietet man nun einen Widerstand, bedingt durch eigene Kraftaufwendung, so wird die Wahrnehmung unsensibel. Denn die eigene Jin-Kraft weiß und spürt nicht, daß man sich in einer Position oder Stellung verhärtet und verspannt. Dies wird aber sehr leicht von einem geschulten Gegner wahrgenommen und von seinem Anklebe-Jin ausgenutzt. (Erde erzeugt Metall.) Dies sind wirklich gefährliche Momente. Ist das Zentralisieren aber angebracht, kann ein Angriff durch eine Handtechnik mit Anhaften überwunden werden. (Erde überwindet Wasser.) Der Angreifer weiß dann nichts von Gewichtung und Leere seines Gegenübers, aber man selbst erkennt die Bewegungsrichtung des Gegners und durchblickt exakt Leere und Gewichtung in seiner Bewegungslinie. So kann dieser absichtlich getäuscht und zum Kontakt mit Widerstand verleitet werden; seine Wahrnehmung wird gestört, und man nutzt die entstehende Leere aus, um mit einem Jin-Ausstoß anzugreifen. So vermag man ganz natürlich seine Vorstellungen zu verwirklichen und kann den Gegner über mehrere Schritte wegstoßen. Hier zeigt sich deutlich, daß Erde das Wasser überwindet und Metall erzeugt. Das Zentralisieren ohne Kontaktverlust oder Widerstand gehört zur Phase Erde, die die Mutter der fünf Phasen ist. Die anderen vier Phasen und ihre zugehörigen Techniken zum Tasten nach Gefühl können die zentrale Phase Erde, das Zentralisieren, nie ganz entbehren, und immer wird diese Technik etwas mit einfließen. Wenn in den Anwendungen des T'ai-chi ch'üan diese Technik fehlt, kann man die gegnerischen Bewegungen nicht genau genug wahrnehmen und verstehen; Veränderungen, Wechsel und Reaktionen sind nicht leicht und flexibel genug. Hat man also die Methode des Zentralisierens verstanden, kann man die restlichen vier Techniken ganz natürlich und erfolgreich anwenden.

## 4 Faustkampftheorie und Hexagramm-Bilder

Die Prinzipien zum T'ai-chi ch'üan sind in den vier wichtigsten überlieferten Schriften der Altmeister enthalten: im T'ai-chi ch'üan-›Klassiker‹, im ›Kommentar‹, in den ›Mentalen Erklärungen‹ und im ›Lied der Form und Funktion‹. Die Entwicklung des T'ai-chi ch'üan beruhte auf einem tiefen Verständnis der I Ging-Lehre, weshalb die Kunst mit T'ai-chi bezeichnet wurde. Diese Faustkampfform wurde in frühesten Zeiten immer zusammen mit der I Ging-Lehre übermittelt. Es war eine Überlieferung nur von Meister zu Schüler, nicht für die Allgemeinheit, als Weg zur Selbstverteidigung, Körpergesundung und geistigen Entwicklung. Folglich geht die Faustkampftheorie in der geschichtlichen Überlieferung nicht über den Umfang der I Ging-Theorie hinaus. Die Weisen entwickelten diese nach den Gesetzen des Himmels und den von dort kommenden Erscheinungen. Sie umfaßt somit das natürliche Prinzip von Himmel und Erde. Das Ziel des T'ai-chi ch'üan ist es, durch eine natürliche Bewegungsmethodik die ursprünglichen Körperfähigkeiten des früheren Himmels wieder zu entdecken. Im ›Klassiker‹ wird das »die acht Trigramme und die fünf Wandlungsphasen bilden die 13 Stellungen«[155] genannt. Der ›Kommentar‹ erklärt das T'ai-chi als »Gelegenheit von Bewegung und Ruhe, Mutter von Yin und Yang«.[156] Hier zeigt sich die Anlehnung der Ch'üan-Theorie an die Erscheinungen des I Ging ganz deutlich. Nun sollen anhand einer Auswahl von Ch'üan-Faktoren, die die Vorfahren bekannt gemacht haben, I Ging-Erscheinungen im Faustkampf erklärt werden.

### *4.1 Berührungs- und Reaktionserscheinungen der I Ging-Theorie*

Bewegung und Ruhe aller Dinge im Universum beruhen auf Gefühl und Reaktion. Fehlen diese, gibt es auch keine Ruhe und Bewegung. Die Stärke des Gespürs und der Reaktion ist proportional zur Größe von Bewegung und Ruhe. Im T'ai-chi ch'üan sind Wahrnehmung und entsprechende Reaktion entscheidend, wie auch die Grundlagen zu den Veränderungen im I Ging auf Berührung und Reaktion beruhen.

#### *4.1.1* Jin-Wahrnehmung und Reaktionskraft der Trigramm-Linien

Wahrnehmung der Jin-Kraft bedeutet ein Reaktionsvermögen, das entsteht, wenn man mit dem Körper oder den Armen den Gegner berührt und so ein Gefühl für dessen Aktionen oder Positionen entwickelt. Anhand der Wahrnehmung von Leere und Gewichtung, Bewegung und Ruhe im Körper des Gegners kann man dessen Schwerkraftzentrum kontrollieren. Was hier als Reaktionskraft bezeichnet wird, umfaßt das Vermögen, im Kontakt zum Gegner die Bewegungslinie seiner Jin-Kraft, seine Leere und Gewichtung durch die Methoden zum Tasten nach Gefühl zu verspüren. Angriffs- und Verteidigungsaktionen des Gegners unterliegen damit meinen Manipulationsmöglichkeiten. Diese Anwendung wird als Verstehen der Jin-Kraft bezeichnet und entsteht durch das Suchen und Streben nach Gefühl, eben dem oben genannten Wahrnehmen der Jin-Kraft. Voraussetzung dafür sind Entspanntheit im Inneren und Äußeren und – als Übermittlungsbrücke – der Einsatz der fünf Methoden zum Tasten nach Gefühl. Kann man diese Methoden an die Handtechniken und Schrittarten anpassen und sie gemeinsam anwenden, wird man die größte Wirksamkeit im Wahrnehmen der Jin-Kraft entwickeln. Diese Wahrnehmung entspricht dem Prinzip der Reaktion zwischen Yin- und Yang-Linien in den Trigrammen und Hexagrammen. Die Yang-Linie(n) des äußeren (oberen) Trigramms reagieren auf die Yin-Linie(n) des inneren (unteren) Trigramms. Die Yang-Linie(n) des inneren Trigramms reagieren auf die Yin-Linie(n) des äußeren Trigramms. Man kann sich das etwa so vorstellen, daß man mit dem Ohr an einer Mauerspalte lauscht, um Ruhe und Bewegung innerhalb eines Raumes zu ergründen. In den meisten Ländern wird heute in den Blindenschulen die Braille-Schrift verwendet, bei der mit den Fingern hervorstehende oder abgesenkte Punkte wahrgenommen werden. Diese Methode des Tastens ist mit der Wahrnehmung von Bewegung und Ruhe im T'ai-chi ch'üan identisch. Diese Art der Wahrnehmung wird von denen, die sie einsetzen, häufig als Hören bezeichnet, wie man im T'ai-chi ch'üan wörtlich vom ›Hören (Ting) der Jin-Kraft‹ spricht.

### *4.1.2* Kultivierung des Zentral-Qi zur Steigerung der Jin-Wahrnehmung

Im T'ai-chi ch'üan-Gongfu muß man außer den Anwendungen durch Erzeugung und Überwindung in den Handtechniken und Schrittarten zusätzlich noch die Reaktionsfähigkeit des Körpers vollkommen entwickeln. An welcher Stelle auch immer der Körper berührt wird, muß das Schwerkraftzentrum darauf reagieren. In der Physiologie spricht man von Gefühl, d. h. die Nerven sind die Substanz, das Zentrum aller Reaktion. In der T'ai-chi ch'üan-Theorie steht die Wahrnehmung der Jin-Kraft im Mittelpunkt, das Zentral-Qi bildet also die Substanz und Grundlage der Reaktionen. Die Zentralsubstanz des T'ai-chi entspricht dem Zentral-Qi des menschlichen Körpers im Dantian. Die zweite Linie eines Hexagramms symbolisiert nun das Dantian, die fünfte Linie steht für das Nervenzentrum. Ist das Zentral-Qi im Dantian reichlich vorhanden, wird das Nervenzentrum ganz natürlich genährt und versorgt; man entwickelt ein sensibles und reaktionsschnelles Körpergefühl. Das Dantian ist der Ort, wo ein Yang entsteht. Eine Nährung des Zentral-Qi kann also die Sensitivität und Empfindlichkeit des Nervensystems verbessern, wodurch auch die Wahrnehmung des Jin im Faustkampf erhöht wird. In den ›Mentalen Erklärungen‹ steht dazu: »Mit dem Verstand bewegt man das Qi; dieses muß abgesenkt werden, dann kann es in die Knochen eindringen. Mit dem Qi bewegt man den Körper, dann kann es ungehindert dem Verstand nachfolgen.«[157] Die Veränderungen des T'ai-chi und der acht Trigramme weisen alle die natürlichen Erscheinungen einer Reaktion zwischen Innen und Außen, Yin und Yang auf. Die drei Linien von Himmel, Erde und Mensch im Trigramm-Körper z. B. bilden eine symbolisierende

T'ai-chi-Graphik. Die Mittellinie, Position Mensch, ist die Substanz des T'ai-chi. Die obere Linie, Position Himmel, und die untere Linie, Position Erde, sind die beiden Instrumente. Die obere gehört zum Äußeren, die untere zum Inneren. Das Außen agiert, und das Innen reagiert; beide hängen ganz von der Entwicklung der inneren Linie ab. Die Mittellinie des inneren Trigramms in einem Hexagramm (die zweite Linie von unten) entspricht der Yin-Position, die Mittellinie des äußeren Trigramms (die fünfte Linie) ist die Yang-Position. In der Abhandlung von Hexagrammen im I Ging werden immer zuerst die zweite und fünfte Linie daraufhin untersucht, ob sie den Zahlenwert 9 oder 6 haben, Yin oder Yang sind, miteinander harmonieren oder nicht. Dies entscheidet über Glück oder Unglück, Vor- oder Nachteile. Die äußeren Aktionen und inneren Reaktionen der oberen, unteren und mittleren Linien werden im Daoismus als Erscheinung des Wechsels zwischen zweiter und fünfter Linie bezeichnet. Dies ist das Prinzip aus dem Luoshu, in dem sich 2 und 8 austauschen müssen und Natürlichkeit ausdrücken. In den Büchern des Chen-Clans zur graphischen Erklärung des T'ai-chi ch'üan werden mittels einer Graphik nach der Flußkarte die von dem nach außen drehenden Zentral-Qi beschriebenen Bewegungslinien am menschlichen Körper als Technik des ›Abrollens eines Seidenfadens‹ (Chan si jing) erklärt. Durch Nährung und Kultivierung des Zentral-Qi können die fünf Methoden zum Tasten nach Gefühl und die Fähigkeiten zur Wahrnehmung der Jin-Kraft deutlich verbessert werden.

### *4.1.3* Abwägeerscheinungen im Qian-Hexagramm

Die Wahrnehmung der Jin-Kraft ist eine unbedingt notwendige Voraussetzung für alle Handtechniken. Wenn der Gegner und ich uns gegenseitig berühren und ich zuviel Kraft verwende, so wird dies vom Gegner ausgenutzt, indem er die Kraft auf mich zurückwirft. Ist die Kraft aber zu gering, so sind die Wahrnehmungen nicht korrekt, sondern trügerisch, so daß man den Gegner bzw. seine Absichten nicht auskundschaften kann. Mit zuviel oder zuwenig Kraftanwendung wird man nie ein derart hohes Niveau im Gongfu erreichen, daß man von ›Anheben und Abgeben‹ (Ti fang, fortgeschrittene Zweikampftechniken) oder von ›Jin-Kraft aufnehmen‹ (Jie jin) sprechen könnte. Wieviel Kraft sollte nun in der Berührung angewendet werden, um ein Gleichgewicht in den fünf Methoden zum Tasten nach Gefühl über längere Zeit bewahren zu können? Dieses Abwägen von Leichtigkeit und Schwere ist von jeher ein nicht leicht zu vermittelndes besonderes Wissen des T'ai-chi ch'üan. Obwohl in den Zitaten »die Gelegenheiten von Ruhe und Bewegung, die Mutter von Yin und Yang... mit vier Liang 1000 Jin überwinden«[158] des T'ai-chi ch'üan-›Kommentars‹ klar auf diesen Punkt verwiesen wird, sind die darin enthaltenen tieferen Bedeutungen mit Worten nur schwerlich und ungenau zu erklären. Zum wirklichen Verständnis dieser Problematik gehört unbedingt auch das sogenannte Körperverständnis, also genügend praktische Erfahrung. Daher kann gesagt werden, daß durch den kleinsten Fehler das Ziel um ›1000 Meilen verfehlt‹ wird. Dieses Phänomen soll nun durch die I Ging-Theorie am Qian-Hexagramm verdeutlicht werden.

Das Qian-Hexagramm symbolisiert formloses, hartes, sechsfaches, nachgebendes und elastisches Jin. Die Anfangs-9 und die obere 9 dieser sechsfach übereinander geschichteten Yang-Linien des Qian-Hexagramms repräsentieren die beiden einander kontaktierenden Körper von Gegner und eigener Person. Von der 9 an zweiter Stelle bis zur 9 an fünfter Stelle finden sich das Maß und das Gewicht verschiedener Berührungskräfte. Wenn man den Körper des Gegners zu leicht berührt, durchdringt das Jin noch nicht die Anfangslinie, und das Zitat des ›Kommentars‹ trifft zu: »9 an erster Stelle: der Drachen liegt verborgen, keine Aktion.«[159] Hier liegt also der Fehler vor, daß die Aktion unzureichend ist. Zusätzlich bewegt sich die erste Linie in der Hexagramm-Änderung und wird zum Gou-Hexagramm (Nr. 44), in dessen Bild es heißt: »Es ist nicht von Vorteil zu heiraten; man kann nicht lange mit solch einer Frau zusammen sein.«[160] Im Faustkampf bedeutet dies, daß man sich nicht auf eine längere Verstrickung mit einem derartigen Gegner einlassen sollte. Wenn man den Gegner andererseits zu stark berührt, durchdringt das Jin die sechs Linien. Dazu bemerkt der ›Kommentar‹: »Oben eine 9, der Drachen überschreitet seine Grenzen, Bereuen.«[161] Dies bedeutet eine übertriebene Kraftanwendung, die man bereuen wird. Ändert sich das Hexagramm durch Bewegung der oberen Linie, so entsteht das Hexagramm des Da guo (Nr. 28), in dessen Bild steht: »Das Große in der Übertreibung, Firstbalken oben und unten sind schwach.«[162] Die Kraftanwendung übersteigt hier das rechte Maß, wird dann zur Schwäche und kann nicht recht angewendet werden. Wenn sich die Anfangslinie nicht verändert, entsteht das Guai-Hexagramm (Nr. 43), dessen Bildkommentar sagt: »Das Starke ersetzt das Weiche.«[163] Es hat die Bedeutung von Entscheiden und zeigt auf, daß das himmlische Wasser übervoll ist, so daß es überfließt und die Gefahr eines Dammbruchs immer größer wird. Anfänger im T'ai-chi ch'üan begehen meist diesen Fehler. Die vier mittleren Yang-Linien im Qian-Hexagramm sind wie klares, leichtes Qi und symbolisieren der Reihenfolge nach abgewogene Jin-Kräfte von ein, zwei, drei und vier Liang. Die 9 an der zweiten Stelle des Qian-Hexagramms repräsentiert ein Liang an Jin; im ›Kommentar‹ heißt es dazu: »Man sieht den Drachen auf dem Feld.«[164] Die einfließende Kraft ist demnach zu gering, hat die Bedeutung von ›kann gesehen, aber nicht erreicht werden‹. 9 an dritter Stelle repräsentiert zwei Liang an Jin; der ›Kommentar‹ sagt: »Aktiv den ganzen Tag, auch am Abend noch vorsichtig und aufmerksam, Gefahr.«[164] Obwohl das Jin den Gegner nicht genügend beeinflussen kann, entsteht hier schon durch eine kleine Unaufmerksamkeit die Gefahr des Übertreibens. Deshalb muß man zuerst Vorsicht bewahren, um sich der Ordnung anzupassen und dann schließlich vorzudringen. 9 an der vierten Stelle steht für drei Liang Jin; im ›Kommentar‹ steht: »Scheinbar aufsteigend, aber doch in der Tiefe.«[164] Das bedeutet, daß der geeignete reife Zustand schon bald erreicht wird. Da die Tiefe ursprünglich der Aufenthaltsort des Drachen ist, aber dieser aufsteigen will, muß er seine angemessene Position erreichen, ehe er auf die gewünschte Position springen kann. Aber besondere Wachsamkeit ist angebracht, denn erst so verwirklicht man seine Ziele. Die 9 an fünfter Stelle repräsentiert vier Liang an Jin (wie in den klassischen Schriften); im ›Kommentar‹ steht: »Der fliegende Drache am Himmel.«[164] Die Zeit bringt Erfolg. Das Kontaktgefühl von Armen und Beinen ist reichlich und voll; die abgewogene Jin-Kraft erreicht ein optimales Maß. Diese Situation wird im T'ai-chi ch'üan-›Klassiker‹ und -›Kommentar‹ als ›Gelegenheit‹ bezeichnet. Kann man im Zweikampf diese günstige Gelegenheit kontrollieren, so hat die Übung in ihrer Anwendung zweifellos ein hohes Stadium erreicht.

### *4.1.4* Gegenseitige Stimulierung von Härte und Weichheit und die Erzeugung von Veränderung[165]

Dieser Satz aus dem ›Großen Appendix‹ des I Ging wird für die Veränderungen der beiden Instrumente im T'ai-chi angeführt und erklärt die Erscheinungen wiederholten Stimulierens zwischen Yin- und Yang-Linien. Auf das T'ai-chi ch'üan angewendet ist er ebenso passend, denn die Aussage ›Härte und Weichheit bedingen einander‹ ist der einzige besondere Punkt in der Anwendung von Faustkampfmethoden in Armen und Körper; einerseits wird also hartes Jin angewendet, und der Gegner versucht durch weiches Jin nachzufolgen und zu neutralisieren. Gibt es aber im weichen Jin plötzlich große Härte, so wird andererseits der Gegner weiches Jin entwickeln, um die Härte zu neutralisieren. Wenn sich also zwei Fortgeschrittene und Könner gegenüberstehen, so »massieren sich Härte und Weichheit gegenseitig, die acht Trigramme stimulieren einander«.[166] Es wird also sicher nicht zu einer heftigen Auseinandersetzung kommen. Weichheit und Härte sind wie Vordringen und Zurückschreiten. Deshalb steht im ›großen Appendix‹ ergänzend: »Was sich ändert, hat die Erscheinungen von Vordringen und Zurückschreiten.«[167] Die Veränderungen von Vor und Zurück unterliegen aber zwei prinzipiellen Begrenzungen: 1. Das Schwerkraftzentrum im Vordringen und Zurückschreiten darf den Kreis des T'ai-chi nicht verlassen. 2. Man darf die Leitung durch das empfindende Zentrum nicht verlieren.

Folglich muß das Fühlen, die instinktive Beherrschung in Körper und Armen, voll ausgebildet werden. Erst dann gibt es Bewegungsstimulanz, die innerhalb des Kreises bewahrt und kontrolliert wird, und so gerät man nicht außerhalb der T'ai-chi-Substanz, einem noch zu klärenden Umfeld um die eigene Person.

## *4.2 Vorteil der Kreisförmigkeit in den Faustkampfmethoden*

Das wichtigste Prinzip der T'ai-chi ch'üan-Methodik ist die runde Bewegung. Der Aufbau des T'ai-chi zeigt einen Kreis und repräsentiert alle natürlichen, beweglichen und ruhenden Objekte des Universums. Sind die Objekte rund, so können sie friedlich und lange existieren. Sind sie das nicht, so sind sie steif, nicht flexibel und schwer. Dann erübrigt es sich, überhaupt vom Vorteil des Faustkampfes zu sprechen. Weiche Kreisförmigkeit ist der entscheidende Faktor für eine erfolgreiche Ausführung und Anwendung der Faustkampfkunst.

### *4.2.1* Faustkampfhaltung von ›oben rund und unten rechteckig‹

Die 10 und die 5 im Zentrum der Flußkarte sind die unveränderlichen Zahlen der Substanz. Der innere Kreis hat die Zahl 10, der äußere Kreis die Zahl 30; ihr Verhältnis ist 1 zu 3. Dies umfaßt die Erscheinung des runden Ganzzyklus, der für den Himmel steht. Die zentrale 5 der Luoschrift ist die unveränderliche Zahl seiner Substanz. Der äußere Kreis hat die Zahl 40, ihr Verhältnis ist also 1 zu 8. Die Erscheinung ist rechteckig und steht für die Erde. Die Linksdrehung der Flußkarte symbolisiert die Bewegung des Himmels. Die neun Felder der Luoschrift symbolisieren den Ruhezustand der Erde. Die Kreisform repräsentiert die Bewegung als Anwendung, die Rechteckform steht für die Ruhehaltung als Körper. Nach der I Ging-Theorie bilden alle natürlichen Erscheinungen eine Kreisform, aber in dieser gibt es immer auch das Rechteck, und im Rechteck wiederum die Kreisform. Hier handelt es sich um eine Entsprechung von Bewegung und Ruhe sowie Funktion und Form. Sie umfaßt ebenso das Oben und Unten, Bewegung und Ruhe, Kreis und Rechteck in den Figuren des T'ai-chi ch'üan. Körper- und Armbewegungen der Ch'üan-Figuren sollen »aktiv sein wie Wagenräder«[168], dann gibt es die »Vorteile runder, agiler Bewegungen ... Qi, das sich wie ein Wagenrad bewegt, und Hüften wie eine Radachse.«[169] Dies alles geht nicht über das Prinzip des ›drehenden und bogenförmigen Vordringens‹ hinaus. Der Wechsel von Vordringen und Zurückschreiten in den Schrittarten ist »aufrecht wie ein Meßinstrument«[170] (aufrechte Haltung), die »Schritte sind wie das Schreiten einer Katze«[171] (geradliniges Vordringen) und gehen ihrerseits nicht über das Gesetz des ebenen, geradlinigen Rechtecks hinaus. Deshalb ist das drehende, bogenförmige Vordringen gleich der kreisförmigen Bewegung; das ebene, geradlinige Rechteck entspricht dem eckigen Ruhezustand. Daraus kann man erkennen, daß die oben runden und unten eckigen Ch'üan-Figuren tatsächlich auf der Erforschung des klassischen I Ging beruhen, in dem der Himmel rund und die Erde eckig dargestellt ist.

### *4.2.2* Ursprung der Schrittarten nach der Sternenbewegung (Zeitflucht)

Hier handelt es sich um die Schrittart mit belastetem Hinterbein und Kreisförmigkeit im Rechteck, die in den ›Mentalen Erklärungen‹ so beschrieben wird: »Aufrechter Körper in ausbalancierter bequemer Haltung, zur Bewahrung der acht Pforten.«[172] Dies wird in den grundlegenden Methoden zum Vordringen, Zurückschreiten und zu den Körperdrehungen noch einmal erklärt (Formenlehre). Hier soll kurz anhand der I Ging-Theorie dieser Sachverhalt erläutert werden. Die ›gesetzte‹ Drehung ahmt die Veränderungen der Nordstern-Konstellation nach. Das belastete stützende Hinterbein symbolisiert den unveränderten Herrscher des Sternenhimmels, den Polarstern. Der ausgestreckte, leer aufgesetzte vordere Fuß symbolisiert den auf die Himmelsmitte deutenden, drehenden Satellit-Stern, einen der sechs des Großen Bären (Gouchen xing).[173] Das Belasten und Drehen im T'ai-chi ch'üan ist die Methode einer geistigen Haltung, in der man sich aus Ruhe und Stabilität verändert. Sie folgt dem Bedürfnis eines vordringenden Körpers. Ob man links oder rechts wechseln will, vom Anfang bis zum Ende bleibt die Position der Ferse des hinteren Beines, die belastet den Boden berührt, unverändert. Die Spitze des vorderen Beines bleibt dabei immer auf einer geraden Vordringlinie zum Jin-Ausstoßen und ist auf das Schwerkraftzentrum des Gegners gerichtet. Wenn dieser rechts ausweicht, wird der eigene vordere Fuß entsprechend rechts versetzt, und die Spitze des hinteren Fußes dreht über die Ferse als Drehpunkt nach. Falls der Gegner der eigenen Linksdrehung mit einem halben oder ganzen Kreis ausweicht, dreht man ebenfalls um 180° oder 360° nach links. Wenn der Gegner mich aber mit drei Schritten umgeht, benutze ich das vordere Bein und versetze es nur einen halben Schritt. Die eigenen Bewegungen, das Versetzen der Beine, vollführen ihre Wechsel, ohne daß der Gegner dies weiß oder wahrnimmt. Erst dann können sie als ›Sternbewegungen‹ bezeichnet werden.

Diese Methode zur Körperdrehung beinhaltet die Bedeutung von der kreisförmigen Drehung der T'ai-chi-Graphik. Das hintere belastete Bein symbolisiert das Yin-Instrument und gehört der Ruhehaltung an. Das unbelastete vordere Bein entspricht dem Yang-Instrument, verkörpert also Bewegungshaltung. Die Ferse des hinteren Beines stützt sich auf den »Yang-Trieb im Yin-Instrument«[174] und dient als Kreiszentrum der Achsdrehung. Die Ferse des vorderen Beines ist auf dem Yin-Trieb des Yang-Instrumentes aufgesetzt und bildet den drehenden Fuß eines imaginären

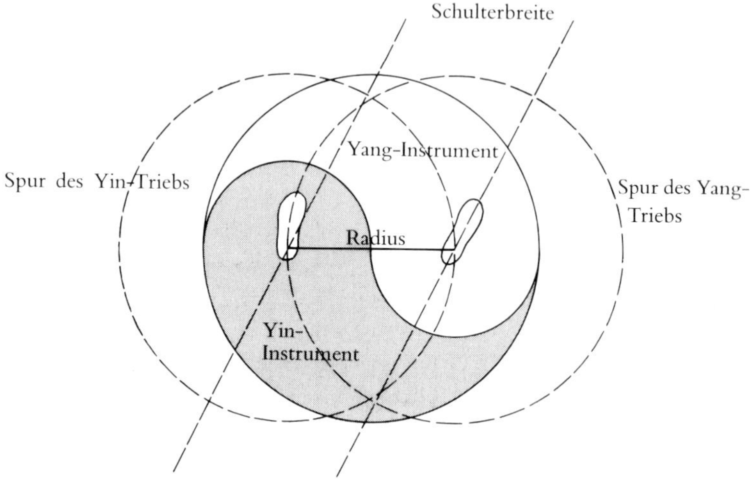


*Abb. 37: Graphik zur Schrittart nach der Sternenbewegung*

Zirkels (siehe Abb. 37). Folglich ist der andere Kreis außerhalb des T'ai-chi die Spur des versetzten vorderen Beines. Dadurch kann sich der Körper nach Belieben wie ein Rad um sich selbst entlang dieses Kreises drehen, und alle Positionen und Richtungen der acht Trigramme oder der 24 kleinen Richtungen können abgedeckt werden. Deshalb benutzt man die beiden Triebe von Yin und Yang der T'ai-chi-Graphik als Radienmittelpunkte. Die so entstehenden Kreise bilden den geschützten Umfang der Schrittarten nach der Sternenbewegung. Außerdem folgen Rechts- und Linksdrehung um das belastete Bein auch den beiden Instrumenten in ihren Veränderungen nach. So verläuft der Wechsel um die beiden Yin/Yang-Triebe als Positionen der Kreiszentren.

### *4.2.3* Bewegungslinien als Kreis, Kreissegment oder Bogen

Es wurde schon wiederholt erwähnt, daß die Körper- und Armbewegungen des T'ai-chi ch'üan immer drehend und bogenförmig verlaufen. Die Bewegungslinie der gesamten Soloform besteht folglich aus vielen verschieden großen, verbundenen Kreisen und Bögen. Meister Wu Yuting hat das früher als das »Geheimnis der vermischten Kreise«[175] bezeichnet. Die Hexagramm-Ordnung des I Ging folgt der Ordnungsmethode der spiralenförmigen runden Bewegungsart nach den Eigenschaften des Ganzzyklus. Die I Ging-Theorie benutzt einen Kreis, um die T'ai-chi-Substanz zu repräsentieren. Deshalb findet sich auch im T'ai-chi ch'üan der vom I Ging eingeführte Kreis, so daß der Gegner, ohne es zu wissen, in den Bereich der eigenen drehenden, kreisförmigen Handtechniken gerät, die Bewegungsfähigkeit verliert und schließlich bezwungen wird. Die Kreise verändern sich horizontal, diagonal oder vertikal, doch die Bewegungen gehen nicht über Bogendrehung, Achsdrehung und stimulierte Bewegung hinaus, immer der Bedeutung der Trigramme entsprechend. Weil diese Kreise und Bögen aus vielen verschiedenen, aber verbundenen Segmenten bestehen, sind ihre Veränderungen in der Anwendung zahllos. Allerdings gibt es drei Arten grundlegender Bogen- und Kreisformen: Halbkreise symbolisieren die zwei Instrumente, Viertelkreise die vier Erscheinungen und die anderen unbestimmten Bögen und Kreissegmente die acht Trigramme. Die Zentren der Kreise sind Mittelpunkte, die einmal als Stützpunkte, einmal als Kraftpunkte dienen. Das Ziel des spiralförmigen Jin-Ausstoßens und Angreifens geht immer von diesem Punkt aus, denn er ist die Zentralsubstanz des T'ai-chi. Das Zentrum der äußeren Bögen ist demnach der Gegner, während man selbst das Zentrum des inneren Kreises bildet. Der obere Kreis schützt vor einem Angriff unten, der untere Kreis vor einem Angriff oben.

### *4.2.4* Verbundene Kreise und Bögen eines Atemzuges

Die Bewegungen der T'ai-chi ch'üan-Figuren entstehen durch viele verbundene Kreise und Bögen; die Geschwindigkeit ist vorn und hinten immer gleich, denn erst so kann man die ganze Wirkung des Faustkampfes entwickeln. Ein angetriebenes Rad oder ein Propeller drehen sich auch ohne Motorantrieb noch eine Zeitlang weiter, weil die Eigendrehung um die eigene Achse sie in Bewegung hält. Je höher die Drehzahl ist, umso länger dauert es, bis ein Ruhepunkt erreicht ist. Aber erst durch fortwährende, ununterbrochene Drehung entsteht ihre Kraft. Wird diese auf halbem Weg gestoppt, wird sich die Kraft totlaufen. Der Kreis ist ein unveränderlicher Ganzkörper. Der ganze Körper folgt dem ›Kreislaufen‹. Im Kommentar zum Qian-Hexagramm findet sich: »Der Himmel in Bewegung ist Stärke. Der Edle zwingt sich zu ununterbrochener Aktivität... Den ganzen Tag aktiv und sich mühend, ein Wiederholen des rechten Weges.«[176] Dies verweist auf den Gebrauch des nicht ruhenden, sich drehenden Kreises. Im Heng-Hexagramm (Nr. 32) steht: »Der Weg von Himmel und Erde dauert sehr lange, ohne innezuhalten.«[177] Die Kreisbewegung ist also von langer Dauer. Im T'ai-chi ch'üan-›Klassiker‹ heißt es deshalb: »Man sollte keinen Mangel, kein Hervorstehen oder Einsinken und keine Unterbrechung zeigen... Alles muß in einem Atemzug ausgeführt werden... Der ganze Körper ist Gelenk für Gelenk verbunden, zeigt nicht die geringste Unterbrechung.«[178] Im ›Lied der Form und Funktion‹ heißt es: »Das Gongfu soll ohne Pause methodisch kultiviert werden.«[179] Diese Verbundenheit und die Ausdauer in der Faustkampftheorie beruhen auf der oben beschriebenen I Ging-Theorie. Meister Zheng Manqing sagte, daß die Faustkampfübung der Ausgeglichenheit und Harmonie bedarf, und er verwies auch immer wieder auf das ›durch einen Atemzug Verbunden-Sein‹. Diese Verbundenheit ist in den fünf Methoden zum Tasten nach Gefühl das Wichtigste, deshalb ist sie für die Anwendung von größter Bedeutung und ebenso maßgebend für die Bewegungen der 64 Figuren, die genau den Bedürfnissen des Körpers entsprechen. Daher muß die Kreisförmigkeit der gesamten Soloform, räumlich und zeitlich, für die Körpergesundung und für die Anwendung, unbedingt diese Verbundenheit von Vorn und Hinten aufweisen und ist in einem Atemzug auszuführen. An den Verbindungs- und Kontaktpunkten der vielen Kreise darf es somit ebenso wenig Unterbrechungen geben wie in der Regelmäßigkeit der gesamten Übung.

*4.2.5* ›Gesetztes‹ Handgelenk als Rundbogen des T'ai-chi

Die Ausführung des ›gesetzten‹ Handgelenks im T'ai-chi ch'üan ist besonders schwierig, und es gibt nicht sehr viele Übende, die diese Handhaltung verstehen; noch seltener findet man solche, die sie auch wirklich beherrschen. Das Geheimnis des gesetzten Handgelenks liegt im Kreis, denn der Handrücken bildet der Länge nach ein Segment eines großen imaginären Kreises, der durch eine Verlängerung der Fingerspitzen und der Handwurzel entstehen würde. Im Querschnitt des Handrückens ist der Wurzelknochen (os capitatum) des Mittelfingers der Höchstpunkt, der kleine Finger und der Daumen sind mit ihren Wurzeln (os hamatum und os trapezium) die zwei quer zur Hand zu verlängernden Punkte, so daß man sich die Hände im Querschnitt als Halbkreise vorstellen kann. In dieser Haltung ist die Wahrnehmung der eigenen und fremden Jin-Kraft sehr fein. Dies ist die Erscheinung des wechselnden Gefühls zwischen den beiden Instrumenten von Yin und Yang im T'ai-chi. Darin findet sich das Prinzip der gegenseitigen Verwurzelung von Yin und Yang. Berühren sich beide Hände, so bilden die beiden Halbkreise von Yin und Yang einen T'ai-chi-Körper aus.

*4.2.6* Einheit des runden Ganzkörpers in Ruhe und Bewegung
Die beiden Yin / Yang-Instrumente im Kreis des T'ai-chi sind ganz auf dessen Inneres konzentriert. Alle Bewegung und Ruhe beeinflussen deshalb den gesamten Körper. In den ›Mentalen Erklärungen‹ steht dazu: »Bewegt man sich, so gibt es nichts Ruhendes; ruht man, so gibt es nichts sich Bewegendes.«[180] Das T'ai-chi ch'üan ist dem mechanischen Antrieb eines Propellers recht ähnlich. Wenn der Yang-Bereich links vordringt, so kommt der Yin-Bereich nach rechts hinten. Nimmt der Yin-Bereich Kraft auf, so gibt sie der Yang-Bereich ab. Alle Bewegungen der Soloform laufen zwischen Jin-Ausstoßen und Neutralisieren hin und her. ›Ausweichen ist Ausstoßen, Ausstoßen ist auch Ausweichen; keine Position, die nicht bewacht wäre; kein Bereich der nicht attackieren könnte‹, diese treffende Darstellung beruht auf dem Urprinzip des T'ai-chi.

### *4.3 Natürliche Bewegungen und I Ging-Theorie*
›Natürlichkeit‹ ist der Ursprung des T'ai-chi in Flußkarte und Luoschrift. Alle großen und kleinen Bewegungshaltungen im Universum entwickeln ihre jeweilige Natürlichkeit. Erst wenn Bewegung oder Ruhe natürlich sind, können sie andauernd bewahrt werden. Die natürliche Bewegungskraft entsteht durch wechselseitiges Reagieren. Es gibt also keine selbständige Bewegung einzelner Bereiche. Zusätzlich kann sich durch die gegenseitige Kontrolle kein einzelner Bereich alleine bewegen. Geschieht das dennoch, wird man im Kampf unterliegen. Die Erscheinun-

gen der Trigramm- bzw. Hexagramm-Veränderungen, die Gegenseitigkeits- (Hu), Drehungs- (Pi), Vermischungs- (Cuo), Arrangement- (Zong), Durchdringungs- (Tong), Reaktions- (Ying) und Änderungs-(Bian)Trigramme u. a., symbolisieren genau die natürliche Bewegung der Dinge und Angelegenheiten. Sie alle bewegen sich oft in entgegengesetzten oder unterschiedlichen Richtungen. Die Wechselseitigkeit ist Ursache, aber keineswegs einseitiger Auslöser der Bewegung. T'ai-chi ch'üan beinhaltet nur natürliche Bewegungen, die ganz auf der I Ging-Theorie beruhen. Die Bewegungskraft entsteht durch Gefühl und Reaktion, und diese entstehen über den Hüftbereich. Die Hände folgen der Rumpfbewegung nach, bewegen sich aber nicht eigenständig. Auf diese Weise entsteht bereits eine Bewegung der Verbundenheit. Aus fortgesetzter Hüft- und Rumpfbewegung entsteht natürliche Bewegung, und diese leitet die Arme und Hände zur Ausbildung vieler verschiedener Anwendungen an.

*4.3.1* Keine Eigenbewegung der Hände im T'ai-chi ch'üan

Früher hat Meister Yang Zhengfu jedem seiner Schüler erklärt: »Bei der Übung des T'ai-chi ch'üan dürfen die Hände nicht eigenständig bewegt werden. Bewegt man sie aber doch unabhängig vom Rumpf, so ist dies kein T'ai-chi ch'üan.«[181] Dies wird auch schon im ›Klassiker‹ aufgezeigt: »Die Wurzel des Jin liegt in Füßen und Beinen, entsteht über die Oberschenkel, wird von den Hüften kontrolliert und zeigt sich in den Fingern; von den Füßen über die Schenkel zu den Hüften, alles muß in einem Atemzug ausgeführt werden.«[182] Die Hände sollen also nur nachfolgen, dürfen sich aber nicht selbst bewegen. Beide Hände und Arme zeigen zwar eine Bewegung, haben aber keine eigene Bewegungskraft. Die ›Mentalen Erklärungen‹ sagen dazu: »Durch den Verstand das Qi bewegen, durch das Qi den Körper bewegen.«[183] Auch hier wird belegt, daß die Hände sich nicht selbst bewegen; sie werden nur mitbewegt, zur Bewegung veranlaßt. Dies beruht auf ›vermischten Bewegungen von Körper und Armen‹, auf dem Prinzip ›vom Rumpf mitbewegt‹ oder auf ›Reaktion und Gegenreaktion‹. Bewegung, Ruhe, Leere und Gewichtung in dieser Art der Bewegung lassen jeweils Natürlichkeit entstehen, weshalb man auch von natürlichen Bewegungen spricht. Der Satz »Strekken und Beugen, Öffnen und Schließen erfolgen auf der Basis von

Natürlichkeit«[184] im ›Lied der Form und Funktion‹ hat genau diese Bedeutung zum Inhalt. Das T'ai-chi ist ursprünglich ein natürlicher Körper, in dem das Größte, aber auch das Kleinste enthalten ist. Erst wenn die Zentripedalbewegung am äußeren Umfang das Substanzzentrum beeinflußt, gibt es eine Reaktion. Folglich entstehen Gefühl und Reaktion, Bewegung und Ruhe immer aus dieser Substanz. Beeinflußt diese das Substanzzentrum nicht, so hat das keine Beziehung mehr zum Prinzip des T'ai-chi. Ruhe und Bewegung des T'ai-chi sind ganz natürliche Erscheinungen; anderenfalls handelt es sich um kein fundiertes T'ai-chi. Alle Hexagramm-Bedeutungen des I Ging beruhen auf weitsichtigen Beobachtungen und entstammen der Natur. Im ›Großen Appendix‹ steht: »Um die Qualitäten der 10000 Dinge zu klassifizieren.«[185] Außerdem heißt es: »Qian bewegt sich einfach, Kun reagiert äußerst leicht«[186], womit das Prinzip von der Natürlichkeit in Himmel und Erde angesprochen ist. Darum heißt es im ›Appendix‹ auch: »Einfachheit und Leichtigkeit im Extrem korrespondieren und passen zur natürlichen Tugend.«[187]

### *4.3.2* Ursprüngliche Raumposition als Erscheinung der Vermischungs-Trigramme

Ursprüngliche Raumposition bedeutet, daß sich zwar der Körper bewegen kann, die ursprüngliche Raumposition eines Gliedes, Gelenkes oder Teilbereichs des Körpers jedoch unverändert bleibt. Dies entspricht der Trigramm-Erscheinung des verminderten Yang, mit Bewegung in der Ruhe. Das verminderte Yang und der Ausgangskörper eines gemischten Trigramms verändern sich völlig, aber ihre Positionen bleiben jeweils unverändert. Beide Phänomene haben also die gleiche Bedeutung. Im Yang-Instrument des T'ai-chi gibt es den Yin-Trieb, im Yin-Instrument den Yang-Trieb. Deshalb muß es auch im Yang der acht Trigramme Yin geben, und im Yin wird auch Yang enthalten sein, so daß schließlich Vermischungs-Trigramme entstehen. Da weder Yin noch Yang allein ein eigenständiges Objekt ausbilden können, gibt es sowohl in den acht Trigrammen als auch in den 64 Hexagrammen immer die Veränderungen des gegenseitigen Vermischens. Ursprüngliche Raum- und Körperposition gehören beide zu den vermischten Bewegungen, die sich in den Positionen von Rumpf und Armen ausdrücken. Beide haben selbst Ruhe und Bewegung, die Positionen haben selbst Leere und Gewichtung. Im ›Klassiker‹ findet sich: »Leere und Gewichtung sind deutlich voneinander zu unterscheiden.«[188] Der ›Kommentar‹ erklärt: »Die Gelegenheiten von Bewegung und Ruhe.«[189] Im ›Lied der Form und Funktion‹ heißt es: »In der Ruhe liegt Bewegung, aus der Bewegung kommt die Ruhe.«[190] Auch die ›Mentalen Erklärungen‹ stimmen dem zu: »Was Veränderung genannt wird, ist nichts anderes als Gewichtung und Leere.«[191] Bewegung vermischt sich also mit Ruhe, Gewichtung mit Leere, und dies nennt man auch Vermischung von Yin und Yang.

### *4.3.3* Ursprüngliche Körperposition als Erscheinung von Arrangement-Trigrammen

Ursprüngliche Körperposition heißt, daß sich das ursprüngliche Verhältnis zwischen Händen, Armen und Rumpf nicht verändert, obwohl sich die Position ganzer Systeme im Raum verändern kann. Dies ist die Erscheinung des verminderten Yin als Ruhe in der Bewegung und hat die gleiche Bedeutung wie ›Zong‹-Trigramme, deren Position sich verändert, und zwar als ganzes Trigramm, ohne aber ihren Aufbau zu verändern. Wenn wir die Wechsel und Änderungen von Positionen und Richtungen in der T'ai-chi-Graphik betrachten, zeigen sich Unterschiede in den acht Trigrammen, die aus dem T'ai-chi entstehen. Natürlich gibt es aber auch gleiche Erscheinungen an verschiedenen Positionen, wodurch die ›Zong‹-Trigramme entstehen. Die Welt verändert sich durch die Einwirkungen von Raum und Zeit. Alle Objekte und ihre Erscheinungen folgen diesen Veränderungen nach. Wenn man diese Erscheinungen beobachtet, zusammenfaßt und beurteilt, findet man negative und positive Trigramm-Erscheinungen, deren Austausch man als ›Zong‹-Trigramm-Erscheinung bezeichnet.

### *4.3.4* Aufschweben und Absinken als Erscheinungen der Drehungs-Trigramme

Wenn in den Ch'üan-Figuren die Hände durch entspannte Schulter- und Ellbogengelenke gesenkt werden, spricht man von Absinken (Chen). Das Anheben des Qi und das damit verbundene leichte Steigen des Körpers heißt dagegen Schweben (Fu). Diese Erscheinungen haben mit der Bewegungsenergie von Rumpf und Armen nichts zu tun, sondern sind einzig Ausdruck des strahlenden Yin in Ruhehaltung und entsprechen dem Schweben und Sinken, Verringern und Anwachsen, den Veränderungen von Linien-Positionen in den ›Pi‹-Trigrammen. Wenn im Qian-Hexagramm eine Yin-Linie zunächst auf der ersten ursprünglichen Yang-Linie entsteht, dann aber auch auf der zweiten, dritten, vierten, fünften und sechsten Linie, werden daraus der Reihe nach die Hexagramme Gou (Nr. 44), Dun (Nr. 33), Bi (Nr. 12), Guan (Nr. 20), Bo (Nr. 23), bis zuletzt Kun (Nr. 2) entsteht. Wird in diesem zuerst auf der ersten Linie, dann auf der zweiten, dritten, vierten, fünften und sechsten Linie Yin zu Yang, verändert sich das Kun-Hexagramm zu Fu (Nr. 24), Lin (Nr. 19), Tai (Nr. 11), Da zhuang (Nr. 34), Guai (Nr. 43), bis schließlich wieder Qian (Nr. 1) entsteht. Das Aufschweben und Steigen der beiden Triebe des Yin und Yang geschieht geradlinig und wird als Anwachsen bezeichnet. Entsteht in Kun zuerst ganz oben, dann an fünfter, vierter, dritter, zweiter und erster Position ein Yang, verläuft die Veränderung über Bo, Guan, Bi, Dun, Gou zurück zu Qian. Erfolgt dieselbe Entwicklung mit Yin-Anwachsen von oben her im Qian-Hexagramm, lautet die Reihenfolge Guai, Da zhuang, Tai, Lin, Fu bis zu Kun. Dies ist das Absinken der beiden Yin-und Yang-Pole; es verläuft entgegengesetzt und wird Verringern und Absinken genannt (siehe Abb. 38).

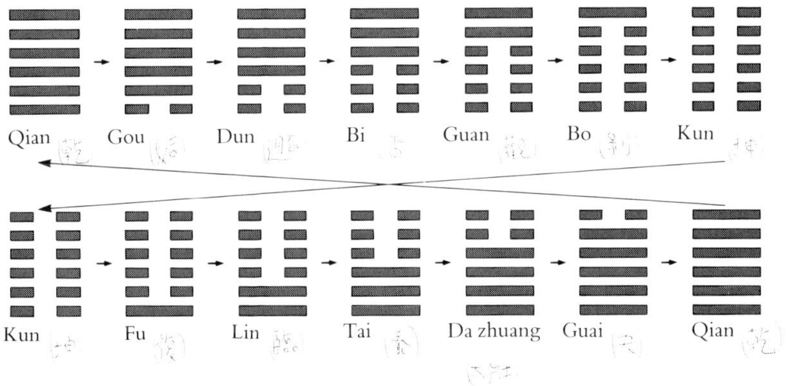


*Abb. 38: Erscheinung der ›Pi‹-Trigramme zwischen Qian und Kun*

Die um das T'ai-chi des früheren Himmels angeordneten Trigramme sind von Qian zu Dui, Li und Zhen geradlinig; sie symbolisieren ein Absinken. In den ›Erklärungen zu den Trigrammen‹ steht: »Die Zahlen der Vergangenheit sind geradlinig natürlich.«[192] Kun, Gen, Kan und Xun sind dazu entgegengesetzt, sie symbolisieren ein Schweben und Ansteigen. Die Erklärungen zu den Trigrammen sagen dazu: »Das Wissen der Zukunft ist entgegengesetzt (Ahnung).«[192] Hier zeigt sich das Prinzip vom sinkenden Yin und schwebenden Yang der I Ging-Theorie. Die Anwendung der Sink- oder Schwebebewegung in den Ch'üan-Figuren beruht vollkommen auf den Veränderungen der gegnerischen Bewegungshaltung. Im Lied vom ›Pushing Hands‹ heißt es: »Folgen oben und unten einander nach, so kann der Gegner nur schwerlich vordringen.«[193] Diese Aussage deutet genau auf das Ansteigen und Absinken in den Figuren und ihren Anwendungen.

### *4.3.5* Bewirkte Bewegungen als Erscheinung der Änderungs-Trigramme

Bei Bewegungen und Positionsveränderungen des Rumpfes werden die Arme und Hände in die gleiche Richtung mitbewegt. Obwohl sich nach der Mitbewegung der Arme der Rumpf nicht mehr bewegt, kann es doch sein, daß die Arme und Hände noch nicht zum Stillstand gekommen sind. Folglich sind Bewegungsrichtung, Geschwindigkeit und Abstand zwischen Rumpf und Armen nicht immer gleich. Das deutet darauf hin, daß die Bewegungen von Rumpf und Armen zusammen Erscheinungen des strahlenden Yang sind und sie der Bedeutung der ›Bian‹-Trigramme in der I Ging-Theorie entsprechen. Da das T'ai-chi oft Veränderungen der Bewegung und Ruhe aufweist, finden wir Yang ganz deutlich und Yin verborgen oder Yin erkennbar und Yang immanent. Das ist in etwa vergleichbar mit dem Reaktionsgesetz zwischen Säuren und Laugen in der Chemie, bei dem zwischen positiven und negativen (Yin / Yang) Ionen unterschieden wird. Hydroxyd-Ionen haben die Zahl 2 und sind Yin. Hydrogen-Ionen haben die Zahl 1 und sind Yang. Basische Flüssigkeiten sind Yin, Säuren sind Yang. Sind in einer Flüssigkeit mehr Hydrogen-Ionen als Hydroxyd-Ionen, handelt es sich um eine Säure, im anderen Fall um eine Lauge. Sind beide Ionenarten gleichstark vertreten, hat die Flüssigkeit neutralen Charakter.

Nehmen die Hydroxyd-Ionen zu, werden die Hydrogen-Ionen weniger, so daß die Flüssigkeit zur Base wird. Nehmen die Hydrogen-Ionen zu, werden die Hydroxyd-Ionen weniger, und es entsteht eine Säure. In einer Flüssigkeit können beide Ionenarten nicht gleichzeitig zunehmen oder sich verringern. Bei den Yin- und Yang-Polen der Elektrizität zeigt sich die gleiche Erscheinung; die Polung wird durch Zunehmen und Abnehmen der Elektronen bestimmt. Auch in den Yin/Yang-Linien der acht Trigramme findet dieser Vorgang statt. Bewegt sich eine Linie, zieht sie eine Linie einer anderen Position innerhalb des gleichen Trigramms oder eine Linie auf gleicher Position in einem anderen Trigramm nach. So zeigen sich die gegenseitigen Veränderungen von Yin und Yang. Verändern sich die Linien, ändern sich auch die Trigramme. Im ›Großen Appendix‹ des I Ging ist zu lesen: »Härte und Weichheit bedingen einander und bewirken Veränderungen«[194], ein Hinweis auf die Veränderung der Linien. Tauschen sich zwei benachbarte Linien in einem Hexagramm aus, gehört diese Erscheinung zu den schon erwähnten ›Pi‹-Trigrammen, dem Verringern und Anwachsen von Yin und Yang. Vertauschen sich zwei Linien mit gleichen Positionen in den zwei Trigrammen eines Hexagramms, fallen diese Veränderungen unter den Bereich ›Ying‹-Linien, wo Yin- und Yang-Linien aufeinander reagieren. Hier soll gezeigt werden, daß sich austauschende Linien mit gleichen Positionen in verschiedenen Trigrammen ›Bian‹-Trigramme bewirken. Sinkt die mittlere Linie des Qian auf die Mittelposition von Kun, so entsteht Kan, und aus dem Qian wird Li. Dringt die oberste Linie von Kun in Qian ein, entsteht Dui, und Kun wird zu Gen. Nach der Veränderung entstehen eigene Erscheinungen, ohne sich noch einmal gegenseitig zu beeinflussen. Diese symbolisieren also bewirkte Bewegung (ein Mitbewegt-Werden). Bewirkte und selbst stimulierte Bewegungen in den Ch'üan-Figuren beruhen auf der Bewegungskraft aus dem Rumpf. Die Hände aber werden nur mitbewegt und haben keine Eigenbewegung. In den ›Mentalen Erklärungen‹ heißt es: »Kraft entsteht aus dem Rückgrat... In allen Bewegungen, mitbewegt oder selbständig, vorwärts oder rückwärts, das Qi haftet immer am Rücken«[195], eine Verdeutlichung dieser beiden Arten von Bewegung. Immer jedoch liegt die Kontrolle beim Rumpf, und die Hände bewegen sich nicht selbständig.

### 4.3.6 Stimulierte Bewegung als Erscheinung der mittleren Linien in Gegenseitigkeits-Trigrammen

Stimulierte Bewegung wird als ›Folgeaktion, vordringend‹ bezeichnet. Wenn vor der Beendung bzw. vor dem Stillstand einer bewirkten Bewegung eine zweite, dritte oder noch mehr Bewegungen angefügt werden, die ebenfalls nicht eigenständig sind, kann man auch von bewirkten Bewegungen über einen größeren Abstand und über einen längeren Zeitraum sprechen. Wenn z. B. der Rumpf die Arme zur Bewegung veranlaßt und gleichzeitig der ganze Körper seine Position verändert, vollführen die Arme im Verhältnis zum Rumpf eine bogenförmige Bewegung. In Wirklichkeit aber folgt das Vordringen der Arme im Raum nicht einem Bogen oder Kreis, sondern sie beschreiben eine wellenförmige oder gewundene Bewegung. Diese stimulierte Bewegung kommt durch die Verbindung einer vorderen und einer hinteren bewirkten Bewegung zustande. So entsteht eine neue Bewegungsart, die mit der Bedeutung der ›Hu‹-Trigramme im I Ging exakt übereinstimmt. Da im ›Hu‹-Trigramm aus den mittleren Linien des Hexagramms, der zweiten, dritten, vierten und fünften Linie, durch Verbindung ein neues Trigramm bzw. Hexagramm entsteht, Schritt für Schritt von der untersten bis zur obersten Linie, gleicht dieser Vorgang der stimulierten Bewegung.

### 4.3.7 Ausgenutztes Vordringen als Erscheinung der Durchdringungs-Trigramme

1. Wenn nach einer bewirkten Armbewegung in dem Moment, da die ursprüngliche Bewegung des Rumpfes zum Stillstand kommt, die Arme wegen der Masseträgheit jedoch immer noch nach vorne stoßen, die Schultern und Ellbogen nachfolgen und weiter vordringen, ohne aber das Kraftmaß der bewirkten Bewegung zu vergrößern, können die Arme ohne Unterbrechung weiter nach vorn stoßen. 2. Wenn die Schultern und Ellbogen sofort nach einer bewirkten Armbewegung weiter vordringen, verringert sich die ununterbrochene Vordringgeschwindigkeit der Arme nicht, sondern kann sogar noch gesteigert werden. 3. Erfolgt dieses Nachfolgen von Schultern und Ellbogen erst später, kann deren Vordringen zwar auch noch verlängert werden, aber ihre Geschwindigkeit wird sich bereits verringern.

Dies sind die drei Arten einer ausgenutzten Aktion zum Vordringen. Die weitere Aktion nach einer bewirkten Bewegung wird verbunden mit der unteren Stützkraft angewandt, so daß ein ununterbrochenes Vordringen entsteht. Die ›Tong‹-Trigramme sind eine Unterform der ›Pi‹-Trigramme im I Ging: »In sieben Tagen kehrt es wieder.«[196] Zur Bestimmung der Erscheinung und Bedeutung der acht Trigramme dient hauptsächlich die Veränderung der Mittelposition. Im Ji ji-Hexagramm, 6 an zweiter Stelle, steht: »In sieben Tagen findet man es, und zwar durch den Mittelweg.«[197] Im Hexagramm sind unterste und oberste Linien keine Mittelpositionen. Verändert sich die Anfangslinie, also die unterste, so wird die oberste Linie nach unten gezogen, und die ursprünglich erste Linie kommt in eine Mittelposition. Verändert sich die oberste Linie, so wird die unterste Linie nach oben gezogen, und die ursprüngliche sechste Linie kommt in eine Mittelposition. Im ›Großen Appendix‹ heißt es: »Die Schafgarbenstengel werden getrennt, um ihre Zahlen festzustellen; die drei Wechsel werden vollzogen, bis sie Zeichen des Himmels und der Erde bilden.«[198] Weiter ist dort zu lesen: »Unter den Dingen, die sich ändern und Einfluß haben, gibt es keine größeren als die vier Jahreszeiten. Unter den am Himmel schwebenden klaren Erscheinungen gibt es keine größeren als Sonne und Mond.«[199] Die grundlegenden vervollkommnenden Zahlen des T'ai-chi sind 3 und 6. Das T'ai-chi ist rund. Rundheit bedeutet Kreisförmigkeit. Sonne, Mond und die vier Jahreszeiten wandern in Kreisläufen und sind nie ruhende Erscheinungen. Die Phänomene des runden Durchdringens der obersten und untersten Linien eines Hexagramms stimmen vollkommen mit der Bedeutung des ausgenutzten Vordringens im T'ai-chi ch'üan überein.

### *4.3.8* Reaktionsbewegung als Erscheinung reagierender Linien

Wenn zwei Kräfte mit entgegengesetzten Richtungen aufeinandertreffen, spricht man im T'ai-chi ch'üan von Gegenaktion mit Kraft. Das Resultat ist eine Gegenbewegung mit starker Erschütterung. Im T'ai-chi ch'üan und seinen Figuren gibt es keine solche Bewegungen. Wenn sich eine große und eine kleine Kraft mit gleicher Richtung treffen, kann die kleine Kraft einen Teil der großen Kraft abstreifen. Wenn sich gleichzeitig eine weitere kleine Kraft von einer Seite, in einem 30 Grad- oder größeren

Winkel, mit der großen Kraft vereint, kann die große Kraft aufgehoben bzw. in ihrer Richtung verändert werden. Für den menschlichen Körper bedeutet dies, daß diese zweite kleine Kraft aus einer Reaktion stammt, die auf einem Gefühl für die erste kleine Kraft beruht. Da links und rechts, oben und unten aufeinander reagieren, nennt man dies Reaktion auf Kraft. Das entspricht den Wirkungen der reagierenden Linien, da diese eine Reaktion zwischen Yin / Yang-Linien gleicher Position im äußeren und inneren Trigramm einschließen. Falls gleiche Positionen jeweils Yin- oder Yang-Linien sind, ist die entstehende Reaktion eine Erschütterung, wie sie auch bei Gegenaktionen mit Kraft auftritt. Wenn aber gleiche Positionen eine Reaktion von Yin mit Yang bewirken, repräsentiert eine Yang-Linie große Kraft, während Yin für die beiden kleinen Kräfte steht. Die Seite, die eine Aktion aufnimmt, kann folglich eine Gefahr in Sicherheit verwandeln.

### *4.3.9* Vier Erscheinungen in natürlichen Bewegungen

Alle oben beschriebenen natürlichen Bewegungen umfassen normalerweise nur vier Erscheinungen: 1. Unveränderte Position der Hand (Arm) im Raum: Im Bewegungsumfang der Ch'üan-Figuren ist dies eine bereichsweise Ruhehaltung (der Rest des Körpers bewegt sich) und entspricht dem verminderten Yang der vier Erscheinungen. 2. Unveränderte Position der Hand (Arm / e) im Verhältnis zum Körper (der Körper bzw. das ganze System ist in Bewegung): Dies ist Ruhe in der Bewegung und entspricht vermindertem Yin. 3. In Ruhehaltung folgt die Hand (Arm/e) der Erdanziehungskraft und sinkt: Dies hat mit eigener Bewegungskraft nichts zu tun und entspricht dem strahlenden Yin. 4. Die Hand (Arm / e) folgt der Masseträgheit und bewegt sich: Weil sich Rumpf und Hände gleichzeitig bewegen, entspricht diese natürliche Bewegung dem strahlenden Yang. Die Bewegungen der Soloform-Figuren kennen also die vier Erscheinungen, die aus beiden Instrumenten entstehen. Deren Ursprung ist das T'ai-chi.

### *4.3.10* Position der Faustkampfübung und Anpassung der ›Himmelszahlen‹

Im menschlichen Leben gibt es nur die zwei Grundsituationen des Sich-Anpassens (in gleicher Richtung) oder des Sich-Entgegenstellens (in entgegengesetzte Richtung). Beide drücken Yin oder

Yang aus. Beide bilden Wellen oder Kurven, also wechselnde Kreisläufe. Folgen und Sich-Anpassen ist eine Yang-Eigenschaft und entspricht der aufsteigenden Linie in Hexagrammen. Sich-Gegenbewegen ist eine Yin-Eigenschaft und entspricht der absinkenden Linie. Das erstere bedeutet Gesundheit und Freude, das letztere steht für Krankheit und Unheil. Genauso verhält es sich in der I Ging-Theorie mit Überfluß und Leere, Vergehen und Anwachsen und ihren Veränderungen. Die Ursachen dieser Veränderungen unterliegen der Kontrolle durch das Universum und entstehen auch daraus; sie werden also von Raum und Zeit definiert. Auf dieser kleinen, sich drehenden Erdkugel verändern wir Menschen uns unaufhörlich, der Zeit folgend, auch in unserer räumlichen Position. Aus diesem Grund sind Bewegung und Ruhe in dieser sich ändernden Umgebung in ständigem Wechsel begriffen. Man spricht auch von ›Himmelszahlen‹, die ein natürliches Gesetz ausdrücken. Wie die Strahlung entfernter Sterne beeinflussen auch Wind, Elektrizität, Wasser und Feuer andauernd unser Leben. Wenn man sich der Bewegung und Position der Gestirne anpassen kann, bleiben die Phasen der Bewegung und Ruhe erhalten und bewahrt, so daß ein langes, gesundes, Leben geführt werden kann. Sind im Gegensatz dazu Ruhe und Bewegung unregelmäßig, vermag man sich nicht an die natürliche gute Situation und an die angemessene Zeit anzupassen; man wird eine gegengesetzte Bewegung aufnehmen und darunter leiden. Die Evolutionstheorie von Charles R. Darwin (1858), in der aufgezeigt wurde, daß Lebewesen durch ein Eliminieren des Schwächeren leben oder vergehen und nur eine Minderheit sich den rasanten Entwicklungen und Veränderungen anpassen kann, stimmt mit der 2000-jährigen Konzeption des Konfuzianismus überein. Dort heißt es, daß Leben und Tod der Natur nachfolgen. Im Daoismus wird deshalb besonders die Methode der Übung betont, die eine Anpassung an das natürliche Leben bewirken soll und kann. Die Daoisten erkannten die Richtung des natürlichen Gesetzes durch das Prinzip der himmlischen Zahlen in der I Ging-Theorie. Dadurch paßten sie sich der Zeit und der angebrachten Position an und lebten so länger. So können auch wir nach langer Übung der Ch'üan-Prinzipien unser Gefühl für die Wahl der rechten Zeit und des rechten Ortes verbessern.

### *4.4 Besondere Anwendung der äußeren Weichheit und inneren Härte*

Alle Objekte, deren Körperaufbau außen weich und innen hart ist, können sich an die Umwelt anpassen, lange existieren und anwachsen. Denn äußerlich weiche Objekte können bei einem Kontakt mit äußerlich harten Objekten Verletzungen vermeiden. Damit überwinden sie alle Probleme und bewahren somit ihre Existenz. Innere Härte ist ein Punkt allmählicher Entwicklung. Bewahrt man äußere Weichheit, können auch deren Mängel ersetzt und ausgeglichen werden. Alle niederen Lebewesen mit kurzer Lebensdauer haben äußerlich einen harten und innerlich einen weichen Körperaufbau. Höhere Lebewesen mit längerer Lebenserwartung weisen dagegen einen äußerlich weicheren und innerlich festen Körper auf. Im Hexagramm-›Kommentar‹ des I Ging werden – nach genau dieser Logik – die Mittellinie und die Mittelposition besonders betont. Im ›Großen Appendix‹ heißt es: »Die Unterscheidung von Sein (vorteilhaft) und Nichtsein (nachteilig) wird allein durch die Mittellinie getroffen.«[200] Weiter ist zu lesen: »In Yang-Trigrammen gibt es nur einen Herrscher und zwei Untergebene, der Weg des Edlen. In Yin-Trigrammen gibt es zwei Herrscher und einen Untergebenen, der Weg des geringeren Menschen.«[201] Diese Zitate verweisen auf die Wichtigkeit der inneren Festigkeit und äußeren Weichheit. Die Wirkungen der Körpergesundung und Selbstverteidigung im T'ai-chi ch'üan entspringen diesem Sachverhalt.

#### *4.4.1* Gefestigter Geist innen, Behagen und Wohlgefühl außen

Jede Bewegung im T'ai-chi ch'üan erfordert die Konzentration des ganzen Geistes auf das Zentral-Qi. Mit Verstand und Gefühl wird das Dantian gehütet. Der Elan erschlafft nicht, gleichzeitig blicken die Augen nach innen; das Qi muß entspannt geweckt werden, es muß aufsteigen und wieder absinken. Die Bewegungen von Armen und Rumpf zeigen eine ganz natürliche Entspanntheit und Wohlbefinden. Dies ist exakt das Prinzip der inneren Festigkeit und äußeren Weichheit in der I Ging-Theorie. In den ›Mentalen Erklärungen‹ steht dazu: »Kann man den Geist anheben, so gibt es keine Sorge um Trägheit ... Die Vorstellungskraft des ganzen Körpers ist beim Elan, nicht bei dem Qi ... Innen gefestigter Geist, außen Behagen und Wohlgefühl.«[202] Auch im ›Klassiker‹ findet sich eine Stelle dazu: »Der ganze Körper muß leicht und beweglich sein, er braucht völlige Verbundenheit; das Qi soll stimulieren, der Geist soll nach innen gerichtet sein.«[203] Für die Übung der Soloform ist ein ruhiger Geist am wichtigsten, denn dann ist man leer und beweglich. Dies ist ein Beispiel für den nach innen gerichteten Geist. Aber ohne Entspannen der Gelenke im Äußeren kann diese besondere Haltung nicht entstehen.

### *4.4.2* Entspannen und Sinken zur Kontrolle des Zentrums

Je mehr Gelenke, Sehnen, Bänder und Muskeln des gesamten Körpers entspannen und sich öffnen können, um so tiefer kann das Schwerkraftzentrum absinken. Ein abgesenktes Zentrum kann die Stabilität des Körpers erheblich steigern, denn ein entspannter, weicher Rumpf und eben solche Arme können vom Gegner nicht ergriffen werden. Ist der Körper so stabilisiert, kann er nicht leicht gestoßen und bewegt werden. Stabilität bedeutet, daß das Schwerkraftzentrum fortwährend und unbewegt in einer Zentralposition bewahrt wird. Ist der Rumpf aufrecht und ausbalanciert, so liegen alle Wirbelsäulenknochen flach aufeinander, und man bedarf keiner Muskelstützung zum Aufrechthalten des Körpers. Auch wird es so zu keiner Rück-, Vor- oder Seitenneigung kommen. Wie in der aufrechten Stellung das Kniegelenk ziemlich entspannt ist, müssen sich alle Muskeln ganz öffnen und entspannen, d. h. man muß die Knochen sich direkt und gerade aufeinander stützen lassen. Genauso müssen beim Jin-Ausstoßen Schulter- und Handgelenkmuskeln entspannt werden, damit nur über gerade aufeinandergestützte Gelenke und Knochen gestoßen wird. Diese Methoden sind eine Anwendung der Stabilität von äußerer Weichheit und innerer Festigkeit. Im ›Kommentar zum T'ai-chi ch'üan‹ steht: »Ein leerer Nacken, das Jin bis zum Scheitelpunkt, das Qi im Dantian, nicht einseitig geneigt, nicht verborgen, nicht erkennbar.«[204] Der ›Klassiker sagt dazu: »Über die Füße zu den Schenkeln, zu den Hüften, alles in einem Atemzug. Bewegt man sich so vor oder zurück, dann erreicht man gute Gelegenheiten und vorteilhafte Positionen. Erreicht man diese nicht, ist der Körper nicht geordnet, und die Fehler sind in Hüften und Schenkeln zu suchen.«[205] Diese Zitate beziehen sich alle auf das Zeichen ›Zhong‹ (Mitte). Die Zentrumssubstanz des T'ai-chi ist in der Mitte und geht aus dem Zentrumskreis trotz dauernder

Veränderungen von Yin und Yang nicht hinaus. Im ›großen Appendix‹ wird dieses Prinzip so formuliert: »Härte und Weichheit stimulieren einander (die Linien stoßen einander), und die Veränderungen finden zwischen ihnen statt.«[206] Weiter heißt es: »Weichheit und Härte haben ihre festen Positionen.«[207] Dies deutet darauf hin, daß die Stabilität die Zentrale der Veränderungen von Weichheit und Härte kontrollieren kann. Deshalb müssen Außen und Innen, Weichheit und Härte deutlich unterschieden werden, erst dann kann die zentrale Stabilität lange bewahrt werden.

*4.4.3* Deutliche Unterscheidung von Leere und Gewichtung
Schon Altmeister Wu Jianquan sagte: »In der gesamten Soloform des T'ai-chi ch'üan tritt immer nur ein Bein fest auf dem Boden auf. Tragen gleichzeitig beide Beine das Körpergewicht, so ist dies nicht T'ai-chi ch'üan.«[208] Auch Meister Zheng Manqing zeigte immer deutlich auf, daß man bei beiden Beinen klar Leere und Gewichtung unterscheiden muß und die Arme dazu diagonal versetzt gewichtet oder leer sein müssen. Im ›Klassiker‹ heißt es: »Leere und Gewichtung sollen deutlich unterschieden werden; jeder Bereich hat in sich selbst wieder Leere und Gewichtung. Alle Bereiche unterliegen diesem Prinzip.«[209] Im ›Lied der Form und Funktion‹ steht dazu: »Verlagerung und Veränderung von Leere und Gewichtung bedürfen der geistigen Aufmerksamkeit.«[210] Die ›Mentalen Erklärungen‹ sagen: »Vorstellungskraft und Qi müssen sich austauschen und flexibel sein; dann gibt es den Vorteil der runden Aktivität. Dies liegt eben in der Veränderung von Leere und Gewichtung.«[211] Die Unterscheidung ist also im T'ai-chi ch'üan besonders wichtig; Leere und Gewichtung sind das Yin und das Yang und beruhen auf dem Prinzip der beiden Instrumente des T'ai-chi. Der das Gewicht tragende Fuß tritt fest auf dem Boden auf und kann nicht verändert werden; er drückt die Ruhehaltung aus und entspricht dem Yin. Der andere Fuß berührt ungewichtet den Boden und kann nach Belieben gestreckt, gehoben, gesenkt oder zum Stoß verwendet werden. Er zeigt Bewegungshaltung und steht für das Yang. In der schon beschriebenen Technik der Schrittveränderung, der Methode nach der Sternbewegung innerhalb des T'ai-chi-Kreises, ist der belastete Fuß das Kreiszentrum; er benutzt hartes Jin. Der unge-

wichtete Fuß kann den Kreis beschreiben; er gebraucht weiches Jin. Dies ist die Verkörperung des I Ging-Prinzips von Yin im Inneren, Festigkeit, und Yang im Äußeren, Weichheit.

*4.4.4* Ruhe und Bewegung in den Handtechniken

In den Handtechniken muß es nach der I Ging-Theorie, wie im obigen Kapitel über die natürliche Bewegung dargestellt, in jeder Position der Arme die Unterscheidung von Bewegung und Ruhe geben. Erst so entstehen die Veränderungen und Wechsel. Es gibt aber noch einen weiteren, sehr großen Vorteil. Auch bei der Anwendung der fünf Methoden zum Tasten nach Gefühl bedarf es dieser Unterscheidung von Bewegung und Ruhe. Beide sind Yin und Yang, Leere und Gewichtung. Der Ch'üan-›Kommentar‹: »Entsteht Druck links, so leert man sich links; wird rechts gedrückt, so entspricht man rechts durch Leere.«[212] Dies ist Leere und Gewichtung in Rumpf und Armen. Aber ihre Bedeutung in den Handtechniken unterscheidet sich stark von der Bewegung und Ruhe an sich. Letztere deuten auf die Ch'üan-Figuren im Verhältnis zur Raum- und Körperposition. Leere und Gewichtung aber zeigen die Unterscheidung von leicht und schwer im Kontakt zwischen zwei Personen auf. Während der Soloform gibt es in den Handtechniken also keine Gewichtung oder Leere, sondern nur Bewegung und Ruhe. Erst im ›Pushing Hands‹ werden Leere und Gewichtung, Bewegung und Ruhe verbunden und angewendet. Gewichtung wird dann zur Bewegung, Yang; Leere wird zur Ruhe, Yin. Dies verhält sich zur Leere und Gewichtung, Bewegung und Ruhe der Fußtechniken genau entgegengesetzt. Leere und Gewichtung in den Händen und Füßen verlaufen überkreuz und bilden eine Diagonalerscheinung. Yin und Yang, Bewegung und Ruhe zeigen sich auf der rechten und linken Seite als gleichmäßige Erscheinung. Dies ist das Phänomen aus der I Ging-Theorie, eine notwendige Linienveränderung von oben und unten, Yin und Yang. In den Handtechniken sind Gewichtung und Bewegung hart, und es gibt nur je einen Stütz- und Berührungspunkt. Die Zentren zweier Könner sind dadurch aufrecht zentriert. Leere und Ruhe zeigen sich in einer weichen Hand, die nur äußerlich unterstützt, als eine vorzügliche Anwendung von äußerer Weichheit und innerer Festigkeit. Im ›großen Appendix‹ steht dazu: »Bewegung und Ruhe sind regelmäßig, dadurch entsteht die Entscheidung zu Härte oder Weichheit.«[213] Weiter findet sich dort: »Stärke und Weichheit vermischen sich, und die acht Trigramme spalten sich (zu den 64 Hexagrammen) auf.«[214] Die acht Trigramme verweisen auf die acht Handtechniken. Bewegung und Ruhe, Härte und Weichheit in Rumpf und Armen sind also immer in Veränderung und Wechsel verstrickt, nicht fest oder unveränderlich.

### *4.4.5* Stabilisierte Jin-Kraft und innere Härte

Die gefestigte Jin-Kraft in den Schrittechniken zeigt sich in dem belasteten, fest auftretenden Bein. In den Handtechniken ist das gefestigte Jin an der festen, unveränderlichen Haltung des Schulter-Ellbogen-Handgelenk-Systems zu erkennen. Das gefestigte Jin des gesamten Körpers findet sich in der aufrecht ausgerichteten Wirbelsäule. Nach langer Übung und wenn man immer auf entspannte, geöffnete Gelenke achtet, wird man diese drei Arten der gefestigten Jin-Kraft automatisch entwickeln. Die erste wird sich als Wurzelkraft der Beine stabilisieren und zeigen. Das belastete, fest auftretende Bein erzeugt Wurzeln und wird fest wie eine Steinsäule. Die Fersenposition wird zum Zentrum der senkrechten Körperachse, trägt zur inneren Festigkeit bei und stabilisiert den Körper; so läßt er sich durch äußere Kraft nicht leicht bewegen. Das andere Bein berührt im Umfeld um das belastete den Boden, ganz entspannt und mühelos; es entspricht der äußeren Weichheit. Die zweite Art von Jin wird nach hinreichender Übung die Knochensysteme beider Arme kräftigen und das besondere Jin entwickeln. Wenn der angehobene Arm auf diese Weise stabilisiert wird, kann seine räumliche oder körperliche Position und Haltung gefestigt werden, so daß sie sich nicht mehr verändert. Die Armknochen werden stabil wie eine Stahlkonstruktion. Auch wenn eine äußere Kraft daran zerrt, verändert der Arm seine Position nicht, und die Muskeln des Armbereichs bleiben ganz entspannt, weich wie Watte oder Wasser. Berührt man die Muskeln von außen, fühlt man, daß sie bis auf die Knochen locker sind. Hier zeigt sich, daß die Jin-Kraft-Wege mit innerer Härte über die Knochen verlaufen, während die Qi-Leitbahnen mit äußerer Weichheit in den Muskeln zu finden sind. Durch Diagonalverbindung der Jin-Kraft in den Armen und Beinen entsteht die dritte Art des Jin, nämlich die Stabilität des gesamten Körpers.

Der Rumpf ist dann wie eine Steinsäule, so fest wie ein tief verwurzelter Baum. Der Körper kann weder durch Ziehen noch Stoßen versetzt oder bewegt werden. Die Atmung ist ausgeglichen, man verfügt über Witz und Schlagfertigkeit und ist so entspannt, als ob man keinen Angriff zu neutralisieren hätte. Diese Art von Jin-Leitung in Wirbelsäule und Knochen bildet die innere Festigkeit. Entspannung von Geist und Atmung zeigen sich als äußere Weichheit. Die Kraftquelle und der Vorteil dieser drei Arten stabilisierter Jin-Kraft beruhen auf innerer Spannung und äußerer Weichheit. In den ›Mentalen Erklärungen‹ findet sich dazu folgendes: »Durch extreme Weichheit erreicht man extreme Härte«[215]; dies verdeutlicht genau die Methodik der äußeren Weichheit und inneren Härte. Die Veränderungen und Wechsel des T'ai-chi von Härte zur Weichheit und umgekehrt wurden schon ausführlich besprochen. Jetzt soll noch aufgezeigt werden, wie man Körper und Position durch zentrale Stabilität ausgerichtet und ohne Neigung beibehält.

### *4.4.6* Erscheinungen von Härte und Weichheit im großen Austausch zwischen Qian und Kun

Im Mutterleib sind der Kopf des Embryos schwer und seine Beine leicht. Deshalb liegt er in der Regel mit dem Kopf nach unten. Im I Ging wird diese ›Kopf-nach-unten‹-Position durch das Hexagramm Bi symbolisiert, das zum Tai-Hexagramm genau umgekehrt ist und durch dieses stabilisiert wird. Nach der Geburt wiederholt sich die Symbolik von Bi, d. h. der Säugling kann sich nicht aufrichten und fortbewegen. Erst im Laufe der Zeit wächst der Körper langsam, so daß die Beine schwerer werden und der Kopf leichter wird. Die Schenkel können das Körpergewicht mehr und mehr tragen. In den Hexagrammen wird dies in der Entwicklung von Bi (Nr. 12) über Wuwang (Nr. 25), Lu (Nr. 56) und schließlich bis Qian symbolisiert, der Erscheinung des Erwachsenen. Dann führt der Prozeß über Xiao chu (Nr. 9), Da chu (Nr. 26) zu Tai (Nr. 11), dem Symbol der mittleren Lebensjahre. Die Fortführung über Gou (Nr. 44), Dun (Nr. 33) bis zu Bi (Nr. 12) zeigt den Bereich des Alters an. Zuletzt beobachtet man bei Bo (Nr. 23) schließlich ein Verschwinden des Yang-Qi, so daß das reine Yin-Hexagramm Kun (Nr. 2) entsteht. Erreicht der Mensch das Bi-Hexagramm, wird der Kopf wieder schwerer und die Beine leicht, bis sie allmählich das Körpergewicht nicht mehr tragen können. Der Gang wird kraftlos, und die Gesundheit ist verschwunden. Das Ziel der T'ai-chi chüan-Übung ist es nun, auch noch im Alter wieder die Erscheinung des Tai-Hexagramms zu erreichen. Daher versucht man am besten schon in mittleren Jahren den Zustand von Tai zu bewahren. Die Gelenke des Körpers müssen durch Training weich wie Watte oder wie Weidenbäume werden; das Körpergewicht soll immer nur von einem Bein gestützt werden. Die Beine sollen wurzeln, wie eine Stahlkonstruktion verstrebt ist. Da der Mensch lange auf der Erde, dieser T'ai-chi-Kugel, lebt, entsprechen die Fußsohlen dem Innen und die Kopfspitze dem Außen. Wenn man in der Übung des T'ai-chi ch'üan Erfolge erreicht, zeigt sich das in einem äußerlich weichen und innerlich gefestigten Körper, was auch im Tai-Hexagramm mit den entsprechenden Eigenschaften symbolisiert wird.

### 4.5 *Faustkampftheorie der ›gegengesetzten Ebenmäßigkeit‹*

Schiffe müssen bei ihrer Fahrt immer ein Gleichgewicht von links, rechts, vorn und hinten bewahren. Erst so können exakte Geschwindigkeit und absolute Sicherheit gewährleistet werden. Geht dieses Gleichgewicht verloren, entsteht eine gefährliche Situation, und auch die Geschwindigkeit kann nicht mehr kontrolliert werden. Ähnlich verhält es sich mit dem grundlegenden Prinzip der gegengesetzten Ebenmäßigkeit des T'ai-chi. Wie Sonne, Mond und die Planeten auf ihren Umlaufbahnen wird auch das Leben aller Pflanzen und Tiere von diesem Prinzip regiert. T'ai-chi ch'üan betont die zentrale Stabilität ohne einseitige Neigung sehr stark, indem z. B. beim Vordringen oder Zurückschreiten das Schwerkraftzentrum kontrolliert wird. Die Anpassung der Zahlentheorie der neun Farben aus der Luoschrift und der Trigramm-Positionen in der T'ai-chi-Graphik des früheren Himmels ist die Basis dieser Gesetzmäßigkeit. Deshalb findet sich dieses gegenseitige Gleichgewicht auch in allen Figuren und Bewegungen des T'ai-chi ch'üan. Ebenso lernt und erstrebt man dieses Gleichgewicht in der Übung des ›Pushing Hands‹, um durch die Wirksamkeit der eigenen Stabilität die Kontrolle über den Gegner zu erlangen.

### *4.5.1* Symmetrisches Gleichgewicht zur Kontrolle des Schwerkraftzentrums

Symmetrie zeigt sich auch im Gebrauch eines horizontalen Hebels. Ist man symmetrisch ausgewogen, wird der Körper automatisch in ein Gleichgewicht gelangen, und das Schwerkraftzentrum geht nicht verloren. Die Tricks der Artisten im Zirkus, das Steigen auf freistehende hohe Leitern oder die Fähigkeit, sich ohne Sicherung weit überzubeugen, funktionieren, weil diese Spezialisten ihre Schwerkraftzentren sehr gut kontrollieren können und daher nicht fallen. Sie haben viele erstaunliche Fähigkeiten in ihrem Repertoire, und durch Perfektionierung ihrer Zentrumskontrolle können sie laufend neue Bewegungen erfinden. Sobald sie aber die Kontrolle über ihre Körperzentren verlieren, geraten auch sie in Gefahr. Im T'ai-chi ch'üan ist das Schwerkraftzentrum ebenso wichtig. Das Prinzip zur Kontrolle des Zentrums beruht auf dem symmetrischen Gleichgewicht. Deshalb sind die Bewegungen der Ch'üan-Figuren oben und unten, vorn und hinten, links und rechts immer symmetrisch ausgewogen. Im ›Klassiker‹ heißt es: »Gibt es ein Oben, dann auch ein Unten; gibt es ein Vorn, dann auch ein Hinten; gibt es ein Links, dann auch ein Rechts.«[216] Der Ch'üan-›Kommentar‹ ergänzt: »Ein leerer Nakken und Jin bis zum Scheitelpunkt, das Qi im Dantian.«[217] Das ›Lied der Form und Funktion‹: »Die Veränderungen und die Wechsel von Leere und Gewichtung bedürfen der Aufmerksamkeit des Geistes.«[218] Alle Zitate deuten auf die Wichtigkeit des symmetrischen Gleichgewichts, ebenso wie folgendes aus dem ›großen Appendix‹ des I Ging: »Himmel und Erde bestimmen die Positionen, die Wechsel finden zwischen ihnen statt.«[219]

### *4.5.2* Zentrale Stabilität ohne seitliche, vor- oder rückwärtige Neigung

Die Prinzipien der stabilisierten Jin-Kraft, im Äußeren weich und im Inneren hart, wurden bereits ausführlich besprochen. Hier soll nun der Vorteil einer zentralisierten stabilisierten Körperposition im Gleichgewicht und ohne Neigung erklärt werden: Wenn das Schwerkraftzentrum des Körpers unveränderlich im Zentrum (eines imaginären T'ai-chi) ist, sprechen wir von zentraler Stabilität. In den 13 grundlegenden Stellungen der Ch'üan-Methodik spielt diese Fähigkeit von Anfang bis Ende eine wichtige Rolle;

die anderen zwölf Techniken sind mehr oder weniger Ergänzungen und abgeleitete Anwendungen. Die zentrale Stabilität gleicht der unveränderten Zentrumssubstanz des T'ai-chi. Ist die Position des Schwerkraftzentrums nicht symmetrisch ausgewogen und nicht im Zentrum, gibt es auch in den übrigen Techniken keine Stabilität, und es entstehen oft Verwirrung und körperliche Desorientiertheit. In den ›Mentalen Erklärungen‹ lesen wir: »Der aufrechte Körper muß zentralisiert sein und sich wohlbefinden. So bewacht man die acht Richtungen.«[220] Das ›Lied der Form und Funktion‹ sagt: »In der Ruhe gibt es Bewegung, aus der Bewegung entsteht Ruhe... Die Wirbelsäule ist zentriert, der Geist durchdringt den Körper, dieser ist ganz leicht, und der Nacken schwebt, als ob der Kopf an einem Faden aufgehängt wäre.«[221] Im Ch'üan-›Kommentar‹ heißt es: »Nicht gebeugt, nicht geneigt, einmal verborgen, einmal erkennbar.«[222] Altmeister Wu Yuting erklärte ebenfalls: »Wenn Öffnung und Ausdehnung noch nicht entstanden sind, so ist dies Zentralität; sich still Nicht-Bewegen bewirkt Stabilität.«[223] Die gegenseitige Gleichgewichtigkeit des T'ai-chi und das folgende Zitat aus dem großen ›Appendix‹ sind die Basis für dieses Prinzip: »Qian und Kun bilden eine Ordnung, die Wechsel entstehen zwischen ihnen.«[224] Auch hier finden wir das Prinzip der zentralen Stabilität, die in der I Ging-Theorie wurzelt und ins T'ai-chi ch'üan übertragen und vorteilhaft eingesetzt wurde.

### *4.5.3* Lebensquell im Hüftzentrum

Diese beiden Zeichen stehen für das exakte Zentrum des Hüftbereichs. Vorne gibt es den Akupunkturpunkt ›Qihai‹, hinten den Punkt ›Yangguan‹, rechts und links die Punkte ›Wuji‹. In ihrem Mittelpunkt findet sich das Zentrum für Vorwärts-, Rückwärts- und seitliches Beugen. Das Zitat »die Gelegenheit von Bewegung und Ruhe ist die Mutter von Yin und Yang«[225] aus dem T'ai-chi ch'üan-›Kommentar‹ beschreibt exakt die Position des Dantian. Die Anwendungen der Ch'üan-Figuren beziehen sich immer auf die Wechsel zwischen Bewegung und Ruhe, Leere und Gewichtung. Der Mittelpunkt dieser Veränderungen liegt ganz im zentralen inneren Hüftbereich. Wenn die Hüften locker und flexibel sind, können in allen Figuren Schwerkraftzentrum und Stabilität nach Belieben kontrolliert werden. Wenn das Qi ins Dantian abgesenkt wird, verschmilzt das Schwerkraftzentrum des Körpers mit dem Hüftzentrum. Dieses ist demnach von ganz besonderer Bedeutung. »Die Kontrolle liegt in den Hüften ... Mit Hüften und Beinen danach streben.«[225] »Die Hüften als Banner«[226] und »auf dem Hüftbereich soll Aufmerksamkeit gerichtet werden«[227], diese Zitate verweisen deutlich auf die Mitte im Hüftzentrum. Dort befindet sich das T'ai-chi des menschlichen Körpers, und das Dantian bildet die Substanz des T'ai-chi. Auch im ›Großen Appendix‹ sehen wir schon, daß das Zentrum aller Veränderungen im ›Kreuz‹ liegt, denn dort finden wir: »Hart und Weich stimulieren einander, die Wechsel finden zwischen ihnen statt.«[228]

### *4.5.4* Durch leicht eingewölbte Brust und aufgerichteten Rücken zur Ausgewogenheit

Der aufgerichtete Rumpf bedingt die Kontrolle des Schwerkraftzentrums und die Erhaltung der zentralen Stabilität. Der Mast eines Segelbootes steht senkrecht, nicht schräg (auch wenn sich das Ganze als Einheit bewegen und neigen wird). Aber die lange Senkrechte eines Balkens ist nicht so stabil wie etwa ein natürlich gekrümmter Balken, der ganz ausgerichtet wird. Denn in der gekrümmten Aufrechtheit finden wir die gegenseitige Ausgewogenheit, die ein leichtes Bewegen des Schwerkraftzentrums verhindert. Dies wurde schon im Abschnitt Mechanik und T'ai-chi ch'üan näher erklärt. Will man im T'ai-chi ch'üan die angemessene Stellung einnehmen, muß man die Hinterbacken einziehen (das Becken leicht nach vorne kippen bzw. die Lendenwirbel senkrecht stellen), die Brust leicht einwölben, die Schultern absenken und den Rücken aufrichten. Alles dies bewirkt die Vorstellungskraft; sie darf aber nicht am Körperlichen kleben, da sonst die Natürlichkeit verloren ginge, was nur von Nachteil wäre. Erreicht man die oben beschriebene Standardstellung, kann der Geist den ganzen Körper durchdringen und bis zum Scheitelpunkt aufsteigen. Der Rumpf soll sich im Prinzip nicht neigen oder beugen. In der Praxis ist dies natürlich doch notwendig, aber in allen Beugungen soll man immer nach Geradheit streben, d. h. die Beugungen müssen immer ausgeglichen werden, so daß der Körper insgesamt immer eine Ausgewogenheit aufweist. Wenn die Senkrechte zum Boden durch den Scheitelpunkt, das Fersenbein und die Krümmung der Wirbelsäule geht, ist man auch in der Beugung aufrecht und zentriert. In dieser Haltung erreicht man am leichtesten eine gewölbte

Brust und einen aufrechten Rücken, ein symmetrisches Gleichgewicht von links und rechts, vorn und hinten. Die Substanzposition des T'ai-chi befindet sich ebenfalls in der Mitte. So sind in den acht Trigrammen die Mittellinien jeweils am wichtigsten. Deshalb heißt es im Bild des Xun-Hexagramms (Nr. 57): »Das Harte dringt auf die Mittelposition vor, und sein Wille zeigt sich.«[229] Im Urteil des Jian-Hexagramms (Nr. 53) steht. »In den Positionen des Hexagramms ist die harte Linie in der Mitte.«[230] Die aufrechte Haltung läßt den Rumpf einen hohen Grad an Festigkeit und Stabilität erreichen; erst so stabilisiert sich der ganze Körper. Vordringen, Zurückschreiten, Angreifen und Verteidigen sind also ohne Verwurzelung und Festigkeit nicht von Vorteil. Im ›großen Appendix‹ steht dazu: »Durch den Winterschlaf halten sich Gewürm und Schlangen am Leben.«[231] Man kann sich also winden und beugen und somit auch entsprechend ausrichten. In Ruhestellung rollen sich Reptilien mit dem Kopf im Zentrum zusammen, was ihrem Körper Sicherheit verleiht. Nach der Überlieferung soll der Gründer Zhang Sanfeng den Kampf zwischen einem Falken und einer Schlange beobachtet haben. Die Schlange machte sich durch Zusammenrollen unangreifbar, denn über ihre Zentriertheit konnte sie entsprechend mit dem Kopf ausweichen. Zhang begriff dies und verwendete es im T'ai-chi ch'üan.

### *4.5.5* Diagonales Gleichgewicht in den Jin-Bahnen der vier Glieder

Im ›Kommentar zum T'ai-chi ch'üan‹ steht: »Sinkt man auf einer Seite, so folgt die andere nach. Ist man doppelgewichtet, so folgt Stagnation. Oft sieht man Leute für lange Jahre üben, ohne daß sie neutralisisieren können. Sie werden ihrerseits aber sofort vom Gegner kontrolliert, weil sie den Kardinalfehler der Doppelgewichtung nicht verstehen.«[232] Durch Vermeidung der gröbsten Fehler im T'ai-chi ch'üan, nämlich Doppelgewichtung und einseitiges Absinken, wird das Diagonal- und Kreuzungsprinzip von Leere und Gewichtung in den Jin-Bahnen von Armen und Beinen erreicht. Wenn das rechte Bein den Körper stützt, stößt man über den linken Arm das Jin aus. Geht die Aktion vom rechten Arm aus, wird das linke Bein belastet. Hier findet sich das Verminderungs- und Ergänzungsprinzip gegenüberliegender Zahlen in der Luoschrift wieder. Die zentrale 5 dient dabei als Mittelpunkt. Im

Körper läuft diese Diagonalüberkreuzung über den mittleren Hüftbereich, das Dantian. Die zugrundeliegende Logik für dieses Prinzip ist das gegengesetzte Gleichgewichtsgesetz, wie es schon in den ›Erklärungen zu den Trigrammen‹ steht: »Donner und Wind arbeiten nicht gegeneinander; Berge und Gewässer sind durch Qi verbunden, so daß sie sich verändern können.«[233] Dies folgt der Erscheinung des gegenseitigen Gleichgewichts in den Trigramm-Positionen des früheren Himmels nach.

### *4.5.6* Hebelanwendung in verdoppelten Trigrammen (Hexagramm)

Im Zweikampf entstehen durch Anwendung von T'ai-chi ch'üan auf beiden Seiten zwei Hebel, die die eigenartige Verbindung der inneren und äußeren Trigramm-Linien symbolisieren. Wo sich die beiden Körper oder die Armpaare berühren, entstehen Schwerpunkte, die den beiden mittleren Linien, der dritten und vierten eines Hexagramms, entsprechen. Die Hüftbereiche beider Personen bilden Stütz- oder Hebelpunkte und entsprechen den beiden Mittelpunkten in den zwei Trigrammen (zweite und fünfte Position). Die belasteten Beine beider Seiten sind die Kraftpunkte. Ihnen entsprechen oberste und unterste Linien des Hexagramms. Beide Körper erscheinen also als Hebel. Nach dem Prinzip des gegenseitigen Gleichgewichts reagieren zweite und fünfte Linien, die Mittelpositionen der Trigramme, miteinander. Sie bewirken Veränderungen und somit Ab- und Zunehmen von Yin und Yang. Wer also die die Veränderungen auslösende Mittellinie des ›Form‹-Trigramms (Tigua) repräsentieren und kontrollieren kann, wird die Möglichkeiten des ›Funktions‹-Trigramms (Yonggua) für sich gewinnen. Die Manipulation der Bewegungsinitiative bzw. die Fähigkeit, durch Hebelanwendung des T'ai-chi ch'üan zu reagieren, ist bei der Kraftaufnahme besonders elegant und überzeugend. Nachdem zwei Kräfte miteinander in Kontakt gekommen sind, verbinden sie sich, bilden einen einzigen großen Hebel und machen die gemeinsamen Schwerpunkte zu Stützpunkten. Stütze ich, so wird aus zwei Schwerpunkten ein Schwerpunkt in den Hüften. Stützt das Gegenüber, so wird aus beiden Schwerpunkten ein Kraftpunkt in den Hüften. Folglich bleibt die Bewegungskontrolle bei mir. Die Linien Himmel, Erde und Mensch in den acht Trigrammen entsprechen in ihrer Verbindung zu den Hexagrammen als erste und zweite Linien der Erde, als dritte und vierte Linien dem Menschen, als fünfte und sechste dem Himmel. Die Linien verändern ihre Ordnung von innen nach außen; deshalb ist das innere Trigramm die Form, während das äußere der Funktion entspricht. Dies beruht zusammen mit der Kraftaufnahme auf dem gleichen Prinzip.

### 4.6 *Entwicklung durch Nährung*

Das Universum kennt ein Heute, eine Gegenwart, und die Welt kann Lebewesen hervorbringen und gebären. Alles entsteht aus ›Nährung‹, der Überlebenskampf des Menschen ebenso wie Fortschritt und Entwicklung im Wissen. Ohne Nährung gibt es keine Entwicklung in den Angelegenheiten, keine Erscheinung in den Objekten. Erst mit ihr entsteht eine Entwicklung und daraus dann wieder Nährung. So bildet sich ein Kreislauf, dessen beiden Pole sich proportional zueinander verhalten. Sollte es keine Entwicklung geben, muß man die Nährung früh bewahren und vorantreiben. Der Daoismus rät dem Menschen, nicht die Wurzel von Übeln zu nähren, damit schlechte Ergebnisse verhindert werden können. Die Übung von Ruhe und Bewegung im T'ai-chi ch'üan erreicht von der Nährung im Inneren das Äußere in den Armen. Wie bei einer Aktion die Qi-Bewegung wichtig ist, ist es die Ruhe für die Übung der Qi-Nährung. Schon Mencius sagte: »Das Qi fortwährend nähren, ohne Schädigung.«[234] Darauf kann man zweifellos vertrauen. Herrscht bei einer Bewegung Jin-Ausstoß vor, ist die Ruhe die Arbeit des Jin-Aufspeicherns. In den ›Mentalen Erklärungen‹ steht: »Jin wird in der Beugung überreichlich aufgespeichert.«[235] Darüber sollte man nachdenken und dies für sich entdecken. Für dieses Gongfu der Bewegung und Ruhe ist die exakte Bezeichnung ›innere Arbeit‹ (Neigong). Die Übenden wollen Körpergesundung und Selbstverteidigung verwirklichen und müssen deshalb dieses Urprinzip der Nährung bis auf den Kern erforschen.

#### *4.6.1* Vorteil der Stärkung des Qi und der Transformation des Geistes nach der I Ging-Theorie

Qi-Sammlung ist die Nährung nach innen, Geistkonzentration ist die Erscheinung nach außen. Nach diesem I Ging-Prinzip sollte man die Qi-Übung und die Geistesumwandlung zuerst üben, ehe sie dann in der Sammlung zur Anwendung kommen. Qi und Geist zu sammeln ist das Tor zum Üben des T'ai-chi ch'üan. Wer diese Grundlage nicht in sich legt, dessen Qi bleibt zerstreut, seine Jin-Bahnen sind nicht prägnant und seine Kräfte können sich nur schwerlich entwickeln. Kann das Qi aber in die Knochen geleitet und dort gespeichert werden, ist der Geist voll, wodurch alle Veränderungen bewußt der eigenen Kontrolle unterliegen. Im ›Klassiker‹ verweist »die Geistsammlung nach innen«[236] auf die Geisteskonzentration. Wie aber sollte man sich konzentrieren, wenn das Qi noch zerstreut ist? Die ›Mentalen Erklärungen‹ sprechen durchgängig von der Übung des Qi und der Verwandlung des Geistes. Das Einatmen ist die Speicherung, die Nährung im I Ging. Das Ausatmen ist wie Weglegen, die Entwicklung im I Ging. Das Dantian dient als Wärmequelle für diese beiden Übungsbereiche. Deshalb sollte es möglichst oft mit frischem Sauerstoff genährt werden. Das Qi wird voll, und der ganze Geist wird aufgeweckt. Dann kann beim Einatmen ›angezogen und zurückgeholt‹ werden, so daß das Qi angehoben werden kann. Beim Ausatmen kann man ›weggeben und ablegen‹. Auf diesem Weg kann man weiter vordringen. Es bedarf nur eines gesammelten Geistes. Durch Vorstellungskraft wird das Qi geleitet. Wird die Nährung methodisch gestärkt, können auf natürliche Weise die größten latenten Körperfähigkeiten entwickelt werden. Das I Ging sagt: »Unter dem Himmel geht alles trotz verschiedener Wege auf einen Ursprung zurück. Es gibt nur ein Resultat, auch wenn es dafür 100 Pläne gibt.«[237]

### *4.6.2* Speicherung und Bereitstellung von Jin-Kraft

Bei täglicher Übung des T'ai-chi ch'üan verbessert sich mit der Zeit die Leistungskraft. Je länger die Übung, desto tiefreichender die Kraft. Diese Entwicklung führt über eine zunehmende Vertrautheit zu einem Verständnis der Jin-Kraft auf einem höchsten Niveau, wie es auch im Prozeß von der Nährung und Entwicklung in der I Ging-Lehre beschrieben ist. Die Leistungskraft des T'ai-chi ch'üan zeigt sich hauptsächlich im Ausstoßen dieser Jin-Kraft. Ausstoßen kann man sie jedoch nur, wenn man sie zuerst aufgespeichert hat. In den Aufspeicherübungen ist das Entspannen das Wichtigste. Kann man extrem entspannen, wird auch die aufgespeicherte Jin-Kraft ein hohes Maß erreichen. Die dem entsprechende Faustkampftheorie findet sich in den ›Mentalen Erklärungen‹: »Im Gebogenen die Geradheit suchen; zuerst aufspeichern, dann ausstoßen... Jin wird im Überfluß in der Beugung aufgespeichert... Gespeichertes Jin ist wie ein gespannter Bogen, das Jin-Ausstoßen ist wie das Lösen eines Pfeiles vom Bogen.«[238] Im ›großen Appendix‹ finden wir: »Der Edle versteckt seine Waffen am Körper; er wartet auf die rechte Zeit und bewegt sich dann entschieden. Wie sollte es so Nachteile geben?«[239]

### *4.6.3* Beugen und Strecken, Öffnen und Schließen, Nährung und Entwicklung

Gebeugter Rumpf und gebogene Arme verdeutlichen das Schließprinzip der Nährung. Streckung und Ausdehnung bilden das Prinzip der Entwicklung. In der Anwendung ist Aufnehmen Schließen, Abgeben entspricht dem Öffnen. Ausweichen ist Schließen, Ausstoßen Öffnen. Das Qi nach unten zu bewegen ist Schließen, das Qi anzuheben und nach oben zu bewegen ist Öffnen. Im Zweikampf reagiert man auf Öffnung durch Abschließen; will der Gegner sich schließen, öffnet man sich umso mehr. Bei einem Gleichgewicht beider Phasen wird derjenige siegen, der zuerst die Gelegenheit zwischen Eigenbewegung und Bewegt-Werden erkennt und sie ergreift. Deshalb heißt es in der ›Geheimschrift des Sammelns und Loslassens‹ (Shou fang mijue): »Durch Anheben, Öffnen und Stützen des gegnerischen Körpers nimmt man Kraft auf. Man läßt ihn vor dem eigenen Körper los, entfaltet Jin und verschließt sich.«[240] Dies ist der Schlüssel zur Nährung und Entwicklung. Beugen, Strecken, Öffnen und Schließen sind ursprünglich Wechselerscheinungen von Yin und Yang. Will man sich öffnen und dehnen, muß man sich vorher beugen und verschließen, um so dem Prinzip der Veränderungen von Yin und Yang nachzukommen. Im ›großen Appendix‹ steht: »Das Schließen einer Tür heißt Kun, das Öffnen einer Pforte ist Qian. Öffnen und Schließen sind Veränderungen.«[241] Weiter heißt es: »Aus Ausdehnung und Kontraktion im gegenseitigen Einfluß entstehen die Vorteile. Im Aufrollen sucht die Raupe sich zu kräftigen, sich wieder zu erheben.«[242]

### *4.6.4* Faustkampfprinzip vom Einfachen ins Vielfältige

Was in der T'ai-chi-Theorie als Nährung bezeichnet wird, bedeutet die Mannigfaltigkeit aufzunehmen und sie zu vereinfachen. Entwicklung dagegen verläuft vom Einfachen ins Komplexere. So verläuft auch der Kreislauf der natürlichen Veränderungen von Himmel und Erde. Ihre Gesetzmäßigkeit vom Einfachen zum Komplizierten in der I Ging-Theorie wurde schon im ersten Kapitel dargestellt. Jetzt soll dies an der Faustkampftheorie verdeutlicht werden.

Es ist allgemein bekannt, daß T'ai-chi ch'üan und I Ging-Lehre nur schwer gänzlich zu meistern sind. Die 64 Figuren der Soloform sind zwar recht schnell erlernt, doch um eine exakte Ausführung zu erreichen, bedarf es des fleißigen Übens. Um wirklich Leichtigkeit, Verbundenheit, horizontales Gleichgewicht oder den Zustand der Einheit des ganzen Körpers zu erlangen, bedarf es eines wenigstens mehrjährigen ununterbrochenen Trainings mit einem täglich stundenlangen Aufwand. Da jedoch die Grundlage des T'ai-chi ch'üan auf einem Verständnis der I Ging-Lehre beruht, handelt es sich hier um ein einfaches Beherrschen und Verstehen der I Ging-Theorie. Man braucht nur auf der Regel ›vom Einfachen zum Komplizierten‹ aufzubauen und die harte Übungsphase der beiden Hexagramme Jian (Nr. 53) und Heng (Nr. 32) zu durchlaufen, um sogar im Komplexeren keine Schwierigkeiten mehr zu empfinden und wie von selbst und leicht Erfolge verbuchen zu können. Wie in den acht grundlegenden Handtechniken des T'ai-chi ch'üan, die weder zu schwer noch zu einfach sind, muß man sowohl in den Figuren als auch im ›Pushing Hands‹ zuerst die leichteren Techniken Abwehren, Zurückgleiten, Pressen und Stoßen verstehen, ehe man anschließend die komplizierteren Techniken des Nach-unten-Ziehens, des schnellen Reagierens und den Ellbogen- und Schulterstoß üben kann. Das Ausstoßen der Jin-Kraft im T'ai-chi ch'üan ist eine beschleunigte, ebenfalls aus dem Einfachen komplexer werdende Bewegung. Daher verspürt die gestoßene Person keine Erschütterung, obwohl sie weit weggestoßen wird. In der ganzen Phase ist der Augenblick des Angehobenwerdens die Einfachheit, während der Zeitraum des Gestoßenwerdens der Komplexität entspricht. Außerdem finden in den Wechseln von Leere, Gewichtung, Bewegung und Ruhe der Ch'üan-Figuren die Einfachheit in Ruhe und Gewichtung, die

Komplexität in Bewegung und Leere statt. Der Diagonalüberkreuzung der Schrittarten und Handtechniken, den Solofiguren liegen also das Prinzip von Nährung, der Vereinfachung der Mannigfaltigkeit, und das Prinzip der Entwicklung, vom Einfachen zum Komplexen, zugrunde. Wenn man diese I Ging-Prinzipien verstehen kann, wird man nicht in sektiererische Nebenschulen abdriften.[243]

### *4.6.5* Ausbildung der Jin-Bahnen durch Kultivierung des Zentral-Qi

Das Zentral-Qi wird schon immer durch die Zeichen ›Qi‹ (zwei Schreibweisen) ausgedrückt; das ist das Qi des früheren Himmels. Im menschlichen Körper bezeichnet man es als Zentral-Qi, in Himmel und Erde, der Umwelt, spricht man vom ›korrekten Qi‹ (Zheng qi). Das Zentral-Qi muß über die Lungenatmung des späteren Himmels kultiviert werden. Die Zeichen ›Shen‹ (Geist) und ›Jing‹ (Samen, Essenz), die in Qi-Übungen und bei der Geisttransformation so wichtig sind, sind mit dem Zentral-Qi identisch; es handelt sich nur um verschiedene Beschreibungen unterschiedlicher Stadien.[244] Sie verweisen auch auf die Vitalität in der Keimzelle des menschlichen Körpers. Im Abschnitt von der Flußkarte und der Luoschrift wurde dies schon erklärt. Möchte man die körperlichen Fähigkeiten bewahren oder weiter entwickeln, muß man dieses Zentral-Qi nähren. T'ai-chi ch'üan verbindet Bewegung und Ruhe zu diesem Zweck. Beim Üben der Soloform muß das Qi vom Anfang bis zum Ende ins Dantian abgesenkt werden, und zwar mit voller Aufmerksamkeit, ohne jedoch daran zu verhaften. Dies nennt man Nährung. Im T'ai-chi ch'üan-›Klassiker‹ steht deshalb: »Das Qi soll stimulieren, der Geist soll sich nach innen sammeln.«[245] Nach langer Übung wird das Zentral-Qi sehr voll, bewegt sich in die Arme und erreicht den gesamten Körper. Dies wird dann Entwicklung genannt. Anspielungen darauf finden sich wiederum im ›Klassiker‹: »... zeigt sich in den Händen; der ganze Körper ist Gelenk für Gelenk verbunden.«[245] In den ›Mentalen Erklärungen‹: »Qi am ganzen Rumpf.«[246] In dieser Phase sind alle Leitbahnen vollkommen geöffnet, und die Gesundheit ist naturbedingt gegeben; dies entspricht den Ruheübungen. In den Bewegungen der Figuren ist das Prinzip der geöffneten Haltung mit abgeschlossenem Qi die Regel. Strecken sich die Extremitäten ohne Entwicklung, so ist das Zentral-Qi verborgen, gespeichert und unentwickelt. Wenn sich nach langer Übung das Qi in den Knochen sammelt, spricht man von Nährung. Dazu wieder die ›Mentalen Erklärungen‹: »Mit dem Verstand das Qi bewegen; es muß abgesenkt werden, dann kann es sich in den Knochen sammeln.«[246] Die Jin-Kraft ist durch die Leistung des konzentrierten Zentral-Qi bedingt. Durch deren lange Aufspeicherung wird aber auch die Qi-Art voll und stark, die Jin-Bahnen kräftigen sich und sind voll ausgebildet. Werden die Jin-Kräfte dann ausgestoßen, können sie zerstören, wie es in den ›Mentalen Erklärungen‹ angedeutet wird: »Ruhig wie ein Berg, beweglich wie ein großer Stern, gespeichertes Jin wie ein gespannter Bogen, ausgestoßenes Jin wie ein gelöster Pfeil.«[246] Hier wird wieder auf die Übung der Bewegung verwiesen. Nährung und Entwicklung sind in Ruhe und Bewegung des T'ai-chi ch'üan und seiner Stellungen immer immanent. Als Übung von Bewegung und Ruhe betrachtet, entspricht die Ruhe der Nährung, die Bewegung der Entwicklung.

### 4.7 *Kreislauffunktion in den Ch'üan-Figuren*

Die Anwendungen des Faustkampfes spielen sich im Bereich des Öffnens und Schließens ab; sie bilden einen Kreislauf zwischen Exspiration (Xiao) und Inspiration (Xi), wie es auch die Veränderungen von Leere und Gewichtung, Bewegung und Ruhe tun. Im ›großen Appendix‹ des I Ging steht: »Öffnung und Schließen ist ein Wechsel. Und der Wechsel dieser Zustände in Konstanz ist die Durchdringung in allen Dingen.«[247] Im T'ai-chi ch'üan ist ›Konstanz, dann Veränderung; Veränderung, dann Durchdringung‹ notwendig. Das Konstante sind die Arme, das Veränderliche sind die Hüften. Der Fluktuationskreislauf ist der Grund, die Ursache für die natürlichen Veränderungen und Wechsel. Exspiration ist Yin, Inspiration ist Yang; aber erst durch Fluktuation können sie aktiv sein. Ansonsten wäre Yin immer Yin, Yang bliebe Yang, und es gäbe kein Prinzip der Veränderung. Sind Objekte exspiriert, dann sind sie leer, werden erst dann inspiriert, entwickeln sich weiter und werden schließlich wieder exspiriert. Ex- und Inspiration verlaufen also von jeher im Kreis, wie auch die Linienveränderungen in den vier Erscheinungen einen Kreislauf beschreiben: Strahlendes Yang (zwei ungeteilte Linien) erzeugt vermindertes Yin (eine gebrochene Linie über einer festen Linie), dies ändert sich zu strahlendem Yin (zwei gebrochene Linien), daraus entsteht vermindertes Yang (eine feste Linie über einer gebrochenen) und schließlich wieder strahlendes Yang. Deshalb gibt es erst durch die Fluktuation die Veränderungen regelloser Spontaneität im T'ai-chi ch'üan.

### *4.7.1* Natürliche Bewegungen und Fluktuation von Fülle und Leere

Die Ch'üan-Figuren entstehen aus einer Verbindung aller natürlichen Bewegungen, die auch den Änderungen von Fülle (Ying) und Leere (Xu) und ihrer Fluktuation unterliegen.[248] Denn erst so gibt es eine Verlängerung des nicht einhaltenden Kreislaufs. Weiter oben wurden Methodik und Bewegungslinien der natürlichen Bewegungen in einer Analyse einzelner Übungen beschrieben. Verbindet man die einzelnen Übungen miteinander, entsteht eine fortgeführte kreisförmige Bewegung. Sie ähnelt den Spuren der Sterne am Himmel, und auch die Erdumlaufbahnen in der Raumfahrt gehören zu dieser natürlichen Bewegungsart. Der Kern aller natürlichen Aktionen, der Kreis, kennt alle Arten wechselweiser Veränderungen. Durch die Veränderungen in der Anziehungskraft der Bewegungen wird die Entfernung definiert. Geschwindigkeit und Winkelmaße sind verschieden; sie regulieren durch Veränderungen der Bewegungslinien den Raum. Die Zeit kennt Anpassen und Entgegenlaufen, das Qi ist reichlich oder vergehend, die Temperatur ist hoch oder niedrig. Dies alles sind wechselseitige Erscheinungen, die im Bewegungsrahmen entstehen müssen. Gleichzeitig gibt es in ihnen notwendigerweise einen Kreislauf von Fluktuation und Fülle oder Leere. Dieser Kreislauf findet sich auch im ewig währenden Umlauf der I Ging-Theorie. Wenn ein Rad sich vorwärts bewegt, entstehen durch den Reifendruck Fülle und Leere, Anwachsen und Abnehmen. Der Bodenkontaktpunkt ist Leere, der obere Bereich Fülle. Der hintere Bereich des Reifens ist Exspiration, der vordere Inspiration. In der Erddrehung sind Mao, Zhen, Si Fülle; You, Xu, Hai entsprechen der Leere; Zi, Chou und Yin sind Inspiration, Wu, Wei und Shen sind Exspiration. In der Umlaufbahn des Mondes um die Erde ist der erste Tag Leere, der 15. ist Fülle. Erstes und letztes Viertel des Mondes sind Inspiration und Exspiration. In der Erdumlaufbahn um die Sonne ist der Winteranfang Leere, der Frühlingsanfang

Inspiration, der Sommeranfang Fülle und der Herbstanfang Exspiration. In allen kreisförmigen Bewegungen des T'ai-chi ch'üan entspricht ein Armhalbkreis zur Streckung der Exspiration, der andere Armhalbkreis zur Beugung ist Inspiration. Streckung in einem äußeren Kreis ist Leere, Beugung bis zum inneren Kreis ist Fülle. Das Geheimnis der Anwendung des T'ai-chi ch'üan liegt demnach in Ex- und Inspiration, Fülle und Leere verborgen. Man muß lediglich Verstand und Körperwissen gebrauchen, um dieses Prinzip plötzlich zu begreifen und zu durchdringen. Der T'ai-chi ch'üan-›Klassiker‹ sagt: »Jeder Bereich hat in sich Leere und Gewichtung, alle Bereiche sind also Leere und Gewichtung.«[249] Beide umfassen die Bedeutung von Fluktuation. Auch der ›Kommentar‹ deutet Ex- und Inspiration an: »Das Nahe aufnehmen und das Entfernte erstreben.«[250] Im Jian-Hexagramm (Nr. 15) wird erklärt: »Der Himmelsweg verringert das Volle und vergrößert das Demütige. Der Weg des Menschen ist es, das Volle zu hassen und das Demütige zu lieben.«[251]

### *4.7.2* Wellenbewegung und kreisförmige Bewegung

Wie die Wellenbewegung im Meer einem Auf und Ab unterliegt, so ist auch die oben beschriebene Bewegung von natürlicher, sich verändernder Art. Die Kraft der Wellenbewegung ist außergewöhnlich stark, wie die der Himmelskometen (Meteoren), die keinen festen Umlaufbahnen folgen. Unter dem Mikroskop erkennt man, daß die Aktivität von Kleinstlebewesen die gleichen Bewegungsabläufe zeigt wie der Mond, der im Gefolge der Erde die Sonne umkreist, oder wie strahlende Lichtquanten und Elektronen. Diese Bewegungsart fällt mit der kreisförmigen Bewegung zusammen, aber ihre auf- und absteigenden und Wiederholungsfaktoren sind unterschiedlich. Wenn man eine runde Stahlfeder an beiden Enden in entgegengesetzte Richtungen auseinanderzieht, entsteht ein wellenförmiger Draht. Dies beruht auf dem gleichen Prinzip wie die verbundene Kreisbewegung. Wenn ihre Beschleunigungskraft verstärkt wird, entsprechen Ex- und Inspiration in den Eigendrehungen beider Bewegungsarten einander, und doch gibt es Veränderungen in den Fluktuationen auf den Bewegungslinien. Die Aufwärtsbewegung entspricht Exspiration, das Absinken der Inspiration. Das Erreichen des Höchstpunktes ist Leere, das Absinken auf den Tiefstpunkt bringt Fülle, also ein sich entgegengesetzt wiederholender Kreislauf. Deshalb geht er ohne Einhalt immer weiter. In den Figuren des T'ai-chi ch'üan gibt es vielfach untereinander verbundene Bewegungen mit wellenförmigen, aufsteigenden und absinkenden Bewegungslinien. Manchmal führen beide Arme jeweils Wellenbewegungen aus, manchmal bilden sie eine steigende oder sinkende, gegenseitig bedingte Wellenbewegung. In der Übung wird aus jedem wellenförmigen Auf und Ab der Fluktuations-Fülle bzw. -Leere ein Nutzen gezogen, wodurch die Effektivität der Ch'üan-Figuren verstärkt wird. Der ›Klassiker‹ sagt dazu: »Der ganze Körper ist Gelenk für Gelenk miteinander verbunden, es gibt nicht die kleinste Unterbrechung.«[252] Hier wird genau auf die Verbundenheit der Auf- und Abbewegungen in den acht Handtechniken verwiesen, die durch die Leitung des Zentral-Qi erfolgt. Im Feng-Hexagramm (Nr. 55) steht: »Hat die Sonne ihren Höchststand erreicht, beginnt sie zu sinken; ist der Mond voll, verzehrt er sich; Himmel und Erde haben Fülle und Leere gemäß der jahreszeitlichen Fluktuation. Um wieviel mehr muß es sich mit dem Menschen genauso verhalten?«[253]

### *4.7.3* Fluktuation bei Vordringen und Zurückschreiten, Leere und Gewichtung

In den Schrittarten des Vor und Zurück im T'ai-chi ch'üan bedarf es zu allererst der wiederholten Wechselbewegung zwischen Leere und Gewichtung, dem Prinzip einer kreisförmigen Bewegung mit andauernder Fluktuation. Wenn z. B. die nach vorn gerichtete Angriffskraft eines rechten Bogenschritts bereits erschöpft ist, kann Jin nicht mehr ausgestoßen werden, und es entspricht der Leere. Will man aber weiter vordringen, muß das Schwerkraftzentrum des Rumpfes zuerst auf das hintere Bein verlagert werden, und das ist Inspiration. Nachdem die rechte Fußspitze 45° nach rechts außen gedreht hat, wird das Rumpfzentrum zuerst auf das rechte vordere Bein verschoben. Dann hebt man das linke Bein und versetzt es einen Schritt nach vorn; das entspricht der Fülle. Schließlich wird das Rumpfzentrum auf dieses linke vordere Bein verlagert, und es steht dann für Exspiration. Wenn dieses Bein im linken Bogenschritt den Körper ganz stützt, hat sich die Bewegungskraft bereits wieder erschöpft. Ein Jin-Ausstoß wird also unzureichend sein, die Situation kehrt zur Leere zurück. Dies wird im ›Lied vom Händeschieben‹ so ausgedrückt: »Will man vordringen, muß man zuerst hinten belasten.«[254] Erst wenn die Schrittarten von Vordringen und Zurückschreiten des T'ai-chi ch'üan eine verbundene kreisförmige Fluktuation von Gewichtung und Leere aufweisen, kann ihr maximaler Vorteil entfaltet werden. Dazu der ›Klassiker‹: »Leere und Gewichtung müssen klar differenziert werden.«[255] Das ›Lied von der Form und Funktion‹ sagt: »Die Wechsel von Leere und Gewichtung bedürfen der Aufmerksamkeit.«[256] Im Bo-Hexagramm (Nr. 23) findet sich dazu: »Der Edle ermißt die Fluktuation von Fülle und Leere, die Bewegungen des Himmels.«[257]

### *4.7.4* Erscheinungen der ›Bi‹-Trigramme in der Entspannungsübung

Das Können im T'ai-chi ch'üan hängt vom Grad der Entspannung in den Gelenken und der Muskulatur des gesamten Körpers ab. Durch Entspannung erreicht man Beweglichkeit und Wirksamkeit im Jin-Ausstoßen. Dies ist ein ganz wichtiges Faustkampfprinzip. Folgende Zitate unterstreichen die Wichtigkeit des Entspannens: »Der innere Unterleib soll ganz entspannt sein, dann bewegt sich das Qi.«[258] »Durch äußerste Weichheit erreicht man extremste Härte... Das Jin-Ausstoßen erfordert Absinken und Entspannen.«[259] Die ganze Bedeutung der beiden Zeichen ›Songchi‹, Entspannung, kann nur schwer in Worten ausgedrückt werden; man muß das vielmehr am eigenen Körper verspüren. Natürlich kann die ›völlige Entspannung des gesamten Körpers‹ nicht sofort verwirklicht werden, sondern erfordert einen allmählich fortschreitenden Entwicklungsprozeß. Erfahrungsgemäß beginnt die Entspannung meist in den Fingern, geht über die Handgelenke, Ellbogen und Schultern bis zur Brust, erreicht Hüften, Becken, Oberschenkel und Knie, ehe sie an den Sprunggelenken ankommt. Dann muß gleichzeitig das Qi ins Dantian abgesenkt werden, so daß die inneren Organe entspannen, wodurch das Qi sich noch mehr sammelt. Auf diese Art reagieren Innen und Außen aufeinander, so daß dann die ›tiefe Entspannung‹ folgt. Wenn der ganze Körper so gelockert ist, kann er einen elastischen, stabilen und harten Jin-Ausstoß entwickeln. Diese Art des Jin-Ausstoßens verläuft zum Weg der Entspannung genau umgekehrt, nämlich vom Boden nach oben in die Arme.

Sie erreicht von den Füßen über die Oberschenkel und Hüften schließlich die Unterarme und Hände. Dieser Entwicklungsprozeß des zuerst Absinkens (Entspannung), ehe es wieder zum Aufsteigen (Jin-Entwicklung) kommt, entspricht der Ordnung der Linienveränderungen, die als zwölf ›Bi‹-Hexagramme zwischen Kun und Qian entstehen. Diese Trigramm-Erscheinungen in den Hexagrammen wurden von Shao Yong so bezeichnet: »Ruhiger Verkehr zwischen Himmelswurzel und Mondhöhle.«[260] Deshalb begannen die Daoisten ihre Qi-Übungen nach unten über die Renmai-Leitbahn. Über die Dumai-Leitbahn stieg das Qi wieder an. Auf diesem Prinzip beruht der gesamte Kreislauf. Da das Qian-Hexagramm im I Ging der Härte und Elastizität, das Kun-Hexagramm der Weichheit und Entspanntheit entspricht, gleicht der menschliche Körper vor der Übung der Härte und Weichheit des späteren Himmels. Erst nach langem Training kann man die Entspanntheit und Elastizität des früheren Himmels erreichen. Elastizität kommt aus der Härte und symbolisiert die Erzeugung von Yin im Yang-Pol. Entspanntheit kommt aus der Weichheit und steht für die Entstehung des Yang im Yin-Pol. Deshalb repräsentieren Härte (strahlendes Yang), Elastizität (vermindertes Yin), Entspanntheit (vermindertes Yang) und Weichheit (strahlendes Yin) die vier Erscheinungen. Strahlendes Yin (Kun) erzeugt vermindertes Yang (Bi) bzw. ihre Linienveränderungen.[261] Diese Ordnung von unten nach oben beruht auf den Trigrammen nach Fu Xi und wird auch Ordnung der Linienveränderung des früheren Himmels genannt. In der Übung des T'ai-chi ch'üan erstrebt man nun aber Entspanntheit, was bedeutet, daß man in den Veränderungen des Körperaufbaus vom späteren Himmel (der Verkörperlichung) zum früheren Himmel (der A-priori-Existenz) zurückkehren sollte. Der fortschreitende Prozeß der Entspannung und der Weichheit beginnt oben im Körper und geht nach unten. Aus der Entspanntheit kommt man zur Weichheit, Entspanntheit verweist also indirekt auch auf strahlendes Yin. In der I Ging-Theorie zeigt sich das in den vermischten Änderungserscheinungen. Die Änderungen dieser Trigramm-Ordnung müssen folglich auf dem Änderungsprinzip der Linien in den vier Erscheinungen beruhen, sie verwenden ein nachfolgendes Vordringen von oben nach unten. Die Veränderungen der Yin/Yang-Linien in den Trigrammen sind also genau entgegengesetzt der Trigramm-

Ordnung zur Trennung der Farben im I Ging. Aber das Hervorgehen des Yin aus dem Yang ist der Anfang der Trigramm-Gesetze der Weisen. Die Ordnung der Hexagramm-Erscheinungen entwickelt sich daraus wie folgt: Bi (Nr. 8), Xu (Nr. 5), Guai (Nr. 43), Da zhuang (Nr. 34), Tai (Nr. 11), Lin (Nr. 19), Fu (Nr. 24) und Kun (Nr. 2). Hier zeigt sich, daß das T'ai-chi ch'üan ein Gongfu gegen das Altern und zur Wiederherstellung der Jugend ist. Die erfolgreiche Ausführung ist natürlich nicht sehr einfach.

Strahlendes Yang (Qian, Nr. 1) erzeugt vermindertes Yin (Ta you, Nr. 14); aus gestählter Härte wird somit Elastizität, die das Gesetz der Trigramm-Ordnung der Qian-Farbe nach dem früheren Himmel, von unten nach oben, symbolisiert. Die Reihenfolge der Hexagramm-Erscheinungen von Elastizität aus Härte verläuft demnach über die acht Hexagramme: Qian, Gou (Nr. 14), Dun (Nr. 33), Bi (Nr. 12), Guan (Nr. 20), Bo (Nr. 23), Jin (Nr. 35) und Da you (Nr. 14). Das Vorschreiten geschieht immer auf natürliche Weise. Dies ist ein Grund dafür, daß das Üben des Jin-Ausstoßens nach einer tiefen Entspannung viel leichter fällt. Darunter gibt es die fortgesetzte Erscheinung der zwölf ›Bi‹-Hexagramme, die aufzeigen, daß hier eine natürliche Veränderung vorliegt. Zwischen vermindertem Yang und vermindertem Yin oder zwischen Bi und Da you entstehen jeweils ›Zuo‹-Trigramme in den Hexagrammen. Entgegengesetzte Trigramme können aufeinander reagieren. Wenn man entspanntes Jin erfolgreich trainiert hat, kann man entsprechend auch das entgegengesetzte elastische Jin erfolgreich beherrschen. Abbildung 39 zeigt noch einmal das ganze Schema der Hexagramm-Reihungen (siehe Abb 39).

Aus dieser Graphik zur Hexagramm-Erscheinung von Entspanntheit und Weichheit kann man die Fluktuation von Fülle und Leere in Yin und Yang erkennen. Entspanntheit zeigt sich im Bi-Hexagramm als Exspiration, Kun bildet Leere, Elastizität ist im Qian als Inspiration, Da you ist Fülle. Deshalb bilden Entspanntheit, Weichheit, Härte und Elastizität im Körper einen Fluktuationskreislauf von Fülle und Leere. Das Geheimnis der Entspanntheit im T'ai-chi ch'üan liegt in den vier Begriffen Exspiration, Leere, Inspiration und Fülle. Beherrscht man diese Wechsel auch körperlich, läßt sich mit geringerem Aufwand ein maximaler Erfolg erzielen. Im Einsatz sich wiederholender Härte

Elastizität aus Härte

Entspanntheit aus Weichheit

*Abb. 39: Erscheinungen der ›Pi‹-Trigramme in Hexagrammen*

und Weichheit sollte man die Kreislaufordnung von Exspiration und Inspiration befolgen. Man muß das Training nur lange genug durchhalten, um in eine Situation zu kommen, in der man ganz unbehindert und vollkommen frei beweglich ist. Dazu gehört ein wechselseitiges Ermuntern unter den Schülern und der Wunsch, alles selbst zu entdecken und zu realisieren; dann wird man leicht den großen Weg der Fluktuation von Fülle und Leere verwirklichen. Der größte Schlüssel im Gongfu der Entspanntheit liegt in der Überwindung eines der Hexagramme obiger Graphik, der Wiederkehr (Fu, Nr. 24). Danach kann man in das Gongfu des Jin-Ausstoßens, der Härte und Elastizität eindringen. Die größte

Schwierigkeit beim Erreichen dieser Ziele ist fehlende Geduld. Man strebt zuerst nach dem Jin-Ausstoß, so daß sich frühere Fähigkeiten aufheben. Im Fu-Hexagramm steht: »Fu zeigt den freien Lauf und Entwicklung an. Die Härte kehrt zurück. Bewegung im Einklang zur natürlichen Ordnung. So stört den Edlen niemand in seinen Aus- und Eingängen. Freunde kommen, kein Makel. Sein Weg wird sich wiederholen; in sieben Tagen kommt die Wiederkehr. So ist die Bewegung des Himmels. Vorteil für Bewegungen in allen Richtungen. Das Starke im Wachstum.«[262] Hier zeigt sich die beschriebene natürliche Erscheinung.[263]

### *4.7.5* Unterscheidung von Leere und Gewichtung zum ›Ins-Leere-Verleiten‹

Die größte Besonderheit in den Techniken des T'ai-chi ch'üan wird im ›Lied vom Händeschieben‹ so beschrieben: »Ins Leere verleiten und dann wegstoßen.«[264] Auch darin findet sich der Vorteil der Fluktuation zwischen Fülle und Leere. Chen Pinsan aus dem Kreis Wen sagte dazu: »Das T'ai-chi ch'üan ist wie das Wetter eines Tages, wie Anfang und Ende des Altertums. Es gibt Tag, es gibt Nacht, Helligkeit und Dunkel.«[265] Er hat einen Ausspruch von Lai Zhide auf das Ins-Leere-Verleiten, auf die Fluktuation von Fülle und Leere des T'ai-chi ch'üan übertragen. Lai selbst hatte ursprünglich gesagt: »Ein großer Mann, der Edle, betrachtet die Ewigkeit als einen Tag und eine Nacht. Diese Gedankenhaltung ist wie das weite Meer und der hohe Himmel. Ruhm und Ansehen sieht er als Staub und Unrat an.«[266] In den drei Doppelstunden Zi (23–1 Uhr), Chou (1–3 Uhr) und Yin (3–5 Uhr) bedeutet eigenes Anziehen (Yin) Inspiration; von Mao (5–7 Uhr) bis Zhen (7- 9 Uhr) und Si (9–11 Uhr) wird der Gegner nachfolgen; selbst zieht man an und verwendet durch Vordringen Fülle. In den Phasen Wu (11–13 Uhr), Wei (13–15 Uhr), Shen (15–17 Uhr) hat sich das Qi des Gegners totgelaufen und erschöpft (Luo), sie entsprechen der Exspiration, der Phase, in der man gute Positionen und Gelegenheiten erreicht. In You (17–19 Uhr), Xu (19–21 Uhr) und Hai (21–23 Uhr) sind die Techniken des Gegners bereits leer (Kong). In dieser Phase der Leere führt man die Konterattacke aus. Anziehen und Vordringen unterliegen der eigenen Aktivität, Sich-Totlaufen und Ins-Leere-Gehen beim Gegner. Das eigene Anziehen und Vordringen hat nur Neutralisation des Gegners und Leere für ihn zum Ziel, so daß man schließlich alle seine Aktionen kontrollieren kann. Wenn der Gegner inspiriert ist, bin ich exspiriert. Ist der Gegner in der Phase Fülle, muß ich in der Phase Leere sein. Ist der Gegner exspiriert, ist man selbst inspiriert. Ist er in der Leere, kommt man in die Phase Fülle. Kann man die Fluktuation kontrollieren, liegen gute Gelegenheiten und Stellungen auf meiner Seite, und ich werde den Gegner überwinden. Im Xian-Hexagramm (Nr. 31) steht dazu: »Der Edle bleibt leer, nimmt dadurch andere Menschen auf.«[267] Im ›großen Appendix‹ belegt das schon angeführte Zitat die Fluktuation von Fülle und Leere beim Ins-Leere-Verleiten: »Der Edle birgt seine Waffe (die Entspanntheit) am Körper und bewegt sich zur rechten Zeit. Wie könnte es so einen Nachteil geben?«[268]

# E: Anhang

## 1 Anmerkungen

(Da es in China nach wie vor kaum üblich ist, Zitate ordentlich zu belegen, wurde dies in den entsprechenden Anmerkungen vom Übersetzer so weit wie möglich ausgeführt. Es finden sich zusätzlich viele Anmerkungen, die für ein Verständnis notwendig erscheinen.)

### *zu A*

1 Vergleiche Engelhardt, 1981: 1–2
2 ›Mentale Erklärungen zum Ausführen der 13 Stellungen‹, in: Song, 1979: 36–37. Zu den Übersetzungsmöglichkeiten des Terminus ›Qi‹ vgl. Porkert, 1978: 68, 167–176; Needham & Lu, 1980: 14; Unschuld, 1980: 59–61.
3 Song, Z.D., 1935, Großer Appendix, Teil 1: 299
4 Chen, W.M., 1925: 28
5 ›Kommentar zum T'ai-chi ch'üan‹, in: Song, 1979: 36. ›Xian tian‹ wird im Englischen und Französischen oft als ›früherer Himmel‹ wiedergegeben, wobei hinsichtlich der Körperkonstitution sicherlich die angeborenen, genetisch festgelegten Eigenschaften gemeint sind. In eher philosophischen Bereichen kann dieser Ausdruck aber auch auf das Trigramm-Arrangement nach Fu Xi, die A-priori-Natur, verweisen. Ähnliches gilt für ›Hou tian‹, das entsprechend erworbene Fähigkeiten anspricht bzw. das Trigramm-Arrangement nach Wen Wang, die A-posteriori-Natur, umschreibt.
6 Chen, W.M., 1925: 27–30. Diese Punkte sind inzwischen in fast allen modernen Schriften zum T'ai-chi ch'üan zu finden, z. B. auch in Zhongguo T'ai-chi guan, 1982: 81–91 (Ausführlicher Aufsatz von Shen Furui)
7 ›Klassiker des T'ai-chi ch'üan‹, in: Song, 1979: 34
8 ›Kommentar zum T'ai-chi ch'üan‹, in: Song, 1979: 36
9 ›Mentale Erklärungen zum Ausführen der 13 Stellungen‹, in: Song, 1979: 36–37
10 ›Klassiker des T'ai-chi ch'üan‹, in: Song, 1979: 34
11 ›Mentale Erklärungen zum Ausführen der 13 Stellungen‹, in: Song, 1979: 36–37
12 ›Lied der Form und Funktion der 13 Stellungen‹, in: Song, 1979: 37–38
13 ›Klassiker des T'ai-chi ch'üan‹, in: Song, 1979: 34
14 Vergleiche Jiao G. R., 1984, Kap. 3: ›Qi und seine Verfeinerungs- und Stählungsübungen‹ (Qi yu Qigong duanlian)
15 ›Kommentar zum T'ai-chi ch'üan‹, in: Song, 1979: 36
16 ›Mentale Erklärungen zum Ausführen der 13 Stellungen‹, in: Song, 1979: 36–37
17 ›Klassiker des T'ai-chi ch'üan‹, in: Song, 1979: 34
18 ›Mentale Erklärungen zum Ausführen der 13 Stellungen‹, in: Song, 1979: 36–37

19 ›Lied der Form und Funktion der 13 Stellungen‹, in: Song, 1979: 37–38
20 Mündliche Unterweisung durch Song, Jan. 1987 (Xing kai qi he, xing he qi kai)
21 Da xue, 5, in: Legge, 1985, Vol. I: 359
22 ›Mentale Erklärungen zum Ausführen der 13 Stellungen‹, in: Song, 1979: 36–37
23 Die ›fünf äußeren Paläste‹ dürfen hier nicht mit den ›sechs inneren Palästen‹ aus der traditionellen chinesischen Medizin gleichgesetzt werden. Hier handelt es sich vielmehr um Kopf, Rücken, Hüften, Knie und Knochen (aus: T'ai-chi ch'üan yanjiu quanji, 1969, 15, Aufsatz ›Yicang chiangfu tianshou zhi guocui).
24 ›Klassiker des T'ai-chi ch'üan‹, in: Song, 1979: 34
25 ›Mentale Erklärungen zum Ausführen der 13 Stellungen‹, in: Song, 1979: 36–37
26 ›Lied der Form und Funktion der 13 Stellungen‹, in: Song, 1979: 37–38
27 Huangdi neijing suwen jizhu, 1984, Kap. 1: 1–2 (Suwen; ›reine Fragen‹, erster Teil des Gelben Kaisers Klassikers des Inneren, entstanden ca. 2. Jh. v. Chr. bis 8. Jh. nach Chr.; Titelübersetzung nach Unschuld, 1980, Register: 325)
28 Vergleiche Song, 1979: 201 und Porkert, 1979: 47
29 ›Lied vom Händeschieben‹ (Pushing Hands), in: Song, 1979: 38
30 Vergleiche Sunzi bingfa, 1980, Kap. 13, ›Über den Einsatz von Spionen‹ (Yongjian). Wichtig erscheint hier das betonte ›Vorherwissen‹, wie im T'ai-chi ch'üan eine Sensibilisierung ebenfalls eine frühe und schnelle Wahrnehmung garantieren soll.
31 Einzig erhaltene I Ging-Version von Zhou Gong, Sohn des Wen Wang (ca. 1150 v. Chr.). Angeblich gab es aber schon in der Xia-Dynastie eine Version Lianshan und in der Shang-Dynastie eine Version Guicang, die leider beide nicht erhalten geblieben sind.
32 Song, Z. D., 1935, Großer Appendix, Teil 1: 280
33 ebenda: 294
34 ebenda: 298
35 ebenda: 274
36 Daode jing, 1984, Kap. 43: 224
37 ebenda, Kap. 10: 177
38 ebenda, Kap. 36: 214
39 Song, Z. D., 1935, Text: 3
40 Siehe Abschnitt 3.5
41 Vergleiche Darstellungen in Huang, W. S., 1974: 47–65
42 Zhonghua minguo guoshu hui t'ai-chi ch'üan fazhan weiyuan hui. Nachfolgende Darstellungen zur Entstehung und Tradierung des T'ai-chi ch'üan beruhen auf Song, 1987: T'ai-chi ch'üan yuanliu kaozheng bian
43 Vergleiche Zhongguo renming da cidian, 1985, shang: 1192
44 Vergleiche Ciyuan, 1978, shang: 160
45 Schwer zugängliche Schriften, entnommen aus: Wu, T. N., 1984
46 Vergleiche Zhongguo renmin da cidian, 1986, shang: 1033, und Song, Y. C., 1909 (ohne persönliche Einsichtnahme, deshalb auch im folgenden ohne Seitenangaben)
47 Schwer zugängliche Schriften, entnommen aus: Yue, X. D., 1984: 321–323
48 Zitate von Xu und Li Bo aus: Wulin changgu von Song, F. D., in: T'ai-chi ch'üan yanjiu quanji, 1969: 18–19
49 Diese Geschichte ist entnommen aus: Song, S. M., 1910: 28–32
50 Diese Verse blieben mir recht unklar, und auf Befragung interpretierte sie Meister Song 1987 wie folgt: ›Kein Ton, keine Form‹ bedeutet die klare und ruhige Leere des Nichts. ›Der ganze Körper leicht und transparent‹ verweist auf die völlige Entspanntheit von Muskeln und Gelenken. ›Auf Dinge natürlich reagieren‹ spielt auf das philosophisch ruhige Hinnehmen von Widrigkeiten in der Anwendung der fünf Methoden zum Tasten nach Gefühl an. ›Ein Tonstein hängt am West-

berg‹ symbolisiert das Absenken des Qi ins Dantian, das Leiten durch die Vorstellungskraft und das Bewahren. ›Der Tiger faucht, und der Affe kreischt‹ steht für passende Zeiten der inneren Übungen, nämlich den frühen Morgen (3–5 Uhr) und den frühen Abend (15–17 Uhr). ›Klares Wasser, ruhiger Fluß‹ deutet auf den Aspekt von Vollständigkeit und Freiheit von menschlichen Begierden. ›Der Strom wälzt sich bis zum Meer‹ symbolisiert die entgegengesetzte Bewegung von Wasser und Wasserrad, wie der Körper von Qi bewegt und durchdrungen wird, dieser durch die Vorstellungskraft ganz zur Leichtigkeit findet. ›Totale Natur verwirklicht das Gesetz des Lebens‹ ist gleich mit dem Zurückkehren zur eigenen ›A-priori-Natur‹ im höchsten Niveau des Gongfu.

51 Seidel, 1970: 516

52 Mingshi, quan 229, liechuan 187

53 Vergleiche Seidel, 1970: 484

54 Verwendete Quellen sind: Mingshi fangji bian; Daocang: Chinghua,2; Huang Zongxi: Nan lei wenan; Shi Tiaomei: Xushi kaoxin lucun yi; Zhongguo renming da cidian: 921; Qi Jiangdao, 1962; Huang Xingxian, 1963; Dong Yingjie, 1963; Wu Yuting, 1969; Wu Tunan, 1984

55 Was die angebliche Geburt Zhang Sanfeng's in der Zeit der nördlichen Song-Dynastie betrifft, so könnte es sich dabei um eine Sage handeln, der man nicht unbedingt zustimmen muß. Gemäß der Qing-Schrift Wang Zhengnan muzhiming von Huang Zongxi und seinem Nan lei wenan, in denen es heißt, daß Sanfeng ein Daoist am Wudang war, Kaiser Hui Zong ihn rief, das Dao aber blockiert war und nichts vorwärts ging, nehmen viele leichtfertig an, Sanfeng sei ein Zeitgenosse von Hui Zong gewesen. Hou Wanjing und andere änderten daraufhin einfach die Veröffentlichungen (Gazetten) der Präfektur Ningbo (Ningbo fuzhi), folgten der Argumentation von Huang und schrieben dies in die Biographie des Zhang Songqi. Dieser lebte in der Ming-Zeit, Devise Jiajing, war also von Hui Zong mehr als 400 Jahre getrennt. Und bis Hui Zong den im Abseits lebenden und schreibenden Huang Zongxi erreichte, vergingen noch einmal mehr als 560 Jahre. Außerdem gibt es sowohl im Ming-zeitlichen Xiuliao tungji als auch im Taiyuan xianzhi, im Langying qixiu leijiao und im Qing-zeitlichen Xiu mingshi renwu zhi jeweils Aufzeichnungen über Zhang Sanfeng, die alle nicht berücksichtigt wurden. Daher sind die Argumente von Huang doch zu bezweifeln. Hinzu kommt, daß Huang am Ende der Ming-Dynastie als Beamter tätig war und die neue Qing-Ära verwünschte. Vielleicht hat er aus diesem Grund diese Fabel in die Welt gesetzt, oder aber sie beruht auf einem ›Heldenmachen‹ des Hofes von Tai Zong in der Devise Hongwu.

56 Verwendete Quellen sind: Mingshi fangji bian; Daocang: Chinghua,2; Huang Zongxi: Nan lei wenan; Shi Tiaomei: Xushi kaoxin lucun yi; Zhongguo renming da cidian: 921; Qi Jiangdao, 1962; Huang Xingxian, 1963; Dong Yingjie, 1963; Wu Yuting, 1969; Wu Tunan, 1984

57 Vergleiche Zhongguo renming da cedian, 1986: 1308

58 Verwendete Quellen sind: Mingshi fangji bian; Daocang: Chinghua,2; Huang Zongxi: Nan lei wenan; Shi Tiaomei: Xushi kaoxin lucun yi; Zhongguo renming da cidian: 921; Qi Jiangdao, 1962; Huang Xingxian, 1963; Dong Yingjie, 1963; Wu Yuting, 1969; Wu Tunan, 1984

59 Fünf Berge: Songshan in Honan, Hengshan in Shanhsi, Hengshan in Hu-nan, Huashan in Shanhsi, T'aishan in Shantong

60 Verwendete Quellen sind: Mingshi fangji bian; Daocang: Chinghua,2; Huang Zongxi: Nan lei wenan; Shi Tiaomei: Xushi kaoxin lucun yi; Zhongguo renming da cidian: 921; Qi Jiangdao, 1962; Huang Xingxian, 1963; Dong Yingjie, 1963; Wu Yuting, 1969; Wu Tunan, 1984

61 Meister Zheng Manqing sagte: »Der Ursprung des T'ai-chi ch'üan liegt beim Tangzeitlichen Xu Xuanping und bei Li Daozi, obwohl die Bezeichnungen ihrer Künste unterschiedlich waren. Aufgrund der Beobachtung eines Kampfes zwischen Schlange und Falke konnte Sanfeng es weiter verbessern und änderte den Namen zu T'ai-chi ch'üan. Aber er war nicht der eigentliche Erfinder des T'ai-chi ch'üan.« (Mündliche Unterweisung an Meister Song, 1958) Ein andermal sagte er: »Die Theorien des I Ging und des T'ai-chi ch'üan beruhen auf den Geheimnissen des Daoismus und wurden von jeher nicht leichtfertig und öffentlich verkündet. Deshalb sind gewöhnliche Leute selten in die Mysterien eingeweiht worden. In der Qing-Zeit, Devise Daoguang, erreichte der Okkultist Zuo Laifeng in seinen daoistischen Studien und in der Praxis der Faustkampfkunst allerhöchste Sphären. Er reiste hinter den Wolken des Wudang, und als er einmal um Mitternacht das Qi bewegte (meditierte), sah er undeutlich einen alten Daoisten von besonderem Aussehen, der seinen Namen rief und ihn die Geheimnisse des Abwehrens, Stoßens, des Kraft-Aufnehmens (Jie jin) und des ›richtigen Atmens‹ (Tun tu) lehrte. Er erhielt so eine Lektion in den Geheimnissen des Faustkampfes, verstand sie und wachte auf. Er untersuchte daraufhin die Statue eines Altmeisters und entdeckte darin eine Schrift des T'ai-chi ch'üan. Von da an machte er erstaunliche Fortschritte, und in der Schwertkunst übertraf er alle Vorgänger, so daß er auch ›Schwertunsterblicher‹ (Jian xian) genannt wurde. Er weihte drei Schüler ein. Man sagt, daß einmal zwei weibliche Schüler auf einem großen Felsbrocken am Ufer eines Flusses ihr Qi so absenkten, daß der Fels tief eingedrückt wurde. Der T'ai-chi ch'üan-Adept einer früheren Generation, Zhang Chinlin, war ein Schüler des Zuo-Clans geworden, und so war auch seine Kampfkunst vortrefflich. Ich selbst habe vom alten Zhang gelernt und mit ihm geübt; deshalb weiß ich das so genau.« (Mündliche Unterweisung an Meister Song, 1958)

62 Auch über den Ursprung der 13 Stellungen-Tradition von Zhang Sanfeng gibt es zweifelhafte Annahmen. Gemäß der schon erwähnten Grabinschrift von Huang Zongxi glaubt man, Sanfeng hätte eines Nachts von einem obskuren Gelben Kaiser die Faustkampfmethoden erhalten. Sein Sohn Huang Baijia schrieb in seinem Buch ›Die Faustkampfmethoden der inneren Schule‹ und auch in seiner Biographie des Wang Zhengnan, daß Sanfeng zuerst Shaolin gemeistert und dann der Schule den Rücken gekehrt hätte. Vater und Sohn widersprechen einander, und ihre Logik zeigt Schwächen. Zongxi selbst hatte nie Ch'üan-Methoden geübt oder gemeistert, und es ist aus jüngerer Zeit hinreichend bekannt, daß mündliche Überlieferungen – gleichgültig von welcher Familie – niemals so verläßlich sind wie etwa historische Aufzeichnungen. D. h. die beiden kannten wahrscheinlich die Herkunft und den Werdegang des Zhang Sanfeng auch nicht genau, sondern schrieben vielmehr nach Geschichten, Gerüchten und Erzählungen. Baijia selbst hatte ursprünglich Shaolin und Tongbi gelernt und dann erst mit dem T'ai-chi ch'üan der inneren Schule begonnen, vermutlich ohne großen Erfolg. Man kann leicht erkennen, daß der Inhalt seines Buches über die innere Schule Shaolin und Tongbi kopiert und Thesen enthält, die häufig gegen die Theorie des T'ai-chi ch'üan verstoßen. Es bleibt festzuhalten, daß die beiden Huang nicht unbedingt die Tradition des T'ai-chi ch'üan der inneren Schule verstanden, wie sie ursprünglich von Wang Zhengnan vertreten worden war. Bis Hui Zong's Vorstellungen aus der Song-Zeit die Qing-Generationen erreichten, vergingen ca. 500 Jahre. Falls es in jener Zeit so etwas wie den Traum vom Gelben Kaiser gegeben haben sollte, eine sicherlich sehr bedeutende Sache, bleibt zu fragen, warum dies nicht schon am Ende der Song-Zeit aufgezeichnet wurde, sondern erst in der Qing-Ära als Überlieferung auftauchte. Daraus könnte man vielleicht schließen, daß die späteren Menschen unter dem Vorwand der Erschei-

nung des Gelben Kaisers den Glauben der Allgemeinheit an den völkischen Daoismus festigen und mehren wollten. Shaolin steht für den Buddhismus, der Wudang für den Daoismus eher philosophischer Prägung. Schriften, Zeremonien, Kleidung, alles war in beiden sehr stark voneinander verschieden. Deshalb erscheint es als unwahrscheinlich, daß ein von frühester Jugend an daoistisch beeinflußter Mensch in ein buddhistisches Kloster eintrat, um deren Kampfkünste zu studieren. Was als das Meistern des Shaolin bezeichnet wird, bedeutet nicht unbedingt das Eintreten in ein Kloster und das Lernen der dortigen Regeln. Außerdem ist es mehr als unwahrscheinlich, daß man sich nach der Meisterschaft im harten, schnellen Shaolin plötzlich völlig ändert und das weiche entspannte T'ai-chi ch'üan betreibt und vervollkommnet. Auch hätte Sanfeng mit seiner daoistischen Gelehrtheit kaum gegen seine Lehrer rebelliert, um dann eine eigene Schule zu gründen und mit ihnen zu konkurrieren. Sicherlich darf man aus alldem folgern, daß die Traumunterweisung durch einen Geist in den Kampfkünsten und die Abwendung vom Shaolin keine historischen Ereignisse sind. Die Prinzipien des T'ai-chi gong beruhten auf dem I Ging und hatten immer enge Verbindung zur Schule des Daoismus. Da Sanfeng schon als Junge daoistisch geprägt war, sollte er logischerweise zuerst T'ai-chi gong gelernt haben, um es weiterentwikkeln und so das T'ai-chi ch'üan begründen zu können. Dies entspricht jedenfalls der modernen Auffassung der T'ai-chi ch'üan-Vereinigungen und erscheint logischer. Dabei bleibt natürlich die Grundfrage offen, ob Zhang Sanfeng überhaupt etwas mit Kampfkünsten zu tun gehabt hat.

63 Die meisten Daoisten, die sich von der Welt zurückzogen, aber die Erleuchtung noch nicht erlangt hatten, vermieden Verstrickungen in weltliche Angelegenheiten besonders. Während der Devisen Hongwu und Yongle gab es zwei Herrscher, denen es an Mildtätigkeit mangelte und die gewissenlos und rein weltlich orientiert waren, so daß der Altmeister sie nicht treffen wollte. Auch die handschriftlichen Aufzeichnungen des Song Yuanjiao könnten einen Grund aufzeigen, nicht am Hofe zu erscheinen: »Am Anfang der Hongwu-Devise wurde Sanfeng vom Kaiser gerufen, am Hof mitzuwirken; doch auf dem Weg blieb er am Wudang hängen, wo er... seine Kampfmethode, die Wudang-Schule der 13 Stellungen, entwickelte.«

64 Verwendete Quellen sind: Mingshi fangji bian; Daocang: Chinghua, 2; Huang Zongxi: Nan lei wenan; Shi Tiaomei: Xushi kaoxin lucun yi; Zhongguo renming da cidian: 921; Qi Jiangdao, 1962; Huang Xingxian, 1963; Dong Yingjie, 1963; Wu Yuting, 1969; Wu Tunan, 1984

65 Vergleiche Seidel, 1970: 504–506

66 Zitate aus Caobin renwan jing und anderen Teilen des Ningbo fuzhi (u.a. 3b–4a), auch in: Wu, J. Q., 1934: 117–118

67 Vergleiche Engelhardt, 1980: 31–32 und Needham & Lu, 1980: 302–318, die anscheinend wenig Informationen bzw. schlechte Informanten über die innere Schule zur Verfügung hatten.

68 Ye, X. T., 1984: 323–325

69 An den Faustkampf angepaßte Übersetzungsvorschläge

70 Wang Zhengnan muzhiming, am Ende der Ming-Zeit von Huang Zongxi aufgezeichnet, in: Nan lei wenan

71 Das Zitat aus Anmerkung 62 geht wohl ins Mythologische, widerspricht den wahrscheinlichen Gegebenheiten und wird mangels historischer Belege nicht weiter berücksichtigt.

72 Wang Zongyue scheint irgendwann Zhang Sanfeng nach Shanxi gefolgt zu sein, um im Verborgenen das Dao auszubilden. Er war wohl mit den Personen Wang Zong und Zong Yue identisch.

73 Die Tageszeitung Beijing shibao berichtete 1934 in einem Interview ihres Reporters Wang Jiaoyu über Erzählungen um die sagenumwobenen Kampfkünste des Wang-Clans.

74 Vergleiche Hucker, 1985: 221, Nr. 2128-2130

75 ebenda, 360, Nr. 4384

76 Song, 1979: 23 (Anmerkung von Song Sheng)

77 Shijing, Teil 2, Buch VII, Ode IV, Kap. 5, in: Legge, 1985, Vol. IV: 393

78 T'ai-chi ch'üan yanjiu quanji, 1969, 17: 84

79 Yang Luchan lernte und übte auf sich selbst gestellt und diskutierte nur mit Li Bokua heimlich, bis die Tatsachen von Chen Zhangxing entdeckt wurden. Es gibt auch noch eine andere Version: »Es gab einige neue Schüler bei Zhangxing, die aber nichts erreichten. Luchan allein war vielversprechend. Zhangxing bewunderte ihn, erkundigte sich näher nach ihm und sah, daß sein Können schon sehr erstaunlich war. Chen freute sich über seine Intelligenz und lehrte ihn deshalb alles.«

80 Luchan begann sein Studium der Kampfkunst beim Chen-Clan, aber es gibt Vermutungen, wonach er später auch noch von anderen hervorragenden Meistern unterwiesen wurde. Dies wurde früher oft angedeutet, und folgende Überlegungen unterstützen eine solche Annahme: 1. Die Ch'üan-Figuren von Yang sind von denen der Chen-Familie völlig verschieden. 2. Die Yang-Schule lehrt das ›Pushing Hands‹, die acht Handtechniken und fünf Schrittarten. 3. Früher gab es in der Tradierung der Meister viele Geheimnisse, die nicht bekannt gemacht wurden, und die Eingeweihten haben diese anscheinend ernsthaft geheimgehalten und nicht sorglos verbreitet. 4. Die Faustkampftechnik des Yang-Clans stimmt vollkommen mit den Prinzipien des alten Ch'üan-›Klassikers‹ und ›Kommentars‹ überein. 5. Das T'ai-chi ch'üan der 37 Figuren aus der alten Tradition des Song Shuming ist größtenteils mit der Yang-Form identisch. 6. Auch die Tradition des Schwertweisen Zuo Laifeng beinhaltet die 13 Stellungen. 7. Da Wu Yuxiang in Wuyang Schriften des T'ai-chi ch'üan ausfindig machte, läßt sich vermuten, daß die Tradition der 13 Stellungen an vielen Orten bekannt war. 8. Auch das T'ai-chi ch'üan von Zhang Songqi aus Jiangnan stimmt mit der Langform der 13 Stellungen überein. (Diese Erkenntnisse wurden entweder durch direkte Formenvergleiche, durch Analysen von Sequenzniederschriften oder durch gewagte Schlüsse aus dem Gewußten angenommen.)

81 ›Zerreibende Hände‹ (Ge shou) entspricht dem heutigen ›Pushing Hands‹. Zu Beginn der Yang-Schule wurde diese erste Bezeichnung verwendet. Aber bald wurde es in ›verbundene Hände‹ (Da shou) oder ›schlagende Hände‹ (Da shou) umbenannt. Seit der Zeit des Zhongyang-Übungszentrums für Kampfkünste (Zhongyang guoshu guan) in Nanjing wurde es nur noch als ›Händeschieben bzw. Pushing Hands‹ (Tui shou) bezeichnet.

82 Yang Luchan hatte drei Söhne; sein erstgeborener Sohn Fenghou starb sehr früh und hat nie unterrichtet.

83 Vergleiche Hucker, 1985: 166, Nr. 1124

84 Song, S. M., 1909 (?), (jene vom Autor um 1925 eingesehene, jetzt vermißte Schrift)

85 Abgeändertes Sprichwort, vergleiche Ciyuan, 1978, xia: 1488

86 Suowen jiezi zhu, 1987, rechts oben

87 Vergleiche Ye, X. D., 1984: 315–326

88 in: Song, 1979: 35

89 In vielen Publikationen finden sich anderslautende Korrespondenzen zwischen Phasen und Schritten, Handtechniken und Trigrammen. (Vgl. Engelhardt, 1980, Abb. 4). Meister Song merkt dazu an, daß es keinen triftigen Grund für eine

Veränderung der Schemata von Fu Xi (früherer Himmel) und Wen Wang (späterer Himmel) bzw. der traditionellen chinesischen Medizin gibt. In der Anwendung sind diese Beziehungen ohnehin nicht bindend, da ja jede Handtechnik in jede nur denkbare Richtung, auch von unten nach oben oder umgekehrt, angewendet werden kann. Anderslautende Reihungen können kaum begründet werden, und wahrscheinlich handelt es sich einfach um Fehlschreibungen zu einem Zeitpunkt der Tradierung.

90 Song, Z. D., 1935, ›Großer Appendix‹, Teil 1: 278

91 ebenda, Text: 139

92 Daode jing, 1979, Kap.6: 173

93 in: Song, 1979: 35–36

94 ebenda: 36–37

95 ebenda: 37–38

96 ebenda: 38

97 Die fünf Methoden zum Tasten nach Gefühl (Chuaimo wu fa) werden durch eine Übersetzung allein nicht verständlich. Es scheint, daß nur die praktische Erfahrung des ›Pushing Hands‹ und anderer Partnerübungen ein richtiges Verständnis ermöglicht.

98 Diese Interpretation unterliegt einem starken subjektiven Einfluß durch persönliche praktische Erfahrung.

99 Mündliche Unterweisung von Meister Zheng Manqing an Meister Song Zhijian, 1958

100 Vergleiche Seidel, 1970: 505. Sie führt aus, daß der südliche Zweig der Wudang-Schule keineswegs mit dem nördlichen Zweig des T'ai-chi ch'üan identisch sei. Einige moderne Vertreter des Yang-T'ai-chi ch'üan in China hingegen sehen zum Südzweig, zu den Zuo- und Song-Clans eine auffällig engere Verbindung als zu den Chen-Stilen des T'ai-chi ch'üan.

101 Chen Couting, auch Wangting genannt, war am Ende der Ming-Dynastie ein Anhänger der Kampfkünste geworden; zu Beginn der Qing-Dynastie tendierte er schon mehr zur Literatur und war wohl der erste aus dem Chen-Clan, der die Soloform sowie Speer- und Säbeltechniken der weichen Form ausübte. Er betonte besonders die Solosequenz, die aber nach dem Urteil von Xu Zhen noch kein T'ai-chi ch'üan war. Voraussetzung für die Faustkampfpraxis im Chen-Dorf waren die damaligen Unruhen und die somit notwendige Selbstverteidigung. Diese Tradition begann mit Couting und wurde nach ihm noch populärer. Als in jenen Tagen die Chen ihre Kampfform entwickelten, nahmen sie darin auch an zentraler Stelle die 29 (ursprünglich 22) Figuren der Qi-Familie auf. Zusätzlich wählten sie aus anderen Kampfkünsten weitere Figuren, z. B. aus der Langform der Yu-Familie (die Song-Begründer), aus der Form der ›sechs Schritte‹ (Liubu ch'üan) des Wang-Dorfes, aus der ›Affen-Form‹ (Hou ch'üan) und aus dem ›Ausweichstil‹ (Hua ch'üan). Der Chen-Clan war darauf sehr stolz, und von Generation zu Generation wurde ihre Form tradiert. Sie achteten nicht weiter auf die Stile außerhalb ihres Dorfes. Als Jiang Fa seinen Namen verbergen mußte und im Chen-Dorf diente, wurde seine Langform des T'ai-chi ch'üan von den Chen zuerst mißachtet, obwohl er darin vortrefflich war. Sie wollten von ihm nichts annehmen, bauten aber später dann doch die Vorteile des T'ai-chi ch'üan in ihren Stil ein, und so entstand die Langform der späteren Zeit. Dem frühen Chen-Dorf ist demnach kaum alleine die Entstehung und Popularisierung des reinen T'ai-chi ch'üan zuzuschreiben. Nach Couting kam angeblich auch Wang Zongyue einmal durch das Dorf und revidierte die dort vertretene Theorie der Langform. Man sagt, er kam in seinen alten Tagen ganz zufällig in das Chenjia gou und sah die Dorfbewohner beim Üben. Er übernachtete in einer Herberge und erklärte ihnen ihre guten und

schlechten Punkte. Doch als er sah, daß die Chen wegen der Bekanntheit ihrer Künste darauf beharrten und nichts verändern wollten, verließ er die Herberge. Er war nun aber außergewöhnlich gut im Kampf, so daß ihm mehrere Leute folgten und ihn noch einmal einluden. Er unterbrach seine Reise, und auf ihr Drängen unterrichtete er doch noch. Er erkannte ihre aufrechte Absicht, blieb vorübergehend und veränderte ihre Langform, so daß sie dann zurecht T'ai-chi ch'üan genannt wurde. Außerdem wählte Wang diejenigen aus, die seinen Stil am besten verstanden, und trainierte sie einen ganzen Monat intensiv in Theorie und Praxis, bevor er weiterzog. Nach ihm gab es im Chen-Dorf eine neue und eine alte Form des T'ai-chi ch'üan. In der alten war Chen Changxing am besten. Deren Anhänger hielten den Körper sehr aufrecht wie eine Waldschnepfe, und andere nannten Changxing ›Ahnentafel-Chen‹ (Paiwei Chen). Seine Kunst tradierte er an seinen Sohn Gengyun und andere. Chen Youben entwickelte zuerst die neue Chen-Form weiter, überlieferte dann an seinen Sohn Zhongsheng und an Chen Qingping aus Zhaobaozhen. Aus diesen Angaben könnte man schließen, daß das T'ai-chi ch'üan des Chen-Stils nicht vollkommen die reine Schule der 13 Stellungen darstellte, denn durch die Vermengung mehrerer Stile und Kampfkünste könnte die wahre Bedeutung verloren gegangen sein. Außerdem konnten die Chen sicherlich in der Kürze des Aufenthalts von Wang Zongyue keinesfalls sein ganzes Wissen erkennen und verstehen.

102 Vergleiche Chen, P. S. (Chen Xin), 1921: 489–508

103 Näheres dazu in: Yang, C. F., 1948: 112–128

104 Shiji, ce 7, quan 63 (S. 2140)

105 Song, Z. D., 1935, Erklärungen zu den Trigrammen: 340

106 Zhouzi quan shu, 1978, quan 7, tongshu 2: 137

107 Daode jing, 1984, Kap. 43: 224

108 Song, Z. D., 1935, Erklärungen zu den Trigrammen: 341

109 Lunyu, Buch VIII, Kap. IV, in: Legge, 1985, Vol. I: 211

110 ebenda, Buch IX, Kap. X, in: Legge, 1985, Vol. I: 220

111 Nicht belegbares Zitat; eventuell Erziehungsmotto der Familien Yan oder Zhu

112 Lunyu, Buch XIII, Kap. IX, in: Legge, 1985, Vol. I: 266

113 Zu beiden Übungssets vergleiche Zhonghua t'ai-chi guan, 1982: 114–126, 133–141 und Formenlehre: A: I.4 und I.5

114 Vergleiche Chen, Y. L.: 1944 und Song, 1987

115 Anmerkung zum ›Klassiker des T'ai-chi ch'üan‹, eventuell von Yang Luchan, in: Song, 1979: 43

116 Xing li zuo wo buli zhei ge; unbelegbares, von daoistischen Mönchen gebrauchtes Sprichwort

## *zu B*

1 Populäres Sprichwort; vergleiche Ciyuan, shang: 86; ursprünglich nach Mencius, Buch II, Kap. II, 13, in: Legge, 1985, Vol. II: 184–185

2 Zählt man die zusammengewachsenen drei Brustknochen, die fünf Kreuzbeinknochen, die vier Lendenwirbel und die Hirnschale als jeweils einen Knochen, so ergeben sich 206.

3 Huangdi neijing changju suoyin, 1984, Kap. 11: 308
(Lingshu, ›Zentrum des Wirkvermögens‹, zweiter Teil des Gelben Kaisers Klassikers vom Inneren, um die Zeitenwende entstanden)

4 Vergleiche Shen, Z. T., 1967: ›Aufzeichnungen von Akupunktur- und Moxibustionserfahrungen‹ (Zhenjiu shiyan lu). Danach heißen ›Direktwege‹ Hauptleitbahnen und ›Seitenzweige‹ Netzleitbahnen. Es gibt 12 HLB und 15 NLB. Durch-

fließt das Qi diese 27 Leitbahnen, dann dringt es in die acht unpaarmäßigen Leitbahnen ein.

5 Vergleiche Unschuld, 1980: 145

6 Vergleiche Jingmai tukao, 1982; Zhenjiu da cheng, 1987; Needham & Lu, 1980, mit ihren entsprechenden Kapiteln, da viele andere Aufzeichungen, besonders die westlichen Publikationen, nicht unbedingt verläßlich sind.

7 Vergleiche dazu Graphiken in: Porkert, 1980: 216–273; Needham & Lu, 1980: 44–45, 49–50, 94–95, 97; Zhenjiu shuxue tupu, 1986 mit entsprechenden Abbildungen.

8 Erste wissenschaftliche Untersuchungen zu ›Qi‹ und Akupunktur sind in Needham & Lu, 1980, Kap. 5: 184–262 nachzulesen, wenn sie auch in mancher Hinsicht nicht unbedingt objektiv erscheinen.

9 ebenda, Kap. 7: 302 ff., wo aber nicht alle Techniken bzw. Punkte festgehalten sind (vgl. Anmerkungen zu A, 67)

10 Einige dieser Punkt-Bezeichnungen sind geläufig, andere wiederum nur in der Faustkampfkunst gebräuchlich. Zur Identifikation vergleiche die umfangreiche Auflistung in Needham & Lu, 1980: 53–59

11 Huangdi neijing suwen jizhu, 1986, Kap. 2: 8, 11

12 Darwin, C. R., 1966: 63 ff.

13 Steinhaus, A. H., 1963: 117

14 ›Klassiker des T'ai-chi ch'üan‹, in: Song, 1979: 34–35

15 ›Kommentar zum T'ai-chi ch'üan‹, in: Song, 1979: 35–36

16 ›Mentale Erklrärungen zum Ausführen der 13 Stellungen‹, in: Song, 1979: 36–37

17 Entspanntheit bedeutet im Chinesischen etwas anderes als in der westlichen Vorstellung. Im Gegensatz zum totalen, auch geistigen Loslassen bei uns bleiben in den Kampfkünsten die Vorstellungskraft und Konzentration stets im Körperlichen verhaftet. Nur die Muskelkraft wird gelockert, aber die Bewußtheit selbst bleibt voll erhalten, so daß sich ein nötiger Wechsel von Entspannung zur Anspannung unglaublich schnell abspielen kann.

18 Da unter und über der Muskulatur und der Bindehaut am Rücken Rippen und Wirbelsäule liegen, vorne unten sich aber keine festen Knochen befinden, ist dieser Bereich weich aufgebaut. Wird das netzartige Bindegewebe unter der Haut nicht trainiert, lagert sich leicht Fett ein und dringt bis in den quadratus lumborum musculus (Yaofang ji), die vorderen senkrechten Muskeln (Qianzhi ji, rectus abdominis m.), die quergestreiften Muskeln (Heng ji, traversus m.), den pyramidalis m. (Sanling ji), die beidseitigen inneren und äußeren Schrägmuskeln (Neiwai xie ji) ein. Das aus Membranen bestehende Zwerchfell verbindet sich am Punkt Menmai mit dem Bauchfell (Peritoneum); zusammen verbreiten sie sich über Nerven und Blutgefäße, die inneren Organe werden in ihrer Position gehalten.

19 Morehouse, L. E. & Rasch, P. J., 1958: 76

20 Morehouse, L. E. & Miller, A. T., 1964: 85

21 ›Kommentar zum T'ai-chi ch'üan‹, in: Song, 1979: 35–36

22 Vergleiche Zhongwen da cidian, 1968, Bd. 20: 8816, Nr. 19791–19793

23 Die allgemeine Formel zur Berechnung der größten Jin-Kraft in der Abwehrhaltung ist der halbe Winkel der ganzen Streckung plus der halbe Winkel der ganzen Beugung.

24 Huangdi neijing suwen jizhu, 1984, Kap. 17: 63

25 ›Mentale Erklärungen der 13 Stellungen‹, in: Song, 1979: 36–37

26 Huangdi neijing suwen jizhu, 1984, Kap. 17: 63

27 ›Klassiker des T'ai-chi ch'üan‹, in: Song, 1979: 34–35

28 Diese Übungen finden sich in Song, 1979: 233–236 und werden in der Formenlehre, Abschnitt B: »Innere Arbeit« im T'ai-chi ch'üan aufgenommen.

29 Im Chinese T'ai-chi-Institute, Taipei, häufig gebrauchte Redewendung, um erhitzte Gemüter zu trennen und zu besänftigen.
30 ›Klassiker des T'ai-chi ch'üan‹, in: Song, 1979: 34–35
31 ›Mentale Erklärungen der 13 Stellungen‹, in: Song, 1979: 36–37
32 ›Klassiker des T'ai-chi ch'üan‹, in: Song, 1979: 34–35
33 ›Lied der Form und Funktion der 13 Stellungen‹, in: Song, 1979: 37–38
34 ›Klassiker des T'ai-chi ch'üan‹, in: Song, 1979: 34–35
35 ›Mentale Erklärungen der 13 Stellungen‹, in: Song, 1979: 36–37
36 ›Kommentar zum T'ai-chi ch'üan‹, in: Song, 1979: 35–36
37 ›Lied der Form und Funktion der 13 Stellungen‹, in: Song, 1979: 37–38
38 ›Mentale Erklärungen der 13 Stellungen‹, in: Song, 1979: 36–37
39 ›Lied der Form und Funktion der 13 Stellungen‹, in: Song, 1979: 37–38
40 Vergleiche Zhongwen da cidian, 1968, Bd. 19: 76, Nr. 7997
41 Das sind: Sehen, Hören, Riechen, Schmecken und Spüren.
42 Morehouse, L. E., 1977: 76
43 Dison, H., 1955: 41
44 Nach klinischen Handbüchern beträgt der angemessene Herzschlag junger Menschen im Alter von ca. 20 Jahren zwischen 70 und 80 Schläge pro Minute und sollte 90 nicht überschreiten.
45 Personen, die über lange Zeit trainieren, können durch eine Erhöhung der Frequenz ihres etwas verlangsamten Herzschlags ein angemessenes Volumen im Blutausstoß des Herzens erreichen. Damit ist die Effektivität der Herzschlagfrequenz in Ruhe oder größter Anstrengung deutlich angehoben, und selbst unter starker Belastung kann locker agiert werden. Außerdem kann das Herz nur im sich öffnenden Zustand eine Versorgung der Kranzarterien bewirken.
46 Das maximale Aufnahmevolumen von Sauerstoff bei normalen Menschen beträgt pro Minute ca. 3,3 l; die maximal transportierte Blutmenge beträgt 22 l. Maximal 125 ml Blut werden pro Herzschlag ausgestoßen.
47 Vertikal unterhalb des Herzens
48 Siehe Formenlehre: B: II
49 ›Mentale Erklärungen zum Ausführen der 13 Stellungen‹, in: Song, 1979: 36–37
50 ›Klassiker des T'ai-chi ch'üan‹, in: Song, 1979: 34–35
51 ›Kommentar zum T'ai-chi ch'üan‹, in: Song, 1979: 35–36
52 ›Mentale Erklärungen zum Ausführen der 13 Stellungen‹, in: Song, 1979: 36–37
53 ›Lied der Form und Funktion der 13 Stellungen‹, in: Song, 1979: 37–38
54 ›Klassiker des T'ai-chi ch'üan‹, in: Song, 1979: 34–35
55 ›Mentale Erklärungen zum Ausführen der 13 Stellungen‹, in: Song, 1979: 36–37

## *zu C*

1 ›Kommentar zum T'ai-chi ch'üan‹, in: Song, 1979: 36
2 Vergleiche dazu auch die physikalischen Versuche zur ›Magdeburger Hemisphäre‹. Die chinesischen Kampfkünste machen sich die ›Kunst des Gecko‹, das Prinzip des ›Sich-mit-Vorstellungskraft-Ansaugens‹ zunutze und erreichen so eine mechanische Stabilität.
3 ›Klassiker des T'ai-chi ch'üan‹, in: Song, 1979: 34–35
4 ›Mentale Erklärungen zum Ausführen der 13 Stellungen‹, in: Song, 1979: 36–37
5 ›Klassiker des T'ai-chi ch'üan‹, in: Song, 1979: 34–35
6 Zu den wichtigsten Schriften des T'ai-chi ch'uan gehören die immer wieder zitierten: ›Klassiker‹, ›Kommentar‹, ›Mentale Erklärungen‹, ›Lied der Form und Funktion‹ und in Teil A schon erwähnte Lehrsätze.

7 ›Kommentar zum T'ai-chi ch'üan‹, in: Song, 1979: 36
8 ›Klassiker des T'ai-chi ch'üan‹, in: Song, 1979: 34–35
9 Tong Yingjie, der Verfasser der ›Erklärungen zum T'ai-chi ch'üan‹, 1963, nennt Entgegenstellen Sich-Durchsetzen, Loswerden Nicht-Ausweichen, Widerstreben Übertreiben; dies sind alles leider sehr vage Definitionen, die wohl erst durch eigene Praxis sinnträchtig werden. Jedenfalls handelt es sich um die zu vermeidenden Negativa der fünf Methoden zum Tasten nach Gefühl.
10 ›Klassiker des T'ai-chi ch'üan‹, in: Song, 1979: 34–35
11 Huangdi neijing changju suoyin, 1984, lingshu, Kap.21, 2: 334
12 ›Klassiker des T'ai-chi ch'üan‹, in: Song, 1979: 34–35
13 ›Lied der Form und Funktion der 13 Stellungen‹, in: Song, 1979: 37–38
14 ›Klassiker des T'ai-chi ch'üan‹, in: Song, 1979: 34–35
15 Song, Z. D., 1935, Großer Appendix, Teil 2: 307
16 ›Kommentar zum T'ai-chi ch'üan‹, in: Song, 1979: 36
17 ›Lied vom Händeschieben‹, in: Song, 1979: 38
18 ›Lied der Form und Funktion der 13 Stellungen‹, in: Song, 1979: 37–38
19 ›Mentale Erklärungen zum Ausführen der 13 Stellungen‹, in: Song, 1979: 36–37
20 ›Lied vom Händeschieben‹, in: Song, 1979: 38
21 ›Kommentar zum T'ai-chi ch'üan‹, in: Song, 1979: 36
22 ›Mentale Erklärungen zum Ausführen der 13 Stellungen‹, in: Song, 1979: 36–37
23 ›Kommentar zum T'ai-chi ch'üan‹, in: Song, 1979: 36
24 ›Mentale Erklärungen zum Ausführen der 13 Stellungen‹, in: Song, 1979: 36–37
25 ›Kommentar zum T'ai-chi ch'üan‹, in: Song, 1979: 36
26 ›Lied vom Händeschieben‹, in: Song, 1979: 38
27 ›Klassiker des T'ai-chi ch'üan‹, in: Song, 1979: 34–35
28 ›Kommentar zum T'ai-chi ch'üan‹, in: Song, 1979: 36
29 ›Mentale Erklärungen zum Ausführen der 13 Stellungen‹, in: Song, 1979: 36–37
30 ›Lied der Form und Funktion der 13 Stellungen‹, in: Song, 1979: 37–38
31 ›Mentale Erklärungen zum Ausführen der 13 Stellungen‹, in: Song, 1979: 36–37
32 ›Kommentar zum T'ai-chi ch'üan‹, in: Song, 1979: 36
33 ›Mentale Erklärungen zum Ausführen der 13 Stellungen‹, in: Song, 1979: 36–37
34 ›Kommentar zum T'ai-chi ch'üan‹, in: Song, 1979: 36
35 ›Lied der Form und Funktion der 13 Stellungen‹, in: Song, 1979: 37–38

## *zu D:*

1 Song, 1979: 138
2 Song, Z. D., 1935: unter den jeweiligen Hexagrammen
3 ebenda
4 ebenda, und ›Großer Appendix‹, Teil 1 + 2: 271–337, ›Erklärungen zu den Trigrammen‹: 338–354, ›geordnete Sequenz der Hexagramme‹: 355–365, ›Anmerkungen zu wechselnden Hexagramm-Bedeutungen‹: 366–369
5 Song, 1979: 138
6 Dieser Entwurf befindet sich in der Staatsbibliothek Hannover. Vergleiche dazu auch ›Zwei Briefe über das binäre Zahlensystem und die chinesische Philosophie‹, Einleitung.
7 Zhou, D. Y.: ›Gesammelte Schriften des Meister Zhou‹ (Zhouzi quan shu), 1978, Bd. I: 34
8 Im Zhouli chunguan ji wird von drei I Ging-Versionen, die im ›Taibu‹-Amt kontrolliert wurden, gesprochen: dem Lianshan, dem Guicang und dem Zhouyi. Das erstere stammte aus der Xia-Dynastie, begann mit Gen, bestimmte die

Astrologie und Wetterkunde. Das zweite entstand in der Shang-(Yin)-Zeit, begann mit Kun und führte alle Dinge auf die Erde zurück, bestimmte die Agrarwirtschaft, die Arbeit mit der Erde. Das Zhouyi beginnt mit Qian, sein Weg findet sich überall, gibt allem eine Bedeutung. Es benutzt den Ortsnamen Qiyang und vereint alle Erscheinungen kreisförmig, soll sich vom Shang-I Ging deutlich unterschieden haben. Es bestimmt die Regierungsangelegenheiten und schließt die Veränderungen aller menschlichen Angelegenheiten und Dinge mit ein. Verschiedentlich wird sogar behauptet, daß das Lianshan von Fu Xi und das Guicang vom Gelben Kaiser stammen würden. Diese These ist aber unbelegbar und wohl auch kaum haltbar.

9 ›Jahrhunderte von Kaisern und Königen‹, (Diwang shiji), 1965: 24a–c

10 Nach dem Kapitel Guling im Shangshu, wo von der ›Flußkarte der Himmelskugel‹ geschrieben wird, überliefern Flußkarte und Luoschrift folgendes: »Die Flußkarte wurde vom Drachenpferd aus dem Gelben Fluß hervorgebracht; als Fu Xi das Reich regierte, folgte er deren Informationen und zeichnete die acht Trigramme... Die Luoschrift beruht auf den Zeichen, die sich auf dem Rücken einer Schildkröte befanden, die aus dem Luo-Fluß kam. Als der große Yu die Fluten regelte, ordnete er diese Informationen und schuf die neun Arten.« Meister Song bemerkt dazu, daß es durchaus möglich ist, daß Flußkarte und Luoschrift schon vor Fu Xi und Yu existierten. Inzwischen weiß man, daß die chinesische Kultur (der Peking-Mensch) auf sehr frühe Zeiten zurückgeht. Die Lebensspanne der vorgeschichtlichen Weisen mag länger gewesen sein, damit auch ihre Erfahrungen größer. Ihr Wissen kann auf Steinen, Bambus oder Elfenbein eingeritzt oder auf Schildkrötenpanzern durch Verschiebung der Erdschichten in die Flüsse gelangt sein und wurde eventuell später von Fu Xi und Yu nur wiederentdeckt. Aber auch in Tierfellen kann man unter Umständen zeichenartige Formen finden, wie auch auf Insekten, Fischen und anderen Lebewesen sich oft seltsame Muster zeigen. Man sieht hier wieder das geheime Wirken der Natur, wie sich z. B. ein perfektes T'ai-chi-Symbol auf einer Sojabohne zeigt, die im Besitz von Meister Song ist. Man kann dies kaum glauben und noch weniger erklären.

11 Fluß war die antike Bezeichnung für den Gelben Fluß. Man spricht deshalb von der Flußkarte, und weil die Karte angeblich auf einem Pferd gefunden wurde, sagt man auch Pferde-Karte. Beide Flußufer brachten früher auf ihren saftigen Weiden eine besondere Pferderasse hervor, das Drachenpferd. Sein Fell war voller Locken, die oft wie die T'ai-chi-Graphik ineinandergriffen. Auch glaubte man in dieser Musterung die fünf Positionen der zehn Yin/Yang-Zahlen erkennen zu können. (Vergleiche dazu auch Lai zhu I Ging tujie von Lai, Z. D., 1987: 509–632)

12 Song, Z. D., 1935, ›Großer Appendix‹, Teil 1: 298

13 Song, 1979: 142

14 Zhu Xi: ›Hinterlassene Schriften des Cheng-Clans aus Henan‹ (Henan chengshi yishu), 1978, Bd. I, Kap. 13: 153–154

15 Auf chinesischen Landkarten wurde traditionell der Süden immer oben und der Norden immer unten angeordnet. Neben geomantischen Gründen spielte das festgelegte Stellungsverhältnis zwischen Kaiser und Untertanen eine große Rolle. Der Oberste des Reiches erschien nur mit dem Rücken nach Norden und dem Gesicht nach Süden, seinen Untergebenen zugewandt, in der Öffentlichkeit.

16 Im Diwang shiji heißt es: »Der Gelbe Kaiser opferte dem Himmel auf einem runden Hügel, und der Himmel senkte die zehn Himmelsstämme. Huangdi befahl dem Da Nao, die zwölf Erdzweige zu schaffen und anzupassen. Diese bewegen sich links und rechts.« 1965: 28b

17 Im Kommentar zum Zhouyi steht: »40 bedeutet vier Erscheinungen. Strahlendes Yang ist 1, verbindet 9 zu 10; vermindertes Yin liegt bei 2, verbindet 8 zu 10; vermindertes Yang liegt bei 3, verbindet 7 zu 10. Strahlendes Yin liegt bei 4 und verbindet 6 zu 10. Deshalb wird seit der alten Prophezeiungsweise durch vier abgezählt. Haben beide Zahlen die gleichen Erscheinungen, dann haben Yin und Yang gleiche Eigenschaften. Haben sie verschiedene Erscheinungen, so sind auch die Eigenschaften verschieden.«

18 Die klassische Physik läßt sich in verschiedene Größenbereiche einteilen: Molekularphysik $10^{-6}$ cm, Atomphysik $10^{-8}$ cm, Nuklearphysik $10^{-12}$ cm, Partikularphysik $10^{-23}$ cm. Heute geht man davon aus, daß das kleinste, nicht weiter teilbare und grundlegende Teilchen zum Aufbau von Stoffen aus fünf verschiedenen Partikeln besteht, die sich gegenseitig kontrollieren und aufbauen.

19 Zhuzi quan shu, Bd. II: 34

20 Vergleiche Lai Zhide: ›Graphische Erläuterungen zum I Ging, kommentiert von Lai‹ (Lai zhu I Ging tujie), 1987: 44 ff

21 Auf diesem Prinzip beruht die Erfindung des chinesischen Abakus.

22 Vergleiche Daode jing, 1980, Kap. 11: 178

23 Shao Yong (Shao, K. J.): ›Die I Ging-Lehre nach Meister Shao‹ (Shaozi yixue), 1980: 36 ff

24 Die Luoschrift hat eine schildernde Bedeutung und unterscheidet sich dadurch von der dreidimensionalen Flußkarte. Die Schrift wurde angeblich auf dem Panzer einer Schildkröte entdeckt und heißt deshalb auch ›Schildkrötenschrift‹. Die entsprechende Theorie bzw. die Informationen waren als Falten auf dem Panzer einer alten Wasserschildkröte ausgebildet. Das klassische Luoshu zeigt deshalb wie der Krötenpanzer die neun Farben und die Zahl 45 (die neun Zahlen addiert) als Kreis und wurde später auch so aufgezeichnet.

25 Wenn man genau nach Süden schaut, ist die Drehrichtung der Erde von rechts, Westen, nach links, Osten, die Himmelsdrehung entsprechend genau entgegengesetzt. Nach dem Erscheinen eines dunklen Kerns in der Sonne erkannten die Astrologen, daß der Sonnenkörper sich von Osten nach Westen dreht (eigentlich dreht sich die Erde von Westen nach Osten). Die Linksdrehung des Himmels in der Flußkarte verkörpert die nach außen gerichtete Drehung und das Fortschreiten der Yang-Zahlen. Die Rechtsdrehung der Erde zeigt die nach innen gerichtete Drehung und das Rückschreiten der Yin-Zahlen. Im folgenden wird immer diese alt-chinesische Anschauungsweise beibehalten, da es problematisch erscheint, diese Konzepte einfach in entsprechende westliche zu übertragen.

26 Song, Z. D., 1935, ›Großer Appendix‹, Teil 2: 309

27 ebenda, Teil 1: 278

28 Song, 1979: 152

29 Song, Z. D., 1935, ›Erklärungen zu den Trigrammen‹: 351

30 Die jetzt üblichen Lehrbücher nennen die ältere Bezeichnung ›Blaustrahlung‹ Indigo oder Dunkelgrün; das ursprüngliche Grün wird nun als Blau bezeichnet. Aber nach der alten chinesischen Definition ›Dunkelgrün bedeutet Blau‹ wurde hier die Bezeichnung ›Blau‹ beibehalten.

31 Song, Z. D., 1935, Text: 18

32 ebenda, ›Erklärungen zu den Trigrammen‹: 351

33 ebenda, ›Großer Appendix‹, Teil 1: 292

34 ebenda: 300

35 ebenda: 299

36 Shao Yong (Shao, K. J.): Shaozi yixue, 1980: 39 ff

37 Zhou Dunyi: ›Gesammelte Schriften des Meister Zhou‹ (Zhouzi quan shu), 1978, Bd. I: 39
38 Daode jing, 1980, Kap. 25: 199
39 ebenda, Kap. 42: 223
40 Shao Yong (Shao, K. J.): Shaozi yixue, 1980: 42ff
41 Zhou, D. Y.: Zhouzi quan shu, 1978, Bd. I: 43
42 Song, 1979: 157
43 ›Gesammelte Schriften der beiden Cheng-Brüder‹ (Er cheng quan shu), 1980, Bd. I: 38
44 Song, Z. D., 1935, ›Großer Appendix‹. Teil 1: 300
45 Zhongguo renming da cidian, 1986: 226
46 Song, 1979: 160
47 Wang Hansheng berichtete in seinen Studien zu Huangdi mehr darüber; in: Minzhu xianzheng cazhi
48 Zhou Dunyi sagte: »Zuerst existiert das Wuji, dann das T'ai-chi. Dieses bewegt sich und erzeugt Yang. Es bewegt sich bis zum Maximum und wird zur Ruhe. Diese erzeugt das Yin. Das Maximum an Ruhe kehrt zur Bewegung zurück. Bewegung und Ruhe sind die Ursprünge, teilen Yin und Yang und errichten die beiden Instrumente. Yang verändert, Yin vereint, und Wasser, Feuer, Holz, Metall und Erde entstehen. Die fünf Qi-Arten dehnen sich reibungslos aus, und die vier Jahreszeiten entstehen. Die fünf Wandlungsphasen haben jeweils ein Yin und ein Yang; beide bilden das T'ai-chi.« Folglich zeigt die Graphik, daß das Zentrum des T'ai-chi zwei Qi-Arten, Yin und Yang, hervorbringt. Sie umgeben das Zentrum als äußere Schicht. Dann entstehen aus den Quellbereichen der beiden Instrumente, dem Zentrum, erneut bedingte Yin- und Yang-Qi-Arten. Ihre Form ist klein, ihre Kraft aber stark wie die Triebe von Pflanzen, und sie dringen direkt zur Oberfläche. Im Äußeren zeigt sich ein Punkt des jungen Triebes. Man nennt dies auch die Erscheinung des Aufblühens. Aber der Bereich des Yin-Instruments in der Substanz wird im Äußeren vom Yang-Instrument umgeben; das Yang-Instrument der Substanz wird im Äußeren vom Yin-Instrument umhüllt. Deshalb erscheint der Yin-Trieb äußerlich im Yang-Bereich, wird durch 2 repräsentiert und ist vermindertes Yin. Der Yang-Trieb zeigt sich äußerlich im Yin-Bereich, wird durch 3 repräsentiert und ist vermindertes Yang. 2 und 3 sind die beiden Zahlen des Trennpunkts von Yin und Yang. Vereint bilden sie wieder die Zentrumssubstanz 5. Deshalb sagte schon Laozi: »1 gebärt 2, 2 bringt 3 hervor.«
49 Betrachtet man die Graphikform von außen, so gilt als Anordnungsprinzip der Trigramme ›mit dem Rücken nach außen, nach innen gerichtet‹.
50 Song, Z. D., 1935, ›Großer Appendix‹, Teil 1: 271
51 Betrachtet man die Graphikform von innen, so gilt als Anordnungsprinzip ›mit dem Rücken nach innen, nach außen gerichtet‹.
52 Zhou Dunyi interpretierte die zweite Linie als die Repräsentantin des Kaisers, während er die fünfte Linie als die Vertreterin des Volkes sah. (Vgl. Zhouzi quan shu)
53 Song, Z. D., 1935, ›Großer Appendix‹, Teil 2: 324
54 Die Zahl 2 wird in der Yang-Position als Yin-Zahl bezeichnet. Aber im Zahlenkreis wird sie mit der Zahl 3 in gleicher Weise als Yang-Zahl verstanden. Außerdem ergeben 2 und 3 die Zahl 5, die reines Yang ist. 3 ist das Yang (vermindert) im Yin. 2 ist Yin (vermindert) im Yang.
55 Die Zahl 5 ist gleich mit der Zahl 10 im Bauchbereich des Yin-Instruments, die sich entlang des Äquators als Kreis verbreitet. Sie bildet im Yang-Instrument den Mittelteil der beiden Pole. 5 ist die Hälfte der Yin-Zahl 10, das Yang im Yin. Aber sie wird im Mittelbauch als Yin-Zahl bezeichnet, denn die Zahl 10 ist reines Yin.

56 Song, Z. D., 1935, ›Großer Appendix‹, Teil 1: 278
57 ebenda: 279
58 ebenda, Teil 2: 309
59 ebenda, Teil 1: 300
60 ebenda: 285
61 ebenda, ›Erklärungen zu den Trigrammen‹: 341 ff. Die Weisen des Altertums verkörperten die früheste, höchste und nicht erforschbare Kultur Chinas und hatten sicherlich als Kulturzentrum auch auf andere Zivilisationen großen Einfluß. Alle ihre Regierungsmaßnahmen wurden von den vier benachbarten ›Barbarenstämmen‹ nachgeahmt. So gab es im antiken China vier Regierungsbezirke, die sich in Form eines Vierecks gegenseitig stützten. Man nannte sie ›Zentralerde‹. Dazu Hui Nanzi: »Die Provinz Hubei ist die Zentralerde, sie ist besonders heilig.« Dies deutet auf das oben Gesagte hin. Das Zitat »Himmel und Erde bestimmen die Positionen« aus dem I Ging-Kommentar verweist durch die Position im Inneren der Zentralerde auf die vier geraden und auf die vier diagonalen Richtungen. An dieser Stelle steht ›Qian im Süden‹ für den früheren Himmel, ›Kun im Norden‹ für den späteren Himmel.
62 Song, Z. D., 1935, ›Erklärungen zu den Trigrammen‹: 345
63 ebenda, ›Großer Appendix‹, Teil 2: 328
64 ebenda, Teil 1: 291
65 Schon durch die Flußkarte und die Luoschrift waren die Positionen des späteren Himmels gegeben. Sie sind also nicht von König Wen erfunden, sondern nur ausformuliert worden.
66 Song, Z. D., 1935, ›Großer Appendix‹, Teil 1: 291
67 Shouwen jiezi zhu, 1987: 1, oben rechts
68 Historien der Han-Dynastie, hier zitiert nach Song, 1979: 172
69 Song, Z. D., 1935, ›Erklärungen zur Trigramm-Ordnung‹: 355
70 Shouwen jiezi zhu, 1987: 1, links unten
71 Song, Z. D., 1935, ›Großer Appendix‹, Teil 2: 315
72 Song, 1979: 173
73 Song, Z. D., 1935, ›Großer Appendix‹, Teil 1: 274
74 Daode jing, 1980, Kap.67: 251
75 Song, Z. D., 1935, ›Großer Appendix‹, Teil 2: 333
76 ebenda, ›Erklärungen zu den Trigrammen‹: 340
77 ebenda, ›Großer Appendix‹, Teil 2: 328
78 Buch aus der Han-Zeit, zitiert nach Song, 1979: 174
79 Song, Z. D., 1935, ›Großer Appendix‹, Teil 1: 292
80 ebenda: 300
81 Song, 1979: 174
82 Song, Z. D., 1935, ›Großer Appendix‹, Teil 1: 299
83 Daode jing, 1980, Kap.42: 223
84 Song, 1979: 174
85 Song, Z. D., 1935, ›Großer Appendix‹, Teil 2: 315
86 ebenda, ›Erklärungen zu den Trigrammen‹: 341
87 Zheng Kangzheng aus der östlichen Han-Dynastie sagte dazu: »Was sich bewegt, folgt dem Himmel nach und bewegt das Qi.«
88 Shuowen jiezi zhu, 1987: 738, oben links
89 Song, Z. D., 1935, ›Großer Appendix‹, Teil 1: 291
90 Song, 1979: 178
91 Zhuzi quan shu, 1980, Einleitung: 27
92 Jiang, G. Z. (Jiang Yong): ›Neue Untersuchungen zum Zhouyi‹ (Zhouyi xin yanjiu), 1956: 18

93 Song, Z. D., 1935, Text: 163
94 ebenda: 3
95 Das I Ging erklärt anhand der zwischenmenschlichen Beziehungen die Trigramm- und Linienbedeutungen. Aber diese Erklärungen verlassen das Prinzip der Natürlichkeit nicht. Meister Zhu (Zhu Xi) sagte deshalb: »Das I Ging kennt Erscheinungen; was es anführt, beruht auf Gewesenem (Belegbarem). Was es vorschlägt, hat Auswirkungen. Es sind nicht nur Fabeln.« Dies erklärt die I Ging-Theorie und ihre Anwendung vollständig. Dazu sagte Konfuzius: »Es bringt im Nahen aus der menschlichen Welt (Shen), im Fernen von den Objekten (Wu).« Was zur Anwendung vorgeschlagen wird, liegt in Glück und Unglück der Änderungen zwischen den fünf Wandlungsphasen. Jiang Yong teilte alle Angelegenheiten und Objekte des ganzen Buches in 17 Arten ein: himmlische Angelegenheiten, Jahreszeiten, Geographie, menschliches Leben, menschliche Dinge, menschliche Angelegenheiten, Körper, Nahrungsmittel, Kleidung, Häuser und Wohnanlagen, Waren, Geräte, Landesriten, Bauernwesen, Tiere, Pflanzen und Verschiedenes. Jeder Bereich kann nach seiner Zugehörigkeit zu den fünf Wandlungsphasen unterschieden werden.
96 Vergleiche ›Buch der historischen Aufzeichnungen‹ (Shujing), in: Legge, 1985, Vol. III
97 Vergleiche Jizi: Hongfan, 1964
98 Vergleiche Sima Jian: Shiji, Lishu, 1968
99 Song, Z. D., 1935, ›Erklärungen zu den Trigrammen‹: 351
100 ebenda, Text: 188
101 ebenda, ›Erklärungen zu den Trigrammen‹: 354
102 ebenda, Text: 201
103 ebenda, ›Erklärungen zu den Trigrammen‹: 353
104 ebenda, Text: 163
105 ebenda, ›Erklärungen zu den Trigrammen‹: 351
106 ebenda, Text: 25
107 ebenda: 149
108 ebenda, ›Erklärungen zu den Trigrammen‹: 352
109 ebenda, Text: 224–225
110 ebenda, ›Erklärungen zu den Trigrammen‹: 352
111 ebenda, Text: 264
112 ebenda: 127
113 ebenda, ›Erklärungen zu den Trigrammen‹: 354
114 ebenda, Text: 220
115 ebenda, ›Erklärungen zu den Trigrammen‹: 351
116 ebenda, Text: 104
117 ebenda, ›Großer Appendix‹, Teil 1: 291
118 Song, 1979: 180 (aus einer buddhistischen Schrift)
119 Song, Z. D., 1935, Text: 211
120 ebenda, ›Erklärungen zu den Trigrammen‹: 351
121 ebenda, Text: 207
122 Phrase aus dem Sanguo zhi, Zhouyu chuan (vgl. Ciyuan, shang: 298)
123 Song, Z. D., 1935, Text: 3
124 ebenda: 43
125 Song, 1979: 185
126 Song, Z. D., ›Großer Appendix‹, Teil 1: 273
127 Song, 1979: 186
128 Song, Z. D., 1935, Text: 4
129 Song, 1979: 187

130 ebenda (aus buddhistischer Schrift)
131 Zhuzi quan shu, 1980, Bd. II: 37
132 Die 36 Positionen der Trigramme verbreiten sich um den ganzen Kreis. Die Mittelposition mit Wu, Yi, 5 und Gelb ist der feste Platz des T'ai-chi. Zusammen ergeben sich also 37 Positionen.
133 Song, Z. D., 1935, ›Großer Appendix‹, Teil 1: 300
134 ebenda, Text: 3
135 Song, 1979: 191
136 Ge (Nr. 49) deutet auf das Korrigieren von Fehlern in den Figuren, Zhong fu (Nr. 61) auf entschiedene Härte in der Weichheit, Shike (Nr. 21) auf die Übung, mit der Zunge den Oberkiefer zu massieren. Shun (Nr. 41) steht unten für das Trainieren der Oberschenkel und Knie, im Inneren für die Bereitstellung der Studiengebühren; Xiao guo (Nr. 62) für den Sachverhalt, daß man zuerst Niederlagen erleiden muß, ehe man siegen kann. Weiter verweist Li (Nr. 20) auf das Anhaften in den fünf Methoden zum Tasten nach Gefühl. Da zhuang (Nr. 34) deutet auf die Qi-Haltung im Gemüt und Bi (Nr. 12) auf das eigene Verderben in der Faulheit.
137 ›Klassiker des T'ai-chi ch'üan‹, in: Song, 1979: 34–35
138 Die Verbindungen und Anwendungen der fünf Methoden zum Tasten nach Gefühl sind in der Theorie der fünf Wandlungsphasen wohl beschreibbar. Doch ihre tatsächliche Anwendung, ihre Abänderungen und Wechsel wird man erst durch praktisches, sehr intensives Üben des Pushing Hands, des San shou (Partnerset) und des freien Kampfes beherrschen, wobei man im ersteren langsam die oben beschriebenen ›Erzeugung und Überwindung‹ ausführen lernt, im letzteren sich durch Automation ein spontanes Anwenden und Abfolgen dieser ›Reaktionsketten‹ anzueignen sucht. Aus eigener Erfahrung läßt sich sagen, daß man wirklich über Jahre täglich Stunden diese Übungen mit möglichst vielen Partnern pflegen muß, um ein Stadium zu erreichen, in dem man Erlerntes nicht wieder verliert. Unterbricht man die Übung aber zu früh, so werden gewonnene Sensibilität und Spontaneität sehr schnell wieder vergehen. Zum Glück kann man schon einmal erlernte Fähigkeiten relativ schnell wieder auffrischen.
139 ›Klassiker des T'ai-chi ch'üan‹, in: Song, 1979: 34–35
140 In vielen Büchern zum T'ai-chi ch'üan werden oft andere Korrespondezen aufgeführt, wie schon unter Abschnit A vermerkt. Sie stimmen jedoch mit den Theorien der traditionellen chinesischen Medizin und des I Ging meist nicht überein, stehen oft sogar im Widerspruch dazu. Meister Song legt großen Wert darauf, diese möglicherweise falsch tradierten Aufzeichnungen mit dem Wissen aus oben genannten angrenzenden Bereichen zu überprüfen. Da der T'ai-chi-Faustkampf und viele andere Lehren alle auf dem I Ging beruhen, sollten sie in ihren grundlegenden Theorien auch übereinstimmen. Das Erreichen eines hohen Niveaus im T'ai-chi ch'üan bedarf sicherlich auch eines tiefgreifenden theoretischen Wissens. Es bleibt zu fragen, warum heute nur sehr wenige T'ai-chi ch'üan-Übende dieses Niveau erreichen, und ob ein blindes Übernehmen verfälschter Überlieferungen die eigenen Fortschritte hemmen kann. In diesem Licht erscheint das eigenständige Überdenken und Korrigieren der Probleme durch Meister Song anhand seiner Kenntnisse aus der traditionellen chinesischen Medizin mehr als nur gerechtfertigt.
141 Song, Z. D., 1935, Text: 4
142 ›Klassiker des T'ai-chi ch'üan‹, in: Song, 1979: 34–35
143 Song, Z. D., 1935, Text: 15
144 ›Kommentar zum T'ai-chi ch'üan‹, in: Song, 1979: 35–36
145 Song, Z. D., 1935, Text: 15
146 ebenda: 243

147 ebenda: 239
148 ebenda: 127
149 ebenda: 131
150 ebenda: 133
151 Vergleiche Sunzi bingfa, 1980
152 Diese Technik muß deutlich vom Prinzip Gewichtung mit 100% und Leere mit 0% unterschieden werden. Es handelt sich hier um eine Variante, die mit Qi-Unterstützung besonders erfolgreich sein kann. Trotzdem lassen sich in dieser Stellung nicht alle Angriffsarten neutralisieren. Vor allem bei geschulten Gegnern wird sie nicht immer erfolgreich sein und dient deshalb für viele weitere Aktionen als ganz spezieller Ausgangspunkt, als ›Mutter‹ der vier weiteren Wandlungsphasen.
153 Bezüglich der Theorien der Hervorbringungs- und Überwindungsordnungen der fünf Phasen siehe Abschnitt 1.6.3 und 1.6.4
154 Song, 1979: 202
155 ›Klassiker des T'ai-chi ch'üan‹, in: Song, 1979: 34–35
156 ›Kommentar zum T'ai-chi ch'üan‹, in: Song, 1979: 35–36
157 ›Mentale Erklärungen zum Ausführen der 13 Stellungen‹, in: Song, 1979: 36–37
158 ›Kommentar zum T'ai-chi ch'üan‹, in: Song, 1979: 35–36
159 Song, Z. D., 1935, Text: 1
160 ebenda: 187
161 ebenda: 2
162 ebenda: 123
163 ebenda: 183
164 ebenda: 2
165 ebenda, ›Großer Appendix‹, Teil 1: 274
166 ebenda: 272
167 ebenda: 274
168 ›Kommentar zum T'ai-chi ch'üan‹, in: Song, 1979: 35–36
169 ›Mentale Erklärungen zum Ausführen der 13 Stellungen‹, in: Song, 1979: 36–37
170 ›Kommentar zum T'ai-chi ch'üan‹, in: Song, 1979: 35–36
171 ›Lied der Form und Funktion der 13 Stellungen‹, in: Song, 1979: 37–38
172 ›Mentale Erklärungen zum Ausführen der 13 Stellungen‹, in: Song, 1979: 36–37
173 Bei sternklarer Nacht kann man am entferntesten Nordhimmel einen immer unveränderten glühenden Sternenkörper erkennen. Im Chinesischen wird er ›Nordpolstern oder Stern mit purpurnem Schweif‹ (Beiji xing od. Ziwei xing) genannt. Weil er genau auf die Nordachse der Erdkugel deutet, können ihn die Bewohner der nördlichen Hemisphäre oft sehen. Dieser Polarstern und der große Bär, Ursa major, und seine ›Nabelsterne‹ (Tianshu xing) liegen weit entfernt einander gegenüber. Zusammen mit den sechs benachbarten Satellitensternen nennen die Chinesen diese Formation auch einen verbundenen runden ›Griff, den ausgebreiteten Haken‹ (Gouzhen). Er zeigt auf das Zentrum der Sonne-Mond-Konjunktion. Im Westen wird er kleiner Bär, Ursa minor, genannt. Diese stabile Nordpol-Konstellation ist ein Zentrum des Alls. Der ›Griff‹ folgt aber der Geschwindigkeit und der Bewegung des vollen Sternenhimmels und bildet einen ununterbrochenen, von Osten nach Westen verlaufenden, sich drehenden Umlauf, für den der Sternenhimmel um den Polarstern sehr lange braucht. Der ›Griff‹ folgt dem ›Kanonenmaul‹ (Paokou) und deutet ebenso auf den ›Himmelsraum‹ (Tianyuan, von Sternen eingeschlossener Raum). Zusammen mit dem Flimmern des Polarsterns, so der chinesische Volksmund, soll die Verschmelzung mit dem Licht vom Stern ›des gebrochenen Soldaten‹ (Po jun xing) verhindern, daß Kometen auch nur etwas in den ›Himmelsraum‹ eindringen können.

174 Trieb deutet hier auf austreibende Samen der Pflanzen oder deren frische Sprossen und Triebe, wie bei Gräsern und Bäumen. Diese Bedeutung stimmt mit der T'ai-chi-Graphik, in der der Yang-Pol Yin erzeugt und umgekehrt, vollkommen überein. Deshalb wurden die beiden Entstehungen im Gegenteilsbereich ›Triebe‹ genannt.
175 Mündliche Tradierung von Meister Wu Yuting an Meister Song Zhijian
176 Song, Z. D., 1935, Text: 4
177 ebenda: 139
178 ›Klassiker des T'ai-chi ch'üan‹, in: Song, 1979: 34–35
179 ›Lied der Form und Funktion der 13 Stellungen‹, in: Song, 1979: 37–38
180 ›Mentale Erklärungen zum Ausführen der 13 Stellungen‹, in: Song, 1979: 36–37
181 Mündliche Tradierung von Meister Yang Chengfu an Meister Cheng Manqing
182 ›Klassiker des T'ai-chi ch'üan‹, in: Song, 1979: 34–35
183 ›Mentale Erklärungen zum Ausführen der 13 Stellungen‹, in: Song, 1979: 36–37
184 ›Lied der Form und Funktion der 13 Stellungen‹, in: Song, 1979: 37–38
185 Song, Z. D., 1935, ›Großer Appendix‹, Teil 2: 309
186 ebenda, Teil 1; 273
187 ebenda: 282
188 ›Klassiker des T'ai-chi ch'üan‹, in: Song, 1979: 34–35
189 ›Kommentar zum T'ai-chi ch'üan‹, in: Song, 1979: 35–36
190 ›Lied der Form und Funktion der 13 Stellungen‹, in: Song, 1979: 37–38
191 ›Mentale Erklärungen zum Ausführen der 13 Stellungen‹, in: Song, 1979: 36–37
192 Song, Z. D., 1935, ›Erklärungen zu den Trigrammen‹: 341
193 ›Lied vom Händeschieben‹, in: Song, 1979: 38
194 Song, Z. D., 1935, ›Großer Appendix‹, Teil 1: 274
195 ›Mentale Erklärungen zum Ausführen der 13 Stellungen‹, in: Song, 1979: 36–37
196 Song, Z. D., 1935, Text: 107
197 ebenda: 264
198 ebenda, ›Großer Appendix‹, Teil 1: 295
199 ebenda: 300
200 ebenda, Teil 2: 330
201 ebenda: 315
202 ›Mentale Erklärungen zum Ausführen der 13 Stellungen‹, in: Song, 1979: 36–37
203 ›Klassiker des T'ai-chi ch'üan‹, in: Song, 1979: 34–35
204 ›Kommentar zum T'ai-chi ch'üan‹, in: Song, 1979: 35–36
205 ›Klassiker des T'ai-chi ch'üan‹, in: Song, 1979: 34–35
206 Song, Z. D., 1935, ›Großer Appendix‹, Teil 1: 306
207 ebenda: 307
208 Mündliche Tradierung von Meister Wu Jian quan an Meister Wu Yuting
209 ›Klassiker des T'ai-chi ch'üan‹, in: Song, 1979: 34–35
210 ›Lied der Form und Funktion der 13 Stellungen‹, in: Song, 1979: 37–38
211 ›Mentale Erklärungen zum Ausführen der 13 Stellungen‹, in: Song, 1979: 36–37
212 ›Kommentar zum T'ai-chi ch'üan‹, in: Song, 1979: 35–36
213 Song, Z. D., 1935, ›Großer Appendix‹, Teil 1: 271
214 ebenda: 272
215 ›Mentale Erklärungen zum Ausführen der 13 Stellungen‹, in: Song, 1979: 36–37
216 ›Klassiker des T'ai-chi ch'üan‹, in: Song, 1979: 34–35
217 ›Kommentar zum T'ai-chi ch'üan‹, in: Song, 1979: 35–36
218 ›Lied der Form und Funktion der 13 Stellungen‹, in: Song, 1979: 37–38
219 Song, Z. D., 1935, ›Großer Appendix‹, Teil 1: 284
220 ›Mentale Erklärungen zum Ausführen der 13 Stellungen‹, in: Song, 1979: 36–37
221 ›Lied der Form und Funktion der 13 Stellungen‹, in: Song, 1979: 37–38

222 ›Kommentar zum T'ai-chi ch'üan‹, in: Song, 1979: 35–36
223 Mündliche Tradierung von Meister Wu Yuting an Meister Song Zhijian
224 Song, Z. D., 1935, ›Großer Appendix‹, Teil 1: 284
225 ›Kommentar zum T'ai-chi ch'üan‹, in: Song, 1979: 35–36
226 ›Mentale Erklärungen zum Ausführen der 13 Stellungen‹, in: Song, 1979: 36–37
227 ›Lied der Form und Funktion der 13 Stellungen‹, in: Song, 1979: 37–38
228 Song, Z. D., 1935, ›Großer Appendix‹, Teil 1: 306
229 ebenda, Text: 239
230 ebenda: 223
231 ebenda, ›Großer Appendix‹, Teil 2: 317
232 ›Kommentar zum T'ai-chi ch'üan‹, in: Song, 1979: 35–36
233 Song, Z. D, 1935, ›Erklärungen zu den Trigrammen‹: 345
234 Mencius, Buch II, Teil I, Kap. 2, 13, in: Legge, 1985, Vol. II: 190
235 ›Mentale Erklärungen zum Ausführen der 13 Stellungen‹, in: Song, 1979: 36–37
236 ›Klassiker des T'ai-chi ch'üan‹, in: Song, 1979: 34–35
237 Song, Z. D., 1935, ›Großer Appendix‹, Teil 2: 316–317
238 ›Mentale Erklärungen zum Ausführen der 13 Stellungen‹, in: Song, 1979: 36–37
239 Song, Z. D., 1935, ›Großer Appendix‹, Teil 2: 318
240 Vergleiche Chen Gongti (Chen Xuanlin), 1956, Abschnitt Zhenggong
241 Song, Z. D., 1935, ›Großer Appendix‹, Teil 1: 298
242 ebenda, Teil 2: 316–317
243 Unter den vielen Schulen und Stilen des T'ai-chi ch'üan müssen die orthodoxen unbedingt den T'ai-chi ch'üan-›Klassiker‹ und -›Kommentar‹ widerspiegeln bzw. deren Prinzipien beinhalten. Alle widersprechenden Schulen wird man als nicht fundiert und haltlos erkennen. Beide alten Schriften beruhen auf der I Ging-Theorie und verweisen auf das T'ai-chi. Wer also das I Ging versteht, kann ganz natürlich auch falsch von echt unterscheiden.
244 Eine klare Darstellung zur Transformation unter den Begriffen Jing, Qi und Shen findet sich in: Kohn, 1989, Kap. 10: 297–330 (›Original Contributions of Neidan to Taoism and Chinese Thought‹ von Isabelle Robinet)
245 ›Klassiker des T'ai-chi ch'üan‹, in: Song, 1979: 34–35
246 ›Mentale Erklärungen zum Ausführen der 13 Stellungen‹, in: Song, 1979: 36–37
247 Song, Z. D., 1935, ›Großer Appendix‹, Teil 1: 298
248 Nach vielen Kommentaren zum I Ging entspricht einfach Yin/Yang dieser Fluktuation. Exspiration steht für Aufhebung, Inspiration für Erzeugung. Das erstere ist strahlendes Yin, das letztere strahlendes Yang. Die sechs Linien des Qian-Hexagramms sind Inspiration, die sechs des Kun-Hexagramms bedeuten Exspiration. Diese führt zur Leere, Inspiration zu Fülle. Mit der Zeit wird Leere inspiriert, zur Fülle, die sich allmählich wieder exspiriert. Dieser Fluktuationskreislauf hat die Bedeutung von Entstehen und Vergehen, Anwachsen und Abnehmen.
249 ›Klassiker des T'ai-chi ch'üan‹, in: Song, 1979: 34–35
250 ›Kommentar zum T'ai-chi ch'üan‹, in: Song, 1979: 35–36
251 Song, Z. D., 1935, Text: 71
252 ›Kommentar zum T'ai-chi ch'üan‹, in: Song, 1979: 35–36
253 Song, Z. D., 1935, Text: 231
254 ›Lied vom Händeschieben‹, in: Song, 1979: 38
255 ›Klassiker des T'ai-chi ch'üan‹, in: Song, 1979: 34–35

256 ›Lied der Form und Funktion der 13 Stellungen‹, in: Song, 1979: 37–38
257 Song, Z. D., 1935, Text: 103
258 ›Lied der Form und Funktion der 13 Stellungen‹, in: Song, 1979: 37–38
259 ›Mentale Erklärungen zum Ausführen der 13 Stellungen‹, in: Song, 1979: 36–37
260 Shaozi yixue, 1980: 45
261 Da Trigramm-Erscheinungen und Linien-Erscheinungen verschieden sind, haben die vier Erscheinungen je nur zwei Linien. Strahlendes Yang wird zu vermindertem Yin. Strahlendes Yin ändert sich zu vermindertem Yang. Alle Folge-Trigramme verändern sich zuerst in der obersten Linie.
262 Song, Z. D., 1935, Text: 107
263 Die Entspannungsübung des T'ai-chi ch'üan wird grundsätzlich methodisch in den natürlichen Bewegungen der Soloform ausgedrückt. Die Reihenfolge ist in obigen Kapiteln, den Trigramm-Erscheinungen, erklärt. Von beiden Abschnitten kann der Übende sehr viel für sein körperliches Vermögen und geistiges Durchdringen profitieren.
264 ›Lied vom Händeschieben‹, in: Song, 1979: 38
265 Vergleiche Chen, P. S., 1987: 157–192
266 Lai zhu I Ging tujie, 1987: 56
267 Song, Z. D., 1935, Text: 136
268 ebenda, ›Großer Appendix‹, Teil 2: 318

## 2 Glossar wichtiger Fachtermini

| | |
|---|---|
| *Bagua* 八卦 | 8 Trigramme des I Ging, (8 Handtechniken korrespondieren dazu) |
| -Qian 乾 | Himmel (Abwehren) |
| -Dui 兌 | See (schnelle Reaktion) |
| -Li 離 | Feuer (Ellbogenstoß) |
| -Zhen 震 | Donner (Pressen) |
| -Xun 巽 | Wind (Schulterstoß) |
| -Kan 坎 | Wasser (Stoßen) |
| -Gen 艮 | Berg (Nach-unten-Ziehen) |
| -Kun 坤 | Erde( Zurückgleiten) |
| *Bagua ch'üan* 八卦拳 | Kampfform der 8 Trigramme (dem T'ai-chi ch'üan ähnliche Kampfform, weich) |
| *Bufa* 步法 | 5 Schrittarten, korrespondierend zu den fünf Wandlungsphasen(→ Wu xing) |
| -Jin 進 | Vordringen (Norden) |
| -Tui 退 | Zurückschreiten (Süden) |
| -You pan 右盼 | Nach-rechts-Sehen (Osten, Südosten) |
| -Zhong ding 中定 | Zentralisieren (Zentrum, Nordosten, Südwesten) |
| -Zuo gu 左顧 | Nach-links-Blicken (Westen, Nordwesten) |
| *Ce* 策 | Halme (24 für Yin-Yao, 36 für Yang-Yao, insgesamt 11520) |

| | | |
|---|---|---|
| *Chan si jin* | 纏絲勁 | Das Jin wie einen Seidenfaden vom Kokon abwickeln (speziell im Chen-Stil-T'ai-chi ch'üan betonte Technik) |
| *Chuaimo* | 揣摩 | 5 Methoden zum Tasten nach Gefühl, korrespondierend zu den 5 Phasen |
| -Budiu ding | 不丢頂 | Ohne Widerstand Kontakt bewahren |
| -Lian | 連 | Sich-Mitbewegen |
| -Nian | 黏 | Anhaften |
| -Sui | 隨 | Nachfolgen |
| -Tie | 貼 | Ankleben |
| *Ch'üan* | 拳 | Allgemeine Bezeichnung für Faustkampf |
| *Da lu* | 大攦 | Großes Ziehen (4 Handtechniken der Diagonalen) |
| -Cai | 採 | Nach-unten-Ziehen |
| -Kao | 靠 | Schulterstoß |
| -Lie | 挒 | schnelle Reaktion |
| -Zhou | 肘 | Ellbogenstoß |
| *Dantian* | 丹田 | Zinnoberfeld, imaginärer Schwerkraftpunkt im Körperinneren, Nabelhöhe, Sammelstelle des Qi |
| *Dao yin* | 導引 | Leiten und Dehnen (Technik des Qigong, siehe Formenlehre) |
| *Dizhi* | 地支 | Endzweige (12er System) |
| *Dong jin* | 懂勁 | Verständnis der Jin-Kraft |
| *Dou jin* | 抖勁 | ermunternde Jin-Kraft, die das Aufnehmen und Zurückschleudern äußerer Kräfte erlaubt |

| | | |
|---|---|---|
| *Fa jin tu qi* | 發勁吐氣 | Jin ausstoßen und Qi ausspucken, Technik des Angreifens |
| *Gongbu* | 弓步 | Bogenschritt, vorne belastete Beinstellung (siehe Formenlehre) |
| *Gongfu* | 功夫 | Sammelbegriff für intensive Beschäftigung mit Kampfkünsten, auch Können allgemein |
| *Goushou* | 勾手 | Hakenhand, vier Finger liegen um den Daumen, weisen nach unten (siehe Formenlehre) |
| *Jieji shenming* | 階及神明 | alles erkennender Zustand, höchstes Niveau in T'ai-chi ch'üan |
| *Jimeng* | 啓蒙 | 5 grundlegende Vorübungen für den Atem (siehe Formenlehre) |
| *Jin* | 勁 | Kraft im T'ai-chi ch'üan, aus dem Boden über die Beine in den Oberkörper geleitet, Wurzelkraft, auch aus der Elastizität des Körpers |
| *Jing* | 輕 | Leichtigkeit, Qualität in der Bewegung, keine Verwendung von roher, starker Kraft der Muskelbereiche, sondern feine Dosierung |
| *Jing* | 精 | Essenz, einer der drei Zustände der menschlichen Lebenskraft, Sexualkraft |
| *Jingshen* | 精神 | Elan, geistige und körperliche Allgemeinverfassung |
| *Liang yi* | 兩儀 | zwei Instrumente aus dem T'ai-chi, entsprechen Yin und Yang |
| *Ling* | 靈 | Flexibilität in der Bewegung, Vermögen zur Aktivität |
| *Neidan* | 内丹 | inneres Elixier, Meditationstechnik zur Ausbildung des Unsterblichkeitsembryos im Körperinneren |
| *Qi* | 氣 | Atemluft, aber auch Vitalkraft des Menschen, die auf den Leitbahnen zirkuliert, Zentral-Qi oder wahres Qi als Kombination von Luft, Lebenskraft aus Nahrung und angeborener |

Vitalkraft; siehe dazu auch Needham & Lu, 1980: 14; Porkert, 1978: 167–176; Unschuld, 1980: 59–61

*Qian neng fanying* 潛能反應 – latente Reaktionen, die den Körper immer beschützen, Reflexe und antrainierte Fähigkeiten

*Qigong* 氣功 – Übungen zur Ausbildung des Qi (siehe Formenlehre)

*Qi he xing shou* 氣闔形收 – Atemtechnik in der Bewegung, gegen die Physiologie; gesammeltes Qi bei schließenden Aktionen

*Qing* 清 – rein, geforderte Qualität der Geisteshaltung

*Ru ding* 入定 – in die Stabilität eindringen, meditativer Zustand mit reduzierter Atmung, daoistisch

*San shou* 散手 – Anwendung der T'ai-chi ch'üan-Figuren in festgelegtem oder freiem Partnerspiel, Kampftechnik in der Selbstverteidigung

*Shaolin ch'üan* 少林拳 – buddhistische Kampfform der äußeren Schule, harte Kampfkunst

*Shen* 神 – Geist, einer der drei Zustände der menschlichen Lebenskraft, Verstand

*Shenji* 神奇 – wundersam, beschreibende Qualität in den Handtechniken

*Shoufa* 手法 – 8 Handtechniken (siehe Da lu, tui shou), zu den 8 Trigrammen korrespondierend

*Shujin* 舒勁 – 10 Vorübungen zum Aufwärmen und Dehnen, Strecken

*Si xiang* 四象 – 4 Erscheinungen, je strahlendes und vermindertes Yin / Yang, aus Liang yi

*T'ai-chi* 太極 – philosophisches Konzept, Urkörper der Existenz (früherer und späterer Himmel)

*Tiangan* 天干 – Himmelsstämme (10er System)

| | | |
|---|---|---|
| *Ting jin* | 聽 勁 | Wahrnehmung der Jin-Kraft, Vorstufe zum Verständnis der Jin-Kraft |
| *Tui shou* | 推 手 | Pushing Hands (4 Handtechniken der Geraden) |
| -An | 按 | Stoßen |
| -Ji | 攦 | Pressen |
| -Lu | 擠 | Zurückgleiten |
| -Peng | 掤 | Abwehren |
| *Wuji* | 無 極 | chaotischer Vorkörper als Konzept des T'ai-chi, vor der Existenz |
| *Wu xing* | 五 行 | 5 Wandlungsphasen (Elemente) |
| -Huo | 金 | Feuer |
| -Jin | 火 | Metall |
| -Mu | 木 | Holz |
| -Shui | 水 | Wasser |
| -Tu | 土 | Erde |
| *Xing he qi kai* | 形 闔 氣 開 | Atemtechnik in der Bewegung, nach der Physiologie; aufgelöstes Qi (Ausatmung) bei schließenden Aktionen |
| *Xing kai qi he* | 形 開 氣 闔 | Atemtechnik in der Bewegung, nach der Physiologie; gesammeltes Qi (Einatmung) bei öffnenden Aktionen |
| *Xingyi ch'üan* | 形 意 拳 | Kampfform der Gestalt und Imagination (dem T'ai-chi ch'üan ähnlich, weich) |
| *Xu shi* | 虛 實 | Leere und Gewichtung, Mangel und Fülle |
| *Yao* | 爻 | 384 Definitionslinien der 64 Hexagramme |

| | | |
|---|---|---|
| *Yi* | 意 | geistige Vorstellungskraft, gedankliche Leistung, Imagination |
| *Yi* | 易 | Einfachheit, Veränderung, Nicht-Veränderung (aus dem I Ging) |
| *Yuan kong wei* | 原空位 | unveränderte Raumposition |
| *Yuan ti wei* | 原體位 | unveränderte Körperposition |
| *Zhedie* | 摺疊 | Faltungstechnik von Schulter, Ellbogen und Faust |
| *Zuobu* | 坐步 | hinten belasteter Schritt (siehe Formenlehre) |

## 3 Abbildungsnachweise

Mit Ausnahme folgender Abbildungen wurden alle aus Meister Song Zhijian's Original von 1979 verwendet.

Kalligraphie 1: von Zhou Tuian, im Auftrag von Meister Song
Kalligraphie 2: von Zhang Dingcheng, im Auftrag von Meister Song
Tradierungsschema: Anfertigung des Übersetzers

Abb. 4: Lai, 1987: 509
Abb. 5: ebenda: 517
Abb. 7: Entwurf des Übersetzters
Abb. 8: Lai, 1987: 509
Abb. 9: ebenda: 518
Abb. 10: Anfügungen des Übersetzers
Abb. 17: Lai, 1987: 44 und Anfügungen von Song Zhijian
Abb. 21: Lai, 1987: 510 und Anfügungen von Song Zhijian
Abb. 34: Entwurf des Übersetzers
Abb. 38: Entwurf des Übersetzers

# 4 Verwendete Quellen

*4.1 – in westlichen Sprachen*


Darwin, C. R.: Die Abstammung des Menschen, Stuttgart, 1966
Dison, H.: The Nature of Fatigue & Genatrics, Chicago, 1955
Giles, L.: Sun Tzu – The Art of War, Taipei, 1980
Gruber, H. E.: Darwin on Man, London, 1974
Kuhn, L.: Taoist Meditation & Longevity Techniques, Michigan, 1989
Legge, J.: The Chinese Classics, Taipei, 1985, Vol. I–IV
Leibniz, G. W.: Zwei Briefe über das binäre Zahlensystem und die chinesische Philosophie, Stuttgart, 1968
Lin, Y. T.: The Sayings of Lao Tzu, Taipei, 1980
Morehouse, L. E.: International Series on Sport Science, London, 1974
Morehouse, L. E.: Fitness für Faule, Stuttgart, 1977
Morehouse & Miller: The Physiology of Exercise, Philadelphia, 1964
Morehouse & Rasch: Scientific Basis of Athletic Training, Philadelphia, 1958
Needham & Lu: Celestial Lancets, Cambridge, 1980
Porkert, M.: The Theoretical Foundations of Chinese Medicine, Cambridge, 1979
Seidel, A.: A Taoist Immortal of the Ming-Dynasty, in: de Bary: Self & Society in Ming Thought, Columbia, 1970
Steiniger, H.: Kuan Yin Tzu, Leipzig, 1953
Steinhaus, A. H.: Daily Exercise, San Francisco, 1963
Song, Z. D.: The Text of Yi King, Shanghai, 1935
Unschuld, P.: Medizin in China, München, 1980
Ware, J.: The Sayings of Chuang Tzu, Taipei, 1980
Ware, J.: The Sayings of Mencius, Taipei, 1980
Wilhelm, R.: I Ging – Das Buch der Wandlungen, Köln, 1978


*4.2 – in chinesischer Sprache*


Ban Gu: Hanshu, Peking, 1964
Beijing shibao, 1934
Chen, G. T.: Shou fang mi jue, Taipei, 1956
Chen, P. S.: Chen shi T'ai-chi ch'üan tushuo, Taipei, 1987
Chen, W. M.: T'ai-chi ch'üan shu, Guangdong, 1925

Chen, Y. L.: T'ai-chi ch'üan, dao, jian, gan, san shou hebian, Shanghai, 1944
Da xue, in: Legge, 1985, Vol. I
Diwang shiji, Taipei, 1965
Dong, Y. J: T'ai-chi ch'üan shi yi, Taipei, 1963
Han Yu: Shishuo, in: Guwen guanzhi, Taipei, 1986
Hou, W. J.: Ningbo fuzhi, Taipei, 1957
Hua Yang: Longhua jing, Taipei, 1984 (buddh. Gesellschaft)
Huang, B. J.: Neijia ch'üanfa
Huang, X. X.: T'ai-chi ch'üan jian shen bante gan, Taipei, 1963
Huang, Z. X.: Wang Zhengnan muzhi ming, in: Nan lei wenan
Huangdi neijing changju suoyin, Taipei, 1987
Huangdi neijing suwen jizhu, Taipei, 1984 (Yang, W. C.)
Hui Neng: Zhen jing, Peking, 1983
Jiang, G. Z.: Zhouyi xin yanjiu, Taipei, 1956
Jiao, G. R.: Qigong yangsheng xue gaiyao, Fujian, 1984
Jinghua: 2, in: Daocang, Reprint 1952
Lai, Z. D.: Lai zhu I Ging tujie, Taipei, 1987
Langying qi xiu leijiao, Peking, 1959
Lunyu, in: Legge, 1985, Vol. I
Mengzi, in: Legge, 1985, Vol. II
Ming xiu liaodong zhi, Taipei, 1965
Mingshi fangji bian, in: Sibu beiyao, Shanghai, 1936
Piya, Taipei, 1965
Qi, J. D.: T'ai-chi ch'üan yuanliu guangui, Taipei, 1962
Qing xiu mingshi renwu zhi, Shanghai, 1961
Shangshu, in: Legge, 1985, Vol. III
Shen, Z. T.: Zhenjiu shiyan lu, Taipei, 1967
Shi, T. M.: Xushi kaoxin lu cunyi
Shijing, in: Legge, 1985, Vol. IV
Sima Jian: Shiji, Shanghai, 1959
Song, S. M.: T'ai-chi ch'üan pu, Peking, 1910
Song, Z. J.: T'ai-chi ch'üan xue, shang, Taipei, 1979
Song, Z. J.: T'ai-chi ch'üan xue, xia, Taipei, 1987
Song, Z. J.: T'ai-chi ch'üan yuanliu kaozheng bian, Taipei, 1987
Song, Y. J.: Songshi jiachuan T'ai-chi gong yuanliu ji zhipai kao, Peking, (um 1910 verloren?)
T'ai-chi ch'üan yanjiu chuanji, 3, 15, 17, 18, Taipei, 1968–1969
Taiyuan xianzhi, Shanghai, 1930

Wu, J. Q.: Wushi T'ai-chi ch'üan, Taipei, 1984
Wu Kang: Shaozi yixue, Taipei, 1980
Wu, J. Z.: Hui Nanzi, Peking, 1983
Wu, T. N.: T'ai-chi ch'üan zhi yanjiu, Hongkong, 1984
Wu, Y. T.: T'ai-chi ch'üan jiang yi, Hongkong, 1969
Yang, C. F.: T'ai-chi ch'üan tiyong quanshi, Guangdong, 1948
Yang, X. Z.: Zhenjiu da cheng, Taipei, 1987
Ye, X. T.: T'ai-chi ch'üan, dao, jian, gan, san shou he bian, Taipei, 1984
Zhao, S. X.: Hongfan, Taipei, 1965 (von Jizi)
Zhongyong, in: Legge, 1985, Vol. I
Zhou, D. Y.: Zhouzi quan shu, Taipei, 1978
Zhouli chunguan ji, Taipei, 1963
Zhu Xi: Henan chengshi yishu, Taipei, 1978, 2 Bde
Zhuzi quan shu, Taipei, 1979, 4 Bde.

*4.3 – Nachschlagewerke*

Chan, W. T.: A Source Book of Chinese Philosophy, Taipei, 1962
Ferner & Staubesand: Atlas der Anatomie des Menschen, München, 1982, 2 Bde.
Fung, Y. L.: A History of Chinese Philosophy, Princeton, 1952, 2 Bde.
Heywang & Nücke & Timm: Physik für Techniker, Hamburg, 1986
Hucker, C.: Official Titles in Imperial China, Taipei, 1985
Schütz & Laspers & Speckmann: Physiologie, München, 1982
Ciyuan, Taipei, 1978, 2 Bde.
Jingmai tukao, Taipei, 1982
Shuowen jiezi zhu, Taipei, 1987
Zhenjiu shuxue tukao, Taipei, 1986
Zhongguo renming da cidian, Taipei, 1982
Zhongwen da cidian, Taipei, 1968, 22 Bde.

# 5 Zusätzliche Literaturhinweise

*5.1 – in westlichen Sprachen*


Anders, F.: Das Chinesische Schattenboxen, 1982

Anders, F : T'ai Chi Ch'uan – Meditation in Bewegung, 1987

Chang, C. H.: Push-Hand & Combat Skill for T'ai Chi Ch'uan, Taipei, 1982

Chang, C. H.: T'ai Chi Ch'uan for Beginners, Taipei, 1981

Chen, W. C. C.: Body Mechanics of T'ai Chi Ch'uan, New York, 1973

Chen, Y. K.: Cultivating the Ch'i, Vol. I, St Cloud, 1984

Chen, Y. K.: Cultivating the Chin (27 Energies of TCC), Vol. II St Cloud, 1984

Chen, Y. K.: 108 Posture Solo Form of T'ai Chi Ch'uan with Classics, Vol. III, St Cloud, 1985

Chen, Y. K.: Sparring Techniques and Principles of T'ai Chi Ch'uan, Vol. IV, St Cloud, 1985

Chen, Y. K.: T'ai Chi Ch'uan – Its Effects & Practical Application, Shanghai, 1947

Chen, Y. K.: T'ai Chi Sword, Sabre and Staff, Vol. V , St Cloud, 1986

China im Aufbau: Schattenboxen leicht gemacht, Peking, 1983

Da Liu: T'ai Chi Ch'uan and I Ching – a Choreography of Body and Mind, New York, 1972

Da Liu: Tao der Gesundheit und Lebensfreude, 1988

Da Liu: Tao of Health and Longevity, 1979

Despeux, L.: T'ai-Ki K'iuan, technique des longue vie, technique de combat, Paris, 1976

Diedrichs, K.: Taichi – Chinas lebendige Weisheit, 1987

Engelhardt, U.: Systemmatik des T'ai-chi-Faustkampfes, München, 1981

Feng & Kirk: T'ai Chi – a Way of Centering and I Ching, New York, 1970

Huang, A. C.: Lebensschwung durch T'ai Chi, München, 1973

Huang, W. S.: The Fundamentals of T'ai Chi Ch'uan, San Francisco, 1974

Jiao, G. R.: Qigong Yangsheng (Gesundheitsfördernde Übungen der traditionellen chinesischen Medizin), 1988

Jou, T. H.: The Tao of I Ching, New York, 1983

Jou, T. H.: The Tao of Meditation, New York, 1983
Jou, T. H.: The Tao of T'ai Chi Ch'uan, New York, 1980
Kobayashi, P.& T.: T'ai Chi Ch'uan – Handbuch zum Selbststudium, München, 1979
Kobayashi, P.: Der Weg des T'ai Chi Ch'uan, München, 1984
Kobayashi, P.: Einswerden mit dem Tao, München, 1989
Kotsias, J.: The Essential Movements of T'ai Chi, 1989
Li, Y. A.: Lee's modified Tai Chi Chuan for Health, Hongkong, 1967
Liang, D. Z.: Imagination becomes Reality, St Cloud, 1984
Liang, D. Z.: T'ai Chi Ch'uan for Health & Selfdefense, 1984
Lie, F. T.: T'ai Chi Ch'uan – chinesische Heilgymnastik, 1986
Lo, B. P. J.: The Essence of T'ai Chi Ch'uan – the Literary Tradition, New York, 1973
Lu, H. C.: T'ai Chi Ch'uan – a Manual of Instruction, New York, 1973
Maisel, E.: Tai Chi for Health, New York, 1972
Moegling, B.& K.: Fit mit Tai Chi, 1987
Olson, S, A.: The Wind Sweeps Away the Plum Blossom, Winnipeg, 1985
Proksch, C.: Taijiquan – Formen der chinesischen Bewegungskunst, 1987
Proksch, C.: Yang-Stil Tai-Ji-Quan, 1991
Soo, C.: Die Kunst des T'ai Chi Ch'uan, 1986
Stone, J.: T'ai Chi Chih, Albuquerque, 1974
Tang, M. Y.: The Fundamental Exercises of T'ai Chi Ch'uan, Singapore, 1966
Tseng, C. Y.: The Chart of T'ai Chi Ch'uan, Hongkong. 1965
Zheng & Smith: T'ai Chi, Ruthland, 1961
Zheng, M. Q.: Dreizehn Kapitel zu T'ai Chi Ch'uan, München, 1987
Zheng, M. Q.: T'ai Chi Ch'uan – A Simplified Method of Calisthenics for Health & Selfdefense, Taipei, 1964
Zhong, Y. W.: Illustrations of T'ai Chi Ch'uan Simplified, Taipei, 1978

*5.2 – in chinesischer Sprache*

Cai, H. P.: T'ai-chi ch'üan
Chen, G. W.: T'ai-chi ch'üan rumen, Taipei, 1982

Chen, Gongzhe: Wushu fachan shi, Taipei, 1974
Chen, Guangzhi: T'ai-chi ch'üan zongheng tan, Taipei, 1971
Chen, H. Z.: T'ai-chi dao tushuo
Chen, J. F.: Chenshi T'ai-chi ch'üan rumen zongjie, Taipei
Chen, P. J.: T'ai-chi ch'üan jiaocai, Taipei
Chen, P. S.: Chenshi T'ai-chi ch'üan tujie, Taipei, 1983 (1912)
Chen, W. M.: T'ai-chi ch'üan dawen, Shanghai, 1934
Chen, Z. M. & Ma Y. L.: Wu Jianquan T'ai-chi ch'üan, Hongkong
Dong, H. L.: T'ai-chi ch'üan yingyong fa, Hongkong
Gu, L. S.: T'ai-chi ch'üan lianxi yaojue, Hongkong, 1975
Guan, B. Y.: T'ai-chi ch'üan jing, Hongkong
Guo, L. Y.: T'ai-chi ch'üan pu, Taipei
Guoshu hui T'ai-chi ch'üan weiyuan hui: T'ai-chi huixun, (Zeitschrift, vierteljährlich, ab 1975, Taipei)
Huang, N. Z.: Zhang Sanfeng he ta de T'ai-chi ch'üan, Hongkong
Jiang, R. C. & Yao, F. C.: T'ai-chi ch'üan jiangyi, Shanghai
Jiazu nanzi chang ch'üan tujie, Hongkong
Ju Hao: Sunshi T'ai-chi ch'üan, Taipei, 1957
Ju Hao: Yangshi T'ai-chi ch'üan, Taipei, 1961
Li, S. Q.: Wudang dipai T'ai-chi ch'üan shu, Zhongqing
Li, Y. A.: Jingjian T'ai-chi ch'üan, Hongkong
Li, Y. A.: Sanshiqi ba qingna yuanli, Peking
Li, Y. A.: T'ai-chi ch'üan pu, Hongkong
Li, Y. A.: T'ai-chi ch'üan shisan chiang puzhu, Hongkong
Li, Y. A.: T'ai-chi ch'üan shiyong fa, Hongkong
Li, Y. A.: Zhengzong T'ai-chi ch'üan, Hongkong
Long, Z. X.: T'ai-chi ch'üan xue, Hongkong
Ma, Y. S.: Xin T'ai-chi ch'üan, Hongkong
Ni, C. H.: Wang Zong xiansheng nan chuan T'ai-chi ch'üan, Hongkong
Qi, J. Z.: T'ai-chi ch'üan tiyong ji, Hongkong
Shen, J. Z.: Chenshi T'ai-chi ch'üan, Hongkong, 1968
Shi, T. M.: T'ai-chi ch'üan pu neiwai gong yanjiu lu, Taipei
Song, S. Y.: T'ai-chi ch'üan yunzchen tujie, Kanton
Sun, M. D.: T'ai-chi shisan jian
T'ai-chi ch'üan tushuo, 1, 2, 3, Hongkong
T'ai-chi ch'üan yundong, 1, 2, 3, Hangzhou
Tang Hao: Wang Zongyue T'ai-chi ch'üan jing yanjiu, Taipei, 1970

Tian, Z. F.: T'ai-chi ch'üan, Nanking
Wan, L. S.: T'ai-chi ch'üan jiaocai, Hongkong
Wang, F. T.: Zuixin T'ai-chi ch'üan tushuo, Hongkong
Wang, X. W.: T'ai-chi ch'üan fa jingyi, Peking
Wang, X. W.: T'ai-chi ch'üan fa shijian, Shanxi
Wang, X. W.: T'ai-chi ch'üan ji
Wang, Y. N.: Yangshi michuan T'ai-chi ch'üan tujie, Taipei, 1965
Wu Tunan shi T'ai-chi ch'üan, Hongkong
Wu, G. Z.: Wujia T'ai-chi ch'üan jingyi
Wu, J. O.: T'ai-chi ch'üan tu, Shanghai
Wu, M. X.: Yangshi T'ai-chi ch'üan san shou, Macao
Wu, T. N.: Kexue hua T'ai-chi ch'üan
Wu, T. N.: T'ai-chi jian tushuo
Wu, Z. J.: T'ai-chi ch'üan fa, Hongkong
Wu, Z. J.: Zhengzong T'ai-chi ch'üan, Shanghai
Xiao, T. S.: Zhang Sanfeng T'ai-chi lian dan mijue, Taipei, 1977
Xiong, Y. H.: T'ai-chi jianfa tujie, Yilan (Taiwan)
Xiong, Y. H.: T'ai-chi ch'üan shiyi, Yilan (Taiwan)
Xu Yong: Zhang Sanfeng daoshu huicong, Taipei, 1952
Xu, Y. S.: T'ai-chi ch'üan tujie, Peking, 1921
Xu, Z. D.: T'ai-chi ch'üan kao xinlu, Taipei, 1965
Xu, Z. W. & Jiao, G. X.: Yangshi T'ai-chi ch'üan tujie, Taipei
Xu, Z. Y.: T'ai-chi ch'üan qian shuo, Shanghai
Yang, C. F.: T'ai-chi ch'üan fa tujie, Hongkong
Yang, C. F.: T'ai-chi ch'üan shiyong fa, Taipei
Yang, C. F.: Yangjia T'ai-chi ch'üan, Hongkong
Yang, S. T.: T'ai-chi ch'üan yu jiankang, Tainan, 1975
Yang, S. Z.: T'ai-chi ch'üan yongfa ji bianhua, Hongkong
Yizu chang Ch'üan tujie, Hongkong
Zeng, Z. R.: T'ai-chi ch'üan shu, Hongkong
Zeng, Z. R.: T'ai-chi ch'üan tujie, Hongkong
Zhang, W. Y.: T'ai-chi ch'üan chang shi wenda, Hongkong, 1969
Zhang, X. S.: T'ai-chi jian
Zhen, X. X.: T'ai-chi ch'üan shu, Hongkong
Zheng, M. H.: T'ai-chi ch'üan jiben quanshi, Singapore
Zheng, M. Q.: T'ai-chi ch'üan zixiu xin fa, Hongkong
Zheng, M. Q.: Zhengzi T'ai-chi ch'üan shisan bian, Hongkong
Zheng, R. G.: Wupai T'ai-chi ch'üan zhiyin
Zheng, T. X.: T'ai-chi ch'üan jingjian

Zhong, D. W.: Jianhua T'ai-chi ch'üan tujie, Hongkong
Zhonghua T'ai-chi guan: T'ai-chi ch'üan yanjiu lunwen ji, Taipei, 1982

(Bei vielen Quellen und hier angeführten weiterführenden Schriften waren dem Übersetzer nur Kopien oder handschriftliche Aufzeichnungen zugänglich. Oft sind diese Titel längst im Handel vergriffen, und es ist sehr schwierig, über Erscheinungsort und -jahr oder Verlag genaue Informationen zu bekommen. Die angeführten chinesischen Titel sind in der interessanten Bibliothek des Chinese T'ai-chi-Institutes in Originalen, photomechanischen oder handschriftlichen Kopien zu finden.)

Sera Anstadt

## Alle meine Freunde sind verrückt

Aus dem Leben eines schizophrenen Jungen. Bericht einer Mutter
Aus dem Niederländischen von Karin Arends-Kailer. 157 Seiten.
Serie Piper 1489

Das Buch beschreibt in ergreifender Weise den geistigen Untergang eines begabten jungen Menschen; gleichzeitig dokumentiert es die Erfahrungen eines psychisch Kranken mit der Welt der Psychiatrie und der Anti-Psychiatrie und seine Stellung in der modernen Gesellschaft. Dem nicht psychiatrisch vorgebildeten Leser vermittelt es wertvolle Einsichten in Wesen und Symptome der immer noch so geheimnisvollen Krankheit Schizophrenie.
»Raf ist jetzt dreißig Jahre alt, ein zurückgezogener, geistig schwer gestörter junger Mann, der manchmal noch mit einem melancholischen Lächeln an früher zurückdenkt.«
So beginnt dieses Buch über die Erfahrungen einer holländischen Mutter mit ihrem schizophrenen Sohn. Mit treffender Direktheit und Einfachheit wird beschrieben, wie sich die Krankheit bei einem begabten Jungen von 15 Jahren allmählich entwickelt, wie er sich in eine Wahnwelt von Träumen und Hirngespinsten verstrickt, aus der er sich nicht mehr lösen kann. Am Anfang irrt er noch durch Amsterdam, auf die Stimmen der Wahnfiguren hörend, die ihm Aufträge erteilen; daß er diesen Stimmen gehorchen muß, bringt ihn unausweichlich in Konflikt mit seiner Umgebung. Die Situation zu Hause wird unhaltbar. Verzweifelt sucht die Mutter Hilfe und verheddert sich im Gestrüpp der Bürokratie.

»Ein ergreifendes Buch, dem ich auch hierzulande viele Leser wünschen möchte.« Psychologische Umschau

PIPER

Lili Feldmann

## Leben mit der Alzheimer-Krankheit

Eine Therapeutin und Betroffene berichten
Vorwort von Professor Dr. med. Hans Lauter. 174 Seiten. Kt.

An der Alzheimer-Krankheit leiden in der Bundesrepublik 600 000 Menschen; jährlich kommen 50 000 Neuerkrankungen hinzu. Immer mehr und immer jüngere Menschen werden von dieser Krankheit befallen, die das Schicksal eines jeden von uns sein könnte. Noch gibt es keine gültige Theorie ihrer Entstehung, noch hilft kein Mittel. Das Los des Kranken liegt ganz in der Hand derer, die sich seiner annehmen und ihn betreuen.
Aber die Ohnmacht angesichts einer Situation, zu der es außer dem unmittelbar menschlichen Kontakt keinen Zugang gibt, verunsichert, läßt viele in der Pflege scheitern. In erschütternder Weise wird deutlich, wie diese Krankheit die Erfahrungswelt des Betroffenen verändert und wie dies für die Angehörigen über alle konkreten Belastungen hinaus auch eine Infragestellung der eigenen Existenz bedeutet. Es wird eine Entwicklung nachgezeichnet, die in der Regel mit einem verzweifelten Kampf gegen die Krankheit beginnt und manchmal zu einem Akzeptieren der Krankheit und zu einem Leben mit ihr führt.
In den meisten dieser Krankheits- und Lebensgeschichten ist ein neuer Sinn für Solidarität geweckt worden; wie er gelebt wird, mit Humor, Phantasie und der Fähigkeit, das Unannehmbare anzunehmen, dies macht dieses einfühlsame Buch deutlich. Es geht der Autorin darum, die Altersverwirrtheit aus der Abwehr und Ausgrenzung herauszulösen und sie als eine Möglichkeit menschlichen Lebens, als einen Teil unserer Hinfälligkeit zu verstehen. Für die Angehörigen soll dieses Buch mit seinen konkreten Beispielen Ermutigung beim Suchen nach Wegen und beim Akzeptieren der eigenen Unsicherheiten und Grenzen sein.